율촌판례연구

법무법인(유) 율촌
송무그룹 편

박영사

율촌판례연구를 내며

"미술(Art)은 사실상 존재하지 않는다. 다만 미술가들이 있을 뿐이다." 어느 유명한 서양미술사학자가 자신의 책 첫머리에서 한 말입니다. 미술은 정해진 형식과 틀이 있는 게 아니라 보는 각도, 시점에 따라 평가가 다를 수 있다는 말일 것입니다.

눈을 돌려서 우리가 매일 직면하고 있는 법에 대하여도 지난 수 천년 간 법이란 과연 무엇인지, 심지어 그것이 존재하는 것인지에 대하여도 논의가 계속되어 왔습니다. 그러나 분명한 것은, 법은 '법률'이라는 형식적 틀을 통해 존재하는 듯하지만, 실은 우리의 실생활에 법을 유연하게 적용시키기 위한 법률가의 부단한 연구노력과 강력한 실천 의지가 있을 때 비로소 법률은 그 존재 가치가 드러난다는 것입니다. 법을 통한 분쟁의 해결을 주업무로 하는 율촌의 송무그룹 변호사들은 우리 생활에 맞는 법률의 실체, 또 진정한 법률가가 만드는 해결에 대한 해답을 찾기 위해 항상 고민하였습니다.

율촌 송무그룹 변호사들은 이러한 고민을 같이 나누고 함께 답을 찾아가는 방법을 생각했고, 대법원판례 사안을 주대상으로 하여 토론과 해결책을 모색하는 연구모임을 만들었습니다. '송무회의'라는 이름으로 매월 2회에 걸쳐 집중적인 분석과 토론을 했습니다. 여러 가지 사안을 놓고 본질은 무엇이며 어떠한 부분이 고려됐는지, 또 왜 이러한 판단을 하게 됐는지 등에 대해 입체적이고 종합적인 측면에서 파고 들었습니다.

이런 과정을 통해 저희는 다양하고 새로운 관점을 발굴하고 익히면서 율촌 송무그룹의 역량을 결집하는 기회가 되었고, 그것이 각자 맡은 사건을 해결하는 데에도 큰 역할을 하고 있음을 알게 되었습니다.

율촌 송무그룹은 이제 그 실천의 두 번째 단계로 송무회의에서 함께 고민하였던 법률문제 중 몇 가지를 선별해 저희가 고민하고 토론하고 분석하였던 내용과 생각을 정리하여 '율촌판례연구'라는 이름의 판례평석집을 세상에 내놓고자 합니다.

이번 연구의 주제는, 지난 2년간 송무회의에서 다루어진 수많은 주제 가운데 율촌이 담당하지는 않았지만 자주 직면하는 법률 문제 그리고 흔히 일어나지는 않더라도 같이 논의하고 생각해 볼 만한 가치가 있는 것을 대상으로 하였습니다. 더불어 하급심 판결례나 외국법원의 판결례 중에서도 4편을 소개하였습니다.

이번 평석은, 여러 사람의 생각을 공유하고 좀 더 다양하고 깊이 있는 해결책에 접근하고자 율촌 송무그룹의 구성원 변호사와 소속 변호사가 짝을 이루어 송무회의에서 논의된 바를 다듬고 정리하였습니다. 저희가 고민하고 토론을 벌였던 내용을 길지 않은 글로 잘 정리하여 세상에 내놓는 것은 결코 쉬운 작업은 아니었습니다. 실무가라는 한계와 시간과 능력의 부족함의 벽 앞에서 많은 고민을 하였고, 아직도 보완해야 할 부분이 많은 것도 압니다. 다른 의견도 있을 것입니다.

그러나 법률가라는 의무감과 자부심으로 그 간의 고민을 세상과 나눌 때 우리의 역량뿐 아니라 한국의 법률문화가 한 걸음 더 발전할 수 있다는 소망과 믿음으로 이번 작업을 마무리할 수 있었습니다. 율촌 송무그룹 변호사들은 이번의 작은 발걸음에 용기를 내어 앞으로도 분쟁 해결을 넘어 '법률가가 만드는 해결'에 대하여 고민과 토론을 멈추지 않을 것이며, 겸허한 자세로 이를 여러분들과 공유할 것임을 다짐합니다.

이번 평석집을 위하여 송무회의에서부터 평석 작성에 이르기까지 수고를 아끼지 않은 송무그룹의 모든 변호사들에게 격려와 감사를 드립니다. 또 함께 출간의 기쁨을 나누고자 합니다. 아울러 처음부터 출간을 격려하여 주신 율촌의 모든 가족과 박영사 관계자분들께도 깊은 감사의 말씀을 드립니다.

2016. 11.

법무법인(유) 율촌
송무그룹대표 윤홍근

축 사

　　율촌 송무그룹 소속 변호사들이 힘을 합하여 판례평석집을 발간하게 됨을 진심으로 축하합니다. 정보의 홍수라는 시대의 대세가 말해 주듯, 수 많은 판결들이 판례라는 이름으로 다양한 매체를 통하여 많은 사람들에게 전달되고 있습니다.

　　그러나, 어떤 판례가 선례로서 중요한 의미를 갖는지 가리는 것은 쉽지 않고, 특정 판례가 구체적으로 어떤 의미를 갖는지를 헤아리는 것도 쉽지 않습니다. 따라서 판례를 검토하여 그 취지를 분명히 하고, 전체 법체계 내에서 어떤 의미를 가지는지 밝히고, 미래의 유사한 사건에서 어떻게 적용될 것인지를 예측하여 보는 것은 법률 실무가인 변호사에게는 매우 의미가 큰 일입니다.

　　송무그룹 변호사들이 그 동안 내부적으로 이러한 작업을 지속하면서 역량을 축적하여 오던 중, 그 결과를 우리 사회와 공유하기로 하여 이번 판례집을 간행하게 된 것으로 듣고 있습니다. 이는 법치주의 정착과 법조문화 발전에 조력하고자 하는 율촌이 추구하는 가치를 구현하는 한 방법이라고 생각합니다. 어떻게 보면 우리가 축적한 노하우를 남들과 나누는 것으로 볼 수도 있는 이 작업을 기쁜 마음으로 감당하여 주신 집필자 여러분에게 격려와 축하의 박수를 보냅니다.

　　율촌 송무그룹은 모 일간지가 조사하여 발표한 통계자료에서 "모든 분야 승소율 1위"를 기록한 바 있습니다. 율촌 송무그룹 소속 변호사들은 자신들이 한국의 법조 문화 발전에 일익을 담당하고 있다는 자부심을 가져도 좋다고 생각합니다. 이들의 이러한 노력과 이번 판례평석집 간행이 한국 법조사회가 조금은 더 발전하는 밑거름이 되었으면 좋겠다는 소망을 가져 봅니다.

　　판례평석집 간행을 축하하고 기뻐하면서.

2016. 11.

율촌 대표변호사 우창록

[저 자]

곽상현
경희대학교 법과대학, 사법원수원 21기
곽희경
서울대학교 법과대학, 사법연수원 36기
권성국
경찰대학교 법학과, 사법연수원 40기
김선경
연세대학교 법과대학, 사법연수원 30기
김세연
서울대학교 법과대학, 사법연수원 23기
김수진
한양대학교 법학전문대학원, 변호사시험 4회
김시내
고려대학교 법과대학, 사법연수원 40기
김은진
서울대학교 사회과학대학, 사법연수원 30기
김익현
서울대학교 법과대학, 사법연수원 36기
김철만
서울대학교 법과대학, 사법연수원 23기
김태균
서울대학교 법과대학, 사법연수원 39기
맹주한
서울대학교 경영대학, 사법연수원 38기
문일봉
서울대학교 법과대학, 사법연수원 20기
박영윤
연세대학교 법학전문대학원, 변호사시험 2회
박해성
서울대학교 법과대학, 사법연수원 10기
박현아
고려대학교 법과대학, 사법연수원 40기
변현철
서울대학교 법과대학, 사법연수원 17기
성소영
서울대학교 법과대학, 사법연수원 31기
송영은
고려대학교 법과대학, 사법연수원 37기
양선미
연세대학교 법학전문대학원, 변호사시험 1회
양재준
서울대학교 법과대학, 사법연수원 39기
염용표
서울대학교 법과대학, 사법연수원 28기
오정한
서울대학교 법과대학, 사법연수원 30기

우재형
연세대학교 법과대학, 사법연수원 39기
유병수
서울대학교 법과대학, 사법연수원 39기
윤용섭
서울대학교 법과대학, 사법연수원 10기
윤홍근
서울대학교 법과대학, 사법연수원 14기
이원찬
서울대학교 법학전문대학원, 변호사시험 2회
이재원
서울대학교 법과대학, 사법연수원 14기
이형근
서울대학교 법과대학, 사법연수원 34기
이희중
서울대학교 법과대학, 사법연수원 30기
임재연
서울대학교 법과대학, 사법연수원 13기
장현철
서울대학교 법과대학, 사법연수원 38기
정승진
서울대학교 인문대학, 사법연수원 41기
정영민
경희대학교 법과대학, 사법연수원 40기
정태학
서울대학교 법과대학, 사법연수원 20기
조규석
서울대학교 법과대학, 사법연수원 26기
조성권
서울대학교 법과대학, 사법연수원 42기
조정익
성균관대학교 법과대학, 사법연수원 37기
최동렬
서울대학교 법과대학, 사법연수원 20기
최지연
인하대학교 법학전문대학원, 변호사시험 2회
최진수
연세대학교 법과대학, 사법연수원 35기
표정률
서울대학교 법과대학, 사법연수원 38기
한지윤
성균관대학교 법학전문대학원, 변호사시험 1회
허진용
서울대학교 법과대학, 사법연수원 35기
황인용
서울대학교 사회과학대학, 사법연수원 37기

차   례

독립적 은행보증의 독립성과 권리남용의 관계

김세연, 우재형

[요 지]

독립적 은행보증은 통상의 보증과 달리 원인관계에 영향을 받지 않는다. 독립적 은행보증의 추상성 내지 무인성(無因性)은 보증서에 기한 지급의 확실성을 보장하여 국제거래의 원활을 도모하는 기능을 하는 반면, 수익자가 보증책임의 무인성을 악용하여 보증인에게 부당하게 보증금의 지급을 청구하여 은행보증 제도를 악용하는 경우를 막기 어려운 결과를 초래하기도 한다.

이 평석은 독립적 은행보증에 있어 독립성의 예외를 인정하면서도 이러한 예외가 인정되기 위해서는 권리남용의 판단이 분명하고 의심의 여지가 없으며, 보증금 지급 청구 당시에 확보할 수 있는 자료에만 기초하여 이루어져야 하고, 원인관계에 대한 검토를 거쳐야 알 수 있는 사정을 고려하여서는 안 된다고 하여 매우 엄격한 기준을 적용하고 있는 대상판결에 대하여, 그 배경을 분석하고 독립성의 예외가 어떤 기준과 범위에서 인정되는 것이 타당할지 검토하여 보았다.

나아가 보증수익자의 보증금 지급 청구가 부당하다고 판단될 경우, 보증의뢰인의 입장에서 보증은행의 보증금의 지급을 막기 위하여 어떠한 법적 수단을 강구할 수 있는지 살펴보았다.

[주제어]
- 독립적 은행보증
- 독립·추상성 원칙
- 권리남용
- 독립성의 예외
- 긴급중재인 제도

대상판결 : 대법원 2015. 7. 9. 선고 2014다6442 판결

[사실의 개요]

1. 외항화물운송, 선박용선 및 매매업 등을 목적으로 하는 회사 A는 조선회사 B와 1006호와 1009호 두 척의 선박에 대한 선박건조계약(이하 "이 사건 선박건조계약"이라고 한다)을 체결하였다. A는 이 사건 선박건조 계약에 따라 B에게 여러 차례에 걸쳐 선박건조를 위한 선수금을 제공하고, 선박건조가 제대로 되지 않을 때에는 그 선수금을 환급받는다.

2. 피고 은행 C는 B의 의뢰에 따라 2007. 9. A에게 취소가 불가하고 무조건적이라는 문구가 기재된 선수금환급보증서(보증서상 준거법: 대한민국 법, 이하 "이 사건 보증서"라 한다)를 발급하였다. 이 사건 보증서상 피고 C의 선수금 환급금 지급 조건은, (i) 매수인(A)은 ① 매수인(A)이 건조자(B)에게 계약에 따른 선수금의 환급청구를 하였다는 점 및 ② 건조자(B)가 선수금을 환급하지 못하였다는 점을 내용으로 하는 단순한 서면진술서를 보증인(C)에게 제출하되, (ii) 다만, 건조자(B)와 매수인(A) 사이의 계약 해제 혹은 선수금 반환 청구에 관한 분쟁이 중재절차에 회부된 경우는 예외로 하였다.

3. 이후 A의 자회사인 원고 D와 원고 E는 A로부터 이 사건 선박건조계약에 따른 선박 매수인의 지위를 인수하였다.

4. B는 2009. 10. 원고들이 각각 약정된 선수금을 제때에 지급하지 않았다는 것을 이유로 이 사건 선박건조계약을 해제하였다. 원고들은 B의 위 해제를 다투며 2011. 8. B의 채무불이행을 근거로 이 사건 선박건조계약을 해제하고 B에게 선수금환급을 구하였으나 B는 선수금환급을 거부하였다.

[소송의 경과]

1. 원고들은 2011. 11. 이 사건 보증서에 기하여 피고에게 선수금 23,582,232,000원에 대한 환급을 청구하였다. 이에 대하여 제1심[1]은 원고의 청구를 모두

---

1) 서울중앙지방법원 2011가합124948 사건.

기각하였고, 환송전 원심[2] 역시 제1심 판결의 결론을 유지하여 원고들의 항소를 모두 기각하였다.

2. 이때 환송 전 원심이 설시한 논리는 아래와 같다.

가. 피고가 수익자를 A로 하여 발급한 이 사건 보증서는 독립적 은행보증에 해당하고, 다만 독립적 은행보증의 경우에도 수익자의 청구가 권리남용에 해당하는 경우에는 보증인이 수익자의 청구에 따른 보증금의 지급을 거절할 수 있다.

나. B가 1006호 선박에 관한 용골거치, 1009호 선박에 관한 강재절단을 시행하였음에도, A로부터 1006호 선박의 매수인 지위를 인수한 원고 D가 위 선박에 관한 3차 선수금을, 1009호 선박의 매수인 지위를 인수한 원고 E가 위 선박에 관한 2차 선수금을 지급하지 아니함에 따라, B가 이 사건 선박건조계약을 적법하게 해제하고 기왕에 지급받은 1006호 선박에 관한 1, 2차 선수금 및 1009호 선박에 관한 1차 선수금을 손해의 전보에 충당한 이상 원고들로서는 B에 대하여 선수금의 환급을 청구할 권리가 없고, B의 선수금 지급 청구의 요건, 원고들의 채무불이행 요건, 원고들이 어떠한 분쟁이나 불일치를 이유로도 선수금지급을 지체할 수 없음은 B와 사이의 이 사건 선박건조계약서에 명문으로 기재되어 있는 점, B의 용골거치 및 강재절단 시행 통지, 선수금 지급 청구, 원고들에 대한 채무불이행 선언 및 계약 해제 의사표시는 모두 서면으로 통지되었고 그 기재에 있어서 오해의 여지도 없는 점, 원고들은 B가 먼저 해제통지를 한 사실을 알면서도 계약상 근거 없는 주장을 하면서 그 해제통지의 효력을 부인하고 선박건조대금의 감액만을 요구해 온 점, 원고들의 모회사이자 최초 이 사건 선박건조계약의 당사자였던 A는 외항화물운송, 선박용선 및 매매업 등을 목적으로 하는 회사로서 선박건조계약 및 공정단계에 대해 잘 알고 있거나 손쉽게 알 수 있는 지위에 있음에도 이 사건 선박건조계약서에 존재하지 않는 조건을 B에 요구하고 분쟁해결을 위해 중재를 신청하지도 않은 점 등을 고려하면, 원고들이 B에 대하여 선수금환급을 청구할 아무런 권리가 없음이 객관적으로 명백하고 원고들은 이러한 사정을 잘 알고 있음에도 이 사건 보증서의 추상성 및 무인성을 악용하여 이 사건 청구를 한 것이므로 권리남용에 해당한다.

---

2) 서울고등법원 2012나90216 사건.

[판결의 요지 - 파기환송]

독립적 은행보증인 이 사건 보증서에 기한 원고들의 청구가 권리남용에 해당하기 위해서는 원고들이 이 사건 소 제기를 통하여 보증금을 청구할 당시 B에 대하여 아무런 선수금환급청구권이 없음에도 독립적 은행보증의 수익자라는 법적 지위를 남용하여 청구하는 것임이 독립적 은행보증인인 피고에게 객관적으로 명백하다고 인정되어야 한다. 그런데 이 사건 보증금 청구 당시의 사정, 즉 이 사건 소 제기 전에 이루어진 원고들과 B 사이의 회생채권조사확정재판에서도 B의 위 계약 해제가 적법한지 여부가 쟁점이 되어 1년여에 걸쳐 심문절차가 이루어졌음에도 결론이 내려지지 못한 채 회생절차폐지로 종결된 점 등을 고려하면, 이 사건 소 제기 당시 원고들이 B에 대하여 선수금환급청구권이 없음에도 이 사건 보증금을 청구하는 것임이 피고에게 객관적으로 명백한 경우에 해당한다고 보기는 어렵다.

[연　　구]

Ⅰ. 쟁점의 정리

1. 전형적인 선박수출거래에서 선박대금의 지급은 매수인이 선박건조자에게 계약 체결 직후, 철판절단(steel cutting), 용골거치(keel laying), 진수(launching), 인도의 각 단계별로 계약금액의 20%씩을 지급하는 형태로 이루어지는 것이 일반적이다. 그 중 인도 이전에 지급되는 선박대금은 사실상 선수금에 해당하는데, 이렇게 매수인이 선수금을 지급하였음에도 선박건조자가 정상적으로 선박을 인도하지 못하는 경우 매수인은 이미 지급한 선수금을 선박건조자로부터 돌려받지도 못하고 선박을 인도받지도 못하는 손해를 입게 된다. 이에 따라 매수인은 선박건조자로부터 선수금의 환급을 보장받기 위한 담보로 선박건조자에게 선수금환급보증서를 요구하고, 선박건조자는 계약 체결 후 착공에 앞서 은행 등으로부터 선수금환급보증서를 발급받아 매수인에게 지급하는 것이 일반적이다.

이때 선수금환급보증이란, 보증서에 정한 조건에 따라 매수인이 기 지급한 선수금환급 보증금의 지급을 청구하면, 보증은행이 선박수출계약과는 독립적,

무조건적으로 이를 지급하기로 하는 보증은행의 지급확약이다. 보증은행은 선수금환급보증서 상의 지급 조건이 충족되는지 여부만을 기준으로 보증금을 지급하고, 선박 수출계약 등 원인관계를 이유로, 또는 선박건조자의 매수인에 대한 항변권 등을 이유로 매수인에 대한 지급을 거절할 수 없다.

그러나 아래에서 구체적으로 살펴보는 바와 같이, 이처럼 원인관계와 단절된 선수금환급보증을 제공한 보증은행도 매수인의 보증금 지급 청구가 권리남용에 해당하는 경우에는 보증의뢰인인 선박건조자와의 관계에서 보증금의 지급을 거절하여야 한다.

2. 대상판결은 선박건조계약에서 선수금환급보증의 법적 성질이 독립적 은행보증이라는 점을 강조하여 권리남용의 적용을 제한적으로 해석한 첫 대법원 판결이라는 점에서 의미가 있다.

또한 대상판결은 원인관계와 단절된 추상성·무인성이라는 독립적 은행보증의 본질적인 특성을 강조하여, "수익자가 보증금을 청구할 당시 보증의뢰인에게 아무런 권리가 없음이 객관적으로 명백하여 수익자의 형식적 법적 지위의 남용이 별다른 의심 없이 인정될 수 있는 경우"가 아닌 한 권리남용을 쉽게 인정해서는 안 된다고 판단하였는데, 이는 독립·추상성의 예외를 인정하는 기준에 관한 최근 대법원의 입장(대법원 2014. 8. 26. 선고 2013다53700 판결)을 다시 한번 확인한 것이다. 대상판결은 대법원의 입장을 재차 확인하여 국내적으로 독립적 은행보증의 예외에 관한 명확한 기준을 확립하였다는 점에서 의미가 있다.

3. 독립적 은행보증에 있어 독립성에 대한 예외를 어떠한 기준으로 어느 범위에서 인정할 것인지는 결국 보증의뢰인, 보증수익자 및 보증인인 은행의 이해관계를 어떻게 조절할 것인가의 문제이다.[3] 독립적 은행보증의 독립성에 대한 예외를 너무 좁게 볼 경우 부당한 보증금 청구를 막을 수 없는 문제가 있는 반면, 예외를 너무 넓게 인정하게 되면 독립적 은행보증의 담보적 기능을 해

---

3) 일반적으로 보증인인 은행은 보증수익자에 대하여 보증금을 지급한 후 보증의뢰인에 대하여 구상권을 행사하여야 하기 때문에 그러한 구상권 행사를 담보하기 위하여 보증서 발급 시에 미리 별도의 복보증(counter guarantee) 수단을 마련하여 두게 된다. 따라서 보증금 지급으로 인한 실질적인 이해관계의 대립은 발주자인 보증수익자와 계약 상대방인 보증의뢰인 사이에 존재한다. 그러나 대상판결의 사안과 같이 보증의뢰인의 자력이 약하고 은행이 독립적 은행보증에 대하여 별도의 복보증 수단을 마련하여 두지 아니한 경우에는, 보증인인 은행과 보증수익자 사이의 이해관계가 직접적으로 대립하게 된다.

할 우려가 있다.

4. 이에 독립적 은행보증에 관한 국내외 논의를 먼저 간단하게 정리하고, 독립적 은행보증에 있어 독립성에 대한 예외의 인정 요건 및 판단 기준을 연구하여 보는 것이 이 평석의 목적이다. 또한, 보증의뢰인의 입장에서 보증수익자가 독립적 은행보증의 독립성에 기하여 부당한 청구를 하는 경우에 실무적으로 이를 막을 수 있는 방법에 관하여도 살펴본다.

Ⅱ. 문제점의 탐색

독립적 은행보증의 독립성에 대한 예외의 인정 여부와 예외 인정의 판단 기준으로 문제될 수 있는 세부적인 쟁점은 아래와 같을 것이다.

1. 독립적 은행보증에 있어 독립성의 예외가 인정되기 위한 요건은 무엇인가?

2. 수익자의 보증금 청구가 명백한 권리남용이라는 사실을 판단하는 기준시점은 언제로 보아야 하는가?

3. 수익자의 보증금 지급 청구가 권리남용인지 여부를 판단함에 있어 권리남용이라는 사실이 누구에게 명백하여야 하는가?

4. 권리남용의 명백성 여부 판단의 기초가 되는 증거나 자료의 범위는 어떻게 되는가?

5. 독립적 은행보증에 근거한 부당한 청구가 우려되는 상황에서 보증의뢰인이 보증금의 지급을 막기 위하여 취할 수 있는 법적 조치는 무엇인가?

Ⅲ. 검토 사항의 정리

1. 구체적인 쟁점들의 검토에 앞서 독립적 은행보증이란 무엇인지, 그 속성인 독립성에 대한 예외가 인정되어야 하는 필요성은 무엇이고 이에 관하여 국내외에서 어떠한 논의가 이루어지고 있는지를 먼저 살펴볼 필요가 있다.

2. 대상판결은 독립적 은행보증에 있어서 독립성의 예외를 인정하는 요건을 기존 대법원 판결과 동일하게 (i) 권리남용이 존재할 것과 (ii) 그러한 권리남

용이 객관적으로 명백할 것의 두 가지로 설시하고 있다. 이에 관하여 위와 같은 요건의 구체적인 내용을 살펴본다.

3. 대상판결은 특히 권리남용이 객관적으로 명백하여야 한다는 요건을 인정함에 있어, (i) 수익자의 보증금 청구가 명백한 권리남용이라는 점을 판단하는 기준 시점은 보증금 청구 시점이고, (ii) 권리남용이라는 사실은 보증인인 은행에게 객관적으로 명백하여야 한다는 기준을 적용하였고, 이러한 기준을 적용한 결과 원심 판결과 결론을 달리하였다.

따라서 권리남용에 해당하는지 여부에 대한 판단 시점과 주체에 대한 대상판결의 입장의 타당성을 검토하고, 이러한 기준에 따르는 경우 권리남용의 명백성 여부 판단의 기초가 되는 증거나 자료의 범위가 어떠한지를 살펴본다.

4. 나아가 국제 선박건조계약 또는 국제 건설계약에서 보증금의 부당한 청구와 지급이 우려되는 경우, 보증의뢰인의 입장에서 보증금의 지급을 막기 위하여 어떠한 법적 수단을 강구할 수 있는지 검토한다.

Ⅳ. 독립적 은행보증에 관하여

1. 보증수익자와 수급인이 서로 다른 국가에 소재하고 있는 선박건조계약이나 공사도급계약 등의 경우,[4] 보증수익자는 일반적으로 수급인의 계약 이행과정에서 발생할 수 있는 손해를 담보하기 위하여 수급인으로부터 계약이행보증서(performance bond)를 제공받게 된다. 또한 외관상 공사나 선박건조 등이 모두 완료되었다고 하더라도 하자의 존재 여부는 일정한 기간이 경과해야 확인할 수 있어 보증수익자는 하자책임에 대한 보증조로 하자보증기간이 완료되는 기간까지 수급인에 대하여 일정 금액의 대금지급을 유보하거나, 아니면 수급인으로부터 하자보증서(maintenance bond)를 제공받기도 한다. 한편 대규모 선박건조계약의 경우, 계약 대금이 거액이고 일정한 공정의 단계를 정하여 그 사유가 발생하면 보증수익자인 매수인이 수급인인 선박건조자에게 선수금을 지급하는 것이 일반적이다. 그런데 보증수익자는 선박건조나 공사가 제대로 진행되지 못하는 경우가 발생하면 기 지급한 선수금을 수급인으로부터 환급받아야 한다. 이

---

4) 독립적 은행보증은 오직 국제적 거래에서만 이용되는 것은 아니고 국내에서의 거래에도 사용되기도 하나, 일반적으로 국제적 거래에서 더 빈번하게 사용되고 있다.

러한 선수금의 환급을 담보하기 위하여, 수급인은 선수금의 수령에 앞서 선수금환급보증서(refund guarantee, advance payment bond)를 발급받아 보증수익자에게 제공하는 것이 일반적이다.[5]

2. 이러한 보증서의 지급 조건을 어떻게 정할 것인지는 일반적으로 선박건조계약서나 도급계약서에 정하여 두게 되는데, 보증수익자의 입장에서는 다른 나라에 소재한 수급인을 상대로 소송이나 중재를 통하여 권리행사를 하는 것이 쉽지 않기 때문에 가능한 한 보증금의 지급을 위한 조건을 간단하게 정하려고 하는 반면, 수급인은 무조건적인 지급이 이루어지는 것을 가능한 한도 내에서 피하려고 하기 때문에, 결국 개별 계약에서 보증서의 조건을 어떻게 정하는지는 보증수익자와 수급인의 협상력 등에 의하여 정해지게 된다.

3. 특히 보증계약이 보증의뢰인과 보증수익자 사이의 원인관계와는 독립되어, 보증인이 원인관계에 기한 사유로는 보증수익자에게 대항하지 못하고 수익자의 청구가 있기만 하면 무조건적인 지급의무를 지는 내용으로 되어 있는 경우를 독립적 은행보증이라고 한다. 이러한 독립적 은행보증의 방식은 제2차 세계대전 이후 국제거래가 활성화되면서 1960년대부터 미국 국내시장에서 먼저 사용되었다.[6] 이후 중동 산유국들이 오일달러를 바탕으로 플랜트, 사회기반시설 등 대규모 공사를 발주하면서 서방의 수급인들을 상대로 채무 담보를 위한 독립적인 보증수단을 요구하였고, 수급인들은 공사를 수주하기 위하여 발주자의 요구를 수용할 수밖에 없었는데, 이러한 방식이 국제거래에 있어서 독립적 은행보증의 관행으로 자리 잡게 되었다.[7]

독립적 은행보증의 명칭은 실제로 다양한 명칭으로 불리우고 있다. 일반적으로 독립적 은행보증(independent bank guarantee)이라는 말이 많이 쓰이지만, 국

---

5) 특히 선박건조계약에서 매수인이 선박건조자에게 지급한 선수금의 환급을 담보하는 경우 환급보증이 사용된다. 이에 관한 영문표제는 'refund guarantee', 'refundment guarantee', 'letter of refundment guarantee', 'letter of guarantee', 'advance payment guarantee', 'advance payment bond', 'repayment guarantee', 'standby letter of guarantee' 등 다양하다. 이에 따라 보증서상의 표제만으로 환급보증 여부를 판단할 수 없고, 내용에 따라 판단하여야 한다. 실무에서는 'RG', '선수금환급보증', '환급보증' 등으로도 불린다. 김상만, "선박수출거래에서 환급보증(Refund Guarantee)의 특성과 문제점에 대한 연구", 서울대학교 법학 제52권 제3호(서울대학교 법학연구소, 2011), 453면.
6) 김선국, "독립적 보증과 보증신용장에 관한 UN협약", 비교사법 제3권 제1호(한국비교사법학회, 1996), 1면.
7) 상게논문, 1면.

제거래계에서 'bond', 'letter of guarantee', 'demand guarantee', 'independent guarantee' 등도 사용된다.[8] 다른 한편 미국에서는 독립적 은행보증 대신 보증신용장(standby letter of guarantee)만이 사용되고 있다.[9] 보증신용장은 과거에 미국에서 은행이 보증을 하는 것이 제한되어 있었기 때문에 위와 같이 신용장의 방식을 이용하여 보증을 하게 된 것으로, 그 실질적인 법률관계는 독립적 은행보증과 크게 다르지 않다.[10]

　4. 통상의 보증의 경우, 주채무의 발생, 존속, 소멸에 따라 보증채무도 발생, 존속, 소멸하고, 보증채무의 범위도 주채무의 범위에 한정된다(민법 제430조). 그러나 위와 같이 보증인의 항변을 보증서에 명시적으로 유보하지 아니하고 수익자가 일정한 요건을 갖추어 보증인에게 보증금의 지급을 청구하면 보증인이 무조건적으로 보증금을 지급하도록 정한 경우,[11] 보증의뢰인이 보증의뢰인과 보증수익자 사이의 법률관계(원인관계)상의 일체의 항변을 포기한 것으로 다루어져 결과적으로 보증인은 통상의 보증과는 다른 보증채무를 부담하게 된다.[12] 이처럼 원인관계와 무관하게 보증인이 무조건적인 지급의무를 부담하는 독립적 은행보증의 성질을 은행보증의 독립추상성 내지 무인성이라고 한다.

　독립적 은행보증의 추상성 내지 무인성은 보증서에 기한 지급의 확실성을 보장하여 국제거래의 원활을 도모하는 기능을 한다.[13] 또한 독립적 은행보증의

---

8) Clive M. Schmittoff, Export Trade, 9th ed. London Steven & Sons, 1990, p. 451, 김상만, "국제거래에서 독립적 은행보증서에 대한 담보장치로서의 수출보증보험에 관한 연구", 한국무역상무학회지 제39권(한국무역상무학회, 2008), 6면에서 재인용.

9) 송상현, "보증신용장의 독립성에 관한 소고", 서울대학교 법학 제26권 제2/3호(서울대학교 법학연구소, 1985), 175-176면.

10) 상게논문, 176면.

11) 독립적 은행보증서는 계약에 따른 보증인의 항변 내용을 보증서에 담지 않는 것으로 정하는 경우가 대부분이고, 이에 따라 보증서에는 "보증금 지급조건과 일치하는 청구서 및 보증서에서 명시적으로 요구하고 있는 서류가 제시되는 경우에는 무조건적으로 보증금을 지급한다"는 문구가 기재되어 있는 경우가 많다.

12) 대법원은, 독립적 은행보증의 법적 효과와 관련하여, 독립적 은행보증은 주채무자(보증의뢰인)와 채권자(수익자) 사이의 원인관계와는 독립되어 그 원인관계에 기한 사유로서는 수익자에게 대항하지 못하고 수익자의 청구가 있기만 하면 보증인의 무조건적인 지급의무가 발생하게 되므로, 독립적 은행보증은 수익자와 보증의뢰인과의 원인관계와는 단절된 추상성 내지 무인성을 가진다고 본다(대법원 1994. 12. 9. 선고 93다43873 판결).

13) 영국 고등 법원(High Court)의 Hirst 판사는, 취소불능 신용장과 은행보증은 거래에서 생명의 피(lifeblood)와 같은 역할을 하는데, 법원이 개입하여 신용장과 은행보증에서 나오

추상성 내지 무인성은 보증인으로 하여금 수익자의 청구가 이유 있는 것인지 조사할 의무를 면하게 해 준다.[14]

반면, 보증의뢰인은 자신의 의무불이행이 없음에도 불구하고 보증인이 수익자의 청구에 의하여 수익자에게 지급한 후 자신에게 구상하는 위험을 부담하게 되므로, 독립적 은행보증은 수익자의 부당 청구에 대한 위험을 보증의뢰인이 부담하도록 한다. 보증수익자의 부당한 청구로 보증금이 지급되는 경우, 보증의뢰인은 수익자에게 부당이득 등을 이유로 하여 지급받은 금액의 반환을 청구할 수밖에 없다.[15] 이러한 속성 때문에 수익자가 권리가 전혀 없음에도 불구하고 보증책임의 무인성을 악용하여 보증인에게 보증금의 지급을 청구하는 것이 가능하고, 실제로 수익자가 이러한 방법으로 독립적 은행보증의 추상성, 무인성을 남용하는 사례들이 발생하고 있다.

5. 독립적 은행보증은 거래의 필요에 따라 발생한 것으로서, 초기에는 이에 관한 직접적인 규율이 없었고 오늘날도 대부분의 나라에서는 이를 판례에 의하여 규율하고 있다.[16] 그러나 "독립적 보증과 보증신용장에 관한 유엔협약(United Nations Convention on Independent Guarantees and Stand-By Letters of Credit)"[17] 등 이에 대한 국제적으로 구속력 있는 성문법도 생겨나고 있다. 또한 이를 국내법으로 직접 규율하고 있는 나라로는 미국과 프랑스가 있는데, 미국의 통일상법전(Uniform Commercial Code, UCC) 제5편(Article 5)은 보증신용장을 포함한 신용장

는 권리를 손에 쥐고 있는 현금과 마찬가지로 취급하는 상업적인 관행을 교란시킨다면, 혈전(thrombosis)이 생길 것이라고 하였다[Hong Kong and Shanghai Banking Corp v. Kloeckner & Co AG, (1990) 2 Q.B. 514, 523-524. 윤진수, "독립적 은행보증의 경제적 합리성과 권리남용의 법리", 법조 제63권 제5호(법조협회, 2014.), 16면에서 재인용].

14) 보증금 지급요건의 충족 여부를 서류상으로만 심사한다는 점에서 화환신용장의 법리와 유사하다.

15) 독일에서는 독립적 은행보증의 이러한 속성을 가리켜 '우선 지급하고 나중에 소송을 한다(Erst zahlen, dann prozessieren)'고 표현한다[Graf von Westphalen und Jug (hrsg.), Die Bankgarantie im internationalen Handelsverkehr, 3. Aufl., Verl. Recht und Wirtschaft, 2004, S. 268f., 윤진수, 전게논문, 17면에서 재인용].

16) 윤진수, 전게논문, 9면.

17) 독립적 보증과 보증신용장에 관한 유엔협약은 유엔 국제상거래법위원회(UNCITRAL)에 의하여 마련되었고, 2000. 1. 1. 발효되었지만, 현재 가입국은 벨라루스, 에콰도르, 엘살바도르, 가봉, 쿠웨이트, 라이베리아, 파나마, 튀니지 8개국으로 실제로 적용되는 범위가 넓지는 않다(UNCITRAL 웹사이트 http://www.uncitral.org/uncitral/en/uncitral_texts/payments/1995Convention_guarantees_status.html).

일반에 관하여 규정하고 있고[18] 프랑스 민법 제2321조는 독립적 보증(grantie au-tonome)을 규정하고 있다.[19] 또한 유럽의 공통참조기준초안(Draft Common Frame of Reference, DCFR)[20]도 독립적 은행보증에 대하여 규정하고 있다.[21]

6. 그 밖에 독립적 은행보증에 있어서 국제 거래에서 많이 이용되고 있는 것으로 국제상업회의소(International Chamber of Commerce, ICC)가 제정한 요구불보증서에 관한 통일규칙(Uniform Rules for Demand Guarantee, URDG),[22] ICC가 1933년 화환신용장통일규칙으로 처음 제정하여 2006년까지 6차례 개정되고 2007. 7. 1.부터 사용되고 있는 신용장 통일규칙(Uniform Customs and Practice for Documentary Credits, UCP600) 및 1998년 미국 국제은행법실무연구소(Institute of International Banking Law & Practice)가 제정하고 ICC 은행위원회가 승인한 보증신용장통일규칙(International Standby Practices, ISP98)이 있다.[23] 이들은 그 자체로 구속력이 있는 법규범은 아니고 강제성은 없으며, 거래당사자가 사전에 합의해야 적용되고, 해당국의 법규와 다른 경우에는 법규가 우선 적용되며, 거래당사자 간에 일부 규정을 배제하거나 변경하여 적용할 수도 있다.

V. 독립적 은행보증에 따른 보증금의 지급 거절 가능성에 대한 판단 경향

1. 보증수익자가 독립적 은행보증의 독립성 내지 무인성을 악용하여 실제

---

18) 김선국, "독립적 은행보증의 법리", 재산법연구 제25권 제1호(한국재산법학회, 2008), 308면.

19) 김성수, "프랑스 민법전의 독립적 채무보증(grantie autonome)에 관한 연구", 민사법학 제49권 제2호(한국민사법학회, 2010), 81면.

20) 2005년 유럽위원회(European Commission)가 2005년 유럽 사법에 관하여 공통참조기준(Common Frame of Reference)을 만들기 위하여 유럽민법전 연구그룹(Study Group on a European Civil Code)과 현재의 유럽공동체사법 연구그룹(Research Group on Existing EC Private Law, acquis group)에게 의뢰하여 만들어진 것이다[권영준, "유럽사법 통합의 현황과 시사점: 유럽의 공통참조기준초안에 관한 논쟁을 관찰하며", 비교사법 제18권 제1호(한국비교사법학회, 2011), 35면 이하].

21) 윤진수, 전게논문 14면.

22) 1992년에 URDG458이 처음 제정되었고, 이에 대한 개정규칙인 URDG758은 2010. 7. 1.자로 발효되었다.

23) 박세운, "ISP98의 특성과 UCP600과의 비교연구", 무역상무연구 제41권(한국무역상무학회, 2009), 51면.

로는 보증채권을 행사할 권리가 전혀 없음에도 불구하고 보증인에게 보증금의 지급을 부당하게 청구하는 경우, 보증의뢰인이 그 지급을 막을 방안이 있는지 여부가 문제되는데, 이러한 경우 사기 또는 권리남용의 법리를 근거로 수익자의 청구가 법적으로 보호할 가치가 없는 명백히 부당한 청구 내지 권리 남용이라고 하여 보증인의 지급거절 가능성을 인정하는 것이 국제적인 경향이다.

2. 대륙법계 국가에서는 독립적 은행보증의 독립추상성 내지 무인성은 절대적인 것이 아니라는 전제 하에 독립적 은행보증의 경우에도 신의성실의 원칙 내지 권리남용금지의 원칙의 지배를 받는다는 법리를 발전시켜 왔다. 그 결과 수익자의 청구가 형식적으로는 보증금 지급 청구의 요건을 갖추기는 하였으나 실질적으로 전혀 청구할 수 없는 것임이 밝혀진 경우에는 보증금 지급 청구가 권리남용에 해당되어 허용될 수 없다고 보고 있다.

2006년 개정 프랑스 민법 제2321조는 독립적 보증인은 채권자의 명백한 (권리) 남용이나 사기 또는 채권자와 주채무자의 공모가 존재하는 경우에는 보증금을 지급할 의무가 없다고 규정하여 독립성의 예외를 규정하고 있다.[24] 판례는 위 민법 규정이 신설되기 이전에도 명백한 사기가 있으면 독립적 은행보증의 독립성에 대한 예외를 인정할 수 있다고 판단하였다.[25]

독일의 경우 연방대법원은 무조건적인 보증을 한 보증은행은 수익자의 요구가 있기만 하면 주채무가 발생하지 않았다거나 또는 소멸하였다는 등의 항변을 함이 없이 보증금액을 지급하여야 하는 것이 원칙이지만 이러한 항변의 배제도 신의성실의 원칙의 지배를 받는 것으로서 형식적인 요건의 존재에도 불구하고 수익자와 주채무자 사이의 대가관계에서 실질적인 보증사고가 발생하지 않았다는 것이 명백하거나, 또는 이를 즉시 입수할 수 있는 증거에 의하여 입증할 수 있으면 보증계약에 기한 지급 청구는 권리남용의 항변에 의하여 부정된다고 설시하였다.[26]

3. 영미법계 국가에서는 보증의뢰인이 발행은행에 대한 보증금지급금지의 금지명령(injunction)을 구하여 보증금 지급을 막을 수 있다.

---

24) Le garant n'est pas tenu en cas d'abus ou de fraude manifestes du bénéficiaire ou de collusion de celui-ci avec le donneur d'ordre., 윤진수, 전게논문, 32면에서 재인용.

25) Cass. com. 10 juin 1986, Bull. civ. Ⅳ, No 117 등. 김성수, 전게논문, 81면.

26) BGHZ 90, S. 287ff., 윤진수, 전게논문, 22면에서 재인용.

　　미국은 뉴욕주 법원이 1941년 신용장에 관하여 사기를 이유로 지급을 거절할 수 있다고 선고한 Sztein v. J. Henry Schroder Banking Corp. 판결 이후 보증신용장에 관하여도 이러한 법리를 그대로 적용하고 있다.[27] 이러한 사기의 항변은 보증의뢰인이 보증은행을 상대로 하여 수익자에게 돈을 지급하여서는 안된다는 금지명령(injunction)을 청구하면서 제기되는 경우가 많은데, 미국 법원은 1979년 이란 혁명 후 이란 측이 수익자였던 사건들과 관련하여 금지명령을 인용하기도 하였으나,[28] 그 후에는 거의 금지명령을 인용하지 아니하는 것으로 보인다. 한편 UCC 제5-109(b)조는, 보증의뢰인이 요구된 서류가 위조되었거나 중대하게 사기적이거나 또는 지급 청구에 응하는 것이 보증신용장의 발행인이나 개설의뢰인에 대한 수익자 측의 중대한 사기(material fraud)를 조장하게 된다고 주장하는 경우에는, 법원은 일정한 조건이 갖추어진 때에 한하여 발행인이 지급 청구에 응하는 것을 잠정적으로 또는 영구적으로 금지하거나 발행인 또는 다른 사람에 대한 비슷한 구제를 부여할 수 있다고 규정한다.[29] 이때 중대한 사

---

27) Intraworld Industries, Inc. v. Girard Trust Bank, 461 Pa. 343 (Supreme Court of Pennsylvania, 1975) 등. Sztein 판결은 신용장 거래에 관하여 매도인이 고의적으로(intentionally) 상품을 선적하지 아니한 것을 사기로 보았으나, 이후 독립성의 원칙의 예외가 인정되기 위해서는 터무니없는 사기(egregious fraud)가 있어야만 한다고 본 판결이 있는 반면, 의제적 사기(constructive fraud)만으로 예외가 인정될 수 있다고 본 판결도 있었다(Gao Xiang and Ross P. Buckley, "A Comparative Analysis of the Standard of Fraud required under the Fraud Rule in Letter of Credit Law", 13 Duke Journal of Comparative & International Law 293, 298ff.. 2003, 윤진수, 전게논문, 19면에서 재인용).

28) 국제거래에서 독립적 보증이 크게 문제된 것은 1979년 이란에서 발생한 혁명 때문이었다. 당시 이란에서 각종 대규모 프로젝트를 수행하고 있던 수급인들은 이란 혁명으로 인하여 계약상 의무를 이행하는 것이 불가능하게 되었고, 이에 따라 발주자에 대한 원보증을 발행한 이란 내 은행들이 복보증을 한 서방의 은행 등에 보증금 청구권을 행사하면서 독립적 은행보증의 위험성이 본격적으로 인식되기 시작하였다. 김선국, "독립적 은행보증의 법적 규율과 관련한 문제점", 국제거래법연구 제17권 제1호(국제거래법학회, 2008), 106면.

29) SECTION 5-109. FRAUD AND FORGERY.
(b) If an applicant claims that a required document is forged or materially fraudulent or that honor of the presentation would facilitate a material fraud by the beneficiary on the issuer or applicant, a court of competent jurisdiction may temporarily or permanently enjoin the issuer from honoring a presentation or grant similar relief against the issuer or other persons only if the court finds that:
(1) the relief is not prohibited under the law applicable to an accepted draft or deferred obligation incurred by the issuer;
(2) a beneficiary, issuer, or nominated person who may be adversely affected is ad-

기란 지급의무를 뒷받침할 근거가 없는 것을 말한다.[30]

영국 법원도 미국과 같이 사기의 경우에는 독립성의 예외가 인정될 수 있다고 보고 있지만, 영국 법원 역시 실제로는 사기가 있었다고 인정하는 경우가 거의 없는 것으로 보인다.[31] 한편 영국과 싱가포르 등에서는 기본계약이 비양심적(unconscionable)이거나 위법한(illegal) 경우에는 보증인이 보증수익자의 청구를 거절할 수 있는가 하는 점이 논의되고 있다.[32] Mahonia Ltd. v. JP Morgan Chase Bank의 약식 판결(summary judgment)[33]에서 Colman 판사는, 독립추상성 원칙은 특별한 경우 근거계약의 위법사유에 의해 제외될 수 있다는 입장을 설시하였다.[34]

4. 한편 독립적 보증 및 보증신용장에 대한 유엔협약 제19조 제1항은 (i) 제

---

equately protected against loss that it may suffer because the relief is granted;

(3) all of the conditions to entitle a person to the relief under the law of this State have been met; and

(4) on the basis of the information submitted to the court, the applicant is more likely than not to succeed under its claim of forgery or material fraud and the person demanding honor does not qualify for protection under subsection (a)(1).

30) Official Comment to Article 5 of the Uniform Commercial Code, Article 5-109, para. 3.

31) 대표적인 사례로 영국 항소법원(Court of Appeal)이 1977년 선고한 Edward Owen Engineering Ltd. v. Barclays Bank International Ltd. and Another 판결을 들 수 있다. 이 사건에서 원고들은 리비아의 발주처를 위하여 공사를 진행하며 계약 이행보증을 위하여 피고 은행이 리비아 은행에 대하여 청구가 있으면 조건 없이 보증금을 지급하기로 하는 이행보증서(performance bond)를 발급하였고 리비아 은행은 리비아 발주처에 대하여 같은 금액의 보증서를 발급하여 주었는데, 리비아 발주처가 원고들에게 계약에 따른 신용장을 개설해주지 않자 원고들이 계약을 해제하면서 피고 은행을 상대로 보증금의 지급을 금지할 것을 명하는 금지명령을 신청하였다. 항소법원은 "이행보증서는 은행에게 절대적인 지급의무를 부과하나 은행에게 알려진 확정되거나 명백한 사기의 경우에는 예외가 인정된다"고 하면서도 실제로 원고들이 계약 해제를 주장할 수 있다고 하더라도 그것만으로는 사기가 있음이 자명하거나 명백하다고 할 수 없다고 판단하였다. 실제로 영국 법원이 보증의뢰인이 은행을 상대로 제기한 지급금지 명령 신청을 인용한 사례는 Kvaerner John Brown v. Midland Bank, Q. B [1998] C.L.C. 446이 유일한 것으로 알려져 있다(윤진수, 전게논문, 21면).

32) Nelson Enonchong, The Independence Principle of Letters of Credit and Demand Guarantee, Oxford University Press, (2011), pp. 159ff., 윤진수, 전게논문, 40면에서 재인용.

33) [2003] 2 Lloyd's Rep. 911; English Commercial Court [2003] EWHC 1927 (Comm).

34) 한재필, "신용장 및 독립적 보증의 독립추상성 원칙 예외에 관한 고찰", 중재연구 제19권 제3호(한국중재학회, 2009), 190-191면. 다만, 위 사건에 관하여 개시된 정식재판에서 재판부는 충분한 심의를 한 후 근거계약에 위법사항이 존재하지 않는다고 판단하였다.

출서류가 진정한 것이 아니거나 위조된 경우, (ii) 지급 청구서류나 부속서류에 의하면 지급할 시기가 되지 않은 경우, (iii) 보증의 유형이나 목적에 비추어 지급 청구가 납득할 만한 근거가 없는 경우를 지급거절사유로 규정하고 있으며, 위 (iii)에 해당하는 구체적인 사유로 a) 보증서가 담보하는 위험이 의심할 여지 없이 실현되지 아니한 경우, b) 기본계약상의 주채무자(보증의뢰인)의 의무가 법원이나 중재판정부에 의해 무효로 선언된 경우(다만, 보증서가 이러한 경우까지 포함시키는 경우는 제외), c) 기본계약상의 주채무자의 의무가 의심할 여지 없이 수익자에게 만족할 정도로 이행된 경우, d) 기본계약상의 의무의 이행이 수익자의 악의적인 부당행위에 의하여 이행되지 못하였다는 것이 확실한 경우, e) 복보증의 수익자가 악의로 지급한 경우를 규정하고 있다.

5. 우리 대법원도 국제거래에서 은행보증제도가 악용될 위험에 대비하여 법의 해석론으로 위와 같은 법리를 받아들이고 있다. 즉, 대법원은 사우디아라비아 보건성과 한국 건설사 사이에 병원신축공사를 위한 도급계약이 체결되고 한국 건설사의 의뢰에 의해 한국의 은행이 사우디아라비아 보건성을 수익자로 선수금 환급보증서 및 이행보증서를 발행한 후 사우디아라비아 보건성이 보증은행에 보증기간을 연장해 주거나 보증금을 지급할 것을 요청하자 한국 건설사가 보증은행을 상대로 보증금 지급금지가처분을 신청한 사건에서, "독립적 은행보증의 경우에도 신의성실의 원칙 내지 권리남용금지의 원칙의 적용까지 배제되는 것은 결코 아니라고 할 것이므로, 수익자가 실제에 있어서는 보증의뢰인에게 아무런 권리를 가지고 있지 못함에도 불구하고 위와 같은 은행보증의 추상성 내지 무인성을 악용하여 보증인에게 청구를 하는 것임이 객관적으로 명백할 때에는 이는 권리남용의 경우에 해당하여 허용될 수 없는 것이고, 이와 같은 경우에는 보증인으로서도 수익자의 청구에 따른 보증금의 지급을 거절할 수 있다고 보아야 할 것"이라고 판시하였다(대법원 1994. 12. 9. 선고 93다43873 판결).

6. 대법원은 최근 이란의 자동차 부품 생산 업체가 국내 자동차 부품 공급 업체와 계약을 체결하며 국내 은행으로부터 이행보증서를 발급받은 후 이란 내 해당 부품의 판매 금지 등을 이유로 은행에 대한 보증금을 청구한 사례에서도, 권리남용을 근거로 독립적 은행보증의 독립성에 대한 예외가 인정될 수 있다는 것은 인정하였으나, 독립적 은행보증에 있어 원인관계와 단절된 추상성 및 무인성이라는 본질적 특성을 강조하여 수익자가 보증금을 청구할 당시를 기준으

로 보증의뢰인에게 아무런 권리가 없음이 객관적으로 명백하여 수익자의 형식적인 법적 지위의 남용이 별다른 의심 없이 인정될 수 있는 경우가 아닌 한 권리남용을 쉽게 인정하여서는 아니 된다고 판단하였다(대법원 2014. 8. 26. 선고 2013다53700 판결).

이러한 전제 하에 대법원은 원고의 청구가 권리남용에 해당하기 위해서는 국내 자동차 회사의 채무불이행이 인정되지 아니하여 원고의 국내 자동차 회사에 대한 권리가 존재하지 않는다는 것만으로는 부족하고, 원고가 국내 자동차 회사에 대하여 아무런 권리가 없음을 잘 알면서 독립적 은행보증의 추상성과 무인성을 악용하여 청구를 하는 것임이 객관적으로 명백한 경우이어야 한다고 판단하였다.

7. 대상판결도 종전의 대법원 판결들과 마찬가지로 권리남용을 근거로 독립적 은행보증의 독립성에 대한 예외가 인정될 수 있다는 것을 인정하면서, 다만 권리남용이 매우 엄격한 요건 하에서만 인정되어야 한다고 판시하였다.

Ⅵ. 독립적 은행보증의 독립성에 대한 예외

1. 독립성의 예외가 인정되기 위해서는 (i) 수익자의 청구가 권리 남용에 해당할 것과, (ii) 권리남용이라는 점이 명백할 것의 두 가지 요건이 갖추어져야 한다.

2. 여기서 수익자의 청구가 권리남용에 해당한다는 것은 수익자가 원인관계상 보증의뢰인에 대한 청구권이 없음에도 보증은행에게 보증금의 지급을 청구하는 것인데, 권리남용이 인정되기 위하여 수익자가 자신에게 원인관계상 청구권이 없음을 알아야 한다거나, 또는 보증의뢰인을 해할 의사가 있어야 한다는 등의 주관적 요건이 별도로 요구되는가가 문제된다. 영미에서 독립성의 예외가 인정되기 위하여 수익자의 사기(fraud)가 있어야 한다고 말할 때에는 이러한 주관적 요건이 필요하다는 것을 시사한다.[35] 대법원은 보증수익자가 보증의

---

35) 영국 법원은 수익자가 하는 지급요구의 기망성 입증과 관련하여, 주로 수익자 스스로, 또는 그의 이익을 대변할 것으로 여겨지는 증인, 감정인, 공사감리인 등이 수익자에게 불리한 내용(공사가 만족스럽게 완료되었다든지, 물품이 하자 없이 모두 제때에 배달되었다든지 등)으로 작성한 서류 등을 현출할 것을 요구하고, 수익자에게 불리한 주장에 대하여 수익자가 해명할 기회가 있었음에도 해명하지 아니하는 등의 사정이 있어 '법원

뢰인에 대한 권리가 없음을 잘 알면서 무인성을 악용하여 청구를 하는 경우에 예외를 인정하여 주관적 요건이 필요하다는 태도를 취하고 있는 것으로 보인다.[36]

그러나 이러한 주관적 요건을 따로 요구할 필요는 없다고 보인다. 수익자에게 보증의뢰인에 대한 청구권이 없음이 명백한데도, 그가 이를 몰랐다는 이유만으로 존재하지도 않는 청구권의 실현을 위한 보증금의 청구를 허용할 이유는 없기 때문이다. 국제적으로도 이러한 태도가 지배적이라고 한다.[37] 특히 앞에서 살펴본 독립적 보증과 보증신용장에 대한 유엔 협약 역시 이 점을 명백히 하고 있다.

3. 수익자의 청구가 권리남용이거나 또는 사기적이라고 하여도, 그것만으로 보증은행이 수익자의 청구를 거절할 수는 없고 그 점이 명백하여야 한다는 것은 여러 나라에서 인정되고 있다. 독립적 은행보증의 본질적인 속성인 독립성을 강조하면, 독립성에 대한 예외의 인정 요건으로 권리남용이 존재한다는 사실뿐만이 아니라 권리남용이 명백하여야 한다는 것을 요구하는 것은 당연할 것이다.[38]

만일 수익자의 청구가 권리남용이라는 점이 너무 쉽게 인정되면, 독립성의 원칙은 사실상 유지될 수 없고, 독립적 은행보증이 가지는 담보로서의 가치도 훼손될 것이다. 원인관계에 관한 당사자가 아닌 보증은행 입장에서는 수익자의

에 현출된 자료에 비추어 보았을 때 그로부터 도출될 수 있는 사실상 유일한 결론(the only realistic inference)이 수익자에게 사위(詐僞)가 있었음에 귀착하는 경우'에만 보증은행의 지급거절이 정당화된다고 보고 있다[United Trading Corp. v. Allied Arab Bank [1985] 2 Lloyd's R. at 561, 김기창, "보증채무의 부종성과 독립성 — 영국법과의 비교를 중심으로 — ", 민사법학 제29호(한국민사법학회, 2005), 93면에서 재인용].

36) 대법원 2014. 8. 26. 선고 2013다53700 판결.

37) Roeland Bertrams, Bank Guarantees in International Trade, 3rd ed., Kluwer Law International, (2004), p. 353.

38) 권리남용을 널리 인정하는 것은 독립적 은행보증의 무인성을 약화시켜서 애초에 당사자들이 추구하던 독립적 담보제도의 창출이라는 목적에 역행할 우려가 있고, 권리남용의 인정은 그것의 담보목적과의 괴리가 명백한 사례에 한하여 제한적으로 인정되어야 할 것이라는 견해가 있다[김형석, "보증계약과 손해담보계약", 저스티스 제77호(한국법학원, 2004), 60면]. 이 견해는 독립적 은행보증에 의한 청구가 권리남용에 의한 제한을 받으면 무인성은 실질적으로 악화되는데, 이것은 권리남용의 판단을 위해서는 실제로 실질적 이행상황이 도래하지 않았음을 확정하여야 하므로 '실질적 이행상황의 명백한 부재'를 심사하기 위하여 주채무관계의 내용을 소급해 들어가는 것이 불가피하기 때문이라고 한다.

청구가 권리남용인지 여부를 판단하기가 어려울 뿐만 아니라, 보증은행이 이를 판단하기 위해서는 추가적인 비용이 들 수밖에 없는데, 그럼에도 불구하고 보증은행에 과도한 부담을 지우게 되면, 결국 보증은행이 보증서 발급을 꺼리거나 수수료를 올리는 등의 결과가 초래된다.

4. 명백성을 요구한다고 하여 그 판단 기준이 바로 명확해지는 것은 아니다. 즉 명백성 여부의 판단 기준과 관련하여서는, 판단 기준 시점이 언제인지, 누구에게 명백한지, 명백성 여부를 판단하기 위하여 이용될 수 있는 증거나 자료는 어떤 것인지 등의 세부적인 기준이 추가로 존재한다.

5. 논의의 편의상 명백성 여부를 판단하는 기준 시점과 판단의 기초가 될 수 있는 증거나 자료의 범위를 함께 살펴본다.

DCFR은 이에 대하여 '현재의 증거(present evidence)'라야 한다고 규정한다.[39] 우리나라의 민사소송에서는 원칙적으로 재판에서 사용될 수 있는 증거에 관하여 제한이 없는 것이 원칙이다. 그러므로 우리 법의 해석론으로 위와 같은 제한이 정당화되려면 그 근거를 소송법에서 찾을 수는 없을 것이다. 그럼에도 불구하고 권리남용의 명백성 여부를 판단하기 위한 증거 내지 자료는 즉시 입수할 수 있는 것이라야 한다고 보는 것이 우리나라에서도 일반적인 견해로 보인다.[40]

이러한 견해들은 보증수익자의 보증금 청구가 명백한 권리남용이라는 점을 판단하는 기준 시점은 보증금 청구 시점이라고 보는 것을 그 주된 근거로 한다.[41] 즉 권리남용 여부가 문제되는 것은 1차적으로는 보증은행이 보증금을 지급할 것인지 여부를 판단할 시점인데, 이는 보증은행으로서는 보증금 지급 여부를 판단하는 시점에 권리남용이 명백하여야만 보증금의 지급을 거부할 수 있으며, 그렇지 않으면 수익자로부터 책임을 추궁당할 위험이 있기 때문이다. 따라서 보증은행이 보증금청구를 받았을 때 권리남용 여부가 명백하지 않으면 보증은행으로서는 보증금을 지급하여야 하고, 나중에 권리남용이라는 사실이 밝

---

39) DCFR IV. G.-3:105 (1).

40) 윤진수, 전게논문, 44면; 김승현, "독립적 보증과 그 부당한 청구에 대한 대응방안 연구", 무역상무연구 제69권(한국무역상무학회, 2016), 276면; 심승우, "신용장 및 독립적 은행보증 관련 지급금지가처분 — 우리나라 법원의 하급심 결정례를 중심으로 —", 민사집행법연구 제11권(한국민사집행법학회, 2015), 386면.

41) 윤진수, 전게논문, 42면.

혀졌다고 하여 보증금의 지급 거부가 정당화될 수는 없다고 보아야 한다.

　　다만 여기서 보증수익자의 '청구 시점'을 보증은행이 수익자로부터 보증금 지급 청구를 받은 때만을 말하는 것이라 보기는 어렵다. 이와 관련하여서는, 보증은행이 수익자로부터 보증금 지급 청구를 받은 후 수익자에 대한 지급 여부를 판단하기 위하여 필요한 합리적인 기간이 지난 때를 말하는 것으로 해석하는 것이 타당할 것이라는 견해가 있고,[42] 이 견해가 합리적인 것으로 보인다.

　　청구 시점을 위와 같이 해석하는 경우 '합리적인 기간'이 어느 정도를 이야기하는지 문제된다. 이와 관련하여, 보증금 지급금지가 가처분으로 다투어지는 경우에는 은행이 지급 청구를 받는 시점과 그리 멀지 않은 시점에 법원의 판단이 이루어지고 이러한 판단을 하는 무렵이 '기준 시점'이 되고 '판단 자료'도 민사집행법 제23조 제1항, 민사소송법 제299조 제1항에 따라 즉시 조사할 수 있는 자료로 제한되기 때문에 합리적인 기간에 관하여 특별한 문제가 발생하지 않을 것이라는 견해가 있으나,[43] 은행의 심사 기간은 이보다 훨씬 단기간으로 제한될 수 있고 가처분 사건의 심리가 경우에 따라서는 장기간 진행될 수도 있기 때문에, 위와 같이 가처분 결정이 단기간 내에 이루어진다는 것을 이유로 가처분 결정 시점까지를 일률적으로 '합리적인 기간'의 기준으로 삼기는 어려울 것으로 보인다. 한편, URDG458은 서류심사 기일을 단지 "합리적인 기간"이라고만 정하여 두었던 반면(제10조 제(a)항), URDG758은 서류심사 기일을 "지급 청구 제시 후 5 영업일 이내"로 특정함으로써(제20조 제(a)항) UCP600과 동일한 심사 기간으로 정하고 있는데, 이에 대하여는 상업신용장에서 심사하는 서류의 양과 비교할 때 독립적 은행보증에서 요구하는 서류는 현저히 적어 5일의 심사기간은 다소 길다는 견해가 있다.[44] 결국, '합리적 기간'이 어느 정도를 말하는 것인지는 보증서의 지급 조건이 어떠한지, 해당 조건에 대하여 은행의 심사에 필요한 기간이 어느 정도인지에 따라 사안별로 달라질 수밖에 없을 것이다.

　　보증수익자의 청구가 있는 경우 보증은행은 보증수익자의 부당한 청구로부터 보증의뢰인을 보호하기 위해 수익자에게 보증금을 지급하기 이전에 보

---

42) Apathy/Iro/Koziol, Österreichisches Bankvertragsrecht Band I, 2. Aufl., Springer, 2007, 3/62, 3/106, 윤진수, 전게논문, 43면에서 재인용.

43) 심승우, 전게논문, 386면.

44) 정홍식, "국제상업회의소(ICC)의 독립적 보증에 관한 통일규칙(URDG) 개정안 제3차 초안의 주요 내용", 경영법률 제20권 제1호(한국경영법률학회, 2009), 704면.

증금 지급 청구가 있었다는 사실을 보증의뢰인에게 통지하여 줄 의무가 있다.[45] 만약 수익자의 청구가 부당하다면, 보증의뢰인은 위 통지를 받은 후 보증은행에게 지급을 거절하라는 요구와 함께 청구의 부당성을 입증할 수 있는 자료를 제출하게 될 것인데, 이 경우 은행의 심사 기간은 위 자료를 심사하는 기간까지 포함하게 될 것이다.

또한, 권리남용 여부를 인정하기 위하여 사용될 수 있는 증거의 범위 역시 보증금 지급 여부를 심사하는 이 시점에 보증의뢰인이 제출한 자료나 그 밖에 보증은행이 입수할 수 있었던 자료에 국한된다고 봄이 타당하다.

뿐만 아니라 그러한 자료는 누가 보더라도 수익자에게 권리가 없다는 사실을 명확하게 밝혀 줄 수 있는 것이어야 할 것이다.[46]

대상판결의 환송 전 원심은 "B가 실제로 선박을 건조할 의사나 능력이 없는 상태였음에도 선급금을 유용하기 위한 목적에서 형식적으로 건조공사를 진행하고 선수금 지급 청구를 한 것은 권리남용에 해당하여 원고들에게 선수금지급의무가 발생하지 아니하였다"는 원고들의 주장에 대하여, 상당한 기간 동안 진행한 증거조사에서 현출된 여러 가지 서증 및 증인의 증언을 바탕으로 B의 선수금 지급 청구가 권리남용에 해당되지 않고 오히려 원고들의 보증금 지급 청구가 권리남용에 해당한다고 판단하였다. 대상판결은 원심을 파기하면서 독립적 은행보증의 독립성에 대한 예외를 판단할 기초가 되는 증거나 자료의 범위를 특별히 제한하지는 아니하였으나, 판단의 기준 시기는 '보증수익자의 보증금 지급 청구가 있을 때'라고 판단하였는데, 대상판결이 판단의 기준 시기에 대하여 위와 같이 판단한 만큼, 증거나 자료의 범위가 명시적으로 다투어졌더라면 이에 대하여는 '보증수익자의 청구 시점을 기준으로 일정한 기간 내에 보증인 은행에 대하여 이미 제출된 자료'로 한정하였을 것으로 보인다.[47]

6. 권리남용이라는 사실이 누구에게 명백하여야 하는지에 관하여는 독립적 은행보증의 독립성에 예외를 인정하는 이유 자체에 비추어 보더라도 수익자의

---

45) 윤진수, 전게논문 44면.

46) 윤진수, 전게논문, 44면.

47) 이 문제와 관련하여 대법원 2014. 8. 26. 선고 2013다53700 판결은 "권리남용 여부에 대한 판단은 당장 확보할 수 있는 자료에 의하여 이루어져야지 원인관계상 분쟁에 대한 자세한 탐구를 거쳐야 비로소 알 수 있는 사정을 토대로 이루어져서는 아니된다"라고 판단하였다.

보증금 청구의 상대방인 보증인을 기준으로 판단하는 것이 타당하다.

다만 간접보증이 이루어져 발주자에 대한 원보증 발행은행(이하 "제1은행"이라 한다)과 제1은행에 대하여 복보증을 제공한 은행(이하 "제2은행"이라 한다)이 있는 경우에는 누구를 기준으로 이를 판단하여야 할 것인지가 문제된다. 이에 관하여는 제1은행뿐만 아니라 제2은행에 대하여도 보증금 지급 청구가 권리남용에 해당한다는 점이 명백해야 한다는 견해가 있다.[48] 서울고등법원 역시 간접보증에 있어서는 권리남용의 요건이 수익자와 제1은행에 공통적으로 존재하여야 제2은행이 제1은행의 복보증금 지급 청구에 대항할 수 있다고 판단하였다.[49] 즉 수익자가 권리남용의 보증금 지급 청구를 하였고, 제1은행이 그 청구가 권리남용에 해당한다는 사실을 알면서도 수익자의 권리남용적 청구에 가담하였거나, 적어도 그렇게 의심할 충분한 이유가 있었음에도 만연히 수익자의 청구에 응하여 보증금을 지급한 경우에는 제2은행은 제1은행의 복보증금 지급 청구를 거절할 수 있다고 판단하였다.

간접보증의 경우에 종국적으로 문제가 되는 것은 제2은행의 제1은행에 대한 책임이므로, 제2은행의 제1은행에 대한 복보증금 지급 의무를 판단하기 위하여는 제1은행을 기준으로 제1은행이 수익자의 권리남용을 알 수 있을 만큼 권리남용이 명백한지 여부를 판단하여야 할 것이다.

이와는 조금 다른 사례로, 필자가 경험한 사례 중에는, 불가항력적인 상황으로 공사가 중단되었으나 보증수익자가 제1은행에 대하여 보증서의 유효기간 연장만을 구할 뿐 보증금 지급 청구를 하지 아니하였음에도[50] 제1은행이 제2은

---

48) 윤진수, 전게논문, 55면; 김승현, 전게논문, 276면.

49) 서울고등법원 2001. 2. 27. 선고, 2000나8863 판결. 보증의뢰인이 사우디아라비아의 회사인 수익자와 강관을 생산할 수 있는 조관기 설비를 납품하는 계약을 체결하였고, 그 하자 보증을 위하여 사우디아라비아 소재 제1은행이 수익자를 위한 보증서를 발급하였으며, 국내의 제2은행이 제1은행이 위 보증서에 따라 책임을 부담하는 경우 피고가 이를 지급하여 준다는 복보증서를 발급한 사안에서, 그 후 수익자가 제1은행을 상대로 보증금 지급 청구를 하자 제1은행이 그 지급을 거절하였으나, 수익자의 제소에 의하여 사우디아라비아의 금융 분쟁조정위원회가 제1은행에 대하여 수익자에게 보증금을 지급할 것을 명하였으며, 그에 따라 제1은행은 수익자에게 지급한 다음 제2은행에게 면책보증서 상의 보증금 청구를 한 사안이다.

50) 이는 "보증기간을 연장하고, 연장하지 아니할 경우 보증금을 지급하라(extend, if not, pay)"는 형식의 지급 청구도 존재하지 않았던 사안으로, 오로지 "보증기간을 연장하라"는 요청만이 있었던 사안이었다.

행에 대하여 복보증금의 지급을 청구한 사안들이 있었다. 이처럼 보증수익자가 제1은행에 대하여 보증금 지급 청구를 하지 않았음에도 제1은행이 제2은행에 대하여 복보증금의 지급을 청구하는 경우에는 권리남용의 명백성을 어떤 기준으로 보아야 할 것인지가 문제될 수 있다.

　　제1은행은 독립적 은행보증의 독립성에 따라 제2은행에 대하여 복보증서에 기한 무조건적인 지급을 청구할 수 있기는 하나, 제1은행이 보증금 청구를 당하지 않은 경우라면 제2은행에 대하여 복보증금을 청구할 권리 자체가 없기 때문에 복보증금 지급 청구가 제1은행의 권리남용에 해당할 수 있는 것이다. 다만, 보증수익자가 제1은행에게 보증금 지급을 청구하지 않았다는 사정이 제2은행에게 밝혀져야 제2은행 입장에서 제1은행의 권리남용이 명백해지는 것인데, 보증수익자가 보증금 지급 청구를 하였는지 여부는 보증수익자와 제1은행 사이의 문제로, 보증의뢰인의 입장에서 보증수익자가 제1은행에 대한 보증금 지급 청구를 하지 않았다는 사실에 관한 증거나 자료를 제2은행에게 적시에 제공하기 쉽지 않을 가능성이 크다.

　　이러한 문제를 방지하기 위하여 URDG758은, 보증서 또는 복보증서에서 명시적으로 배제하지 아니하는 한, 복보증서에 기한 지급 청구는 여하한 경우에라도 그 복보증서를 발행받은 당사자가 "자신이 발행한 보증서 또는 복보증서의 요건에 부합하는 지급 청구를 받았다"는 내용을 서면으로 진술하여 뒷받침하여야만 하고, 이 진술은 지급 청구 자체에 기재되거나 또는 그 지급 청구에 부수하는 또는 지급 청구를 지시하는 별도의 서명된 문서에 포함될 수 있다는 취지의 규정을 두고 있다.[51] 따라서 보증서, 복보증서에 URDG758이 적용되도록 합의할 경우, 위 규정에 따라 제1은행은 제2은행에 대하여 적어도 보증수익자로부터 보증금 지급 청구를 받았다는 사실을 밝혀야 하는 부담을 안게 된다.

　　이처럼 제1은행이 보증수익자로부터 보증금 지급 청구를 받았다는 사실을 밝히도록 한 것은 제1은행에게 특별히 추가적인 부담이 되지 않는다는 점에서, URDG758이 이러한 의무를 부과한 것은 보증의뢰인에 대한 부당한 청구의 위험과 독립적 은행보증의 추상성, 무인성 사이에 적절한 균형을 이룬 것이라고 판단된다.

---

51) 제15조 제b항, 제c항. URDG458 역시 제20조 b항에 동일한 내용의 규정을 두고 있다.

Ⅶ. 보증의뢰인이 고려할 수 있는 구제 수단

1. 독립성을 남용한 수익자의 부당한 보증금 지급 청구에 대하여 보증의뢰인이 고려할 수 있는 대처방안 중 하나는 보증은행을 상대로 보증수익자에 대한 보증금 지급을 금지하는 가처분을 신청하는 것이다. 실무상 이런 가처분은 임시의 지위를 정하기 위한 가처분으로 본다.[52] 법원은 이와 같은 가처분을 심리하면서 원칙적으로 변론기일 또는 채무자가 참석할 수 있는 심문기일을 열기 때문에(민사집행법 제304조 본문), 보증의뢰인과 보증은행 모두 자신의 입장을 피력할 기회를 갖게 된다.

보증의뢰인이 법원으로부터 지급금지가처분 결정을 받기 위해서는 피보전권리와 보전의 필요성 두 가지 요건을 소명하여야 한다(민사집행법 제300조).

대법원은 "보증의뢰인과 보증인 사이의 은행보증서의 발행을 위한 보증의뢰계약은 그 보증에 따른 사무처리를 내용으로 하는 민법상의 위임계약에 다름 아닌 것으로서, 보증인은 그 수임인으로서 상대방인 보증의뢰인의 당해 보증서에 관한 이익을 보호하여야 할 의무를 부담하게 되고, 따라서 보증인은 특히 수익자의 보증금 지급 청구가 권리남용임이 객관적으로 명백할 때에는 보증의뢰인에 대한 관계에 있어서 마땅히 그 지급을 거절하여야 할 보증의뢰계약상의 의무를 부담하고, 그 반면에 보증의뢰인으로서도 보증인에 대하여 위와 같이 수익자의 청구가 권리남용임이 명백하다는 것을 입증하여 그 보증금의 지급거절을 청구할 수 있는 권리를 가진다"고 하면서, "위와 같이 해석하는 한 수익자가 권리남용적인 보증금의 지급 청구를 하는 경우에는 보증의뢰인은 그 보증금의 지급거절을 청구할 수 있는 권리에 기하여 직접 그 의무자인 보증인을 상대방으로 하여 수익자에 대한 보증금의 지급을 금지시키는 가처분을 신청할 수 있다"고 판시하여 피보전권리가 인정될 수 있다고 판단하였다(대법원 1994. 12. 9. 선고 93다43873 판결). 위 판결은 또한 보전의 필요성과 관련하여, 보증인이 수익자에게 보증금을 지급하게 되면 보증의뢰인은 현저한 손해를 입게 된다고 보아 보전의 필요성을 인정하였다.

이렇듯, 보증의뢰인이 가처분 결정을 받기 위해서는 보증수익자의 보증금

---

52) 심승우, 전게논문, 388-389면.

지급 청구가 권리남용적인 청구라는 점이 보증은행에게 객관적으로 명백하다는 사실을 소명하여야 한다.

2. 앞에서 살펴본 바와 같이, 보증수익자가 독립적 은행보증의 독립성, 추상성 내지 무인성을 악용하는 것으로 보이는 경우에도 그러한 사실이 보증수익자의 보증금 청구 당시에 보증인에게 객관적으로 명백하지 아니한 이상 보증의뢰인의 지급금지가처분 신청은 쉽게 인용되기 어려운 한계가 있다. 또한 실무적으로 보증수익자가 부당한 보증금 지급 청구를 하려는 움직임이 있는 상태에서 보증의뢰인이 보증은행을 상대로 가처분 신청을 하더라도, 가처분 신청이 이루어진 사실만으로는 보증은행에 대하여 지급 금지의 효력이 발생하지 아니하기 때문에, 보증수익자가 가처분 명령의 효력이 발생하기 이전에 보증은행에 대하여 보증금의 지급을 청구하면 은행이 그 지급을 거절할 수 없다는 문제가 있다. 따라서 보증의뢰인으로서는 보증은행의 보증수익자에 대한 보증금 지급에 관한 잠재적인 위험을 방지하기 위한 다른 방안으로, 보증수익자의 보증은행에 대한 보증금 지급청구권 행사가 권리남용이라는 주장을 포기하는 대신, 보증수익자가 보증은행에 대하여 갖는 보증금 지급 청구권을 보증수익자의 재산으로 보아, 보증의뢰인을 채권자, 보증수익자를 채무자, 보증은행을 제3채무자로 하고, 보증의뢰인이 보증수익자에 대하여 갖는 손해배상 등 청구채권을 피보전권리로, 보증수익자의 보증은행에 대한 보증금 지급 청구권을 피압류채권으로 하여 채권가압류 결정을 받는 방법으로 보증은행의 보증금 지급을 사실상 금지시키는 방안을 고려해 볼 수 있다.[53]

대상판결의 사안에서도 보증의뢰인인 선박 건조자 B는 보증수익자인 원고들에 대하여 가지고 있는 선수금 지급 청구권을 피보전권리로 하여 보증수익자가 보증은행에 대하여 갖고 있는 보증금 지급 청구권을 가압류하는 것이 가능할 것이다.

보증의뢰인이 보증수익자에 대하여 채권을 보유하고 있는 경우,[54] 보증의뢰인은 이를 피보전권리로 소명하기가 비교적 수월할 것이고, 보전의 필요성을

---

53) 보증수익자의 보증은행에 대한 보증금 지급청구권을 피압류채권으로 하여 가압류를 신청하는 것은 위 보증금 지급청구권이 유효한 것임을 전제로 하므로, 보증금 지급 청구가 권리남용으로 효력이 없다는 것은 이 입장과 논리적으로 모순되게 된다.

54) 공사도급 계약에서는 주로 발주자에 대한 미지급 기성금 채권이 발주자의 보증은행에 대한 보증금 지급 청구권을 가압류하기 위한 피보전권리가 될 수 있다.

인정받는 것 역시 비교적 수월할 수 있다.55) 또한, 가압류를 신청하는 경우 법원은 일반적으로 심문기일을 열지 않고 서면심리에 의하여 가압류결정을 하게 되므로, 가압류결정의 효력이 발생할 때까지 보증수익자가 가압류 신청 사실 자체를 파악하기가 어렵다는 점도 보증의뢰인에게는 유리한 점이다.56)

가압류의 국제재판관할은 본안 사건의 관할국 또는 보전목적물 소재지국에 인정된다.57) 그렇기 때문에 보증수익자와 보증의뢰인 사이의 계약상 본안 사건의 관할국이 우리나라인 경우에는 특별한 문제가 없겠으나, 보증수익자의 국가가 본안 사건의 관할국인 경우에는 가압류에 관하여 우리나라 법원에 국제재판관할이 인정되는지에 관하여 다툼의 여지가 있다는 점은 유의하여야 할 것으로 보인다.

한편 보증의뢰인이 가압류결정을 받더라도, 제3채무자에 대하여 채무자에 대한 변제를 금지하는 효력의 객관적 범위는 가압류 결정에 표시된 청구금액, 즉 피보전채권액에 한정된다.

따라서 보증의뢰인의 보증수익자에 대한 피보전채권의 금액이 보증서의 보증금액보다 적은 경우에는 가압류결정을 받은 은행은 이를 초과한 금액에 대하여 보증수익자에게 여전히 보증금을 지급하여야 한다.

3. 다른 방안으로 보증의뢰인은 다툼이 있는 원인관계상의 계약을 근거로, 보증수익자를 상대로 보증금 청구금지가처분을 구하는 방법을 생각해볼 수 있다.

---

55) 보증의뢰인으로서는 은행의 보증수익자에 대한 보증금 지급이 이루어지면 이미 발생한 미수금의 회수가 어렵고, 보증수익자가 외국인이어서 가압류의 목적물인 보증금 지급 청구채권 이외에 우리나라 내에 달리 집행이 가능한 재산이 존재하지 않는 상태에서, 보증수익자가 우리나라에 가지고 있는 유일한 재산이 사라지게 되면 보증의뢰인으로서는 추후 판결이나 중재판정을 받더라도 보증수익자를 상대로 외국에 가서 이에 대한 집행을 해야 하는 상황이 발생하여 보증의뢰인의 집행이 훨씬 어려워지거나 사실상 불가능해지기 때문에 보전의 필요성이 인정된다고 주장해 볼 수 있을 것이다.

56) 채권에 대한 가압류결정은 제3채무자인 보증은행에 송달됨으로써 효력이 발생하는데, 그 후 결정문이 외국에 있는 채무자인 보증수익자에게 송달되기까지는 상당한 시간이 걸릴 것이므로, 보증수익자가 법원의 결정이 이루어지기 전에 보증은행에 대하여 보증금 지급 청구를 하여 보증금을 지급받을 가능성은 매우 낮다.

57) 국제재판관할에 관한 국제사법 제2조와 이에 대한 대법원 판례는 개별 사건에서 법정지와 당사자와의 실질적 관련성 및 법정지와 분쟁이 된 사안과의 실질적 관련성을 객관적인 기준으로 삼아야 한다고 보고 있고, 그에 따라 우리나라에 본안의 관할권이 있거나 가압류할 목적물 또는 다툼의 대상이 우리나라에 있는 경우에는 보전소송에 관하여 국제재판관할권이 인정된다고 볼 수 있다.

영국에서는 은행을 상대로 한 보증금 지급금지가처분 대신에 수익자를 상대로 한 보증금 청구금지가처분이 많이 활용되고 있다.[58] 그리고 은행을 상대로 한 보증금 지급금지가처분에 비해 수익자를 상대로 한 보증금 청구금지가처분의 인용 가능성이 더 높은데, 이는 청구금지가처분의 경우에는 은행의 입장이 고려될 필요가 없으며, 독립성의 원리에 대한 훼손이 덜 문제되고, 사기에 대한 입증 요건이 덜 엄격하기 때문이다.[59] 최근 영국 기술건설법원(Technology and Construction Court)에서 내려진 판결도 그러하다.[60] 다만, 우리나라에서는 보증수익자를 상대로 한 청구금지가처분이 매우 드물다고 한다.[61] 이는 우리나라의 경우 수익자를 상대로 한 보증금 청구금지가처분이 임시의 지위를 정하는 가처분에 해당하여 법원이 심문기일을 연 뒤에 결정을 하여야 하므로, 외국에 있는 수익자를 상대로 이런 가처분을 신청한다고 하더라도 실제 보증금 청구가 이루어지기 전에 가처분을 받는 것이 물리적으로 어려워서, 당사자들이 이러한 신청 자체를 거의 하지 않기 때문으로 보인다.

4. 한편 보증의뢰인과 보증수익자 사이의 계약상 분쟁해결 방법이 긴급중재인제도를 둔 특정 중재규칙[62]에 따른 중재로 정해진 경우, 보증의뢰인은 위 각 중재규칙에 따른 긴급중재인제도를 고려해 볼 수 있다. 즉 보증의뢰인은 보증수익자를 상대로 중재신청을 한 뒤 중재판정부가 아직 구성되어 있지 않은 경우[63]라도 중재기관에 긴급중재인 선정을 요청하여 긴급중재인에게 보증수익자를 상대로 보증금 청구금지가처분을 내려줄 것을 요구할 수 있다.

이때 긴급중재인은 보증의뢰인과 보증수익자의 원인계약상 보증금 청구사유가 있는지에 대해서 판단하게 되기 때문에, 사기 또는 권리남용보다 완화된 기준으로 보증금 청구금지 여부에 대한 판단을 하는 것이 가능하다.

---

58) 김승현, 전게논문, 283면.
59) 김승현, 전게논문, 283면.
60) 김승현, 전게논문, 283면.
61) 심승우, 전게논문, 387면.
62) 미국 국제분쟁해결센터(International Center for Dispute Resolution, ICDR), 싱가포르 국제중재센터(Singapore International Arbitration Center, SIAC), 홍콩 국제중재센터(Hong Kong International Arbitration Center, HKIAC) 등. 우리나라는 2016. 6. 1. 대한상사중재원 국제중재규칙을 개정하여 긴급중재인 제도를 도입하였다.
63) 보증의뢰인과 보증수익자 사이에 분쟁이 발생하여 중재판정부가 이미 구성되어 있다면 중재판정부에 대하여 임시적 처분을 구하는 방안도 생각해볼 수 있다.

다만, 긴급중재인이 청구금지 결정을 내리더라도 보증수익자가 이에 따르지 않으면 보증의뢰인이 결정의 준수를 강제할 수단이 존재하지 않는 경우가 대부분이기 때문에[64] 보증수익자가 위 결정에도 불구하고 보증은행에 보증금의 지급을 청구하면 보증금의 지급은 이루어질 수 있다. 그러나 보증의뢰인이 긴급중재인의 결정을 따르지 아니할 경우 향후 중재판정부에게 부정적인 인상을 주기 때문에 긴급중재인의 결정은 보증수익자에게 심리적 부담을 주어 청구를 억제하는 효과가 있다.

Ⅷ. 평　　석

1. 판지에 기본적으로 찬성한다.

2. 대상판결은 원인관계와 단절된 추상성 및 무인성이라는 독립적 은행보증의 본질적 특성을 고려하여 수익자가 보증금을 청구할 당시 보증의뢰인에게 아무런 권리가 없음이 객관적으로 명백하여 수익자의 형식적인 법적 지위의 남용이 별다른 의심 없이 인정될 수 있는 경우가 아닌 한 권리남용을 쉽게 인정하여서는 아니 된다는 대법원의 기존 태도[65]를 다시 한번 확인하였다.

원심은 이 사건의 보증을 독립적 은행보증으로 인정하면서도, 이 사건 선박건조계약 해제 시의 사유 등 제반 사항을 검토한 다음, 이 사건 선박건조계약에 따르면 발주자가 어떠한 분쟁에도 불구하고 지체 없이 선수금지급사유가 발생하여 선수금이 청구되면 선수금을 지급하여야 할 의무가 있고, 그럼에도 불구하고 원고가 선수금을 지급하지 않아서 이 사건 선박건조계약이 해제되었음을 강조하며 원고의 선수금환급보증금 청구는 권리남용에 해당한다고 보았으나, 대법원은 수익자가 보증인에게 청구한 시점을 기준으로, 보증인을 기준으로 권리남용의 존재를 판단하여야 한다고 보고 선박건조자의 회생절차에서 선박건조자의 계약해제의 정당성이 다투어지고 있었다면 권리남용이 객관적으로 명백한 상태가 아니라고 판단하였다.

3. 독립적 은행보증의 독립성에 대한 예외를 인정하기 위하여 권리남용이

---

64) 긴급중재인의 임시적 처분에 대하여 법원을 통한 집행을 인정하는 나라는 얼마 되지 않고, 우리나라의 경우는 이를 허용하지 않고 있다.

65) 대법원 2014. 8. 26. 선고 2013다53700 판결 등.

객관적으로 명백할 것을 요구하는 이유는 독립 추상성의 확보와 그 예외 인정의 필요성 사이에 적절한 균형을 찾기 위함이다.

따라서 이러한 권리남용의 해당 여부에 대한 법원의 심리나 판단이 원인관계상의 분쟁에 대한 심사로 변질되는 것은 바람직하지 않다.

만약 보증수익자가 원인관계상의 권리가 없음에도 보증금을 부당하게 지급받는다면, 그 경우 보증은행에 구상금을 지급한 보증의뢰인은 보증수익자를 상대로 국제적인 분쟁 해결 절차를 통하여 이를 반환받아야 하는 위험을 부담하게 되지만, 이러한 위험은 보증의뢰인이 독립적 은행보증제도를 선택하였을 때 스스로의 의사에 기하여 인수한 것이다.

만일 보증수익자의 보증금 청구가 권리남용이라는 사실이 청구 시점에 보증인에게 객관적으로 명백하지 아니함에도 권리남용을 이유로 독립적 은행보증의 독립성에 대한 예외를 지나치게 넓게 인정한다면, 독립적 은행보증은 담보로서의 기능을 다하지 못할 위험이 있다.

결국, 위와 같이 엄격한 기준을 적용하고 있는 대상판결의 입장에 찬성한다.

4. 다만, 대법원이 대상판결 등에서 권리남용의 인정 범위를 엄격하게 제한하였다고 하여 독립적 은행보증에 있어서 권리남용에 관한 해석론을 완전히 배제한 것은 아니라는 점만 다시 한번 강조하고 싶다. 즉, 수익자가 보증책임의 무인성을 악용하여 주채무자에 대하여 전혀 청구할 권리가 없음에도 불구하고 보증인에게 보증금의 지급을 청구하는 것과 같이 독립적 은행보증 제도를 악용하는 경우에는 그동안 대법원이 확립한 권리남용의 법리가 여전히 활용될 수 있다는 것이 대상판결의 입장인 것이지, 대상판결이 이와 같은 법리를 부인하는 것은 아니다.

따라서 보증의뢰인의 입장에서는 보증수익자가 도급계약상 보증금의 지급을 청구할 권리가 없음에도 불구하고 독립적 은행보증서를 발급한 보증인에 대한 권리를 행사하는 경우에는 이를 적절하게 방지할 수 있는 방안을 강구할 필요가 있고, 그 중의 하나로 보증은행을 상대로 보증금의 지급 금지를 구하는 것을 여전히 고려할 필요가 있다.

● 참고문헌

권영준, "유럽사법 통합의 현황과 시사점: 유럽의 공통참조기준초안에 관한 논쟁을 관찰
        하며", 비교사법 제18권 제1호(한국비교사법학회, 2011)

김기창, "보증채무의 부종성과 독립성 ― 영국법과의 비교를 중심으로 ― ", 민사법학 제
        29호(한국민사법학회, 2005)

김상만, "국제거래에서 독립적 은행보증서에 대한 담보장치로서의 수출보증보험에 관한
        연구", 한국무역상무학회지 제39권(한국무역상무학회, 2008)

_____, "선박수출거래에서 환급보증(Refund Guarantee)의 특성과 문제점에 대한 연구",
        서울대학교 법학 제52권 제3호(서울대학교 법학연구소, 2011)

김선국, "독립적 보증과 보증신용장에 관한 UN협약", 비교사법 제3권 제1호(한국비교사
        법학회, 1996)

_____, "독립적 은행보증의 법리", 재산법연구 제25권 제1호(한국재산법학회, 2008)

_____, "독립적 은행보증의 법적 규율과 관련한 문제점", 국제거래법연구 제17권 제1호
        (국제거래법학회, 2008)

김성수, "프랑스 민법전의 독립적 채무보증(grantie autonome)에 관한 연구", 민사법학
        제49권 제2호(한국민사법학회, 2010)

김승현, "독립적 보증과 그 부당한 청구에 대한 대응방안 연구", 무역상무연구 제69권
        (한국무역상무학회, 2016)

김진오, "독립적 은행보증에 있어 권리남용 법리의 적용 범위와 한계", 사법 제33호(사
        법발전재단, 2015)

김형석, "보증계약과 손해담보계약", 저스티스 제77호(한국법학원, 2004)

박세운, "ISP98의 특성과 UCP600과의 비교연구", 무역상무연구 제41권(한국무역상무학
        회, 2009)

송상현, "보증신용장의 독립성에 관한 소고", 서울대학교 법학 제26권 제2/3호(서울대학
        교 법학연구소, 1985)

심승우, "신용장 및 독립적 은행보증 관련 지급금지가처분 ― 우리나라 법원의 하급심 결
        정례를 중심으로 ― ", 민사집행법연구 제11권(한국민사집행법학회, 2015)

윤진수, "독립적 은행보증의 경제적 합리성과 권리남용의 법리", 법조 제63권 제5호(법
        조협회, 2014)

정홍식, "국제상업회의소(ICC)의 독립적 보증에 관한 통일규칙(URDG) 개정안 제3차 초
        안의 주요 내용", 경영법률 제20권 제1호(한국경영법률학회, 2009)

한재필, "신용장 및 독립적 보증의 독립추상성 원칙 예외에 관한 고찰", 중재연구 제19
        권 제3호(한국중재학회, 2009)

Roeland Bertrams, Bank Guarantees in International Trade, 3rd ed., Kluwer Law
        International, 2004

외상매출채권담보대출의 법적 쟁점
서울중앙지방법원 2016. 1. 8. 선고 2014가합567218 판결[1]을 중심으로

문일봉, 이원찬

[요 지]

외상매출채권 담보대출은 판매기업이 구매기업에 대한 외상매출채권을 담보로 하여 거래은행으로부터 대출을 받음으로써 외상매출채권을 현금화하고, 만기에 구매기업이 대출금을 상환하는 방식의 결제 제도이다.

외상매출채권 담보대출에는 구매기업이 대출금을 상환하지 않는 경우 은행이 상환청구권을 가지는 경우와 그렇지 않은 경우가 있다. 전자의 법적 성격이 외상매출채권을 대출금채무에 대한 담보로 제공하는 금전소비대차계약(대출계약)이라는 점에 대해서는 다수의 하급심의 판단이 일치하며, 약정서의 문언을 고려할 때 그러한 견해가 타당하다. 후자의 법적 성격에 대해서는 여러 가지 견해가 대립하나, 그 구체적인 계약 내용을 고려하면 이는 금전소비대차계약이 일부 변형된 특수한 형태의 계약으로 볼 수 있다.

대출계약상 차주가 상환의무를 부담하는 것은 거래상 일반적이고 공통된 것으로서 법에 정해진 것을 되풀이하는 것에 불과하므로 상환청구권 조항에 대하여 은행이 특별히 설명의무를 부담한다고 보기는 어렵다. 설령 그렇지 않더라도 인터넷을 통해 비대면 방식으로 계약이 체결되는 이상 은행의 설명의무 위반이 인정되기는 어려울 것이다.

---

1) 이 사건은 일부패소한 원고들 중 일부(16명)가 항소를 제기하여 현재 서울고등법원 2016 나2013367 사건으로 항소심이 계속 중이다.

[주제어]

- 외상매출채권담보대출
- 법률행위의 해석
- 설명의무

대상판결 : 서울중앙지방법원 2016. 1. 8. 선고 2014가합567218 판결

[사실의 개요]

1. A社(이하 "A"라 한다)는 인지도 있는 상호로 잡화류, 의류 등을 제조·판매하는 회사이고, 원고들은 구두, 핸드백 등 각종 피혁제품을 제조·판매하는 사업자들로서 A에게 물품 또는 용역을 제공한 거래업체이다.

2. A는 2011년경 은행인 피고와 사이에 60억 원을 한도로, A에게 물품 또는 용역을 제공한 자(이른바 판매기업)가 A에 대한 전자채권을 담보로 피고에 대출을 신청하는 경우 피고가 일정한 요건 하에서 판매기업에게 대출을 해 주기로 하는 내용의 "상생전자방식 외상매출채권 담보대출 업무협약"을 체결하였다 (이하 "이 사건 업무협약"이라 한다. 그 후 대출한도는 100억 원으로 상향 조정되었다).

3. 원고들은 피고의 인터넷 홈페이지를 통하여 각각 피고와 사이에 이 사건 업무협약에 기초한 외상매출채권 전자결제 이용약정 및 여신거래약정과 이에 부속한 추가약정(이하 "이 사건 대출약정"이라 한다)을 체결하였다. 이 사건 대출약정 중 이 사건과 관련된 부분은 다음과 같다.

추가약정서(판매기업용)(전자방식 외상매출채권담보대출용,
상환청구권이 있는 경우, 이하 "추가약정서"라 한다)

본인은 '전자방식 외상매출채권 담보대출'을 위한 여신거래약정에 추가하여 '전자방식 외상매출채권 결제제도 기본약관'이 적용됨을 승인하고 다음 각 조항을 확약합니다.

제4조(개별대출의 상환기일 및 상환방법)

① 원 약정서의 한도약정금액 및 거래기한 범위 내에서 실행하는 개별대출금의 상환기일은 그 개별대출금에 대응하는 담보매출채권의 변제기일로 합니다.

② 제1항에 의한 개별대출금의 상환은 그 개별대출금에 대응하는 담보 매출채권의 지급기일에 피고가 동 채권의 채무자인 거래처로부터 직접 변제를 받아 충당하고, 거래처가 지급기일에 피고에게 담보매출채권을 변제하지 않을 때는 본인이

대출금을 상환하기로 합니다.

③ 거래처가 지급기일에 입금(또는 결제)한 매출채권결제금액이 협력기업들(본인 포함)의 매출채권 합계액에 미달하는 경우에는 매출채권대출 취급분, 미취급분의 순서로 회수하여 만기도래 순, 접수일자 순, 접수번호 순서에 따라 상환처리하기로 합니다.

④ 대출금이 연체된 경우에는 지급기일로부터 기산하여 대출금을 상환하는 날까지 피고의 은행 계정 연체이율을 적용한 연체료를 부담하기로 합니다.

전자방식 외상매출채권 결제제도 기본약관

제2조(용어정의)

① 이 약관에서 사용하는 용어의 정의는 다음과 같습니다.

1. "전자방식 외상매출채권"이라 함은 구매기업이 판매기업을 채권자로 지정하여 일정금액을 일정시기에 지급하겠다고 발행하는 전자적 지급수단을 말합니다.

2. "이용자"라 함은 결제제도를 이용하는 구매기업 및 판매기업을 말합니다.

3. "구매기업"이라 함은 판매기업으로부터 재화 및 용역 등을 구매하고 전자방식 외상매출채권을 발행하는 기업을 말합니다.

4. "판매기업"이라 함은 구매기업에게 재화 및 용역을 제공하고 전자방식 외상매출채권으로 결제 받는 기업을 말합니다.

5. 전자방식 외상매출채권 담보대출(이하 "외담대"라 합니다)이라 함은 구매기업이 발행한 전자방식 외상매출채권을 담보로 은행이 판매기업을 채무자로 하여 취급한 대출을 말합니다.

6. "상환청구권이 있는 외담대"라 함은 은행이 판매기업으로부터 전자방식 외상매출채권을 양도받아 판매기업에게 외담대를 실행한 후 구매기업이 만기도래한 당해 전자방식 외상매출채권을 결제하지 못한 경우 은행이 판매기업에게 상환청구권을 행사할 수 있는 대출을 말합니다.

7. "상환청구권이 없는 외담대"라 함은 은행이 판매기업으로부터 전자방식 외상매출채권을 양도받아 판매기업에게 외담대를 실행한 후 구매기업이 만기도래한 당해 전자방식 외상매출채권을 결제하지 못한 경우 은행이 판매기업에게 상환청구권을 행사할 수 없는 대출을 말합니다.

원고들로부터 제품 등을 납품받은 A는 원고들에게 전자방식 외상매출채권을 발행하였고, 원고들은 이 사건 대출약정에 기하여 위 매출채권을 담보로 피고로부터 금원을 대출받았다.

그런데 위 외상매출채권의 만기가 도래하였음에도 A가 피고에게 각 채권액을 변제하지 않자,[2] 피고는 원고들에게 이 사건 대출약정에 따라 대출금의 상환을 청구하였다.

이에 원고들은 2014. 9.경 이 사건 대출약정에 기한 자신들의 채무가 존재하지 아니함을 확인하여 줄 것을 청구하는 이 사건 소를 서울중앙지방법원에 제기하였다.

[원고들의 주장]

1. 원고들은 이 사건 대출약정이 원고들의 A에 대한 외상매출채권을 피고에게 매도하고 그 매매대금을 지급받은 것으로서 그 실질이 채권매매에 해당한다고 주장하였고, 이에 대하여 피고는 이 사건 대출약정이 채권양도담보부 금전소비대차계약이라 주장하였다.

2. 그리고 원고들은 상환청구권 조항이 계약의 중요한 내용으로서 이에 관한 충분한 명시·설명이 있어야 함에도 피고가 약관의 규제에 관한 법률(이하 "약관법"이라 한다) 제3조 제3항을 위반하여 그 의무를 다하지 아니하였다면서, 피고는 약관법 제3조 제4항에 따라 상환청구권을 계약내용으로 주장할 수 없다고 주장하였다.

또한 원고들은 이 사건 대출약정의 상환청구권 조항이 상당한 이유 없이 피고가 부담하여야 할 위험을 고객인 원고들에게 떠넘기는 불공정한 약관으로서 약관법 제7조 제2호[3]에 위반되어 무효이거나, 고객인 원고들이 계약의 거래형태 등 관련된 모든 사정에 비추어 예상하기 어려운 불공정한 조항으로서 약관법 제6조 제2호[4]에 따라 무효라고 주장하였다.

---

2) A는 2014. 8. 26. 서울중앙지방법원 2014회합100090 사건으로 회생절차개시결정을 받아 2015. 5. 13. 회생계획을 인가받았고, 2015. 6. 12. 인가된 회생계획안에 따라 회생담보권 및 회생채권을 변제하여 회생절차가 종결되었다.

3) 제7조(면책조항의 금지) 계약 당사자의 책임에 관하여 정하고 있는 약관의 내용 중 다음 각 호의 어느 하나에 해당하는 내용을 정하고 있는 조항은 무효로 한다.

   2. 상당한 이유 없이 사업자의 손해배상 범위를 제한하거나 사업자가 부담하여야 할 위험을 고객에게 떠넘기는 조항.

4) 제6조(일반원칙)

   ① 신의성실의 원칙을 위반하여 공정성을 잃은 약관 조항은 무효이다.

   ② 약관의 내용 중 다음 각 호의 어느 하나에 해당하는 내용을 정하고 있는 조항은 공정성을 잃은 것으로 추정된다.

   2. 고객이 계약의 거래형태 등 관련된 모든 사정에 비추어 예상하기 어려운 조항.

3. 이어 원고들은 ① 피고가 자본시장과 금융투자업에 관한 법률(이하 "자본시장법"이라 한다)상의 적합성 원칙과 설명의무를 위반하여 원고들에 대하여 손해배상책임을 부담하거나, ② A가 만기일에 외상매출채권을 결제하지 못할 것을 예견하면서도 원고들로부터 물품을 납품받고 그 대가로 외상매출채권을 발행한 불법행위를 용이하게 하였으므로 원고들에 대하여 방조에 의한 불법행위로 인한 손해배상책임을 부담하거나, ③ 이 사건 대출약정은 원고들의 상환능력5)을 벗어난 과다대출로서 "약탈적 대출"에 해당함에도, 피고는 약탈적 대출로부터 소비자를 보호하기 위해 은행에게 요구되는 설명의무를 위반하였으므로 원고들에 대하여 손해배상책임을 부담한다고 주장하면서, 이러한 원고들의 피고에 대한 손해배상채권과 피고의 대출금채권을 대등액의 범위에서 상계한다고 주장하였다

[판결의 요지]

1. 법률행위는 당사자의 내심적 의사의 여하에 관계없이 당사자가 그 표시행위에 부여한 객관적 의미를 합리적으로 해석하여야 하고, 계약당사자 사이에 어떠한 계약내용을 처분문서인 서면으로 작성한 경우에 문언의 객관적인 의미가 명확하다면 특별한 사정이 없는 한 문언대로의 의사표시의 존재와 내용을 인정하여야 하며, 특히 문언의 객관적 의미와 달리 해석함으로써 당사자 사이의 법률관계에 중대한 영향을 초래하게 되는 경우에는 그 문언의 내용을 더욱 엄격하게 해석하여야 한다(대법원 2001. 1. 19. 선고 2000다33607 판결, 대법원 2010. 11. 11. 선고 2010다26769 판결 등 참조).

이러한 법리에 비추어 원고들의 주장에 관하여 보건대, 이 사건 각 대출약정 및 이 사건 업무협약의 객관적인 문언을 종합적으로 해석하면, 이 사건 각 대출약정은 판매기업인 원고들이 피고에게 구매기업인 A에 대한 외상매출채권을 담보로 제공하고 그 채권액 상당을 대출받되, A가 대출만기일까지 피고에게 그 외상매출채권을 전액 결제하지 아니할 경우에는 피고가 원고들에 대하여 그 미결제 부분에 대한 대출금의 상환을 청구할 수 있는 권리, 즉 상환청구권을 유보하는 형태의 계약으로서 일종의 채권양도담보부 금전소비대차계약이라고 봄이 상당하다. 이는 앞서 든 증거에 비추어 알 수 있는 다음과 같은 사정, 즉 위

---

5) 판결문에는 "A의 상환능력"이라 기재되어 있지만 오기인 것으로 보인다.

전자방식 외상매출채권 결제제도 기본약관은 외담대를 "구매기업이 발행한 전자방식 외상매출채권을 담보로 은행이 판매기업을 채무자로 하여 취급한 대출"로 정의하면서(제2조 제1항 제5호) 상환청구권이 있는 방식과 상환청구권이 없는 방식을 준별하고 있는 점, 원고들이 피고와 체결한 여신거래약정의 추가약정서 제4조 제2항은 개별대출의 상환 방법과 관련하여 "개별대출금의 상환은 그 개별대출금에 대응하는 담보 매출채권의 지급기일에 피고가 동 채권의 채무자인 거래처로부터 직접 변제를 받아 충당하고, 거래처가 지급기일에 피고에게 담보 매출채권을 변제하지 않을 때는 본인이 대출금을 상환하기로 한다"고 규정하고 있는 점 등에 비추어 더욱 분명하다.

한편 원고들의 주장과 같이 이 사건 각 대출약정의 실질을 채권매매로 볼 경우, A가 원고들에 대한 외상대금을 지급하지 아니할 경우, 처분문서인 이 사건 각 대출약정 약관 기재에 불구하고 피고가 원고들에 대하여 상환청구권을 행사함으로써 대출금을 회수할 수 있는 기회를 차단함으로써 법률관계에 중대한 영향을 가져오고, 원고들이 자기 책임 하에 체결된 계약에 따른 A의 변제자력에 대한 위험부담을 제3자인 피고에게 전가시키는 것이 되어 계약법의 기본원리에 반하는 결과를 초래한다. 뿐만 아니라, 추가약정서 제4조 제4항에 의하면, 원고들은 대출금 연체시 지급기일로부터 기산하여 대출금을 상환하는 날까지 피고의 은행계정 연체이율을 적용한 연체료를 부담하기로 약정하였는바, 이 사건 대출약정의 실질이 채권매매라면 원고들이 피고에게 채권을 매도한 이후에도 매매금액에 대한 연체료를 지급할 이유가 없으므로, 원고들의 위 주장은 어느 모로 보나 이유 없다.

따라서 이 사건 대출약정은 채권양도담보부 금전소비대차계약으로 보아야 하고, 이와 다른 전제에 선 원고들의 위 주장 및 비정형적 신탁형 자산유동화 또는 복합금융상품에 해당한다는 등의 주장은 이를 모두 받아들이지 않는다.

2. 피고는 원고들에게 계약서 또는 상품설명서 등으로 원고들이 피고에 대한 관계에서 이 사건 각 대출약정에 따른 채무자가 되고 이 사건 각 대출약정에 상환청구권 조항이 있음을 명시하는 한편, A가 채권만기일에 외상매출채권을 결제하지 않을 경우 약정에 따라 원고들에게 대출금 상환청구를 하게 됨을 명시하였고, 이를 원고들이 확인한 후 이에 동의하는 의미에서 위 체크박스에 체크를 한 것으로 보이며, 원고들은 이 사건 각 대출약정상의 약관 내용을 확인한

후 공인인증서 방식에 의한 전자서명을 하여 이 사건 각 대출약정을 체결한 것으로 판단된다.

따라서 피고로서는 상환청구권 조항에 관하여 원고들로 하여금 충분히 이해할 수 있도록 명시하였다고 보이고, 나아가, 전자금융거래의 속성이 인터넷을 통한 비대면거래를 본질적인 내용으로 하는 점, 위와 같은 안내문에 기재된 내용과 그 명시방법, 금융회사 또는 전자금융업자는 이용자와 전자금융거래의 계약을 체결함에 있어서 약관을 명시하여야 하고, 이용자의 요청이 있는 경우에는 금융위원회가 정하는 방법에 따라 그 약관의 사본을 교부하고 그 약관의 내용을 설명하여야 한다는 전자금융거래법 제24조 제1항의 취지 등에 비추어 보면, 원고들의 요청이 있는 경우 외에는 피고에게 명시의무 이외에 별도로 설명의무가 발생한다고 보기 어렵고, 이 사건에서 원고들이 피고에게 약관의 내용을 설명하라는 요청을 하였다는 사실을 인정할 증거도 없다. 더구나 경험칙상 대출채무자가 대출만기에 대출원리금을 상환하는 것은 일반적으로 널리 인식되어 있다고 할 것이고, 상인인 원고들로서는 이 사건 각 대출약정에 의하여 대출채무자가 되어 피고의 상환청구 시 대출금을 상환할 의무가 있다는 것을 알거나 충분히 예상할 수 있다고 봄이 타당하다. 따라서 이 사건 대출약정 상의 상환청구권 조항은 고객이 그 내용을 충분히 잘 알고 있거나, 거래상 일반적이고 공통된 것이어서 고객이 별도의 설명 없이도 충분히 예상할 수 있는 정도에 불과하여 위와 같은 방법으로 명시한 것만으로 충분하고, 나아가 사업자인 피고에게 별도의 설명의무가 인정된다고 할 수 없다(대법원 2005. 8. 25. 선고 2004다18903 판결 등 참조).

그리고 다음과 같은 사정들, 즉 ① 원고들은 이 사건 각 대출약정이 없었다면 A가 외상대금을 지급하지 않는 경우 외상대금 상당의 금전적 만족을 얻지 못할 위험을 부담하였을 것인데, 그러한 위험이 원고들과 A의 외상물품거래에 관하여 제3자에 불과한 피고가 원래 부담하여야 하는 위험이라고 볼 수는 없는 점, ② 원고들이 피고의 상환청구권 행사에 의하여 이 사건 각 대출금을 상환하여야 하는 위험은 A가 외상매출채권을 피고에게 변제하지 아니함으로써 현실화되는 위험이므로, 이는 원고들이 A로부터 외상대금을 지급받지 못하게 되는 위험과 본질적으로 차이가 있다고 할 수 없는바, 원고들이 상환청구권 조항에 의하여 비로소 위와 같은 위험을 부담하게 되었다고 단정하기 어려운 점, ③ 이 사건 각 대출약정은 채권양도담보부 금전소비대차계약으로서 그 성질상 대출원금에 대한 이자를 지급하는 것이 보통인데 원고들이 그 약정에 따라 대출이자를 지급한다는 사정만으로 원래 원고가 부담하여야 할 위험을 피고가 인수하여야 한다고 볼 수 없고, 원고들 주장과 같이 원고들에게 A의 신용·자력 및 위험 등을 파악할 능력이 없거나 부족하다는 사정만으로 피고가 그러한 위험을 부담하여야 한다고 볼 수도 없는 점 등에 비추어 보면, 이 사건 각 대출약정의 상환청구권 조항이 약관법 제7조 제2호가 규정한 "상당한 이유 없이 사업자의 손해배상 범위를 제한하거나 사업자가 부담하여야 할 위험을 고객에게 떠넘기는 조항"에 해당한다고 볼 수 없다.

또한, ① 상인인 원고들로서는 이 사건 각 대출약정의 상환청구권 조항을 알거나 충분히 예상할 수 있었다고 보이는 점, ② A의 변제자력에 관한 위험은 원래부터 원고들이 부담하는 것인 점, ③ 일반적으로 금융기관은 대출 신청인의 신용과 그가 제공한 담보의 가치를 평가하여 대출 여부를 결정하는데, 피고가 우선적으로 거래처인 A의 신용에 근거하여 영세업자인 원고들로부터 외상매출채권 이외에는 아무런 담보도 제공받지 않고 대출을 해 준 후 만일 A가 채무를 변제하지 못하면 비로소 원고들에게 상환을 청구하게 되는 것인 점 등의 사정을 종합하면, 이 사건 대출약정의 상환청구권 조항이 원고들이 예상하기 어려운 불공정한조항이라고 보기 어렵다.

3. 금융투자상품이란 이익을 얻거나 손실을 회피할 목적으로 현재 또는 장래의 특정 시점에 금전, 그 밖의 재산적 가치가 있는 것을 지급하기로 약정함으로써 취득하는 권리로서, 그 권리를 취득하기 위하여 지급하였거나 지급하여야 할 금전 등의 총액이 그 권리로부터 회수하였거나 회수할 수 있는 금전 등의 총액을 초과하게 될 위험, 즉 투자성이 있는 것을 말한다(자본시장법 제3조 제1항). 그런데 앞서 본 바와 같이 이 사건 각 대출약정의 법적 성질은 채권양도담보부 금전소비대차계약으로서, 원고들은 원칙적으로 이 사건 각 대출약정에 따라 피고로부터 대출받은 대출원금과 약정이자를 상환할 의무를 부담하되 다만 그 상환기일은 담보매출채권의 지급기일로 하고 그 지급기일에 피고가 구매기업인 A로부터 외상매출대금을 직접 변제받아 대출금에 충당하기로 하며, A가 담보매출채권을 변제하지 않는 경우에는 대출채무자인 원고들이 상환하기로 하는 것이므로 어떠한 투자성이 있다고 보기 어렵다. 더욱이 A가 외상매출채권을 결제

하지 않은 경우에는 이를 채무불이행 책임으로 다루어야 하는 것이지, A에게 외상매출채권의 결제에 관한 선택권이 주어져 있는 것이라고 볼 수도 없다.

그리고 설령 원고들이 주장하는 바와 같이 A가 2011년부터 이미 외상매출채권을 결제할 수 없을 것임을 예견하면서도 고의로 외상매출채권을 발행하였고, 이러한 A의 행위가 원고들을 포함한 외상매출채권자들에 대한 불법행위에 해당한다고 하더라도, 위와 같은 사정만으로 피고가 그러한 사정을 예견하였거나 충분히 예견할 수 있었음에도 고의 내지 과실로 A의 위와 같은 행위를 방조하였다고 인정하기 어렵고, 달리 이를 인정할 증거가 없다.

또한, 원고들이 주장하는 이른바 '약탈적 대출'의 개념을 국내법상으로 수용할 것인지에 관하여 논란의 여지가 있고, 설령 이를 그대로 인정한다고 하더라도 피고에게 설명의무를 지울 실정법상의 근거가 없다. 오히려 보증계약의 경우 주채무자가 1개월 이상 원리금 등을 연체한 때 금융기관의 보증인에 대한 사후적인 통지의무만을 지우고 있는 것과의 균형상(보증인 보호를 위한 특별법 제5조 제2항), 이 사건에서 금융기관인 피고가 대출채무자인 원고들에게 담보목적인 외상매출채권의 채무자인 A의 상환능력에 관하여 미리 설명하여야 할 사전적 의무를 인정하기 어렵다. 또한 이 사건 대출약정의 법적 성격은 원고들과 피고 사이의 채권양도담보부 금전소비대차계약으로서, 피고는 어디까지나 원고들에게 대출을 하여 주면서 이에 대한 담보로 A에 대한 외상매출채권을 양도받은 것이므로, 원고들의 주장과 같이 피고가 A의 상환능력을 실제에 비하여 과도하게 평가하였다고 하더라도, 이는 피고가 원고들의 외상매출채권의 담보가치를 과다하게 평가하여 실제로는 담보가치가 낮은 담보를 취득한 것이 되어 피고의 손실로 귀착될 뿐이다. 따라서 원고들의 이 부분 주장 역시 이유없다.

[연 구]

Ⅰ. 들어가며

지난 2014. 7. 30. 유명한 구두브랜드를 가진 A社가 서울중앙지방법원에 회생절차 개시신청을 하였다. 그에 앞서 기업구조조정 촉진법에 따른 구조조정(워

크아웃) 절차가 진행되기도 하였지만, 채권금융기관들 사이에서 마련된 경영정
상화안은 가결되지 못했고, 결국 회사의 운명을 법원의 손에 맡기게 되었던 것
이다. 그런데 이러한 회생절차 개시신청에 강하게 반발하며, 채권금융기관들이
직접 추가 출자 등을 통해 기업을 정상화해야 한다고 주장하는 업체들이 있었
다. 바로 A에게 구두, 가방 등의 물품을 납품했던 A의 하청업체(이하 "납품업체"
또는 "판매기업"이라 한다)들이었다.

A의 납품업체들은 A에게 물품을 납품한 뒤 A로부터 직접 매매대금을 지급
받는 대신, 은행으로부터 외상매출채권담보대출, 이른바 "외담대"라는 형식으
로 매매대금 상당액[6] 또는 그 일부를 수령해 왔다. 그리고 A는 매매대금 지급
기일에 납품업체가 아닌 은행에 대금을 상환해 왔다. 그런데 A의 경영난으로
인해 이러한 흐름이 끊어지고 말았던 것이다.

A가 매매대금을 상환하지 못한다면 은행 입장에서는 납품업체에게 선지급
했던 금전을 누구에게서 상환받아야 하는지가 문제된다. 이 사안의 경우 그 대
상은 납품업체였다. 납품업체들과의 외상매출채권담보대출 약정상 은행은 '상
환청구권'을 보유하고 있었고, A가 매매대금을 상환하지 못하는 경우 은행은 위
상환청구권에 근거하여 납품업체들을 상대로 납품업체들에게 지급했던 금원 및
지연이자의 상환을 청구할 수 있었던 것이다.

이러한 상환청구에 대하여 납품업체들은 강하게 반발하였다. 자신들은 은
행으로부터 '매매대금'을 지급받은 것으로 생각하였고 상환청구권은 그 존재조
차 알지 못했으며, A가 금융기관에 진 빚을 자신들이 대신 갚아야 한다는 것은
부당하다는 것이었다. 또한 외상매출채권담보대출이라는 형식을 통해 상당한
이자 수입을 챙긴 은행들이 A에 대한 부도 위험을 자신들에게 떠넘기는 것이
부당하다는 논리도 내세웠다. 그리고 2014. 9.경 수십여 곳의 납품업체들이 외
상매출채권담보대출을 실행했던 여러 은행들을 상대로 다수의 채무부존재확인
소송을 제기하기에 이르렀다. 대상판결 또한 그 중 하나이다.

납품업체들은 외상매출채권담보대출이 그 명칭과 달리 실질은 '대출'이 아
니라고 주장하고, 심지어 외상매출채권담보대출을 '악마의 제도'라고 칭하며 그
러한 제도를 허용한 금융당국과 은행들을 비난하고 있다. 과연 이들의 주장대
로 외상매출채권담보대출은 대출이 아닌 다른 성질의 것인지, 외상매출채권담

---

6) 엄밀히 말하면 선이자를 공제한 금액.

보대출 제도에 대한 납품업체들의 비판이 정당한 것인지를 살펴볼 필요가 있을 것이다.

이하에서는 납품업체들이 문제삼고 있는 상환청구권 조항과 관련하여 외상매출채권담보대출의 법적 성질이 무엇인지를 살펴보고, 외상매출채권담보대출의 실행 과정에서 어떠한 이슈가 제기될 수 있는지, 외상매출채권담보대출 제도의 개선 방향은 무엇인지에 대하여 살펴보고자 한다.

II. 외상매출채권담보대출 제도 개관

1. 외상매출채권담보대출의 도입 배경

1990년대 말까지 기업 간 거래(B2B거래)의 주된 결제 수단으로 사용되어 온 것은 어음·수표였다. 그러나 어음과 수표 제도는 ① 교섭력이 상대적으로 부족한 당사자(주로 중소기업인 납품업자)에게 금융비용 부담을 가중시키고, ② 배서의 연속성으로 인해 연쇄부도를 초래할 수 있으며, ③ 어음의 경우 수표와 달리 부도의 경우에도 형사책임을 지지 않아 도덕적 해이를 유발하는 등의 폐해를 가지고 있었다.[7] 특히 90년대 말경 외환위기와 기업의 연쇄 부도 사태를 경험는 과정에서 어음·수표가 기업 연쇄 부도의 큰 원인으로 지목되었고, 이에 2000년경부터 어음·수표의 이용을 억제하기 위한 이른바 '어음대체결제수단'의 도입이 본격적으로 논의되기 시작하였다.[8]

외상매출채권 담보대출 또한 이러한 어음대체결제수단 중 하나로 도입된 것이었다. 외상매출채권담보대출과 함께 도입된 어음대체결제 수단으로는 기업구매전용카드, 기업구매자금대출 등이 있었다. 기업구매전용카드는 구매기업이 기업간 거래에서 판매기업(납품업체)에 대한 구입대금 결제 목적으로만 사용 가능한 신용카드로서, 금융기관과의 관계에서 차주는 구매기업이지만 금융비용(수수료)은 판매기업이 부담한다. 이와 달리 기업구매자금대출은 구매기업이 거래은행으로부터 자금을 융자받아 판매기업에 현금으로 결제하는 것으로서 구매기업이 차주로서 직접 수수료를 부담하게 된다. 반면, 외상매출채권담보대출은

---

7) 나승성, "전자어음의 법적 쟁점", 법제 제573호(법제처, 2005), 137면.
8) 정경영, "전자외상매출채권담보대출의 법적 문제", JURIST 제397호(청림인터렉티브(주), 2003), 37면.

후술하는 바와 같이 판매기업이 차주로서 수수료를 부담하게 된다.

이처럼 결제방식마다 판매기업-구매기업 간 유불리에 차이가 있으므로, 기업 간 결제방식은 판매기업과 구매기업의 상대적 지위와 교섭력에 의해 결정되곤 하였다. 그리고 중소기업에 비해 상대적으로 교섭력이 강한 대기업은 은행법상 동일인(계열) 신용공여한도 제한 등의 문제로 자신이 직접 차주가 되는 기업구매전용카드, 기업구매자금대출 제도의 이용을 회피하는 경향이 있었다. 이에 한국은행은 대기업의 어음발행을 줄이고자 전자방식에 의한 외상매출채권담보대출을 한국은행의 총액한도 지원[9] 대상이 되는 대출로 제도화하여 활성화하는 방안을 추진하게 되었다.[10] 특히 전자방식 외상매출채권담보대출의 시행을 통해 어음의 폐해를 줄이고 기업간 상거래대금 결제관행을 개선함은 물론, 모든 절차가 전자방식으로 이루어짐에 따라 기업간 거래가 투명해지고 은행과 기업의 업무편의성과 효율성이 제고될 수 있을 것으로 기대되었다.[11]

이후 한국은행으로부터 B2B 지급결제시스템 구축 사업을 위탁받은 금융결제원 주도로 전자채권 결제시스템이 구축되었고, 2002. 3.경 전자외상매출채권이 시장에 첫 선을 보이게 되었다.[12]

2. 외상매출채권담보대출의 개념

외상매출채권 담보대출제도는 구매기업에 물품을 외상으로 납품한 판매기업(납품업체)이 거래은행으로부터 외상매출채권을 담보로 대출을 받아 납품대금을 조기에 현금으로 회수하고, 일정기간이 지난 후 구매기업이 이 대출을 대신 상환하는 방식의 상거래대금 결제제도이다.[13]

관련 법령에는 "판매기업(수급사업자)이 판매대금(하도급대금)을 받기 위하여 구매기업(원사업자)에 대한 외상매출채권을 담보로 금융기관에서 대출을 받

---

9) 총액한도대출이란 중소기업에 대한 자금공급 확대 유도를 위해 한국은행이 중소기업대출 재원의 일부를 은행에 공급해주는 제도이다. 2013. 12.경 그 명칭이 "금융중개지원대출"로 변경되었다.

10) 한국은행, "어음제도 개선을 위해 전자방식에 의한 외상매출채권담보대출제도를 새로이 도입·시행", 2001. 1. 4.자 보도자료, 1-2면.

11) 정찬형, "어음에 갈음한 결제제도의 법률문제에 관한 연구", 고려법학 제44권(고려대학교 법학연구원, 2005), 41면.

12) 정경영, 전게논문, 37면.

13) 한국은행, 전게보도자료, 2면.

고, 구매기업(원사업자)이 구매대금(하도급대금)으로 판매기업(수급사업자)에 대한 금융기관의 대출금을 상환하는 것으로서 한국은행총재가 정한 조건[14]에 따라 대출이 이루어지는 것"으로 정의되어 있다.[15]

그리고 이러한 관련 법령에 따라 한국은행이 마련한 "금융기관 전자방식 외상매출채권담보대출 취급세칙"은 전자방식 외상매출채권담보대출에 대하여 "이 세칙에서 정하는 바에 따라 금융기관이 사업자등록증을 교부받은 업체간의 거래와 관련하여 그 업체의 사업목적에 부합하는 경상적 영업활동으로써 재화 및 용역을 판매하는 업체에 대하여 외상매출채권을 담보로 취급한 대출로서 대출신청, 판매내역 확인 및 대출실행 등 모든 절차가 어음발행 없이 컴퓨터 등에 의하여 전자적 방식으로 이루어진 대출"이라 정의한다.

3. 외상매출채권담보대출의 거래 구조

가. 전자외상매출채권

우선, 전자방식으로 작동하는 외상매출채권담보대출 제도의 전제이자 유사 제도로서의 전자외상매출채권을 간단히 언급할 필요가 있다.

전자외상매출채권이란 은행과 전자외상매출채권거래계약을 체결한 기업이 B2B 거래(전자상거래) 또는 오프라인 거래(일반상거래)를 통하여 물품을 구매한 후 물품판매자를 채권자로 지정하고 일정 금액을 변제기에 지급하겠다고 하면서 발행하는 것을 말한다.[16]

이때 전자외상매출채권이 전자채권관리기관(금융결제원)에 전자채권으로 등록되는 경우와 그렇지 않은 경우가 있다.[17] 전자의 경우 판매기업은 발행된 전자외상매출채권을 금융결제원에 등록해두고 필요한 경우에 위 채권을 담보로 담보대출을 받게 된다. 후자의 경우 외상매출채권담보대출은 개별 기업의 대출상품으로서, 판매기업은 자신의 거래은행에 외상매출채권을 직접 담보로 제공하고 대출을 받는다. 다만, 이 경우에도 구매기업의 신용한도를 통합적으로 관리할 필요가 있으므로, 2009. 12. 이후부터는 외상매출채권의 발행, 취소, 변경

---

14) 금융기관 전자방식 외상매출채권담보대출 취급세칙.
15) 조세특례제한법 제7조의 2 제3항 제6호, 하도급거래 공정화에 관한 법률 제2조 제14항 제2호.
16) 박훤일, "전자외상매출채권의 법적 규율", 인터넷과 법률 Ⅲ, (법문사, 2010), 291면.
17) 정찬형, 전게논문, 42-43면.

및 미결제 정보 등이 금융결제원에 집중되어 관리되고 있다.[18] 대상 판결에서도 문제되었고 일반적으로 시중에서 "외담대"라고 칭해지는 것은 바로 후자의 방식이다.

한편, 전자의 경우에 전자외상매출채권이 발행, 등록, 결제되는 과정을 간략히 살펴보면 아래와 같다.

판매기업으로부터 물품을 납품받은 구매기업은 자신의 거래은행(발행대행은행)을 통해 전자채권관리기관인 금융결제원에 전자채권 등록을 의뢰한다. 금융결제원은 전송받은 전자채권 발행 내역을 전자채권등록원장에 집중 등록하고, 이를 판매기업의 거래은행(채권보관은행)에 전송한다.

전자외상매출채권은 발행 시에 발행일, 발행금액, 만기일, 전자채권의 종류, 구매기업과 판매기업, 발행대행은행과 채권보관은행[19]에 관한 사항이 기재되고, 이러한 내용은 구매기업의 공인인증서로 전자서명되어 금융결제원에 등록되는데, 이러한 등록 시에 비로소 전자채권 발행의 법적 효력이 발생한다.

만기 도래 시 금융결제원은 동 내역을 구매기업·판매기업의 거래은행 앞으로 각 통지하여 채권 결제에 필요한 절차를 거치게 되는데, 이에 수반되는 자금결제는 한국은행에 개설된 당좌예금 계정을 통한 은행 간 차액결제 방식이 이용된다.

나. 외상매출채권담보대출의 기본 거래 구조

시중 은행이 통상적으로 판매하는 전자방식 외상매출채권담보대출 상품(위 가. 항에서 후자의 경우에 해당한다)은 기본적으로 아래와 같은 구조로 작동하도록 설계되었다.

---

18) 고평기, "국내 전자상거래 결제서비스 현황과 전망", 지급결제와 정보기술 제52호(금융결제원, 2013), 70면.

19) 외상매출채권담보대출의 경우 양자가 동일하다.

[그림 1] 외상매출채권담보대출 거래의 구조[20)]

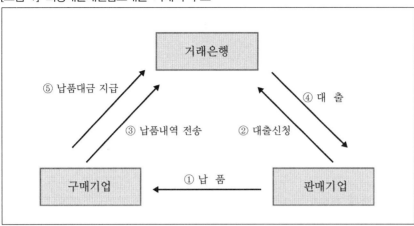

①, ③ 판매기업(납품업체, 협력기업)은 물품을 구매기업(주계약업체)에 납품하고, 구매기업은 납품받은 물품 내역을 확인한 후 거래은행 앞으로 확인서(명세서)를 송부한다.

② 판매기업은 거래은행 앞으로 납품거래와 관련한 외상매출채권을 담보로 제공(양도)하고 대출을 신청한다.

④ 거래은행은 판매기업의 외상매출채권 양도내용과 구매기업이 전송한 확인서(명세서)를 확인한 후 외상매출채권을 담보로 대출을 실행한다. 이때 대출이자는 선취된다.[21)]

⑤ 일정기간 후 구매기업은 거래은행에 납품대금을 입금함으로써 판매기업의 대출금을 대신 상환한다.

다. 거래의 실제 모습

그리고 실제 외상매출채권담보대출이 이루어지는 모습을 살펴보면, 먼저 구매기업(일반적으로 대기업)과 거래은행 간, 그리고 판매기업과 거래은행 간에 외상매출채권담보대출의 전제가 되는 기본약정이 각 체결된다. 이러한 기본약정을 통해 용어의 정의, 외상매출채권 양도 및 통지 방법, 만기 도래된 외상매

---

20) 한국은행, 전계보도자료, 3면.
21) 이러한 선취 이자가 실질적으로는 어음할인료에 해당한다는 것이 외상매출채권담보대출을 채권매매로 보아야 한다는 측의 주장이다.

출채권의 결제 방법, 상환청구권의 유무 등이 미리 정해진다.

구매기업은 판매기업과 거래한 뒤(물품을 납품받은 뒤), 거래은행의 인터넷 뱅킹 사이트에서 전자채권명세(채권번호, 판매기업의 사업자 번호, 업체명, 결제일, 결제금액 등)를 등록한다.

판매기업은 거래은행의 인터넷뱅킹 사이트에서 구매기업이 등록한 전자채권을 조회한 뒤 대출을 원하는 채권을 선택하여 대출을 신청한다. 이때 선취이 자율과 대출 만기일(전자채권 결제일과 동일)은 사전에 정해져 있고, 채권액의 일부에 대해서만 대출을 신청하는 것도 가능하다.

4. 유사 제도와의 비교

외상매출채권담보대출과 유사한 다른 제도(어음대체제도)를 비교해보면 아래 표와 같다.[22]

	전자어음	기업구매 자금대출	기업구매전용 카드	전자방식 외상매출 채권담보대출	전자채권
신청	구매기업	판매기업	구매기업	판매기업	구매기업
금융비용 부담주체	판매기업	구매기업	판매기업	판매기업	판매기업
만기	1년 이내	38일 이내	180일 이내	180일 이내	180일 이내
회수방법	만기결제/ 할인	만기결제/ 대출	만기결제/ 할인	만기결제/ 대출	만기결제/ 대출
타행 간 거래	가능	가능	불가능[23]	불가능	가능
근거법	전자어음법	어음법	여신전문 금융업법		전자금융 거래법
관리기관	전자어음 관리기관	은행	은행/여전 업자	은행	전자채권 관리기관
제도운영기관	법무부 (금융결제원)	한국은행	공정거래 위원회	한국은행	금융위원회

---

22) 한정미, "중소기업 자금공급 원활화를 위한 어음 및 어음대체제도 개선방안", 동아법학 제8권 제3호(동아대학교, 2014), 113면; 황선철, "기업 간 지급결제서비스 현황 및 이슈", 지급결제와 정보기술, (금융결제원, 2009), 6면.
23) 이는 판매기업과 구매기업의 거래은행이 같아야 함을 의미한다.

Ⅲ. 외상매출채권담보대출의 법적 성격

1. 상환청구권이 있는 외상매출채권담보대출

외상매출채권담보대출에서 '상환청구권'이란 구매기업이 지급기일에 외상매출채권의 전부 또는 일부를 변제하지 않을 경우 은행이 판매기업에게 채권의 상환을 청구할 수 있는 권리를 의미한다. 외상매출채권담보대출은 상환청구권이 있는 경우와 없는 경우로 구분되는데, 대부분의 경우 상환청구권이 있는 방식으로 실행되는 것으로 알려져 있다. 대상판결에서 문제된 외상매출채권담보대출 역시 상환청구권이 있는 외상매출채권담보대출이었다.

이와 관련하여 일부(판매기업 측)에서는 외상매출채권담보대출에서의 채권양도가 채권매매(할인)에 해당한다고 주장한다. 이러한 주장은 기본적으로 외상매출채권담보대출이 어음매매의 실질을 가지는 어음할인과 유사함을 전제로 한 것이다.

과거 대법원은 어음 또는 수표의 할인에 관하여 "어음 또는 수표의 할인이 금융기관이 아닌 사인 간에 이루어진 경우 그 성질이 소비대차에 해당하는 것인지 아니면 어음의 매매에 해당하는 것인지의 여부는 그 거래의 실태와 당사자의 의사에 의하여 결정되어야 할 것이다. (중략) 그 사인으로서는 그 어음 또는 수표 자체의 가치에 중점을 두고 이를 매수한 것이 아니라 어음 또는 수표의 할인의뢰인인 그 상대방의 신용이나 자력을 믿고서 그 상대방에게 어음 또는 수표를 담보로 금전을 대여하여 주었다고 봄이 상당하므로 그 사인과 그 상대방 간에는 어음 및 수표의 액면 상당 금액에 대한 원인관계인 계약이 체결되고, 그 어음 및 수표는 그와 같은 각 계약상의 채무를 담보하기 위하여 교부된 것으로 볼 여지가 많아 보인다"고 판시한 바 있다(대법원 2002. 4. 12. 선고 2001다55598 판결). 그런데 외상매출채권담보대출은 부도 시 관련 기업 연쇄 부도라는 상업어음 제도의 폐단을 막기 위해 도입된 제도이고, 외상매출채권담보대출의 이자는 어음할인과 마찬가지로 선취되며,[24] 그 할인율은 판매기업이 아닌 구매기업의 신용 위험을 반영하여 책정되는바, 이러한 점을 고려할 때 은행은 판매기업

---

24) 실제 다수의 은행에서 외상매출채권담보대출 실행 시 '할인'이라는 표현을 사용하고 있기도 하다.

의 신용이나 자력을 믿고 대출을 해준 것이 아니라 구매기업에 대한 매출채권의 가치에 중점을 두고 이를 매수한 것이라 보아야 한다는 것이다.

또한 판매기업 측은 외상매출채권담보대출 할인율이 판매기업에 대한 다른 대출 이자율보다 고율이라고 주장하며, 이러한 점을 고려할 때 은행이 구매기업이 만기일에 대출금을 변제하지 못할 신용위험을 감안하여 이를 '인수'하는 조건으로 고율의 할인료를 선취한 것으로 보아야 한다고도 주장한다.

그러나 이러한 주장은 외상매출채권담보대출 계약의 문언과 너무나 동떨어져 있는 것이다. 그리고 상업어음 제도의 폐단을 막기 위해서 도입된 제도라고 하여 반드시 상업어음 할인과 유사하게 취급할 이유가 없고, 대출의 경우에도 선이자를 수취하는 것이 얼마든지 가능하며, 담보대출의 경우 담보물의 가치를 반영하여 이율이 정해지게 되므로 외상매출채권을 담보로 하는 경우 담보가치를 평가하고 이율(할인율)을 정함에 있어 구매기업의 신용이 고려될 수밖에 없는 것이다. 그러므로 일부(판매기업 측)에서 들고 있는 위 논거들을 들어 외상매출채권담보대출을 어음매매(할인)과 유사한 제도라고 할 수는 없다.

그리고 만약 외상매출채권담보대출의 실질을 채권매매로 본다면, 구매기업이 외상대금을 지급하지 아니하더라도 은행이 판매기업에 대하여 상환청구권을 행사함으로써 대출금을 회수할 수 있는 기회가 차단되므로, 판매기업이 자기 책임 하에 체결된 계약에 따른 구매기업의 변제자력에 대한 위험부담을 제3자인 은행에게 전가시키는 것이 되어 계약법의 기본원리에 반하는 결과가 초래될 수 있다.

외상매출채권담보대출에 앞서 체결되는 기본약정의 문언에는 외상매출채권담보대출의 대출계약으로서의 특성, 즉 차주(판매기업)에 대한 상환청구권의 존재는 차치하더라도, 그 명칭부터 '대출'일뿐만 아니라 계약 내용에 대출기간, 대출이자율, 지연배상금률 등이 명시되는 점, 차주(판매기업)의 여신제한 사유 발생 시 은행이 외상매출채권담보대출 실행을 제한할 수 있는 점, 양도대상 채권과 관련하여 피담보채무가 명시되는 점, 차주(판매기업)는 담보가치를 유지할 의무를 부담하는 점, 차주의 진술·보증이 허위임이 밝혀질 경우 차주가 담보 제공 의무를 부담하는 점, 차주는 외상매출채권의 일부에 대하여만 대출을 신청하는 것도 가능한 점[25] 등이 잘 나타나 있다.

25) 외상매출채권담보대출 기본약정의 명칭과 구체적인 내용에는 은행마다 차이가 있으나,

무엇보다도 앞서 본 바와 같이 외상매출채권담보대출 제도의 근거가 되는 조세특례제한법 제7조의 2 제3항 제6호, 하도급거래 공정화에 관한 법률 제2조 제14항 제2호는 외상매출채권담보대출을 "판매기업(수급사업자)이 판매대금(하도급대금)을 받기 위하여 구매기업(원사업자)에 대한 외상매출채권을 담보로 금융기관에서 대출을 받고, 구매기업(원사업자)이 구매대금(하도급대금)으로 판매기업(수급사업자)에 대한 금융기관의 대출금을 상환하는 것"이라고 정의하고 있는데, 이러한 입법자의 의사에서도 외상매출채권을 담보로 하여 '대출'한다는 것과 외상대금으로 '대출금'을 상환한다는 것을 명확히 하고 있다.

이러한 점들을 고려하면, 외상매출채권담보대출은 외상매출채권을 대출금 채무에 대한 담보로 제공하는 대출(금전소비대차)계약으로 보아야 한다.

결국 대상판결이 이 사건 대출약정에 대하여 원고들이 A에 대한 외상매출채권을 담보로 제공하고 피고로부터 그 채권액 상당을 대출받되, A가 대출만기일까지 피고에게 그 외상매출채권액을 전액 결제하지 아니할 경우에는 피고가 원고들에 대하여 그 미결제 부분에 대한 대출금의 상환을 청구할 수 있는 일종의 채권양도담보부 금전소비대차계약이라고 판시한 것은 적절한 것으로 보인다. 참고로, 대상판결과 유사하게 외상매출채권담보대출의 법적 성격이 문제되었던 서울중앙지방법원 2012가단313151 사건[26]에서도 법원은 상환청구권 있는 외상매출채권담보대출의 법적 성격에 대하여 "대출기관이 외상매출채권을 양도담보로 취득하는 것"이라 판시한 바 있다.

2. 상환청구권이 없는 외상매출채권담보대출

대상판결에서는 쟁점이 되지 않았지만, 상환청구권이 없는 외상매출채권담보대출의 법적 성격이 무엇인지도 문제가 되고 있다. 구매기업의 상환능력이 악화되어 은행이 외상매출채권의 만기일에 구매기업으로부터 대금을 회수하지 못하는 경우에도 은행이 판매기업에 대하여 대출금의 상환을 청구할 수 없다는 것은, 그 동안 우리가 보아온 통상적이고 전통적인 대출의 개념에서는 매우 낮

이상의 특징은 대다수 은행의 외상매출채권담보대출 기본약정(약관)에서 공통적으로 발견된다.

26) 이 사건은 B건설회사에 대한 하도급대금 채권을 가지고 외상매출채권담보대출을 신청하여 받은 공사업체(원고)가 은행(피고)을 상대로 채무부존재확인을 구한 사안이다.

선 것이기 때문이다.

이러한 사정을 고려하여, 위 서울지방법원 2012가단313151 사건에서 법원은 상환청구권이 없는 외상매출채권담보대출에 대하여 "대출기관이 외상매출채권을 매수한 것"이라 판시한 바 있다.

그러나 위 판결과 같이 상환청구권 없는 외상매출채권담보대출을 단순히 채권매매로 취급하는 것에는 찬성할 수 없다. 우선 상환청구권이 없는 외상매출채권담보대출의 경우에도 상환청구권의 부존재를 제외하면 앞선 항에서 살펴본 대출로서의 특성을 모두 가지고 있다. 특히 앞서 본 바와 같이 외상매출채권담보대출 제도의 근거가 되는 관련 법령은 외상매출채권담보대출의 개념 정의에서 담보로 '대출'하는 것과 대금으로 '대출금'을 상환하는 것을 명확히 하고 있는데, 위 관련 법령은 상환청구권의 존부를 구분하고 있지 않으므로, 상환청구권 없는 외상매출채권담보대출에 대해서도 이러한 정의가 그대로 적용될 수밖에 없다. 그리고 은행은 판매기업에 대한 상환청구권을 무조건 상실하는 것이 아니라, 구매기업의 상환능력 이외의 다른 사유[27]로 만기에 외상매출채권 대금이 지급되지 않은 경우에는 여전히 차주에 대하여 상환청구권을 행사할 수 있도록 되어 있다. 이러한 점에서 볼 때 상환청구권 없는 외상매출채권담보대출을 단순한 채권매매라고 할 수는 없다.[28]

통상적인 대출계약에서 차주는 인적 무한책임을 부담하고, 이는 담보대출계약의 경우에도 마찬가지이다. 차주가 제공한 담보의 가치가 대출원리금 전액을 상환하기에 충분하지 않은 경우 대주는 차주에게 직접 대출원리금의 상환을 청구할 수 있다. 그런데 이와 달리 대주가 차주로부터 제공받은 담보로만 상환을 받을 수 있는 대출도 존재하는데, 이른바 비소구대출(non-recourse loan)이 그것이다. 미국의 경우 캘리포니아 등 12개 주에서 비소구 주택담보대출이 이용되고 있다.[29] 그리고 최근 우리나라에서도 유한책임대출[30]이라는 이름의 비소

---

27) 은행별로 표현에 있어 다소 차이가 있기는 하지만, 대개 판매기업-구매기업 간 상거래 상의 무효나 취소 등 사유, 법적 지급제한에 의한 사유 등을 들고 있다.

28) 실무적으로도 대부분의 은행이 상환청구권 없는 외상매출채권담보대출을 '대출'계정으로 분류하고 있는 것으로 알려져 있다.

29) 이철우, "비소구 주택담보대출에 대한 사례연구", 주택금융월보 2014. 3.(한국주택금융공사, 2014), 5면.

30) 주택도시기금법[2015. 8. 28. 법률 제13499호(민간임대주택에 관한 특별법)로 일부개정

구 주택담보대출 제도가 국토교통부에 의해 도입되어, 2016. 3. 현재 시범운영 되고 있다.[31]

이러한 비소구대출의 법적 성격은 차주의 반환책임이 제한된다는 점에서 금전소비대차계약의 내용이 일부 변형된 특수한 형태의 계약으로 볼 수 있다. 상환청구권 없는 외상매출채권담보대출 또한, 그 제도 도입의 목적[32]이나 대출 취급의 구체적인 방식에는 차이가 있지만, 앞서 본 특성을 고려하면 차주의 책 임이 담보물(외상매출채권 또는 주택)의 가치 범위 내로 제한된다는 점에서 비소 구대출(유한책임대출)의 일종으로 보아야 할 것이다.[33]

IV. 외상매출채권담보대출 관련 법적 쟁점

1. 약관규제법 관련 문제

가. 설명의무 적용 여부

판매기업과 거래은행 사이의 외상매출채권담보대출 기본약정은 은행 측에 서 여러 명의 상대방과 계약을 체결하기 위하여 미리 마련해 둔 외상매출채권 담보대출 약정서 형식을 활용하여 체결되는바, 그러한 약정의 내용이 약관법 제2조 제1호에서 정한 '약관'에 해당함에는 의문의 여지가 없다. 그리고 이와 관 련하여 먼저, 외상매출채권담보대출의 '상환청구권 조항'이 약관의 '중요한 내

(타법개정)된 것] 제2조(정의) ① 이 법에서 사용하는 용어의 뜻은 다음과 같다.
　8. "유한책임대출"이란 채무자 변제 책임을 담보물로 한정하는 대출(채무자의 거짓이나
　　그 밖의 부정한 방법 등에 의한 대출은 제외한다)을 말한다.

31) 국토교통부, "유한책임 디딤돌 대출 12월 28일 출시", 2015. 12. 23.자 보도자료, 1-4면.

32) 비소구대출은 서민의 주택구입자금 마련 부담을 완화시켜 줄 목적에서 도입되었다(관계부 처 합동, "주택시장 활력회복 및 서민 주거안정 강화방안", 2014. 9. 1.자 보도자료, 19면). 비소구대출의 장점으로는 채무자 보호 강화 및 신용불량자 확대 억제, 대출심사 등 관리 비용 절감, 압류절차 간소화(압류기간 단축) 등이, 단점으로는 대주의 손실 확대 가능성 이 거론된다(이철우, 전게논문, 4-6면). 다만 우리나라의 경우 현재 관련 주택담보대출의 LTV가 70% 이하로 통제되기 때문에(국토교통부, 전게보도자료, 4면) 유한책임대출의 시 행에도 불구하고 대주가 손실을 입을 가능성은 그리 높지 않은 것으로 보인다.

33) 대출금채권 중 담보로 상환되고 남은 나머지 부분은 더 이상 상환받을 수 없게 되는데, 이 부분이 소멸하는 것인지 아니면 자연채무로 남는 것인지가 논란이 있을 수 있다. 은 행의 약정서에서는 대개 "상환청구권을 배제하기로 합니다", "상환청구권을 행사하지 않기로 합니다", "상환청구를 하지 않기로 합니다" 등으로 규정되어 있는바, 이러한 문 언의 해석상 청구의 포기로 채무가 소멸된다고 보아야 할 것이다.

용'에 해당하여 사업자가 설명의무를 부담하는지 여부가 문제된다. 사업자가 설명의무를 위반하면 그 약관은 계약의 내용으로 편입되지 못한다(약관법 제3조 제4항).

다만 약관에 정하여진 사항이더라도 거래상 일반적이고 공통된 것이어서 고객이 별도의 설명 없이도 충분히 예상할 수 있었던 사항이거나, 이미 법령에 의하여 정해진 것을 되풀이하거나 부연하는 정도에 불과한 사항이라면, 그러한 사항에 관해서까지 사업자에게 명시·설명의무가 있다고 할 수 없다(대법원 2012. 6. 28. 선고 2010다57466 판결 등 참조).

'상환청구권 있는 외상매출채권담보대출'의 법적 성질은 대출계약이므로 대출계약상 차주가 상환의무를 부담하는 것은 그야말로 너무나 당연한 것으로 서 거래상 일반적이고 공통된 것일 뿐만 아니라 법에 정해진 것을 되풀이하는 정도에 불과하다(민법 제598조). 나아가 대다수의 외상매출채권담보대출이 판매 기업에 대한 상환청구권이 존재하는 형태로 이루어지고 있으므로, 이러한 점을 고려할 때 외상매출채권담보대출의 상환청구권 조항은 거래상 일반적이고 공통 된 것으로서 고객(판매기업)이 별도의 설명 없이도 충분히 예상할 수 있었던 사 항이라고 봄이 상당하고, 결국 사업자는 상환청구권 조항에 관하여 약관법상의 설명의무를 부담하지 않는다고 보아야 할 것이다.

따라서 상환청구권 조항이 다의적인 해석의 여지가 있는 조항이 아닌 점, 대출채무자가 대출만기에 대출원리금을 상환하여야 한다는 것은 거래상 일반적 이고 공통된 것인 점을 근거로 들어 피고에게 상환청구조항의 의미에 관한 별 도의 설명의무가 인정되지 않는다고 판시한 대상판결의 결론은 타당하다.

한편, 설령 상환청구권 조항에 대한 사업자의 약관법상 명시·설명의무가 인정된다 하더라도, 지금과 같이 외상매출채권담보대출 약정이 인터넷뱅킹을 통해 체결되는 상황에서는 은행의 의무 위반을 인정하기는 어려울 것으로 보인 다. 왜냐하면 외상매출채권담보대출과 같이 금융회사가 전자적 장치를 통하여 금융상품 및 서비스를 제공하고, 이용자가 금융회사 종사자와 직접 대면하거나 의사소통을 하지 아니한 채 자동화된 방식으로 이를 이용하는 '전자금융거래'의 계약 체결 시 금융회사는 약관을 '명시'하면 충분하고, 이용자의 요청이 있는 경 우에야 비로소 그 내용을 설명할 의무를 부담하기 때문이다(전자금융거래법 제24

조 제1, 2항34)).35) 인터넷 화면을 통해 비대면 방식으로 계약이 체결되는 경우 개별 약관의 내용에 대하여 일일이 고객에게 설명해줄 것을 은행에게 요구하는 것은 무리이기 때문에, 은행이 이용자(고객)로 하여금 약관을 복사 내지 다운로드할 수 있게 하고 그 중 중요한 사항을 쉽게 인식, 이해할 수 있게 표시하였다면 그로써 자신의 의무를 충분히 이행하였다고 봄이 마땅한 것이다. 나아가, 은행의 외상매출채권담보대출 약정 화면에서는 인터넷 약정을 체결하려는 자가 대출거래의 주요내용을 확인하여야 약정 체결이 가능하도록 되어 있고, 판매기업들은 구매기업과의 계속적인 거래 관계에서 통상 외상매출채권담보대출 거래를 반복적으로 하게 되므로, 그러한 과정에서 판매기업들은 상환청구권의 내용을 충분히 인식하게 되리라 예상할 수 있다.

서울중앙지방법원 2012가단313151 판결에서도 법원은 "이 법원의 검증결과에 의하면 인터넷 약정을 체결하려는 자가 이 사건 대출계약의 내용을 읽었다는 점을 확인하여야 약정 체결이 가능한 사실을 인정할 수 있으므로, 원고가 이 사건 대출약정 중 상환청구권에 관한 내용을 인식하고 약정 체결에 이르렀다고 봄이 상당하다. (중략) 이 사건 대출약정 체결 이전에도 원고가 피고와 상환청구권이 있는 외상매출채권담보대출과 관련한 거래를 여러 번 하였다면, 원고는 상환청구권에 관하여 충분히 알고 있었다고 보이므로, 피고가 이를 명시적으로 설명하지 않았다고 하더라도 이를 설명의무 위반이라고 할 수는 없다"고 판시하였다.

나. 불공정약관 해당 여부

원고들은 외상매출채권담보대출 약정의 상환청구권 조항이 약관법 제7조 제2호의 '상당한 이유 없이 사업자의 손해배상 범위를 제한하거나 사업자가 부담하여야 할 위험을 고객에게 떠넘기는 조항' 또는 제6조 제2항 제2호의 '고객

---

34) 제24조(약관의 명시와 변경통지 등)
① 금융회사 또는 전자금융업자는 이용자와 전자금융거래의 계약을 체결함에 있어서 약관을 명시하여야 하고, 이용자의 요청이 있는 경우에는 금융위원회가 정하는 방법에 따라 그 약관의 사본을 교부하고 그 약관의 내용을 설명하여야 한다.
② 금융회사 또는 전자금융업자는 제1항의 규정을 위반하여 계약을 체결한 때에는 당해 약관의 내용을 계약의 내용으로 주장할 수 없다.
35) 한기정, "전자보험거래상의 법률문제", 인터넷과 법률 Ⅲ, (법문사, 2010), 367면.

이 계약의 거래형태 등 관련된 모든 사정에 비추어 예상하기 어려운 조항'에 해당하므로 무효라고 주장한다.

그러나 이러한 주장은 은행이 구매기업의 부도 또는 외상매출채권 미결제의 위험을 판매기업으로부터 인수하였거나, 적어도 그러한 의무가 있음을 전제로 하는 것인데, 구매기업으로부터 판매대금을 지급받지 못할 위험은 본래 은행이 아니라 판매기업이 구매기업과의 거래 과정에서 당연히 부담했어야 하는 위험이라고 봄이 타당하다. 그리고 은행이 구매기업의 결제능력, 신용도 등을 검토하여 외상매출채권담보대출 한도액과 이자율을 정하고 판매기업으로부터 외상매출채권담보대출 대출이자를 지급받는 것은, 은행이 대출 실행에 앞서 차주가 제공하는 담보물의 가치를 평가하고 차주로부터 대출 이자를 지급받는 통상적인 대출업무와 크게 다르지 않으며, 그러한 은행의 행위가 구매기업에 대한 신용위험을 판매기업으로부터 인수할 의사로 이루어졌다고 보기는 어렵다. 오히려, 은행이 상환청구권이 있는 방식으로 외상매출채권담보대출을 체결한 것은 구매기업에 대한 신용위험을 떠안을 의사가 없음을 명백히 표시한 것이라 볼 수 있다.

나아가, 대출계약(금전소비대차계약)에 따라 금전을 차용한 차주가 그 대출금에 대한 최종적인 상환 책임을 부담하는 것은 대출계약의 성질상 지극히 당연한 것이고(민법 제598조), 대출을 통해 금원을 조달하는 차주라면 누구나 자신의 상환 의무를 예상하는 것이 상식적이다. 오히려 상환청구권이 없는 경우가 예외적이고 예상하기 어려운 것이다.

이러한 점에서 상환청구권 조항이 약관법에 위반되어 무효라는 원고들의 주장을 배척한 대상판결의 결론은 타당하다. 참고로 서울중앙지방법원 2012가단313151호 판결에서도 법원은 "벽산건설의 부실이 피고의 과실 때문이라는 점을 인정할 아무런 증거가 없고, 피고가 상환청구권을 행사하는 것이 상당한 이유 없이 피고가 부담하여야 할 위험을 고객에게 떠넘기는 조항에 해당한다고 볼 증거도 없다. (중략) 원고가 이 사건 대출약정 이전에도 이와 같은 내용의 대출 거래를 피고와 하였던 점에 비추어 보면, 위 주장(예상하기 어려운 조항) 역시 이유 없다"고 판시하였다.

2. 자본시장법상 금융투자상품 해당 여부

외상매출채권담보대출을 비판하는 측에서는 외상매출채권담보대출이 복잡하고 투자성 있는 금융투자상품에 해당하므로 그러한 상품을 판매하는 은행이 자본시장법에서 정한 적합성 원칙, 설명의무 등을 준수했어야 한다는 주장을 펼치고 있다.

자본시장법 제3조 제1항[36]에 정의된 '투자성'이란 그 권리(금융투자상품)를 취득하기 위하여 지급하였거나 지급하여야 할 금전등(금전 및 그 밖의 재산적 가치가 있는 것)의 총액이 그 권리로부터 회수하였거나 회수할 수 있는 금전등의 총액을 초과하게 될 위험을 의미한다. 그리고 판매기업 측의 논리는, 판매기업이 구매기업에 대한 '외상매출채권에 대한 권리'를 취득하기 위하여 구매기업에게 납품해야 하는 현물 가치의 총액이 위 매출채권으로부터 회수할 수 있는 금전등의 총액을 초과할 위험이 있기 때문에 외상매출채권담보대출이 투자성 있는 금융투자상품이라는 것이었다.

그러나 위 판매기업 측의 주장은 무리한 것으로 보인다.

자본시장법 제3조 제1항의 '금융투자상품'은 투자자가 금전등을 지급하여 취득하고자 하는 '권리' 그 자체를 의미한다. 그러므로 만약 판매기업들의 논리대로 판매기업이 '외상매출채권에 대한 권리'를 취득하기 위해 현물을 납품한다고 보면, 그때 투자성 있는 금융투자상품인지 아닌지 여부가 문제될 수 있는 것은 '외상매출채권' 그 자체이지 '외상매출채권담보대출(내지 그 대출계약)'[37]이 아니다.

그리고 판매기업은 구매기업과의 쌍무계약상 자신의 물품공급 등 채무를 이행하여 그 대가로서 외상매출채권을 취득하는 것일 뿐, "이익을 얻거나 손실을 회피할 목적으로" 구매기업에게 물품을 공급하거나 용역을 제공하기로 약정

---

36) 제3조(금융투자상품) ① 이 법에서 "금융투자상품"이란 이익을 얻거나 손실을 회피할 목적으로 현재 또는 장래의 특정(特定) 시점에 금전, 그 밖의 재산적 가치가 있는 것(이하 "금전등"이라 한다)을 지급하기로 약정함으로써 취득하는 권리로서, 그 권리를 취득하기 위하여 지급하였거나 지급하여야 할 금전등의 총액(판매수수료 등 대통령령으로 정하는 금액을 제외한다)이 그 권리로부터 회수하였거나 회수할 수 있는 금전등의 총액(해지수수료 등 대통령령으로 정하는 금액을 포함한다)을 초과하게 될 위험(이하 "투자성"이라 한다)이 있는 것을 말한다. (후략)

37) 한편, 외상매출채권담보대출은 그 자체만 놓고 보면 대출금을 먼저 지급받은 판매기업이 만기에 대출원리금을 상환할 의무를 부담하는 구조로서, 투자성 있는 금융투자상품에 해당할 수 없음이 명백하다(대상판결도 그와 같이 판시하며 외상매출채권담보대출이 투자성 있는 금융투자상품이라는 원고들의 주장을 일축하였다). 이 때문에 판매기업 측은 투자성에 대한 자신들의 논리를 뒷받침하기 위해 구매기업과의 매매계약과 은행의 외상매출채권담보대출 약정이 상호불가분적인 관계에 있다고 주장하였다.

하여 외상매출채권을 취득하게 된 것이 아니다. 즉, 금융투자상품에 해당하기 위한 요건으로서의 '금융투자목적'이 없는 것이다.

또한 판매기업 측의 주장은 결국 자신들이 구매기업에게 납품한 물품대금 등 채권을 모두 회수하지 못할 위험, 바꾸어 말하면 구매기업이 물품대금 등 채무를 불이행할 위험을 부담한다는 것에 불과한 것으로, 이러한 위험 부담은 자본시장법상 투자성 개념과는 아무런 관련이 없는 것이다. 일방이 선이행한 급부의 가치를 모두 되돌려 받지 못할 위험은 일방에게 선이행의무가 부과된 모든 매매계약, 나아가 쌍방의 의무가 동시이행관계에 있지 않은 모든 쌍무계약에 내재되어 있는 것이다.

자본시장법 역시 위와 같은 위험을 '투자성' 개념에서 제외하고 있다. 즉, 자본시장법 제3조 제1항에서 정하는 "그 권리로부터 회수하였거나 회수할 수 있는 금전등의 총액(해지수수료 등 대통령령으로 정하는 금액을 포함한다)"에는 "발행인 또는 거래상대방이 파산 또는 채무조정, 그 밖에 이에 준하는 사유로 인하여 당초 지급하기로 약정한 금전등을 지급할 수 없게 됨에 따라 투자자, 그 밖의 고객이 되돌려 받을 수 없는 금액"이 포함된다(자본시장법 시행령 제3조 제2항 제3호[38]). 따라서 설령 구매기업이 도산 등 사유로 판매기업들에 대한 외상매출채권을 모두 상환하지 못했다 하더라도 그와 같이 상환하지 못한 금액은 회수할 수 있는 금전의 총액에 포함되며, 결국 판매기업들이 구매기업에게 납입한 현물의 가치는 판매기업들이 회수하거나 회수할 수 있는 금전 등의 총액을 초과하지 않게 된다. 이처럼 투자성(원본손실위험)은 유통성을 전제로 하는 시장가격의 변동에 따른 시장위험을 의미하는 것으로, 발행인의 도산과 같은 신용위험은 포함되지 않는다.[39]

따라서 외상매출채권담보대출은 자본시장법상 금융투자상품에 해당하지 않음이 명백하고, 그와 같이 판시한 대상판결의 결론은 타당하다.

---

38) 제3조(금융투자상품의 범위)
   ② 법 제3조 제1항 각 호 외의 부분 본문에서 "해지수수료 등 대통령령으로 정하는 금액"이란 다음 각 호의 금액을 말한다.
   3. 발행인 또는 거래상대방이 파산 또는 채무조정, 그 밖에 이에 준하는 사유로 인하여 당초 지급하기로 약정한 금전등을 지급할 수 없게 됨에 따라 투자자, 그 밖의 고객이 되돌려 받을 수 없는 금액.
39) 임재연, 자본시장법, 2015년판(박영사, 2015), 27면.

3. 기타 법적 쟁점

가. 팩토링(채권매입업)과의 유사성

상법 제168조의 11이 규정하고 있는 채권매입계약(팩토링계약)이란 상인이 그 영업에서 발생한 현재 및 장래의 외상매출채권을 일괄하여 채권매입업자에게 양도하고, 채권매입업자는 그 상인에 갈음하여 채무자로부터 매출채권을 추심하고 이와 관련된 관리업무를 수행하기로 하는 계약을 말한다.[40]

채권매입업은 채권의 회수불능에 따른 위험을 누가 부담하는지에 따라 진정채권매입과 부진정채권매입으로 구분된다. 진정채권매입은 채권이 회수되지 못할 경우 채권매입업자가 양도상인에게 그 상환을 청구할 수 없는 거래를 말하고, 부진정채권매입은 반대로 채권이 회수되지 못한 경우 채권매입업자가 채권을 양도한 상인에게 그 상환을 청구할 수 있는 거래이다. 상법은 부진정채권매입을 원칙으로 하고 있다(상법 제168조의 12 참조). 이때 진정채권매입은 채권의 매매, 부진정채권매입은 소비대차에 해당한다고 보는 것이 통설이다.[41]

[그림 2] 팩토링거래의 구조[42]

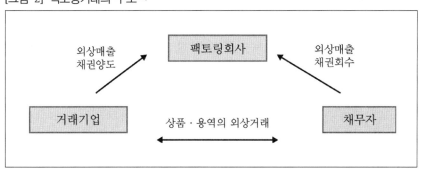

채권매입거래의 법률관계는 외상매출채권담보대출의 경우와 유사한 면이 있다. 팩토링회사-거래기업-채무자의 세 당사자 사이에 이루어지는 거래인 점, 기본계약인 팩토링계약과 그에 따른 개별적인 채권양도가 이루어지는 점, 상환

---

40) 송옥렬, 상법강의, 제5판(홍문사, 2015), 215면.
41) 송옥렬, 전게서, 216면; 서헌제, "어음제도의 개선에 관한 연구(Ⅱ)─어음의 대체수단을 중심으로─", 법학논문집 제26집 제2호(중앙대, 2002), 263면.
42) 서헌제, 전게논문, 262면.

청구권이 있는 경우와 없는 경우로 구분된다는 점[43]이 그러하다.

　　그러나 이처럼 거래 구조가 비슷하다고 하여 판매기업 측의 주장과 같이 외상매출채권담보대출 거래약정서의 내용을 무시하고 외상매출채권담보대출을 팩토링과 동일한 것으로 취급할 수는 없다. 그리고 외상매출채권담보대출을 팩토링계약이라 보더라도 판매기업 입장에서 볼 때 상환청구권이 있는 외상매출채권담보대출과 상법이 원칙으로 하고 있는 상환청구권이 있는 부진정 팩토링계약은 판매기업이 회수불능의 위험을 최종적으로 부담한다는 점에서 아무런 차이가 없으므로, 군이 팩토링계약 해당 여부를 따져 볼 실익도 없는 것으로 보인다.

나. 약탈적 대출 해당 여부

　　약탈적 대출이란 상환능력이 없는 차입자에게 자금을 빌려준 후 높은 수수료나 연체료를 부과하거나 담보물을 싸게 취득하는 등의 방법으로 높은 수익을 올리면서 차입자에게 손해를 끼치는 대출(abusive lending)을 의미한다.[44] 약탈적 대출의 유형으로는 채무자의 변제능력을 초과한 약탈적 대출(asset-based lending), 차환 반복에 의한 약탈적 대출(loan flipping), 과잉수수료를 부과하는 약탈적 대출(excessive fees) 등이 논의된다.[45] 대상판결의 원고들은 외상매출채권담보대출이 차입자의 변제능력을 벗어난 과다대출이었다고 주장하였다.

　　그러나 외상매출채권담보대출 실행 전 판매기업은 구매기업에 대하여 일정 금액의 외상매출채권을 보유하고 있고, 외상매출채권담보대출은 담보로 제공된 외상매출채권액을 한도로 하여 실행되므로, 그러한 외상매출채권담보대출이 판매기업의 변제능력을 초과하여 이루어졌다고 보기는 어렵다. 구매기업이 만기일에 외상매출채권을 변제하지 않는 경우 판매기업은 대출금을 상환할 의무를 부담하지만, 그러한 위험은 애초에 외상매출채권담보대출이 이루어지지 않았더라도 구매기업과의 매매계약상 선이행의무 이행의 결과 판매기업이 당연히 부담했어야 하는 것으로서, 외상매출채권담보대출로 인하여 새롭게 발생한 것이 아니다. 판매기업으로서는 애초에 자신과 구매기업의 재정 상황 등을 고

---

43) 서헌제, 전게논문, 261-263면.

44) 홍종학, "약탈적 대출에 관한 소고", 한국경제학보 제12권 제1호(연세대학교 경제연구소, 2005), 239-240면.

45) 김봉철, "약탈적 대출의 현황과 법제적 대응방안", 고려대학교 석사학위논문(2011), 5-6면.

려하여 적절히 외상거래의 한도를 조절할 필요가 있고, 외상매출채권 담보대출은 그 외상매출채권의 범위 내에서 이루어지는 것이므로, 외상매출채권자체에 어떠한 약탈성이 있다고 보기는 어려운 것이다.

이처럼 외상매출채권담보대출은 구조적으로 약탈적 대출에 해당하기 어려운 상품인바, 이를 전제로 한 판매기업 측의 주장은 받아들이기 어렵다.

V. 결론 ― 외상매출채권담보대출 운영 방식의 개선

이상 살펴본 바와 같이 상환청구권 있는 외상매출채권담보대출의 법적 성질은 외상매출채권담보부 대출 상품임이 명백하고, 그 내용 자체에는 특별한 하자가 없는 것으로 보인다. 상환청구권 조항 역시 달리 해석될 여지없는 간명한 문구로 기재되어 있고, 외상매출채권담보대출 약정을 체결하는 판매기업들이 상환청구권의 존재를 인식하는 것도 그리 어려운 일이 아니다.

그럼에도 불구하고 상환청구권 및 외상매출채권담보대출의 성질에 대한 은행과 판매기업(납품기업)들의 인식 사이에는 여전히 상당한 괴리가 있는 것으로 보이고, 외상매출채권담보대출에 대한 비판과 문제 제기는 끊이지 않고 있다. 외상매출채권담보대출이 제도 도입 당시 의도했던 방향대로 운영되지 못하고 있는 것이다.

그렇다고 하여 외상매출채권담보대출의 상환청구권을 무조건적으로 금지하거나 무효화하는 것은 현실적으로 불가능하다. 은행의 입장에서는 군이 외상매출채권 미결제의 위험을 스스로 감수하면서까지 상환청구권이 없는 외상매출채권담보대출을 취급할 유인이 없다. 은행이 외상매출채권담보대출을 취급하지 않으면 판매기업이 외상매출채권을 저렴한 비용으로 조기 현금화할 방법이 없게 된다.

이러한 상황을 타개하기 위해서는 외상매출채권담보대출 운영상의 갈등을 해소하기 위한 은행과 금융당국의 적극적인 노력이 필요할 것으로 보인다.

이와 관련하여 금융감독원은 2015. 2. 9. 중소 납품기업 보호를 위해 외상매출채권담보대출제도를 개선하겠다는 보도자료를 발표하였다.[46] 금융감독원

---

46) 금융감독원·전국은행연합회, "중소 납품기업 보호를 위해 외상매출채권담보대출제도 개선", 2015. 2. 9.자 보도자료.

은 상환청구권을 폐지할 경우, 은행은 신용도가 극히 양호한 대기업과 거래하는 납품기업만을 대상으로 외상매출채권담보대출을 취급하게 되어 오히려 지금까지 외상매출채권담보대출을 이용하던 대다수 중소기업이 납품대금을 조기 회수하는 데 어려움이 커질 것으로 예상되므로, 상환청구권 폐지보다는 부작용을 최소화하는 방향으로 제도개선을 추진하겠다고 하면서, 아래와 같은 개선방안을 제시하였다.

1. 은행의 납품기업에 대한 상환청구권 설명의무 강화: 구매기업이 매출채권 미결제 시 납품기업이 외담대 상환의무를 부담한다는 사실과 이에 대비하기 위해 납품기업이 매출채권보험에 가입할 수 있음을 명확히 설명
2. 구매기업의 외상매출채권 미결제에 대한 제재 강화: 구매기업이 만기일에 외상매출채권을 미결제하는 경우 은행권 공동으로 외상매출채권 거래를 2년간 금지. 단, 거래금지기간 중에 미결제 매출채권을 모두 결제하는 경우 연 1회에 한해 거래금지 해제 가능
3. 잠재위험 구매기업에 대한 리스크관리 강화: 은행은 리스크관리 대상 또는 미결제 이력 구매기업에 대하여 신용평가 주기를 단축(예: 현행 1년 → 6개월)하고, 구매기업의 외상매출채권 및 외담대 한도 감축 등 심사 강화
4. 납품기업의 대출금 상환부담 완화를 위해 매출채권보험 활성화: 은행이 매출채권보험 가입기업에 대해 외담대 금리를 우대하여 납품기업이 매출채권보험을 적극 활용하도록 유도

이러한 개선방안이 충실히 이행되고 그에 따라 외상매출채권담보대출 운영 방식이 개선된다면 상환청구권을 둘러싼 판매기업과 은행 사이의 분쟁은 대폭 줄어들 수 있을 것이다.

이와 함께 외상매출채권담보대출 제도에 대한 판매기업들의 인식 변화도 함께 동반되어야 한다. 판매기업들은 외상매출채권담보대출 약정 체결 및 대출 실행 과정에서 계약의 내용과 효과에 대해 좀 더 주의를 기울이고, 또한 구매기업의 자력이나 채무상환 능력에 대해서도 지속적인 관심을 가지면서 만에 하나 있을지 모르는 구매기업의 채무불이행 사태에 미리 대비해 둘 필요가 있다.

또한, 이미 외상매출채권과 관련해서는 매출채권보험 제도가 마련되어 있는바, 이를 적극 활용할 필요가 있다.

    매출채권보험은 중소기업이 물품 또는 용역을 제공함으로써 발생한 매출
채권을 보험에 가입하였다가, 향후 구매기업의 채무불이행으로 인한 손실이 발
생할 경우 신용보증기금으로부터 보험금을 지급받는 제도로서[47] 중소기업청의
위탁으로 신용보증기금이 시행하고 있다.[48] 보험기간 내 발생하는 모든 매출채
권을 보험대상으로 하는 근보험을 원칙으로 하고, 보험료는 보험가입 매출채권
에 대하여 연 0.1%에서 5%까지 차등화된 보험료율이 적용된다. 일정한 보험사
고(구매자의 지급불능, 결제기일 경과 후 2개월 이내 결제대금 미지급 등)가 발생한 경
우 신용보증기금은 판매기업(보험계약자)의 보험금 지급 신청에 따라 보험금액
과 실제 손해금액의 60-80%(약정 보상률) 중 적은 금액을 보상하고, 보험계약자
가 구매기업 등에 대하여 가지는 청구권 등에 대해 보험자대위권을 행사한다.
    중소기업청은 2016년 매출채권보험 인수 규모를 2015년의 16조원에서 17
조원으로 확대하였고, 계약자 및 구매자 최고 보험 한도를 각 30억 원, 100억
원에서 50억 원, 150억 원으로 확대하였다.[49] 이러한 매출채권보험이 널리 확대
보급된다면 판매기업들도 상환청구에 대한 불안 없이 안정적인 경영활동을 할
수 있을 것으로 기대된다.

---

47) http://www.kodit.co.kr/work/crdt_insr/sel_bond_prm/use_guid/intro.jsp.
48) 참고로 일본에도 이와 유사하게 신용보증협회의 매출채권담보대출제도가 마련되어 시행
   되고 있다(일본 중소기업청의 홈페이지 http://www.chusho.meti.go.jp/kinyu/urikake_in-
   dex.htm 참조).
49) 중소기업청, "2016년 「중소기업 매출채권보험」 17.0조원 지원", 2015. 12. 30.자 보도자
   료, 2면.

● 참고문헌

[단행본]

송옥렬, 상법강의, 제5판(홍문사, 2015)

임재연, 자본시장법, 2015년판(박영사, 2015)

[논문]

고평기, "국내 전자상거래 결제서비스 현황과 전망", 지급결제와 정보기술 제52호(금융
　　　결제원, 2013)

김봉철, "약탈적 대출의 현황과 법제적 대응방안", 고려대학교 석사학위논문(2011)

나승성, "전자어음의 법적 쟁점", 법제 제573호(법제처, 2005)

박훤일, "전자외상매출채권의 법적 규율", 인터넷과 법률 Ⅲ, (법문사, 2010)

서헌제, "어음제도의 개선에 관한 연구(Ⅱ)－어음의 대체수단을 중심으로－", 법학논
　　　문집 제26집 제2호(중앙대, 2002)

이철우, "비소구 주택담보대출에 대한 사례연구", 주택금융월보 2014. 3.(한국주택금융
　　　공사, 2004)

정경영, "전자외상매출채권담보대출의 법적 문제", JURIST, 제397호(청림인터렉티브(주),
　　　2003)

정찬형, "어음에 갈음한 결제제도의 법률문제에 관한 연구", 고려법학 제44권(고려대학
　　　교 법학연구원, 2005)

한기정, "전자보험거래상의 법률문제", 인터넷과 법률 Ⅲ, (법문사, 2010)

한정미, "중소기업 자금공급 원활화를 위한 어음 및 어음대체제도 개선방안", 동아법학
　　　제8권 제3호(동아대학교, 2014)

홍종학, "약탈적 대출에 관한 소고", 한국경제학보 제12권 제1호(연세대학교 경제연구
　　　소, 2005)

황선철, "기업 간 지급결제서비스 현황 및 이슈", 지급결제와 정보기술, (금융결제원,
　　　2009)

금융기관의 상속 예금 지급 문제

이희중, 최지연[1]

[요 지]

피상속인이 상속재산으로 예금채권을 남겨 두고 사망한 경우, 여느 금전채권과 마찬가지로 예금채권도 공동상속인들에게 각 법정상속분대로 당연 분할 귀속된다고 보아야 할 것이다. 그런데 금융기관은 통상 공동상속인 중 일부가 자신의 법정상속분에 상응하는 예금채권을 행사하는 경우 공동상속인 전원의 동의가 있어야 비로소 예금 지급에 응하는 방향으로 업무처리를 해 오고 있고, 그런 이유로 민사소송을 제기 당하여 패소판결을 선고받고 나서야 그 판결금을 지급하는 사례가 흔히 있다.

금융기관은 유증의 유무와 효력, 상속재산 분할의 유무 등을 고려하여 다른 상속인들과의 분쟁을 피하기 위한 실무 운용을 하고 있는 것으로 보인다. 일본의 금융기관 실무도 우리나라와 크게는 다르지 않은 것으로 보이는데, 최근에도 이와 관련한 의미있는 법원의 판결이 있었다.

이하에서는 최근에 선고된 일본의 판결을 계기로 예금채권의 상속과 관련한 법적 쟁점들을 살펴 본 다음, 금융기관으로부터 자신의 상속분에 상응하는 예금채권을 신속히 변제받고자 하는 상속인의 이익과 상속인들 사이의 분쟁에 휘말리지 않고 안전하게 예금지급 업무를 처리하고자 하는 금융기관의 이익을 적절히 조화시키기 위한 방안(채권의 준점유자에 대한 변제, 변제공탁)에 관해 살펴 보고자 한다.

[주제어]
• 상속
• 예금
• 불법행위

1) 현 판사.

대상판결 : 大阪高判 2014. 3. 20. 判決

[사실의 개요]

1. 망인 A는 피고 은행에 대해 보통예금 채권(이하 "이 사건 예금"이라 한다)을 가지고 있다가 상속인으로 B, C를 남겨 두고 2003. 9. 8. 사망하였다.

2. C는 2008. 8. 3. 교토 가정법원에 미국에 거주하는 B를 상대로 망인 A의 상속재산을 각각 분할해 달라는 청구를 하였고 2009. 12. 1. 그에 대한 결정이 있었다(이하 "이 사건 심판"이라 한다). 이 사건 심판에서는, 망인 A의 상속재산 분할과 관련하여, 망인 A의 법정상속인으로는 B(2녀)와 C(3녀)가 있고 그들의 법정상속분은 각각 2분의 1이라는 점, 이 사건 예금은 상속에 의해 법정상속분대로 각 2분의 1씩 B와 C에게 각각 귀속된다는 점, B와 C 사이에는 이 사건 예금을 상속재산 분할 대상으로 하는 합의가 없으므로 이 사건 예금은 상속재산 분할 대상에서 제외된다는 점 등이 인정되었다.

3. B는 위 심판에 대해 불복하여 오사카 고등재판소에 즉시항고를 제기하였으나, 항고심은 상속재산 분할에 관하여 같은 취지로 판단하면서 분할 방법만을 변경하는 결정을 하였다. B는 위 항고심 결정에 불복해서 특별항고 및 항고허가신청을 했으나, 최고재판소는 2010. 4. 16. 특별항고를 기각하는 결정을 하였고 오사카 고등재판소는 항고를 허가하지 않는다는 결정을 하여 위 항고심 결정은 확정되었다(이하 "이 사건 상속재산 분할 결정"이라 한다).

4. C의 대리인(변호사)은 이 사건 상속재산 분할 결정 후인 2012. 8. 10. 피고 은행에 호적 초본 사본, 이 사건 심판의 심판서 원본, 이 사건 상속재산 분할 결정의 결정서 원본, 각 확정증명서 사본 등을 첨부하여 이 사건 예금의 거래명세서의 송부를 요청하는 서면을 송부하였고, 2012. 8. 23.에는 상속개시 당시 이 사건 예금 잔액의 2분의 1에 해당하는 금원의 지급을 구하는 서면을 보냈으며, 2012. 8. 28.에는 피고 은행에게 이 사건 예금 중 C의 법정상속분에 해당하는 금원의 지급을 청구하였다.

5. 그러나 피고 은행은, 정당한 권한을 가진 상속인에게 이 사건 예금을 지급하기 위해서는 다른 공동상속인인 B의 동의 내지 의사 확인이 필요하다고 판

단하고 이러한 사정을 C의 대리인에게 전하면서 이 사건 예금의 지급을 거절하였다.

한편, 2012. 11. 19.까지 망인 A의 예금이 예치되어 있던 다른 세 군데의 금융기관들은 C에게 법정상속분인 2분의 1의 비율에 따른 예금을 지급하였다.

이에 C의 대리인은 2012. 12.경 피고 은행에 대하여 다른 금융기관들과 달리 이 사건 예금 지급을 거절하는 것에 이의를 제기하면서 "재판하는 것 외에 방법이 없다는 것인가?"라고 물었고 피고 은행의 담당자는 "저희로선 뭐라고 드릴 말이 없습니다"라고 답하며 끝내 이 사건 예금의 지급을 거절하였다.

6. 결국 C는 2013. 1. 11. 기존 대리인 등을 소송대리인으로 선임하여, ① 이 사건 예금의 현재 잔고의 2분의 1의 비율에 의한 금원(65만 628엔) 및 이에 대해 최고 후인 2012. 12. 25.부터 다 갚는 날까지 민법 소정의 연 5%의 비율에 의한 지연배상금과 함께, ② 이 사건 예금의 지급 거부는 불법행위에 해당한다는 이유로 위자료 10만 엔과 변호사 비용 10만 엔 및 이에 대한 불법행위 성립일인 2012. 12. 25.[2])부터 다 갚는 날까지 연 5%의 비율에 의한 지연손해금의 지급을 구하는 소를 제기하였다.

[소송의 경과]

제1심(교토 지방재판소)은 예금 지급 청구는 인용하였으나 불법행위에 기한 손해배상청구는 기각하였고, 이에 대해 원고 C는 불법행위에 기한 손해배상청구 부분에 대해 항소를 제기하였다(피고 은행은 예금 지급 청구 부분에 대해서는 항소 내지 부대항소를 제기하지 않았다).

이에 대해 항소심(오사카 고등재판소)은 불법행위에 기한 손해배상청구에 관하여 위자료 10만 엔 부분은 기각하고, 변호사 비용 부분은 10만 엔 중 7만 엔을 인용하는 판결을 선고하였다.

위 항소심 판결에 대해 원고 C는 상고 및 상고수리 신청을 하였고 피고 은행은 부대상고 및 부대상고 수리 신청을 하였으나, 최고재판소에서 상고 및 부대상고 모두 기각되어 상고수리 신청은 불수리되고 부대상고수리 신청은 실효

---

2) 뒤에서 보는 바와 같이 법원은 2012. 12. 25.부터는 불법행위가 성립한다고 판단하였으나, C 스스로 지연손해금의 기산일을 2012. 12. 25.로 주장하여 청구하였기 때문에 법원도 그에 따라 판단한 것으로 보인다.

되어 최종적으로 항소심 판결이 확정되었다.

[판결의 요지]

1. 피고 은행은 원고 C가 망인 A의 사망에 의한 상속 개시에 따라 당연히 망인 A 명의의 이 사건 예금 중 법정상속분인 2분의 1을 분할 취득하고, 법률상 망인 A 명의의 예금채권 중 C의 법정상속분에 해당하는 금원의 지급을 거절할 수 없음을 충분히 인식하였으면서도 후일의 분쟁을 회피한다는 자신의 사정에 따라 다른 공동상속인 B의 동의나 의사확인이 불가능하여 예금의 분할 지급청구에 응할 수 없다는 불합리한 이유로 지급을 거절함으로써 고의로 원고 C의 예금채권을 침해하였고, 원고 C로 하여금 이 사건 소송을 제기하고 그 수행에 필요한 변호사 보수 등 비용을 부담하도록 하여 재산상의 손해를 입게 하였으므로, 피고 은행의 예금 지급 거절 행위는 이 사건 예금의 분할 지급 청구가 있은 날인 2012. 10. 23.로부터 예금 지급 절차에 필요하다고 판단되는 기간인 2개월 정도가 경과한 2012. 12. 23.경부터는 단순한 채무불이행을 넘어 불법행위에 해당한다.

2. 다만, 원고 C가 청구한 손해 중 위자료 부분의 경우 제1심에서 예금 지급 청구가 모두 인용되었고 가집행선고까지 있어 피고 은행으로부터 그 판결에 따른 이행이 이루어짐으로써 정신적 고통이 위로되지 않는 특별한 사정이 있음을 인정할 만한 증거가 없으므로 인정할 수 없으나, 변호사 비용 부분의 경우 피고 은행의 불법행위로 인하여 원고 C는 이 사건 소 제기를 피할 수 없었고 소송 수행에 필요한 변호사 비용을 부담할 수밖에 없게 되어 피고 은행의 불법행위와 변호사 비용 부담 사이에 상당한 인과관계가 인정되나, 이 사건 소 제기 경위, 이 사건 소송에서의 예금 지급 청구액 및 인용액을 감안하여 손해액은 7만 엔으로 인정한다.

[연 구]

Ⅰ. 쟁점의 정리

통상 예금계약은 "은행 기타 금융거래를 업으로 하는 자(금융기관)에 대하여 금전의 보관을 위탁하여 금융기관이 예입금의 소유권을 취득하고 위탁자(예금주)에 대하여 이를 반환할 것을 약정하는 계약"이라고 정의된다.[3] 그리고 예금계약의 법적 성질은, 통상 임치계약 중에서도 당사자의 특약(계약자유의 원칙)에 의해 수치인이 임치물을 소비할 수 있는 계약인 '소비임치' 계약으로 보고 있다.

예금주가 금융기관에 대하여 예금의 반환을 청구하였을 경우 금융기관이 예금을 반환해야 하는 기한은 예금의 종류에 따라 달라지고, 구체적으로는 약관이나 개별 약정 등에 의해 정해지는 것인데, 기한의 약정이 없어 언제나 입출금이 가능한 보통예금은 그 특성상 예금주의 청구가 있으면 금융기관은 바로 이에 응할 것이 법률상 요구되고 고도로 기대된다고 볼 수 있다.[4]

그런데 예금주가 다수의 상속인들을 남기고 사망하여 공동상속인 일부가 자신의 상속분에 상응하는 예금의 지급을 청구하는 경우 실무상 금융기관은 공동상속인 전원의 동의를 요구하는 경향이 있다.

상속인들의 '구체적 상속분'[5]은 유증의 존부, 내용 및 효력, 기여분의 유무 등에 따라 법정상속분과 달라지게 되고 이는 다시 상속재산 분할의 유무, 내용 등에 달라질 수 있으므로,[6] 피상속인 명의의 예금채권도 공동상속인들의 법정

---

3) 정찬형·도제문, 은행법, (박영사, 2003), 218면.

4) 소비임치는 목적물의 소유권을 수치인이 취득하고 목적물 자체가 아니라 동종, 동질, 동량의 대체물을 반환하면 된다는 점에서 '소비대차'와 유사하나, 반환시기의 약정이 없는 경우 소비임치계약은 임치인이 언제라도 반환을 청구할 수 있는 반면(민법 제702조 단서) 소비대차계약은 상당한 기간을 정하여 반환을 최고해야 한다는 점(민법 제603조 제2항 본문)에서 차이가 있다. 예금계약을 기본적으로 소비임치계약으로 보는 것은 대표적인 예금인 보통예금의 경우 예금주는 언제든지 그 반환을 청구할 수 있어야 한다는 점과 관련이 있는 것이 아닌가 싶기도 한다.

5) 법정상속분을 특별수익(민법 제1008조) 또는 기여분(민법 제1008조의 2)에 따라 수정한 것을 가리킨다.

6) 공동상속인들의 협의에 의한 분할은 반드시 상속분에 따라 분할할 필요는 없는 것으로서, 구체적 상속분과 다른 내용으로 분할하는 것도 가능하다. 김소영, "상속재산분할",

상속분과 다르게 귀속될 수 있는 것인데, 이를 알 수 없는 금융기관이 공동상속인 일부에게 법정상속분에 따라 계산한 예금을 안이하게 지급하였을 경우 사후에 공동상속인에게 예금의 전부 또는 일부를 이중으로 지급해야 할 위험이 있으므로 이를 회피하고자 하기 위한 것으로 보인다.

물론 금융기관은 공동상속인의 청구에 따라 예금을 지급한 다음 나중에 다른 상속인이 그 효력을 다투면 민법 제470조(채권의 준점유자에 대한 변제) 등에 따른 면책을 주장할 수 있을 것이다. 그러나 개별 사례에서 위 민법 제470조에 따른 면책을 위한 '선의, 무과실' 요건이 갖추어졌다고 볼 수 있는지, 특히 무과실 요건과 관련하여 금융기관이 조사, 확인해야 하는 의무의 내용은 무엇인지 등에 관하여는 일률적이고 획일적인 기준을 제시하기 어려운 것으로서 법원의 판단을 받기 전에는 누구도 확신할 수가 없다는 문제가 있다. 실제로도 법령이나 판례상 금융기관이 공동상속인에 대한 예금 지급을 위해 어떠한 조사, 확인을 해야 하는 것인지에 관한 일률적이고 획일적인 기준은 없다.

또한 변제공탁에 의한 면책도 가능하나 변제공탁의 요건이 언제나 갖추어지는 것도 아니고 요건 구비 여부에 관한 판단이 용이한 것도 아니다. 변제공탁이 수리되더라도 변제공탁으로서의 실질적 요건을 갖추지 못하면 그러한 변제공탁의 효력은 인정할 수 없다는 점을 고려하면 더욱 그러하다.

뿐만 아니라 금융기관의 입장에서는 예금 지급 청구인에게 정당한 권한이 있는지가 불분명한 상황에서 예금을 인출해 준다는 것은 물론이고, 추후 진정한 권리자로부터 재차 예금 지급 청구를 당하여 이중지급의 위험이 있는 상태에 빠진다는 것 자체 또한 매우 부담스럽다.

이러한 이유로 금융기관은 공동상속인 전원의 동의나 의사 확인이 있지 않는 이상 예금 지급을 거절해 오고 있는 것이다.

그런데 이러한 금융기관의 업무처리는 공동상속인의 예금채권 행사를 침해 내지 방해하고 그로 하여금 금융기관을 상대로 예금 지급을 구하는 민사소송을 제기하도록 하는 결과를 초래한다. 반면 금융기관으로서도 공동상속인의 청구가 정당한 것으로 판명된 경우 고율의 지연이율을 가산한 지연손해금을 지급할 뿐 아니라 예금 지급을 거절당한 상속인들로부터 각종 민원 제기나 금융기관의 편의만을 도모한 실무 운용이라는 비난, 불평을 받게 된다.

민사판례연구 제25권(민사판례연구회, 2013), 4면.

이하에서는 먼저 예금주가 사망한 경우 예금채권의 상속과 관련하여 어떠한 법적 쟁점들이 존재하는지를 살펴 본 다음, 금융기관의 이익과 상속인의 이익을 조화시키기 위해서 금융기관은 어떻게 예금 지급 업무를 처리해야 하고 이와 관련하여 법원은 어떠한 판단을 해 줄 필요가 있을지에 관해 검토, 고민해 보기로 한다.

Ⅱ. 예금채권의 상속과 관련한 법적 쟁점

1. 공동상속인들에게 예금채권이 귀속하는 형태 내지 공동상속인들이 예금채권을 행사하는 방식에 관하여

가. 예금채권도 금전채권의 한 종류이므로 상속으로 인한 예금채권의 귀속에 관하여는 일응 금전채권에 관한 논의를 그대로 적용하면 된다고 볼 수 있다.

민법 제1006조는 "상속인이 수인인 때에는 상속재산은 그 공유로 한다"고 규정하고 있는데, 상속재산이 채권인 경우 불가분급부를 목적으로 하는 불가분채권인 경우 공동상속인은 불가분채권자가 된다는 점에는 특별한 의문이 없으나, 금전채권과 같이 가분급부를 목적으로 하는 가분채권[7]인 경우 공동상속인에게 어떻게 귀속되는지가 문제된다.

이러한 가분채권인 금전채권의 상속에 관하여는 크게 '분할채권'과 '불분할채권설'의 둘로 견해가 나뉘고, '불분할채권설'은 다시 불가분채권설, 준합유설, 준공유설로 나뉜다.[8]

먼저 '분할채권설'은 가분채권은 상속 개시와 동시에 법률상 당연히 분할되어 각 공동상속인이 그 상속분에 대응한 권리를 승계하는 분할채권이 성립한다는 견해로서, 우리나라의 다수설이자 판례[9]가 취하고 있는 견해이다.

반면 '불분할채권설'은, 다시 ① 상속재산의 공동소유관계를 '공유'로 보면서도, 분할채권설과 같이 공동상속인이 분할채권을 취득한다고 보면 채무자가 상속인 중 1인에게 그 상속분을 초과하여 변제한 경우 다른 공동상속인에게 대

---

7) 기한의 정함이 없고 수시 입출금이 가능한 요구불 예금(이하 '보통예금') 채권도 바로 가분채권인 금전채권에 해당한다.

8) 편집대표 곽윤직, 민법주해 [ⅩⅠ], (박영사, 1995), 32면 이하 참조.

9) 대법원 1980. 11. 25. 선고 80다1847 판결 참조.

항할 수 없어 불이익하고, 법정상속분(민법 제1009조)은 채무자도 알 수 있으나 지정상속분(민법 제1012조)이나 특별수익자의 상속분(민법 제1008조)은 채무자가 좀처럼 알기 힘들며 상속재산의 분할에 관한 민법 제1009조, 제1017조의 취지 등을 고려할 때 상속재산의 분할시까지의 채권은 공동상속인의 불가분채권이 된다는 불가분채권설, ② 상속재산의 공동소유관계를 '합유'로 보면서 가분채권 역시 공동상속인 사이에 합유적으로 귀속되는 것으로서 채권의 행사는 공동상속인 전원이 공동으로 하여야 하고 채무자도 공동상속인 전원에 대하여 이행하여야 한다는 준합유설, ③ 상속재산의 공동소유관계를 '공유'로 해석하면서도 가분채권의 경우 법률상 당연히 분할되는 것이 아니고 공동상속인 사이에 공유적으로 귀속된다는 준공유설로 나뉜다.

　나. '분할채권설'에 의하면 공동상속인은 금융기관에 대하여 예금채권 중 자신의 상속분에 상응하는 부분을 단독으로 청구할 수 있게 된다. 반면 불분할채권설 중 '불가분채권설'에 의하면 공동상속인은 각자 하나의 예금 전부에 관하여 채권을 가지는 셈이 되어 공동상속인 중 1인은 (자신의 상속분에 한하여 예금채권을 행사할 수 있는 것이 아니라) 예금채권 전부(전액)를 행사할 수 있다는 결론10)에 이르게 되고, '준공유설'에 의하면 하나의 예금채권이 공동상속인에게 공유적으로 귀속되는 관계로 공동상속인 전원이 공동으로만 금융기관에 예금 지급을 청구할 수 있고 예금의 수령도 공동상속인 전원이 해야 한다는 결론11)에 이르게 된다. '준합유설'에 의하더라도 (준공유설과 마찬가지로) 공동상속인 전원이 공동으로만 행사할 수 있다는 결론12)에 이르게 된다.13)

　분할채권설에 의하면 공동상속인은 원칙적으로 금융기관에 대하여 자신의

---

10) 불가분채권의 법리에 의하면 각 채권자는 모든 채권자를 위하여 이행을 청구할 수 있고 채무자는 모든 채권자를 위하여 각 채권자에게 이행할 수 있기 때문이다, 편집대표 곽윤직, 전게서, 48-49면 참조.

11) 편집대표 곽윤직, 전게서, 13면.

12) 편집대표 곽윤직, 전게서, 15면. 채권의 추심 기타의 처분은 채권자 전원이 공동으로만 할 수 있고(민법 제272조 참조), 그 추심한 것은 합유재산이 되는 것으로서, 각 조합원은 그 채권 전부를 단독으로 추심하거나 처분하지 못한다고 설명한다.

13) 준공유설과 준합유설은 공동상속인 전원이 공동으로만 예금채권을 행사할 수 있다는 점에서는 동일하므로 두 견해 상에 아무런 차이가 없는 것으로 보여질 수 있다. 그러나 공유지분의 처분은 허용되는 반면 합유지분의 처분은 허용되지 않고, 준공유설에 의하면 채권의 분할을 청구할 수 있다고 보아야 하나 준합유설에 의하면 채권의 분할을 청구할 수 없다고 보아야 한다는 점에서 차이가 있는 것이다.

정당한 상속분에 해당하는 예금의 지급만을 청구할 수 있을 뿐이고 금융기관도 각 공동상속인들에게 그들이 갖는 정당한 상속분에 해당하는 예금만을 지급할 수 있을 뿐이다. 그런 관계로 분할채권설에 의하면 공동상속인 중 1인이 자신의 정당한 상속분을 넘어선 예금의 지급을 청구하였음에도 불구하고 금융기관이 이에 응한 경우 원칙적으로 적법한 변제로 보호받을 수 없고 선의, 무과실로 업무를 처리한 경우에 한하여 민법 제470조에 따라 보호받을 수 있게 된다.

반면 불분할채권설 중 불가분채권설에 의하면, 공동상속인은 (다른 공동상속인을 위하여) 예금 전부(전액)의 지급을 구할 수 있게 되고 금융기관은 (공동상속인 전원을 위하여) 각 공동상속인에게 예금 전부(전액)를 적법하게 지급할 수 있으므로 금융기관으로서는 예금을 청구하는 공동상속인의 정당한 상속분을 조사, 확인할 필요가 없게 된다.

그리고 불분할채권설 중 준공유설, 준합유설에 의하면, 공동상속인들은 반드시 전원이 공동으로 예금 지급을 청구해야 하고 금융기관도 공동상속인 전원에 의한 예금 지급 청구가 있는 경우에만 비로소 이에 응할 의무가 있게 되어 금융기관으로서는 별다른 조사, 확인을 할 필요가 없게 된다.

다. 이처럼 분할채권설에 의하면 금융기관으로서는 원칙적으로 각 공동상속인의 예금지급 청구가 그의 상속분에 상응하는 것인지를 조사, 확인해야 하는 반면, 불분할채권설에 의하면 어느 견해를 취하든 금융기관은 별다른 조사, 확인 없이 비교적 간단히 예금 지급 업무를 처리할 수 있게 된다.[14] 그런데 앞서 본 바와 같이 우리나라의 학설과 판례는 분할채권설을 취하고 있으므로 금융기관은 원칙적으로 공동상속인의 정당한 상속분을 조사, 확인하여 정당한 상속분에 상응하는 예금을 지급해야 하는 처지에 놓이게 된다.

이에 더하여 통상 복수의 상속인들이 존재하는 경우가 일반적이고, 유증제도 등으로 인하여 상속재산이 법정상속분과 다르게 상속인들에게 귀속된다거나 피상속인의 사망에도 불구하고 상속재산에 관한 권리관계는 일시적 잠정적인 상태를 유지하다가 상속재산의 분할로 인해 비로소 구체적 상속분이 정해지고 상속재산의 최종적인 배분, 귀속이 이루어지는 경우가 허다하며, 상속인들 사이의 다툼이나 상속의 효력을 둘러싼 분쟁도 흔히 발생하고 있는 것이 현실이다.

---

14) 간단히 말해, 분할채권설은 금융기관의 주의의무를 가중하는 결론을, 불가분채권설은 금융기관의 주의의무를 완화하는 결론을 가져온다고 볼 수 있다.

이상의 사정으로 인해 예금 지급에 관한 위험은 사실상 진정한 권리관계를 알 수 없는 금융기관에게 전가해 놓은 상태에서, 과연 공동상속인의 정당한 상속분을 알 수 없는 금융기관이 공동상속인 전원의 동의나 의사 확인을 요구하는 관행이 무조건 잘못되었다고 비난만 할 것인지는 충분히 곱씹어 볼 필요가 있다고 생각한다. 오히려 금융기관에게 명확한 기준을 제시하면서 소정의 조사, 확인의무를 부과하는 대신 그러한 조사, 확인을 거친 후에는 예금을 지급하거나 변제공탁에 의해 예금 지급을 둘러싼 위험과 불이익에서 벗어날 수 있도록 하는 것이 합리적이라고 생각한다.

라. 한편 일정 기간 동안 중도해지를 하지 않는 조건으로 만기까지 소정의 약정 이자(당연히 보통예금보다 훨씬 높은 수준의 이율이 적용된 이자이다)를 지급하는 내용의 정기예금 내지 정기적금 등의 경우, 보통예금과 마찬가지로 예금주의 사망으로 공동상속인들에게 당연 분할 귀속된다고 보아야 하는지 문제된다.

이와 관련하여, 일본에는 '일정한 거치기간을 정하여 분할 반환을 하지 않는 조건으로 일정 금액을 일시에 예입'하는 조건이 붙어 있는 정액우편예금은 공동상속인이 법정상속분에 따라 승계취득하더라도 공동상속인 중 1인의 반환 청구는 허용되지 않기 때문에 보통예금으로 될 때(예입일로부터 10년)까지는 상속재산 분할의 대상이 된다는 판례15)가 있다.

위 사례에 대해서는 다양한 해석이 있을 수 있겠지만, 위와 같이 예금상품 자체에 일정 기간 동안 분할 반환을 하지 않는다는 조건 내지 특약이 존재하는 경우에는 바로 그러한 조건, 특약의 효력 때문에 일정 기간 동안 분할 반환이 허용되지 않는 것이지, 예금채권의 귀속 형태가 달라지기 때문은 아니라고 해석함이 타당해 보인다.

따라서 정기예금이나 정기적금 등이 상속된 경우라 하더라도 기본적으로는 보통예금과 동일하게 예금채권 자체는 공동상속인들에게 분할 귀속되나, 금융상품 자체의 특성상 약관 등에 의해 특수한 제한(일정 기간 분할 반환을 하지 않는다는 제한)이 붙어 있으므로 그 내용에 따라 분할 반환이 제한될 뿐이라고 보

---

15) 最高裁判所 2010. 10. 8. 判決. 이는 정액우편예금은 현재 폐지된 구 우편저금법(제7조 제1항 제3호, 동조 제2항, 동 규칙 제83조의 11)에 따라 일정한 제한 하에 허용된 예금으로, 위 정액우편예금채권이 상속에 의해 분할되면 그에 따른 이자를 포함한 채권액의 계산이 필요하게 되는 등 복잡한 문제를 일으키게 되어 정액우편예금과 관련되는 사무의 정형화, 간소화를 도모하는 취지에 반하기 때문이라고 한다.

는 것이 타당하다고 사료된다.

2. 상속재산 분할과 관련하여

통상 판례는 금전채권은 상속으로 인하여 당연히 분할되어 상속인들에게 귀속된다는 것으로서 상속재산 분할 대상이 아니라는 입장[16]을 취하는 것으로 해석되고 있다. 다만 상속재산 분할에는 공동상속인 전원의 합의에 의한 협의 분할, 가정법원의 심판에 의한 분할 등 여러 종류가 있는데, 과연 판례가 모든 종류의 상속재산 분할에 있어서 금전채권은 그 대상이 아니라는 입장을 취한 것인지는 명확하지 않다. 특히 재산권을 목적으로 하는 법률행위(계약)의 성질을 갖는 협의분할의 경우 사적 자치의 원칙에 따라 공동상속인 전원이 피상속인의 예금채권도 포함하여 상속재산 분할의 대상으로 삼는 경우 그 효력을 부인할 근거나 이유를 찾기는 어렵다고 사료된다.

학설상으로는 적어도 협의분할의 경우에는 금전채권도 상속분할의 대상이 된다는 견해[17]가 우세한 것으로 보인다. 그리고 심판분할에 있어서도 실제의 재판실무에서는 채권도 거의 예외 없이 분할대상으로 삼고 있다는 점, 하급심 중에서도 "예금채권과 같은 가분채권은 상속개시와 동시에 공동상속인들에게 그 법정상속분에 따라 분할되는 것이 원칙이기는 하나, 상속인 중 초과특별수익자가 있는 경우 가분채권을 상속재산분할 대상에서 제외하면 초과특별수익자는 초과수익을 반환하지 않으면서도 가분채권에 대하여는 법정상속분의 비율로 분할받게 되고, 또 상속재산으로 가분채권만 있는 경우 특별수익자는 자기의 상속분 이상으로 분할받게 되고 기여자는 기여분을 평가받지 못하게 되어 공동 상속인 간에 불공평한 결과가 생기게 되므로, 특별수익이나 기여분으로 인하여 법정상속분의 재조정이 이루어져야 하는 경우에는 공동상속인들 사이의 형평을 기하기 위하여 가분채권을 분할대상인 상속재산에 포함시키는 것이 타당하다"는 것이 있다는 점[18] 등을 고려하여 상속재산 분할의 대상이 될 수 있다고 보는 견해[19]가 유력하고 일본의 경우에도 마찬가지인 것으로 보인다.[20]

---

16) 대법원 2006. 6. 30. 선고 2005도5338 판결 등.

17) 김소영, 전게논문, 4면.

18) 서울가정법원 2005. 5. 19. 선고 2004느합152 심판.

19) 김소영, 전게논문, 10면; 임채웅, 상속법연구, (박영사, 2011), 87면.

20) 堂薗昇平, "상속예금 지급거부에 의한 금융기관의 불법행위책임 리스크와 실무대응",

일본의 가정재판소에서도 원칙적으로 예금채권은 상속재산 분할 심판 대상에서 제외하고 있으나, 공동상속인 전원의 동의가 있을 때에는 예금채권도 상속재산 분할의 대상이 된다는 입장을 취하고 있다고 한다.[21]

사견에 의하더라도 심판분할에 의해서도 상속재산 분할 대상이 되는지의 문제는 차치하더라도, 최소한 (공동상속인들이 피상속인의 예금채권을 상속재산 분할 대상으로 삼기로 합의한) 협의분할의 경우라면 법리적으로나 현실적으로 상속재산 분할의 대상에 포함시킬 수 없다고 볼 이유나 근거는 박약한 것으로 보인다.

이처럼 실무상 예금채권은 상속재산 분할 대상으로 처리되어 오고 있다는 점에서, 금융기관의 입장에서 예금채권은 당연히 상속재산 분할 대상에서 제외된다는 전제에서 업무처리를 할 수는 없다는 문제에 부딪히게 되는 것이다.

3. 유언(유증)과 관련하여

상속재산인 예금채권에 관하여 유언(유증)이 있는 경우에는 그 유언(유증)의 효력 및 내용에 따라 그 귀속이 달라지게 될 것이다.

반대의 견해[22]도 있으나 통상 포괄유증의 경우에는 상속에 준하여 포괄적 승계가 일어나고 특정유증의 경우에는 특정승계가 일어나는 것으로 보고 있다.[23] 채권이 포괄유증의 대상이 되는 경우에는 별도의 이전 절차 없이 수증자에게 귀속되고, 특정유증의 대상이 되는 경우에는 일단 상속인에게 이전되었다가 별도의 채권양도 절차(대항요건 포함)를 거쳐 수증자에게 귀속되는 것으로 보아야 할 것이다.[24][25] 이처럼 예금채권이 특정승계된 경우에는 법정상속분과 다르게 수증자에게 귀속되므로 금융기관이 공동상속인의 법정상속분에 따라 예금을 지급한 경우 앞서 본 바와 같은 이중지급의 위험에 빠질 수 있게 된

(金融法務事情, 2015. 9.), 9면.

21) 堂薗昇平, 전게논문. 9면.

22) 정구태, "유류분권리자의 승계인의 범위", 안암법학 제28권(안암법학회, 2009. 1.), 115면 이하.

23) 임채웅, 전게서, 320면; 대법원 2010. 12. 23. 선고 2007다22859 판결.

24) 편집대표, 김주수·김상용, 주석 민법 상속(2), (한국사법행정학회, 2015), 304면.

25) 다만 우리나라와 달리, 일본에서는 예금을 상속인에게 특정유증하는 경우에는 별도의 절차, 요건 구비 없이 그 상속인에게 귀속되고(最高裁判所 1991. 4. 19. 判決), 예금을 제3자에게 특정유증하는 경우에는 채권양도의 대항요건을 갖추어 위 제3자에게 귀속되며(最高裁判所 1974. 4. 26. 判決), 포괄유증의 경우에도 채권양도의 대항요건을 갖추어야 한다는 입장을 취하고 있다고 한다.

다.26)

또한 유언은 민법이 요구하는 요건, 방식을 갖추어야 유효하므로 금융기관이 일부 공동상속인의 언동을 신뢰하여 유언의 존재 및 효력을 믿고서 그에 따라 예금을 지급하더라도 추후 유언의 효력이 부정되는 경우 분쟁에 휘말릴 가능성이 있다. 비단 자필증서에 의한 유언뿐 아니라, 공정증서에 의한 유언의 경우27)에도 유언의 효력에 관한 다툼은 발생할 수 있다는 점을 고려하면 더욱 그러하다.

뿐만 아니라 유언이 있다 하여도 그 후의 새로운 유언이 이루어진 경우 종전의 유언은 효력을 잃게 되므로 단순히 유언을 확인하는 것에 그치는 것이 아니라 최종적으로 유효한 유언을 확인해야 한다는 문제도 고려해야 한다.

Ⅲ. 금융기관의 상속 예금의 지급에 관하여

1. 문제의 소재

앞서 살펴본 바와 같이, 원칙적으로는 피상속인의 사망으로 인해 예금채권은 공동상속인에게 법정상속분에 따라 분할 귀속되어 공동상속인으로서는 단독으로 각자의 법정상속분에 상응하는 예금채권을 행사할 수 있으나, 그 예금채권에 관하여 상속재산 분할이 있었는지, 유언이 있었는지, 상속의 포기가 있었는지 등에 따라 법정상속분과 달리 귀속될 수 있으므로 금융기관으로서는 상속재산 분할, 유언 등의 존부, 내용, 효력 등을 파악해야 비로소 예금채권의 정확한 귀속 주체를 알 수 있게 된다.

그러나 금융기관의 입장에서 이는 매우 과중한 부담일 뿐 아니라 실제에 있어서는 불가능한 일이다. 상속재산의 분할, 유언 등의 존부, 내용, 효력과 관련한 사실관계를 모두 정확하게 알고 있어야 할 뿐 아니라 법률적 판단까지 정확하게 내릴 것이 요구되기 때문이다.

---

26) 반면 특정유증의 경우 금융기관은 공동상속인에 대한 예금 지급으로 채권양도 요건을 갖추지 못한 수증자에게 대항할 수 있게 되므로 이중지급의 위험에 빠질 가능성은 낮다고 볼 수 있다.

27) 예컨대 증인 2명이 실제로 참여하였는지, 공증인의 면전에서 유언자가 실제로 유언의 취지를 구수하였는지, 공증인이 실제로 필기낭독을 하였는지 등은 공정증서의 기재내용만을 보아서는 판별할 수가 없다.

특히 예컨대 피상속인이 예금채권을 상속인이 아닌 제3자에게 유증하였으나 공동상속인 중 일부가 금융기관에 대하여 예금채권을 행사한 경우, 금융기관이 공동상속인 전원을 상대로 유증의 존재, 내용, 효력을 조사, 확인한다는 것도 쉽지 않은 일[28]인데, 공동상속인 전원에 대한 조사, 확인을 하여도 이들이 서로 입을 맞추어 유증 사실에 관하여 함구하는 경우 금융기관의 입장에서는 도무지 유증의 존재, 내용, 효력을 알아낼 방법이 없을 것이라는 점을 생각해 볼 필요가 있다.

2. 금융기관의 실무

현재 우리나라의 금융기관은 예금주가 사망하여 공동상속인 일부가 법정상속분에 따른 예금의 지급을 청구하는 경우, 대체로 제적등본, 가족관계증명서, 사망진단서 등 사망사실을 확인하는 서류 등에 의해 피상속인의 사망사실과 상속인의 범위를 확인하고, 확인된 법정상속인 전원이 서명·날인한 지급청구서 등을 제출할 것을 요구하는 입장을 취하고 있는 것으로 보인다. 다만 금융기관별로 소액인 경우에는 요건을 완화하여 탄력적인 처리를 하고 있기도 한 것으로 보인다.

예컨대 공동상속인들 중 1인이 기여분을 주장하며 나머지 공동상속인들에게 법정상속분에 따른 예금 지급에 동의하지 않아 국내 시중 은행들이 예금 지급을 거절한 사안에서, 시중 은행들은 "내부업무규정 등에 의하면 상속 예금채권의 행사는 원칙적으로 공동상속인 전원의 의사에 기초한 공동 지급청구에 의하도록 되어 있고 공동상속인들 중 일부가 법정상속분에 따른 채권을 행사하는 경우에는 법정상속분과 다른 내용의 유언이나 상속포기, 상속재산 분할 협의 등이 존재할 수 있어 예금 지급에 응할 수 없다"는 입장을 취하였다. 그리고 이에 대하여 법원은 "피상속인 명의의 예금채권은 피상속인의 사망으로 당연히 공동상속인들에게 법정상속분에 따라 귀속되는 것이고, 피고들이 주장하는 위 사유는 피고들 내부의 업무지침 내지 처리절차에 불과하여 원고들의 상속예금 지급청구권의 행사를 저지할 수 있는 사유가 될 수 없다"라고 판단하였다.[29]

그리고 대상판결에 의하면, 일본의 경우 은행 실무상 상속인이 예금 지급

---

28) 공동상속인 일부의 행방이 불명하거나 의사 확인이 어려운 경우는 얼마든지 있을 수 있다.
29) 서울중앙지방법원 2015. 10. 22. 선고 2015가합524348 판결(항소를 제기하지 않아 확정됨).

을 청구하는 경우 유언서의 유무나 상속인의 범위, 상속재산 분할 협의의 유무 등에 관하여 자료를 요구하는 방법으로 조사를 한 후 정당한 권리자에게 지급을 하고 있고, 금융기관에 따라 후일 분쟁에 휘말리지 않기 위해 상속인 전원의 동의서 등을 요구하는 경우가 있다고 한다.[30) 유언이나 상속재산 분할 협의에 관한 조사가 강조되는 측면이 있으나, 유언이나 상속재산 분할 협의가 없는 경우에는 공동상속인 전원의 동의를 요구한다는 것이므로 실제로는 우리나라와 크게 다르지는 않은 것으로 보여진다.

3. 공동상속인의 상속 예금 청구에 대한 금융기관의 대응에 관하여

가. 권한 없는 자에 대한 변제는 효력이 없으므로 금융기관으로서는 공동상속인의 청구에 응하여 채권의 준점유자에 대한 변제(민법 제470조)로 보호받거나 응하지 않고 변제공탁(민법 제487조)에 의해 보호를 받아야 이중지급의 위험과 지연손해금의 불이익에서 벗어날 수 있다.

채권의 준점유자에 대한 변제는 '선의, 무과실'을, 변제공탁 중 채권자 불확지 공탁을 위해서도 '무과실'을 요건으로 하므로 금융기관이 위 두 제도에 의해 보호를 받기 위해서는 결국 개별적, 구체적 사안에서 요구되는 주의의무(조사, 확인의무)를 다했어야 하는데, 과연 그러한 주의의무(조사, 확인의무)의 내용, 범위를 어떻게 파악할 것인가가 문제된다.

나. 대상판결과 관련하여 소개된 일본에서의 논의를 기술해 보면 다음과 같다.[31)

먼저 기본적으로 공동상속인의 요청에 따라 법정상속분에 상응하는 예금을 지급한 경우 채권의 준점유자에 대한 변제의 법리나 상속분할의 소급효 제한 규정[32) 등에 따라 금융기관이 이중변제를 하게 되는 경우는 별로 없을 것이나[33) 금융기관이 상속인 사이의 분쟁에 휘말려 응소의 노력을 할 필요가 있으므로 이를 피하기 위해 금융기관이 예금 지급을 구하는 공동상속인을 상대로

---

30) 대상판결에 의하면, 전국은행협회의 웹사이트에는 유언서, 상속재산 분할 협의서가 없는 경우 예금지급 청구에 필요한 서류로 상속인 전원의 인감증명서를 들고 있고, 추가 설명서에는 상속의 방법, 내용, 금융기관에 따라 일부 상속인의 신청에 따라 법정상속분의 예금을 지급하는 경우도 있다고 설명하고 있다.

31) 堂園昇平, 전게논문, 13-14면.

32) 우리 민법 제1015조 단서.

33) 그 근거는 구체적으로 밝히지 않고 있어 정확한 취지를 이해하기는 어렵다.

유언의 유무, 상속인의 범위에 관한 분쟁 유무, 상속재산분할 협의 유무 등에
관한 자료를 요구하는 것은 부당하지 않다고 한다.

그리고 위 공동상속인이 일정한 근거를 제시하여 유언이 없는 점, 상속인
의 범위, 상속재산 분할 협의가 존재하지 않은 점 등에 관하여 설명한 경우 금
융기관은 예금 지급에 응하면 되는 것으로 이해되고 있다고 설명한다. 상속인
의 일부가 소재불명이거나 외국에 소재하여 용이하게 연락을 취할 수 없는 경
우에도 엄격한 운용을 하면 예금 지급을 청구하는 상속인의 권리를 해하게 되
므로[34] 예금 지급에 응해야 한다고 설명한다.

그리고 나서 유언과 상속재산분할의 경우 등에 관하여 비교적 구체적인 논
의를 전개하고 있는데, 먼저 유언과 관련하여서는 유언의 유무 등은 예금지급
을 구하는 상속인을 상대로 조사, 확인을 하면 되는 것[35]으로서, 유언이 있는
경우에는, ① 유언의 유효성이나 내용이 명확하면 그에 따라 지급하면 되는 것
이지 다른 상속인의 확인, 동의를 받을 필요는 없을 것이고, ② 유언의 유효성
이나 내용이 불명확하면 호적등본 등에 따라 다른 상속인의 범위를 확인하고
그의 동의를 받는 등 신중한 대응을 할 필요가 있을 것이라고 한다. 반면 유언
이 없는 경우에는 예금 지급을 구하는 공동상속인의 상속분을 호적등본 등에
의해 확인한 다음 유언이 없는 점, 상속재산 분할 협의가 존재하지 않거나 성립
될 가능성이 없는 점 등에 대한 확인을 받으면 될 것이라고 하면서도, 위 공동
상속인에게 예금을 지급하려 한다는 사실을 다른 상속인에게 통지하고 상당한
기간 내에 유언의 존재 등 법률적으로 이유 있는 이의가 없다는 점을 확인하여
신중한 대응을 하는 금융기관도 있다고 소개하고 있다.

상속재산 분할과 관련하여서도 기본적으로 유언과 마찬가지로 보아, 예금
이 분할 대상임이 명확하면 그에 따라 지급하면 되고, 분할 대상임이 명확하지
않으면 전원의 동의를 받아 처리하는 것이 타당할 것이라고 하고 있다.

비교적 예상 가능한 여러 경우를 상정하여 논의를 전개하고 있고, 내용에
따라 예금을 청구하는 공동상속인만을 상대로 조사, 확인하면 되는 경우와 다
른 공동상속인을 상대로 조사, 확인해야 하는 경우를 나누어 설명하고 있기도

---

34) 東京地判 1996. 2. 23. 判決.
35) 東京高判 1968. 5. 28. 判決. 판결 당시의 상황과 현재의 시간적 차이로 인한 우려에도 불
    구하고 대체적으로 지지를 받는다고 한다.

하나, 실제 분쟁이 발생할 경우 금융기관은 누구를 상대로, 어느 범위에서 조사, 확인을 해야 한다는 것인지, 어떤 경우 공동상속인의 청구에 응하면 확실히 면책이 된다는 것인지 등에 관하여 명쾌한 기준을 제시하고 있지는 못하고 있다는 점, 불분명하거나 상속인들 사이에 다툼이 있으면 공동상속인 전원의 동의를 받아야 한다고 하여 결국에는 기존의 실무관행과 별반 다르지 않은 것으로 볼 수 있다는 점 등에서 한계가 있어 보인다.

다. 우리나라에서는, 호적부의 기재에는 추정력이 주어지고 상속포기 또는 상속결격 등의 사유는 예외적인 것이며 특별수익이나 기여분 등의 존재는 법정상속분에 따른 예금채권의 분할에는 영향을 미치지 않는다는 점을 근거로 금융기관으로서는 일단 호적등본 등의 조사에 의하여 상속인인 사실을 확인하고 그 법정상속분에 따라 지급하면 면책이 된다는 견해, 적어도 유언의 존부 등을 상속인에 대하여 확인하여야 한다는 견해,[36] 호적등본, 제적등본에 의하여 상속인의 범위와 자격을 확인하고, 예금의 지급을 청구하는 상속인에게 유증, 협의 분할 여부를 확인하여야 한다는 견해[37] 정도가 소개되고 있다.

라. 법리적으로 매우 복잡한 문제는 아니고 실무에서 되풀이되는 문제임에도 불구하고 오랜 기간 금융기관의 실무가 별로 달라지지 않았고 아직까지도 뾰족한 해결방안이 제시되지 못하고 있는 이유는 애당초 명확하고 획일적인 기준을 제시하기가 어려운 성질의 문제이기 때문일 것이다. 그런 이유로 현재 바로 적용할 수 있는 최선의 해결방안을 제시할 수 있는 입장은 아니나 언젠가는 이러한 해결방안이 제시되어야 할 것이고 이를 위해서는 지금부터 논의가 활성화될 필요가 있다는 견지에서 개인적인 의견을 개진해 보면 다음과 같다.

(1) 먼저 상속인 여부와 법정상속분을 확인하고 유언의 존부 및 내용, 상속재산 분할[38]의 존부 및 내용은 조사, 확인하도록 할 필요가 있다고 사료된다. 그리고 상속포기, 상속결격 등의 사유도 조사, 확인의 대상으로 삼아야 할 것인지에 관하여는 여러 다른 견해들이 제시될 수 있겠지만 상속의 포기, 결격 등이 예외적인 성격을 갖는 면이 있다 하더라도 상속의 효력, 범위에 영향을 주는 사

---

36) 김건식·남효순, 금융거래법강의, (법문사, 2001), 32면.
37) 사법연수원, 금융거래법, (사법연수원 출판부, 2014), 29면.
38) 앞서 본 바와 같이 예금채권은 이론상, 실무상 협의 내지 심판에 의한 상속재산 분할의 대상이 될 가능성이 있다고 보아야 하기 때문이다.

정이라는 점에서 조사, 확인할 필요가 있다고 보는 것이 타당하지 않은가 싶다.

일본에서는 이 점에 관한 논의가 상당히 있어 왔음에도 불구하고 아직까지 명확한 기준이 확립되어 있는 것으로 보이지 않고, 위와 같은 조사, 확인의무를 우리나라의 금융기관에 도입하기에는 현실적으로 어려운 점들이 있겠지만 적어도 장기적으로는 위 사항들에 관한 조사, 확인을 거쳐 예금 지급에 관한 업무처리가 이루어질 수 있도록 실무관행이 개선되어야 하지 않나 싶다.

이와 관련하여서는 다시 위 사항들에 관한 조사, 확인의무의 구체적인 내용(누구를 상대로 어떤 방법으로 조사, 확인해야 하는가)을 정해야 하는 어려운 문제가 등장한다. 현실적인 측면이나 일본에서의 논의 내용 등을 고려할 때 기본적으로는 특별한 사정이 없는 이상 예금 지급을 구하는 공동상속인을 상대로 조사, 확인하면 족하다고 보는 것이 타당할 것이다.39) 다만 조사, 확인의 방법에 있어서는 언제나 공동상속인의 일방적인 언동을 신뢰하면 족하다고 보기는 어려울 것이고, 조사, 확인한 결과 가족관계증명서, 유언증서, 상속재산 분할 협의서 등 객관적인 자료가 존재하는 경우라면 그에 관한 조사, 확인이 필요하다고 이해해야 할 것이다.40)

이상과 같은 방법으로 조사, 확인을 하였음에도 불구하고 공동상속인이 주장하는 내용에 불명확한 부분이나 의심이 드는 사정이 존재하지 않는다면 금융기관의 예금 지급은 채권의 준점유자로서의 변제의 법리에 따라 보호되어야 할 것이다. 반면 공동상속인이 주장하는 내용에 불명확한 부분이나 의심이 드는 사정이 존재한다면 "변제자가 과실없이 채권자를 알 수 없는 경우"로 보아 변제공탁으로 보호되어야 할 것이다.

(2) 한편, 기본적으로 금융기관이 조사, 확인해야 할 사항은 그 자체로 상

---

39) 개인정보 보호의 관점에서 금융기관이 적법하게 공동상속인 전원의 개인정보를 취득하고 이용할 수 있는지의 문제가 있을 뿐 아니라, 공동상속인 일부가 외국에 거주하거나 소재 자체가 불명확한 경우에 금융기관이 그 공동상속인의 의사를 확인하는 것은 사실상 불가능하여 금융기관에게 지나친 부담을 주기 때문이다. 또한 피상속인이 상속인이 아닌 제3자에게 유증하였으나 공동상속인 전원이 통모하여 금융기관에게 이에 관한 잘못된 정보를 제공하는 경우에는 금융기관이 공동상속인 전원을 상대로 확인을 하는 것에 별 의미가 없다고 볼 수 있기 때문이다.

40) 예컨대 예금 지급을 청구한 상속인을 상대로 피상속인이 유언한 사실이 있는지 확인을 하였는데, 유언을 하였으나 예금은 그 대상이 아니라는 취지로 답변을 하였다면 유언증서의 제시를 요구하여 확인을 구할 수 있을 것이다.

속분에 현실적이고 구체적으로 영향을 미치고 있는 사유에 한한다고 해석하는 것이 타당할 것이다.

예컨대 앞서 본 바와 같이 예금채권이 특정유증의 대상이 되더라도 이는 상속인에게 귀속되는 것이고 별도의 채권양도 절차(대항요건 포함)를 거쳐야 비로소 수증자에게 귀속된다는 점에서 특정유증 여부에 관한 조사, 확인의무가 있다고 보기 어렵다고 보아야 할 것이다. 따라서 금융기관이 이 점에 관하여 조사, 확인한 결과 예금채권이 특정유증의 대상이 된다는 사실을 알게 되었다고 하더라도 금융기관으로서는 이에 구애됨이 없이 상속인에게 지급할 수 있다고 보는 것이 타당할 것이다.

같은 이유로 아직 상속재산의 분할이 이루어지지 않은 경우라면 설령 그 절차가 진행 중이라 하더라도 금융기관은 상속재산의 분할이 존재하지 않은 권리관계를 반영하여 예금지급 업무를 처리할 수 있다고 보아야 할 것이고 이러한 해석이 상속 분할의 소급효를 제한하고 있는 민법(제1015조 단서)의 취지, 태도에도 부합한다고 보아야 할 것이다.[41] 이렇게 해석하지 않는다면 상속재산 분할이 이루어져야 비로소 구체적 상속분이 정해지는 우리나라의 상속제도 하에서 상속재산 분할이 이루어지기까지는 금융기관은 예금 지급을 거절해야 한다(그럼에도 불구하고 예금 지급 거절에 대한 이행지체 책임은 그대로 부담해야 한다)는 매우 부당한 결론에 이르게 될 것이기 때문이다.

또한 공동상속인이 협의나 가정법원의 결정이 없음에 불구하고 특별수익이나 기여분의 존재를 주장하는 경우 금융기관으로서는 이에 구애됨이 없이 예금 지급 업무를 처리할 수 있다고 보아야 할 것이다.[42]

(3) 금융기관이 위 (1)항에 따라 업무를 처리하는 과정에서 예금 지급을 구

---

[41] "혼인외의 자의 생부가 사망한 경우, 혼인외의 출생자는 그가 인지청구의 소를 제기하였다고 하더라도 그 인지판결이 확정되기 전에는 상속인으로서의 권리를 행사할 수 없고, 그러한 인지판결이 확정되기 전의 정당한 상속인이 채무자에 대하여 소를 제기하고, 나아가 승소판결까지 받았다면, 채무자로서는 그 상속인이 장래 혼인외의 자에 대한 인지판결이 확정됨으로 인하여 소급하여 상속인으로서의 지위를 상실하게 될 수 있음을 들어 그 권리행사를 거부할 수 없으므로, 그러한 표현상속인에 대한 채무자의 변제는, 특별한 사정이 없는 한, 채무자가 표현상속인이 정당한 권리자라고 믿은 데에 과실이 있다 할 수 없으므로, 채권의 준점유자에 대한 변제로서 적법하다"는 대법원 판결(대법원 1995. 1. 24. 선고 93다32200 판결)도 같은 취지로 이해할 수 있을 것이다.

[42] 堂園昇平, 전게논문, 13면.

하는 공동상속인의 주장에 모순, 배치되거나 그러한 주장이 불분명해 보이는 사정이 존재하는 경우, 그럼에도 불구하고 금융기관이 공동상속인의 청구에 응해 예금을 지급하기 위해서는 적절한 방법에 의해 추가 조사, 확인을 할 의무를 거쳐야 하는 것으로 보아야 할 것이다.

그러나 일응의 조사, 확인을 한 결과 공동상속인의 주장의 진실성, 정확성에 의심이 드는 정황이 존재한다면 추가로 조사, 확인을 하더라도 공동상속인의 진실성, 정확성을 가려내기는 어려운 경우가 많을 것이다. 뿐만 아니라 이러한 경우 금융기관으로 하여금 추가적인 조사, 확인을 통해 실체를 규명하고 상속분에 관하여 정확한 법률판단을 하도록 하는 것은 불가능하고 부적절하다고 보아야 한다. 따라서 이러한 경우 금융기관에게 추가적인 조사, 확인의 부담을 지우기보다는 변제공탁의 요건을 넓게 해석하여 가급적 변제공탁에 의해 채무부담에서 벗어나도록 하는 것이 타당할 것이다.

금융기관이 보호받을 수 있는 방법은 채권의 준점유자에 의한 변제와 변제공탁 중 하나라고 할 수 있는데, 둘 중에서 보다 안정적이고 덜 위험한 해결방안은 변제공탁이라고 보아야 할 것이고, 가급적 변제공탁을 활용할 수 있는 범위를 넓혀 주는 것이 타당하다고 사료된다. 종래에도 "상속에 관하여 사실상 또는 법률상 의문이 있는 경우"로서 상속인이 누구인지를 모르는 경우, 공동상속인의 상속지분을 모르는 경우 등에 있어서 채권자 불확지 공탁사유가 존재한다고 설명하고 있으나[43] 그 범위와 사례를 좀더 구체화해 둘 필요가 있다. 예금채권의 상속과 공탁에 관한 공탁선례로는 단 두 개[44][45]가 발견될 뿐인데, 좀더 선

---

43) 편집대표 김용담, 주석 민법 채권총칙(3), (한국사법행정학회, 2014), 343면.

44) 공탁선례 제2-122호: 예금주 갑이 사망했을 때 채무자 을은 원칙적으로 예금 반환을 구하는 상속인에게 상속관계를 알 수 있는 상속관계증명 서류(제적등본, 가족관계증명서 등)를 제출받아 채권자인 상속인을 확인하여 상속인별로 예금을 지급하여야 한다. 그러나 채무자 을이 상속인을 확인하기 위하여 선량한 관리자의 주의의무를 다하여 상속인을 확인하였으나 사실상 상속인의 전부 또는 일부를 알 수 없는 경우에는 민법 제487조 후단의 채권자 불확지를 원인으로 변제공탁을 할 수 있다.

45) 공탁선례 제2-123호: 채권자인 예금주가 사망한 후 상속인 중 일부가 은행을 상대로 자신의 상속지분에 상당하는 돈의 지급을 구하는 소를 제기한데 대하여 다른 상속인이 "자신에게 기여분이 있고 망인이 상속인 중 망인의 처와 자신에게 대부분의 재산을 상속시킨다는 취지의 유언공정증서를 남겼다"는 등의 이유로 위 돈의 지급을 하지 말 것을 은행에 요구하고 있는 경우, 채무자인 은행은 상속인들을 피공탁자로 지정하고 그 상속지분을 알 수 없는 이유를 공탁원인사실에 구체적으로 기재하여 채권자 불확지 변제공탁을 할 수 있다.

례를 집적해 둘 필요도 있어 보인다. 왜냐하면 공탁이 수리되었다고 하더라도 공탁의 실질적 요건을 갖추지 못한 경우 그 공탁은 무효로서 변제의 효력이 발생하지 않아 공탁요건의 구비 여부 내지 그 효력에 관한 위험은 사실상 공탁자가 부담한다는 점에서 변제공탁 제도에는 근본적인 한계가 있기 때문이다.[46]

하급심 판결 중에는, "피상속인 명의의 예금채권은 피상속인의 사망으로 당연히 법정상속분에 따라 귀속되는 것이 원칙이나, 법정상속분과 다른 상속분을 인정하게 되는 유언, 상속포기, 특별수익, 특별기여분 등의 사유가 존재할 수 있으므로 금융기관이 이에 따른 이중지급의 위험 및 계속하여 발생하는 피상속인 명의의 예금에 대한 이자지급의 부담에서 벗어날 수 있도록 변제공탁을 통한 예금채무로부터 해방을 허용해 주어야 할 현실적인 필요성이 상당한 점, 더욱이 이 사건 소송에서와 같이 망인의 상속인인 A와 원고들 간에 각 상속인의 상속분이 법정상속분과 다르게 정해질 수도 있을 가능성을 예상할 수 있을 것이나, A와 원고들 사이에 소송, 조정, 합의 등의 절차를 거쳐 상속분이 확정되기 전까지는 각 상속인별 구체적인 상속분이 얼마인지 피고 은행으로서는 알수 없는 점 등을 종합하면 피고 은행이 망인의 예금채권에 관하여 선량한 관리자의 주의를 다하여도 각 상속인별 구체적인 상속채권액을 알 수 없는 경우에 해당한다고 할 수 있으므로 위 변제공탁은 민법 제487조 후단의 채권자 불확지 변제공탁으로서 유효하다"[47]라고 판단한 것이 있다.

앞서 살펴 본 바와 같이 (상속인 전원의 협의나 가정법원의 결정에 근거하지 않은) 기여분 주장에 대하여 금융기관은 이에 구애되지 않고 예금업무를 처리할 수 있고 채권의 준점유자에 대한 변제의 법리에 따라 보호되어야 할 것이나, 이와 별개로 금융기관이 위 사정을 원인으로 채권자 불확지 공탁에 의해 예금채무 부담에서 벗어나도록 하는 것도 허용해야 할 것이다. 이는 공탁선례[48]에도 부합하는 해석이다. 따라서 위 하급심 판결의 결론은 지극히 타당하다고 사료된다.

예금채권에 관한 것은 아니나 채권의 상속을 다룬 대법원 판결로 "매매계약의 중도금 지급기일을 앞두고 사망한 매도인에게 상속인들이 여러 명이 있고

---

46) 편집대표 김용담, 전게서, 356면.
47) 서울중앙지방법원 2015. 10. 22. 선고 2015가합524348 판결.
48) 공탁선례 제2-123호 참조.

그 중에는 출가한 딸들도 있을 뿐 아니라 출가하였다가 자식만 남기고 사망한 딸도 있는 등 매수인으로서는 매도인의 공동상속인들이나 그 상속인들의 상속 지분을 구체적으로 알기 어렵다면 중도금 지급기일에 사망한 매도인을 피공탁자로 하여 중도금의 변제공탁을 한 것은 민법 제487조 후단에 해당하여 유효하다"[49]라고 하여 채권자 불확지 공탁사유를 넓게 해석하는 입장을 취하고 있는 것으로 보이므로 앞선 논의는 대법원의 입장에도 부합하는 것으로 해석된다.

(4) 한편 어떤 사정으로 인하여 금융기관이 예금 지급을 거절, 보류하고 있다가 결국 공동상속인으로부터 민사소송을 제기 당해 그 판결 결과에 따라 예금을 지급하는 경우가 있어 왔다.

임의 지급이 아니라 법원의 판결에 의한 지급이므로 가급적 보호, 존중되어야 할 것이나, 단순히 민사소송에 따라 판결금을 지급했다고 하여 당연히 채권의 준점유자에 대한 변제에 따른 면책이 보장되는 것은 아니므로[50] 공동상속인들에 대한 소송고지 등을 비롯하여 선량한 관리자로서의 주의를 다하여 소송을 수행할 것이 요구된다고 보아야 할 것이다. 그러한 점에서 소송 진행 중이라도 변제공탁을 통한 해결방법을 고려할 필요는 여전히 존재한다고 보아야 할 것이다.

Ⅳ. 대상판결 평석

1. 대상판결과 같이 공동상속인의 예금 지급 청구를 거절하여 민사소송을 제기당해 패소하는 경우 그의 상속분에 상응하는 예금 상당액과 이행지체에 따른 지연손해금을 지급해야 한다는 점에 대해서는 이론이 없어 보인다.

현실적으로 쉽지 않았을 수도 있으나 다른 은행들은 예금을 지급하였고 이 사건 예금은 상속재산 분할 대상에서 제외되어 있음이 확인되었으며 공동상속

---

49) 대법원 1991. 5. 28. 선고 91다3055 판결.

50) 서울고등법원 1974. 1. 25. 선고 73나1502 판결은 "정기예금 반환채권에 관한 상속신고가 있었음에도 그 채무자인 은행이 그 정기예금 채권증서의 소지인인 제3자로부터 그 예금 반환청구소송을 받고서 위 상속인에 대한 소송고지신청도 하지 아니하고 출석도 하지 아니하여 의제자백에 의한 패소판결을 받아 그 예금을 위 소지인에게 지급한 경우에는 그 반환에 있어 과실이 있다고 할 것이어서 그 변제로서 위 상속인에게 대항할 수 없다"고 판단하였다.

인 B는 해외에 거주하고 있고 연락이 제대로 되지 않았으며 달리 원고 C의 권리를 의심할 사정이 없었던 만큼 피고 은행은 적어도 채권의 준점유자에 대한 변제로서 보호받을 수 있으므로 원고 C의 예금 지급에 응하면 되지 않았을까 라는 생각이 들기도 한다. 피고 은행이 여러 사정상 예금 지급을 거절할 수밖에 없었다면 변제공탁에 의한 해결을 도모하지 않은 이유는 무엇일까 하는 의문도 든다.

아울러 정확한 파악은 어려우나 판결이유에 의하면 C의 대리인이 피고 은행에 대하여 다른 금융기관들과 달리 예금 지급을 거절하는 것에 이의를 제기하면서 "재판하는 것 외에 방법이 없다는 것인가?"라고 묻자 피고 은행의 담당자는 "저희로선 뭐라고 드릴 말이 없습니다"라는 답변을 하였다는 것인데, 피고은행은 '재판에 의한 해결'을 원하는 것이 아니라 'B의 의사 확인을 통한 해결'을 원하는 입장이라는 점을 좀더 명확히 표시하였다면 뒤에서 살펴 보는 바와 같이 피고 은행이 C의 예금채권을 침해하는 불법행위를 저지른 것으로 평가받는 것은 피할 수도 있지 않았을까 하는 아쉬움이 있다.

다만 원고 C에 대한 관계에서 어떠한 악감적이 있었을 리가 없는 피고 은행은 이행지체로 인한 리스크를 감수하더라도 B의 의사를 확인하여 좀더 조심스럽고 신중하게 예금 업무를 처리하고자 하였던 것이 아닌가 싶다. 피고 은행이 어떤 조사, 확인을 거치면 채권의 준점유자에 대한 변제로서 보호를 받을 수 있는지에 관한 기준이 명확히 존재했다면 피고 은행은 당연히 그러한 절차를 거쳐 예금을 지급했을 것이나, 그러한 기준이 존재하지 않은 상태에서 "좀더 사려깊고 주의깊게 업무를 처리하고자 하는 행위"라는 관점에서 바라볼 필요도 있지 않나 싶다.

2. 한편 대상판결은 "금융기관의 업무 처리 태양에 따라 상속인에 대한 예금 지급 거절 행위가 채무불이행을 넘어 상속인의 예금채권을 침해하는 불법행위가 될 수 있다"고 하면서 실제로 사안에서 피고 은행에게 불법행위책임을 인정하였다.

종래에도 일본의 법원은 공동상속인 중 1인이 금융기관에게 피상속인 명의의 예금의 지급을 단독으로 청구하는 경우 금융기관 실무상 다른 상속인들의 동의 내지 의사를 확인하는 절차를 요구하면서 예금을 지급하지 않은 사안에서 원칙적으로 채무불이행 책임은 인정하면서도 "금전채무의 불이행이 불법행위가 되는 것은 이행거절 행위가 공서양속에 위반되는 태양으로 이루어졌다고 할 만한 특단의 사정이 인정되는 예외적인 경우에 한정된다"는 입장을 취해 왔다는 것인데, 대상판결은 바로 그 사안이 예외적인 경우에 해당한다고 판단한 것이다.

그러나 앞서 언급한 바와 같이 피고 은행은 기본적으로 이중지급의 위험을 피하고 보다 신중히 업무를 처리하려는 입장일 것인데 이를 확대 해석하여 마치 악의적인 의도를 가지고 채권을 침해하는 불법행위를 저질렀다고 본 것은 다소 가혹하다고 판단된다. 특히 대상판결 사안에서는 B와 원고 C 사이에 이 사건 예금을 제외한 다른 상속재산에 대해 분쟁이 있었기에 피고 은행으로서는 B의 의사를 확인할 필요가 더욱 있었다고 볼 여지도 있지 않나 싶다.

또한 현실에서 존재하는 채무불이행에 있어서 채무자가 과실로 채무를 불이행하는 경우는 별로 없고 채무불이행 자체는 명확히 인식하고 있는 경우가 대부분이고 그에 대하여 상대방(채권자)이 향후 변호사 등을 선임하여 법적 조치를 취하리라는 사정을 잘 알고 있거나 알 수 있는 경우도 흔히 있음에도 불법행위책임까지 인정하는 사례는 매우 드물다는 점, 과연 채무불이행에 대하여 어떤 경우에는 불법행위책임을 인정할 것이고 어떤 경우에는 이를 부정할 것인지에 관한 합리적인 기준을 제시하기도 어렵다는 점 등에서 대상판결이 불법행위책임까지 인정한 것이 타당한지에 관하여는 상당한 의문이 든다. 채무자가 제3자와 적극 공모하거나 채권행사를 방해할 악의적인 의도[51]로 사회상규에 반하는 부정한 수단을 사용하는 등에 한해 불법행위책임을 인정하는 것이 타당할 것인데 이 사건은 그러한 경우에 해당한다고 보기 어렵다고 생각된다.

또한 대상판결은 피고 은행의 불법행위책임을 인정하면서 소송 수행에 필요한 변호사 보수도 손해의 범위에 포함시켰다.

---

51) 피고가 원고와 건물에 제1순위 근저당권설정등기를 마쳐주기로 약정을 한 이후 제3자에게 그 건물에 대해 가등기 및 근저당권을 설정해 줌으로써 원고에게 그 건물에 대해 제1순위 근저당권을 취득시키지 못하게 되자 원고가 피고와 제3자를 상대로 가등기 등 말소청구와 함께 불법행위에 기한 손해배상을 청구한 사안에서 법원은 제3자의 채권침해가 채권자에 대한 불법행위가 되는 요건을 설시한 대법원 판결을 인용하면서 채무자 자신에 의한 채권침해는 채무불이행에 해당할 뿐 당연히 불법행위를 구성하는 것은 아니라는 취지 하에 피고가 원고의 채권 침해 사실을 알면서 제3자와 적극 공모하였다거나 채권 행사를 방해할 의도가 있었다고 보이지 않으므로 공동불법행위에 기한 손해배상청구 부분을 인정하지 아니한다고 판시한 것으로 서울고등법원 2015. 1. 23. 선고 2013나62621 판결.

금전채무의 불이행의 효과에 관한 민법 제397조에 따르면 금전채무를 불이행한 채무자는 원칙적으로 법정이율 또는 약정이율만을 배상하도록 하고 특별히 예외규정이 있는 경우를 제외하고서는 법정이율 또는 약정이율을 넘는 특별한 손해는 배상할 필요가 없으나, 채무자의 금전채무의 이행지체가 따로이 불법행위를 구성하는 경우에는 그 배상범위는 위 규정에 따라서 정해질 것이 아니라 불법행위로 인한 손해배상범위에 관한 일반원칙에 따라서 정해진다.[52] 이러한 법리는 일본의 경우에도 마찬가지로서, 채권자는 금전채무의 불이행에 따른 손해배상으로서 변호사 비용 기타 추심비용을 청구할 수 없으나[53] 금전채무의 불이행이 불법행위를 구성하는 경우 변호사 비용은 손해배상의 대상이라는 것인데 대상판결은 바로 이에 따른 것이다.

다만 이는 우리나라와 달리 일본에서는 패소자의 부담으로 돌아가는 '소송비용'에 변호사 보수가 포함되지 않는다는 점이 십분 반영된 판단이 아닌가 싶다. 일본의 경우 소송의 승패와 무관하게 변호사 비용은 원칙적으로 각자 부담하도록 되어 있어 이에 대하여는 실제 소송에서는 권리 실현을 위해 변호사에 의한 소송수행이 불가결하다는 점에서 비판이 제기되고 있고, 이에 판례는 변호사 비용을 손해배상의 대상으로 하여 해결해 오고 있는 것이다. 과거 우리나라도 변호사 보수가 소송비용에 산입되지 않은 시절에는 불법행위책임을 인정하면서 변호사 보수를 손해에 포함시킨 사례가 있다.[54]

따라서 대상판결이 금융기관의 예금 지급 거절에 대하여 불법행위책임을 인정하고 상대방의 변호사 보수까지 손해배상의 대상으로 포함시킨 부분을 현재의 우리 법제에 적용시키는 것은 맞지 않다고 사료된다.

※ 후기: 상기 평석을 통해, 비록 판례는 금전채권은 상속재산 분할 대상이 아니라는 입장을 취하고 있으나 학계에는 일정한 경우 상속재산 분할 대상이 된다는 견해가 유력하고 재판실무 또한 예금채권은 상속재산 분할 대상으로 처

---

52) 편집대표, 곽윤직, 민법주해 [IX], (박영사, 1995), 633면.
53) 最高裁判所 1973. 10. 11. 判決.
54) 대법원 1970. 3. 31. 선고 70다279 판결; 서울고등법원 1973. 3. 22. 선고 71나2272 판결; 서울고등법원 1971. 11. 3. 선고 71나1049 판결.

리되어 오고 있으므로 금융기관의 입장에서는 예금채권이 상속재산 분할 대상에서 당연히 제외된다는 전제에서 업무처리를 할 수 없게 되고 그로 인해 법정상속분에 따라 일률적으로 예금 지급업무를 처리하기가 어려운 입장이라는 점을 밝혔다. 그런데 최근 대법원도 종래 학계에서의 논의와 재판실무를 받아들여, 금전채권과 같이 가분인 채권의 경우 원칙적으로는 상속재산 분할의 대상이 아니지만, 공동상속인들 중 초과특별수익자가 있는 경우 또는 특별수익이 존재하거나 기여분이 인정되어 구체적 상속분이 법정상속분과 달라질 수 있는 상황에서 상속재산으로 가분채권만이 존재하는 경우 등에는 예외적으로 상속재산 분할 대상이 될 수 있다는 취지의 결정을 내렸다(대법원 2016. 5. 4.자 2014스 122 결정). 이로써 상속재산 분할의 관점에서 보더라도 금융기관이 단순히 법정상속분에 따라 일률적으로 예금 지급업무를 처리할 수 없다는 점은 보다 분명해진 것으로 볼 수 있을 것이라는 점을 덧붙이고자 한다.

● 참고문헌

[단행본]

편집대표 곽윤직, 민법주해 [X], (박영사, 1995)

_____, 민법주해 [IX], (박영사, 1995)

편집대표, 김용담, 주석 민법 채권총칙(3), (한국사법행정학회, 2014)

편집대표, 김주수·김상용, 주석 민법 상속(2), (한국사법행정학회, 2015)

임채웅, 상속법연구, (박영사, 2011)

정찬형·도제문, 은행법, (박영사, 2003)

김건식·남효순, 금융거래법강의, (법문사, 2001),

사법연수원, 금융거래법, (사법연수원 출판부, 2014)

[논문]

김소영, "상속재산분할", 민사판례연구 제25권(민사판례연구회, 2013)

정구태, "유류분권리자의 승계인의 범위", 안암법학 제28권(안암법학회, 2009. 1.)

堂園昇平, "상속예금 지급거부에 의한 금융기관의 불법행위책임 리스크와 실무대응",
　　　　(金融法務事情, 2015. 9.)

회원제골프장의 법적 제문제[1]

염용표, 조정익

[요 지]

회원제골프장의 회원들이 골프장으로부터 회원의 지위를 인정받지 못하고 골프장 시설을 이용하지 못하게 되었을 경우, 회원들이 입은 손해는 얼마나 될까? 이 사건은 그에 관한 판결이다

먼저, 골프장 회원들은 일정한 금액을 5년 또는 10년 동안 골프장에 예탁하고, 위 기간의 경과 후 탈퇴 의사표시를 한 경우 예탁금 원금만 받는 대신 같은 기간 동안 회원으로서의 지위를 누린다는 측면을 고려하면 골프장 시설을 제대로 이용하지 못한 회원으로서는 위 예탁금에 대한 이자 상당액의 손해를 입었다고 볼 여지가 있다.

또 다른 한편으로는, 골프장 회원들이 보유하고 있는 회원권을 제대로 활용하지 못함으로써 그 사용가치가 하락한 것으로 보아 그 사용료 또는 사용가치 하락분에 해당하는 손해를 입었다고 볼 여지도 있다. 그러나, 골프장 회원들이 입은 손해는 '골프장을 회원의 지위에서 이용하지 못한 손해'인 것이지, 골프장 회원권 그 자체의 가치하락 상당의 손해를 입은 것이 아니고, 예탁금을 운용하지 못함으로써 발생할 수 있는 이자 상당의 손해를 입은 것도 아니다.

대상판결은 이러한 사정을 고려하여, 골프장 회원들이 회원으로서의 지위를 부인당한 기간 동안 이 사건 골프장의 회원들이 회원의 지위에서 골프장 시설을 이용한 평균횟수, 회원의 지위에서 지불하는 골프장 시설에 대한 1회 이용

[1] 대상판결의 파기 취지는 골프장 회원들의 손해배상 범위 산정과 관련한 원심의 판단에 손해배상액 산정의 법리를 오해한 위법이 있다는 것으로, 파기환송 후 원심의 심판대상 역시 이 부분에 한정되었다. 다만, 대상판결은 골프장의 입회금 반환 의무 등 회원제골프장을 둘러싼 다수의 법률관계를 총 망라한 대표적인 판결로서, 이 평석에서는 대상판결에서 정리된 회원제골프장을 둘러싼 법률관계에 대하여도 간단히 살펴보고자 한다.

료의 액수 및 비회원의 지위에서 지불하는 1회 이용료와의 차액, 골프장 회원 모집 당시의 약관이나 회칙상 회원으로서 우선적인 이용이 보장되는 최대 횟수, 골프장 회원의 지위를 부정한 전체 기간 등을 종합적으로 고려하여 산정하여야 한다고 판시하였다.

이 평석은 먼저 대상판결에서 판시한 손해배상액 산정의 근거는 무엇이고, 그 범위는 어떠한지, 그리고 그때에 고려되어야 할 사항은 무엇인지 살펴본 다음, 위 대상판결에서 확인된 회원제골프장을 둘러싼 법률관계를 간략히 살펴보았다.

[주제어]
- 회원제골프장, 회원
- 골프장 시설 이용권 침해
- 손해배상

대상판결 : 대법원 2015. 1. 29. 선고 2013다100750 판결
[공2015, 422]

[사실의 개요][2]

1. A주식회사는 체육시설업(골프장업)을 영위하기 위하여 관련 사업계획승인을 받은 다음 1995년경부터 골프장(이하 "이 사건 골프장"이라 한다) 건설 공사를 시작하였다. 이후 A 주식회사는 골프장 회원을 모집하기 시작하였는데,[3] 골프장 회원 모집 실적 저조 등의 원인으로 골프장 공사 자금을 마련하기 어렵게 되었고, 그 결과 공사채권자들에게 이 사건 골프장 회원권을 1구좌당 입회금 7,000만 원으로 계산하여 대물변제하기로 약정하였다.

2. A주식회사는 위 대물변제약정에 따라 1998. 7. 10. 공사대금 채권자인 이 사건 원고들에게 한국골프장사업협회장의 확인을 받은 골프장 회원권(이하 "이 사건 회원권"이라 한다)을 발행교부하였다.

3. 이 사건 각 회원권은 이 사건 골프장 시설을 우선적으로 이용할 수 있는 권리와 회원 자격을 보증하는 소정의 입회금을 예탁한 후 5년간 무이자로 거치하고 회원을 탈퇴할 때 그 원금을 반환받을 수 있는 권리 및 이용요금 납부 등 회원으로서의 각종 의무를 주된 내용으로 하는 예탁금제 골프회원권이다.

4. A주식회사는 계속해서 자금사정이 어려워져 공사대금을 지급할 수 없게 되었고, 결국 이 사건 골프장 부지 및 그 지상 시설물(골프코스, 진입도로 기타 부대시설 포함, 당시 약 90% 이상 공정이 진척된 상태임)에 대하여 임의경매가 진행되었다. A주식회사에 대한 공사대금 채권자인 B는 이 사건 골프장을 인수하기 위하여 1999. 7. 23. 피고를 설립하였고, 피고는 1999. 8. 2. 골프장 부지 및 그 지상 시설물을 낙찰받은 다음 2000. 2. 14. 낙찰대금을 완납하고 A주식회사의 사

---

2) 사실의 개요는 환송 후 원심인 서울고등법원 2015나10464 사건 판결에 기초하여 정리한 것이다. 이 사건은 환송 후 원심 판결에 대하여 피고가 상고하여 현재 대법원 2016다 2611 사건으로 소송계속 중이다.

3) 구 체육시설의 설치·이용에 관한 법률(1999. 1. 18. 법률 제5636호로 개정되기 전의 것) 제17조, 동법 시행령(1999. 3. 31. 대통령령 제16215호로 개정되기 전의 것) 제17조에 의하면 골프장 건설 공사의 공정이 30% 이상 진행된 이후 회원 모집이 가능하다.

업계획을 모두 승계하는 절차를 완료하였다.

5. 피고는 이 사건 골프장을 운영하면서 종전의 회원모집에 이어 다시 회원모집을 실시하였는데,[4] A주식회사가 공사대금 채권자들에게 발행한 회원권의 효력이 피고가 모집할 수 있는 회원의 수에 영향을 미치므로 그 효력의 인정 여부를 둘러싸고 다툼이 발생하였다.

6. 원고들은 피고가 이 사건 골프장에 관한 A주식회사의 의무를 승계하였다고 주장하며 피고를 상대로 이 사건 골프장의 회원지위 확인을 구하는 소를 제기하였고, 이 소송은 대법원에서 원고 승소판결이 확정되었다(대법원 2009. 7. 9. 선고 2007다72359 판결, 이하 위 회원권 확인의 소를 "전소(前訴)"라 한다).

[소송의 경과]

1. 원고들은 피고를 상대로 이 사건 회원권 입회계약 해지에 따른 예탁금 반환 및 회원으로서 시설을 이용하지 못함으로써 입은 손해의 배상을 청구하는 소송을 제기하였다.

이 사건 제1심[5] 및 원심[6]에서, 원고들의 청구 중 예탁금 반환청구 부분에 대하여는 제1심 및 제2심 모두 원고들의 피고의 귀책사유에 의한 입회계약 해지 주장을 인정하여 피고의 예탁금 반환의무를 인정하였으나, 손해배상청구에 대한 판단은 그 판단을 달리하였다.

2. 제1심의 판단은 아래와 같다.[7]

원고들은 피고가 원고들에게 매월 주말 2회 회원 우선이용 혜택을 제공하여야 함에도 이를 이행하지 아니하여 비회원으로서 이 사건 골프장을 이용하거나 다른 골프장을 일반회원 자격으로 이용함으로써 평균 1회당 골프장 회원과 비회원의 이용요금의 차액 150,000원 상당의 재산상 손해를 입었으므로, 원고들이 8년간 입은 재산상 손해는 각 28,800,000원(=150,000 × 월 2회 × 12개월 × 8년)이라고 주장하였다.

이에 제1심은 이 사건에서 원고들이 매월 주말 2회씩 이 사건 골프장의 이용신청을 하였다는 사실 및 원고들이 매월 주말 2회씩 다른 골프장을 이용하였

---

4) A주식회사는 1, 2차 회원모집을 하였고, 이어서 피고는 3-5차 회원모집을 하였다.
5) 서울중앙지방법원 2011가합52333 사건.
6) 서울고등법원 2012나67070 사건.
7) 이하에서는 논지 전개상 손해배상청구 부분에 한정하여 살펴보기로 한다.

다는 사실을 인정할 증거가 없다는 점을 들어 원고들의 위 주장을 배척하였다.

다만, 제1심은 A주식회사가 원고들에 대한 공사대금채무를 1인당 70,000,000원으로 한 이 사건 골프장 예탁금에 갈음하여 대물변제 하였던 점, 이 사건 골프장 회칙에 의하면 예탁금은 회원자격 보증금으로서 회사에 5년간 무이자로 거치하고, 회원은 입회 후 5년이 경과하면 탈회할 수 있으며, 탈회 시에는 원금만을 반환하도록 되어 있는 점, 원고들은 이 사건 골프장이 등록된 2003. 10. 22. 이후부터 현재까지 피고로부터 위 골프장의 회원 지위를 인정받지 못함으로써 예탁금에 대한 재산권 행사의 기회를 상실하였던 점 등을 종합해 볼 때 적어도 원고들은 이 사건 회원권에 기한 골프장 회원 지위를 누리지 못함으로써 예탁금 70,000,000원에 대한 민법상 법정이자 상당의 재산상 손해를 입게 되었다고 봄이 상당하다고 판시하였다.

3. 원심의 판단은 아래와 같다.

원고들은 피고로부터 회원 지위를 부인당함으로써 이 사건 회원권을 전혀 활용할 수 없게 되었는바, 그 손해액은 일응 이 사건 각 회원권의 사용료 내지 사용가치를 기준으로 파악할 수 있다. 그런데, 이 사건 골프장회원권과 유사한 골프회원권의 임대사례를 확인할 수 없으므로 부동산평가에서 시산임료를 구하는 방법 중 하나인 적산법(積算法), 즉 '당해 투하된 자본가격에 기대수익의 비율을 곱하는 방식'으로 산정할 수 있는데, 이에 의하면 원고들이 입은 이 사건 회원권 사용료 상당의 손해는 이 사건 회원권과 이용조건, 주변 환경 등이 유사한 인근지역 골프회원권의 시세 등을 종합적으로 참작하여 산정되는 골프회원권의 시세 또는 예탁금에 대하여, 국공채이율, 은행의 장기대출금리, 일반시중금리, 골프회원권의 일반적인 이용현황 등의 사정을 두루 종합하여 골프회원권을 보유하고 있는 동안의 기대이율로 볼 수 있는 '시중은행의 정기예금 이자율'을 곱하여 산정한 금액으로 볼 수 있다.

이와 관련하여 관련사건의 감정인이, 피고 회사 발행 골프회원권 및 타 골프장 운영자가 발행한 유사 골프회원권의 2000년부터 2010년까지의 골프회원권 거래소에 나타난 시세자료, 피고 회사 발행 골프회원권에 대한 국세청 고시 기준시가 내지 지방세법상의 시가표준액을 기초로 시세를 경험적, 통계적으로 추정한 이 사건 회원권의 시세를 기본금액으로 하여 정기예금 이자율을 곱한 금액이 원고들의 손해에 해당한다고 봄이 상당하다.

[판결의 요지 - 파기환송]

[1] 원고들이 손해배상을 구하는 회원으로서의 지위를 부인당한 기간 동안 탈퇴를 하지 않은 이 사건에서, 원고들의 회원으로서의 권리는 골프장 시설을 우선하여 이용할 수 있는 권리가 그 기본적인 부분을 구성하고, 이에 따라 피고는 회원인 원고들로 하여금 회칙에 따라 골프장 시설을 이용할 수 있도록 할 의무를 부담한다. 따라서 원고들이 피고로부터 회원으로서의 지위를 부인당함으로써 발생한 재산적 손해는 위와 같이 회원으로서 회칙에 따라 골프장 시설을 이용할 수 있는 권리를 행사하지 못함으로 인하여 발생한 손해라고 보아야 한다.

[2] 원심이 원고들의 손해 산정의 근거로 삼은 감정결과에 의하더라도 회원으로서의 시설이용권을 행사하지 못함으로 이한 손해는 파악하기가 불가능하여 감정대상에서 제외되어 있는 점을 고려하면 원심이 파악하여 산정한 손해액이 원고들의 회원권의 기본적인 부분을 구성하는 골프장 시설에 대한 사용이익의 상실을 포착하여 그로 인한 손해를 반영하고 있다고 볼 수 없다. 나아가 원심이 파악한 대로 원고들이 회원권의 시세에 해당하는 금액에 대한 정기예금 이자 상당의 기대수익을 얻지 못하는 손해를 입었더라도 이러한 손해는 골프장 시설을 우선적으로 이용할 수 있는 권리를 행사하지 못하는 데 따른 사용이익의 상실로 인한 손해가 아니라 회원권의 경제적 가치와 등가인 금전을 운용할 수 있는 활용기회의 상실에 따른 손해로서 예탁금 회원제인 회원권의 소비임치로서의 법률적 성격을 함께 고려하여 보면 이는 통상손해가 아닌 특별한 사정으로 인한 손해로 봄이 타당하다. 따라서 이러한 원심의 판단에는 채무불이행으로 인한 손해배상액의 산정에 관한 법리를 오해하여 판결에 영향을 미친 잘못이 있다.

[3] 이러한 사정을 고려하면 원고들의 손해는, 원고들이 회원으로서의 지위를 부인당한 기간 동안 이 사건 골프장의 회원들이 회원의 지위에서 골프장 시설을 이용한 평균횟수, 회원의 지위에서 지불하는 골프장 시설에 대한 1회 이용료의 액수 및 비회원의 지위에서 지불하는 1회 이용료와의 차액, 골프장 회원모집 당시의 약관이나 회칙상 회원으로서 우선적인 이용이 보장되는 최대 횟수, 골프장 회원의 지위를 부정한 전체 기간 등을 비롯하여 증거조사의 결과와 변론 전체의 취지에 의하여 밝혀진 모든 간접사실들을 합리적으로 평가하여 산정되어야 한다.

[연 구]

I. 쟁점의 정리

1. 골프장과 회원 사이에 입회계약이 체결되면 골프장은 회원이 골프장 시설을 이용하도록 할 의무가 발생하고, 만약 어떠한 사유로 그러한 의무를 이행하지 못하였다면 그로 인해 회원이 입게 된 손해를 배상할 의무가 있음은 너무나도 당연하다.[8] 그러나 그 경우 회원들이 입은 손해는 어떻게 산정할 수 있을까? 이 사건의 제1심, 환송 전 원심 및 대법원 판결에서 알 수 있듯이 회원들이 입은 손해를 산정하는 방법에 대하여는 여러 가지 의견이 있을 수 있는데, 손해의 공평, 타당한 분배라는 손해배상의 이념을 고려하여 어떠한 방법이 가장 적절한 것인지 고민해 보는 것이 이 평석의 주된 목적이다.

2. 이하에서는, 먼저 대상판결이 설시하고 있는 회원들의 시설이용권 침해에 따른 손해배상의 범위에 관하여 살펴본 다음, 대상판결에서 함께 판시하고 있는 회원제골프장의 법률관계에 관하여 간략히 검토하기로 한다. 아울러 최근 이슈가 되고 있는 골프장의 회생과 관련된 법률문제도 보충적으로 살펴보기로 한다.

II. 회원들의 시설이용권 침해에 따른 손해의 범위

1. 들어가며

앞서 살펴본 바와 같이, 골프장은 회원들이 골프장 시설을 이용할 수 있도록 할 의무가 있고, 이러한 의무를 불이행하여 회원에게 손해가 발생하는 경우, 골프장은 그러한 손해를 배상할 의무가 있다(민법 제390조). 우리 민법 제394조

---

8) 이 사건에서는 원고들에게 이 사건 회원권을 교부한 주체는 A주식회사이고, 피고는 이후 임의경매 등을 통해 이 사건 골프장을 인수하였다는 특수성 때문에 피고가 A주식회사의 원고들에 대한 의무를 그대로 승계하였는지, 다시 말해 피고가 원고들에게 이 사건 골프장을 회원의 지위에서 이용하도록 할 의무가 있는지 여부가 가장 크게 다투어진 쟁점 중 하나였다. 피고는 이 부분을 모든 심급에서 강하게 주장하였는데, 이미 전소에서 피고가 A주식회사를 승계하였다는 판단이 내려졌기 때문에 이 사건에서는 기판력을 근거로 이 부분 피고의 주장이 모두 배척되었다.

는 이러한 경우 골프장이 회원의 손해를 금전으로 배상하도록 정하고 있으나, 그 손해배상금액의 산정기준에 대해 규정하고 있지 않으므로 해석을 통해 이를 정할 수밖에 없다.

참고로 이 사건에서, 원고들은 이 사건 골프장 회칙에 의하면 회원들은 매월 주말 2회 우선이용 혜택이 있음에도 골프장이 이를 불이행하였으므로, 원고들이 비회원으로 골프클럽을 이용하거나 다른 골프클럽을 이용함으로써 평균 1회당 회원과 비회원의 이용요금의 차액인 150,000원 상당의 손해가 있다고 주장한 바 있다.

2. 손해의 개념

가. 차액설에 의한 손해 인정

손해의 개념에 대하여 민법은 이를 직접 규정하고 있지 않다. 그 결과 손해의 개념을 인정하기 위한 다양한 이론적 노력이 계속되어 왔는데, 현재는 차액설이 지배적인 견해를 차지하고 있다. 차액설은 채무불이행이 없었더라면 존재했었을 가정적 총재산상태와 채무불이행으로 불이익하게 변화된 현재의 총재산상태를 금전적으로 평가했을 때 나타나는 차이를 손해로 파악한다.[9]

대법원은 정유업체들이 수년간 군납유류 입찰에 참가면서 일정비율로 입찰물량을 나누어 낙찰받기로 결의하고 유종별 낙찰예정업체, 낙찰단가, 들러리 가격 등을 사전에 합의한 후 입찰에 참가하여 계약을 체결하여 국가에 손해를 입힌 사안에서, "위법한 입찰담합행위로 인한 손해는 담합행위로 인하여 형성된 낙찰가격과 담합행위가 없었을 경우에 형성되었을 가격의 차액"이라고 판시[10]하는 등 기본적으로 위 차액설에 근거하여 손해를 인정하고 있다.

나. 규범적 손해개념론에 따른 손해 인정

그러나 차액설은 손해를 전법률적인 자연적 의미로 인식하기 때문에, 위자료를 포함하여 다양한 유형의 손해를 인식할 때에 언제나 그대로 유지될 수 없고, 나아가 사회변동에 따라 예상치 못하게 발생하는 새로운 유형의 손해를 포섭하기도 어렵다는 약점이 지적되어 왔다. 예컨대 가동능력의 상실이 있었으나

---

9) 박동진, 손해배상액의 산정, 민사법학 제36호(한국민사법학회, 2007), 542면.
10) 대법원 2011. 7. 28. 선고 2010다18850 판결.

구체적 소득상실이 없어 피해자의 총재산상의 차이가 없을 때에도 손해배상책임이 인정된다면 이러한 손해는 차액설로는 설명될 수 없다. 차액설에 따르면 총재산상의 차이가 없으므로 손해발생이 부정되어 그 배상책임의 문제도 원천적으로 발생하지 않게 되기 때문이다. 이러한 차액설을 극복하기 위한 대안으로 규범적 손해개념론(이른바 평가설)이 주장되고 있는데 이는 채무불이행의 전후 재산상태 사이에 재산상의 불이익이 존재하지 않더라도 가치평가상 손해를 인정할 수 있다는 입장이다.[11]

대법원 또한 의학계의 노동능력 상실정도에 대한 과학적 분석방법의 도입에 따라 채무불이행으로 인한 손해가 차액설에 의하여 산정되지 않는 경우에도 평가설에 의해 손해에 해당하는 노동능력 상실이라는 개념을 도입하여 손해에 대한 배상책임을 확대하여 인정하는 등 규범적 의미에서의 손해의 개념 또한 인정하고 있다.[12]

3. 손해배상의 범위

채무불이행이 있는 경우 채무를 이행하지 아니한 채무자가 배상하여야 할 손해에는 재산적 손해와 비재산적 손해 그리고 적극적 손해와 소극적 손해, 통상손해와 특별손해가 모두 포함된다.[13] 그러나 발생한 손해 모두에 대하여 채무자가 배상책임을 지게 되는 것은 아니므로 채무자가 부담하는 손해액을 산정하는 것은 매우 중요한 작업이다.

이러한 손해배상액 산정기준에 대하여는 상당인과관계설, 위험성관련설, 규범목적설로 나누어지는데, 우리나라에서는 채무불이행 당시에 평균인(보통인)이 알 수 있었던 사정과 채무자가 특히 알고 있었던 사정을 함께 고찰의 대상으로 하여 통상적으로 초래되는 손해에 대하여만 상당인과관계를 인정하고 그러한 손해에 대하여만 배상책임이 인정된다는 견해가 다수설이다.[14]

대법원 역시 대법원 1994. 4. 15. 선고 93다60953 판결 등 다수의 판결에서 "채무불이행한 채무자가 채권자에게 배상하여야 하는 손해액에는 채무불이행

---

11) 박동진, 전게논문, 543면.
12) 대법원 1990. 11. 23. 선고 90다카21022 판결.
13) 민법 제393조에 따라 특별손해는 채무자가 그 발생을 알았거나 알 수 있었을 경우에 한하여 배상의무가 발생한다.
14) 송덕수, "손해배상의 범위", 고시연구 제393호(고시연구사, 2006. 12.), 15면.

과 상당한 인과관계가 있는 손해가 모두 포함되어야 하나 특별손해의 경우에는 채무자가 그러한 특별한 사정을 알았거나 알 수 있었을 경우로 제한되며 그 시기는 채무의 이행기를 기준으로 판단하여야 한다"고 판시한 바 있는데, 다만 공무원의 직무상 의무위반에 의한 국가배상책임이 문제된 사안에서는 상당인과관계의 유무를 판단함에 있어서 규범의 목적 등도 고려하여야 한다고 판시하기도 하였다.[15]

대상판결 역시 이러한 전제하에서 원고들의 손해액 산정을 위해 앞서 살펴본 요소들을 종합적으로 고려하여야 한다고 판단하고 있다.

4. 손해액 산정이 불가능한 경우 손해배상액의 산정방법

가. 앞서 살펴본 손해액 산정에 관한 이론이나 기준들은 교환가치 또는 사용가치의 산정이 가능한 물적, 인적 손해를 전제로 한 전통적인 방법이다. 그러나 사회가 발전함에 따라 교환가치 또는 사용가치의 산정이 불가능한 법익이 나타나고 있고, 특히 이 사건의 경우와 마찬가지로 채무불이행으로 인해 채권자의 '권리행사' 자체가 침해되고 그로 인한 손해배상이 문제되는 경우 그러한 손해액을 산정하는 것은 현실적으로 불가능하게 된다.

이처럼 채무불이행으로 인한 손해배상청구소송에서 재산적 손해의 발생사실은 인정되나 구체적인 손해의 액수를 증명하는 것이 사안의 성질상 곤란한 경우, 법원은 증거조사 결과와 변론 전체의 취지에 의하여 밝혀진 당사자들 사이의 관계, 채무불이행과 그로 인한 재산적 손해가 발생하게 된 경위, 손해의 성격, 손해가 발생한 이후의 여러 정황 등 관련된 모든 간접사실들을 종합하여 손해의 액수를 판단할 수 있을 것이고,[16] 대상판결 또한 판결문에서 이러한 점을 분명히 밝혔다.

나아가 대상판결은 "위와 같은 법리는 자유심증주의 아래에서 손해의 발생사실은 증명되었으나 사안의 성질상 손해액에 대한 증명이 곤란한 경우 증명도·심증도를 경감함으로써 손해의 공평·타당한 분담을 지도원리로 하는 손해배상제도의 이상과 기능을 실현하고자 함에 그 취지가 있는 것이지 법관에게 손해액의 산정에 관한 자유재량을 부여한 것은 아니다. 따라서 법원이 위와 같은 방법

---

15) 송덕수, 전게논문, 17면; 대법원 2003. 4. 25. 선고 2001다59842 판결.
16) 대법원 2004. 6. 24. 선고 2002다6951(본소), 6968(반소) 판결.

으로 구체적 손해액을 판단함에 있어서는 손해액 산정의 근거가 되는 간접사실들의 탐색에 최선의 노력을 다해야 하고 그와 같이 탐색해 낸 간접사실들을 합리적으로 평가하여 객관적으로 수긍할 수 있는 손해액을 산정해야 한다"[17]고 판시하였다.

나. 이 사건의 경우 골프장이 그 회원인 원고들의 회원지위를 부인하며 시설이용권을 침해함으로써 채무를 불이행하였으나 이러한 시설이용권의 내용과 성질, 골프장의 채무불이행의 정도와 기간 등을 고려하면 피고의 채무불이행으로 원고들에게 재산적 손해가 발생한 사실은 인정되나 구체적인 손해의 액수를 증명하는 것이 성질상 곤란한 경우에 해당한다고 판단될 수 있으므로 이 경우 법원으로서는 원고들의 손해액을 산정함에 있어 다양한 간접사실들을 종합적으로 고려하여 판단하여야 하였다.

이러한 이유로 이 사건의 제1심, 원심 및 대상판결은 각각 다른 손해액 산정 방법을 채택하였는데, 이하에서는 각 손해액 산정 방법의 문제점을 살펴보기로 한다.

(1) 제1심의 경우

앞서 살펴본 바와 같이, 이 사건에서 원고들은 이 사건 골프장 회칙에 의하면 회원들은 매월 주말 2회 우선이용 혜택이 있음에도 골프장인 피고의 방해로 이러한 혜택을 이행할 수 없게 되었고 이로 인해 원고들이 비회원으로 골프클럽을 이용하거나 다른 골프클럽을 이용함으로써 평균 1회당 회원과 비회원의 이용요금의 차액인 150,000원 상당의 손해가 있다고 주장한 바 있다.

이에 대하여 이 사건 제1심은 원고들이 매월 2회 이상의 골프장 이용신청을 하였다고 인정할 만한 증거가 없다고 판단하여 원고들의 주장을 배척하였다. 그러나 제1심은, 이 사건 골프장의 회칙에 따르면 회원의 탈회 시 골프장은 예탁금의 원금만을 지급하도록 정하고 있고 이는 적어도 회원들이 예치 기간 중에는 회원으로서의 혜택을 누릴 수 있음을 전제로 하는 것인데, 이러한 회원으로서의 혜택을 누리지 못하였다면 당연히 예탁금에 대한 민법상 법정이자(연 5%) 상당의 손해를 입게 되었다고 판단하여, 원고들의 예탁금에 대한 위 비율 상당의 손해를 인정하였다.

기본적으로 예탁금제 골프회원권의 경우 회원이 예탁한 입회금의 실질은

17) 대법원 2010. 10. 14. 선고 2010다40505 판결도 같은 취지로 판시하였다.

기본적으로 골프장 운영자가 회원가입계약에 따라 회원들로부터 골프장시설 설치에 투자된 비용을 입회금 명목으로 장기 차용하여 골프장을 운영하고, 회원가입계약에서 정한 일정한 거치기간이 경과한 후에 상환을 원하는 회원에게 그 금액을 반환해 주는 것으로서 골프장 운영자의 회원에 대한 부채로서의 성격을 갖는 것이므로 이러한 입장에서 본다면 제1심의 판단은 지극히 타당해 보인다. 제1심에서는 이러한 점을 명시적으로 밝히고 있지는 않지만, 위와 같은 사정을 고려하여 원고들에게 예탁금에 대한 이자 상당의 손해를 인정한 것으로 보인다.

그러나 이러한 판단에는 다음의 두 가지 비판이 가능해 보인다. 첫째로, 위와 같은 판단은 회원과 골프장 사이의 입회계약 문언에도 정면으로 반할 뿐만 아니라, 회원의 손해를 예탁금에 대한 이자 상당액으로 간주할 아무런 근거가 없다. 주지하다시피 대부분의 골프장 입회계약에는 회원이 일정한 거치기간이 경과한 후 탈회 의사표시를 하는 경우 예탁금 '원금'을 반환하도록 정하고 있을 뿐이므로 예탁금의 이자 상당액은 처음부터 문제될 여지가 없다. 물론 입회계약에는 회원이 회원으로서의 혜택을 누리는 대가로 골프장이 예탁금의 이자 상당액을 취득한다고 정하고 있지도 아니하다. 그렇다면 회원들의 손해를 예탁금에 대한 이자 상당액이라고 섣불리 단정하기는 어려워 보인다. 또한, 제1심과 같이 회원들이 예탁금에 대한 이자 상당의 손해를 입었다고 볼 경우 이자의 이율을 민법상의 법정이율(5%)로 할 것인지 상법상의 법정이율(6%)로 할 것인지의 문제가 남아 있다. 제1심은 특별한 근거를 제시하지 않고 민법상의 법정이율을 적용하였다. 그러나 이 사건에서 골프장은 회사로서 상인에 해당하고 골프장 입회계약 역시 상행위에 해당하므로 이자를 산정한다면 상사법정이율이 적용되었어야 할 것이다. 그럼에도 제1심이 민법상의 법정이율을 적용한 것은 역시 전혀 근거가 없는 것으로 보인다.

둘째로, 이 사건 청구원인은 원고들이 회원으로서의 혜택을 누리지 못함으로서 입은 손해를 배상하라는 것인데, 제1심의 판단은 원고들이 예탁금을 5년간 활용하지 못함으로써 입은 손해에 관한 것으로서 처분권주의 또는 변론주의에 위반되는 것이 아닌가 하는 의문이 든다. 즉, 앞서 살펴본 바와 같이 골프장 입회계약에서의 예탁금은 '무이자 소비임치'이므로 회원들은 처음부터 골프장에게 예탁금의 이자를 청구할 권리가 없고, 다만 골프장을 유리한 조건으로 이용할 수 있는 권리만 있을 뿐인데 이 사건에서 원고들은 그러한 권리를 행사하지 못하게 됨으로써 입은 손해를 배상하라는 것이므로 제1심으로서는 원고들이 골프장을 이용하지 못함으로써 입은 손해를 산정하였어야 할 것이다. 그리고 이러한 손해가 곧바로 예탁금의 이자 상당액이라고 의제될 아무런 근거도 없어 보인다. 대상판결 또한 이러한 점을 적절하게 지적하고 있는데, 이 부분 대상판결의 판단은 지극히 타당해 보인다.

이상의 사정을 고려하면, 제1심의 손해산정방법은 수긍하기 어렵다.

(2) 원심의 경우

앞서 살펴본 바와 같이 원심은 원고들이 회원으로서 혜택을 누리지 못함으로써 입은 손해는 회원권의 사용료 내지 사용가치를 기준으로 판단하여야 하고, 이는 골프장 회원권에 대한 임대료 상당이라고 할 것인데, 이 사건 골프장과 유사한 골프회원권의 임대사례를 확인할 수 없으므로, 결국 골프회원권의 시세 또는 예탁금에 대하여 국공채이율, 은행의 장기대출금리, 일반시중금리, 골프회원건의 일반적인 이용현황 등의 사정을 고려하여 골프회원권을 보유하고 있는 동안의 기대이율이라고 볼 수 있는 시중은행의 정기예금 이자율을 곱하여 산정한 금액이 원고들의 손해라고 판단하였다.

원심에서 이루어진 원고들의 변론 내용을 정확히 파악하기는 어렵지만, 원고들이 청구원인에서 회원으로서 이 사건 골프장 시설을 이용할 경우 그 혜택을 금전으로 환산하면 150,000원이라고 명백히 주장하고 있는 점 등을 고려하면 원심의 판결 역시 제1심 판결과 마찬가지로, 처분권주의 또는 변론주의에 위반된 것이 아닌가 하는 의문이 든다. 기본적으로 원고는 시설이용권이 침해된 데에 따른 손해의 배상을 청구하고 있는 반면, 원심은 마치 원고들이 회원권을 (일반 거래계에서) 임대하는 등의 방법으로 활용하지 못함으로 인한 손해배상을 구하고 있는 것처럼 판단하고 있기 때문이다.

또한, 골프장 회원권의 임대라는 개념 자체가 법률적, 현실적으로 성립될 수 있는지조차 의문이 아닐 수 없고,[18] 따라서 회원권의 임대수익이라는 개념을 상정해 보기는 어려울 듯 하다. 이러한 점에서 원심이 내세운 기준은 납득하기 어렵다. 물론 원고들이 골프장 시설을 회원의 지위에서 이용할 수 없다 하더

---

18) 무기명 회원권은 별론으로 하더라도, 기명 회원권의 경우 필자가 확인해 본 골프장 회칙에서는 회원권의 임대를 금지하고 있고, 회원의 실명확인도 엄격히 이루어지고 있는 듯하다.

라도 그러한 사정으로 이 사건 골프장 회원권의 가치가 하락하였다고 보기도
어렵다.

결국 원심은 제1심과 마찬가지로 '원고들이 무이자로 예탁금을 골프장에
지급하였다'는 사정에 무게를 두고, 그럼에도 불구하고 회원으로서의 혜택을 전
혀 누리지 못하였으므로 위 예탁금과 관련하여 어떠한 손해를 입은 것으로 의
제한 것으로 보인다. 그러나 이러한 원심의 판단은 본질적으로 이 사건 청구원
인과 일치하지 않는 것으로 보인다.

대상판결 역시 이러한 점을 지적하면서 구체적인 손해배상 산정시 고려할
요소를 판시하고 원심 판결을 파기하였다.

5. 대상판결의 타당성

가. 대상판결은 원고들이 피고로부터 회원으로서의 지위를 부인당함으로써
발생한 재산적 손해는 위와 같이 회원으로서 회칙에 따라 골프장 시설을 이용
할 수 있는 권리를 행사하지 못함으로 인하여 발생한 손해라고 전제한 다음, 이
사건의 경우 피고의 채무불이행으로 인하여 그 행사를 방해받은 권리의 내용과
성질, 채무불이행의 정도와 기간 등에 비추어 보면, 피고의 채무불이행으로 원
고들에게 재산적 손해가 발생한 사실은 인정되나 구체적인 손해의 액수를 증명
하는 것이 사안의 성질상 곤란한 경우에 해당한다고 판단하였다.

그리고 이러한 경우, 원고들의 손해는 원고들이 회원으로서의 지위를 부인
당한 기간 동안 이 사건 골프클럽의 회원들이 회원의 지위에서 골프장 시설을
이용한 평균횟수, 회원의 지위에서 지불하는 골프장 시설에 대한 1회 이용료의
액수 및 비회원의 지위에서 지불하는 1회 이용료와의 차액, 골프장의 회원 모집
당시의 약관이나 회칙상 회원으로서 우선적인 이용이 보장되는 최대 횟수, 피
고가 원고들의 회원 지위를 부정한 전체 기간 등을 비롯하여 증거조사의 결과
와 변론 전체의 취지에 의하여 밝혀진 모든 간접사실들을 합리적으로 평가하여
산정하여야 한다고 판단하였다.

환송후 원심은 위와 같은 대상판결의 판시에 따라 연도별 정회원 수와 연
도별 정회원의 주말 및 주중 각 이용횟수, 연도별 정회원의 주말 및 주중 각 평
균 이용횟수(= 연도별 정회원의 주말 및 주중 각 이용횟수 ÷ 연도별 정회원 수)를 산
정하여 피고의 손해배상액을 산정하였다.

　　나. 이러한 대상판결의 태도에 찬성한다.

　　앞서 살펴본 바와 같이 이 사건에서 원고들의 손해는 그 발생사실은 분명하나 구체적인 금액을 산정하기 어려운 경우에 해당함은 부인하기 어려워 보인다. 회원으로서의 혜택을 누리지 못함으로써 발생한 손해는 회원권 자체의 경제적 가치 또는 활용가치나 예탁금에 대한 기대이익과는 엄격히 구별되어야 할 것이다.

　　이러한 경우 원고들의 손해는 원고들이 회원으로서의 지위를 부인당한 기간 동안 이 사건 골프클럽의 회원들이 회원의 지위에서 골프장 시설을 이용한 평균횟수, 회원의 지위에서 지불하는 골프장 시설에 대한 1회 이용료의 액수 및 비회원의 지위에서 지불하는 1회 이용료와의 차액, 골프장의 회원 모집 당시의 약관이나 회칙상 회원으로서 우선적인 이용이 보장되는 최대 횟수, 피고가 원고들의 회원 지위를 부정한 전체 기간 등을 종합적으로 고려하여 합리적으로 산정되어야 할 것이다. 이 사건 제1심 및 원심 역시 이 부분에 대해 적지 않은 고민을 하였을 것이지만, 다소 번거롭더라도 대상판결이 적시한 개별적인 요소를 고려하여 산정하는 것이 손해의 공평, 타당한 분배라는 손해배상제도의 취지에도 부합할 뿐만 아니라 회원들이나 골프장 양측 모두가 수긍할 수 있는 금액이 도출될 수 있지 않았나 생각된다.

　　참고로 이 부분 손해배상청구에 한정하여 인용금액을 살펴보면, 제1심 > 환송 전 원심 > 대상판결 및 환송후 원심의 순서이다. 이러한 결론에 비추어 보더라도 대상판결의 취지가 앞서 말한 손해배상제도의 취지에 부합할 뿐만 아니라 구체적으로도 타당한 결론이라고 생각된다.

Ⅲ. 회원제골프장의 법률관계

1. 골프장 회원권의 구분

　　가. 체육시설의 설치·이용에 관한 법률(이하 "체육시설법"이라 한다) 제2조 제4호는 '회원'의 의미에 관하여 '체육시설업의 시설을 일반이용자보다 우선적으로 이용하거나 유리한 조건으로 이용하기로 체육시설업자와 약정한 자'로 정하고 있다.

　　나. 골프장 회원권이란 회원제 골프장의 회원으로서 가지는 권리, 의무를

총칭하는 개념으로 회원으로서 가지는 권리의 내용에 대하여는 국내 학설, 판례상 명확하게 설명되고 있지 아니하고 회원권의 내용도 그 계약에 따라 다양할 수밖에 없다. 다만 회원권의 중심적 권리는 골프장 시설이용권이고, 기타 개장청구권, 명의개서청구권 또는 회원권을 양도할 권리 등 각종의 권리가 포함되어 있다

이러한 골프장 회원권의 종류에는 사단법인의 형태, 주주회원제, 예탁금회원제가 있고, 우리나라에서는 예탁금회원제가 일반적이다. 참고로, 사단법인제 골프장은 골프회원들로 구성된 비영리 사단법인이 골프장을 설치, 운영하고 회원들이 그 시설을 이용하는 골프장을 의미한다.[19] 주주회원제는 회원들이 골프장을 경영하는 회사의 주식을 소유함으로써 주주의 지위를 겸하고 있는 형태를 의미한다. 주주회원제는 회원들이 골프장 경영에도 직접 참여할 수 있다는 특수성이 있는 것으로 설명된다.[20] 이하에서는 예탁금회원제 골프장을 중심으로 살펴본다.

2. 예탁금회원제 골프장에서의 회원권의 의미 및 구조

가. 예탁금회원제 골프장의 회원권은 회원의 골프장 시설업자(이하 "골프장"이라 한다)에 대한 회원가입계약상의 지위 내지 회원가입계약에 의한 채권적 법률관계를 총체적으로 가리키는 것으로, 회원은 골프장의 회칙이 정하는 바에 따라 골프장 시설을 우선적으로 이용할 수 있는 시설이용권과 회원자격을 보증하는 소정의 입회금을 예탁한 후 회원을 탈퇴할 때 그 원금을 반환받을 수 있는 권리인 예탁금반환청구권과 같은 개별적인 권리를 갖는다. 따라서 골프장 회원의 법적 지위는 사원이 아니라 '채권자'에 해당한다.[21]

나. 골프장 회원이 골프장에 지급하는 예탁금의 성격에 대하여, 서울고등법원 2008. 8. 21. 선고 2007나120328 판결은 "예탁금이란 원래 체육시설업자의 시설건설자금의 조달방법으로 고안된 것으로 퇴회시 반환하기로 약정하고 입회

---

19) 서울CC, 부산CC, 울산CC가 이러한 형태의 골프장이라고 알려져 있다.

20) 우리나라에서 처음부터 주주회원제 방식으로 설립된 골프장은 찾아보기 어렵고, 주로 예탁금회원제 골프장이 부도가 난 후 회원들이 출자하여 회사를 인수함으로써 주주회원제로 변경된 경우가 대대분으로 보인다. 신원CC, 창원CC, 경주신라CC, 파미힐스CC, 천안버드우드CC 등이 이에 해당한다.

21) 대법원 1989. 11. 10. 선고 88다카19606 판결; 대법원 1998. 7. 10. 선고 98다5883 판결.

시 체육시설업자에 무이자로 예탁한 일종의 소비임치금에 해당한다"고 판시한 바 있고, 이 사건 대상판결에서도 이를 전제로 판단하고 있다.

다. 회원모집약관 등에서 특별한 규정을 두고 있지 않는 한, 회원의 입회금 납입방법에는 아무런 제한이 없다.[22] 따라서 공사대금채무, 대출금 채무 등 다른 채무의 변제를 위하여 대물변제조로 골프장 회원권을 발행, 교부할 경우 그러한 골프장 회원권의 예탁금과 위 공사대금채권 또는 대출금 채권과 대등액에서 상계되는 것이므로 이러한 대물변제를 통해 취득한 골프장 회원권도 유효하다는 것이 대법원 판례이다.[23]

한편, 골프장 운영자가 입회금을 납입하지 아니한 골프장 회원권을 임의로 발행하여 이를 채권자에게 담보로 제공하는 경우 이러한 회원권의 효력이 문제될 수 있다. 체육시설법은 입회금 납입없이 발급된 회원권의 효력에 대하여 명시적인 규정을 두고 있지 않은데, 이와 관련하여 대법원은 "회원권이 단순히 담보조로 제공된 것이라면 회원권을 교부받은 자가 유효하게 회원의 자격을 취득한 것으로 볼 수 없으나, 회원권의 교부가 대물변제에 관한 합의에 따라 입회금에 갈음하는 방법으로 공사대금채권과 상환하여 교부하였다는 사정이 인정된다면 유효한 회원권으로 볼 수 있다"고 판시하여[24] 입회비가 실제로 지급되거나 최소한 채무에 대한 대물변제로 지급된 사정이 인정되지 않으면 유효한 회원권으로 볼 수 없다고 판단하였다.

라. 끝으로, 골프장 운영에 관한 법률관계는 회원과 골프장을 운영하는 골프장 경영 회사 사이의 계약상 권리, 의무관계이고, 그 운영에 관한 회칙은 불특정 다수의 입회자에게 획일적으로 적용하기 위하여 골프장을 운영하는 사업자가 제정한 것으로서 이를 승인하고 골프장에 가입하려는 회원과 골프장의 계약상 권리, 의무 내용을 구성하며 이는 약관으로서의 성질을 갖는다.[25]

한편, 골프장의 회칙에 따라서는 '회칙을 준수할 것을 서약하고, 소정의 절차를 밟아 골프장 이사회의 승인을 얻어 입회금을 회사에 납입하고 회원증을 발급받음으로써 회원의 자격을 취득한다'라고 규정하고 있는 경우가 있다. 그

---

22) 대법원 2009. 7. 9. 선고 2007다72359 판결.
23) 대법원 2009. 7. 6. 선고 2008다49844 판결.
24) 위 대법원 2007다72359 판결 및 대법원 2008다49844 판결.
25) 대법원 2000. 3. 10. 선고 99다70884 판결.

중에서 거래당사자에게 실질적으로 중요한 의미를 갖는 것은 골프장의 이용권과 그 대가에 해당하는 입회금의 납입이 될 것이나, 그 외에 회칙이 정하는 서약, 이사회의 승인 또는 회원증의 발급 등의 절차를 이행하지 아니한 경우 회칙에 구애받지 아니하고 회원권의 취득을 인정할 것인가, 아니면 회칙의 구속력 인정하여 회원권의 취득을 부정할 것인가가 문제된다. 이에 관해서는 회칙에 위반한 회원권의 취득을 부정하는 견해도 있지만 골프장 회칙은 단순히 골프장의 내부준칙에 불과한 것으로서 원칙적으로 회원권의 취득을 인정하는 것이 타당하다고 본다.

　　대법원은 1990. 12. 11. 선고 90다카25253 사건[26]에서 "컨트리클럽의 입회절차나 자격요건은 피고회사 내부의 준칙에 지나지 아니하다고 할 것이므로, 설사 회사의 대표이사가 대표권에 터잡지 아니하고 원고에게 입회를 권유하고 입회금을 받은 다음 회원증을 발급하였다고 하더라도, 거래상대방인 입회금 납입자가 이를 알았거나 알 수 있었던 것이 아닌 한 그 거래행위는 유효하다고 보아야 할 것이다"라고 판시하였는데 이는 결국 입회자격이나 입회절차를 정한 회칙은 회사의 내부준칙을 정한 규정에 불과하다는 의미로 보인다. 즉 위 대표이사가 입회절차나 자격요건, 즉 회칙에 정한 절차를 단순히 따르지 아니하고 모집한 회원도 유효하다. 위 판결의 내용 중 대표이사가 회칙에 정한 요건과 절차를 따르지 아니하였다 하더라도 "거래상대방인 원고가 이를 알았거나 알 수 있었던 것이 아닌 한 그 거래 행위는 유효하다"고 한 의미가 원고가 회칙의 내용을 과실없이 몰랐을 경우를 의미하는 것인지 아니면 회칙의 존부 및 그 내용은 알고 있었으나 대표이사가 회칙을 따르지 아니하였음을 몰랐던 경우를 의미하는지는 분명하지 않지만, 통상적으로는 이러한 두 경우 모두 상정해 볼 수 있을 것으로 보인다.[27]

---

26) 재외교포만 입회자격이 있는 골프장의 대표이사가 내국인인 원고에게 '골프장의 교포회원으로 가입하면 앞으로 건설될 일본 골프장 회원자격을 가질 수 있다'는 취지로 권유하여, 원고가 그 대표이사에게 입회금을 납입하고 교포회원증과 회원증서를 받았는데, 위 대표이사는 원고로부터 받은 입회금을 골프장에 납입하지 아니하고 회원가입신청서도 제출하지 않았으며 위 골프장의 이사회 승인결의도 받은 바 없어서 원고는 위 골프장의 회원명부에 등재되지도 않았다. 이에 원고가 골프장 운영 회사(피고)를 상대로 회원지위 확인을 구한 사안이다.

27) 박진순, "골프장 회원권의 법리", 상사판례연구 제1권(한국상사판례학회, 1996), 738면 이하도 같은 취지이다.

3. 예탁금 반환의 조건 및 시기

가. 체육시설법 시행령(2015. 8. 3. 대통령령 제26457호로 개정된 것)에 의하면, 예탁금은 회원으로 최초 가입하는 자가 회원자격을 부여받는 대가로 회원을 모집하는 자에게 지불하는 모든 금액(제19조 제2호)으로, 그 반환에 대하여는 회원을 모집한 자와 회원 간의 약정에 따르도록 규정하고, 회원의 예탁금 반환 청구가 있는 경우 지체없이 반환하도록 규정하고 있으나 반환하는 금액의 범위에 대하여는 별도로 정함이 없다. 그러나 실제 골프장 입회계약에서는 회원을 모집한 자가 회원으로부터 수령한 예탁금 원금에 한하여 반환하는 것으로 약정하고 있다는 점에서 탈회의 의사표시를 한 회원에 반환되는 예탁금에는 이자가 지급되지 않는다.

나. 예탁금 반환의 조건 및 시기와 관련하여, 대법원은 골프장 회원의 회원가입계약 해지권이 일신전속적인 권리가 아니고 그 해지(탈퇴)에 특별한 제약이 없는 것인 이상, 입회금반환청구권은 입회금반환사유가 발생할 것을 정지조건으로 하는 채권이라고 판시한 바 있다.[28] 실제로 예탁금 회원제를 운영하고 있는 대부분의 골프장에서는 예탁금의 거치기간을 5년 또는 10년으로 정하여 회원의 골프장에 대한 예탁금반환청구권의 행사를 제한하고 있는데, 그 기간 내에는 특별한 사정이 없는 한 입회금의 반환을 청구할 수 없고, 회원자격 존속기한이 만료되기 전 일정한 기간 내에 탈회의 의사를 표시한 경우에는 탈회처리하여 예탁금을 반환하며, 탈회의 의사표시가 없는 회원에 대하여는 자동으로 갱신되는 것으로 본다는 내용의 약정을 체결하고 있다.

다. 한편, 회칙에서 회원이 탈회 의사표시를 하여 예탁금반환을 청구하고자 하는 경우 사전에 회사의 승인을 받도록 정하고 있는 경우가 있는데 이때 회사의 승인을 받지 아니하더라도 회원이 곧바로 탈회 의사표시와 함께 예탁금의 반환을 청구할 수 있는지 여부가 문제된다. 그런데 체육시설법 시행령 제19조 제2호에서는 탈회자가 입회금의 반환을 요구하는 경우 '지체없이' 반환하도록 정하고 있고, 만약 탈회신청에 대하여 회사의 승인이 있어야만 예탁금반환청구를 할 수 있다고 인정할 경우 이는 부당하게 회사에게 탈회여부를 결정할 수 있는 권한을 부여하게 되는 결과가 되어 인정되기 어려워 보인다. 대상판결 역시

---

28) 대법원 1989. 11. 10. 선고 88다카19606 판결.

이러한 점을 명백히 인정하였다.

4. 골프장 회원권의 양도

가. 예탁금회원제에서 반환되는 예탁금에는 이자가 지급되지 않는 것이 원칙이므로, 골프장 회원으로서는 회원권을 제3자에게 양도하면서 양도금액과 입회금의 차액 상당의 금액을 투자이익으로 회수할 수 있다.

앞서 검토한 바와 같이 골프장 회원권은 회원과 골프장 영업자와의 채권적 법률관계를 가리키는 것이기 때문에 회원권의 양도는 지명채권의 양도에 관한 민법 제449조 이하의 규정에 따라 이루어질 수 있다. 즉, 회원권은 재산적 가치를 갖는 계약상의 지위이기 때문에 양도성을 부정할 수는 없으나, 물권처럼 대외적으로 표시할 수단도 없으므로 확정일자 있는 증서에 의한 통지 또는 승낙이 있으면 회원권 양도·양수에 대하여 제3자에게 대항할 수 있는 것이 원칙이다(민법 제450조).

나. 한편, 실무상 골프장 운영회칙에 따라 회원자격심사위원회의 심의나 이사회의 승인을 얻은 다음 일정한 명의개서 수수료를 납부하여야 회원권 양도가 비로소 이루어지도록 규정하는 등 골프장 회원권 양도에는 일정한 제한이 있는 것이 일반적인데 이러한 회사의 승인을 받지 않은 경우 골프장 회원권 양도의 효력이 문제될 수 있다.

대법원은, 양수인이 이사회로부터 회원권 양도·양수에 대한 승인을 얻지 못하면 골프장 경영 회사나 제3자에 대하여 회원의 지위를 취득하였음을 주장할 수 없다고 판시하면서, 회원권의 양수인이 이사회의 승인을 얻지 못한 단계에서는 그 회원권 양도·양수계약은 계약당사자 사이에서만 효력이 있을 뿐 골프장 경영 회사나 제3자에 대한 관계에서는 아직 회원으로서의 지위를 취득하지 못하여 그 회원권자는 여전히 양도인이라고 판시한 바 있는데,[29] 이는 골프장 회원권이 일반적인 채권과는 달리 금전으로 환가할 수 있는 권리인 ① 예탁금반환청구권뿐만 아니라 회원과 골프장 경영자 사이의 관계가 전제된 ② 우선적 시설이용권의 성질도 겸하고 있다는 특수성을 고려한 것으로 사료된다.

---

29) 위 대법원 88다카19606 판결.

5. 회원의 승계(체육시설법 제27조)

경매, 공매 등을 통해 회원제 골프장의 골프장 부지 및 그 지상 시설이 처분될 경우 양수인이 회원에 대한 권리, 의무를 승계하는지 여부가 문제된다.

가. 민사집행법에 따른 경매의 경우

체육시설법 제27조 제2항 제1호에 따라 민사집행법에 따른 경매를 통해 체육시설의 필수시설을 인수한 자는 체육시설업의 등록 또는 신고에 따른 권리·의무를 승계하고, 회원을 모집한 경우에는 체육시설업자와 회원 간에 약정한 사항도 위 승계되는 권리·의무에 모두 포함된다.

그리고, 체육시설법 시행규칙 별표 4에 의하면 골프장의 필수시설에는 골프코스 기타 운동시설 및 그 주변의 관리시설이 포함되고, 위와 같은 필수시설이 설치되거나 설치될 예정인 골프장 부지 역시 골프장의 필수시설에 포함된다(대법원 2011. 4. 14. 선고 2008두22280 판결 참조).

따라서 완성된 골프장의 필수시설이 경매를 통해 처분될 경우는 물론, 완성 전 골프장의 부지가 경매를 통해 처분된 경우에도 위 골프장 부지는 골프장의 필수시설에 해당하므로, 그 양수인은 위 체육시설법 규정에 따라 당연히 양도인과 회원 사이의 권리·의무를 모두 승계하게 된다.

나. 국세징수법상 공매의 경우

체육시설법 제27조 제2항 제3호는 골프장의 필수시설을 국세징수법에 따른 압류 재산의 매각 절차에 따라 인수한 자는 체육시설업의 등록 또는 신고에 따른 권리·의무를 승계하고, 회원을 모집한 경우에는 체육시설업자와 회원 간에 약정한 사항도 승계한다고 정하고 있는데, 국세징수법은 압류 재산의 매각 방법으로 '공매'(제61조)와 '수의계약'(제62조)을 규정하고 있으므로 국세징수법상 공매를 통해 골프장 부동산을 취득한 양수인은 기존의 회원에 대한 권리·의무가 승계된다.

다. 신탁계약 등에 따른 공매의 경우

체육시설인 스포츠센터의 부지 및 시설이 신탁의 목적이 되었다가 신탁계약에서 정한 공매절차가 진행되었고, 수차례 유찰되어 결국 수의계약으로 체육시설이 처분된 사안에서, 대법원은 위 스포츠센터의 기존 회원들이 보유하고 있던 회원권은 수의계약으로 위 스포츠센터의 소유권을 취득한 매수인에게 승계되지 않는다고 판시[30]하여 신탁계약에 기한 공매처분시 회원권의 승계를 부정하였다.

위 대법원 판결은 골프장에 관한 것이 아닌 스포츠시설에 관한 것으로서 골프장에 대하여도 위 판시가 그대로 적용될 수 있을지는 다소 의문이 있으나, 최근 서울고등법원은 2014. 7. 30.자 2013라1505 결정에서 "체육시설법 제27조 제2항 제1호 내지 제3호에 규정된 절차의 공통점은 모두 법률의 규정에 의해 권리변동이 일어나는 경우로서 그 인수자의 인수 조건 역시 법률의 규정에 의해 정해지는 절차인데, 신탁자산의 처분은 반드시 공매 등 경쟁을 통한 매각 절차에 의하도록 법에 강제되어 있지 않고 위탁자와 수탁자 사이의 약정으로 처분 방법이 정해지는 것이며 신탁자산이 공매 등으로 처분되더라도 체육시설법 제27조 제2항 제1호 내지 제3호에서 정한 절차와는 달리 신탁자산상의 제한물권이나 보전처분 등의 부담이 소멸하는 것도 아니어서 신탁계약에 기한 신탁자산에 대한 공매 절차는 체육시설법 제27조 제2항 제4호에 해당한다고 보기 어렵다. 따라서 담보신탁되어 있는 회원제 골프장의 필수 시설이 공매 등 신탁계약에 따라 처분되는 경우 그 인수인은 회원들에 대한 입회금 반환 채무 등의 의무를 승계하지 않는다"고 판시하여 위 대법원 판결이 골프장의 경우에도 동일하게 적용될 수 있는 것으로 판단하였다.

6. 회원의 시설이용권, 예탁금반환청구권에 대한 소멸시효

가. 앞서 살펴본 바와 같이 골프장회원권은 회원의 골프장에 대한 회원가입계약상의 지위 내지 회원가입계약에 의한 채권적 법률관계를 총체적으로 가리키는 것이므로, 골프장 회원은 회칙이 정하는 바에 따라 골프장 시설을 우선적으로 이용할 수 있는 권리인 시설이용권과 회원자격을 보증하는 소정의 입회금을 예탁한 후 회원을 탈퇴할 때 그 원금을 반환받을 수 있는 권리인 예탁금반환청구권과 같은 개별적인 채권을 갖는다.

이처럼 골프장 회원이 갖는 시설이용권 및 예탁금반환청구권은 모두 채권

---

30) 대법원 2012. 4. 26. 선고 2012다4817 판결.

에 해당하므로, 여기에는 민법 또는 상법에서 정한 소멸시효가 적용될 수 있다. 다만 통상 회사는 상법상 상인에 해당할 가능성이 매우 높기 때문에 상사소멸시효(5년)가 적용될 수 있을 것이다.

나. 대상판결은 소멸시효와 관련하여, "골프장을 회원들이 골프장 시설을 이용할 수 있는 상태로 유지하고 있는 경우에는 골프장이 회원에게 시설이용권에 상응하는 시설유지의무를 이행한 것으로 보아야 하므로 회원이 개인적인 사정으로 골프장 시설을 이용하지 않는 상태가 지속된다는 사정만으로는 골프장 시설이용권의 소멸시효가 진행된다고 볼 수 없다. 따라서 골프장이 회원을 제명하거나 또는 기존 사업자가 발행한 회원권의 승계거부 등을 이유로 회원의 자격을 부정하고 회원 자격에 기한 골프장 시설이용을 거부하거나 골프장 시설을 폐쇄하여 회원의 골프장 이용이 불가능하게 된 때부터는 골프장 시설이용의무의 이행상태는 소멸하고 골프클럽 회원의 권리행사가 방해받게 되므로 그 시점부터 회원의 골프장 시설이용권은 소멸시효가 진행하고, 위 시설이용권이 시효로 소멸하면 포괄적인 권리로서의 회원권 또한 더 이상 존속할 수 없다"고 판시한 바 있다.

다. 대상판결은 나아가 "예탁금반환청구권은 골프장 시설이용권과 발생 또는 행사요건이나 권리 내용이 달라서 원칙적으로는 시설이용권에 대한 소멸시효 진행사유가 예탁금반환청구권의 소멸시효진행사유가 된다고 볼 수 없다. 예탁금반환청구권은 회칙상 이를 행사할 수 있는 기간이 경과하지 않으면 이를 행사할 수 없고 이를 행사할 것인지 여부 또한 전적으로 회원 의사에 달린 것이므로, 임의 탈퇴에 필요한 일정한 거치기간이 경과한 후 탈퇴 의사표시를 하면서 예탁금반환청구를 하기 전에는 그 권리가 현실적으로 발생하지 않아 소멸시효도 진행되지 아니한다"는 점을 분명히 하였다.

7. 예탁금반환의무와 회원증 반환의무의 동시이행관계

가. 체육시설법 시행령 제19조 제2호는 회원의 예탁금 반환시기, 방법에 대하여 골프장 시설업자와 회원이 별도의 약정에 따라 정할 수 있도록 정하고 있는데, 일반적인 골프장 회칙에서는 회원이 예탁금 반환을 청구하는 경우 기 발급된 회원증을 반납하도록 정하고 있다.

이때 회사는 회원의 회원증 반납의 지연, 분실 등을 이유로 입회금 반환을 거부할 수 있을까?

회원이 회원증을 반환할 의무는 입회계약 등에서 당연히 인정되는 쌍무계약상의 채권채무관계나 그와 유사한 대가관계에 해당하지 않고, 단지 회사의 이중지급의 위험을 방지하기 위하여 공평의 관념과 신의칙상 회사의 예탁금 반환의무와 동시이행관계가 인정되는 것에 불과하다고 해석하는 것이 일반적이다.

대법원 역시 종래 ① 원인채무의 이행의무와 어음 반환의무의 관계,31) ② 상품권 발행인이 상품권의 내용에 따른 제품제공의무를 이행하지 않음으로 인하여 그 소지인에게 그 이행에 갈음한 손해배상책임을 지는 경우 그 손해배상의무와 소지인의 상품권 반환의무 관계32) 등에서 이러한 어음의 반환의무 또는 상품권의 반환의무는 상대방의 이중지급의 위험을 방지하기 위하여 공평의 관념과 신의칙상 상대방의 반대의무와 동시이행관계에 있음을 인정하였고, 이러한 판결을 근거로 대상판결에서도 골프장의 예탁금반환의무와 회원의 회원증 반환의무가 공평의 관념과 신의칙상 동시이행관계에 있다고 판단하였다.

나. 한편, 민법 제536조의 동시이행관계에 있는 경우 상대방의 채무 이행이 있을 때까지 상대방은 자신의 의무 이행을 거절할 수 있고, 그 결과 이행기가 도래하더라도 지체책임을 지지 않는 것이 원칙이므로, 회원의 회원증 반납 지연이 있고 골프장이 이를 이유로 예탁금 반환을 거절하는 경우 지체책임은 부담하지 않을까?

그런데, 골프장의 예탁금 반환의무와 회원의 회원증 반환의무는 통상적인 의미의 쌍무계약이거나 이와 유사한 관계가 아니라, 앞서 살펴본 바와 같이 단지 골프장의 이중지급의 위험을 방지하기 위하여 양자가 동시이행관계에 있다고 인정된 것에 불과하므로 ― 이른바 편면적 동시이행관계 ― 만약 회원이 회원증 반환의무를 이행하지 아니한 상태에서 탈회 의사를 밝히고 예탁금 반환을 청구하는 경우 골프장은 그 청구를 받은 다음날부터 이행지체책임을 부담한다고 보아야 할 것이다. 따라서 골프장이 그 이행지체책임을 면하기 위하여는 회원권의 반납을 구하는 것뿐만 아니라 예탁금 반환에 관한 이행의 제공이 준비되었음을 아울러 최고하여야만 지체책임을 면할 수 있다고 설명하는 견해33)도

---

31) 대법원 1999. 7. 9. 선고 98다47542 판결.
32) 대법원 2007. 9. 20. 선고 2005다63337 판결.
33) 권순일, "어음의 상환증권성과 원인채무의 이행지체", 상사판례연구 제5권(한국상사판례

있다.

대상판결도 위와 같은 편면적 동시이행관계를 인정하여 "골프장이 회원증 반납을 받지 못하였다는 사정을 들어 입회금 반환을 거절할 수 있는 권능을 가진다고 하여 회원들이 회원증을 반납하지 않으면 골프장에 적법한 이행최고를 할 수 없는 것이 아니므로 골프장은 원칙적으로 회원의 탈퇴 의사표시 및 입회금 반환청구가 있은 때로부터 이행지체의 책임을 진다고 인정한 원심의 판단은 정당하다"고 판단하였다.

한편, 이 사안에서 피고는 원고들의 회원의 지위를 부인하면서 회원으로서의 혜택을 부여하지 아니하였고 나아가 입회금의 반환을 거절하였던 것으로 보이는데, 위와 같은 회원증 반납 지연을 이유로 입회금 반환을 거절하였는지 여부는 사실관계상 명확하지 않다(이 사건 소송에서 항변으로 제출된 것으로 보인다). 앞서 살펴본 바와 같이 만약 피고가 회원권의 반납을 구하는 것뿐만 아니라 예탁금 반환에 관한 이행의 제공이 준비되었음을 아울러 최고하였다면 피고의 지체책임을 인정한 대상판결의 결론이 달라 질 수 있었을지 의문은 여전히 남아 있다.

Ⅳ. 골프장에 대한 회생절차

1. 최근 골프장의 위기 상황

국내 골프장 산업은 1970년대 일부 부유층만이 참여하는 이른바 귀족 운동으로 시작되어 정부의 골프장 정책 및 경제성장에 따라 성장했다. 이후 2000년대 중반에 접어들면서 회원제 골프장이 폭발적으로 증가하게 되었는데, 당시 개장한 골프장의 경우 회원들의 입회금 예치기간이 5년 또는 10년으로, 2010년이 넘어서면서 대부분 입회금 반환시기가 도래하게 되었고, 이로 인해 최근 상당수의 골프장들은 입회금 반환에 대한 부담으로 재정적 어려움을 겪고 있다. 일부 골프장들은 이러한 재정적 어려움을 극복하기 위해 기존의 일반 회원 외에 주중 회원을 추가로 모집하기도 하였는데 이는 기존 회원들의 이용혜택의 감소로 이어지게 되었고 여기에 골프장 회원권의 시세까지 하락하게 되면서 회원들의 입회금 반환소송이 줄을 잇고 있는 상황이다.

학회, 2000), 31면 이하.

2. 골프장 회생절차에서의 회원의 보호

가. 앞서 살펴본 것처럼 입회금 반환소송이 증가하면서 그로 인해 회생절차개시신청을 하는 골프장도 점차 증가하고 있다.[34] 통상적인 골프장의 회생과정을 살펴보면, ① 회원들의 입회금 반환 요구 → ② 반환실패, 회생절차개시신청 → ③ 회생계획안 작성 → ④ 채권단 동의 및 회생법원 인가 결정 → ⑤ 퍼블릭으로 전환하여 개장 또는 매각(M&A) → ⑥ 영업수익으로 회생채권 변제의 순서로 진행하게 된다.

그런데, 골프장 회원은 법률적인 관계에서 체육시설을 이용하는 회원이며, 회원권분양계약을 체결한 계약 당사자이므로, 골프장 운영 회사와의 회원 모집약정의 해약 사유가 발생하면 입회보증금을 반환받을 권리가 있는 채권자에 해당한다. 따라서 회원은 모두 입회보증금반환청구권을 가진 채권자로 분류된다. 다만, 회생 실무에서 회원은 회생채권자이되 금융기관이나 상거래업자와는 구분하여 별도의 세분화되어 구분된다. 회원이 회생채권으로서 현금으로 변제받을 수 있는 금액은 회생계획에서 별도로 정해지게 된다.

그리고 골프장에 대한 회생절차가 개시될 경우, 기존에 회원들이 누리던 골프장 이용권도 여러 상황에 따라 축소될 가능성이 높다.[35]

나. 골프장에 대한 회생절차 진행과 관련하여 대표적인 사례를 소개하면 아래와 같다.

① Q안성(현 골프존카운티 안성Q, 이하 "Q안성"이라 한다) 사례

Q안성은 국내 최초로 회원제 골프장이 회생계획안 인가 전 인수·합병(이하 "인가 전 M&A"라 한다)을 통해 정상화가 진행 중인 회원제 골프장이다. 2013. 9. 25. M&A형 회생계획안이 인가되었고, 인가된 회생계획에 따르면 회원들은 입회금의 17%를 현금으로 변제받게 되었다. 이에 회원들은 회생계획 인가결정에 대하여 즉시항고를 제기하였으나 기각되었고, 현재 재항고가 대법원에 계류 중이다. 위 즉시항고 기각결정(서울고등법원 2013라1505 결정)은 향후 골프장 회생절차에서 참고할만한 다양한 쟁점이 포함되어 있어 그 내용을 아래에 간략히

---

34) 중앙일보, 2014. 3. 24(월), "골골대는 골프장 15곳 퍼블릭 변신 나아질까?", 2면.
35) 주로 정회원의 예약 횟수를 줄이거나 이용요금을 올리는 등 회생절차신청 전에 비해 상당한 이용권의 축소가 이루어진다.

소개한다.

- Q안성의 경우 골프장이 모두 담보신탁으로 되어 있기 때문에 회원들은 골프장 시설이 처분되더라도 그 처분 대금으로 변제받지 못하게 되어 Q안성의 청산가치는 0이었다. 따라서 회생절차를 통해 17% 변제율을 기록한 것은 청산가치 보장의 원칙을 지킨 것이다.
- 신탁자산 공매 시 낙찰자가 회원의 권리 및 의무를 승계하지 않는다. 체육시설법 제27조 제2항 제1호 내지 제3호에 규정된 절차들은 모두 법률의 규정에 의해 권리변동이 일어나는 경우로서 그 인수자의 인수 조건 역시 법률의 규정에 의해 정해지는 반면, 신탁자산의 처분은 반드시 공매 등 경쟁을 통한 매각 절차에 의하도록 법에 강제되어 있지 않고 위탁자와 수탁자 사이의 약정으로 처분 방법이 정해지는 것이며 신탁자산이 공매 등으로 처분되더라도 체육시설법 제27조 제2항 제1호 내지 제3호에서 정한 절차와는 달리 신탁자산상의 제한물권이나 보전처분 등의 부담이 소멸하는 것도 아니어서 신탁계약에 기한 신탁자산에 대한 공매 절차는 체육시설법 제27조 제2항 제4호에 해당한다고 보기 어렵다. 따라서 담보신탁되어 있는 회원제 골프장의 필수 시설이 공매 등 신탁계약에 따라 처분되는 경우 그 인수인은 회원들에 대한 입회금 반환 채무 등의 의무를 승계하지 않는다
- 위 인가 전 M&A는 체육시설법 제27조에 해당하지 않기 때문에 골프존카운티-케이스톤 컨소시엄은 기존에 맺었던 회원과의 약정을 승계하지 않는다.
- Q안성의 경우 회생법원은 2013년 8월 21일 개최된 관계인집회에서 관리인이 작성한 회생계획안과 회원들이 작성한 회생계획안 모두 신탁채권자로부터 신탁계약 해지에 관한 동의를 받는 경우에만 수행 가능성이 인정된다.

② 가산노블리제(현 푸른솔GC포천) 사례

가산노블리제(현 푸른솔GC포천)는 2010. 4. 27홀 회원제 골프장으로 문을 열었으나 2011. 10. 골프장 경영이 어려워지자 의정부 지방법원에 기업회생을 신청하고, 2011. 12. 세금 체납 등의 이유로 영업정지로 문을 닫았다. 2013. 1.경, 회원이 입회금 채권을 전액 출자전환해 가산노블리제 운영회사의 대주주가 되는 내용의 회생계획안을 인가받고, 2013. 4. 회생계획안에 따라 경기도로부터 회원제 27홀 골프장에서 대중제 27홀 골프장으로 등록체육시설 사업계획 변경 승인을 받았다.

그러나 공사 대금 등의 자금 부족으로 신탁회사를 통해 2013. 10.경 신탁자

산 공매 절차가 개시되었고, 2013. 11.경 신탁자산이 낙찰되었다. 기존 회원들은 주주로 전환되어 회원은 없고, 대중제 골프장으로 전환된 상태에서 신탁자산이 공매가 됐기 때문에 회원제 골프장의 정상화 과정에서 발생할 수 있는 회원권 관련 이슈는 사라진 상황이었다. 낙찰받은 기업은 신탁공매를 통해 자산을 인수받았기 때문에 체육시설법 제27조에 의해 영업권을 승계해 현재 대중제 골프장으로 운영하고 있다. 결국 골프장 회원들은 골프장 및 골프장 운영권이 없는 회사의 주주로만 남게 되었다.

3. 신탁된 골프장 시설에 대한 회원의 지위

골프장을 건설하는 경우 대규모 PF가 일어나기 때문에 골프장 부지 및 이후 건설된 골프장 시설들 대부분은 PF대주단을 우선수익자로 하는 신탁계약의 목적물이 되고, 경우에 따라서는 근저당권 등의 담보권이 설정되기도 한다. 그런데, 신탁재산에 대해서는 회생절차에서의 효력이 미치지 않기 때문에 회생절차의 진행여부와 무관하게 신탁계약의 우선수익자는 공매절차를 진행할 수 있다. 앞서 살펴본 가산노블리제 사례가 이에 해당하게 되는데, 이 경우 골프장 회원이 회생채권자로 인정된다 하더라도 결국 공매를 통해 골프장 시설의 소유권이 이전될 경우 골프장 시설 등의 존재를 전제로 한 회생계획은 실효될 가능성이 높아 회생실무상 우선수익자의 공매신청의 포기에 대한 동의를 받아둘 필요가 있다.

V. 판결의 평석

1. 판지에 찬성한다.
2. 대상판결은 회원들이 골프장으로부터 시설이용권을 침해당했을 경우 그 손해액 산정에 관한 기준을 제시한 최초의 판결로 보이고, 이후로도 골프장과 회원들 사이의 다양한 분쟁에 적용될 수 있을 것으로 보인다.
3. 어찌 보면, 대법원의 판시 내용은 손해액 산정에 관한 지극히 일반론적인 입장을 반복한 것으로 볼 여지도 있다. 특히 손해배상제도가 손해의 공평·타당한 분담을 기본이념으로 한다는 점을 고려하면 더더욱 그러하다. 그러함에도 이 사건 제1심 및 원심은 왜 대상판결과 다른 판단을 하였던 것일까? 대상판

결에 대한 궁금증은 여기에서 시작되었다.

　4. 결국 원고든 피고든 채무불이행으로 인한 손해액 산정에 관하여는 법원뿐만 아니라 당사자의 노력이 필요하다 할 것이고, 특히 기본적으로 손해에 대한 입증책임을 부담하고 있는 원고측의 활발한 주장 및 입증활동이 있어야 할 것이다.

　5. 또한, 대상판결 및 환송후 원심판결에 따르면 골프장이 예탁기간 동안 취득한 이자 상당의 이익은 고스란히 골프장에 귀속된 결과가 발생하였다. 소멸시효의 문제는 차치하더라도 해당 부부분에 대한 주장 및 법원의 판단이 내려졌다면 구체적 타당성 측면에서 이 사건 손해배상의 범위 또한 달라질 수 있지 않을지 한편으로는 의문이 아닐 수 없다.

　6. 골프는 한때 부유층에 한정된 귀족스포츠로 인식되기도 하였으나 최근에는 그 저변이 확대되어 점차 대중화되었고 그에 따라 다수의 골프장이 생겨나게 되었다. 그로 인해 다양하고 복잡한 법률관계가 발생하고 있는데 그에 비해 근거 법령인 체육시설법은 법률관계에 대한 구체적인 내용을 정하고 있지 않고 대부분 골프장과 회원 사이의 입회계약에 맡기고 있는 실정이다.

　골프장 회원은 기본적으로 이러한 입회계약에 따른 채권자의 지위에 있으며 그 주요 내용으로는 골프장 시설 이용권과 입회금 반환채권이다. 골프장 시설 이용권에 대하여는 특별히 문제될 가능성이 크지 않으나 입회금 반환채권의 경우에는 앞서 살펴본 다양한 문제가 존재할 수 있고, 이는 결국 입회계약의 해석의 문제로 귀결될 것인데 이에 대하여는 회원의 지위를 우선할 것인지 아니면 막대한 재산적 가치가 있는 골프장 시설의 유지, 관리를 우선할 것인지의 가치 판단의 문제로 보인다. 다만 앞서 살펴본 바와 같이 입회계약을 약관으로 규율한다면 약관의 규제에 관한 법률의 기본취지에 따라 상대적으로 열위한 지위에 있는 회원의 권리를 보호하기 위한 방향으로 해석하는 것이 기본적으로 타당하지 않을까 사료된다.

● 참고문헌

박동진, "손해배상액의 산정", 민사법학 제36호(한국민사법학회, 2007)

송덕수, "손해배상의 범위", 고시연구 제393호(고시연구사, 2006. 12.)

박진순, "골프장 회원권의 법리", 상사판례연구 제1권(한국상사판례연구학회, 1996)

권순일, "어음의 상환증권성과 원인채무의 이행지체", 상사판례연구 제5권(한국상사판례학회, 2000)

중앙일보, 2014. 3. 24(월), "골골대는 골프장 15곳 퍼블릭 변신 나아질까?"

파견과 도급의 구별 기준

최진수, 정승진[1]

[요 지]

급변하는 경영환경과 시장경쟁에서 기업의 외부 노동력 활용은 세계적인 현상이다. 이에 우리나라 상당수의 기업은 정규직 고용에 대한 인건비 부담, 고용의 유연성 확보, 채용·관리 등 노사관계 비용 절감, 분업화 및 전문화의 장점 등을 이유로 근로자파견, 사내하도급과 같은 간접고용을 통해 외부 노동력을 활용하고 있는데, 현행법상 제조업의 경우 파견을 할 수 없기 때문에 사내하도급과 같은 도급의 형태로 간접고용이 이루어지고 있다.

사내하도급은 외형상 파견과 유사하기 때문에 파견법상 파견인지 여부가 문제되는 경우가 많고 실제 수급인회사 근로자들이 도급인회사를 상대로 사내하도급이 위장도급(불법파견)이라고 주장하며 근로자지위확인 등의 소송을 제기하는 사례가 급증하였다. 사내하도급이 파견으로 판단되는 경우 파견법에 따른 도급인회사의 수급인회사 근로자 고용의무, 파견법상 차별책임 및 고용의무 불이행에 따른 손해배상 책임, 불법파견으로 인한 형사책임 등의 문제가 발생하게 된다.

대법원은 그 동안 파견과 도급의 구별기준을 명확하게 제시하지 아니하고 하급심이 인정한 사실관계에 기초하여 파견에 해당하는지 여부를 판단하여 파견과 도급의 구별기준에 관하여 실무상 상당한 논란이 있어 왔다. 최근 대법원은 대상판결에서 파견과 도급의 구별기준을 최초로 제시하였다.

그러나 대상판결이 제시한 구별기준은 그 동안 논란이 되어 온 파견과 도급의 구별에 관하여 명확한 기준을 제시하였다고 보기 어렵다. 현행 파견법의 해석상 파견과 도급의 구별기준은 개념과 본질에서부터 찾아야 하고 그것은 업

---

1) 현 제주지방법원 판사.

무상 지휘·명령을 누가 행사하는지 여부가 되어야 할 것이다. 그 외에 나머지 요소들은 업무상 지휘·명령권의 행사권자가 누구인지를 판단하기 위한 부차적인 요소에 지나지 않는다. 대상판결이 제시한 기준은 이러한 본질에서 벗어나서 비본질적 요소까지 함께 종합적으로 고려함으로써 도급과 파견의 본질적 판단기준을 오히려 불명확하게 만드는 결과를 초래하였다.

이 평석에서는 도급과 파견의 개념과 본질에 대해 살펴본 후 대상판결이 설시한 구별기준의 타당성 및 문제점에 대해 검토하였다.

[주제어]
• 파견
• 불법파견
• 도급
• 사내하도급

대상판결 : 대법원 2015. 2. 26. 선고 2010다106436 판결
[공2015상, 515]

[사실의 개요]

1. 피고는 울산, 아산, 전주에 공장을 두고 자동차 및 그 부품의 제조·판매를 주된 목적으로 하는 회사로서, 아산공장의 사내협력업체인 A, B, C, D, E, F, G, H와 업무도급계약을 체결하였다.

2. 원고들은 위 사내협력업체 소속 근로자였다가 해고된 자들로서, 구체적인 근로관계는 아래와 같다.

원고	근무기간	소속회사	담당업무
원고 1	2001. 5. 25.-2002. 4. 30	A	피고의 차체공장 내 무빙라인의 오른쪽 뒷 도어 장착공정, EF소나타 트렁크 단차 조정공정
	2002. 5. 1.-2003. 6. 3.	C	
원고 2	2000. 2. 14.-2002. 4. 30.	B	피고의 델타엔진공장 내 엔진외부 조립공정
	2002. 5. 1.-2003. 7. 3.	A	
원고 3	2000. 8. 1.-2002. 4. 30.	C	피고의 의장공장 내 도어라인, 엔진서브라인 최종확인공정
	2002. 5. 1.-2003. 4. 30.	D	
	2003. 5. 1.-2003. 6. 30.	H	
원고 4	2000. 8. 5.-2002. 4. 30.	C	피고의 의장공장 내 도어 탈착공장 및 방열관 장착공정, 스티어링칼럼 장착공정
	2002. 5. 1.-2002. 10.31.	B	
	2002. 11. 1.-2003. 5. 9.	D	
원고 5	2002. 8. 17.-2003. 6. 16.	A	피고의 델타엔진공장 엔진외부 조립공정

원고 6	2002. 7. 21.- 2003. 7. 3.	A	피고의 델타엔진공장 내 엔진테스트 공정
원고 7	2002. 6. 22.- 2003. 4. 30.	E	피고의 의장공장 내 생산차내외판검사 공정
	2003. 5. 1.- 2003. 6. 3.	F	

3. (구)노동부[2]는 2004년 민주노총 금속연맹 등으로부터 피고와 사내협력업체 사이의 도급계약이 불법파견에 해당한다는 진정을 접수하고는 이에 대하여 조사한 결과 불법파견에 해당한다고 결론짓고는 2004. 11. 및 2005. 2. 피고와 그 사내협력업체들을 고발하였으나 울산지방검찰청은 2006. 12.경 혐의없음을 이유로 불기소 처분하였고, 부산고등검찰청 및 대검찰청도 항고 및 재항고를 기각하였다.[3]

4. 이에 원고들은 위 (구)노동부의 판단을 근거로 ① 원고들과 피고 사이에 묵시적인 근로관계가 성립되었거나,[4] ② 피고와 위 사내협력업체들 사이의 업무도급계약 및 위 사내협력업체들과 원고들 사이의 근로계약은 실질에 있어서 불법파견에 해당한다고 주장하면서, 피고를 상대로 근로자 지위의 확인을 구하는 소를 제기하였다.

[소송의 경과]
제1심 판결은 ① 자동차 조립업무의 대부분 공정은 단순, 반복적이기 때문에 수급인의 전문적인 기술이나 근로자의 숙련도가 요구되지 않으므로 도급계약의 대상업무로 적합하지 않고, ② 피고는 협력업체들에게 협력업체 소속 근로자들의 노무비, 복리후생비 등에 법정비용, 일반관리비, 이윤 등을 고려하여 정한 도급단가에 총 근로시간을 곱하여 산정한 도급금액을 지급하였는데, 이는 도급의 대금지급방식과 다르며, ③ 협력업체의 고유 기술이나 자본 등이 업무에 투입된 바 없고, 협력업체 소속 근로자들 근무시간은 현대자동차 소속 근로

---

2) 2010. 7. 10. 정부조직법 개정에 의하여 '고용노동부'로 명칭이 변경되었는데, 이하에서는 '(구)노동부'와 '고용노동부'로 구분하기로 한다.
3) 자세한 내용은 강선희, "H자동차 아산공장 모든 공정의 사내하도급근로자는 도급으로 위장된 파견근로자이다", 노동리뷰 제121호(한국노동연구원, 2014. 4.) 참조.
4) 묵시적 근로관계의 법리는 이 평석의 주요 쟁점이 아니므로 이에 대하여는 필요한 범위 내에서 간략히 살펴보았다.

자들의 업무시간과 동일하며, ④ 피고 소속 관리자가 별도로 협력업체 소속 근로자들에 대한 근태상황, 인원현황 등을 파악한 점 등을 종합할 때, 피고와 협력업체들 사이에 체결된 업무도급계약은 실질적으로 근로자파견계약에 해당한다고 판단하고는, 원고들 중 계속근로기간이 2년을 초과한 원고 1, 2, 3, 4에 대하여는 피고 근로자의 지위에 있다고 판단하여 청구를 인용하였으나, 계속근로기간이 2년에 달하지 않은 원고 5, 6, 7의 청구를 기각하였다.[5]

이에 대하여 원고 5, 6, 7 및 피고는 항소하였으나, 원심 판결은 ① 계약의 내용 측면에서 사내협력업체가 도급을 받았다는 부분 중 일부는 피고 소속 정규직 근로자의 업무와 동일하여 명확히 구분되지 않고, 기성금도 일의 결과가 아닌 사내협력업체 소속 근로자들의 노무제공 정도에 따라 지급되며, 계약 목적에 대한 시간적 기한도 정해져 있지 않는 점 등을 고려할 때 근로자파견 편제에 더 가깝다고 판단되고, ② 업무수행의 과정 측면에서도 사내협력업체 소속 근로자는 피고 소속 정규직 근로자와 같은 조에 배치되어 근무를 하였을 뿐만 아니라 동일한 업무를 수행하였으며, 피고는 사내협력업체를 통하여 사내협력업체 근로자들에 대한 근태상황, 인원현황을 파악하는 등 사내협력업체 소속 근로자를 실질적으로 관리하여 왔고, 피고는 사내협력업체 소속 근로자들에 대한 일반적인 작업배치권과 변경 결정권을 가지고 있었던 등의 사정을 종합할 때 근로자파견 편제에 가까운 것으로 보이며, ③ 계약당사자의 적격성 측면에서도 수급인의 전문적 기술이나 근로자의 숙련도가 요구되지 않고, 사내협력업체의 고유기술이나 자본 등이 업무에 투입된 바도 없었으며, 사내협력업체에 고유하고 특유한 도급업무가 별도로 있는 것이 아니라 피고의 필요에 따라 도급업무가 구체적으로 결정되는 등의 사정을 종합할 때 근로자파견 편제에 가깝다고 판단한 후, 원고 5, 6, 7 및 피고의 항소를 기각하였다.[6]

이에 대하여 원고 5, 6, 7 및 피고가 상고하였다.

[판결의 요지 - 상고기각]

파견근로자보호 등에 관한 법률(이하 "파견법"이라 한다) 제2조 제1호에 의

---

5) 서울중앙지방법원 2007. 6. 1. 선고 2005가합114124 판결.
6) 서울고등법원 2010. 11. 12. 선고 2007나 56977 판결, 제1심 판결 및 원심 판결이 설시한 파견과 도급의 구체적 구별기준에 관하여는 후술한다.

하면, 근로자파견이란 파견사업주가 근로자를 고용한 후 그 고용관계를 유지하면서 근로자파견계약의 내용에 따라 사용사업주의 지휘·명령을 받아 사용사업주를 위한 근로에 종사하게 하는 것을 말한다.

원고용주가 어느 근로자로 하여금 제3자를 위한 업무를 수행하도록 하는 경우 그 법률관계가 위와 같이 파견법의 적용을 받는 근로자파견에 해당하는지는 당사자가 붙인 계약의 명칭이나 형식에 구애될 것이 아니라, 제3자가 당해 근로자에 대하여 직, 간접적으로 업무수행 자체에 관한 구속력 있는 지시를 하는 등 상당한 지휘·명령을 하는지, 당해 근로자가 제3자 소속 근로자와 하나의 작업집단으로 구성되어 직접 공동 작업을 하는 등 제3자의 사업에 실질적으로 편입되었다고 볼 수 있는지, 원고용주가 작업에 투입될 근로자의 선발이나 근로자의 수, 교육 및 훈련, 작업·휴게시간, 휴가, 근무태도 점검 등에 관한 결정권한을 독자적으로 행사하는지, 계약의 목적이 구체적으로 범위가 한정된 업무의 이행으로 확정되고 당해 근로자가 맡은 업무가 제3자 소속 근로자의 업무와 구별되며 그러한 업무에 전문성·기술성이 있는지, 원고용주가 계약의 목적을 달성하기 위하여 필요한 독립적 기업조직이나 설비를 갖추고 있는지 등의 요소를 바탕으로 근로관계의 실질에 따라 판단하여야 한다.[7]

[연 구]

Ⅰ. 서   설

현대 산업사회는 세계화의 영향으로 국가 간에 자본, 재화, 노동 등의 교류가 활발해지면서 세계가 하나의 큰 단일시장으로 형성되었다. 전 세계가 무한경쟁체제로 돌입한 경영환경과 시장경쟁에서 기업의 외부 노동력 활용은 세계적인 현상이 되었다. 우리나라 상당수의 기업도 정규직 고용에 대한 인건비 부담, 고용의 유연성 확보, 채용·관리 등 노사관계 비용 절감, 분업화 및 전문화

---

7) 대법원은 같은 날 선고된 남해화학 사건(대법원 2015. 2. 26. 선고 2010다93707 판결) 및 KTX 여승무원 사건(대법원 2015. 2. 26. 선고 2012다96922 판결)에서도 같은 내용의 설시를 하였다.

의 장점 등을 이유로 근로자파견, 사내하도급과 같은 간접고용을 통해 외부 노
동력을 활용하고 있는데, 현행법상 제조업의 경우 근로자파견을 할 수 없기 때
문에 사내하도급과 같은 도급의 형태로 간접고용이 이루어지고 있고, 최근에는
전 산업영역에서 사내하도급의 활용이 보편화되고 있다.[8]

 그런데 수급인회사 소속 근로자들은 도급인회사[9] 소속 근로자들과 비슷한
환경에서 비슷한 강도의 노동을 제공하면서도 그보다 열악한 법적 지위와 낮은
수준의 임금을 지급받고 있는 것이 현실이고,[10] 사내하도급은 외형상 파견과
유사하기 때문에 수급인회사 근로자들이 도급인회사를 상대로 위장도급(불법파
견)이라고 주장하며 근로자지위확인 소송을 제기하는 사례가 급증하였다.

 사내하도급이 파견으로 판단되는 경우 도급인회사는 수급인회사 소속 근
로자에 대한 고용의무,[11] 도급인회사 소속 근로자와 비교한 임금 차액 지급의
무 및 손해배상 의무,[12] 불법파견으로 인한 형사처벌[13] 등의 법적 리스크를 부
담하게 되어 파견과 도급의 구별은 노동법상 중요 이슈가 되었다. 그런데 파견
법 등 현행 법령상 파견과 도급의 구별기준에 관한 명문의 규정이 없고, 대법원
역시 파견과 도급의 구별기준을 명확히 제시하지 않고 하급심이 인정한 사실관
계에 기초하여 파견에 해당하는지 여부를 판단하여 실무상 상당한 논란이 있어
왔다.

 대법원은 대상판결에서 ① 도급인회사의 직, 간접적 지시 등 상당한 지휘·
명령 유무, ② 수급인회사 소속 근로자의 도급인회사 사업에의 실질적 편입 여
부, ③ 수급인회사의 근로자 선발, 교육훈련, 작업·휴게시간, 휴가, 근무태도 점

---

 8) 고용노동부가 2010년 발표한 "300인 이상 사내하도급 실태 및 현황조사 자료"에 의하면
  2010. 8.말 당시 300인 이상 사업장 1,939개소 중 사내하도급을 활용하는 사업장은 799개
  (41.1%)이고, 사내하도급을 활용하는 원청업체 근로자수 대비 사내하도급 근로자수의 비
  중은 32.2%로 그 수가 33만 명에 달하고 있다.
 9) 아래에서는 문맥에 따라 수급인회사를 사내협력업체, 수급사업주 또는 하청회사로, 도급
  인회사를 원사업주 또는 원청회사로 부르기로 한다.
 10) 고용노동부의 2010년 자동차, 조선, 전자, 철강 및 IT업종 272개 원하청업체 실태조사 결
  과에 의하면, 수급인회사 근로자의 임금수준은 도급인회사 근로자 임금의 69.4-79.7% 수
  준에 머물고 있고, 학자금, 주택자금, 연금보험의료비, 사내복지기금 등 복지수준에서도
  현격한 차이가 있는 것으로 확인되었다.
 11) 파견법 제6조의 2 제1항.
 12) 파견법 제21조 제1항, 제34조.
 13) 파견법 제43조.

검 등에 관한 독자적 결정권 유무, ④ 도급의 목적이 한정된 업무이행으로 확정되고, 수급인회사 근로자의 업무가 도급인회사 근로자의 업무와 구별되고 전문성·기술성이 있는 업무인지, ⑤ 수급인회사가 독립적 기업조직이나 설비를 갖추고 있는지 등의 요소를 바탕으로 근로관세의 실질에 따라 근로자파견인지를 판단하여야 한다고 판시하여 파견과 도급의 구별기준을 최초로 제시하였다.

　　아래에서는 파견과 도급의 개념 및 본질, 그 동안의 구별기준에 관해 살펴본 후 대상판결이 제시한 파견과 도급의 구별기준의 타당성 및 문제점에 대해 검토한다.

Ⅱ. 파견과 도급의 개념 및 본질

1. 파견의 개념 및 본질

　　파견이란 ① 근로자파견을 하려는 자(파견사업주)가 근로자(파견근로자)와 고용계약을, 파견근로자를 사용하려는 자(사용사업주)와 근로자파견계약을 각 체결하고, ② 파견근로자는 파견사업주와의 고용관계는 유지한 상태에서 사용사업주의 지휘·감독 하에 근로를 제공하며, ③ 사용사업주는 파견사업주에게 근로자파견에 대한 대가를 지급하고, ④ 파견사업주는 파견근로자에게 근로에 대한 대가(임금)를 지급하는 간접고용의 한 형태를 의미한다.

　　이에 대하여 파견법은 파견을 "파견사업주가 근로자를 고용한 후 그 고용관계를 유지하면서 근로자파견계약의 내용에 따라 사용사업주의 지휘·명령을 받아 사용사업주를 위한 근로에 종사하게 하는 것"으로 정의하고 있다(제2조 제1호).

　　통상적인 근로관계에서 근로자는 자신과 근로계약을 체결하여 고용관계를 맺고 있는 사업주의 지휘·감독 하에 노무를 제공하고 그에 대한 보수를 지급받기 때문에 고용계약의 당사자와 노무제공의 당사자가 일치하는 것이 통례이나,[14] 파견은 근로자와 고용관계를 유지하면서 근로자에게 보수를 지급하는 자

---

14) 대법원은 근로자성에 관하여 "근로기준법상 근로자에 해당하는지 아닌지는 계약의 형식이 고용계약인지 도급계약인지보다 그 실질에 있는 근로자가 사업 또는 사업장에 임금을 목적으로 종속적인 관계에서 사용자에게 근로를 제공하였는지에 따라 판단하여야 한다. 여기에서 종속적인 관계가 있는지는 업무 내용을 사용자가 정하고 취업규칙 또는 복무(인사)규정 등의 적용을 받으며 업무 수행 과정에서 사용자가 상당한 지휘·감독을 하

는 파견사업주가 되나, 근로자가 지휘·감독을 받으면서 노무를 제공하는 상대
방은 사용사업주가 되어 근로계약의 상대방과 노무제공의 상대방이 달라진다는
점에서 통상적인 근로관계와는 구별된다.

2. 도   급

도급이란 당사자 일방(수급인)이 어느 일을 완성할 것을 약정하고 상대방
(도급인)이 그 일의 결과에 대하여 보수를 지급할 것을 약정하는 민법상의 전형
계약(민법 제664조)을 의미한다.

한편, 사내하도급이란 (하)도급 중에서 도급인의 사업장 내에서 이루어지
는 공간적 특수성을 갖춘 (하)도급만을 지칭하는데, 고용노동부는 2011. 7.경
제정한 "사내하도급 근로자의 근로조건 보호 가이드라인"에서 "원사업주로부
터 업무를 도급받거나 업무의 처리를 수탁한 사업주가 자신의 의무를 이행하
기 위해 원사업주의 사업장에서 해당 업무를 수행하는 것"을 사내하도급으로
정의하였다.

도급 또는 사내하도급의 경우 수급인은 자신의 비용으로 근로자를 고용하
여 일을 완성할 수 있고, 이러한 경우 위 근로자는 수급인의 지휘·감독 하에 노
무를 제공하는 것이 일반적이다.

그런데 사내하도급의 경우 도급인의 사업장 내에서 이루어지기 때문에 파
견과 외형적으로 유사하게 보이므로 파견과 구별하기 쉽지 않을 뿐만 아니라
사용자 측에서는 파견법의 적용을 피하기 위하여 사내하도급을 이용하는 경우
가 많아서 비정규직 문제와 함께 사회적으로도 이슈가 되고 있다.

는지, 사용자가 근무시간과 근무 장소를 지정하고 근로자가 이에 구속을 당하는지, 노무
제공자가 스스로 비품·원자재나 작업도구 등을 소유하거나 제3자를 고용하여 업무를 대
행하게 하는 등 독립하여 자신의 계산으로 사업을 영위할 수 있는지, 노무 제공을 통한
이윤의 창출과 손실의 초래 등 위험을 스스로 안고 있는지와 보수의 성격이 근로 자체의
대상적 성격인지, 기본급이나 고정급이 정하여졌는지 및 근로소득세를 원천징수하는지
등의 보수에 관한 사항, 근로 제공 관계의 계속성과 사용자에 대한 전속성의 유무와 정
도, 사회보장제도에 관한 법령에서의 근로자 지위 인정 여부 등의 경제적·사회적 여러
조건을 종합하여 판단하여야 한다"고 판시하여(대법원 2013. 6. 27. 선고 2011다44276 판
결), 사용자에 대한 종속적 관계, 즉 사용자의 지휘·감독을 근로자성의 핵심 요소로 보
고 있다.

Ⅲ. 파견과 도급의 구별기준

1. 외국의 경우

가. 독   일

독일의 경우 1972년 처음 근로자파견법이 제정되었을 때 입법적으로 해결하기보다는 법원의 판단에 맡기자는 이유로 파견과 도급의 구별에 관한 기준을 설정하지 않았다.[15)

한편, 독일연방노동법원은 1991. 1. 30. "민법상의 고용계약 및 도급계약에 근거하여 제3자에게 인력을 투입하는 경우 기업주(사용자)는 경제적인 성공을 달성하기 위해 필요한 행위를 스스로 조직하거나 그의 근로자를 이행보조자로 사용한다. 이 기업주(사용자)는 제3자와의 계약에서 정한 노무제공의 이행이나 제3자에게 계약상 부담한 일의 완성에 대한 책임을 진다. 이에 대해 사용자가 제3자에게 적절한 인력을 넘겨주고, 제3자가 자기 사업체에서 사업상 필요에 따라 자신의 지시에 따라 투입을 하면 파견"이라고 판시하여 전형적인 파견과 도급의 구별기준을 언급하였다.[16)17)

이후 독일연방노동법원은 2003. 8. 6. "파견의 경우 사용사업주에게 인력이 제공된다. 사용사업주는 자신의 사업장에서 자신의 생각과 목표에 따라 자신의 근로자처럼 외부 노동력을 투입한다. 이 외부 노동력은 사용사업주의 사업장으로 완전히 편입되며, 사용사업주의 지시에 따라서만 작업을 수행한다. 사용사업주에 대한 파견사업주의 계약상의 의무는 파견사업주가 자신의 근로자를 선별하여 이들을 사용사업주에게 노무급부를 위하여 제공하면 종료한다. 도급이나 민법상의 고용계약에 의해 제3자를 위하여 근로자가 활동하는 것은 파견과 구별해야 한다. 이 경우들에서는 기업주는 다른 기업주를 위해서 활동하게 된다. 전자의 기업주는 경제적 성과 달성을 위해 필요한 행위를 자신의 사업장 조건에 따라 조직하고, 계약에서 정한 용역의 이행이나 제3기업에 대해 부담하는 일

---

15) 김영문, "파견과 도급의 구별에 관한 독일 판례의 발견과 시사점", 노동법학 제45호(한국노동법학회, 2013. 3.), 242면.

16) BAG 30. 1. 1991 - 7 AZR 497.89, NZA 1992, 10.

17) 이하에서 인용한 독일 판례 번역문은 김영문, 전게논문, 263-265면에서 재인용한 것이다.

의 완성에 대해 책임을 진다. 민법상의 고용이나 용역계약의 수행을 위하여 투입된 근로자는 자신의 사용자의 지시에 따라야 하며, 이 근로자들은 자신을 고용한 사용자가 제3기업에 대해 부담하는 채무의 이행보조자이다. 그러나 민법 제645조 제1항 제1문[18])에서 도출되는 바와 같이 도급인은 수급인 자신 또는 그의 이행보조자에게 일의 완성 수행을 위하여 지시권을 행사할 수 있다. 그러한 민법상의 고용계약이나 도급계약에 대해서는 근로자 파견법은 적용되지 않는다"고 판시하여,[19]) 도급과 파견의 구별기준을 구체화하면서 도급의 관계에서도 도급인이 수급인 및 수급인의 근로자에게 도급목적의 지시권을 행사할 수 있음을 인정하였고, 최근에도 제3자에 대한 외부 노동력 투입에 대하여 항상 근로자 파견법이 적용되는 것이 아니라 도급 또는 용역계약의 경우 근로자 파견법이 적용되지 않는다고 보아 위 판시내용을 다시 한번 확인하였다.[20])

나. 일   본[21])

일본의 경우에는 당초 직업안정법 제44조에서 '근로자공급'을 금지하면서 직업안정법 시행규칙 제4조에서 도급계약의 형식을 취하고 있더라도 사업자가 ① 작업의 완성과 관련하여 사업주로서 재정상 및 법률상 모든 책임을 지고, ② 작업에 종사하는 근로자를 자신이 지휘·감독하며, ③ 사용자로서 법률상의 모든 책임을 지고, ④ 자신이 제공하는 기계, 설비, 기자재 혹은 작업에 필요한 재료, 자재를 사용하거나 또는 전문적인 기술·경험을 필요로 하는 작업을 행하는 것이 아니라 단지 육체적인 노동력을 제공하는 것일 경우에는 '근로자공급'에 해당한다고 보았다.

이후 1985년 근로자파견사업의 적정한 운영의 확보 및 파견근로자의 취업조건 정비 등에 관한 법률(파견법)이 제정됨에 따라 근로자파견이 위법한 근로자공급에서 제외되었다.

---

18) 독일 민법 제645조 제1항 제1문은 "도급인이 제공한 재료의 하자 또는 도급인이 일의 수행에 관하여 행한 지시로 인하여 수급인의 책임 없는 사유로 일이 멸실, 훼손 또는 수행할 수 없게 된 경우에는 수급인은 제공한 노동에 상응하는 보수 및 보수에 포함되지 않은 비용의 상환을 청구할 수 있다"라고 규정하고 있다.
19) BAG 6. 8. 2003 - 7 AZR 180/03, AP Nr.6 zu § 9 AÜG.
20) BAG 18. 1. 2012. AZR 723/10, NZA-RR 2012, 455 Rn 26 f.
21) 자세한 내용은 권혁 외 4인, "합리적인 파견·도급 구별기준에 관한 연구", 고용노동부(2014. 11.), 95-151면 참조.

　　그리고 후생노동성은 1986년 위 직업안정법 시행규칙 제4조를 기초로 "근로자파견사업과 도급으로 하는 사업과의 구분에 관한 기준"(1986년 노동성 고시 제37호, 이른바 '37호 고시')을 정하여 근로자파견과 도급을 구별하였는데, 이에 의하면 적법한 도급으로 인정되기 위해서는 ① 자신이 고용하는 근로자의 노동력을 본인이 직접 이용할 것(업무수행, 근로시간, 질서유지에 대한 지시를 직접 할 것), ② 자금조달, 법률상의 책임, 설비, 재료 등의 준비를 직접 하고, 도급받은 업무를 계약상대방으로부터 독립하여 처리할 것이라는 요건을 충족하여야 하고, 이를 충족하지 않으면 '근로자파견'에 해당하는 것으로 정하였다. 그리고 이후 위 37호 고시 이외에도 도급과 파견을 보다 명확하게 구분하기 위하여 구체적인 사례들에 대한 질의·응답의 형태로 양자의 구분 기준을 설명한 "근로자파견사업과 도급으로 하는 사업과의 구분에 관한 기준(37호 고시)에 관한 Q&A"도 파견과 도급의 판단 기준으로 제시되고 있다.

2. 우리나라의 경우

　　1962년부터 시행된 직업안정법은 "누구든지 고용노동부장관의 허가를 받지 아니하고는 근로자공급사업을 하지 못한다"고 규정하여(제33조 제1항) 단순한 근로자공급사업을 원칙적으로 금지하고 있었으나, 도급방식의 사내하도급에 대하여는 전혀 규율하지 않았고, 사내하도급방식의 기업간 협력체제는 건설업이나 제조업에서 상당부분 유지되어 왔다.[22]

　　이후 1998년 외환위기 때 IMF(국제통화기금) 등의 국내 노동시장 유연성을 높이라는 권고로 직업안정법에서 금지되던 근로자파견을 허용하는 내용의 파견법이 제정되었다.[23]

　　다만 파견법은 제2조 제1호에서 '파견'을 "파견사업주가 근로자를 고용한 후 그 고용관계를 유지하면서 근로자파견계약의 내용에 따라 사용사업주의 지휘·명령을 받아 사용사업주를 위한 근로에 종사하게 하는 것"으로 정의하고 있을 뿐이고(제2조 제1호), 파견과 도급의 구별기준에 관하여는 전혀 규율하고 있지 않다. 오히려 파견법은 불법파견에 대하여 '고용간주'(구 파견법 제6조 제3항) 내지

---

22) 박지순, "파견과 도급의 구별에 관한 법리", 안암법학 제38호(안암법학회, 2012. 5.), 272면.

23) 이승길·김준근, "도급과 파견의 구별에 관한 판단기준", 성균관법학 제27권 제2호(성균관대학교 법학연구소, 2015), 319면.

'고용의무'(현행 파견법 제6조의 2)가 있다는 규정을 둠으로써 수급인의 근로자들은 위 규정을 근거로 자신들이 실질적으로 도급인의 근로자라는 주장을 하기 시작하였고, 이로 인하여 파견과 도급의 구별이 중요한 이슈로 부각되었다.

가. (구)노동부 고시 및 지침

(구)노동부가 2007. 4. 19.에 제정한 "근로자파견의 판단기준에 관한 지침"에서는 우선 ① (i) 채용·해고 등의 결정권, (ii) 소요자금 조달 및 지급에 대한 책임, (iii) 법령상 사업주로서의 책임, (iv) 기계, 설비, 기자재의 자기 책임과 부담, (v) 전문적 기술·경험과 관련된 기획 책임과 권한 등을 종합적으로 판단하여 수급인이 사업주로서 실체를 인정할 수 있는지 여부를 판단하고, ② 수급인으로서 실체가 인정되는 경우에는 (i) 작업배치·변경 결정권, (ii) 업무 지시·감독권, (iii) 휴가, 병가 등의 근태 관리권 및 징계권, (iv) 업무수행에 대한 평가권, (v) 연장·휴일·야간근로 등의 근로시간 결정권 등을 종합적으로 판단하여 사용사업주가 근로자에게 지휘·명령을 행사하는지 여부를 판단하는 2단계 판단방식을 제시하고 있다.[24]

나. 판례의 태도

판례도 기본적으로 위 지침과 마찬가지로 우선 수급인이 사업주로서 실체

---

24) 종래 (구)노동부가 1998. 7. 1. 도급 등을 가장한 불법적인 근로자파견을 단속하기 위하여 제정한 "근로자파견사업과 도급 등에 의한 사업의 구별기준에 관한 고시"(고용노동부 고시 제98-32호)에서는 수급인이 ① (i) 업무수행방법, 업무수행결과 평가 등 업무수행에 관한 사항, (ii) 휴게시간, 휴일, 시간외 근로 등 근로시간에 관한 사항, (iii) 인사이동과 징계 등 기업질서의 유지와 관련한 사항 등에 관하여 근로자를 직접 지시·관리하는 등 노동력을 직접 이용하는 경우, ② (i) 소요자금을 자기 책임 하에 조달·지급하는 경우, (ii) 민법, 상법 기타 법률에 규정된 사업주로서의 모든 책임을 부담하는 경우, (iii) 자기책임과 부담으로 제공하는 기계, 설비, 기재와 자재를 사용하거나, 스스로 기획 또는 전문적 기술 또는 경험에 따라 업무를 제공하는 경우로서 도급인 또는 위임인으로부터 독립하여 업무를 처리하는 경우에는 도급으로 보지만, 위 각 경우에 해당하지 않는 경우에는 근로자파견으로 보았다. 그러나 위 지침에 대하여는 도급의 요건을 규정하고, 그 중 어느 하나라도 충족하지 못하게 되면 근로자 파견으로 봄으로써 지나치게 엄격하다는 비판이 제기되었고, 검찰은 위 고시와는 달리 여러 징표들을 종합적으로 고려하여 파견과 도급을 구별하는 방식을 취함에 따라 (구)노동부와 검찰의 해석이 달라지게 되는 문제가 발생하였다. 이에 (구)노동부, 법무부 및 검찰은 파견과 도급의 구별에 있어 함께 적용할 공동 지침의 제정에 착수하여 위 지침을 제정하기에 이르렀다.

가 인정되는지 여부를 판단한 다음, 수급인이 사업주로서 실체가 인정되지 않는 경우에는 도급인과 근로자 사이에 묵시적 근로관계를 인정하고 있고, 수급인이 사업주로서 실체가 인정되는 경우에는 도급인이 근로자에게 지휘·명령을 행사하는지 여부를 기준으로 도급인지 아니면 파견인지를 판단하여 왔다.

(1) 수급인으로서의 실체 인정 여부

대법원은 "원고용주에게 고용되어 제3자의 사업장에서 제3자의 업무에 종사하는 자를 제3자의 근로자라고 할 수 있으려면, 원고용주는 사업주로서의 독자성이 없거나 독립성을 결하여 제3자의 노무대행기관과 동일시 할 수 있는 등 그 존재가 형식적, 명목적인 것에 지나지 아니하고, 사실상 당해 피고용인은 제3자와 종속적인 관계에 있으며, 실질적으로 임금을 지급하는 자도 제3자이고, 또 근로제공의 상대방도 제3자이어서 당해 피고용인과 제3자 간에 묵시적 근로계약관계가 성립되어 있다고 평가될 수 있어야 한다"고 판시하여(대법원 2008. 7. 10. 선고 2005다75088 판결 등), 수급인의 존재가 형식적·명목적인 것에 지나지 아니하여 그 실체를 인정할 수 없는 경우에는 도급인과 수급인의 근로자 사이에 묵시적인 근로관계의 성립을 인정하고 있다.[25]

또한 대상판결에서 대법원은 "피고의 사내협력업체가 위 원고들과 같은 그 소속 근로자에 대하여 사용자로서의 권리·의무를 행사하지 않았다고 보이지는 않을 뿐만 아니라 사내협력업체가 소속 근로자에 대한 인사권·징계권을 행사함에 있어 피고가 직접 관여하였다는 점을 인정할 만한 구체적인 자료가 없어 사내협력업체가 사업주로서의 독자성이 없거나 독립성을 상실하였다고 볼 수 있을 정도로 그 존재가 형식적·명목적인 것이라고 할 수는 없다는 원심법원의 판단이 타당하다"고 판시하여 기존 판례의 법리를 확인한 후 당해 사안에서 사내협력업체의 수급인으로서의 실체를 인정하였다.

(2) 사용사업주의 지휘·명령 행사 여부

수급인으로서 실체가 인정되는 경우에는 도급인과 수급인의 근로자 사이의 묵시적 근로관계의 성립은 부정되고, 다만 도급인, 수급인 및 수급인의 근로자 사이의 법률관계가 파견에 해당하는지 아니면 도급에 해당하는지가 문제된다.

---

25) 대법원이 수급인의 실체를 인정하지 않아서 도급인과 근로자 사이에 묵시적 근로관계를 인정한 대표적 사례는 'SK'(대법원 2003. 9. 23. 선고 2003두3420 판결) 및 '현대미포조선' 판결(대법원 2008. 7. 10. 선고 2005다75088 판결)이 있다.

이에 관한 최초의 대법원 판결은 현대자동차 울산공장 근로자들이 제기한 소송에서의 대법원 판결(대법원 2010. 7. 22. 선고 2008두4367 판결)이고, 그 이후에 하급심에서 파견과 도급의 구별기준이 제시되었는데, 대법원은 대상판결에서 최초로 파견과 도급의 구별기준이 구체적으로 제시하였다.

가) 현대자동차 울산공장 대법원 판결(대법원 2010. 7. 22. 선고 2008두4367 판결)

위 사건에서 대법원은 아래와 같은 사정에 비추어볼 때, 현대자동차의 사내협력업체에 고용된 근로자들은 현대자동차로부터 직접 노무지휘를 받는 근로자파견관계에 있었다고 판단하였다.

① 현대자동차의 자동차 조립·생산 작업은 대부분 컨베이어벨트를 이용한 자동흐름 방식으로 진행되었는데, 현대자동차와 도급계약을 체결한 사내협력업체 소속 근로자들인 원고들은 컨베이어벨트를 이용한 의장공정에 종사하는 자들이다.

② 원고들은 컨베이어벨트 좌우에 현대자동차의 정규직 근로자들과 혼재하여 배치되어 현대자동차 소유의 생산 관련 시설 및 부품, 소모품 등을 사용하여 현대자동차가 미리 작성하여 교부한 것으로 근로자들에게 부품의 식별방법과 작업방식 등을 지시하는 각종 작업지시서 등에 의하여 단순, 반복적인 업무를 수행하였고, 사내협력업체의 고유 기술이나 자본 등이 업무에 투입된 바는 없었다.

③ 현대자동차는 사내협력업체의 근로자들에 대한 일반적인 작업배치권과 변경 결정권을 가지고 있었고, 그 직영근로자와 마찬가지로 원고들이 수행할 작업량과 작업 방법, 작업 순서 등을 결정하였다. 현대자동차는 원고들을 직접 지휘하거나 또는 사내협력업체 소속 현장관리인 등을 통하여 원고들에게 구체적인 작업지시를 하였는데, 이는 원고들의 잘못된 업무수행이 발견되어 그 수정을 요하는 경우에도 동일한 방식의 작업지시가 이루어졌다. 원고들이 수행하는 업무의 특성 등을 고려하면, 사내협력업체의 현장관리인 등이 원고들에게 구체적인 지휘·명령권을 행사하였다 하더라도, 이는 도급인이 결정한 사항을 전달한 것에 불과하거나, 그러한 지휘·명령이 도급인 등에 의해 통제되어 있는 것에 불과하였다.

④ 현대자동차는 원고들 및 그 직영근로자들에 대하여 시업과 종업 시간의 결정, 휴게시간의 부여, 연장 및 야간근로 결정, 교대제 운영 여부, 작업속도 등을 결정하였다. 또 현대자동차는 정규직 근로자에게 산재, 휴직 등의 사유로 결원이 발생하는 경우 사내협력업체 근로자로 하여금 그 결원을 대체하게 하였다.

⑤ 현대자동차는 사내협력업체를 통하여 원고들을 포함한 사내협력업체 근로자들에 대한 근태상황, 인원현황 등을 파악, 관리하였다.

그러나 위 대법원 판결은 파견과 도급의 구체적 구별기준을 밝히지 않은 채, 단순히 원심이 인정한 위 사정들을 열거한 뒤 이를 근로자파견관계가 성립한 근거로 삼은 원심이 정당하다고 판단하였다는 점에서 많은 비판을 받았다.[26][27]

나) 그 이후의 하급심 판결

대상판결의 1심법원인 서울중앙지방법원은 "피고와 사내협력업체 사이에 체결된 업무도급계약이 진정한 도급계약에 해당하는지 아니면 파견근로관계에 해당하는지 여부는 그 계약의 외관이나 형식이 아니라, ① 도급계약의 대상이 된 업무의 내용, 범위, 특성 및 도급금액 지급의 기준, ② 수급인이 독자적인 자본, 기획, 기술을 가지고 도급받은 업무를 수행하며, 작업현장에서 근로자에 대한 구체적 지휘명령과 이에 수반하는 노무관리를 직접 행하는지 여부, ③ 수급인이 도급인에 대하여 노동의 결과에 대한 책임을 실제로 부담해 왔는지 여부, ④ 수급인의 업무수행과정이 도급인의 업무수행과정에 연동되고 종속되는지 여부 등 전체적인 근로제공관계를 종합적으로 판단하여 결정하여야 한다"고 하여, 대상업무의 내용과 특성, 대가 지급의 기준, 수급인의 실체, 구체적 지휘명령 및 노무관리의 주체, 수급인의 책임, 수급인 업무의 종속성 등을 종합적으로 판단하여야 한다고 보았다(서울중앙지방법원 2007. 6. 1. 선고 2005가합114124 판결).

한편, 서울고등법원은 남해화학 사건에서 아래와 같은 3가지의 제반 사정을 종합하여 판단하여야 한다고 하였고(서울고등법원 2010. 10. 1. 선고 2009나

---

26) 위 사건의 재상고심에서도 대법원은 "근로자파견관계에 해당하는지 여부는 당사자가 설정한 계약형식이나 명목에 구애받지 않고 계약목적 또는 대상의 특정성, 전문성, 기술성, 계약당사자의 기업으로서 실체 존부와 사업경영상 독립성, 계약 이행에서 사용사업주의 지휘·명령권 보유 등을 종합적으로 고려하여 그 근로관계의 실질을 따져서 판단하여야 한다고 전제한 다음, 원고와 사내협력업체 사이에 체결된 근로계약의 내용, 사내협력업체와 현대자동차 사이에 체결된 도급계약의 내용, 현대자동차에 의한 현대자동차의 사내협력업체 관리 실태, 현대자동차에 의한 각종 업무표준의 제정 및 실시사실, 현대자동차와 사내협력업체 사이에 체결된 위 도급계약에 따라 사내협력업체 소속의 근로자들이 현대자동차에게 노무를 제공하는 내용과 방식, 그에 관한 현대자동차의 지배 내지 통제의 내용과 범위 등에 비추어 근로자파견관계에 있었다고 판단한 원심 판단이 정당하다"고 판시하여, 도급과 파견의 구별 기준에 관하여 종합적인 판단을 하여야 한다는 것 이외에 어떠한 설시를 하지 않았다(대법원 2012. 2. 23. 선고 2011두7076 판결).

27) 위 판결은 개별사안에 적용할 수 있는 지표들을 형성하지 못한 채 그 자체로는 규범적 의미를 전혀 갖지 못하는 단순한 경험적 요소들을 토대로 파견관계를 인정하고 있을 뿐이라는 비판에 관하여는 박지순, 전게논문, 307면 참조.

117975 판결), 이후 선고된 대상판결의 원심법원도 같은 취지로 판단하였다.

---

① **계약의 내용**: 구체적인 일의 완성에 대한 합의 존재 여부(계약의 목적이 명확한지 여부, 계약 목적에 대한 시간적 기한이 명확히 정해져 있는지 여부), 일의 완성 후 인도와 수령의 필요 여부, 일의 완성 이전까지 대가 청구를 할 수 있는지 여부(파견의 경우는 객관적인 일의 진척정도의 관계없이 업무시간의 양에 따라 대가 지급청구 가능), 일의 불완전한 이행이나 결과물의 하자가 있을 경우에 이에 따른 담보책임을 부담하는지 여부(파견사업주는 인력조직이나 선발에 과실이 있는 경우에만 책임 부담)

② **업무수행의 과정**: 수급인이 작업현장에서 근로자에 대한 구체적인 지휘·감독과 이에 수반하는 노무관리(출근 여부에 관한 감독, 휴가와 휴게에 관한 관리·감독, 근로자에 대한 교육 및 훈련에 대한 부담)를 직접 행하는지 여부, 수급인의 업무수행과정이 도급인의 업무수행과정에 연동되고 종속되는지 여부, 즉 업무영역에 따른 조직적 구별이 있는지, 아니면 직영근로자와 부분적인 업무의 공동수행을 하는지, 계약대상이 되는 일 이외의 사항에 노무제공을 하는지 여부

③ **계약당사자의 적격성**: 도급계약의 목적이 된 일을 할 수 있는 능력(전문적 기술능력, 고도의 전문인력 보유, 작업복이나 기타 보호복 제공, 노무작업 재료의 공급, 독립된 사업시설 보유)을 보유하는지 여부, 전문화된 영역으로 특화가 가능한지 여부

이후 서울중앙지방법원은 현대자동차의 울산공장 및 아산공장 근로자들이 제기한 또 다른 소송에서 위 서울고등법원에서 설시한 기준인 ① 계약의 내용, ② 업무수행의 과정, ③ 계약당사자의 적격성 등을 그대로 원용하였고(서울중앙지방법원 2014. 9. 18. 선고 2010가합112481 판결[28]), 창원지방법원도 GM대우 불법파견 형사사건에서 위 기준을 그대로 원용하였다(창원지방법원 2010. 12. 23. 선고 2009노579 판결).

다) 대상판결

대상판결에서 대법원은 "원고용주가 어느 근로자로 하여금 제3자를 위한 업무를 수행하도록 하는 경우 그 법률관계가 위와 같이 파견법의 적용을 받는

---

28) 위 판결에서 서울중앙지방법원은 현대자동차와 직접 업무도급계약을 체결한 협력업체 소속 근로자뿐만 아니라 현대자동차의 협력업체인 현대글로비스와 업무도급계약을 체결한 협력업체 소속 근로자들에 대하여도 현대자동차와 위 협력업체 사이에 묵시적인 근로자파견계약 관계가 성립하였다고 인정하였다.

근로자파견에 해당하는지는 당사자가 붙인 계약의 명칭이나 형식에 구애될 것이 아니라, ① 제3자가 당해 근로자에 대하여 직, 간접적으로 업무수행 자체에 관한 구속력 있는 지시를 하는 등 상당한 지휘·명령을 하는지, ② 당해 근로자가 제3자 소속 근로자와 하나의 작업집단으로 구성되어 직접 공동 작업을 하는 등 제3자의 사업에 실질적으로 편입되었다고 볼 수 있는지, ③ 원고용주가 작업에 투입될 근로자의 선발이나 근로자의 수, 교육 및 훈련, 작업·휴게시간, 휴가, 근무태도 점검 등에 관한 결정 권한을 독자적으로 행사하는지, ④ 계약의 목적이 구체적으로 범위가 한정된 업무의 이행으로 확정되고 당해 근로자가 맡은 업무가 제3자 소속 근로자의 업무와 구별되며 그러한 업무에 전문성·기술성이 있는지, ⑤ 원고용주가 계약의 목적을 달성하기 위하여 필요한 독립적 기업조직이나 설비를 갖추고 있는지 등의 요소를 바탕으로 근로관계의 실질에 따라 판단하여야 한다"고 판시하여 도급과 파견의 구별기준을 최초로 제시하였다.

그리고 대법원은 원심이 ① 피고가 사내협력업체 소속 근로자에 대한 일반적인 작업배치권과 변경결정권을 가지고 사내협력업체 소속 근로자가 수행할 작업량과 작업방법, 작업순서, 작업속도, 작업장소, 작업시간 등을 결정한 점, ② 피고는 사내협력업체 소속 근로자를 직접 지휘하거나 사내협력업체 소속 현장관리인 등을 통하여 구체적인 작업 지시를 하였는데, 사내협력업체의 현장관리인 등이 소속 근로자에게 구체적인 지휘·명령권을 행사하였다 하더라도 이는 피고가 결정한 사항을 전달한 것에 불과하거나 그러한 지휘·명령이 피고에 의하여 통제된 것에 불과한 점, ③ 사내협력업체 소속 근로자가 피고 소속 근로자와 같은 조에 배치되어 동일한 업무를 수행한 점, ④ 피고는 소속 근로자의 결원이 발생하는 경우 사내협력업체 근로자로 하여금 그 결원을 대체하기도 한 점, ⑤ 피고가 사내협력업체 소속 근로자에 대한 휴게시간 부여, 연장 및 야간근로, 교대제 운영 등을 결정하고 사내협력업체를 통하여 사내협력업체 소속 근로자의 근태상황 등을 파악하는 등 사내협력업체 근로자를 실질적으로 관리하여 온 점, ⑥ 사내협력업체가 도급받은 업무 중 일부는 피고 소속 근로자의 업무와 동일하여 명확히 구분되지 아니하는 점, ⑦ 사내협력업체의 고유하고 특유한 업무가 별도로 있는 것이 아니라 피고의 필요에 따라 사내협력업체의 업무가 구체적으로 결정된 점, ⑧ 사내협력업체 소속 근로자의 담당 업무는 피고가 미리 작성하여 교부한 각종 조립작업지시표 등에 의하여 동일한 작업을 단순 반복하는 것으로서 사내협력업체의 전문적인 기술이나 근로자의 숙련도가 요구되지 않고 사내협력업체의 고유 기술이나 자본이 투입된 바 없는 점 등의 여러 사정을 종합하여 원고들은 사내협력업체에 고용된 후 피고에 파견된 파견근로자라고 판단한 것은 정당하다고 보았다.

또한 대법원은 같은 날 선고한 남해화학 사건에서도 위와 같은 도급과 파견의 구별기준을 설시한 다음, 남해화학이 수급인 소속 근로자의 작업장소와 작업시간을 결정하고 작업내용에 대하여 실질적인 지휘·감독을 한 점 등에 비추어볼 때 수급인 근로자들은 남해화학으로부터 직접 지휘·감독을 받는 근로자파견관계에 있었다고 판단하였다(대법원 2015. 2. 26. 선고 2010다93707 판결). 다만 대법원은 마찬가지로 같은 날 선고한 KTX 여승무원 사건에서는 위와 같은 도급과 파견의 구별기준을 설시한 다음, KTX 여승무원의 업무와 열차팀장의 업무가 구분되어 있었고, KTX 여승무원에 대한 한국철도공사 측의 구속력 있는 지휘·명령이 없었으며, KTX 여승무원의 구체적인 업무수행 방식 등에 관한 결정 권한을 수급인인 철도유통 등이 행사하였다는 취지에서 근로자파견관계에 해당하지 않는다고 판단하였다(대법원 2015. 2. 26. 선고 2012다96922 판결).

다. 검   토

파견과 도급의 구별은 파견과 도급의 개념 및 본질에서 찾아야 한다.

앞서 살펴본 바와 같이 '파견'이란 파견사업주가 근로자를 고용한 후 그 고용관계를 유지하면서 근로자파견계약의 내용에 따라 사용사업주의 지휘·명령을 받아 사용사업주를 위한 근로에 종사하게 하는 것(파견법 제2조 제1호)이기 때문에, 파견근로자는 파견사업주와 고용계약을 체결하고는 파견사업주로부터 임금을 지급받게 되지만 사용사업주의 지휘·명령을 받아 노무를 제공하게 된다. 따라서 사용사업주는 파견근로자의 근무시간, 휴게시간을 정하는 등 파견근로자를 자신의 근로자와 같이 자유로이 작업현장에 배치하여 구체적인 업무지시 등을 하게 되고, 파견근로자는 이러한 사용사업주의 지시에 복종하여야 한다.[29]

반면, '도급'이란 당사자 일방(수급인)이 어느 일을 완성할 것을 약정하고 상대방(도급인)이 그 일의 결과에 대하여 보수를 지급할 것을 약정함으로써 성립하는 계약으로, 도급계약의 대상인 '일'의 범위에는 아무런 제한이 없다. 따라서

---

29) 이승길·김준근, 전게논문, 322면.

특정한 물건 자체를 완성하는 것뿐만 아니라 도급인이 영위하는 사업의 일부분도 도급계약의 목적이 될 수 있다.[30] 그리고 도급인과 수급인의 관계는 종속적인 것이 아니라 대등한 관계가 되고, 수급인이 일의 완성을 위하여 고용하는 근로자는 수급인의 지휘·감독을 받을 뿐이다.

따라서 특정 근로자가 파견근로자에 해당하는지, 아니면 수급인의 근로자인지 여부는 해당 근로자가 누구의 지휘·감독 하에 노무를 제공하는지 측면에서 구별하여야 한다. 즉, 도급계약관계에 있는 수급인의 근로자가 실질적으로 도급인에 대한 파견근로자라고 평가하기 위해서는, 해당 근로자에 대한 지휘·명령권을 수급인이 아니라 도급인이 배타적으로 행사한다는 것을 명확하게 인정할 수 있어야 한다.[31]

한편, 민법은 수급인이 완성한 목적물의 하자가 도급인의 지시나 도급인이 제공한 재료에 기인한 것일 경우에는 수급인의 책임이 면제된다(민법 제669조)고 규정하여, 도급관계에서 도급인의 지시가 있을 수 있음을 예정하고 있으므로, 도급계약에 있어서도 도급인은 계약 목적을 달성하는 범위 내에서 수급인 또는 수급인에게 고용되어 도급계약의 목적인 '일'을 하는 근로자에게 적정한 지시권을 행사할 수 있다.[32]

이러한 '도급목적 지시'는 사용자가 자신의 근로자를 업무에 활용하기 위하여 하는 업무상 지휘·감독과는 구별되는 것인데, 앞서 살펴본 독일 연방노동법원도 '도급목적의 지시권'을 인정하고 이러한 지시를 하였다고 하여 근로자와 도급인 사이에 업무상 지휘·감독 관계가 있다고 볼 수 없다는 입장을 취하고 있다.

따라서 도급인이 수급인의 근로자에게 업무상의 지시를 하였다고 쉽게 해당 근로자가 파견근로자라고 단정하여서는 안되고, 해당 업무상의 지시가 '도급

---

30) 권혁, "도급의 대상으로서 업무와 위장도급논쟁", 노동법포럼 제11호(노동법이론실무학회, 2013. 10.), 102면; 김봉수, "노무도급과 위장도급", 안암법학 제39호(안암법학회, 2012. 9.), 371-372면.

31) 이와 같은 견해로는 박지순, 전게논문, 287-288면; 이승길·김준근, 전게논문, 323면.

32) 이러한 '도급목적 지시'에는 ① 수급인이 수행하는 도급업무의 범위와 내용을 지시하고, 이를 검수·확인하는 것, ② 도급목적물이 불완전하거나 하자가 있어 이를 시정하기 위한 것, ③ 사업장내 질서와 안전을 위하여 사업장내 모든 근무자들이 준수해야 하는 질서 유지와 안전 감독, 보안과 안전을 위한 출입관리 등과 관련한 지시 등이 포함된다(이승길·김준근, 전게논문, 324면).

목적 지시'에 해당하는지 여부를 면밀하게 검토한 다음, '도급목적 지시'에 해당
하지 않는 경우에만, 즉, 노무급부와 관련한 지시에만[33] 파견근로자라고 판단하
여야 한다.

IV. 대상판결 분석 및 검토

1. 대상판결이 제시한 파견과 도급의 구별기준

대상 판결에서 제시한 파견과 도급의 구별기준을 분설하면 아래와 같다.

① 근로자파견에 해당하는지는 당사자가 붙인 계약의 명칭이나 형식에 구
애될 것이 아니라 실질적으로 판단하여야 한다(실질판단 원칙).

② 위와 같은 판단을 함에 있어서는 아래 요소를 종합적으로 고려하여야
한다(종합판단 원칙).

(i) 제3자가 당해 근로자에 대하여 직, 간접적으로 그 업무수행 자체에 관한 구속력
있는 지시를 하는 등 상당한 지휘·명령을 하는지 여부

(ii) 당해 근로자가 제3자 소속 근로자와 하나의 작업집단으로 구성되어 직접 공동
작업을 하는 등 제3자의 사업에 실질적으로 편입되었다고 볼 수 있는지 여부

(iii) 원고용주가 작업에 투입될 근로자의 선발이나 근로자의 수, 교육 및 훈련, 작업·
휴게시간, 휴가, 근무태도 점검 등에 관한 결정 권한을 독자적으로 행사하는지
여부

(iv) 계약의 목적이 구체적으로 범위가 한정된 업무의 이행으로 확정되고 당해 근로
자가 맡은 업무가 제3자 소속 근로자의 업무와 구별되며 그러한 업무에 전문성·
기술성이 있는지 여부

(v) 원고용주가 계약의 목적을 달성하기 위하여 필요한 독립적 기업조직이나 설비를
갖추고 있는지 여부

---

33) '노무급부와 관련한 지시권'은 사용종속관계의 근로관계에서 인정되는 개별근로자에 대
한 사용자의 지시권을 말한다. 근로자를 구체적으로 어디에서 언제부터, 어떻게 노무급
부를 해야 하는지를 결정하는 지시권이다. 즉, 근로관계에서는 노무제공 자체가 목적이
기 때문에 근로자를 어떻게 활용할지 여부는 사용자의 구체적인 지시에 따라 결정된다.
이러한 '노무급부와 관련한 지시권'은 지휘·명령 관계를 핵심으로 하는 파견근로관계의
본질적 내용으로 도급계약상 '도급목적 지시권'과 구별된다(박지순, 전게논문, 285면 이
하; 김영문, 전게논문, 241면 이하).

2. 위 구별기준에 대한 검토

가. 실질판단 원칙에 관한 검토

'실질판단의 원칙'은 대법원이 대상판결 이전에 현대자동차 울산공장 재상 고심에서 이미 설시한 적이 있을 뿐만 아니라(대법원 2012. 2. 23. 선고 2011두7076 판결), 대법원이 이미 근로기준법상 근로자성이 문제된 다수의 사건에서 "근로 기준법상의 근로자에 해당하는지 여부는 계약의 형식이 고용계약인지 도급계약 인지보다 그 실질에 있어 근로자가 사업 또는 사업장에 임금을 목적으로 종속 적인 관계에서 사용자에게 근로를 제공하였는지 여부에 따라 판단하여야 한다" 고 설시하여(대법원 2006. 12. 7. 선고 2004다29736 판결, 대법원 2005. 11. 10. 선고 2005다50034 판결 등) 특별히 새로운 법리라고 보이지는 않는다.

또한 앞서 살펴본 독일 연방노동법원도 도급 또는 파견인지에 대한 법적 판단은 계약당사자가 원한 법적 효과 또는 계약명칭이 기준이 되는 것이 아니 라 실제 법률행위의 내용이 중요한 의미를 갖는다고 보아 '실질판단의 원칙'을 확고한 기본원칙으로 삼고 있다.[34]

따라서 대법원이 이러한 '실질판단의 원칙'을 기본원칙으로 삼은 것은 일응 타당해 보인다. 다만 이러한 '실질판단의 원칙'은 계약당사자가 선택한 계약형 식과 다른 계약형식을 강제적으로 부여하는 이른바 '법형식(계약형식)의 강제'가 발생하게 되는데,[35] 이러한 법형식(계약형식)의 강제는 통상적인 사법상 사적자 치의 원칙과 충돌할 수 있으므로 매우 예외적으로 다루어져야 하고, 파견법상 의 법형식(계약형식) 강제는 수급인과 근로계약을 체결한 근로자, 도급계약을 체 결한 도급인과 수급인의 의사에 반하여 도급계약을 근로자파견계약으로 해석하 는 것이어서 그 판단에 신중을 기할 필요가 있다. 따라서 수급인에게 직접 노무 를 제공하기 위하여 고용계약을 체결한 근로자를 파견근로자로 인정하기 위해 서는 수급인과 도급인 사이의 도급계약을 근로자파견계약으로 보지 않을 수 없 는 중대한 예외적인 사정이 있어야만 할 것이다.[36]

---

34) 은수미외 2인, 간접고용 국제비교, (한국노동연구원, 2012), 10면.
35) 계약당사자 사이에서는 A라는 계약을 체결하였으나 실질적으로 B라는 계약으로 판단될 경우 계약당사자 사이에 B라는 계약을 체결한 것으로 강제된다.
36) 박지순, 전게논문, 276-278면.

나. 종합판단 원칙 등에 관한 검토

(1) 도급인회사의 상당한 지휘·명령 유무

앞서 살펴본 바와 같이 도급과 파견을 구분하는 가장 중요한 기준은 누가 근로자에 대한 업무상 지휘·감독을 행사하는지 여부가 되어야 할 것이다. 따라서 대상판결이 지휘·명령권을 구별기준으로 삼은 것은 타당해 보인다.

다만 앞서 살펴본 바와 같이 도급관계에서도 도급인은 수급인 또는 수급인의 근로자에게 '도급목적 지시'를 할 수 있고, 이 경우에는 설령 수급인의 근로자가 도급인으로부터 직접 지시를 받았다고 하여 섣불리 해당 근로자를 파견근로자라고 단정하여서는 안된다.

따라서 대상판결에서 도급인이 도급목적의 지시권을 행사한 경우에는 파견이 아니라는 점을 명확히 밝히지 않은 것은 아쉬움이 남는다.

오히려 대상판결은 사내협력업체의 현장관리인 등이 소속 근로자에게 구체적인 지휘·명령권을 행사하였더라도 이는 피고에 의하여 통제된 것에 불과하고, 피고(도급인)가 사내협력업체 소속 근로자에 대한 일반적인 작업배치권과 변경결정권을 가지고 있다고 판단하였다. 그러나 피고는 도급인으로서 수급인의 현장관리인을 통해 도급목적의 지시권을 행사할 수 있고, 이러한 지시권에는 사업장 내의 질서 유지, 통일된 제품 생산을 위한 지시 등이 포함될 수 있다. 또한 컨베이어벨트 작업공정의 특성상 별다른 지시가 없더라도 작업 흐름에 맞추어 작업이 진행되는 점에 비추어볼 때 피고의 사내협력업체 현장관리인을 통한 지휘·명령은 '도급목적의 지시권'에 해당한다고 판단될 소지가 있다는 점에서 대법원이 위 구별기준을 설시함에 있어 '도급목적의 지시권'을 전혀 고려하지 않은 것이 아닌지 의구심이 든다.[37]

또한 대상판결은 '상당한 지휘·명령'이라는 표현을 사용하였는데, '상당한' 이라는 표현 자체가 불명확성을 가지고 있을 뿐만 아니라, 이는 자칫 도급인이 '도급목적의 지시권'을 행사한 경우라도 '상당한 지휘·명령'으로 해석될 여지가 있기 때문에 대상판결이 언급한 '상당한 지휘·명령'이라는 표현은 적절하지 않다고 본다.

(2) 수급인회사 근로자의 도급인회사 사업에의 실질적 편입 여부

도급인이 자신의 사업목적에 관련된 업무를 수급인에게 도급을 주는 경우

---

37) 이승길·김준근, 전게논문, 329-330면.

에는 상당한 범위 내에서 수급인 소속 근로자와 도급인 소속 근로자의 협력적 작업, 나아가 같은 장소에서 함께 일하는 공동작업을 수반하게 된다.[38]

그런데 대상판결이 제시한 위 기준에 의하면 수급인 소속 근로자가 도급인 소속 근로자와 하나의 작업집단으로 구성되어 직접 공동 작업을 하는 경우에는 파견으로 판단될 가능성이 높아지게 되고, 결국 파견으로 해석되지 않는 적법한 사내하도급을 하기 위해서는 도급인 소속 근로자와 수급인 소속 근로자를 엄격하게 분리하여 별도의 공간에서 별개의 작업을 하여야만 하는 상황이 되었다. 특히 컨베이어벨트 작업공정의 경우 도급인 소속 근로자와 수급인 소속 근로자가 같은 장소에서 하나의 작업집단으로 구성되어 유기적으로 근무할 수밖에 없다는 점을 고려할 때, 제조업체의 컨베이어벨트에서 이루어지는 사내하도급은 파견으로 판단될 가능성이 더욱 높아졌다.[39]

그러나 이러한 대상판결의 기준은 사내하도급의 현실을 외면한 것이라는 비판을 피하기 어렵다. 대부분의 사내하도급, 특히 제조업체의 경우에는 그 업무가 도급인의 사업장 내에서 이루어지기 때문에 도급인 소속 근로자와 수급인 소속 근로자가 업무수행 과정에서 하나의 작업집단으로 구성되어 공동 작업을 하는 경우가 많다.

사업에 실질적으로 편입되었는지 여부는 도급인 소속 근로자의 업무와 수급인 소속 근로자의 업무가 구별되는지를 기준으로 판단하여야 할 것이지,[40] 수급인 소속 근로자와 도급인 소속 근로자가 하나의 작업집단으로 구성되어 직접 공동 작업을 하는지 여부를 기초로 판단할 것이 아니라는 점에서 대상판결이 제시한 위 기준은 타당하다고 보기 어렵다.

  (3) 수급인회사의 근로자 선발, 교육훈련, 작업·휴게시간, 휴가, 근무태도 점검
      등에 관한 독자적 결정권 유무

대상판결이 제시한 세 번째 기준인 '원고용주(수급인회사)가 작업에 투입될 근로자의 선발이나 근로자의 수, 교육 및 훈련, 작업·휴게시간, 휴가, 근무태도 점검 등에 관한 결정 권한을 독자적으로 행사하는지 여부'는 결국 근로자에 대

---

38) 박지순, 전게논문, 304면; 이승길·김준근, 전게논문, 338면.
39) 컨베이어벨트에서의 혼재작업을 일률적으로 파견근로라고 보는 것에 대한 비판에 대하여는 박지순, 전게논문, 301-302면.
40) 이승길·김준근, 전게논문, 331면.

한 업무상 지휘·감독을 누가 하는지 여부를 판단하는 중요한 징표가 되는 요소이다. 도급인이 수급인 소속 근로자의 선발 및 근태관리를 독자적으로 행사한다면, 위 근로자는 도급인의 지휘·감독 하에 노무를 제공하는 것이라고 평가될 수 있을 것이다.

다만 위 기준은 결국 첫 번째 기준인 업무상 지휘·명령을 누가 행사하는지를 판단하기 위한 부차적인 요소에 지나지 않는다. 즉, 도급과 파견을 구별하는 결정적인 기준은 수급인 소속 근로자에 대한 업무상 지휘·명령을 수급인이 행사하는지 아니면 도급인이 행사하는지 여부이고, 위 업무상 지휘·명령의 행사권자를 판단함에 있어 근로자의 선발 및 근태관리를 누가 하는지가 비로소 고려되는 것이라는 점에서 업무상 지휘·명령과 근태관리를 동일한 평면 위에서 판단하는 대법원의 판단 방식이 타당한지는 의문이다.

한편, 대상판결은 이 사안에서 "피고가 사내협력업체 소속 근로자에 대한 휴게시간 부여, 연장 및 야간근로, 교대제 운영 등을 결정하고 사내협력업체를 통하여 사내협력업체 소속 근로자의 근태상황 등을 파악하는 등 사내협력업체 근로자를 실질적으로 관리하여 왔다"고 판단하였다. 그러나 수급인의 업무내용이 도급인의 전체 생산공정의 일부에 해당될 경우 당연히 그 전체 공정의 일부로서 업무가 수행될 수밖에 없으므로 근무시간과 장소에 대하여는 미리 계약당사자가 도급인의 전체 공정상의 일정에 맞추어 업무를 수행할 것을 약정할 수 있고,[41] 일반적으로 국내 사업장의 근무시간과 휴게시간은 거의 동일하거나 유사하다는 점[42]에서 대상판결이 섣불리 피고가 사내협력업체 근로자들의 근태관리를 하였다고 단정한 것이 아닌지 의문이다.

(4) 도급업무의 특정 및 원청업무와의 구별, 도급업무의 전문성·기술성 유무

대상판결이 제시하고 있는 위 기준 중 수급인이 도급받은 업무가 한정된 업무의 이행으로 확정되고 도급인 소속 근로자의 업무와 구별되어야 한다는 점은 수급인 또는 수급인 소속 근로자의 업무가 본래 도급인 소속 근로자의 업무와 혼재되어 구별하기 어려운 경우에는 수급인이 도급인으로부터 특정 업무를 도급받았다고 보기 어렵고, 단순히 노무를 제공하는 측면이 강하다고 보여지므로 일응 타당한 것으로 보인다.

---

41) 박지순, 전게논문, 301면.
42) 이승길·김준근, 전게논문, 331면.

그러나 수급인이 도급받은 업무에 전문성·기술성이 있어야만 도급이라고 볼 수 있는지 의문이다. 민법은 도급의 대상업무에 관하여 전문성 내지 기술성을 요구하는 업무로 제한하고 있지 않고 있으므로, 전문성 내지 기술성을 요구하지 않는 업무도 충분히 도급의 목적이 될 수 있고, 그 경우 수급인이 전문성 내지 기술성을 갖추지 않았다고 하여 이를 파견이라고 평가하는 것은 타당하지 않다. 물론 수급인이 도급받은 업무가 전문성 내지 기술성을 요구하는 것인데 수급인이 그와 같은 전문성 내지 기술성을 갖추지 못하고 있다면, 이는 순수한 도급이라기보다는 파견적 요소가 강한 것으로 평가될 수 있을 것이다. 그러나 수급인이 도급받은 업무 자체가 특별한 전문성 내지 기술성을 요구하지 않는 경우라면 수급인이 전문성 내지 기술성을 갖추고 있지 않다고 하여 이를 파견이라고 평가하기는 어렵다.[43]

나아가 위 기준은 어느 정도의 전문성 내지 기술성을 갖춘 업무이어야 도급의 대상이 되는 업무인지도 매우 애매하다는 점에서도 문제가 있다. 예를 들어 도급인이 청소나 경비업무를 외부에 도급을 주는 경우에 청소업무나 경비업무는 시각에 따라 전문성 내지 기술성을 갖춘 업무라고 볼 수도 있고, 반대로 전문성 내지 기술성을 요하지 않는 업무라고 해석될 수도 있다는 점에서 결국 자의적인 판단을 피할 수 없게 되는 문제가 있다.

(5) 수급인회사가 독립적 기업조직이나 설비를 갖추고 있는지

앞서 살펴본 바와 같이 대법원은 수급인이 사업주로서의 독자성이 없거나 독립성을 결한 경우에는 수급인 근로자와 도급인 사이에 묵시적 근로관계를 인정하고 있고, 수급인의 독자성이 인정되는 경우(묵시적 근로관계가 부정되는 경우)에 비로소 파견인지 여부를 판단하는 2단계 판단방식을 취하고 있다.

그런데 대상판결은 대법원의 위 2단계 판단방식을 따르면서 수급인의 독자성이 인정되어 묵시적 근로관계가 인정되지 않아 파견인지 여부를 판단하는 단계에서 '수급인회사가 독립적 기업조직이나 설비를 갖추었는지'를 도급과 파견의 구별기준으로 제시하고 있다.

그러나 대상판결이 도급과 파견의 구별기준으로 든 '수급인회사가 독립적 기업조직이나 설비를 갖추었는지'는 사업주로서의 독자성·독립성을 갖추었는

---

43) 박재우, "사내하청직원의 근로자성 — 현대자동차 제1심 판결을 중심으로 —", BFL, 제70호(서울대학교 금융법센터, 2015. 3.), 28-29면.

지를 판단하는 주요 요소이므로 묵시적 근로관계가 성립되었는지를 판단하는 단계에서 고려하는 것이 타당하고, 묵시적 근로관계가 부정된 후 파견인지 여부를 판단하는 단계에서 또 다시 고려할 필요는 없어 보인다.

또한 사내하도급의 경우 도급인의 사업장 내에서 이루어지기 때문에 수급인 소속 근로자라고 하더라도 도급인의 설비를 이용하여 작업을 하게 되는 것이 일반적이고, 수급인이 독자적으로 설비를 갖추고 있는 경우는 흔치 않다는 점을 고려할 때, 대법원이 제시한 위 기준은 사내하도급의 현실과는 상당한 괴리가 있다는 점에서 파견임을 뒷받침하는 결정적인 기준으로 보기는 어렵다.

(6) 종합적 고려

대상판결은 위 5가지 요소를 종합적으로 고려하여 파견인지 여부를 판단하여야 한다고 판시하였다. 그런데 앞서 살펴본 바와 같이 파견과 도급의 주된 구별기준은 근로자에 대한 업무상 지휘·명령을 누가 행사하는지 여부이고 나머지 4가지 요소는 파견과 도급의 구별기준이 되기에 적합하지 않거나 또는 부차적인 요소에 불과한 것으로 보인다.

또한 5가지 요소를 종합적으로 고려할 경우 개별 사안에서 구체적 타당성을 기할 수 있다는 장점이 있으나,[44] 5가지 요소의 우위관계가 불명확하여 결국 법원의 판단이 있기 전에는 어떤 경우가 파견이고 어떤 경우가 도급인지 명백히 알 수 없다는 문제가 있다.

즉, 대상판결이 제시한 종합적 고려 방식은 근로자 또는 기업에게 명확한 기준을 제시해주지 못하여 사법적 결과에 대해 예측가능성을 낮게 한다는 심각한 문제가 있다. 개별 기업과 근로자는 분쟁이 발생하기 전에 도급인과 수급인 소속 근로자 사이의 법률관계가 도급인지 파견인지 명확히 알 수 없고, 결국 분쟁이 발생하여 법원의 판단을 받아야만 비로소 이를 알 수 있게 된다. 실제 대법원은 같은 날 선고한 세 건의 판결에서 동일한 판단기준을 가지고 동일·유사한 쟁점에 관하여 상이한 결론을 내리기도 하였다.

V. 결 론

대상판결은 파견과 도급의 구별기준을 밝힌 최초의 대법원 판결이라는 것

44) 이승길·김준근, 전게논문, 327면.

이라는 점에서 의의가 있으나, 적법한 사내하도급의 범위를 지나치게 축소하였
고, 제시한 구별기준이 명확하지 않아서 혼선을 초래할 수밖에 없다는 비판을
피하기는 어렵다.

  대법원이 이와 같이 사내하도급의 범위를 축소하여 해석하는 것은 현실적
으로 열악한 사내하도급 근로자의 지위를 고려한 것으로 보인다. 그러나 사내
하도급 근로자를 보호하기 위해서는 사내하도급을 무리하게 파견관계로 해석하
기보다는 사내하도급 근로자의 지위를 보호하는 입법을 통해 해결하는 것이 바
람직하다.[45]

  현행 파견법의 해석상 파견과 도급의 구별기준은 파견과 도급의 개념과 본
질에서부터 찾아야 하고, 그것은 '업무상 지휘·명령을 누가 행사하는지 여부'가
되어야 할 것이다. 그 외에 나머지 요소들은 업무상 지휘·명령권의 행사권자가
누구인지를 판단하기 위한 부차적인 요소에 지나지 않는다.

  그러나 대법원이 제시한 기준은 이러한 본질에서 벗어나서 비본질적 요소
까지 함께 종합적으로 고려함으로써 도급과 파견의 본질적 판단기준을 오히려
불명확하게 만드는 결과를 초래하였다.[46]

  한편, 현재 국회에는 2016. 5. 30. 이완영 의원 등이 발의한 파견법 개정안
이 계류되어 있는데, 위 개정안에는 파견과 도급의 구별 기준을 입법적으로 해
결하려고 하고 있으나,[47] 위 법률안이 입법화된다고 하더라도 결국 개별 사안

---

45) 참고로 2012. 5. 30. 이한구 의원 등이 발의한 "사내하도급근로자 보호 등에 관한 법률
    안"과 같은 해 8. 30. 안효대 의원 등이 발의한 "사내하도급근로자 보호 등에 관한 법률
    안"이 19대 국회 임기만료로 폐기되었는데, 위 각 법률안은 공통적으로 원사업주와 수급
    사업주는 사내하도급근로자임을 이유로 원사업주의 사업 내의 동종 또는 유사한 업무를
    수행하는 근로자에 비하여 차별적 처우를 못하도록 하는 내용을 포함하고 있었다.
46) 이승길·김준근, 전게논문, 334면.
47) 위 개정안은 도급 등이 근로자파견사업에 해당하는지 여부를 ① 도급인이 도급 등의 계
    약에 따른 업무를 수행함에 있어 수급인이 고용한 근로자의 작업에 대한 배치 및 변경을
    결정하는지 여부, ② 도급인이 수급인의 근로자에 대하여 업무상 지휘·명령을 하여 업
    무를 수행하게 하는지 여부 및 ③ 도급인이 수급인의 근로자에 대한 근로시간·휴가 등
    의 관리 및 징계에 관한 권한을 행사하는지 여부 등을 종합적으로 고려하여 판단하여야
    한다고 정하면서(제2조의 2 제1항, 제2항), ① 도급인이 산업안전보건법 제29조에서 정
    한 산업재해 예방조치를 하는 경우, ② 도급인이 수급인에게 근로자의 훈련비용, 장소,
    교재 등을 지원하는 경우, ③ 도급인이 수급인의 근로자의 고충처리를 위하여 지원하는
    경우, ④ 도급인이 성과금을 수급인을 통해 수급인의 근로자에게 분배하는 경우에는 파
    견의 징표로 보지 않도록 정하고 있다.

에서 파견 또는 도급에 해당하는지 여부는 사법부의 심사를 거칠 수밖에 없다는 점에서, 향후 대법원이 전원합의체 판결 등을 통해 도급과 파견의 구별기준에 관하여 새로운 명확한 기준을 제시하기를 바란다.

● 참고문헌

[단행본]

노동법실무연구회, 근로기준법주해(Ⅰ), (박영사, 2010)

사법연수원, 노동특수이론 및 업무상재해관련소송, (사법연수원, 2015)

은수미 외 2인, 간접고용 국제비교, (한국노동연구원, 2012)

[논문]

강선희, "H자동차 아산공장 모든 공정의 사내하도급근로자는 도급으로 위장된 파견근로
　　　 자이다", 노동리뷰 제121호(한국노동연구원, 2014. 4.)

김영문, "파견과 도급 구별에 관한 독일 판례의 발견과 시사점", 노동법학 제45호(한국
　　　 노동법학회, 2013. 3.)

박지순, "파견과 도급의 구별에 관한 법리", 안암법학 제38호(안암법학회, 2012. 5.)

권혁 외 4인, "합리적인 파견·도급 구별기준에 관한 연구", 고용노동부(2014. 11.)

이승길·김준근, "도급과 파견의 구별에 관한 판단기준", 성균관법학 제27권 제2호(성균
　　　 관대학교 법학연구소, 2015)

권혁, "도급의 대상으로서 업무와 위장도급논쟁", 노동법포럼 제11호(노동법이론실무학
　　　 회, 2013. 10.)

김봉수, "노무도급 위장도급", 안암법학 제39호(안암법학회, 2012. 9.)

박재우, "사내하청직원의 근로자성 ― 현대자동차 제1심 판결을 중심으로 ―", BFL 제70
　　　 호(서울대학교 금융법센터, 2015. 3.)

민법 제472조와 부당이득의 관계

윤홍근, 조성권

[요 지]

　다른 사람의 예금에서 무단인출을 하여 사용한 사람이, 나중에 그 예금의 부족분을 채워 넣기 위하여 다른 사람의 다른 계좌의 예금을 처음의 무단인출로 인하여 예금이 부족하게 된 계좌로 옮겨 놓은 법률관계, 이른바 '돌려막기'에 해당하는 법률관계가 문제된 사안이다.

　이런 법률관계에서 실제 행위자는 예금채권에 대하여 아무런 채권채무관계를 가지고 있지 않다는 특징이 있다. 다만, 예금주가 행위자에 대하여 무단인출로 인하여 입은 손해에 대한 손배배상청구권을 가지고 있게 된다.

　이때, 실제 행위자가 한 행위가 단순한 계좌의 이체인지 또는 이와 마찬가지로 평가됨이 타당한 한 계좌에서의 인출행위와 다른 계좌로의 입금행위로 된 것인지에 따라서 그 결론을 달리하게 되면 여러 가지 면에서 부당한 점이 노출된다.

　위와 같은 전제 아래, 이 평석은 민법 제472조에 대하여 그 입법취지를 '불필요한 연쇄적 부당이득반환의 법률관계가 형성되는 것을 피하기 위'한 것이라고 설시하면서도, 실질에 있어 매우 부당한 결과를 도출해낼 수 있는 대상 판결에 대하여 그 원인을 분석하고, 대안을 구상하여 보았다.

　이른바 '돌려막기'에서 행위자는 관련되는 예금관계에 아무런 채권채무관계를 가지고 있지 않으며, 이른바 '돌려막기' 자체가 삼각관계상의 부당이득의 구조에서 출연자와 수령인이 동일인이라는 구조를 가지게 되므로, 행위자는 단순 지시자에 불과한 것이고, 따라서 행위자에 대한 손해배상청구권은 결론을 도출하는 과정에서 고려되어서는 안 될 것이며, 이를 위한 법률적 구성은 '변제 수령자가 채권자에게 변제로 받은 급부를 전달한 경우'로 보는 것이 사안의 실질에도 부합하고 법리적으로도 가장 간명하다는 결론에 이르렀다.

　　따라서 이른바 '돌려막기'의 경우는 원칙적으로 민법 제472조가 규정하는 '이익을 받은' 경우에 포함되어야 한다는 대상판결과는 반대되는 결론에 이른다.

　　이 평석은 그와 같은 결론을 뒷받침하는 이론 구성은 어떻게 가능할 것인가, 그리고 그때에 고려되어야 할 사항은 무엇인지를 중심으로 살펴보았다.

　　[주제어]
　　• 부당이득
　　• 삼각관계
　　• 권한없는 자에 대한 변제
　　• 제3자의 변제

대상판결 : 대법원 2014. 10. 15. 선고 2013다17117 판결
[공2014하, 2177]

[사실의 개요][1]

1. 원고 C주식회사의 재경팀 자금 담당 과장 및 재경팀 부장으로 근무하던 B는, 원고 C주식회사가 피고 A은행에 자금을 예치한 몇 개의 예금계좌에서 아래에서 보는 순서로 예금을 무단인출하였다.

2. 우선 B는 원고 C주식회사의 운용자금을 예치해 둔 MMT계좌(이하, 이 사건 "MMT계좌"라 한다)에서 원고 C주식회사 명의의 출금신청서를 위조하는 방법으로 2008. 9. 22. 20억 원, 2008. 10. 13. 15억 원, 2008. 10. 14. 10억 원, 2008. 11. 17. 15억 원 합계 60억 원을 무단인출하였다.

3. 한편, 파산선고 후 청산절차를 진행하다가 회생절차개시결정을 받는 등의 이유로 자신의 신용으로는 건설공제조합으로부터 하자보수보증서를 받을 수 없던 원고 C주식회사는 금융기관에 하자보수보증금에 해당하는 금액을 정기예금 형식으로 예치한 다음, 그 정기예금에 질권을 설정해 주고 건설공제조합으로부터 보증서를 발행받는 방식으로 건설업을 해왔는바, 그 과정에서 피고 A은행에 그와 같은 용도로 3개의 정기예금계좌(각 만기일 2009. 11. 4., 이하 이 사건 "정기예금계좌"라 한다)를 개설하고 있었고, 그 금액은 합계 7,620,383,926원이었다.

4. B는 이번에는 허위로 이 사건 정기예금계좌의 통장의 분실신고를 하여 새로 통장을 발급받고 새로운 통장을 이용하여 예금을 인출하는 방법으로 3개의 이 사건 정기예금계좌 중 2개에 예치되어 있던 40억 원을 2008. 11. 24. 무단인출하는 동시에 이를 이 사건 MMT 계좌에 입금하였다.

5. B는 다시 원고 C주식회사 명의의 출금신청서를 위조하는 방법으로 이 사건 MMT계좌에서 2008. 11. 25. 17,267,105원, 2008. 11. 27. 23억 원, 2008. 12. 1. 1,339,228,353원 합계 3,656,495,458원을 무단인출하였다.

---

1) 사실의 개요는 환송후 원심 판결인 서울고등법원 2014나50229 판결에 기초하여 정리한 것이다.

6. 끝으로, B는 허위로 통장의 분실신고를 하여 새로 통장을 발급받고 새로운 통장을 이용하여 예금을 인출하는 방법으로 3개의 이 사건 정기예금계좌 중 1개에 예치되어 있던 3,620,383,926원을 2008. 12. 2. 무단인출하는 동시에 이를 이 사건 MMT 계좌에 입금하였다.

7. 이 사건 정기예금계좌로부터 무단인출되어 MMT 계좌로 입금된 합계 7,620,383,926원 중 23억 원은 B가 임의 사용하였고, 나머지 54억 여 원은 원고 C주식회사가 사용하였다.

[소송의 경과]

1. 원고 C주식회사는 피고 A은행을 상대로 이 사건 정기예금계좌에 예치해둔 예금 합계 7,620,383,926원에 대한 지급청구하였고, 제1심[2]에서 전부 승소하였으나, 환송전 원심인 서울고등법원[3]은 제1심 판결을 취소하고 원고 C주식회사의 청구를 모두 기각하였다.

2. 이때 환송전 원심이 설시한 논리는 아래와 같다.

가. B의 이 사건 MMT계좌에서의 예금인출은 비록 형사적으로는 피고 A은행에 대한 사기행위로서 피해자가 피고 A은행이라고 하더라도 민사적으로는 채권의 준점유자에 대한 변제로서 유효하므로 원고 C주식회사에 대한 변제로서의 효력이 인정되어 피고 A은행은 원고 C주식회사에 대한 민사상 책임을 면하게 되고, 이에 따라 원고 C주식회사는 이 사건 MMT계좌에서 인출된 금원에 대한 예금반환청구권을 상실하게 되는 손해를 입게 되며 B는 원고 C주식회사에 대하여 그 손해배상채무를 부담하게 된다고 봄이 상당하다.

나. B는 이 사건 MMT 계좌에서의 인출 등으로 인한 자신의 범행을 은폐하기 위하여 이 사건 정기예금계좌에서 예금을 인출하자마자 각 인출일에 이를 이 사건 MMT계좌에 입금하였는데, 피고 A은행이 B에게 이 사건 MMT계좌의 예금을 지급한 것은 채권의 준점유자에 대한 변제로서 유효하여 이 사건 MMT 계좌의 예금과 관련하여 민사상 책임을 면하였으므로 B가 이 사건 정기예금계좌의 예금을 인출하여 이를 이 사건 MMT계좌에 입금한 것을 피고 A은행에 대한 손해배상채무를 변제한 것이라고 볼 수는 없고, B가 원고 C주식회사에 대하

---

2) 서울중앙지방법원 2010가합47174 사건.
3) 서울고등법원 2011나77292 사건.

여 부담하는 손해배상채무를 변제한 것으로 봄이 타당하며, 이에 따라 원고는 피고에 대하여 새로이 예금반환채권을 취득하는 이익을 얻었다고 할 것이다.

다. 민법 제472조는 변제받을 권한없는 자에 대한 변제로 채권자가 이익을 받을 것을 요건으로 하는데, 변제받을 권한없는 자가 채무자로부터 변제로 수취한 것을 채권자에게 인도한 경우는 물론, 일반적으로 수령자가 변제로 수령한 것과 채권자의 이익 사이에 인과관계가 있으면 족하고, 수령자 또는 제3자의 채무의 변제에 충당한 경우도 포함한다.

라. B는 이 사건 정기예금계좌에서 금원을 인출하는 내용의 출금신청서와 금원을 이 사건 MMT계좌로 입금시키는 내용의 입금신청서를 함께 작성하여 피고 A은행 직원에게 제출하여 이 사건 정기예금계좌에서 금원을 인출하자마자 이 사건 MMT계좌로 입금하였고, 이에 의하면 변제받을 권한없는 자인 B는 이 사건 정기예금계약의 채무자인 피고 A은행으로부터 변제로 수취한 것을 바로 채권자인 원고 C주식회사에 인도하였다고 할 것이고, B가 이 사건 MMT계좌에 관한 자신의 범행을 은폐하기 위하여 이 사건 정기예금계좌의 예금을 인출한 다음 이를 이 사건 MMT계좌에 입금하여 원고 C주식회사에 대한 손해배상채무를 변제함으로써 원고 C주식회사가 피고 A은행에 대하여 새로운 예금반환채권을 취득하는 이익을 얻었으므로, 적어도 B가 피고 A은행으로부터 이 사건 정기예금계좌의 예금을 수령한 것과 이를 이 사건 MMT계좌에 다시 입금함으로써 원고 C주식회사가 위와 같은 이익을 얻은 것 사이에는 인과관계가 있다고 봄이 상당하다.

마. 결론적으로, B가 이 사건 정기예금계좌의 예금채권과 관련하여 변제받을 권한없는 자이기는 하나 이 사건 정기예금계좌의 예금을 인출한 다음 이를 이 사건 MMT계좌에 입금함으로써 채권자인 원고 C주식회사가 피고 A은행에 대한 새로운 예금반환채권을 취득하는 이익을 받았으므로 그 한도에서 피고 A은행의 B에 대한 이 사건 정기예금계좌의 예금의 인출행위는 예금채권에 대한 변제로서 효력이 있고, 앞서 본 바와 같이 B는 이 사건 예금 전부를 인출하여 이를 이 사건 MMT계좌에 입금하였으므로 결국 원고 C주식회사의 이득은 이 사건 정기예금계좌의 예금 전액 상당이라고 할 것이고, 이에 따라 이 사건 정기예금계좌의 예금채권 전부가 유효한 변제에 의하여 소멸하였다고 봄이 상당하다.

3. 한편 환송전 원심은, 민법 제472조는 권한없는 자가 채무자로부터 수령

한 급부를 채권자에게 제공한 것이 부당이득이 될 때에만 적용되는데, 설령 B가 이 사건 MMT계좌에서 예금을 인출하여 편취함으로써 원고 C주식회사에 대하여 손해배상채무를 부담한다고 하더라도 이 사건 정기예금계좌의 예금을 인출한 다음 이를 다시 이 사건 MMT계좌에 입금한 것은 B의 원고 C주식회사에 대한 손해배상채무의 변제에 해당하여 법률상 원인이 있어 부당이득에 해당하지 않으므로 민법 제472조는 적용되지 않는다는 원고 C주식회사의 주장에 대하여 수령자가 변제로 수령한 것을 자신 또는 제3자의 채무의 변제에 충당한 경우도 채권자가 이익을 얻은 경우에 포함된다는 이유로 이를 배척하였다.

[판결의 요지 - 파기환송]

민법 제472조는 불필요한 연쇄적 부당이득반환의 법률관계가 형성되는 것을 피하기 위하여 변제받을 권한없는 자에 대한 변제의 경우에도 그로 인하여 채권자가 이익을 받은 한도에서 효력이 있다고 규정하고 있다. 여기에서 '채권자가 이익을 받은' 경우란 변제수령자가 채권자에게 변제로 받은 급부를 전달한 경우는 물론이고, 변제수령자가 변제로 받은 급부를 가지고 채권자의 자신에 대한 채무의 변제에 충당하거나 채권자의 제3자에 대한 채무를 대신 변제함으로써 채권자의 기존 채무를 소멸시키는 등 채권자에게 실질적인 이익이 생긴 경우를 포함하나, 변제수령자가 변제로 받은 급부를 가지고 자신이나 제3자의 채권자에 대한 채무를 변제함으로써 채권자의 기존 채권을 소멸시킨 경우에는 채권자에게 실질적인 이익이 생겼다고 할 수 없으므로 민법 제472조에 의한 변제의 효력을 인정할 수 없다.

[연 구]

Ⅰ. 쟁점의 정리

1. 사실 검토 대상이 된 대법원 판결인 대상판결의 판시사항만을 얼핏 볼 때 전혀 이상할 것이 없어지게 느껴지는데, 이를 원심 판결과 함께 비교하여 보면, '아주 똑 같은 사실관계에 대하여 어쩌면 이렇게 정반대되는 결론에 이르게

되었을까?' 하는 의문이 들게 된다. 이에 그 원인을 탐색하여 보는 것이 이 평석의 목적이다.

2. 이 사건의 쟁점은, 원고 C주식회사의 자금 담당 과장 및 부장으로 근무하던 피용자인 B가 피고 A은행에 예치되어 있던 원고 C주식회사의 예금을 무단인출한 뒤, 그 사실을 은폐하기 위하여 동일한 은행에 예치되어 있던 원고 C주식회사의 다른 예금으로 전에 인출한 계좌의 부족분을 채워 넣는, 금융기관에 대한 예금채권에 관한 이른바 '돌려막기'에 대하여, 이를 어떤 법리에 의하여 어떤 각도에서 평가할 것인가이다.

물론 그 법리 평가에 따라, 결국 변제자력이 없을 B가 횡령한 부분에 대한 위험을 원고 C주식회사와 피고 A은행 중 누가 부담할 것인가가 문제된다.

3. 금융기관에 대한 예금채권과 관련된 이른바 '돌려막기'를 어떤 법리에 의하여 어떤 각도에서 평가할 것인가 하는 문제와 관련하여 문제될 수 있는 세부적인 쟁점은 아래와 같을 것이다.

가. 이 사건 정기예금계좌에서 예금을 인출하여 이 사건 MMT계좌로 입금하는 행위 자체 내지 결과에 대하여, 이를 사실상의 하나의 행위로 인한 결과로 파악할 것인가, 아니면 별개의 행위에 기인한 결과로 파악할 것인가?

나. (행위의 개수와 관계없이) 그 결과를 어떤 법리에 의하여 평가할 것인가?, 평가의 수단이 되는 법리에 따라 결론은 달라질 수 있는가?

다. 이 사건의 경우와 같이 동일한 은행에 예치되어 있는 동일인 명의의 계좌에서의 예금의 이동의 경우는, 그 계좌 명의인들이 다른 사람인 경우와는 달리 평가할 것인가?

라. 위와 같은 평가는 또 이 사건 MMT계좌에서의 최초의 인출의 유효 여부에 따라 (적용 법리가 달라져야 함은 별론으로 하고) 그 실질적 결과가 달라져야 하는가?

마. 이 사건 MMT계좌에의 입금된 자금의 최종적인 사용자에 따라 판단을 달리할 것인가?

4. 위와 같은 세부적인 쟁점에 대하여 살펴보려면, 우선 대상판결의 뒤에는 어떤 문제점들이 있으며, 이를 살펴보기 위하여 어떤 법리를 어떤 각도에서 바라보아야 할 것인지가 검토되어야 할 것이다. 이를 위하여 먼저 대상판결에 있다고 생각되는 문제점(또는 의문점)을 살펴본다.

5. 그 전에 대상판결과 원심 판결에 전제되어 있는 몇 가지 점을 확정할 필요가 있다.

첫째, 두 판결 모두 이 사건 MMT계좌에서 예금을 인출하여 준 피고 A은행의 행위를 채권의 준점유자에 대한 변제로서 유효하다고 보고 있으며, 따라서 원고 C주식회사는 피고 A은행에 대하여 예금채권을 상실하였고 대신 B에 대하여 그 금액 상당의 손해배상청구권을 취득하였다는 것이고,

둘째, 이 사건 정기예금계좌나 MMT계좌 모두 피고 A은행에 예치되어 있는 원고 C주식회사의 계좌이며, 모두 원고 C주식회사가 그 존재를 알고 있을 뿐 아니라, 이 사건 MMT계좌는 운영자금을 예치해 두는 계좌이며,

셋째, B의 행위는 전에 자신이 행한 이 사건 MMT계좌에서의 자금 횡령행위의 발각을 모면하기 위하여 이 사건에서 문제된 이 사건 정기예금계좌에서 예금을 인출하여 이 사건 MMT계좌에 입금한 것[4]이며, 그 행위는 사실상 동시에 이루어졌다는 점이다.

한편 이 사건은 원심과 대법원 모두 기본적으로 민법 제472조의 법리에 대하여만 논하고 있음도 공통된다.[5]

II. 문제점의 탐색

1. 검토 대상 대법원 판결은 민법 제472조의 취지와 관련하여 "불필요한 연쇄적 부당이득반환의 법률관계가 형성되는 것을 피하기 위하여 민법 제472조는 변제받을 권한 없는 자에 대한 변제의 경우에도 그로 인하여 채권자가 이익을 받은 한도에서 효력이 있다고 규정하고 있다"고 보았는바, 이에 대하여는 특별한 이론은 없는 듯하다.[6]

즉, 민법 제472조의 규정에 대한 법리는 부당이득의 법리, 특히 그 내용상 삼각관계상의 부당이득의 법리를 내포하고 있는 것이다. 그런데 부당이득은 공평·정의의 이념에 기초한 것이므로, 결국 문제는 공평·정의의 관점에서 이 사건 정기예금계좌에서 인출된 예금에 대한 이익의 귀속이 누구에게 이루어진 것

---

4) 이른바 '돌려막기'라고 표현한 부분이다.
5) 물론 변론주의의 제한에 따른 것일 것이다.
6) 편집대표 곽윤직, 민법주해 [XI], (박영사, 1995), 150면도 같은 취지이다.

으로 평가할 것인가, 역으로 말하면, 변제자력이 없는 B에 대하여만 채권을 가짐으로써 그 인출에 따른 위험을 누가 부담할 것인가에 대한 판단이 최종적인 문제가 된다.

한편, 민법 제472조의 규정에 대한 법리를 적용함에 있어 전통적인 삼각관계상의 부당이득의 법리에 의하면 변제를 받은 권한없는 자도 삼각관계의 당사자 구조에서 한 축을 이루게 되나, 이 사건의 경우 인출된 이 사건 정기예금계좌의 예금주는 원고 C주식회사인 만큼, 변제를 받은 권한없는 자에 해당한다고 생각되는 B는 이런 전통적 삼각관계의 당사자 구조에서 빠지게 되거나, 아래에서 보듯, 사안을 두 개의 삼각관계[7)]로 나누고 이를 중첩하여 볼 경우에는 이 사건 정기예금계좌에서의 예금인출의 지시자로서 중첩되는 두 개의 삼각관계 중 하나에서만 당사자 구조의 한 축을 이루게 된다고 보는 것이 타당하게 된다. 이는 일반적으로 생각되는 삼각관계상의 부당이득에서의 당사자 구조와는 확연히 구별되는 별개의 당사자 구조로서, 금융기관을 통한 예금거래나 당좌수표거래 등에서 종종 나타날 수 있는 경우인 동시에, 이른바 '돌려막기'가 있는 경우 반드시 나타나는 당사자 구조가 된다. 그런데 이런 당사자 구조는 모두 어느 각도에서 보더라도 이상하다는 느낌을 지울 수 없다.[8)]

민법 제472조의 경우 분명 삼각관계상의 부당이득의 법리가 적용되어야 할 듯한데, 그럼에도 이 사건의 경우 전통적인 방법으로 B를 어떤 채권이나 채무의 권리주체로서 삼각관계상의 당사자 구조에 편입시키기가 어렵거나 편입으로 생기는 구조가 이상하다면, 왜 그런 현상이 발생하는지에 대한 검토가 필요할 것이다.

이 점이 문제 해결을 위한 첫 번째 단초가 된다.

2. 이 사건 MMT계좌에서의 무단인출이 원고 C주식회사와 피고 A은행의 관계에서 정당한 변제로서 유효하다고 하면서 대상판결이나 원심 판결 모두 원고 C주식회사가 무단인출된 자금 상당액에 관한 손해배상청구권을 B에 대하여 취득함을 전제로 하고 있다.

그리고 이 사건과 같은 경위를 거쳐 이 사건 정기예금계좌의 예금이 MMT

---

7) 이 경우 이 사건 정기예금계좌에서의 인출과 관련된 삼각관계와 MMT계좌에의 입금에 관련된 삼각관계를 의미할 수밖에 없다. 아래 Ⅳ의 8항 참조.
8) 아래 Ⅳ의 5항 참조.

계좌로 옮겨간 경우, 대상판결의 결론에 의할 경우, 피고 A은행으로서는 이 사건 정기예금계좌의 예금을 원고 C주식회사에 반환하여야 함은 물론인데, 이에 더하여 원고 C주식회사로서는 (변제자력이 없는 B로부터 손해배상청구권의 형태로 받아야 함으로써) 사실상 회수가 어려웠던 MMT계좌의 예금도 회수할 수 있게 된다.

그런데, 여기서 만약 MMT계좌에서의 무단인출이, 원고 C주식회사와 피고 A은행의 관계에서 정당한 변제가 되지 않는 무효의 행위라고 본다면, 원고 C주식회사는 당연히 그 예금채권을 그대로 보유하게 되므로, B에 대하여 어떤 손해배상청구권도 취득할 리 없고, 따라서 이 사건 정기예금계좌에서 MMT계좌로 옮겨간 예금은, 대상판결처럼 B의 채무변제가 될 수 없으며, 결국 피고 A은행이 원래 부담하는 MMT계좌의 예금채권을 대신 변제한 것이 되어야 마땅할 것인데,[9] 그렇다면 결국 피고 A은행으로서는 이 사건 정기예금계좌에 대한 예금채무만을 부담하면 된다.

따라서 실질적인 측면에서 볼 때, 원고 C주식회사로서는, 피용자인 B가 무단인출한 이 사건 MMT계좌에 대한 예금채권이 존속하는가에 상관없이 모든 예금채권을 확보하는 셈이 되나, 피고 A은행의 입장에서 보면, 이 사건 MMT계좌의 예금지급이 원고 C주식회사와 피고 A은행의 관계에서 정당한 변제로 인정되지 못한 무효의 경우보다 유효인 경우에, 오히려 정당한 변제로서 유효하였던 MMT계좌의 예금에 대한 이중지급의 위험을 부담하는 결과가 발생하게 된다.

이런 결과는 어느 모로 보나 이상하지 않은가 하는 생각이 문제 해결을 위한 두 번째 단초가 된다.

3. 이른바 '돌려막기'의 경우 (이 사건 정기예금계좌에서의 인출에서 그 인출을 지시하였다는 의미에서) 지시자에 해당하는 B나 지시를 받은 자인 피고 A은행의 경우 모두 그 돌려막는 자금은 원고 C주식회사의 자금이라고 생각하였다고 보아야 상식에 부합할 것이다.

---

9) 이른바 '돌려막기'의 목적 자체가 전에 문제가 된 예금채권에 아무 이상이 없는 것처럼 보이기 위하여 그 예금을 채워 넣는 행위이고 원래 예금은 금융기관이 지급하여야 하는 것인 만큼, 이른바 '돌려막기'를 민법 제469조의 규정에 의한 제3자의 변제로 보고, 그 행위에 금융기관을 위한 '채무변제를 위한 지정행위'가 존재한다고 보는 것이 타당할 것이다. 아래 Ⅵ의 3항 참조.

물론, 그때 지시가 정당하지 않다면 피고 A은행으로서는 이중지급의 위험을 부담하는 것이고, 이는 통상의 다른 예금채권의 경우와 다를 것이 없다.[10]

이렇게 삼각관계에 의한 부당이득에서 문제되는 관계 중 출연관계를 중심으로 하여 살펴본다면, 출연자는 원고 C주식회사가 되는 것으로 보는 것이 옳을 것 같은데[11] 문제는 그 수령자도 원고 C주식회사라는 것이다. 즉, 출연자와 수령인이 같게 되어 사실상 출연관계가 아무런 의미가 없어지는 셈이며, 그리하여 전통적인 삼각관계상의 부당이득의 구조가 붕괴되는 것이다.

자금의 옮겨간 경위가 계좌이체의 방법이었다면 분명 위와 같은 결론에 이르는데, 이 사건과 같이 직접적인 계좌이체에는 이르지 않았지만 사실상 그에 준할 경우는 달리 보아야 할 것인지[12]가 문제된다.

이에 대한 평가나 그 기준이 문제 해결을 위한 세 번째 단초가 된다.

4. 민법 제472의 규정에 대한 법리에 국한하여 보면, 원심 판결은 "일반적으로 수령자가 변제로 수령한 것과 채권자의 이익 사이에 인과관계가 있으면 족하고, 수령자의 채무의 변제에 충당한 경우도 포함"한다고 설시함으로써 오로지 인과관계만을 살핀 반면, 대상판결의 경우는 민법 제472조에서 "'채권자가 이익을 받은' 경우란 변제수령자가 변제로 받은 급부를 가지고 자신(B)의 채권자에 대한 채무를 변제함으로써 채권자의 기존 채권을 소멸시킨 경우에는 채권자에게 실질적인 이익이 생겼다고 할 수 없"다고 함으로써, 아예 그 가능성을 원천적으로 부정하였다.

결국 B의 원고 C주식회사에 대한 채무의 변제에 이 사건 정기예금계좌에서의 인출금이 사용되었는데, 원심 판결은 형식상의 출연자가 원고 C주식회사

---

10) 지시자가 무단인출을 하고 그 행위가 기망행위가 되어 사기죄를 구성하는 경우, 채권의 준점유자에 대한 변제 등 다른 이유로 그 인출의 효과를 예금주에게 귀속시킬 수 있는 때에는 금융기관은 피기망자로서의 피해자, 예금주는 재산출연자로서의 피해자가 되는 것(그래서 그 금액 상당의 손해배상청구권을 무단인출을 한 지시자에 대하여 취득하는 것)이고, 그렇지 못한 때에만 결과적으로 금융기관이 출연자가 되는 결과가 된다. 원심 판결도 이런 결과를 인정하고 있고, 대상판결은 이를 당연한 것으로 전제하고 있는 셈이다.

11) 아래 Ⅳ의 5항 참조.

12) 어떤 의미에서는 이른바 '돌려막기'의 행태를 어떤 기준으로 분류하고 그에 대한 법적 효과를 줄 것인가의 문제와도 연결되며, 적어도 이 사건과 같이 인출행위와 입금행위가 동시에 이루어지는 현상은 '돌려막기'의 성격과 목적상 당연히 예상되는 최소한도의 행위가 될 것이다.

라는 통상의 예금에서의 구조를 인정함으로써[13] 인과관계만을 문제삼은 반면, 대상판결은 이 사건 정기예금계좌에서의 예금인출의 사법적인 효력이 무효임을 전제로 그 출연자를 피고 A은행으로 관념하는 동시에 B와 원고 C주식회사 사이의 손해배상청구권이라는 채권채무관계로 인하여 원고 C주식회사의 MMT계좌의 예금채권의 취득을 법률상의 원인이 있는 것으로 본 것이다.

그런데 이 사건 정기예금계좌에서의 예금인출의 사법적인 효력이 유효하다면 애초에 민법 제472조의 규정의 적용 문제는 발생하지 않는다.

다시 말해서, 그것이 무효이기 때문에 그 무단인출된 자금의 흐름으로 보아서 사실상 원고 C주식회사가 이를 받은 것이나 마찬가지인가가 민법 제472조에 의하여 문제되는 것인데, 대법원은 이 점을 간과하고 있는 듯하다.

어쨌든, B나 피고 A은행 모두 원고 C주식회사의 출연으로 예금지급이 이루진다고 생각하였을 때, 대상판결과 원심 판결의 차이는 결국 민법 제472조가 규정하고 있는 '이익'을 실질적으로 판단할 것인가,[14] 아니면 형식적으로 판단할 것인가[15]의 문제로 귀착될 수 있다.

나아가 두 판결 모두 원고 C주식회사가 새롭게 취득한다고 한 MMT계좌에 대한 예금채권을 무엇으로 볼 것인가에 대하여는 구체적으로 설시를 하고 있지는 않은바, 이 역시 검토의 범위 내로 들어와야 할 것이다.

이 점이 문제 해결을 위한 네 번째 단초가 된다.

Ⅲ. 검토 사항의 정리

1. 위와 같은 문제점을 해결하기 위하여 아래와 같은 사항들이 검토되어야 할 것이다.

2. 대상판결은 "변제수령자가 변제로 받은 급부를 가지고 자신의 채권자에

---

13) 예금인출의 사법적 효력은 문제삼지 않았다.
14) 원심 판결의 경우에 해당된다. 인과관계만을 문제삼음으로써, 실질적으로 원고 C주식회사의 정기예금계좌의 예금이 새로운 MMT계좌로 옮겨간 것에 불과하다는 총체적 평가를 내린 것이다.
15) 대상판결의 경우에 해당된다. 이 사건에서 이루어진 행위를 세분하여 각개의 행위로 보고, 나아가 채권채무관계를 각 당사자별로 분해하여 논리적으로 적용할 때에만 그와 같은 결론에 도달하게 된다.

대한 채무를 변제함으로써 채권자의 기존 채권을 소멸시킨 경우에는 채권자에게 실질적인 이익이 생겼다고 할 수 없"다고 하였고, 이 점이 원심 판결을 파기한 유일한 이유에 해당되므로, 결국 대법원은 이 사건에서 B의 이 사건 정기예금계좌에서의 인출행위와 이를 MMT계좌로 입금한 행위를 완전히 독립된 행위로 분리하여 보고 있는 듯하다.

따라서 제일 먼저 계좌이체의 경우가 아니면, 비록 인출행위와 입금행위가 사실상 동시에 이루어졌고 서로 명백한 인과관계를 지니고 있더라도 이를 별개의 행위로 보는 것이 타당한지가 검토되어야 할 것[16]이다.

이를 검토함에는, 행위자인 B의 의사가 중요한 고려 사항이 될 것이다. 이 사건 MMT계좌에서의 기존의 무단인출행위가 원고 C주식회사와 피고 A은행의 관계에서 정당한 변제가 되는지 여부는 B의 입장에서는 아무런 고려 대상이 되지 않았을 것이라는 점도 유의하여야 할 것이다. B의 의사는 오로지 이 사건 MMT계좌에서의 기존의 무단인출행위가 원고 C주식회사에 발각되지 않는 것, 그러기 위하여 그 계좌에 예금이 있어야 하고 그 이익을 원고 C주식회사가 누려야 한다는 점에만 있었을 것이라는 점은 문제 해결에 중요한 열쇠가 될 것이다.

3. 타인으로부터 편취한 금원으로 자신의 채권자에게 자신의 채무를 변제한 경우에 대한 기존의 판례 내지 법리가 이 사건에 적용될 여지가 없는지도 검토 대상이 된다.

이른바 '돌려막기'의 경우, 특히 그런 현상이 금융기관에 대한 예금채권과 관련하여 나타날 경우는, 이 사건에서 보는 바와 같이 그 출연자가 누구인지가 문제된다. 다시 말해서, 이 사건의 경우에서처럼 돌려막는 자금의 근원이 된 이 사건 정기예금계좌에서의 인출행위의 사법적 효력에 따라 그 출연자를 달리 볼 것인가가 문제되는 것이다. 또 출연자가 누구인지에 따라 법리의 적용한계나 적용에서의 균형 여부도 검토되어야 한다.

나아가 그 행위에서 B는 단순히 예금주인 원고 C주식회사의 위임을 받은 지시자로만 행동한 것이지 그 예금 자체에 어떤 채권채무관계가 있다고 하여

---

16) 이른바 '돌려막기'의 경우 이 사건에서 나타난 형태의 인출행위와 입금행위가 가장 많이 나타날 소지가 있으므로, 그 행위들의 일체성 여부 판단은 매우 중요한 검토 사항이 된다.

관여한 것은 아니지 않은가 하는 점도 고려되어야 할 것이다.

　4. 이 사건의 경우와는 달리, 이 사건 MMT계좌에서의 기존의 무단인출행위가 원고 C주식회사와 피고 A은행의 관계에서 정당한 변제가 되지 못하여, 원고 C주식회사가 B에 대하여 아무런 손해배상청구권을 가지지 못하게 된다면, 어떤 법리가 적용되며, 그 결과는 이 사건의 경우와 달리 나올 수 있는 것인가, 그 경우의 균형의 문제는 없는가 하는 점도 검토되어야 한다.

　이른바 '돌려막기'의 경우 극히 우연한 사정에 의하여 그 결과가 전혀 다르게 나오는 것이 타당한 것인가가 문제되는 것이다.

　전통적인 삼각관계상 부당이득의 법리에 의하면, 대가관계상의 채권채무관계가 유효하게 존재하는 것이라면, 보상관계상의 채권채무관계의 법률적 흠결은 대가관계에 영향을 미치지 못한다고 한다. 아마도 대상판결은 이 원칙에 크게 영향을 받았을 것이다.

　따라서 이 사건과 관련된 범위 내에서 삼각관계상의 부당이득의 법리가 검토되어야 할 것이다. 금융기관의 예금채권의 경우 그 삼각관계가 어떻게 변형 내지 유지될 수 있는가도 검토되어야 하며, 출연관계의 문제도 검토되어야 할 것이다.

Ⅳ. 삼각관계상의 부당이득과 관련하여

　1. 부당이득에서 문제되는 삼각관계의 유형에는 여러 가지가 있을 수 있다.[17]

　가장 전통적인 경우는 3인의 당사자와 그 사이에 2개의 채권채무관계가 존재하면서 채권채무관계의 급부의 내용이 같아서 2개의 이행을 1개의 이행으로 갈음할 수 있는 경우가 된다. 예를 들어서 X는 Y에 대하여 일정 금액의 금전지급채무를 부담하고, 한편 Y는 Z에 대하여 같은 금액의 금전지급채무를 부담하는 경우 그 이행을 위하여 X는 Y에게, 그리고 Y는 Z에게 각각의 금전지급의 이행(급부)을 하는 대신 한 번에 X가 해당 금액을 Z에게 지급함으로써 모든 채권

---

17) 이에 관하여 자세한 것은 박세민, "삼각관계상의 부당이득", 서울대학교 법학박사학위논문(2007) 및 황충현, "부당이득에 관한 연구", 경희대학교 법학박사학위논문(2015), 172면 이하 참조.

채무관계가 종료되게 하는 경우를 말한다.

이 경우 통상 Y와 Z의 관계를 대가관계, X와 Y의 관계를 보상관계라고 하며, X와 Z의 관계를 출연관계라고도 한다. 종래에는 출연관계에서의 출연(재산의 이동)이 의미하는 바에 대하여 논의가 이루어져 왔다.[18]

문제는 대가관계나 보상관계에서의 채권채무관계의 법률적 흠결이 있는 경우 출연을 한 X가 Y나 Z 중 누구에게 그 반환을 청구할 수 있는가에 있으며, 원칙적으로 각 법률관계의 흠결이 있는 경우에는 그 당해 당사자 사이에서 이득 조정이 이루어진다[19]고 한다. 따라서 대가관계의 채권채무관계가 유효하게 존재하는 한 보상관계의 채권채무관계에서의 법률적 흠결은 대가관계에 영향을 미치지 못하게 되어, (위의 예규에서) 출연을 한 X는 Y와의 법률관계의 흠결을 이유로 수령자인 Z로부터 반환을 청구할 수 없게 된다.

대가관계 및 보상관계 모두에서 법률적 흠결이 있는 경우를 이중흠결의 경우라고 하며, 급부의 내용에 따라 상당히 복잡한 법률관계 이론이 구성될 수 있다.[20]

대법원 2003. 12. 26. 선고 2001다46730 판결은 위와 같은 삼각관계에 대하여, 보상관계 및 대가관계 모두에서 동시에 채무이행의 효과가 발생한다고 판시하여 그런 관계가 성립됨을 긍정하였다.[21]

그런데 이런 종래의 논의에 대하여 독일에서 카나리스(Canaris)는, 첫째 흠결이 있는 원인관계의 당사자들로 하여금 상대방에 대한 항변을 유지할 수 있게 하여야 한다, 둘째 당사자는 자신의 계약상대방이 제3자와 맺은 법률관계에서 발생하는 항변권으로부터 보호되어야 한다, 셋째 파산위험은 정당하게 분배되어야 한다는 세 개의 평가기준을 제시[22]하면서, '귀속성의 하자'와 '원인관계의 하자'라는 두 개의 개념을 내세워 문제를 해결하여야 한다는 새로운 이론을 내세웠다.[23] 물론 물권변동과 관련하여 물권행위의 무인성을 인정하는 등으로

---

18) 박세민, "부당이득법의 인과관계와 법률상 원인", 민사법학 제41호(한국민사법학회, 2008), 106면 이하 참조.

19) 박세민, 전게학위논문, ii면.

20) 편집대표 곽윤직, 민법주해 [XVII], (박영사, 2005), 206-208면에 이에 대한 간단한 예시가 있다.

21) 이 판결의 의의에 대하여는 박세민, 전게학위논문, 14-19면 참조.

22) 박세민, 전게논문, 111면.

23) 자세한 것은 박세민, 전게학위논문, 140-145면 참조.

독일의 법제가 우리와는 서로 다르지만, 물권적인 면이 문제되는 수준이나 지시에 존재하는 흠결을 '귀속성의 하자'라고 하고, 원인관계에 존재하는 흠결을 '유효성의 하자'라고 하면서, '귀속성의 하자'는 재산의 귀속 자체에 하자가 있는 것이므로 출연(재산의 이동)의 직접당사자들인 출연자(피지시자)와 수령자 사이에서 일관되게 직접적인 부당이득반환청구가 가능하지만, '유효성의 하자'가 있는 경우에는 원칙적으로 원인관계의 당사자들 사이에만 부당이득반환청구가 이루어진다[24]고 한다.

이때 카나리스가 제시한 객관적 기준에 해당되는 '원인관계'는 종래 논의되었던 급부관계[25]와는 별개의 개념으로서, 문자 그대로 채권을 발생시키는 원인이 되는 관계이고, 현재 부당이득이 반환되어야 하는 상황에 이르게 된 유인요소로서의 법률상 원인이 존재하는 관계를 의미한다[26]고 한다. 따라서 원인관계가 급부관계가 되는 것이 일반적이겠지만, 삼자 이상의 관계에서라면 그것이 반드시 일치하는 것은 아닐 것이다.

따라서 부당이득의 조정이 흠결이 있는 원인관계의 당사자들 사이에서만 이루어져야 한다는 규칙과, 부당이득반환이 원칙적으로 각각의 급부관계에서 이루어져야 한다는 규칙이 반드시 동일한 것이 아니게 된다.[27] 전자의 관계는 계약관계이든 기타의 관계이든 재산이동을 가능하게 한 채권이 존재하는 관계인 반면에, 후자의 관계는 그와 같은 원인관계를 바탕으로 채무변제에 따른 소멸 등의 목적으로 다른 사람의 재산의 증대가 이루어진 관계라는 것[28]이다.

사실 이러한 카나리스의 새로운 논의는 급부가 금전일 경우 더욱 그 타당성을 발휘할 수 있을 것이다.

이미 살펴본 바와 같이, 이 사건에서의 문제는 B의 이 사건 정기예금계좌에서의 무단인출에 따른 것이었으므로 이른바 지시에 흠결이 존재하는 경우에 해당하고, 나아가 급부의 대상이 금전이므로 '귀속성의 하자'는 결국 '이익의 귀

---

24) 박세민, 전게학위논문, 142면.

25) 독일에서 원인관계에서 발생한 채권을 변제하기 위한 목적으로 재산을 이전시키는 것을 '급부'라고 하였다. 그리고 그와 같은 목적성을 지닌 재산이전관계를 가리켜 '급부관계'라고 한다. 박세민, 전게학위논문, 144면.

26) 박세민, 전게학위논문, 144면.

27) 박세민, 전게학위논문, 145면.

28) 박세민, 전게학위논문, 145면.

속성의 하자'라는 문제로 전환될 수 있다는 것이 된다.

　2. 한편, 여기서 다른 논의를 하나 하고 넘어갈 필요가 있다. '편취금전에 의한 채무변제'라는 주제로 논의되는 것인데, 이 사건의 경우와 같이 다른 사람으로부터 편취한 금전으로 자신의 채권자에게 그 채무를 변제한 경우 채권자는 그 금전을 확정적으로 취득하는가의 문제이다.

　대법원은 2008. 3. 13. 위 문제에 대하여 두 개의 판결[29]을 선고하면서, "부당이득제도는 이득자의 재산상 이득이 법률상 원인을 결여하는 경우에 공평·정의의 이념에 근거하여 이득자에게 그 반환의무를 부담시키는 것인바, 채무자가 피해자로부터 편취한 금전을 자신의 채권자에 대한 채무변제에 사용하는 경우 채권자가 그 변제를 수령함에 있어 그 금전이 편취된 것이라는 사실에 대하여 악의 또는 중대한 과실이 없는 한 채권자의 금전취득은 피해자에 대한 관계에서 법률상 원인이 있는 것으로 봄이 상당"하다는 취지의 판시를 하였다.[30]

　이에 대하여 일반적으로 '법률상의 원인'의 존재 여부는 당사자의 주관적 요소와는 상관 없이 객관적으로 결정되며, 이는 부당이득제도의 기초와 관련하여 통일설을 취하든 유형론을 취하든 마찬가지[31]라면서, 대법원의 이론 구성은 금전에 있어서 물건의 소유권과 가치의 소유권의 분리라는 사고방식에 의해서만 이해될 수 있는데, 그러한 사고방식은 현행법 아래에서는 인정하기 어렵다[32]고 하여 반대하는 견해가 있고, '자기채무변제형'이라 하여 원칙적으로 자기채무변제의 경우 자신의 채권에 대한 만족으로 수령인이 그 금전을 계속 보유할 법률상 원인을 가지는 것으로 보아 부당이득의 성립을 원칙적으로 부정하는 견해[33]가 있다.

　3. 대상판결은, B가 피고 A은행으로부터 이 사건 정기예금계좌의 예금을 인출받아 이를 취득하였고(편취행위의 존재), 그 편취금액으로 자신의 원고 C주식회사에 대한 손해배상청구권을 변제하였으며(변제행위의 존재), 원고 C주식회사는 물론 그 변제금원이 피고 A은행으로부터 편취된 금전이라는 사실을 몰랐

　29) 대법원 2008. 3. 13. 선고 2005다36090 판결 및 같은 날 선고 2006다53733(본소), 53740 (반소) 판결.
　30) 대법원 2003. 6. 13. 선고 2003다8862 판결도 같은 취지이다.
　31) 정태륜, '횡령한 금전의 부당이득', 민사판례연구 [XXVII], (민사판례연구회, 2005), 465면.
　32) 상계논문, 470면.
　33) 편집대표 곽윤직, 전게서, 365면.

다는 것을 전제로 하고,[34] 전통적인 삼각관계에서의 기본원리에 따라 보상관계의 채권채무관계의 법률적 흠결은 대가관계에 영향을 미치지 않는다는 것을 나타내고 있다.

그러나 이런 대법원의 결론에는 아래와 같은 의문이 든다.

4. 먼저 B의 행위의 측면을 살펴본다.

B의 이 사건 정기예금계좌에서의 예금 인출과 이를 MMT계좌에 입금한 것은 이른바 '돌려막기'를 위한 행위에 불과하다.

만약 그것을 자금이체의 방법으로 하였다면, 누구도 그 금전이 B에게로 이전되었다가 원고 C주식회사로 이전된 것으로 생각하지 않을 것이다. 나아가 이 사건의 경우에서처럼 인출행위 자체가 다른 계좌로의 입금행위를 전제로 하여 이루어진 것이라면, 이는 계좌이체의 경우와 전혀 달리 볼 이유가 없다.

행위자인 B도 그 금전을 자신에게 이전시켰다가 다시 제3자에게 이전시킨다는 인식은 없었다고 보는 것이 상당할 것이다. 더구나 인출하는 계좌의 예금주도 원고 C주식회사이고 다시 입금하는 계좌의 예금주도 원고 C주식회사라면 행위자인 B의 의도는 지시자의 입장에서 그 계좌의 이체를 지시한 것에 불과하다고 보는 것이 합리적일 것이다. B의 의사는 오로지 이 사건 MMT계좌에서의 기존의 무단인출행위가 원고 C주식회사에 발각되지 않는 것, 그러기 위하여 그 MMT계좌에 예금이 남아 있어야 하고 그 이익을 원고 C주식회사가 누려야 한다는 점이었을 것이고, 그 이상도 그 이하도 아닐 것이다. 피고 A은행의 입장에서도 예금의 인출이 원고 C주식회사의 다른 계좌로 사실상 이체하는 방법으로 이루어지고 있다고 생각할 것이라고 보는 것이 상식에 맞을 것이다. 하나의 계좌에서 금전을 인출하여 동일 예금주의 다른 계좌로 보내는 것이 바로 계좌의 이체인 것이다.

여기서 B는 문제된 두 개의 계좌에 예치된 예금 자체에 대하여는 어떤 법률적인 채권채무관계도 가지고 있지 않음도 중요한 징표가 된다. 즉 어느 모양의 삼각관계를 생각하더라도 B는 한 당사자를 위한 지시자에 불과하지 그 삼각관계의 한 축을 담당하는 당사자로서 채권채무관계를 가지고 있지 않음은 자명하다. 결국 B의 행위는 지시자로서 계좌의 이체라는 사실상의 1개의 행위를 한 것에 불과한 것이라고 보아야 한다.

---

34) 대상판결 자체에 설시되지는 않은 부분이다.

그렇다면, 이 사건의 경우 원고 C주식회사로서는 이 사건 정기예금계좌의 예금의 인출의 사법적 효력과는 관계없이 그 형태가 변경된 MMT계좌의 예금이라는 형태로 그 이익을 그대로 보유하고 있는 것이 될 것이다. 새로이 생겨난 이 사건 MMT계좌의 예금은 종전의 정기예금계좌의 예금의 변형물 내지는 대체물이 될 것이며,[35] 입금된 금액만큼 원고 C주식회사로서는 새로운 예금채권이 생긴 것이니만큼 민법 제472조가 규정하고 있는 '이익'이 발생한 것이다. 대상판결의 설시 표현에 따르자면, '변제수령자가 채권자에게 변제로 받은 급부를 전달한 경우'의 전형적인 경우로 봄이 타당할 것이다.

5. 다음으로 출연을 한 사람이 누구인가의 관점에서 보아도 같은 결론에 이르게 된다.

이른바 '돌려막기'의 경우, 특히 그런 현상이 금융기관에 대한 예금채권과 관련하여 나타날 경우 그 출연자는 예금주로 보아야 할 것이다. 이 사건 정기예금계좌에서 인출이 이루어진 것이므로 출연을 한 사람은 예금주인 원고 C주식회사가 되는 것이 타당[36]하다.

다만 지시자인 B에게 지시(여기서는 인출)의 정당한 권한이 있었는가 등의 사유로 그 출연(인출)의 효력을 최종적으로 금융기관인 피고 A은행이 예금주인 원고 C주식회사에 귀속시킬 수 있는가의 사후적인 문제만 남을 뿐이다. 즉 부당이득의 삼각관계를 구성하는 대가관계나 보상관계는 외형적으로 분명하게 나타나는 것이고, 각각의 법률관계에서의 유효성 여부는 법률적 흠결의 문제로 나타나는 것이다. 원래 각각의 법률관계에서 법률적 흠결이 없으면 부당이득 문제는 나타나지 않는다는 것이 삼각관계상의 부당이득의 특징인 것이다. 이 사건과 같이 부당이득의 문제가 발생하였다는 것 자체가 각각의 법률관계에 어딘가에 법률적 흠결이 존재하였다는 것 이외에 다른 의미는 없는 것이며, 그 법률적 흠결이 삼각관계의 형태를 바꾸는 것은 아니다.

여기서 삼각관계상의 출연자와 수령자는 모두 원고 C주식회사가 된다. 분명 B는 지시자에 불과하여 삼각관계의 한 축이 될 수 없으므로, 그 자리에는 피

---

35) 예금의 종류에 따라 원고 C주식회사에 생길지도 모르는 불이익(예컨대 이자율의 차이)에 대한 정산 문제는 전혀 별개의 법률문제가 된다.

36) 이동수, "자금이체에 있어서의 부당이득의 법률관계", 법학연구 제41집(전북대학교 법학연구소, 2014), 93면도 비슷한 취지이다.

고 A은행이 들어가는 수밖에 다른 방법이 없다.[37)]

어쨌든 삼각관계상의 출연자와 수령자는 모두 원고 C주식회사가 되는 것만은 분명하므로, 결과는 계좌이체의 경우와 전혀 다르지 않게 된다. 어쩌면 이와 같은 구조가 B가 한 행위를 일체로 평가하여 계좌이체의 경우와 같이 보아야 한다는 앞의 논리를 보강해줄 수도 있다.

또 이와 같이 삼각관계상의 출연자와 수령자는 모두 원고 C주식회사가 되는 것이라면, 이미 그 자체로 더 이상 삼각관계가 되지 않는 것[38)]이고, 그야말로 애초에 존재하였던 예금이 형태를 바꾸어 존재하는 것에 불과하다는 결론에 이르며, 이는 바로 앞에서 본 결론과 동일한 것이다.[39)]

6. 만약 출연자를 피고 A은행으로 본다[40)]면 어떻게 될 것인지 살펴본다.

위에서 본 카나리스의 새로운 이론에 따를 때, 이 사건에서의 문제는 B의 이 사건 정기예금계좌에서의 무단인출에 따른 것이어서 '지시'에 흠결이 존재하는 경우에 해당하고, 그야말로 '급부' 내지는 '급부행위'의 내용에서 가치(이익)의 개념만이 의미가 있는 '금전'채권채무관계에서의 문제가 되므로, 어떤 원인관계를 바탕으로 채무변제에 따른 소멸 등의 목적으로 다른 사람의 재산의 증대가 이루어진 관계를 중심으로 '이익의 귀속성의 하자'라는 측면에서 살펴보아야 한다.

그런데 원고 C주식회사로서는 이 사건 정기예금계좌의 예금채권을 잃는(채무변제에 따른 소멸) 대신에 새로운 MMT계좌의 예금채권을 취득한 것(재산의 증대)이거나, 이 사건 정기예금계좌에서의 인출이 원고 C주식회사의 관계에서 변제로서의 효력이 없다고 하는 다른 각도에서 보더라도 최소한 피고 A은행의 금전지급(재산의 감소)으로 새로운 MMT계좌의 예금채권을 취득한 것(재산의 증대)이 분명하므로 그에 따른 '이익'은 분명 원고 C주식회사에 귀속된다면 그 이익

---

37) 아래에서 보는 바와 같이 매우 이상한 구조가 되지만, 삼각관계상의 다른 한 축을 피고 A은행이 아닌 B로 보아도 논의의 결과는 마찬가지가 된다.

38) 이동수, 전게논문, 104면도 같은 결론에 이르고 있다.

39) 그리고 이와 같은 논리의 연장에서 동일한 은행에 예치되어 있지만 그 계좌 명의인을 달리하는 경우는 결론을 달리할 수 있을 것이다.

40) 이는 이 사건 정기예금계좌에서의 인출의 사법적 효력이 예금주인 원고 C주식회사의 관계에서 무효라는 것을 미리 전제로 하여야만 가능한 구성이다. 논리적으로 볼 때, 삼각관계를 구성하기 전에 이미 구성요소가 되는 각각의 법률관계 유효성 여부를 살펴야 다시 삼각관계의 당사자가 확정된다는 점에서 그 자체 모순을 내포하고 있다고 보아야 한다.

의 귀속성에 하자가 없게 되므로, 새로운 부당이득의 관계는 발생하지 말아야 한다. 따라서 그럼에도 원고 C주식회사가 피고 A은행에 대하여 새로운 MMT계좌의 예금채권에 추가하여 다시 이 사건 정기예금계좌의 예금채권을 주장할 수 있게 된다면 '이익의 귀속성의 하자'가 발생하게 되는 셈이 되어 부당하게 된다. 이때야말로 '불필요한 연쇄적인 부당이득반환의 법률관계가 형성'되는 것이므로 이를 피하기 위하여 수령자인 원고 C주식회사가 민법 제472조에서 규정하는 '이익'을 받았다고 보아야 타당하다는 결론에 이르게 된다.

이 역시 앞의 결론과 궤를 같이 한다.

7. 이런 결론은 이 사건 MMT계좌에서의 기존의 무단인출행위가 원고 C주식회사와 피고 A은행의 관계에서 정당한 변제가 되지 못하여, 원고 C주식회사가 B에 대하여 아무런 손해배상청구권을 가지지 못하게 될 때의 경우와 비교하여 보아도 타당성을 지닌다. 위와 같은 우연한 사정으로 인하여 실제적 이익의 귀속에서 엄청난 차이를 가져온다면 누가 보아도 이상할 것이다.

원고 C주식회사가 B에 대하여 손해배상청구권을 가지게 되든 아니든, 최소한 B는 삼각관계의 한 축에 해당되지 않으므로, 위 손해배상청구권은 '이익의 귀속성'을 판별하는 데 아무런 영향이 없는 것이다.

8. 무리하게 B를 삼각관계의 한 축으로 만들려면, B는 이 사건 정기예금계좌에서의 인출과 관련된 삼각관계에서의 수령인이 될 수밖에 없는데 그럴 경우 마치 다른 사람의 예금을 자신에게 달라고 하는 형태가 되어 매우 이상하게 된다.

그리고 이 사건 MMT계좌에의 입금에 관련된 삼각관계에서는 다시 위에서 본 바와 같은 삼각관계로 환원되게 된다. 그 삼각관계의 두 축은 원고 C주식회사로 공통되고, 나머지 한 축이 피고 A은행이 되는데 이는 계좌이체의 경우와 완전히 같은 것이며, 결국 삼각관계가 무너지는 것이다. 그렇다면 삼각관계의 중첩도 아무런 의미가 없어진다.

실제의 측면에서 보아도 원고 C주식회사와 피고 A은행은 서로 더 이상 정산할 것이 없다고 보는 것이 솔직한 답변이 될 것이다.

9. 이번에는 B가 피고 A은행으로부터 금전을 편취한 것으로 볼 경우에 대하여 살펴본다.

위에서 본 대법원 판례에 따르면, 그 경우 수령인인 원고 C주식회사가 그 금전이 편취된 것이라는 사실에 대하여 악의 또는 중대한 과실이 있는지 여부에 따라 결론이 달라지게 된다.

그러나 위에서 살펴본 바와 같이 피고 A은행은 자신이 출연한다고 한 것이 아니고 다만 (적어도 형태상으로는) 원고 C주식회사의 이 사건 정기예금계좌에서 예금을 내어준 것에 불과하므로, 그 인출의 사법적 효력을 주장할 수 없어 최종적인 손해의 귀속점이 피고 A은행이 된다고 하더라도 그 시작점은 원고 C주식회사이고, 수령인도 원고 C주식회사이므로 이와 같은 경우 대법원 판례가 의미하는 수령인의 악의 또는 중대한 과실은 사실상 의제되어야 할 것이다. 이는 이 사건의 경우 삼각관계상 출연인과 수령인이 동일한 경우에 해당한다는 논리와 같은 맥락에서 나오는 결론이다.

이때에도 '불필요한 연쇄적인 부당이득반환의 법률관계가 형성'되는 것이 자명하므로 이를 피하기 위하여 수령자인 원고 C주식회사가 민법 제472조에서 규정하는 '이익'을 받았다고 보아야 타당하다는 결론에 이르게 된다.

10. 마지막으로 살펴볼 것은 위험부담의 문제이다.

이 사건에서 B의 행위에 대한 위험이 누구의 영역에 존재한다고 보아야 할 것인가는 매우 어려운 문제가 된다. 피용자의 측면에서 보면 원고 C주식회사의 영역인 것 같고, 인출행위와 입금행위라는 측면에서 보면 피고 A은행의 영역에 속하는 것 같다. 이렇게 본다면 위험부담의 문제는 가치중립적이 된다.

우리 법제가 가치의 소유권을 인정하든 말든 간에 금전은 가치가 문제가 된다. 우리는 내가 어떤 돈을 가지고 있다고 말하지 않고 대신 돈을 얼마 가지고 있다고 말하는 것이다.

피고 A은행이나 원고 C주식회사의 입장에서 보면 예금이 어느 계좌에 있든 문제되는 것은 그 금액일 것이다. 이런 각도에서 본다면 이 사건에서 금전의 이동은 무슨 법리에 따르든 간에 그 유효성이 인정되어야 누구도 위험을 부담하지 않는 것이 된다.

V. 민법 제472조의 법리와 관련하여

1. 위 IV항에서 살펴본 결론을 민법 제472조의 법리에 비추어 논리의 일관성을 유지하려면, 결국 '불필요한 연쇄적인 부당이득반환의 법률관계가 형성'되는 것을 피하기 위하여 이 사건에서 원고 C주식회사는 새로운 MMT계좌에 대한

예금채권을 취득함으로써 민법 제472조에서 규정하는 '이익'을 받았다고 보아야 한다.

그러므로 이때의 '이익'은 '변제수령자가 채권자에게 변제로 받은 급부를 전달한 경우'로 보는 것이 사안의 실질에도 부합하고 법리적으로도 가장 간명하다.

2. 민법 제472조의 규정에 대한 법리 문제가 부당이득의 문제를 내포하는 것이라면, 당연히 그때의 '이익'은 '실질적인 이익'을 의미하는 것이어야 함은 논리적으로도 타당하다.

우연한 사정으로 사실상 변제받을 수 없다고 판단되는 채권을 다른 사람의 출연에 기하여 변제받는 것도 포함되어야 하는 것이며, 이는 분명 수령자에게 실질적인 이익이 되는 것이다.

물론 이런 결론은 B가 이 사건에서 결국 금전의 이동을 지시한 지시자에 불과하다는 점과도 일치된다.

우연한 사정으로 사실상 변제받을 수 없다고 판단되는 채권을 다른 사람의 출연에 기하여 변제받는 것을 용인한다면 그야말로 부당하지 않은가?

VI. 민법 제469조의 법리와 관련하여

1. 이미 위에서 본 바와 같이, 이 사건 MMT계좌에서의 무단인출이 원고 C주식회사와 피고 A은행의 관계에서 정당한 변제로서 유효하여 원고 C주식회사가 무단인출된 자금 상당액에 관한 손해배상청구권을 B에 대하여 취득하는가 여부는 결론을 도출하는 데에 아무런 관련이 없어야 한다는 점을 살펴보았다.

그런데 이와 반대되는 견해에서 원고 C주식회사의 B에 대한 손해배상청구권 취득 여부가 결론에 영향을 미쳐야 한다면, 만약 MMT계좌에서의 무단인출이 무효가 되어 원고 C주식회사가 B에 대하여 어떤 손해배상청구권도 취득하지 않았다면, 이 사건에서 문제된 이 사건 정기예금계좌에서 MMT계좌로의 예금의 이동은 무슨 의미를 지니는 것인가를 살펴보는 것도 지금까지의 논의가 타당하다는 점을 확인시켜 줄 수 있다면 유익할 것이다.

2. B의 행위는 이른바 '돌려막기'이고, 그 목적은 분명 문제가 된 예금채권에 아무 이상이 없었던 것처럼 보이기 위하여 그 예금을 채워 넣는 행위이다.

그런데 전에 문제된 원래의 예금은 이미 인출되어 없을 것이므로, 만약 예금주가 예금채권의 반환을 청구하면 금융기관은 자신의 출연으로 그 부족분을 지급하여야 하는 채무를 부담하게 된다.

이른바 '돌려막기'는 그런 사태의 발생을 피하기 위하여 그 부족분을 메우는 것이므로, 결국 금융기관이 부담하는 채무를 B가 제3자로서 변제하게 되는 구조가 된다. 즉, 민법 제469조의 규정이 적용되는 것이다. 이때 B가 그 변제에 이해관계가 있음은 자명하다.

3. 나아가 민법 제469조가 규정하는 제3자의 변제에서 필요하다고 논의되는 변제행위를 위한 지정행위도 존재한다고 보아야 할 것이다.

B로서는 누구든 채워 넣어야 하는 금액을 맞춘 것이고, 예금주로서도 그 변제를 누가 하였는가에 전혀 영향을 받지 않기 때문에, 이를 가지고 금융기관의 변제행위인지 몰랐다는 주장을 하는 것은 분명 신의칙에 반할 것[41]이기 때문이다.

4. 이와 같은 결론은 예금주가 부당한 2중의 이익을 얻는 것을 방지하는 효과가 있다.

예금주가 부당 인출된 원래의 예금채권에 대하여 그 상당액을 금융기관에 청구할 수 있는데, 또 이른바 '돌려막기'에 의하여 입금된 금전도 취득할 수 있다고 하는 것은 명백한 2중의 이익을 얻게 하는 것이기 때문이다.

이때 이른바 '돌려막기'에 다른 예금이 사용되었다면, 그 문제는 바로 이 사건의 경우와 같은 문제가 되는 것이다.

손해배상청구권의 유무에 따라 민법 제472조가 적용되어야 하는가 아니면 민법 제469조가 적용되어야 하는가를 검토하여야 한다는 것 자체는 예금의 이동의 효과에 대하여 B에 대한 원고 C주식회사의 손해배상청구권의 유무에 따라 결론을 달리하려는 것에 기인한다.

계좌이체와 동일한 정도로 판단되는 예금의 이동에서는 지시자에 불과한 B에 대한 어떤 채권채무관계도 고려될 필요가 없고, 또 고려되어서는 안된다는 지금까지의 논의가 실증적인 면에서도 의미가 있다는 점도 된다.

---

41) 편집대표 곽윤직, 전게서, 111면.

Ⅶ. 판결의 평석

1. 판지에 반대한다.

2. 대상판결의 가장 큰 난점은 실제적인 측면에서 나타난다. 원고 C주식회사로서는, 피용자인 B가 무단인출한 이 사건 MMT계좌에 대한 예금채권이 소멸하였음에도 이를 다시 확보하는 이익을 얻는 동시에 이 사건 정기예금계좌의 예금도 확보하는 것이 되나, 피고 A은행의 입장에서 보면 이 사건 MMT계좌의 예금지급이 원고 C주식회사와 피고 A은행의 관계에서 정당한 변제로 인정되지 못한 무효의 경우보다 유효인 경우에, 오히려 정당한 변제로서 유효하였던 MMT계좌의 예금에 대한 이중지급의 위험을 부담하는 결과가 발생하게 되기 때문이다.

원인은 원고 C주식회사가 B에 대하여, 그의 MMT계좌에서의 예금 무단인출에 따른 손해배상청구권을 취득하는가 아닌가라는 사실상 우연한 사정을 고려하였기 때문이다.

B는 예금채권에 대하여는 아무런 채권채무관계를 가지고 있지 않다. B는 문제된 예금채권채무관계의 당사자가 아니라 지시자에 불과하다. 따라서 지시자에 불과한 B의 채권채무관계는 사안을 해결함에 고려되지 말아야 한다.

3. 이른바 '돌려막기'에 해당하는 B의 행위는 계좌의 이체라는 1개의 행위와 사실상 동일한 것이다.

원고 C주식회사로서는 비록 계좌의 성격이 달라졌을지는 모르나 이 사건 정기예금계좌의 예금이 MMT계좌로 이동함으로써 새로운 MMT계좌의 예금이라는 변형물 내지 대체물을 취득하는 '이익'을 얻었고, 이는 민법 제472조가 규정하는 '이익'에 해당됨은 당연하다.

4. 이 사건에서 민법 제472조를 적용하기 위하여는 결국 원심 판결이 설시하고 있는 것과 같이 예금의 이동에서 인과관계만 인정되면 충분한 것이다. 비록 '수령자가 변제로 수령한 것을 자신의 채무 또는 제3자의 변제에 충당한 경우'에도 민법 제472조가 규정하는 '이익'이 있다고 설시한 원심 판결에 논리 구성상의 문제가 없다고 할 수는 없지만, 적어도 원고 C주식회사의 B에 대한 손해배상채권이 민법 제472조가 규정하는 '이익'을 판단함에 영향을 미치지 않으며 예금의 이동에서의 인과관계만 인정되면 된다는 의미의 한도 내에서 타당하다 할 것이다.

5. 민법 제472조의 '이익'을 받는다는 의미는 그야말로 대상판결이 설시한 것처럼 '불필요한 연쇄적 부당이득반환의 법률관계가 형성되는 것을 피하기 위'한 것으로 그 자체에 부당이득의 공평·정의의 이념에 기초하여야 하며, 따라서 이를 실질적으로 파악하여야 함은 당연한 것이다.

우연한 사정으로 변제자력이 없는 사람으로부터 변제를 받는 것은 그렇다고 치더라도 결국 그 금전이 자신의 예금계좌에 나온 것이라면 이를 아무런 제약 없이 제3자의 계산으로 돌리는 것이 과연 공평하고 타당할 것인가?

6. 결론적으로, 민법 제472조가 규정하는 바와 같이 원고 C주식회사가 이익을 받았다고 할 때, 그 구체적인 내용은, '예금의 이동이라는 행위의 성격에 맞추어 변제수령자가 채권자에게 변제로 받은 급부를 전달한 경우'로 보는 것이 사안의 실질에도 부합하고 법리적으로도 가장 간명하다.[42]

7. 대상판결은 위와 같은 몇 가지 점을 간과하는 동시에 행위자인 B의 의사나 행위의 성격을 너무 세분화하여 그와 같은 결론에 이르렀으나 그 자체로 사안의 실체 파악에는 미치지 못한 것으로 보인다. 또한 그럼으로써 원고 C주식회사에 부당한 이득을 주는 결과가 되었다.

8. 이 사건 MMT계좌에서의 추가 무단인출 등의 문제는 별개의 사후적인 문제이다. 기존 MMT계좌에서의 무단인출이 별개의 사전적인 문제에 불과한 것과 같은 이유에서이다.

따라서 원심 판결의 설시와 같이 원고 C주식회사가 취득한 '이익'은 이동된 예금 전액에 미친다고 보아야 할 것이다. 즉, 이 사건 정기예금계좌로부터 무단인출되어 MMT계좌로 입금된 예금 중 54억 여 원을 원고 C주식회사가 최종적으로 사용하였다는 점은 사후적인 문제에 불과한 것이다.

---

42) 그럴 경우, 원고 C주식회사가 B에 대하여 손해배상청구권을 가지고 있지 않은 경우에도 민법 제469조를 적용할 필요가 없어지는 동시에 우연한 사정에 의하여 논리의 전개가 달라지지도 않게 된다.

● 참고문헌

[단행본]
편집대표 곽윤직, 민법주해 [XI], (박영사, 1995)
편집대표 곽윤직, 민법주해 [XVII], (박영사, 2005)

[논문]
박세민, "삼각관계상의 부당이득", 서울대학교 법학박사학위논문(2007)
_____, "부당이득법의 인과관계와 법률상 원인", 민사법학 제41호(한국민사법학회, 2008)
황충현, "부당이득에 관한 연구", 경희대학교 법학박사학위논문(2015)
이동수, "자금이체에 있어서의 부당이득의 법률관계", 법학연구 제41집(전북대학교 법학연구소, 2014)
정태륜, '횡령한 금전의 부당이득', 민사판례연구 [XXVII], (민사판례연구회, 2005)

자기책임의 원칙의 한계

성소영, 장현철

[요 지]

대상판결은 카지노에서 바카라 게임을 하여 3년 7개월 동안 약 231억 원을 잃은 카지노 이용자인 원고에게, 카지노 사업자인 강원랜드에 대한 손해배상청구권을 인정할 수 있는지에 대하여 판단하고 있다.

이 평석은 원고에 대한 출입제한 요청서가 강원랜드에 도달하기 이전에 원고의 아들이 전화로 출입제한 요청서의 반송을 요구하였으므로 원고에 대한 적법한 출입제한 요청이 있었다고 보기 어렵다는 점, 베팅한도액을 제한하지 않을 경우 카지노 이용자는 누적된 손실금보다 많은 금액을 베팅하는 방법으로 그때까지의 손실금을 단번에 만회할 수 있는 돈을 딸 수 있게 되므로, 베팅한도액 제한 규정이 단순히 카지노 이용자를 보호하기 위한 것이라고 보기 어렵다는 점에서, 대상판결의 다수의견에 찬성한다.

대상판결의 다수의견은 관련 법령에 분명한 근거가 없는 경우 자기책임의 원칙이 적용되어 원칙적으로 보호의무가 발생하지 않지만, 예외적인 경우 신의성실의 원칙과 사회질서 등을 이유로 자기책임의 원칙이 제한되어 보호의무가 인정될 수 있다고 판시하였는바, 자기책임의 원칙의 한계로서의 보호의무 발생에 대한 일반적인 기준이 될 수 있을 것으로 보인다.

이 평석에서는 대상판결의 다수의견과 반대의견을 대상으로, 원고가 강원랜드 직원들의 보호의무 위반을 이유로 강원랜드에게 사용자책임에 기한 손해배상을 청구할 수 있는지를 살펴보았다.

[주제어]
• 자기책임의 원칙

- 보호의무
- 정보의 비대칭
- 카지노
- 강원랜드
- 베팅한도액 제한
- 출입제한

대상판결 : 대법원 2014. 8. 21. 선고 2010다92438 전원합의체 판결 [공2014하, 1812]

[사실의 개요][1]

원고는 2003. 4. 13.부터 2006. 11. 29.까지 총 333회에 걸쳐 강원랜드가 운영하는 카지노(이하 "이 사건 카지노"라 한다)에 출입하여, 이 사건 카지노의 회원용 영업장[2]과 그 안에 있는 예약실에서 주로 바카라[3] 게임을 하다가 합계 23,179,100,945원을 잃었다.

원고는 이 사건 카지노의 회원용 영업장에서 바카라 게임을 하면서, 이른바 '병정'[4]을 이용하여 고객 1인당 베팅한도인 1회당 1,000만 원을 초과하여 매회 최고 6,000만 원까지 베팅하였는데, 강원랜드의 직원들은 이를 묵인하였다.

원고의 아들은 2006. 7. 19. 강원랜드에 '원고의 도박중독이 의심되며 이로 인하여 가계의 재정에 심각한 어려움이 있으므로 원고의 카지노출입을 금지해 달라'는 내용의 출입제한 요청서를 발송하였는데, 2006. 7. 20. 오전 강원랜드의 직원에게 전화하여 원고에 대한 출입제한 요청을 철회하고자 하니 출입제한 요청서가 도달하면 이를 반송하여 달라고 말하였다.

이후 2006. 7. 20. 11:24경 출입제한 요청서가 강원랜드의 직원에게 도달하였고, 강원랜드의 직원은 2006. 7. 20. 오후 출입제한 요청서에 기재된 원고의

---

1) 사실의 개요는 서울중앙지방법원 2006가합102456 판결(제1심), 서울고등법원 2008나 113587 판결(원심)에 기초하여 정리한 것이다.

2) 다이아몬드 룸과 에메랄드 룸을 의미한다. 예약자를 포함하여 6명까지(예약자와 그 동반고객 이외의 고객은 출입할 수 없다) 입장이 가능하고, 내부에는 메인 바카라 테이블 1대가 설치되어 있으며, 딜러(Dealer) 4인, 플로어퍼슨(Floor Person, 테이블 관리요원) 1명, 핏보스(Pit Boss, 플로어퍼슨의 상급자로서 해당 핏 안의 게임장 관리를 총괄하는 직원) 1명이 배치되어 있다. 예약자는 2억 원 이상을 소지하고 있어야 하고, 최저 50만 원에서 최고 1,000만 원까지 베팅할 수 있다.

3) 2장 내지 3장의 카드 숫자를 합하여 일의 자리 숫자가 9에 가까운 사람이 이기는 게임으로서, 고객은 플레이어(Player), 뱅커(Banker), 타이(Tie)에 각 베팅한다. 타이 베팅은 비겼을 때 베팅한 액수의 8배를 받고, 뱅커쪽 베팅과 플레이어쪽 베팅은 이겼을 때 베팅한 액수만큼 받되, 뱅커에 베팅해서 이기면 5%의 커미션을 제하고 받는다.

4) 자기 돈으로 게임을 하지 않고, 다른 사람을 위하여 그 사람의 돈으로 베팅만 대신해 주는 사람을 의미한다.

아들의 연락처로 전화하여 출입제한 요청을 철회하는 의사가 맞는지 다시 확인하였고, 2007. 7. 25. 원고의 아들에게 출입제한 요청서를 반송하였다.

[소송의 경과]

제1심과 원심은 강원랜드 직원의 베팅한도액 제한 규정 위반과 관련하여, 구 폐광지역개발 지원에 관한 특별법(2007. 4. 11. 법률 제8343호로 개정되기 전의 것, 이하 "구 폐광지역지원법"이라 한다), 구 폐광지역개발 지원에 관한 특별법 시행령(2008. 12. 31. 대통령령 제21214호로 개정되기 전의 것, 이하 "구 폐광지역지원법 시행령"이라 한다) 및 구 관광진흥법 시행규칙(2007. 8. 28. 문화관광부령 제167호로 개정되기 전의 것, '구 관광진흥법 시행규칙'이라 한다) 제36조 단서 [별표 7의2] '폐광지역 카지노사업자의 영업준칙'(이하 "카지노 영업준칙"이라 한다)의 규정은 강원랜드로 하여금 카지노 이용자의 사행심 유발에 적절한 제한을 가하여 이용자가 카지노 게임을 통하여 지나친 재산상실의 위험에 노출되는 것을 방지함으로써 카지노 이용자 개인의 이익을 보호하기 위한 것이라고 전제한 다음, 강원랜드 소속 직원들이 원고가 이른바 '병정'들을 이용하여 대리베팅을 하는 방법으로 법령에서 정한 베팅한도액을 초과하여 베팅하는 것을 묵인한 것은 베팅한도액 제한규정을 어기고 카지노 이용자인 원고에 대한 보호의무를 위반하여 불법행위를 구성한다고 판단하였다.

또한 출입제한 규정 위반행위와 관련하여, 원고의 아들이 강원랜드에 대하여 원고에 대한 출입제한을 요청하였음에도 강원랜드 소속 직원이 영업준칙이나 카지노출입관리지침(2006. 12. 6. 개정되기 전의 것, 이하 "카지노 관리지침"이라 한다)에 정해진 절차를 거치지 아니한 채 원고가 이 사건 카지노에 출입할 수 있도록 허용한 것은 원고에 대한 보호의무를 위반한 행위로서 불법행위를 구성한다고 판단하였다.

다만, 제1심은 강원랜드의 책임을 원고가 입은 손해액 14,206,200,881원의 20%인 2,841,240,176원으로 제한하였고, 원심은 강원랜드의 책임을 원고가 입은 손해 14,146,994,651원5)의 15%인 2,122,049,197원으로 제한하였다.

---

5) 제1심이 인정한 손해액 중 소멸시효 3년이 경과한 2003. 11. 29. 이전 부분을 제외하였다.

[판결의 요지 – 파기환송]

[1] [다수의견] (가) 우리의 사법질서는 사적 자치의 원칙과 과실책임의 원칙 등을 근간으로 한다. 사적 자치의 원칙은 개인이 자신의 법률관계를 그의 자유로운 의사에 의하여 형성할 수 있다는 것을 의미하고, 과실책임의 원칙은 개인이 자신에게 귀책사유가 있는 행위에 대하여만 책임을 지고 그렇지 아니한 타인의 행위에 대하여는 책임을 지지 아니한다는 것을 의미한다. 이에 따라 개인은 자신의 자유로운 선택과 결정에 따라 행위하고 그에 따른 결과를 다른 사람에게 귀속시키거나 전가하지 아니한 채 스스로 이를 감수하여야 한다는 '자기책임의 원칙'이 개인의 법률관계에 대하여 적용되고, 계약을 둘러싼 법률관계에서도 당사자는 자신의 자유로운 선택과 결정에 따라 계약을 체결한 결과 발생하게 되는 이익이나 손실을 스스로 감수하여야 할 뿐 일방 당사자가 상대방 당사자에게 손실이 발생하지 아니하도록 하는 등 상대방 당사자의 이익을 보호하거나 배려할 일반적인 의무는 부담하지 아니함이 원칙이라 할 것이다. 카지노업, 즉 '전문 영업장을 갖추고 주사위·트럼프·슬롯머신 등 특정한 기구 등을 이용하여 우연의 결과에 따라 특정인에게 재산상의 이익을 주고 다른 참가자에게 손실을 주는 행위 등을 하는 업'(관광진흥법 제3조 제1항 제5호)의 특수성을 고려하더라도, 폐광지역개발 지원에 관한 특별법(이하 "폐광지역지원법"이라 한다)에 따라 내국인의 출입이 가능한 카지노업을 허가받은 자(이하 "카지노 사업자"라 한다)와 카지노 이용자 사이의 카지노이용을 둘러싼 법률관계에 대하여도 당연히 위와 같은 '자기책임의 원칙'이 적용된다. 카지노 사업자가 운영하는 카지노 영업장에 찾아가 카지노 게임을 할 것인지는 카지노 이용자 자신이 결정하는 것이고, 카지노 이용자가 게임의 승패에 따라 건 돈을 잃을 위험이 있음을 알면서도 이를 감수하고 카지노 게임에 참여한 이상 그 결과 역시 카지노 이용자 자신에게 귀속되는 것이 마땅하다.

(나) 카지노 사업자가 카지노 운영과 관련하여 공익상 포괄적인 영업 규제를 받고 있더라도 특별한 사정이 없는 한 이를 근거로 함부로 카지노 이용자의 이익을 위한 카지노 사업자의 보호의무 내지 배려의무를 인정할 것은 아니다. 카지노 사업자로서는 정해진 게임 규칙을 지키고 게임 진행에 필요한 서비스를 제공하면서 관련 법령에 따라 카지노를 운영하기만 하면 될 뿐, 관련 법령에 분명한 근거가 없는 한 카지노 사업자에게 자신과 게임의 승패를 겨루어 재산상

이익을 얻으려 애쓰는 카지노 이용자의 이익을 자신의 이익보다 우선하거나 카지노 이용자가 카지노 게임으로 지나친 재산상 손실을 입지 아니하도록 보호할 의무가 있다고 보기는 어렵다. 다만 자기책임의 원칙도 절대적인 명제라고 할 수는 없는 것으로서, 개별 사안의 구체적 사정에 따라서는 신의성실이나 사회질서 등을 위하여 제한될 수도 있는 것이다. 그리하여 카지노 이용자가 자신의 의지로는 카지노 이용을 제어하지 못할 정도로 도박 중독 상태에 있었고 카지노 사업자도 이를 인식하고 있었거나 조금만 주의를 기울였더라면 인식할 수 있었던 상황에서, 카지노 이용자나 그 가족이 카지노 이용자의 재산상 손실을 방지하기 위하여 법령이나 카지노 사업자에 의하여 마련된 절차에 따른 요청을 하였음에도 그에 따른 조처를 하지 아니하고 나아가 영업제한규정을 위반하여 카지노 영업을 하는 등 카지노 이용자의 재산상실에 관한 주된 책임이 카지노 사업자에게 있을 뿐만 아니라 카지노 이용자의 손실이 카지노 사업자의 영업이익으로 귀속되는 것이 사회 통념상 용인될 수 없을 정도에 이르렀다고 볼만한 특별한 사정이 있는 경우에는, 예외적으로 카지노 사업자의 카지노 이용자에 대한 보호의무 내지 배려의무 위반을 이유로 한 손해배상책임이 인정될 수 있을 것이다.

[반대의견][6] 국가가 폐광지역의 경제 진흥이라는 정책목표를 정당한 재정집행을 통하여 이루려고 하지 않고 국민을 상대로 한 카지노업을 허용한 후 거기서 마련된 기금 등으로 달성하고자 한다면 카지노업의 폐해로부터 국민을 보호할 방법 또한 마련해야 할 필요가 있다. 특히 카지노 이용자 중 심각한 병적 도박 중독의 징후를 보이는 이들은 대부분 자신의 의지로는 도박충동을 자제하지 못하고 게임에 거는 금액을 키우거나 게임 횟수와 시간을 늘려 카지노게임에 과도하게 몰입하는 이들이어서 정상인과는 달리 카지노 이용을 조절하고 절제할 능력이 부족하여 카지노 이용으로 경제적·사회적 파탄에 내몰리게 되어 있으므로, 자기책임의 원칙만을 내세워 이러한 이들에 대한 보호를 거부할 것은 아니다.

[2] [다수의견] '폐광지역 카지노사업자의 영업준칙'에서 정한 출입제한규정은 카지노 이용자가 이미 도박 중독의 징후를 드러내고 스스로 사행심을 제어

---

6) 대법관 김용덕, 대법관 고영한, 대법관 김창석, 대법관 김신, 대법관 김소영, 대법관 조희대(6인)의 반대의견.

할 수 없어서 과도한 재산상실의 위험이 현저히 커진 경우 가족의 요청으로 카지노 이용자의 카지노 출입을 제한함으로써 카지노 이용자와 그 가족을 보호하기 위한 것이므로, 피고로서는 적극적으로 카지노 이용자의 도박 중독 여부 등을 살펴 출입제한 조치를 할 의무까지 있다고 하기는 어려우나, 카지노 이용자나 그 가족이 '폐광지역 카지노사업자의 영업준칙'과 '카지노출입관리지침'에 정한 절차에 따라 도박 중독을 이유로 카지노 이용자의 출입제한을 요청하는 경우에는 카지노 이용자를 출입제한자 명단에 등록하고 카지노 이용자에 대하여 적정한 기간 동안 카지노 출입을 제한하는 것이 합당할 것이다. 만약 피고가 그와 같은 절차를 거쳐 카지노 이용자를 출입제한자 명단에 등록한 다음 그가 도박 중독 상태에 있음을 알거나 쉽게 알 수 있었음에도 정당한 출입제한 해제절차를 거치지 아니하고 카지노 출입을 허용하였다면 그와 같은 행위는 카지노 이용자에 대한 보호의무 위반행위로 평가될 여지가 있다. 그런데 이 사건에서는 원고에 대한 출입제한 요청서를 피고가 접수하여 원고를 출입제한자로 등록하기 전에 소외 1이 그 요청을 철회하고 출입제한 요청서의 반송을 요구하였다는 것이니 원고에 대한 적법한 출입제한 요청조차 있었다고 보기 어렵고, 따라서 피고에게 원고의 카지노 출입을 제한할 의무가 있었다고 볼 수 없다

[반대의견][7] 구 관광진흥법 시행규칙(2007. 8. 28. 문화관광부령 제167호로 개정되기 전의 것) 제36조 단서 [별표 7의2] '폐광지역 카지노사업자의 영업준칙'이 카지노 사업자에게 모든 영업소 출입자의 신분을 확인하고 카지노 이용자의 배우자 또는 직계혈족이 서면으로 출입제한 요청을 하면 그 당사자의 출입을 제한하여야 한다고 하여 카지노 사업자에게 출입제한의무를 부과하고 있을 뿐만 아니라 카지노 이용자의 배우자 또는 직계혈족이 출입제한 요청을 할 수 있는 사유를 '도박 중독 등'으로 폭넓게 인정하고 있으며, 카지노사업자 역시 '카지노출입관리지침'에서 카지노 이용자 본인이나 그의 직계혈족 또는 배우자가 카지노 사업자에게 서면으로 출입제한 요청을 할 경우 그 요청사유의 내용이나 정당성 등에 관하여 별도의 심사나 판단 없이 출입제한 조치를 하도록 기준을 마련한 것은, 도박중독자의 특성을 감안하여 카지노이용자와 가족이 스스로를 보호하기 위하여 자기 배제를 요청할 수 있도록 제도화한 것이고, 출입제한이 요청된

---

7) 대법관 김용덕, 대법관 고영한, 대법관 김창석, 대법관 김신, 대법관 김소영, 대법관 조희대(6인)의 반대의견.

자(이하 "피요청자"라 한다)의 도박 중독으로 인한 가장 일차적인 손해는 재산상 실이라 할 것이므로 이는 무엇보다 피요청자의 재산상 이익을 보호하기 위한 제도에 해당한다. 따라서 카지노 사업자 직원들이 고의 또는 과실로 그러한 조치를 하지 아니하여 피요청자가 카지노를 이용함으로써 재산상 손해를 입은 경우에는, 그러한 손해는 출입제한 조치 위반행위와 상당인과관계 있는 손해이므로 사용자인 카지노 사업자는 이를 배상할 책임이 있다고 해석함이 타당하다.

　　[3] [다수의견] 구 폐광지역개발 지원에 관한 특별법(2007. 4. 11. 법률 제8343호로 개정되기 전의 것) 제11조 제3항, 같은 법 시행령(2008. 12. 31. 대통령령 제21214호로 개정되기 전의 것) 제14조 제1항 제4호 (나)목, 구 관광진흥법 시행규칙(2007. 8. 28. 문화관광부령 제167호로 개정되기 전의 것) 제36조 단서 [별표 7의2] '폐광지역 카지노사업자의 영업준칙' 등에서 정한 카지노 사업자의 영업제한규정 중 1회 베팅한도를 제한하는 규정은 그 문언상 과도한 사행심 유발을 방지하기 위한 것이나, 일반 공중의 사행심 유발을 방지하기 위한 데서 더 나아가 카지노 이용자 개개인의 재산상 손실을 방지하기 위한 규정이라고 보기는 어렵다.

　　[반대의견][8] 베팅한도액 제한규정은 카지노의 사회적 폐해를 억제하기 위한 공익보호규정인 동시에, 구체적인 카지노 게임에서 카지노 이용자의 과도한 재산손실을 방지하기 위한 최소한의 안전장치로서 카지노 이용자 개인의 재산상 이익을 보호하기 위하여도 반드시 지켜져야만 할 규정이다.

[연　구]

Ⅰ. 쟁점의 정리

　　카지노에서 바카라 게임을 하여 3년 7개월 동안 약 231억 원을 잃은 카지노 이용자가 카지노 사업자를 상대로 손해배상을 청구한 경우, 위 손해배상청구권이 인정될 수 있는지, 인정되거나 배척된다면 그 근거는 무엇인지가 이 사안의 쟁점이다.

　　이 평석에서는 먼저 강원랜드에 대한 원고의 주장을 정리한 후, 자기책임

---

8) 대법관 김용덕, 대법관 조희대(2인)의 반대의견.

의 원칙과 보호의무의 내용, 관계 등을 살펴본 이후, 이어서 카지노 출입제한 관련 규정과 베팅한도액 제한 관련 규정이 카지노 이용자에 대한 보호의무의 근거가 될 수 있는지, 관련 규정에 의하여 보호의무를 인정하기 어렵다고 하더라도, 신의성실의 원칙, 사회질서 등을 이유로 보호의무를 인정할 수 있는지 여부를 살펴보기로 한다.

Ⅱ. 원고의 주장 정리

1. 제1심에서의 주장

원고는 다음과 같은 이유로 강원랜드에게 불법행위가 성립한다고 주장하면서, 강원랜드가 원고의 한도초과 베팅을 알면서도 묵인한 기간인 2003. 8. 10.부터 2006. 2. 8.까지의 손해액 합계 22,557,200,000원과 강원랜드가 원고를 사기적인 방법으로 유인하고 출입제한규정을 위반하여 원고를 이 사건 카지노에 출입하게 한 기간인 2006. 4. 5.부터 2006. 10. 12.까지의 손해액 합계 6,779,500,000원을 합산하여, 강원랜드에 대하여 불법행위책임에 따른 손해배상으로서 합계 29,336,700,000원 및 이에 대한 지연손해금의 지급을 청구하였다.

① 한도초과 베팅행위의 허용 — 강원랜드는 카지노 영업준칙 제24조 제5항을 위반하여, 원고가 이른바 '병정'을 이용하여 1인당 베팅한도 1,000만 원을 초과하는 베팅을 하는 행위를 알면서도 묵인함으로써, 원고의 한도초과 베팅을 허용하였다.

② 불법유인행위[9] — 원고는 거액의 재산을 탕진한 후 2006. 3.경부터는 이 사건 카지노 출입을 자제하려 하였는데, 강원랜드의 직원이 2006. 4.경 "원고가 그동안 잃은 돈을 찾게 해 줄테니 5층 예약실에 들어와 게임을 해라. 우리 직원들이 보내는 신호대로 베팅하면 돈을 딸 수 있다" 등의 말을 하여 원고를 유인하였고, 이를 믿은 원고는 다시 이 사건 카지노에서 게임을 하여 거액의 돈을 잃고 말았다.

③ 출입제한 규정 위반행위 — 강원랜드는 원고의 아들이 2006. 7. 19. 원고

---

9) 제1심은 해당 사실을 인정하기 어렵다는 이유로 강원랜드 직원들의 불법유인행위와 불법사채업자들의 카지노 입장 허용에 관한 원고의 주장을 배척하였는데, 위 주장은 이 평석에서 다루고자 하는 쟁점과 직접적인 관련이 없으므로 검토하지 않는다.

의 카지노 출입을 금지시켜달라는 요청서를 발송하여 2006. 7. 20. 이를 수령하였음에도, 원고에게 "출입금지요청서를 반송하는 방법으로 출입금지요청이 없었던 것으로 하면 출입이 가능하다"고 설명하였고, 이에 원고는 아들을 시켜 강원랜드 담당직원에게 전화하여 출입금지요청서의 반송을 요구하도록 하였으며, 원고 아들의 전화를 받은 강원랜드의 직원은 출입금지요청서를 반송한 후 원고의 카지노 출입을 허가하였다.

④ 불법사채업자들의 카지노 입장허용 — 강원랜드의 직원들은 카지노 영업준칙 제8조, 카지노 관리지침 제5조 제2항 제4호를 위반하여, 이른바 '꽁지꾼'이라고 불리는 사채업자들이 게임테이블에서 카지노 이용자에게 1주일에 10%의 선이자를 받고 도박자금을 빌려주는 것을 알면서도 이를 묵인하였고, 그들이 사채업자라는 사실을 알면서도 카지노에 출입할 수 있게 하는 등 카지노 영업장 내의 사채영업을 방관 또는 조장하였다.

2. 원심에서의 주장

원고는 원심에서 이르러 제1심에서의 주장 중 베팅한도액 제한규정 위반행위, 불법유인행위, 출입제한 규정 위반 행위에 관한 주장을 유지하면서, 아래와 같이 강원랜드가 사회질서를 위반하여 불법행위책임을 부담한다는 주장과 원고와 강원랜드 사이의 카지노 이용계약이 무효이므로 부당이득반환 의무를 부담한다는 주장을 추가하였다.[10]

⑤ 사회질서 위반 행위(원심에서 추가) — 강원랜드는 고객들이 도박으로 생존이나 생계에 위협을 받지 않도록 최소한의 보호조치를 취해야 할 의무가 있으므로, 병적 도박중독 상태에 있는 원고에게 도박을 허용한 것은 선량한 풍속 기타 사회질서에 위반한다.

다만, 원고는 베팅한도액 제한규정 위반행위, 불법유인행위, 출입제한 규정 위반행위, 사회질서 위반행위와 같은 일련의 위법행위들은 강원랜드 소속의 어

---

10) 원심은 우리 법제상 법인인 강원랜드가 직접 민법 제750조에 의한 불법행위책임을 부담한다고 볼 수 없고, 강원랜드 소속 직원들이 원고의 '병정'을 이용한 한도액초과 베팅 행위를 묵인 내지 허용하였다고 하더라도, 원고와 강원랜드 사이의 카지노 게임에 관한 이용계약이 무효라고 볼 수 없다고 판단하여, 원고의 강원랜드에 대한 민법 제750조에 기한 손해배상청구와 부당이득반환청구를 기각하였다. 위 청구들은 이 평석에서 다루고자 하는 쟁점과 직접적인 관련이 없으므로, 검토하지 않는다.

느 개별 직원의 행위가 아니라 유기적 결합체로서의 강원랜드 법인 차원에서 조직적으로 이루어진 행위라 할 것이므로, 강원랜드는 직접 불법행위자로서 원고에 대하여 민법 제750조에 따라 불법행위책임을 부담하고, 설사 강원랜드에게 민법 제750조에 의한 불법행위책임이 인정되지 않는다고 하더라도, 강원랜드는 위와 같은 일련의 위법행위를 한 강원랜드 소속 직원들의 사용자로서 원고에 대하여 민법 제756조에 따라 사용자책임을 부담한다는 취지로 불법행위책임과 관련된 기존의 주장을 정리하였다.

아울러 원고는 원심에 이르러 아래와 같이 강원랜드에 대한 부당이득반환청구를 선택적으로 추가하였다.

⑥ 부당이득반환청구(원심에서 선택적 추가) ― 원고가 게임을 함에 있어 강원랜드 내지 강원랜드 소속 직원들의 위법행위가 개입된 이상 원고와 강원랜드 사이의 카지노 이용계약은 무효이므로, 강원랜드는 원고가 카지노에서 잃은 29,336,700,000원을 부당이득으로 반환할 의무가 있다.

Ⅲ. 자기책임의 원칙과 보호의무

1. 자기책임의 원칙

헌법재판소는 자기책임의 원리에 관하여, "헌법 제10조가 정하고 있는 행복추구권에서 파생되는 자기결정권 내지 일반적 행동자유권은 이성적이고 책임감 있는 사람의 자기의 운명에 대한 결정·선택을 존중하되 그에 대한 책임은 스스로 부담함을 전제로 한다. 자기책임의 원리는 이와 같이 자기결정권의 한계논리로서 책임부담의 근거로 기능하는 동시에 자기가 결정하지 않은 것이나 결정할 수 없는 것에 대하여는 책임을 지지 않고 책임부담의 범위도 스스로 결정한 결과 내지 그와 상관관계가 있는 부분에 국한됨을 의미하는 책임의 한정원리로 기능한다. 이러한 자기책임의 원리는 인간의 자유와 유책성, 그리고 인간의 존엄성을 진지하게 반영한 원리로서 그것이 비단 민사법이나 형사법에 국한된 원리라기보다는 근대법의 기본이념으로서 법치주의에 당연히 내재하는 원리로 볼 것"[11]이라고 판시하여, 자기책임의 원칙은 자기결정권의 한계논리이자 책임의 한정원리를 의미한다고 판시한 바 있다.

---

11) 헌법재판소 2004. 6. 4. 선고 2002헌가27 결정 참조.

이에 대하여 학설은 위 헌법재판소 결정과 유사한 태도를 취하거나,[12] 개인은 자기의 고의 또는 과실에 의한 행위에 대해서만 책임을 지고, 타인의 행위에 대해서는 책임을 지지 않는다는 의미에서, 자기책임의 원칙을 과실책임의 원칙과 동일하게 보기도 한다.[13]

대법원은 대상판결 이전까지 자기책임의 원칙의 의의 및 근거에 대해서 명시적으로 밝히고 있지 않았는데, 대상판결을 통하여 자기책임의 원칙은 개인이 자신의 자유로운 선택과 결정에 따라 행위하고 그에 따른 결과를 다른 사람에게 귀속시키거나 전가하지 아니한 채 스스로 이를 감수하여야 한다는 의미이고, 그 근거는 사적 자치의 원칙과 과실책임의 원칙이라고 판시하였다.

2. 보호의무

채권계약으로부터 발생하는 의무, 즉 채무자가 이행하여야 할 의무는 크게 주급부의무와 부수의무로 나눌 수 있다. 주급부의무는 급부결과(채무자의 급부를 통하여 채권자가 취득하려고 하는 이익)의 실현을 내용으로 하는 것으로서, 그와 같은 채권관계 자체가 성립될 수 있는 기초가 될 뿐만 아니라 그 계약의 법적 성질(전형계약인지, 어떠한 전형계약인지 등)을 결정하는 데 기준이 된다. 또한 당사자들 사이의 주급부의무는 서로 견련관계에 있으므로 동시이행의 항변권·위험부담 등의 내용을 이루고, 원칙적으로 주급부의무의 불이행만이 계약의 해제권을 발생시킨다. 부수의무는 주급부의무를 전제로 하여 주급부의무를 중심으로 성립하는 채권관계가 그 목적을 달성할 수 있도록 주의와 배려를 할 의무를 의미한다.[14]

보호의무는 부수의무의 일종으로서 채권관계의 실행과정에서 채무자가 채권자의 생명이나 신체 또는 재산 기타 이행이익과 무관한 일체의 다른 법익을 침해하지 아니할 의무를 의미한다. 보호의무를 위반한 경우 채무불이행책임을 인정할지 여부와 관련하여, 보호의무편입설과 보호의무배제설이 대립하고 있다.[15]

---

12) 지원림, "법률행위의 효력근거로서 자기결정, 자기책임 및 신뢰보호", 민사법학 제13·14호(한국민사법학회, 1996), 48면.
13) 곽윤직·김재형, 민법총칙, 제9판(박영사, 2013), 39면.
14) 편집대표 곽윤직, 민법주해 [IX], (박영사, 2008), 217면 이하.
15) 편집대표 곽윤직, 민법주해 [VIII], (박영사, 2008), 31면 이하.

보호의무편입설은 채권자와 채무자 사이에서 합의된 급부의무 이외에 신의칙에 의해서 부여되는 급부의무로서 보호의무 등의 용태의무를 광범위하게 인정하는데, 이는 신의성실의 원칙이 법률상 존재가 승인된 채무를 성실히 이행하도록 요구하는 데에서 더 나아가 개인에게 법률이 인정하지 않는 새로운 권리·의무를 부과하는 권리창조기능을 갖는다고 주장하는 법리에 기초를 둔다. 이 견해는 보호의무위반으로 인한 손해도 채무불이행책임으로 배상되어야 한다고 주장한다.16) 다만 보호의무편입설은 보호의무 위반에 따른 불법행위책임의 성립을 부정하는 것으로는 보이지 않는다.

보호의무배제설은 채무불이행에서 말하는 채무란 본래의 급부를 의미하는 것으로 해석하여, 채무불이행책임은 본래의 급부의 이행과 관련을 갖는 경우에 한해서 인정되어야 하고 보호의무를 채무의 개념에 포함시킬 수 없다고 주장한다. 따라서 채권자는 채무자에게 보호의무에 대한 이행청구 및 강제이행청구를 할 수 없고, 단지 그의 위반에 대하여 손해배상을 청구할 수 있을 뿐인데, 보호의무는 계약의 합의와 관계없이 사회생활상 부과되는 의무이므로 그의 위반에 관한 손해배상은 불법행위책임으로 처리해야 한다고 한다.

대법원은 "여행업자는 기획여행계약의 상대방인 여행자에 대하여 기획여행계약상의 부수의무로서, 여행자의 생명·신체·재산 등의 안전을 확보하기 위하여, 여행목적지·여행일정·여행행정·여행서비스기관의 선택 등에 관하여 미리 충분히 조사·검토하여 전문업자로서의 합리적인 판단을 하고, 또한 그 계약 내용의 실시에 관하여 조우할지 모르는 위험을 미리 제거할 수단을 강구하거나 또는 여행자에게 그 뜻을 고지하여 여행자 스스로 그 위험을 수용할지 여부에 관하여 선택의 기회를 주는 등의 합리적 조치를 취할 신의칙상의 주의의무를 진다"17)고 판시하면서 여행업자에게 민법 제391조(이행보조자의 고의, 과실), 제390조(채무불이행과 손해배상)에 따른 손해배상책임을 인정하였고, "숙박업자는 통상의 임대차와 같이 단순히 여관 등의 객실 및 관련 시설을 제공하여 고객으로 하여금 이를 사용·수익하게 할 의무를 부담하는 것에서 한 걸음 더 나아가 고객에게 위험이 없는 안전하고 편안한 객실 및 관련 시설을 제공함으로써 고

---

16) 곽윤직, 채권총론, (박영사, 2007), 17면 이하; 송덕수, 채권법총론, (박영사, 2013), 153면 이하.
17) 대법원 1998. 11. 24. 선고 98다25061 판결.

객의 안전을 배려하여야 할 보호의무를 부담하며 이러한 의무는 숙박계약의 특수성을 고려하여 신의칙상 인정되는 부수적인 의무로서 숙박업자가 이를 위반하여 고객의 생명, 신체를 침해하여 투숙객에게 손해를 입힌 경우 불완전이행으로 인한 채무불이행책임을 부담한다"[18]고 판시하거나, "도급인은 수급인이 노무를 제공하는 과정에서 생명·신체·건강을 해치는 일이 없도록 물적 환경을 정비하고 필요한 조치를 강구할 보호의무를 부담하며, 이러한 보호의무는 실질적인 고용계약의 특수성을 고려하여 신의칙상 인정되는 부수적 의무로서 구 산업안전보건법시행령(1995. 10. 19. 대통령령 제14787호로 개정되기 전의 것) 제3조 제1항에 의하여 사업주의 안전상 조치의무를 규정한 산업안전보건법 제23조가 적용되지 아니하는 사용자일지라도 마찬가지로 인정된다고 할 것이고, 만일 실질적인 사용관계에 있는 노무도급인이 고의 또는 과실로 이러한 보호의무를 위반함으로써 노무수급인의 생명·신체를 침해하여 손해를 입힌 경우 노무도급인은 노무도급계약상의 채무불이행책임과 경합하여 불법행위로 인한 손해배상책임을 부담한다"[19]고 판시하여, 보호의무편입설의 입장을 취하고 있는 것으로 보인다.

대상판결은 강원랜드의 직원이 출입제한 관련 규정을 위반한 사실이 없고, 베팅한도액 제한 관련 규정은 카지노 이용자 개개인의 재산상 손실을 방지하여 개별이용자를 보호하기 위한 규정이라고 볼 수 없기 때문에, 강원랜드의 직원들이 원고에 대한 보호의무를 위반하였다고 볼 수 없고, 이에 따라 강원랜드에게 민법 제756조에 의한 사용자책임이 성립한다고 볼 수도 없다고 판시하였는데, 원고는 소송 과정에서 보호의무 위반 등에 의한 불법행위책임의 성립만을 주장하였고 채무불이행책임에 대한 주장은 하지 않았다. 위와 같은 대상판결의 태도는 일응 기존 대법원 판례와 같이 보호의무편입설의 입장을 취한 것으로 보이지만, 보호의무배제설의 입장을 취하더라도 같은 결론에 이르게 된다.

대법원 판례가 취하고 있는 보호의무편입설은 보호의무 위반을 채무불이행으로 보아, 피해자에게 귀책사유의 입증에 관한 이익(입증책임 전환, 이행보조자의 고의·과실 법리 적용)을 주려는 의도를 가지고 있는 것으로 보이나,[20] 단지

18) 대법원 1997. 10. 10. 선고 96다47302 판결.
19) 대법원 1997. 4. 25. 선고 96다53086 판결.
20) 편집대표 곽윤직, 전게서, 32면 이하.

신의성실의 원칙에 근거하여 당사자 사이의 계약 내용에 따른 본래의 급부와 상관없는 손해를 광범위하게 계약 내용으로 편입시킨다는 점에서, 계약 체결의 주체인 당사자의 의사에 반할 뿐만 아니라, 그 근거도 타당하다고 볼 수 없다. 민법상 채무불이행책임과 불법행위책임의 체계를 고려할 때, 보호의무배제설에 따라 보호의무를 위반한 경우에는 불법행위책임만이 성립한다고 보는 것이 타당할 것이다.

3. 자기책임의 원칙과 보호의무의 관계

대상판결의 다수의견은 우리의 사법질서는 사적 자치의 원칙과 과실책임의 원칙 등을 근간으로 하고, 이에 따라 '자기책임의 원칙'이 개인의 법률관계에 적용되고, 개인의 계약관계에서도 상대방 당사자에게 손실이 발생하지 아니하도록 하는 등 상대방 당사자의 이익을 보호하거나 배려할 일반적인 의무는 부담하지 않는 것이 원칙이라고 판시하였다. 즉, 대상판결 다수의견은 자기책임의 원칙으로 인하여 개인의 계약관계에서 일반적으로 보호의무가 발생하지는 않는다는 입장이고, 카지노 사업자와 카지노 이용자 사이의 카지노 이용을 둘러싼 법률관계에 대하여도 당연히 위와 같은 '자기책임의 원칙'이 적용된다고 보았다.

다만, 대상판결의 다수의견은 "관련 법령에 분명한 근거가 없는 한 카지노 사업자에게 자신과 게임의 승패를 겨루어 재산상 이익을 얻으려 애쓰는 카지노 이용자의 이익을 자신의 이익보다 우선하거나 카지노 이용자가 카지노 게임으로 지나친 재산상 손실을 입지 아니하도록 보호할 의무가 있다고 보기는 어렵다"라고 보아, 관련 법령에 분명한 근거가 있는 경우에는 상대방 당사자에 대한 보호의무를 인정할 수 있고, "다만 자기책임의 원칙도 절대적인 명제라도 할 수는 없는 것으로서, 개별 사안의 구체적 사정에 따라서는 신의성실이나 사회질서 등을 위하여 제한될 수도 있다"고 판시하여, 관련 법령에서 보호의무를 규정하고 있지 않은 경우에도 신의성실의 원칙, 사회질서 등을 위하여 자기책임의 원칙이 제한되는 경우에는 보호의무가 발생한다고 판시하였다.

즉, 대상판결 다수의견에 따르면, 개인 사이의 계약관계에서는 원칙적으로 상대방 당사자에 대한 보호의무가 발생하지 않지만, 관계 법령에 근거가 있거나, 관계 법령에 근거가 없더라도 신의성실의 원칙, 사회질서 등으로 인하여 필요한 경우에는 보호의무가 발생한다는 것으로서, 자기책임의 원칙은 일반적인 보호의무의 발생을 저지하는 역할을 하게 된다.

대상판결 중 출입제한조치와 관련된 반대의견은 "자기책임의 원칙만을 내세워 이러한 이들에 대한 보호를 거부할 것은 아니다"라고만 하였을 뿐, 자기책임의 원칙과 보호의무의 관계에 대하여 명확하게 밝히고 있지는 않다. 다만, 대상판결 중 베팅한도액 제한과 관련된 반대의견은 "카지노 이용자가 자기책임으로 카지노 게임을 하는 것과 카지노 사업자가 관련 법령의 규정을 위반한 것은 다른 차원의 문제이고, 그 규정의 해석 단계는 자기책임의 원칙이 고려될 만한 국면이 아니다", "자기책임의 원칙은 단지 민법의 한 지도원리로서 사법상 개인의 행위와 그 해석의 지침이 되는 추상적 이념일 뿐 특정한 공익적 목적에서 마련된 구체적 법령의 해석에 특별히 우선하여 고려되어야 하는 성질의 것이라고는 할 수 없다"라고 하였는데, 이는 다수의견과 같이 원칙적으로 상대방 당사자에 대한 보호의무가 발생하지 않지만 관계 법령에 근거가 있거나, 관계 법령에 근거가 없더라도 신의성실의 원칙, 사회질서 등으로 인하여 필요한 경우에는 보호의무가 발생한다는 입장인 것으로 보인다.

Ⅳ. 관련 규정의 해석에 의한 보호의무 도출 여부

1. 들어가며

먼저 강원랜드에 대한 출입제한규정 및 베팅한도제한규정으로부터 카지노 이용자에 대한 보호의무를 도출할 수 있는지 여부를 살펴보도록 한다. 이를 위해서는 판례와 학설이 어떤 경우에 법령 위반으로 인한 손해배상책임을 인정하고 있는지 살펴볼 필요가 있다.

2. 법령 위반으로 인한 손해배상책임의 성립에 관한 판례와 학설의 검토

대법원은 법령 위반으로 인한 손해배상책임의 성립과 관련하여, 공무원의 직무상 의무위반으로 인한 손해에 대하여 국가배상책임이 인정되기 위해서는 당해 직무상 의무가 개인의 이익의 보호도 목적으로 하고 있어야 한다고 판시하면서, 직무상 의무의 사익보호성을 위법성의 문제 내지 상당인과관계의 문제로 보고 있다.

즉, 대법원은 공무원의 직무상 의무위반에 대하여 "구 도시계획법(2000. 1. 28. 법률 제6243호로 전문 개정되기 전의 것), 구 도시계획법시행령(2000. 7. 1. 대통령령 제16891호로 전문 개정되기 전의 것), 토지의형질변경등행위허가기준등에관한규칙 등의 관련 규정의 취지를 종합하여 보면, 시장 등은 토지형질변경허가를 함에 있어 허가지의 인근 지역에 토사붕괴나 낙석 등으로 인한 피해가 발생하지 않도록 허가를 받은 자에게 옹벽이나 방책을 설치하게 하거나 그가 이를 이행하지 아니할 때에는 스스로 필요한 조치를 취하는 직무상 의무를 진다고 해석되고, 이러한 의무의 내용은 단순히 공공 일반의 이익을 위한 것이 아니라 전적으로 또는 부수적으로 사회구성원 개인의 안전과 이익을 보호하기 위하여 설정된 것이라 할 것이므로, 지방자치단체의 공무원이 그와 같은 위험관리의무를 다하지 아니한 경우 그 의무위반이 직무에 충실한 보통 일반의 공무원을 표준으로 할 때 객관적 정당성을 상실하였다고 인정될 정도에 이른 경우에는 국가배상법 제2조에서 말하는 위법의 요건을 충족하였다고 봄이 상당하다"[21]고 판시하여, 관련 법령이 사익보호성을 보호목적으로 하고 있는 경우라야 해당 법령을 위반한 행위가 위법하다고 볼 수 있다고 하였고, "공무원에게 부과된 직무상 의무의 내용이 단순히 공공 일반의 이익을 위한 것이거나 행정기관 내부의 질서를 규율하기 위한 것이 아니고 전적으로 또는 부수적으로 사회구성원 개인의 안전과 이익을 보호하기 위하여 설정된 것이라면, 공무원이 그와 같은 직무상 의무를 위반함으로 인하여 피해자가 입은 손해에 대하여는 상당인과관계가 인정되는 범위 내에서 국가가 배상책임을 지는 것이고, 이때 상당인과관계의 유무를 판단함에 있어서는 일반적인 결과발생의 개연성은 물론 직무상 의무를 부과하는 법령 기타 행동규범의 목적이나 가해행위의 태양 및 피해의 정도 등을 종합적으로 고려하여야 할 것이다"[22]라고 판시하여, 관련 법령이 사익보호성을 보호목적으로 하고 있어야만 해당 법령을 위반한 행위와 개인의 손해 사이에 상당인과관계를 인정할 수 있다고 하였다.

위와 같이 대법원은 공무원이 행정법령을 위반한 경우, 해당 법령의 보호목적이 개인의 이익과 안전을 보호하기 위한 경우에는 이를 위반한 행위에 대하여 손해배상책임이 발생한다고 판단하고 있는데, 공무원이 개인의 이익과 관

---

21) 대법원 2001. 3. 9. 선고 99다64278 판결.
22) 대법원 1993. 2. 12. 선고 91다43466 판결.

련이 없거나 단순한 행정절차에 관한 법령을 위반한 경우에까지 모두 국가배상책임이 성립한다고 볼 수는 없으므로, 위와 같은 대법원의 태도는 타당한 것으로 보인다.

한편 학설 역시 위법성은 피침해이익의 성질과 침해행위의 태양과의 상관관계로부터 판단해야 한다고 하면서,23) 피침해이익이 강한 것이면 침해행위의 불법성이 적더라도 가해에 위법성이 있는 것으로 되지만, 피침해이익이 그다지 강한 것이 아니면 침해행위의 불법성이 크지 않은 한 가해의 위법성이 없는 것이 된다고 한다. 또한 학설은 침해행위의 태양으로 형벌법규위반, 단속법규위반, 공서양속위반, 권리남용 등을 들면서, 명예훼손이나 사기 등 형법상 범죄로 되는 행위에 의하여 타인에게 손해를 가한 경우에는 피침해이익이 무엇인가를 문제삼을 것도 없이 불법행위가 성립하고, 단속법규를 위반한 행위가 위법행위가 되려면 그 법규가 개인의 이익을 보호하는 것을 목적으로 하는 것이어야 하므로, 어떤 행위가 법규에 위반하더라도 개인에게 아무런 손해를 주지 않으면 위법행위가 된다고 볼 수 없다고 한다. 나아가 법규를 직접적으로 위반한 것은 아니어도 사회적으로 보아 허용되지 아니하는 행위에 의하여 타인에게 손해를 가하는 것은 공서양속에 위반되어 위법성을 띠게 되는데, 이는 구체적 사안에서 개별적으로 판단해야 한다고 한다.24)

결국 형사법규가 아닌 단속법규를 위반한 경우에는 이로 인하여 바로 손해배상책임이 발생하는 것이 아니라, 해당 법규가 개인의 이익 보호를 목적으로 하는 경우에만 이를 위법행위로 보아 손해배상책임이 발생한다고 볼 수 있는데, 카지노 출입제한규정과 베팅한도제한규정 역시 단속법규에 해당한다고 볼 수 있으므로, 출입제한규정과 베팅한도제한규정 위반이 위법행위에 해당하는지 역시 출입제한규정과 베팅한도제한규정이 개인의 이익 보호를 목적으로 하고 있는지에 따라 정해지게 된다.

대상판결의 다수의견은 "법령 등에서 피고에게 1회 베팅한도액을 설정하여 카지노 영업을 하도록 한 결과 반사적으로 카지노 이용자가 1회 게임을 하여 잃게 되는 재산의 규모가 일정 범위에 한정되는 효과가 발생하더라도 그것 때문에 베팅한도액 제한 관련 법령이 카지노 이용자의 재산상 손실을 방지하여

23) 곽윤직, 채권각론, 제6판(박영사, 2006), 404면.
24) 편집대표 곽윤직, 민법주해 [XVIII], (박영사, 2008), 210-211면.

개별이용자를 보호하기 위한 규정이라고 볼 수는 없다. 피고 소속 직원들이 베팅한도액 제한규정을 위반하였더라도 피고가 영업정지 등 행정적 제재를 받는 것은 별론으로 하고 그러한 사정만으로 원고에 대한 보호의무를 위반하여 불법행위가 성립한다고 할 수는 없다"고 하였고, 대상판결 중 베팅한도액에 관한 반대의견은 "특별히 법령 등에서 카지노 사업자가 각 테이블에 베팅 가능한 한도금액을 설정하고, 카지노 이용자가 베팅한도액을 준수하며, 카지노 종사원이 영업준칙에서 정한 규칙에 어긋나는 게임을 하지 아니할 의무를 부담시키는 것은 단순히 카지노를 이용할 일반 공중의 사행심 유발을 방지하려는 것만이 아니라, 카지노 사업자가 카지노 이용자와 카지노 게임을 함에 있어서 베팅금액에 적절한 제한을 가하도록 하여, 카지노 이용자가 그 제한된 위험 범위 내에서만 카지노를 이용하게 함으로써 과도한 재산손실의 위험으로부터 카지노 이용자 개인을 보호하기 위한 것이다"라고 하여, 모두 법령위반으로 인한 손해배상책임을 인정하기 위해서는 법령이 개인의 이익보호를 목적으로 하고 있어야 한다는 입장인 것으로 보인다.

3. 금융거래 관련 규정의 검토

원고가 바카라 게임을 하여 돈을 잃은 2003. 4. 13.부터 2006. 11. 29. 사이에 금융거래에 적용되고 있던 관련 규정을 대략적으로 살펴보면,[25] 은행업감독규정 제88조 제2항은 "금융기관 이용자의 권익을 부당하게 침해하거나 건전한 금융거래질서를 문란케 할 우려가 있는 것으로 감독원장이 정하는 행위"(제2호)를 불건전한 영업행위로 규정하고 있었고, 구 은행업감독규정 시행세칙(2005. 12. 23. 개정된 것) 제64조는 위 규정 제88조 제2호의 "감독원장이 정하는 행위"로 "장외 파생상품거래시 거래상대방(외국환거래규정 제1~2조에서 규정하는 기관투자가를 제외한다)에게 적합하다고 보기 어려운 거래를 하거나 거래에 내재된 리스크 및 잠재적 손실에 영향을 미치는 중요한 요인 등 거래상의 중요정보를 충분하게 고지하지 아니하는 행위"(제12호)를 규정하고 있었다.

또한 위 시행세칙 제65조는 "금융기관은 업무취급에 있어 이용자를 보호하고 금융분쟁의 발생을 방지하기 위하여 다음 각 호의 사항에 유의하여야 한다"

---

25) 김용재, "스노우볼 계약과 고객보호의무에 관한 소고", 증권법연구 제13권 제3호(한국증권법학회, 2012), 270면 이하.

고 규정하면서, 제6호에서 장외파생상품거래와 관련하여, 거래상대방에게 당해 거래에 관한 합리적인 의사결정을 하는데 필요 충분한 정보 등을 제공하도록 규정하고 있었다(위 감독규정 및 시행세칙의 규정들은 2010. 5. 17. 은행법(2010. 5. 17. 법률 제10303호로 개정된 것, 2010. 11. 18. 시행) 제52조의 2와 같은 법 시행령 제24조의 4의 내용으로 편입되었다).

　　이후 2009. 3. 30.부터 시행되기 시작한 자본시장과 금융투자에 관한 법률 (2007. 8. 30. 법률 제3685호로 제정된 것)은 제46조(적합성의 원칙 등), 제47조(설명의 무), 제49조(부당권유의 금지)를 규정하면서, 제47조(설명의무)를 위반한 경우에는 손해배상을 하도록 하였다. 이후 자본시장과 금융투자에 관한 법률은 2009. 2. 3. 법률 제9407호로 개정되면서 제46조의 2(적정성의 원칙)를 추가로 규정하였다.

　　위와 같이 금융거래와 관련된 규정들은 고객에 대한 보호의무를 규정하면 서, 고객과 금융기관 사이에서 발생할 수 있는 정보의 비대칭을 해결하기 위하 여 금융기관으로 하여금 고객에게 거래상품과 관련된 중요한 정보를 모두 제공 하도록 하고 있고, 이를 위반한 경우에는 손해배상책임까지 지도록 하고 있다. 이는 복잡한 금융상품의 특성상 고객이 상품에 관한 충분한 정보를 확보하지 못한 채 투자하여 큰 손실을 보는 것을 방지하기 위한 것이다.

　　아래에서는 개인의 이익을 보호하기 위한 목적을 가지고 있는 금융 관련 규정에 비추어 볼 때, 카지노 관련 규정의 사익보호성을 인정할 수 있는지에 대 하여 살펴보도록 하겠다.

4. 강원랜드 직원의 출입제한 관련 규정의 목적 및 해당 규정 위반 여부

가. 출입제한 관련 규정의 목적

　　구 관광진흥법 시행규칙 제36조는 "법 제27조 제2항의 규정에 의하여 카지 노사업자가 준수하여야 할 영업준칙은 별표 7과 같다. 다만, 폐광지역 개발지원 에 관한 특별법 제11조 제3항의 규정에 의하여 법 제27조 제1항 제4호의 규정 이 적용되지 아니하는 카지노 사업자가 준수하여야 할 영업준칙은 별표 7의2와 같다"고 규정하고 있었고, [별표 7의2]의 제7호는 "카지노 영업소 출입자의 신 분을 확인하여야 하며, 다음 각목에 해당하는 자는 출입을 제한하여야 한다"고 하면서 라.목에서 "당사자의 배우자 또는 직계혈족이 문서로써 카지노 사업자 에게 도박 중독 등을 이유로 출입금지를 요청한 경우의 그 당사자. 다만, 배우자·부모 또는 자녀 관계를 확인할 수 있는 증빙 서류를 첨부하여 요청한 경우에 한한다"라고 규정하고 있었다.

카지노 이용약관 제7조 제1항은 "카지노는 폐광지역 카지노 사업자의 영업준칙(관광진흥법 시행규칙 제36조 별표 제7의2 및 카지노 영업세칙 제37조 제5항에 따른 고객출입에 대한 관리를 하여야 한다"고 규정하고 있었는데, 위 카지노업 이용약관 제7조 제1항에 따라 카지노 고객의 영업장 출입 및 제한 등 카지노 출입관리에 관한 세부사항을 정하기 위하여 피고가 제정·시행하고 있는 카지노 관리지침은, 카지노 고객 본인 또는 직계혈족·배우자 등이 출입제한을 요청할 경우 담당부서에서는 출입제한 요청을 접수하고 출입제한자 명단에 등록하여 피요청자의 영업장 출입을 제한할 수 있고(제7조 제2항), 가족 및 본인의 요청 등에 의해 출입이 제한된 자에 대하여 가족 및 본인의 해제요청이 있을 경우 제출된 관련 구비서류를 갖추었을 때에는 출입제한을 해제할 수 있으며(제8조 제2항), 그 경우에는 출입제한을 해제하기 위해서는 출입제한 요청이 처음인 경우에는 출입제한일로부터 3월 이상, 출입제한 요청이 2회 이상인 경우에는 출입제한일로부터 6월 이상이 경과하여야 하되, 출입제한을 요청한 자가 피고에게 출입제한 해제를 요청하는 서면을 제출하면 심의위원회의 심의를 통해서 출입제한을 해제할 수 있다고 규정하고 있었다(제8조 제3항).

대상판결의 다수의견은, "폐광지역 카지노사업자의 영업준칙에서 정한 출입제한규정은 카지노 이용자가 이미 도박 중독의 징후를 드러내고 스스로 사행심을 제어할 수 없어서 과도한 재산상실의 위험이 현저히 커진 경우 가족의 요청으로 카지노 이용자의 카지노 출입을 제한함으로써 카지노 이용자와 그 가족을 보호하기 위한 것이므로 … (중략) … 만약 피고가 그와 같은 절차를 거쳐 카지노 이용자를 출입제한자 명단에 등록한 다음 그가 도박 중독 상태에 있음을 알거나 쉽게 알 수 있었음에도 정당한 출입제한 해제절차를 거치지 아니하고 카지노 출입을 허용하였다면 그와 같은 행위는 카지노 이용자에 대한 보호의무 위반행위로 평가될 여지가 있다"고 하여 카지노의 출입제한 규정에는 카지노 이용자와 그 가족을 보호하기 위한 목적이 포함되어 있다고 판시하였는데, 대상판결의 반대의견 역시 "앞서 본 도박중독자의 특성을 감안하여 카지노 이용자와 가족이 스스로를 보호하기 위하여 자기 배제를 요청할 수 있도록 제도화한 것이고, 출입제한이 요청된 자(이하 "피요청자"라 한다)의 도박 중독으로 인한 가장 일차적인 손해는 재산상실이라 할 것이므로 이는 무엇보다 피요청자의 재산상 이익을 보호하기 위한 제도에 해당한다"고 하여 다수의견과 같은 입장인 것으로 보인다.

카지노 이용자의 출입이 제한될 경우, 카지노 이용자는 더 이상 카지노 출입을 할 수 없어 게임에서 돈을 잃지 않게 될 것이므로, 출입제한 규정은 카지노 이용자와 그 가족의 재산상 이익을 보호하기 위한 목적을 가졌다고 볼 수 있다. 따라서 만약 강원랜드의 직원이 카지노 출입제한 규정을 위반할 경우, 카지노 이용자에 대한 보호의무를 위반한 것으로 볼 수 있다.

나. 원고에 대한 적법한 출입제한 요청이 있었는지 여부

다만, 대상판결의 다수의견과 반대의견은 원고에 대한 적법한 출입제한 요청이 있었는지에 대하여 견해가 나뉘는데, 다수의견은 원고의 아들이 발송한 출입제한 요청서가 강원랜드에게 도착하기 전에 원고의 아들이 전화로 철회의 의사를 밝혔고, 이에 위 요청서를 받은 피고의 직원이 원고의 아들에게 재차 철회 의사를 확인하고 위 요청서를 반송하였기 때문에, 적법한 출입제한 요청이 없었다고 보았다.

이에 반하여 대상판결의 반대의견은 피고가 운영하는 카지노에 출입하던 이용자의 직계혈족이 출입제한 요청서를 발송한 이상 그 철회 역시 피고가 정한 카지노 관리지침에 따라 문서로써 하여야 하므로, 단지 전화로 출입제한 요청을 철회하겠다고 한 것은 그 시기와 상관없이 효력이 없고, 출입제한 요청서를 받은 피고는 여전히 원고를 출입제한자 명단에 올려 카지노 출입을 제한할 의무가 있다고 하였다.

민법 제111조 제1항은 "상대방이 있는 의사표시는 상대방에게 도달한 때에 그 효력이 생긴다"고 규정하고 있으므로, 원고 아들의 원고에 대한 출입제한 요청의 의사표시는 원고의 아들이 발송한 출입제한 요청서가 정상적으로 강원랜드에 도달한 경우에만 효력이 발생한다고 볼 수 있다. 그러나 원고의 아들은 위 출입제한 요청서를 발신한 이후 강원랜드에게 도달하기 이전에 강원랜드에 전화하여 원고에 대한 출입제한의 의사표시를 철회하였으므로, 위 출입제한 의사표시는 철회되어 효과가 발생하지 않는다고 보아야 한다.[26]

---

26) 곽윤직·김재형, 전게서, 330면.

또한 구 관광진흥법 시행규칙 [별표 7의2]의 제7호 라.목은 "당사자의 배우자 또는 직계혈족이 문서로써 카지노 사업자에게 도박 중독 등을 이유로 출입금지를 요청한 경우의 그 당사자. 다만, 배우자·부모 또는 자녀 관계를 확인할 수 있는 증빙서류를 첨부하여 요청한 경우에 한한다"고 규정하고 있으므로, 원고의 아들이 원고에 대한 출입제한 요청을 하기 위해서는 원고와 부자관계임을 입증할 수 있는 가족관계등록부를 출입제한 요청서에 첨부하여야 하는데, 강원랜드로서는 원고의 아들이 첨부하여 보낸 가족관계등록부의 내용을 확인하기 전까지는 출입제한 요청이 적법한 것인지 확인할 수가 없다. 나아가 카지노 관리지침 제7조 제2항은 카지노 고객 본인 또는 직계혈족·배우자 등이 출입제한을 요청한 경우 담당부서에서는 출입제한 요청을 접수하고 출입제한자 명단에 등록하여 피요청자의 영업장 출입을 제한할 수 있다고 규정하고 있는바, 원고의 아들의 전화에 따라 원고에 대한 출입제한 요청서가 반송처리되었다면 출입제한 요청서가 강원랜드에 '접수'되었다고 보기도 어렵다.

대상판결의 반대의견은 "도박중독자의 특성상 가족이 자신에 대한 출입제한을 요청하였다는 사실을 알면 요청자에 대하여 이를 철회 또는 취소할 것을 종용할 가능성이 크다"는 점을 출입제한 요청의 철회나 취소를 제한하는 근거로 내세우고 있다. 그러나 위와 같은 가능성만으로 별다른 근거 없이 출입제한 요청자의 철회권 내지 취소권을 제한하는 것은 타당하다고 볼 수 없다.

또한 카지노 이용자의 가족이 카지노 이용자에 대한 출입제한 요청을 한 경우, 카지노 이용자로서는 출입제한 요청으로 인하여 자신이 출입제한자 명단에 등록되어 출입을 거절당한 경우에야 비로소 자신의 가족이 출입제한 요청을 한 사실을 알게 되는 경우가 대부분일 것으로 보이는데, 이 경우 카지노 이용약관은 카지노 이용자가 가족들을 종용하여 출입제한 요청을 철회 또는 취소하도록 하는 것을 막기 위하여, 출입제한 요청의 철회 또는 취소 요청이 있더라도, 출입제한일로부터 3개월 내지 6개월이 지난 이후에야 출입제한 조치를 해제할 수 있도록 충분한 안전장치를 마련하고 있다.

위와 같은 사정을 고려하면, 대상판결의 다수의견과 같이 원고에 대해서는 원고의 아들의 철회 의사표시에 의하여 적법한 출입제한 요청이 없었다고 보는 것이 타당할 것으로 보인다.[27)]

---

27) 피고는 2013. 12. 1. 카지노출입관리지침을, "제6조의 3 ① 출입제한 효력은 회사가 출입

5. 베팅한도액 관련 규정에서 카지노 이용자에 대한 보호의무가 도출될 수 있는지 여부

가. '병정'의 베팅행위를 원고의 베팅행위로 볼 수 있는지 여부

원고가 이른바 '병정'을 이용하여 대리베팅을 하게 한 경우에 위 베팅행위를 원고 자신의 베팅행위로 볼 수 있는지 여부가 문제된다. 카지노 사업자인 강원랜드와 카지노 이용계약을 체결한 것은 '병정'이므로, 원칙적으로 베팅을 한 당사자는 '병정'으로 보아야 할 것이고, 돈을 대준 원고와 '병정'의 관계는 내부관계로 볼 여지가 있다.[28]

만약 '병정'의 베팅행위를 원고 자신의 베팅행위라고 볼 수 없다면, 강원랜드 직원의 베팅한도액 제한규정 위반 문제는 발생하지 않을 것이다.

그러나, 이 사건에서는 원고가 2003. 6. 28.부터 2006. 10. 12.까지 이 사건 카지노에 총 333회 출입하여 바카라 게임을 하면서 그 중 226회의 게임을 이 사건 카지노 회원용 영업장 내 예약실에서 하였는데, 원고가 매번 동반한 자가 거의 일정하였던 점, 원고만이 매번 2억 원 어치의 칩을 구입한 점, 바카라 게임이 종료한 후 동반자로부터 칩을 수거하여 환전하는 일도 원고 혼자서 한 점, 바카라 게임에서 돈을 땄을 경우 원고만이 딜러 등에게 팁을 주었던 점, 원고는 베팅할 때마다 동반자들 앞에 칩을 놓아 주면서 원고의 베팅방향과 일치하게 베팅하도록 지시한 점 등을 고려하면, 강원랜드는 원고가 '병정'들에게 대리베팅하게 함으로써 베팅한도액을 초과한 바카라 게임을 하고 있음을 인지하였을 가능성이 있었을 것으로 보인다.

따라서 강원랜드의 직원이 원고가 '병정'을 이용하여 베팅한도액을 초과하여 베팅한다는 사실을 알면서도 이를 제지하지 않고 묵인하였다면, 구 폐광지원법 등 소정의 베팅한도액 제한규정을 위반한 것으로 볼 수 있다.

제한 또는 임시 출입제한 대상자를 전산 등록한 시점부터 발생한다", "제8조 ① 출입제한을 요청한 자는 출입제한의 효력이 발생되기 이전에 그 요청을 철회할 수 있다"로 개정하였다.

28) 김재형, "법규위반과 불법행위책임 ─ 카지노 베팅한도 및 출입제한 규정 위반을 중심으로 ─", 판례실무연구 제11권(상)(사법발전재단, 2014), 674면.

나. 베팅한도액 제한 규정의 목적

구 폐광지역지원법 제11조 제3항은 "제1항에 따른 허가를 받은 카지노사업자에 대하여는 관광진흥법 제28조 제1항 제4호를 적용하지 아니한다. 다만, 문화체육관광부장관은 과도한 사행행위 등을 사전에 방지하기 위하여 필요한 경우에는 대통령령으로 정하는 바에 따라 출입제한등 영업에 관한 제한을 할 수 있다"고 규정하고 있었고, 같은 법 시행령 제14조 제1항은 "문화체육관광부장관은 법 제11조 제3항 단서에 따라 카지노업의 영업에 관하여 다음 각 호의 제한을 할 수 있다", 각 호 중 제4호는 "지나친 사행심을 방지하기 위한 다음 각 목의 제한", 각 목 중 나.목은 "카지노에 거는 금액의 제한"이라고 규정하고 있었다.

구 관광진흥법 제26조는 "문화관광부장관은 과도한 사행심 유발의 방지 기타 공익상 필요하다고 인정하는 경우에는 카지노사업자에 대하여 필요한 지도와 명령을 할 수 있다", 같은 법 제27조 제2항은 "카지노사업자는 카지노업의 건전한 육성·발전을 위하여 필요하다고 인정하여 문화관광부령이 정하는 영업준칙을 준수하여야 한다. 이 경우 당해 영업준칙에는 카지노업의 영업 및 회계 등에 관한 사항이 포함되어야 한다"고 규정하고 있었고, 구 관광진흥법 시행규칙 제36조는 "법 제27조 제2항의 규정에 의하여 카지노사업자가 준수하여야 할 영업준칙은 별표 7과 같다. 다만, 폐광지역 개발지원에 관한 특별법 제11조 제3항의 규정에 의하여 법 제27조 제1항 제4호의 규정이 적용되지 아니하는 카지노사업자가 준수하여야 할 영업준칙은 별표 7의2와 같다", 별표 7의2 제12호는 "회원용 영업장에 대한 운영 및 영업방법은 내규로 정하되, 미리 문화관광부장관의 승인을 얻어야 한다"고 규정하고 있었다.[29]

카지노 영업준칙 제24조 제4항은 "카지노 사업자는 각 테이블에 베팅가능한 최저·최대 한도금액을 설정하여야 한다", 같은 조 제5항은 "게임참가자는 베팅한도금액을 초과하거나 미달되게 베팅하여서는 아니된다", 위 영업준칙 제60조는 "카지노 종업원은 이 준칙에서 정한 규칙에 어긋나는 게임을 하여서는

---

29) 이에 반하여 별표 7의2의 제4호는 "테이블게임(별표 6의 카지노업의 영업종류 중 슬롯머신 및 비디오게임을 제외한 영업을 말한다)에 거는 금액의 최고 한도액은 일반 영업장의 경우에는 테이블별로 정하되, 1인당 1회 10만 원 이하로 하여야 한다. 다만, 일반 영업장 전체 테이블의 2분의 1 범위 내에서는 1인당 1회 30만 원 이하로 정할 수 있다"고 규정하고 있었다.

아니된다"고 규정하고 있었다.

　　회원영업장 운영내규 제4조는 "게임종류별 베팅리미티드는 별표 1을 따른
다"고 규정하고 있었고, 별표 1 게임종류별 베팅리미티드는 아래 표와 같았다.

구분	게임룸명	게임종류	대수	리미트
Private 게임룸	다이아몬드	메인바카라	1	50만원–1,000만원
회원 자율이용 게임룸	에메랄드	메인바카라	1	50만원–1,000만원
	크리스탈	메인바카라	1	50만원–1,000만원
		메인바카라	2	20만원–500만원
	사파이어	메인바카라	1	50만원–1,000만원
		미디바카라	10	10만원–300만원 7대 20만원–500만원 3대
		블랙팩	4	5만원–200만원 3대 10만원–300만원 1대
합계			20	

　　대상판결의 다수의견은 "피고가 운영하는 카지노는 1년 동안 하루도 쉬지
아니하고 개장하고 1일 20시간 운영할 수 있으므로 카지노 이용자가 반복하여
게임을 하는 경우에는 베팅한도액을 준수하여도 이용자의 손실 규모가 커질 수
있는데 앞서 본 법령이나 영업준칙은 카지노 이용자의 게임 참여 횟수나 거는
금액의 총액에 대한 제한 규정을 두고 있지 아니하다. 오히려 카지노 게임에서
1회 베팅금액에 제한이 없게 되면 카지노 이용자가 누적된 손실금보다 많은 금
액을 베팅하는 방법으로 단번에 그때까지의 손실금액을 만회하고도 남을 돈을
딸 수도 있기 때문에 법령에서 1회 베팅금액을 제한하도록 하지 아니하여도 카
지노에서는 수익을 위하여 1회 베팅한도액을 정하여 운영하게 된다. 그리고 영
업준칙상의 베팅한도액을 역시 일반 영업장과 회원용 영업장을 달리 정하여 회
원용 영업장에서는 피고가 내규로 베팅한도액을 대폭상향하여 정할 수 있도록
하고 있다. 이와 같은 제반 사정에다 자기책임의 원칙 등을 종합하여 보면, 법
령 등에서 피고에게 1회 베팅한도액을 설정하여 카지노 영업을 하도록 한 결과
반사적으로 카지노 이용자가 1회 게임을 하여 잃게 되는 재산의 규모가 일정
범위에 한정되는 효과가 발생하더라도 그것 때문에 베팅한도액 제한 관련 법령
이 카지노 이용자의 재산상 손실을 방지하여 개별이용자를 보호하기 위한 규정

이라고 볼 수는 없다"고 보아, 영업제한규정 중 1회 베팅한도를 제한하는 규정은 그 문언상 과도한 사행심 유발을 방지하기 위한 것임이 분명하나, 이러한 규정이 일반 공중의 사행심 유발을 방지하기 위한 데서 더 나아가 카지노 이용자개개인의 재산상 손실을 방지하기 위한 규정이라고 보기는 어렵다고 하였다.

대상판결의 반대의견은 "카지노 게임 종류별로 해당승패율을 고려하여 대수의 법칙에 의하여 카지노 사업자가 종국적으로 일정한 비율의 이익을 얻을수 있도록 카지노 영업이 설계됨에 따라 베팅횟수별 베팅액수가 증가할수록 종국에는 카지노 이용자가 잃는 돈의 액수가 더 증가할 수밖에 없는 구조로 되어있으므로, 관련 법령 등이 카지노 사업자로 하여금 베팅한도액을 정하고 이를지키도록 함으로써, 구체적인 카지노 게임에서 카지노 사업자는 베팅한도액 이상을 따지 못하고, 카지노 이용자도 베팅한도액 이상은 잃지 않게 하여, 카지노이용자 개인의 재산상 이익이 그 범위에서 보호되도록 한 것이다"고 하여, 베팅한도액 제한규정은 카지노의 사회적 폐해를 억제하기 위한 공익보호규정인 동시에, 구체적인 카지노 게임에서 카지노 이용자의 과도한 재산손실을 방지하기위한 최소한의 안전장치로서 카지노 이용자 개인의 재산상 이익을 보호하기 위한 규정으로 보았다.

베팅한도액 관련 규정이 전혀 없는 상황을 가정해 보면, 베팅한도액 관련규정이 카지노 이용자의 재산상 이익 보호를 위한 것이라고 보기는 어렵다는사실을 알 수 있다. 즉, 카지노 이용자가 베팅금액을 첫 게임에 1,000만 원, 두번째 게임에 2,000만 원, 세 번째 게임에 4,000만 원으로 계속 2배씩 증액한다고가정하면, 카지노 이용자가 첫 게임에서 1,000만 원을 잃었다고 하여도 두 번째게임에서 2,000만 원을 따게 되면 첫 베팅에서 잃은 1,000만 원을 단숨에 회복할 수 있고, 두 번째 게임에서도 2,000만 원을 잃었다고 하여도, 세 번째 게임에서 4,000만 원을 따게 되면 첫 번째와 두 번째 게임에서 잃은 3,000만 원(= 1,000만 원 + 2,000만 원)을 모두 회복할 수 있게 된다. 이러한 게임이 반복되게 되면카지노 이용자로서는 단 1게임에서만 이기더라도 그 전까지 누적된 손실금을모두 만회하고 이익을 얻게 되는 것이다.

위와 같이 카지노 게임에서 베팅금액 제한이 없게 되면, 카지노 이용자는누적된 손실금보다 많은 금액을 베팅하는 방법으로 단번에 그때까지의 손실금액을 만회하고도 남는 돈을 딸 수 있기 때문에, 반드시 베팅한도액 제한 규정이 있을 때보다 더 큰 손실을 입게 된다고 보기 어렵다. 그러므로, 베팅한도액 제한 규정이 카지노 이용자의 재산상 손실을 방지하여 개별 이용자를 보호하기 위한 규정이라고 보기는 어렵다.

대상판결의 반대의견은 카지노 게임이 "베팅횟수별 베팅액수가 증가할수록 종국에는 카지노 이용자가 잃는 돈의 액수가 더 증가할 수밖에 없는 구조로 되어 있다"는 전제에서 베팅한도액 제한 규정이 카지노 이용자를 보호하기 위한 것이라고 판단한 것으로 보이나, 이는 베팅한도액 제한 규정이 카지노 이용자의 베팅 패턴에 미치는 영향을 간과한 판단으로서 타당하다고 볼 수 없다.

물론, 원고는 베팅한도인 1,000만 원을 초과하여 게임당 6,000만 원을 베팅하였다고 보면, 원고가 게임당 1,000만 원만을 베팅하였더라면 6,000만 원을 베팅하였을 경우보다 적은 돈을 잃었을 것이므로, 베팅한도액 제한 규정이 카지노 이용자의 재산상 이익을 보호하기 위한 목적이 있다고 생각할 여지도 있다.

그러나, 카지노 이용자의 게임 참여 횟수나 거는 금액의 총액에 대한 제한 규정이 존재하지 않는 상황에서, 이 사건 카지노가 1년 365일 휴무 없이, 1일 20시간씩 운영되고 있다는 점을 고려하면, 원고가 베팅한도액 제한 규정을 준수하여, 게임마다 1,000만 원만을 베팅하였다고 하더라도, 결국 원고는 게임 참여 횟수를 늘리고, 카지노 영업장에 더 오랜 시간 동안 머물면서 바카라 게임을 하여 돈을 잃었을 것으로 봄이 일응 타당하다 할 것이므로, 카지노 이용자의 게임 참여 횟수나 거는 금액의 총액에 대한 제한 규정이 존재하지 않는 이상, 1회 베팅한도액이 얼마인지는 카지노 이용자의 손실에 별다른 영향을 주지 못한다고 보는 것이 합리적일 것이다.

즉, 위와 같은 측면에서도 베팅한도액 제한 규정은 카지노 이용자의 재산상 이익을 보호하기 위한 목적을 가지고 있다고 볼 수 없고, 단지 구 폐광지역지원법 시행령 제14조 제1항 제4호가 규정하고 있는 '지나친 사행심 방지'라는 공익적인 목적을 가지고 있다고 보아야 할 것이다.

6. 소　결

이상과 같이, 출입제한 관련 규정은 보호의무 발생의 근거가 될 수 있으나, 원고에 대한 적법한 출입제한 요청이 없었으므로, 강원랜드가 출입제한 규정을 위반하였다고 볼 수 없고, 베팅한도액 제한 규정은 카지노 이용자인 원고의 재산상 이익을 보호하기 위한 것이 아니므로, 강원랜드의 직원이 원고의 베팅한 도액 제한 규정 위반을 묵인하였다고 하여, 원고에 대한 보호의무를 위반하였다고 볼 수 없다고 보는 것이 사안에 합당하다고 생각한다.

V. 신의성실의 원칙이나 사회질서 등에 의한 자기책임의 원칙의 제한에 따른 보호의무 도출 여부

1. 들어가며

카지노에 대한 베팅한도액 제한규정으로부터 보호의무를 도출할 수 없다고 하더라도, 신의성실의 원칙이나 사회질서 등으로부터 보호의무를 도출할 수 있는지 여부가 문제된다.

2. 신의성실의 원칙이나 사회질서 등을 위한 보호의무의 발생

대상판결의 다수의견은 관련 법령에 분명한 근거가 없는 한, 카지노 이용자와 카지노 사업자 사이의 법률관계에도 자기책임의 원칙이 적용되므로, 카지노 사업자에게 카지노 이용자에 대한 보호의무가 발생한다고 볼 수는 없으나, 예외적으로 ① 카지노 이용자가 자신의 의지로는 카지노 이용을 제어하지 못할 정도로 도박 중독상태에 있었고, ② 카지노 사업자도 이를 인식하고 있었거나 조금만 주의를 기울였더라면 인식할 수 있었던 상황에서, ③ 카지노 이용자나 그 가족이 카지노 이용자의 재산상 손실을 방지하기 위하여 법령이나 카지노 사업자에 의하여 마련된 절차에 따른 요청을 하였음에도 ④ 그에 따른 조처를 하지 아니하고 나아가 영업제한 규정을 위반하여 카지노 영업을 하는 등 카지노 이용자의 재산상실에 관한 주된 책임이 카지노 사업자에게 있을 뿐만 아니라, ⑤ 카지노 이용자의 손실이 카지노 사업자의 영업이익으로 귀속되는 것이 사회통념상 용인될 수 없을 정도에 이르렀다고 볼만한 특별한 사정이 있는 경우에는, 예외적으로 카지노 사업자의 카지노 이용자에 대한 보호의무 위반을 이유로 한 손해배상책임이 인정될 수 있다는 입장이다.

3. 금융거래 사건에서 금융기관의 보호의무 인정에 관한 대법원 판례

대법원은 증권회사의 임직원이 강행법규를 위반하여 투자자에게 손해를 미친 경우의 손해배상책임과 관련하여, "증권회사의 임직원이 강행규정에 위반된 이익보장으로 투자를 권유하였으나 투자결과 손실을 본 경우에 투자자에 대한 불법행위책임이 성립되기 위해서는, 이익보장 여부에 대한 적극적 기망행위의 존재까지 요구하는 것은 아니라 하더라도, 적어도 거래경위와 거래방법, 고객의 투자상황(재산상태, 연령, 사회적 경험 정도 등), 거래의 위험도 및 이에 관한 설명의 정도 등을 종합적으로 고려한 후, 당해 권유행위가 경험이 부족한 일반 투자가에게 거래행위에 필연적으로 수반되는 위험성에 관한 올바른 인식형성을 방해하거나 또는 고객의 투자상황에 비추어 과대한 위험성을 수반하는 거래를 적극적으로 권유한 경우에 해당하여, 결국 고객에 대한 보호의무를 저버려 위법성을 띤 행위인 것으로 평가될 수 있는 경우라야 한다"30)고 판시하였다.

즉, 대법원은 증권회사의 임·직원이 강행규정을 위반하여 이익보장으로 투자를 권유한 경우, 강행규정을 위반하였다는 사실 자체만으로 투자자에 대한 보호의무 위반을 인정하고 있는 것이 아니라, 위험성에 관한 올바른 인식의 형성을 방해하거나 위험성을 수반하는 거래를 적극적으로 권유한 경우에 해당하는 경우라야, 고객에 대한 보호의무 위반을 이유로 불법행위의 위법성을 긍정할 수 있다는 입장인데, 그 근거로 투자자가 그로 인한 손실을 스스로 부담해야 한다는 자기책임의 원칙을 들고 있다.31)

물론 증권투자는 적법한 것인 반면에, 카지노 도박은 형법상 금지되어 있는 도박행위를 특별법을 통하여 예외적으로 허용하고 있다는 차이점이 있다. 그러나 이에 반하여 증권투자의 경우 증권회사와 투자자 사이에서 투자정보의 비대칭이 문제될 수 있으나, 카지노 도박의 경우에는 카지노 이용자와 카지노 사업자 사이에서 도박의 위험성에 대한 정보의 비대칭을 인정하기는 힘들다.

위와 같은 요소들을 고려할 때, 아래에서 자세히 살펴보는 것과 같이, 금융거래 사건에서 금융기관의 보호의무 인정에 관한 판례들은 베팅한도액 제한규정 위반의 경우 보호의무 인정 여부에 관한 일응의 기준이 될 수 있을 것으로 보인다.

---

30) 대법원 1994. 1. 11. 선고 93다26205 판결.
31) "무릇 증권거래는 본래적으로 여러 불확정요소에 의한 위험성을 동반할 수밖에 없는 것으로서 투자가로서도 일정한 범위 내에서는 자신의 투자로 인해 발생할지 모르는 손실을 스스로 부담해야 함이 당연한 점에 비추어."

4. 베팅한도액 제한 규정 위반의 경우 보호의무를 인정할 필요성 여부

베팅한도액 제한 규정 위반의 경우에 보호의무를 인정할 필요성이 있는지에 대해서는, 금융거래 관련 사건에서의 투자자 보호의 필요성과 비교하여 볼 필요가 있다.

베팅한도액 제한 규정은 카지노 이용자와 카지노 사용자에게 적용되고, 금융거래 관련 규정은 금융기관과 투자자에게 적용되는데, 내국인 출입이 가능한 카지노는 강원랜드가 유일한 반면, 금융거래는 은행, 증권회사 등 광범위한 분야에서 이루어지게 된다. 또한 카지노 이용자는 게임의 방법, 게임 과정에서 자신이 손해를 입을 가능성에 대해서 잘 알고 있기 때문에 카지노 이용자와 카지노 사용자와 사이에는 정보의 비대칭이 존재하지 않는 반면, 금융거래의 경우 금융상품 내용의 복잡성과 변동성으로 인하여 금융상품 판매자와 투자자 사이에서 정보의 비대칭이 발생할 가능성이 높다.

위와 같이 카지노 이용자는 금융상품 투자자에 비하여 상대적으로 그 수가 적고, 게임이 이루어지는 장소도 한정되어 있는 반면, 카지노 이용자와 카지노 사용자 사이에서는, 금융기관과 투자자 사이의 관계와 달리 정보의 비대칭이 발생할 가능성이 거의 없다. 그러므로 베팅한도액 제한 규정 위반의 경우에 카지노 이용자를 보호해야 할 필요성은, 금융거래 규정을 위반한 경우에 투자자를 보호해야 할 필요성보다 훨씬 낮다고 보아야 할 것이다.

이에 대하여 도박은 형법이 원칙적으로 금지하고 있는 범죄행위이지만, 폐광지역의 경제활성화를 위하여 예외적으로 강원랜드에서만 내국인의 도박행위를 허용하고 있는 것이고,[32] 도박중독으로 인한 사회적 병폐가 매우 심각하므로, 카지노 이용자를 보호해야 할 필요성이 금융상품에 대한 투자자의 경우보다 더 크다고 보아야 하지 않을까 하는 의문이 있을 수 있다.

그러나 자본시장과 금융투자업에 관한 법률(이하 "자본시장법"이라 한다) 제10조 제2항은 "금융투자업자가 금융투자업을 영위하는 경우에는 형법 제246조를 적용하지 아니한다"고 규정하고 있고, 제6조 제1항은 "이 법에서 금융투자업이란 이익을 얻을 목적으로 계속적이거나 반복적인 방법으로 행하는 다음 각

---

32) 구 폐광지역지원법 제11조 제1항, 제3항, 구 관광진흥법(2007. 4. 11. 법률 제8343호로 개정되기 이전의 것) 제27조 제1항 제4호 참조.

호의 어느 하나에 해당하는 업을 말한다"고 규정하면서, 투자매매업(제1호), 투자중개업(제2호), 집합투자업(제3호), 투자자문업(제4호), 투자일임업(제5호), 신탁업(제6호)을 금융투자업으로 규정하고 있다. 위와 같이 자본시장법상의 금융투자업은 형법상 금지되는 도박의 성격을 가지고 있는데, 그러한 성격은 자본시장법이 시행되기 이전에도 마찬가지였을 것으로 보인다. 즉, 카지노 영업이나 금융투자업은 모두 형법이 금지하고 있는 도박행위에 해당하나, 사회적인 필요에 의하여 이를 예외적으로 허용하는 경우라고 볼 수 있다. 또한 증권 등 금융상품에 대한 투자를 통하여 손쉽게 일확천금을 얻으려 하다가 패가망신에 이르는 사람들을 주변에서 쉽게 찾아볼 수 있으므로, 금융상품에 대한 맹목적인 투자로 인한 사회적 병폐 역시 도박중독에 못지않다고 볼 수 있다. 위와 같은 점에 비추어 볼 때, 카지노 이용자를 금융상품에 대한 투자자보다 더 보호해야 할 필요성은 인정하기 어렵다.

앞서 살펴본 바와 같이, 대법원은 금융기관의 직원이 이익보장에 관한 강행규정을 위반한 경우에도, 위 직원의 적극적인 권유 행위 등이 있어야 보호의무 위반에 의한 손해배상책임을 인정할 수 있다는 입장이므로, 베팅한도액 제한 규정을 위반한 경우에도 강원랜드의 직원이 단순히 초과베팅 행위를 묵인하였다는 정도가 아니라, 적극적으로 초과베팅을 권유한 정도에 이르러야 보호의무 위반으로 볼 수 있을 것이다.

5. 이 사건에서의 보호의무 인정 여부

강원랜드의 직원들은 단지 원고가 베팅한도를 초과하여 베팅한 행위를 묵인하였을 뿐이고, 원고에게 '병정'을 이용한 대리베팅을 적극적으로 권유한 사실이 없다. 또한 원고는 수년간 이 사건 카지노에 출입하며 바카라 게임을 하였으므로, 바카라 게임을 하면 돈을 잃을 위험성이 크다는 점과 베팅한도를 초과하여 베팅하는 경우 게임 1회당 입을 수 있는 손실금이 베팅한도 내에서 베팅하는 경우보다 크다는 사실을 잘 알고 있었으므로, 원고와 강원랜드 사이에서 정보의 비대칭이 존재한다고 보기도 어렵다.

나아가 원고는 대학원을 졸업하고 국내 굴지의 중소기업 대표이사를 역임하였을 뿐만 아니라 사회적으로 매우 부유한 계층에 속해 있었으므로, 원고가 도박중독 상태에 있었다거나, 강원랜드의 직원들이 이를 인식하고 있었다고 단정짓기도 어렵다.

　따라서 강원랜드의 직원들이 원고가 초과베팅을 한 사실을 알고도 묵인하였다는 점만으로는 강원랜드의 직원들이 원고에 대한 보호의무를 위반하여 손해배상책임을 인정할 수 없다고 봄이 타당할 것이다.

Ⅵ. 평　　석

　대상판결의 다수의견은 "개인은 자신의 자유로운 선택과 결정에 따라 행위하고 그에 따른 결과를 다른 사람에게 귀속시키거나 전가하지 아니한 채 스스로 이를 감수하여야 한다는 '자기책임의 원칙'이 개인의 법률관계에 대하여 적용되고, 계약을 둘러싼 법률관계에서도 당사자는 자신의 자유로운 선택과 결정에 따라 계약을 체결한 결과 발생하게 되는 이익이나 손실을 스스로 감수하여야 할 뿐 일방 당사자가 상대방 당사자에게 손실이 발생하지 아니하도록 하는 등 상대방 당사자의 이익을 보호하거나 배려할 일반적인 의무는 부담하지 아니함이 원칙이다", "다만 자기책임의 원칙도 절대적인 명제라고 할 수는 없는 것으로서, 개별 사안의 구체적 사정에 따라서는 신의성실이나 사회질서 등을 위하여 제한될 수도 있다"고 판시하여, 개인의 법률관계에 적용되는 '자기책임의 원칙'의 의의 및 근거와 그 한계를 제시하고, 직접적인 규정이 없는 경우 어떤 근거로 보호의무가 인정될 수 있는지에 대한 일반적인 법리를 마련하였다는 데에 큰 의미가 있다.

　또한 대상판결 다수의견은 카지노 출입제한 규정과 관련하여, 카지노 이용자에 대한 보호의무를 인정하면서도, 적법한 카지노 출입제한 요청이 없었다는 이유로 강원랜드의 보호의무 위반을 인정하지 않았는데, 이는 우리 민법이 의사표시에 관한 도달주의를 채택하고 있는 점, 출입제한 요청이 접수되어 출입제한자 명단에 등록이 되고 나서야 출입제한의 효과가 발생한다는 점, 카지노 이용자의 가족이 출입제한 요청을 한 경우, 카지노 이용자는 카지노 출입을 제지당한 경우에야 자신에게 출입제한 조치가 취해진 사실을 알게 되는 경우가 대부분이기 때문에, 출입제한 요청서가 강원랜드에 도달하기 이전에 전화로 출입제한 요청서의 반송을 요구하는 경우는 출입제한 요청서를 작성한 카지노 이용자 가족 본인의 변심에 의한 것일 가능성이 높다는 점을 고려하면, 위와 같은 대상판결 다수의견의 결론은 타당하다.

더구나 대상판결 다수의견이 자기책임의 원칙이 제한되고 보호의무가 인정되는 예외적인 경우에 대한 기준을 제시하였는데, 카지노 영업의 경우보다 개인 투자자에 대한 보호의 필요성이 훨씬 큰 금융거래의 경우에도 강행규범 위반만으로는 보호의무 위반을 인정하지 않고, 정보의 비대칭을 이용한 적극적인 권유가 있어야 한다는 대법원 판례를 고려할 때, 강원랜드의 직원이 초과베팅을 적극적으로 권유하지 않고 단지 원고의 초과베팅을 묵인한 정도에 그친 경우에는 신의성실의 원칙이나 사회질서 등을 이유로 하여 보호의무를 인정할 수 없으므로, 대상판결 다수의견의 결론은 타당하다.

Ⅶ. 결   론

대상판결의 다수의견은 법령이 직접적으로 보호의무를 규정하고 있지 않은 경우, 신의성실의 원칙 등을 근거로 보호의무를 인정할 수 있는지에 대한 중요한 선례를 남겼을 뿐만 아니라, 출입제한 규정과 베팅한도액 규정과 관련하여 보호의무가 인정되는지에 대하여 타당한 결론을 도출하였다.

결국 원고는 자기책임의 원칙에 따라 자신의 행위에 대하여 책임을 져야 하므로, 원고의 강원랜드에 대한 손해배상청구권은 인정되기 어렵다.

다만, 대상판결의 다수의견에 따를 경우, 어떠한 경우에 신의성실의 원칙과 사회질서 등에 의하여 자기책임의 원칙이 제한되고 보호의무가 발생하는지가 문제되는데, 향후 이에 대한 활발한 연구가 이루어져야 할 필요가 있다.

● 참고문헌

[단행본]

곽윤직·김재형, 민법총칙, 제9판(박영사, 2013)

곽윤직, 채권각론, 제6판(박영사, 2006)

권순일, 증권투자권유자책임론, (박영사, 2002)

편집대표 곽윤직, 민법주해 [XVIII], (박영사, 2008)

_____, 민법주해 [IX], (박영사, 2008)

_____, 민법주해 [VIII], (박영사, 2008)

[논문]

권순일, "증권회사의 고객에 대한 보호의무", 민사재판의 제문제 제10권(민사실무연구
        회, 1995)

김상연, "'자기책임의 원칙'과 카지노사업자의 고객보호의무", 양승태 대법원장 재임 3년
        주요 판례평석, (사법발전재단, 2014)

김용재, "스노우볼 계약과 고객보호의무에 관한 소고", 증권법연구 제13권 제3호(한국증
        권법학회, 2012)

김재형, "법규위반과 불법행위책임 — 카지노 베팅한도 및 출입제한 규정 위반을 중심으
        로 —", 판례실무연구 제11권(상)(사법발전재단, 2014)

_____, "2014년 분야별 중요판례분석 ⑤민법(하) IX. 카지노 출입제한 및 베팅한도 규정
        위반으로 인한 불법행위책임", 법률신문, 2015. 3. 12(목)

박균성, "국가배상법상 '법령위반'의 의미 — 대법원 1993. 2. 12. 선고 91다43466 판결 —",
        행정판례평선, (한국행정판례연구회, 2011. 6. 30.)

박제인, "자기책임의 원칙과 보호의무 — 대법원 2014. 8. 21. 선고 2010다92438 전원합의
        체 판결 —", 인권과정의 제451호(대한변호사협회, 2015. 8.)

지원림, "법률행위의 효력근거로서 자기결정, 자기책임 및 신뢰보호", 민사법학 제13·14
        호(한국민사법학회, 1996)

최승재, "고객보호의무법리에 대한 연구", 증권법연구 제11권 제1호(한국증권법학회,
        2010)

사해행위취소소송에서 수익자인
종전 가등기권리자에 대한 가액배상 청구의 가부

정태학, 박현아

[요　지]

이 사건은, 사해행위인 매매예약에 따라 수익자 앞으로 가등기가 마쳐졌다가 이후 매매 등을 이유로 제3자에게 가등기가 이전되거나 또는 신청 착오를 이유로 위 가등기권자를 수익자에서 제3자로 경정하는 경정등기가 이루어진 후 제3자 앞으로 가등기에 기한 본등기가 마쳐진 경우 종전의 가등기권리자인 수익자에 대하여 사해행위 취소 및 원상회복으로서의 가액배상을 구할 수 있는지 여부가 문제된 사안이다.

기존의 대법원 판결은 사해행위인 매매예약에 기하여 수익자 앞으로 가등기가 마쳐졌다가 가등기가 이전되어 제3자 앞으로 가등기 이전의 부기등기 및 이에 기한 본등기가 마쳐진 경우에는 종전의 가등기권리자인 수익자는 가등기말소등기청구의 상대방이 될 수 없고 본등기의 명의인도 아니므로 가액배상의무를 부담하지 않는다는 입장이었다. 그런데 이번에 대상판결인 대법원 2015. 5. 21. 선고 2012다952 전원합의체 판결을 통해서 대법원은 기존의 대법원 판례 입장을 변경하여 종전 가등기권자의 가액배상의무를 인정하는 취지의 판시를 하였다.

종전 가등기권자에 대하여 수익자로서 가액배상의무를 인정할 것인지 여부는 현행 민법상 구체적인 규정을 두고 있지 않은 이상 사안별로 구체적 타당성이 있는 결론을 도출할 필요가 있다. 특히 사해행위 취소에 따른 원상회복으로 가액배상은 원물반환이 불가능하거나 현저히 곤란한 경우에 한하여 예외적으로 인정되는 것이고, 예외적 가액배상을 인정하는 경우에도 '사해행위로 일탈된 채무자의 책임재산 회복'이라는 사해행위 취소 제도의 목적을 실현할 수 있는 한도 내에서만 인정될 수 있다는 점을 감안하여야 하고, 가액배상으로 인하여 수익자 등이 입게 되는 불이익과 취소채권자가 이를 통해서 실현하게 되는 이익 사이의 조정도 필요하다.

　대상판결은, 이 사건의 특수성, 즉 수익자인 종전 가등기권자가 채무자에 대한 자신의 채권 담보를 위하여 가등기를 경료받은 후 자신이 직접 이를 제3자 앞으로 이전하거나 경정등기가 이루어지도록 함으로써 적극적으로 가등기 말소의무를 면하였다는 점을 감안하여 수익자인 종전의 가등기권자에 대하여 가액배상의무를 지운 것으로 보인다. 이 경우 원물반환이 불가능하게 된 데에 사실상 수익자에게 귀책사유가 있다고 할 것이므로 대상판결은 그 결론에 있어서 타당한 것으로 사료된다. 다만 단순히 소유권이전등기청구권의 순위보전을 위하여 가등기를 경료하였다가 이전한 경우에도 대상판결의 결론과 같이 종전의 가등기권자가 수익자로서 항상 가액배상의무를 부담한다고 본다면 그 자체로 가액배상으로 입게 되는 불이익이 원물반환으로 가등기를 말소하는 불이익보다 훨씬 과다하여 수익자에게 지나치게 가혹할 뿐만 아니라 채무자의 책임재산을 당초 일탈된 범위를 초과하여 과도하게 회복시키는 것이라는 점에서도 부당하다. 또한, 가등기를 이전받은 제3자(전득자)를 상대로 원물반환이 가능한 경우에는 전득자를 상대로 가등기 말소 등을 구하면 충분한 것이지 종전 가등기권자에 대하여 가액배상의무를 지울 필요는 없다고 할 것이다.

[주제어]
- 사해행위취소
- 원상회복
- 원물반환
- 가액배상
- 가등기
- 가등기 이전의 부기등기
- 가등기의 경정등기
- 채권자평등의 원칙

대상판결 : 대법원 2015. 5. 21. 선고 2012다952 전원합의체 판결 [공2015하, 831]

[사안의 개요]

1. 원고(채권자)의 피보전채권 발생

가. 원고(채권자)는 2002. 12. 30. 소외 A건설과 신용보증약정을 체결하였고 A건설의 대표이사인 B(채무자)는 위 신용보증약정에 따른 모든 채무를 연대보증하였는데, 원고가 발급한 신용보증서를 담보로 A건설이 은행으로부터 5억 원을 대출받았다가 2004. 10. 21. 당좌부도로 신용보증사고가 발생하게 되었다.

나. 원고는 위 신용보증약정에 따라 2005. 2. 25. 대출 은행에 대위변제한 후 B(채무자)를 상대로 서울서부지방법원 2006가단64880호로 신용보증약정에 따른 구상금 등을 청구하여 2006. 11. 21. 전부 승소판결을 받았고, 그 무렵 위 판결은 확정되었다. 이후 채무자는 원고에게 판결금 중 일부를 변제하여 94,455,354원의 채무만이 남은 상태였다.

2. B(채무자) 소유 이 사건 제1 내지 16부동산의 변동 내역

가. B(채무자)는 2006. 8. 31.경 자신 소유의 이 사건 제1 내지 16부동산에 관하여 피고1, 4와 매매예약을 체결하고 지분이전청구권 가등기를 마쳐 주는 한편, 같은 날 피고4에게 채권최고액 2억 원의 근저당권과, 피고1, 2, 3, 4, 5에게 채권최고액 200억 원의 근저당권을 각각 설정해 주었다.

나. 이 사건 각 부동산에 설정된 2건의 근저당권설정등기는 원고가 이 사건 소를 제기하기 전에 각각 말소되었다.

다. 한편 이 사건 각 부동산에 관하여 피고1, 4 앞으로 마쳐진 가등기는 제3자로 명의가 변경되었다가 본등기가 마쳐졌거나, 원고가 이 사건 소를 제기하기 전에 말소되었는데, 특히 가등기권자가 변경된 경위는 부동산별로 조금씩 차이가 나는바 이를 유형별로 정리하면 다음과 같이 크게 3가지로 구별된다.

(1) 매매 내지 계약양도를 원인으로 가등기가 제3자 앞으로 '이전'된 경우

이 사건 제2 내지 5, 7, 9, 11 내지 16부동산의 경우 수익자인 피고1, 4 앞으로 가등기가 마쳐졌다가 제3자인 전득자 앞으로 가등기 이전의 부기등기가 마

처진 후 이에 기하여 본등기까지 마쳐짐.

(2) 신청착오를 이유로 가등기권자를 '경정'하는 부기등기가 마쳐진 경우

이 사건 제1, 8, 10부동산의 경우 수익자인 피고1, 4 앞으로 가등기가 마쳐졌다가 신청착오를 이유로 가등기권자를 제3자로 경정하는 부기등기가 마쳐졌고, 이후 이에 기한 본등기까지 마쳐짐.

(3) 매매예약 해제를 원인으로 가등기가 '말소'된 경우

이 사건 제6부동산에 관하여는 당초 피고1, 4 앞으로 가등기가 마쳐졌다가 이 사건 소가 제기되기 전에 매매예약이 해제되고 그에 따라 가등기가 말소됨.

3. 원고의 사해행위 취소 및 가액배상청구의 소 제기

원고는 B(채무자)의 위 각 매매예약 및 위 각 근저당권설정계약이 모두 채권자인 원고를 해하는 사해행위에 해당한다고 주장하면서 수익자인 피고1 내지 5를 상대로 이 사건 사해행위 취소의 소를 제기하였다.

다만 매매예약을 원인으로 피고1, 4 앞으로 마쳐졌던 가등기는 제3자로 명의가 변경된 후 본등기가 마쳐지거나(이 사건 제1 내지 5, 7, 9, 11 내지 16부동산의 경우) 말소되었고(이 사건 제6부동산), 이 사건 부동산에 각각 마쳐진 근저당권설정등기도 이 사건 소 제기 전 이미 전부 말소된 상태여서 사해행위 취소에 따른 원상회복으로 피고1 내지 5를 상대로 가액배상을 청구하였다.

[소송의 경과]

1. 제1심은 원고의 청구를 전부 인용하여, 채무자와 피고들 사이의 매매예약 내지 근저당권 설정계약을 원고의 채권액 범위 내에서 전부 취소하되, '이 사건 각 부동산에 설정된 가등기 내지 근저당권 설정등기의 말소는 불가능하게 되었으므로 원상회복으로써 피고들로 하여금 각자 원고에게 원고의 채권액을 지급하도록' 명하는 가액배상 판결을 선고하였다.[1]

2. 원심은 ① 가등기가 이전된 부동산에 대하여는 수익자인 종전 가등기권자에 대한 원고의 청구를 기각하고, ② 가등기에 대한 경정등기가 마쳐진 부동산의 경우에는 수익자인 종전 가등기권자에 대한 소를 각하하였으며, ③ 가등기 및 근저당권설정등기가 말소된 경우에는 이 부분에 대한 소를 각하하였다.[2]

---

1) 서울서부지방법원 2011. 6. 3. 선고 2010가단7969 판결.
2) 서울서부지방법원 2011. 11. 24. 선고 2011나7929 판결.

위 각각의 경우에 대하여 원심이 설시한 논리는 아래와 같다.

①의 경우 제3자 앞으로 가등기가 이전되고 본등기가 마쳐진 이상 종전 가등기권리자인 피고1, 4는 가등기말소등기청구의 상대방이 될 수 없고 본등기 명의인도 아니어서 원고에 대하여 가액배상의무를 부담하지 않으므로 이 부분 원고의 청구는 이유 없다.

②의 경우 제3자 앞으로 가등기에 대한 경정등기가 이루어짐에 따라 채무자와 종전 가등기권리자인 피고1, 4 사이의 매매예약은 처음부터 존재하지 않게 되었으므로 피고1, 4는 사해행위 취소소송의 피고 적격이 없어 이 부분 소는 부적법하다.

③의 경우 이 사건 소가 제기되기 전 매매예약이 해제되어 이 사건 제6부동산에 마쳐진 가등기가 말소되었으므로 원고는 이 부분 매매예약의 취소 및 원상회복을 구할 소의 이익이 없어 이 부분 소는 부적법하다.

[판결의 요지 – 파기환송]

대법원은, 위 ③의 경우에 대한 원심의 판시 부분을 제외하고 원심을 전부 파기 환송하였고, 나아가 전원합의체 판결로 종전의 대법원 판례 입장을 변경하였다. 위 ① 내지 ③에 대한 대상판결의 요지는 아래와 같다.

[1] 사해행위인 매매예약에 기하여 수익자 앞으로 가등기를 마친 후 전득자 앞으로 가등기 이전의 부기등기를 마치고 나아가 가등기에 기한 본등기까지 마쳤다 하더라도, 위 부기등기는 사해행위인 매매예약에 기초한 수익자의 권리의 이전을 나타내는 것으로서 부기등기에 의하여 수익자로서의 지위가 소멸하지는 아니하며, 채권자는 수익자를 상대로 사해행위인 매매예약의 취소를 청구할 수 있다. 그리고 설령 부기등기의 결과 가등기 및 본등기에 대한 말소청구소송에서 수익자의 피고적격이 부정되는 등의 사유로 인하여 수익자의 원물반환의무인 가등기말소의무의 이행이 불가능하게 된다 하더라도 달리 볼 수 없으며, 특별한 사정이 없는 한 수익자는 가등기 및 본등기에 의하여 발생된 채권자들의 공동담보 부족에 관하여 원상회복의무로서 가액을 배상할 의무를 진다.

[2] 등기명의인의 경정등기는 명의인의 동일성이 인정되는 범위를 벗어나면 허용되지 아니한다. 그렇지만 등기명의인의 동일성 유무가 명백하지 아니하여 경정등기 신청이 받아들여진 결과 명의인의 동일성이 인정되지 않는 위법한

경정등기가 마쳐졌다 하더라도, 그것이 일단 마쳐져서 경정 후의 명의인의 권리관계를 표상하는 결과에 이르렀고 그 등기가 실체관계에도 부합하는 것이라면 등기는 유효하다. 이러한 경우에 경정등기의 효력은 소급하지 않고 경정 후 명의인의 권리취득을 공시할 뿐이므로, 경정 전의 등기 역시 원인무효의 등기가 아닌 이상 경정 전 당시의 등기명의인의 권리관계를 표상하는 등기로서 유효하고, 경정 전에 실제로 존재하였던 경정 전 등기명의인의 권리관계가 소급적으로 소멸하거나 존재하지 않았던 것으로 되지도 아니한다.

[3] 채권자가 채무자의 부동산에 관한 사해행위를 이유로 수익자를 상대로 사해행위의 취소 및 원상회복을 구하는 소송을 제기한 후 소송계속 중에 사해행위가 해제 또는 해지되고 채권자가 사해행위의 취소에 의해 복귀를 구하는 재산이 벌써 채무자에게 복귀한 경우에는, 특별한 사정이 없는 한 사해행위취소소송의 목적은 이미 실현되어 더 이상 소에 의해 확보할 권리보호의 이익이 없어진다. 그리고 이러한 법리는 사해행위취소소송이 제기되기 전에 사해행위의 취소에 의해 복귀를 구하는 재산이 채무자에게 복귀한 경우에도 마찬가지로 타당하다.

[연 구]

I. 사안의 쟁점

가등기의 원인이 된 법률행위로서의 매매예약 체결행위도 채권자를 해하는 사해행위로서 취소의 대상이 될 수 있고, 그 법률행위가 사해행위로 취소되면 가등기권자는 그 취소에 따른 원상회복으로 가등기를 말소할 의무를 부담한다고 보는 것이 대법원의 일관된 입장[3]이다.

그런데 이 사건에서는 사해행위인 매매예약에 따라 수익자 앞으로 가등기가 마쳐졌다가 이후 가등기 명의가 변경되어 수익자가 더 이상 가등기를 보유하지 않게 되었는바, 이러한 경우에도 종전의 가등기권자인 수익자가 여전히 사해행위 취소에 따른 원상회복의무의 일환으로 가액배상의무를 부담하는지 문

---

3) 대법원 1975. 4. 8. 선고 74다1700 판결 등 참조.

제되었다. 특히 이 사건에서는 채무자 소유의 여러 부동산별로 가등기 명의가 변경된 원인이 다른데, 크게는 ① 매매 등을 이유로 제3자에게 가등기가 이전된 후 제3자 앞으로 가등기에 기한 본등기가 마쳐진 경우와 ② 신청 착오를 이유로 위 가등기권자를 수익자에서 제3자로 경정하는 경정등기가 이루어지고 그에 따라 제3자 앞으로 본등기가 마쳐진 경우로 구별되며, 일부 부동산에 대하여는 ③ 매매예약 해제를 이유로 수익자 명의의 가등기가 말소된 상태였다.

　　채권자인 원고는 각각의 부동산에 대한 본등기 명의를 보유하고 있는 제3자(전득자)를 상대로 사해행위 취소 및 원상회복으로서의 등기 말소를 청구한 것이 아니라 수익자인 종전 가등기권자만을 피고로 하여 사해행위인 매매예약의 취소 및 원상회복으로 가액배상을 청구하였기 때문에 전득자의 원물반환의무는 다루어지지 않았고 종전 가등기권자의 가액배상의무만이 문제되었다.

　　이하에서는 먼저 사해행위로 가등기가 경료된 경우 사해행위 취소 및 원상회복의 방법에 관하여 살펴본 후 종전의 가등기권자에 대하여 수익자로서 가액배상의무를 인정할 것인지를 ① 수익자가 가등기를 제3자 앞으로 이전한 경우와 ② 수익자 앞으로 마쳐진 가등기가 경정등기를 통해서 그 명의인이 제3자로 변경된 경우로 나누어 각각 살펴보고 대상판결이 타당한지 검토하고자 한다.[4]

　　한편 대상판결에서는 명시적으로 다루고 있지 아니하나, 이 사건 소송의 피고들(가등기 명의를 보유하였던 수익자들) 역시 채무자에 대한 채권자의 지위에 있었던바, 피고들에게 가액배상의무를 인정하는 경우 취소채권자와의 관계에서 채권자평등의 원칙이 문제될 수 있다. 이와 관련하여 취소채권자의 사실상 우선변제 가능성 및 채권자인 수익자의 지위에 관하여 민법 개정안에 마련된 규정 내용을 중심으로 살펴보고자 한다.

---

4) 한편 매매예약이 해제되어 수익자 명의의 가등기가 이미 말소된 경우(이 사건 제6부동산)에는 소송목적이 실현된 경우에 해당되므로 사해행위 취소 및 원상회복을 구할 권리보호이익이 없다. 이에 원심 및 대상판결 모두 적절하게 이 부분 소는 권리보호의 이익이 없어 부적법하다고 하여 각하판결을 하였는바 이 부분은 논의의 대상에서 제외하였다.

Ⅱ. 사해행위로 가등기가 경료된 경우 사해행위 취소 및 원상회복의 문제

1. 사해행위 취소소송에서 원상회복으로서의 가액배상

가. 민법상 사해행위 취소 및 원상회복의 방법

민법 제406조, 제407조에서 규정하는 채권자취소권은 채무자가 채권자를 해함을 알면서 자기의 책임재산을 감소시키는 사해행위를 한 경우 그 행위를 취소하여 그 일탈재산을 채무자에게 환원시킴으로써 모든 채권자를 위하여 그 책임재산을 보전할 수 있도록 마련된 권리이다.

채권자취소권의 인정근거에 관하여는 ① 부당이득반환의 일종이라는 견해, ② 사해행위를 불법행위의 일종으로 보아 재산반환을 불법행위로 인한, 원물에 의한 손해배상으로 보는 견해, ③ 형평의 견지에서 또는 책임재산의 유지를 위하여 법이 특별히 인정한 청구권이라는 견해 등이 있는데, 사해행위라도 그 자체로는 적법·유효한 법률행위이며, 채무자의 법률행위의 자유에 비추어 위법성이 인정되기는 어려우므로, 통설 및 판례는 채권자와 악의인 반환상대방 사이의 형평을 위하여 법이 특별히 인정한 청구권이라고 파악하고 있다.[5]

사해행위 취소는 궁극적으로 일반채권의 공동담보인 책임재산의 '보전'을 목적으로 하는 것으로 사해행위취소의 효과로서 원상회복이란 사해행위가 있기 전의 책임재산 상태로의 복귀를 의미하는바,[6] 그 원상회복의 방법은 원물반환이 원칙이고, 가액배상은 예외에 속한다는 것이 통설 및 판례의 입장이다. 즉, 사해행위의 목적물 자체의 반환이 가능한 경우에는 원칙적으로 그 목적물의 반환을 구하여야 하고, '원물반환이 불가능하거나 현저히 곤란한 사정이 있는 경우'에 한하여 원상회복으로서 그 목적물의 가액상환을 청구할 수 있다. 여기서 '원물반환이 불가능하거나 현저히 곤란한 경우'라 함은 원물반환이 단순히 절대적, 물리적으로 불능인 경우가 아니라 사회생활상의 경험법칙 또는 거래상의 관념에 비추어 채권자가 수익자나 전득자로부터 이행의 실현을 기대할 수 없는 경우를 의미한다(대법원 2009. 3. 26. 선고 2007다63102 판결; 대법원 1998. 5. 15. 선고

---

5) 집필대표 김능환, 민법주해 [Ⅸ], (박영사, 2008), 845면.
6) 지원림, "사해행위취소에 따른 원상회복의 방법", 안암법학 제25호(안암법학회, 2007), 783면.

97다58316 판결 등 참조).

참고로, 채권자취소권에 관한 민법 개정안은 원상회복을 삭제하는 대신 채권자취소권의 효과로서 발생하는 재산 반환의 구체적인 방법으로 위 대법원 판례의 법리를 규정화하여 "수익자를 상대로 채무자로부터 취득한 재산을 반환하도록 청구하되, 그 재산의 반환이 불가능하거나 현저히 곤란한 때에는 그 가액의 반환을 청구할 수 있다"는 규정을 마련하였다.[7] 나아가 수익자의 반환범위에 관하여 종래 대법원은 "수익자 등이 원상회복으로 당해 부동산을 반환하는 이외에 그 사용이익이나 임료상당액을 반환할 필요가 없다"는 입장(대법원 2008. 12. 11. 선고 2007다69162 판결)이었으나, 개정안에서는 부당이득에 관한 민법 제748조, 제749조의 규정을 준용하는 것으로 하였다.[8]

나. 원상회복으로서의 가액배상

채권자취소권에 관한 현행 민법 제406조, 제407조는 사해행위 취소에 따른 효과로서 원상회복의 구체적인 방법에 관하여는 상세하게 규정하고 있지 않다. 특히 사해행위로 부동산에 관하여 가등기가 마쳐진 경우 어떠한 경우에 원상회복으로 가액배상을 명할 수 있는지, 가액배상을 명하는 경우 그 범위는 어디까지 인정되는지, 가액배상을 인정함에 있어 제한은 없는지 등이 문제될 수 있는데, 이에 관하여도 판례나 학설이 명확한 지침을 제시하지는 않고 있다.

수익자 내지 전득자에 대하여 가액배상의무를 인정할 것인지, 인정한다면 어떠한 경우에, 어느 범위까지 이를 인정한 것인지는, 결국 개별 사안별로 구체적 타당성이 있는 결론을 도출하는 방안을 강구하여야 한다. 특히 사해행위 취소소송에 있어 취소의 대상이 되는 사해행위는 취소채권자를 해하는 것이지만

---

7) 민법 개정안 제407조의 2 제1항.

8) 민법 개정안 제407조의 2 제2항. 위 대법원 2007다69162 판결은 사해행위의 취소 및 원상회복은 책임재산의 보전을 위하여 필요한 범위 내로 한정되어야 하므로 원래의 책임재산을 초과하는 부분까지 원상회복의 범위에 포함된다고 볼 수 없다는 점을 근거로 부동산의 사용이익이나 임료상당액은 반환 범위에 포함되지 않는다고 보았는데, 사해행위가 없었더라면 채무자가 부동산을 계속 보유하면서 그 부동산의 사용에 따른 사용이익을 얻었거나 임차인으로부터 임료상당액을 받았을 것이므로 이 역시 반환이 되어야 하는바, 구체적으로는 부당이득에서 수익자의 반환범위에 관한 규정을 준용하는 것이 적절하다는 입장으로, 김재형, "채권자취소권에 관한 민법개정안: 개정안에 대한 기본구상과 민법개정위원회의 논의과정을 중심으로", 민사법학 제68호(한국민사법학회, 2014. 9.), 96-97면.

수익자 내지 전득자에 대한 관계에서는 여전히 유효한 법률행위라고 보는 것이 통설 및 판례의 상대적 무효설의 입장인바, 이 때문에 사해행위 취소를 통해서 책임재산을 보전하여야 하는 취소채권자의 이익뿐만 아니라 수익자 내지 전득자의 이익, 즉 거래안전의 보호 측면도 함께 고려되어야 한다.[9] 본래 형평을 위하여 법에서 특별히 인정된 사해행위 취소소송에서 위와 같이 취소채권자와 수익자, 전득자 사이의 이익 충돌 문제가 발생한다는 점을 감안하면 결국 당사자들 사이의 이해관계를 형평에 맞게 적절하게 조절하는 법정책적 판단이 보다 필요하며, 그렇기 때문에 대법원 판례도 사해행위 취소소송에 있어서는 이론적 정합성보다는 구체적인 개별 사안에서 당사자들 사이의 이익 조정을 중요한 고려요소로 보고 있다.[10]

　　구체적인 사안에서 사해행위 취소에 따른 원상회복으로서 가액배상의무의 인정 여부 및 범위를 판단하기 위해서는, 사해행위 취소에 따른 원상회복의 원칙적인 형태는 원물반환이고 가액배상은 원물반환이 불가능하거나 현저히 곤란한 경우에 한하여 예외적으로 인정되는 것이라는 점, 그리고 예외적으로 가액배상을 인정하는 경우에도 채권자취소권의 본질과 인정취지에 부합하여야 한다는 점을 반드시 고려하여야 한다. 특히 채권자가 사해행위를 취소하고 원상회복을 청구할 수 있도록 한 것은, 본래 채권자의 채권 만족을 위한 채무자의 책임재산이 이탈한 것을 다시 채무자 앞으로 회복시키기 위한 것이지, 채권자를 해한다는 사실을 알고 있는 악의의 수익자 내지 전득자를 원상회복을 통해서 징벌하거나 제재를 가하기 위한 것이 아니다. 그렇기 때문에, 가액배상이 예외적으로 허용되는 경우에도 '사해행위로 일탈된 채무자의 책임재산 회복'이라는 사해행위 취소 제도의 목적을 실현할 수 있는 한도 내에서만 가액배상의무가 인정될 수 있는 것이다. 만약 그러한 한도를 초과하여서까지 수익자 내지 전득자에게 가액배상의무를 부과할 경우 그 자체로 수익자 등에게 지나치게 가혹할 뿐만 아니라 채무자의 책임재산을 애당초 일탈된 범위를 초과하여 과도하게 회복시키는 것이어서 취소채권자에게 부당한 이득을 인정하는 셈이 될 수 있다. 이를 방지하고 구체적 타당성을 도모하기 위하여 수익자 내지 전득자와 취소채권자 사이의 이익 조정의 관점에서도 가액배상의무 인정 여부 및 범위를 판단

---

9) 지원림, 전게논문, 774면.
10) 지원림, 전게논문, 781면.

할 필요가 있다.

사해행위의 목적물이 부동산인 경우에 원상회복으로 부동산을 반환하는 대신 가액배상을 구할 수 있는지 문제되는데, 앞서 본 바와 같이 부동산 자체의 반환이 가능한 경우에는 가액배상은 허용되지 않으며 원물반환이 불가능하거나 현저히 곤란한 경우에 한하여 예외적으로 인정될 뿐이다. 이때 원물반환이 불가능하거나 현저히 곤란한지 여부는 ① 목적물인 부동산이 가분인가 아닌가, ② 부동산의 가격, ③ 취소채권자의 피보전채권액, ④ 저당권 등 제한물권의 설정 여부, ⑤ 저당권 등 제한물권이 사해행위 후에 소멸하였는지 여부 등 적어도 5개의 요소를 고려하여 구체적인 사안별로 사회통념에 따라 결정하게 된다.11)

실무에서 가액배상이 주로 문제되는 유형은, (i) 저당권이 설정되어 있는 부동산이 사해행위로 양도된 후 변제 등에 의하여 그 저당권이 소멸한 경우로서 이때 사해행위를 전부 취소하여 부동산 자체의 회복을 명하는 것이 당초 일반 채권자의 공동담보로 되어 있지 아니한 부분까지 회복시키게 되어 공평에 반하게 되므로 그 부동산의 가액에서 위 저당권의 피담보채권액을 공제한 잔액 한도에서 사해행위를 취소하고 그 가액 배상을 명하는 경우, (ii) 사해행위의 목적물이 수익자를 거쳐 전득자로 전전 양도된 경우로서 수익자가 전득자로부터 목적물의 소유권을 회복하여 이를 채무자에게 이전하여 줄 수 있는 특별한 사정이 없는 한 목적물의 원상회복의무가 법률상 이행불능 상태에 있게 되어 수익자가 가액배상을 하여야 하는 경우, (iii) 사해행위로 목적물이 양도된 경우 수익자에 의하여 근저당권 등의 담보물권이 새로 설정되어 아무런 부담이 없는 상태의 목적물의 회복이 불가능하여 가액배상의 방법에 의하는 경우 등이 있다.12)

이러한 가액배상의 법적 근거에 대하여 부당이득에 의한 악의의 수익자의 반환의무에 준하는 것이라는 견해, 점유자의 회복자에 대한 손해배상채무에 준한다는 견해, 대상청구의 일종이라는 견해 등이 있으나, 채권자취소권의 인정근거를 채권자와 악의인 반환의 상대방 사이의 형평의 견지에서 법률(민법 제406조)에 의하여 특별히 인정한 것이라는 데에서 구하는 이상 가액배상청구 역시

---

11) 집필대표 박준서, 주석 민법 채권총칙(2), 제3판(한국사법행정학회, 2000), 99면.
12) 하현국, "채권자취소로 인한 가액배상과 취소채권자의 우선변제", 민사재판의 제문제 제19권(민사실무연구회, 2010), 79면.

법률에 의하여 원상회복의무의 일종으로 인정된 것으로 파악하여야 할 것이다.[13] 대법원도 원래 채권자와 아무런 채권·채무관계가 없었던 수익자가 채권자취소에 의하여 원상회복의무를 부담하는 것은 형평의 견지에서 법이 특별히 인정한 것이므로, 그 가액배상의 의무는 목적물의 반환이 불가능하거나 현저히 곤란하게 됨으로써 성립하고, 그 외에 그와 같이 불가능하게 된 데에 상대방인 수익자 등의 고의나 과실을 요하는 것은 아니라고 판시[14]하여 가액배상의 근거를 형평의 견지에서 법률이 특별히 인정한 권리로 파악하고 있다.

다. 가액배상에 따른 금전의 귀속 문제

한편 가액배상을 명하는 경우 그 가액배상청구권이 사해행위 취소소송을 제기한 채권자에게 귀속되는지(채권자귀속설), 아니면 책임재산의 회복이라는 채권자취소권의 본질에 충실하여 채무자에게 귀속되는 것으로 보아야 하는지(채무자귀속설) 견해가 대립하는데, 통설 및 판례의 입장은 채무자가 취소 목적물인 금전이나 동산을 수령하지 않거나 반환된 목적물을 은닉, 소비하는 경우 취소채권자가 사해행위를 취소하였음에도 아무런 이익을 얻지 못하게 되는 문제가 생기므로 취소채권자가 수익자 등 상대방에게 직접 자신에게 금전 등을 지급할 것을 청구할 수 있다고 보는 채권자귀속설의 입장이다.[15]

이에 의하면 취소채권자가 직접 자신에게 금전 등의 반환을 구할 수 있다고 보게 됨으로써 금전 등을 현실적으로 반환받는 경우 이를 상계 등을 통해서 사실상 우선변제를 받는 것이 가능하게 되고, 더 나아가 대법원 판례[16]에 의하면 이때 취소채권자가 다른 채권자들에 대하여 가액배상으로 수령한 금전을 분배할 의무도 없다.

---

13) 집필대표 김능환, 전게서, 845면.

14) 대법원 1998. 5. 15. 선고 97다58316 판결.

15) 대법원 1999. 8. 24. 선고 99다23468 판결은, "민법 제406조에 의한 사해행위의 취소에 따른 원상회복은 원칙적으로 그 목적물 자체의 반환에 의하여야 하는바, 이때 사해행위의 목적물이 동산이고 그 현물반환이 가능한 경우에는 취소채권자는 직접 자기에게 그 목적물의 인도를 청구할 수 있다"고 판시한 바 있다. 사해행위 목적물의 원물반환의 경우에도 취소채권자가 직접 자신에게 반환을 구할 수 있다고 본 이상 가액배상의 경우에도 마찬가지일 것으로 보인다. 이상 이혜진, "사해행위취소소송의 경합과 가액배상", 동아법학 제55호(동아대학교 법학연구소, 2012), 173면.

16) 대법원 2008. 6. 12. 선고 2007다37837 판결.

2. 사해행위로 가등기가 마쳐진 경우 사해행위 취소 및 원상회복의 문제

가. 가등기에 대한 사해행위 인정 여부 및 인정 범위

소유권이전등기 청구권을 보전하기 위한 가등기는 그 자체만으로는 물권취득의 효력을 발생하지 않더라도 후일 그 본등기를 하는 경우엔 가등기시에 소급하여 소유권변동의 효력이 발생하기 때문에 채권자로 하여금 완전한 변제를 받을 수 없게 하는 결과를 초래하게 되므로 가등기를 마치는 행위도 채권자를 해하는 사해행위에 해당될 수 있다는 것이 대법원 판례의 입장[17]이다.

가등기에 기하여 본등기가 경료된 경우 가등기의 원인인 법률행위와 본등기의 원인인 법률행위가 명백히 다른 것이 아닌 한 본등기의 기초가 된 가등기의 등기원인인 법률행위를 제쳐놓고 본등기의 등기원인인 법률행위만이 취소의 대상이 되는 사해행위라고 볼 것은 아니므로, 가등기의 등기원인인 법률행위가 사해행위라는 사실을 안 날부터 채권자취소권 행사의 제척기간이 기산하고,[18] 사해행위 요건의 구비 여부는 가등기의 원인된 법률행위 당시를 기준으로 하여 판단하게 된다.[19]

한편 대법원(대법원 2003. 7. 11. 선고 2003다19435 판결)은 "사해행위가 성립되려면 채무자가 어떤 법률행위를 함으로써 채무자의 공동담보, 즉 그의 적극재산에서 소극재산을 공제한 금액이 그 법률행위 이전보다 부족하게 되어야 하므로 수익자가 채무초과상태에 있는 채무자의 부동산에 관하여 설정된 선순위 담보가등기의 피담보채무를 변제하여 그 가등기를 말소하는 대신 동일한 금액을 피담보채무로 하는 새로운 담보가등기를 설정하는 것은 채무자의 공동담보를 부족하게 하는 것이라고 볼 수 없어 사해행위가 성립한다고 할 수 없지만, 선순위 담보가등기를 말소시킨 후 그 부동산에 관하여 매매예약을 하고, 그에 기하여 소유권이전등기청구권 보전의 가등기를 마친 경우에는 그 부동산의 가액, 즉 시가에서 피담보채무액을 공제한 잔액의 범위 내에서 사해행위가 성립한다"고 판시한 바 있다.

위 대법원 2003다19435 판결의 취지에 따르면, (i) 담보가등기가 경료된 경

---

17) 대법원 1975. 2. 10. 선고 74다334 판결.
18) 대법원 1993. 1. 26. 선고 92다11008 판결.
19) 대법원 2001. 7. 27. 선고 2000다73377 판결.

우에는 저당권설정등기와 유사하게 원칙적으로 피담보채무의 범위 내에서만 사해행위가 성립할 수 있는데, (ii) 소유권이전등기청구권 보전의 가등기가 경료된 경우에는 부동산 전체에 대하여 사해행위가 성립하되 당초 채권자들의 공동담보로 제공되지 않았던 부분은 사해행위 성립 범위에서 제외하게 된다. 위 판례사안과 달리 만약 선순위 담보가등기가 없는 상황에서 담보가등기 또는 소유권이전등기청구권 보전을 위한 가등기가 경료된 경우에 대하여 위 대법원 판례의 판시내용을 적용하면 (i) 담보가등기가 마쳐진 경우에는 피담보채무의 범위 내에서만 사해행위가 성립할 수 있으나 (ii) 소유권이전등기청구권 보전의 가등기가 마쳐진 경우에는 원칙적으로 부동산 전체에 대하여 사해행위가 성립하게 된다고 할 것이다.

나. 사해행위로 가등기가 마쳐진 경우 원상회복의 방법

사해행위의 취소에 따른 원상회복은 그 목적물을 사해행위가 있기 전과 동등한 조건에서 채권자의 강제집행에 복종할 수 있는 상태로 환원시키는 것을 의미한다고 할 것이므로, 사해행위의 목적물이 부동산인 경우의 원상회복은 그 사해행위에 의하여 수익자에게 소유권이전등기가 마쳐진 것이라면 그 등기명의를 채무자 앞으로 환원시키는 방법에 의하여야 할 것이고 환원방법은 말소등기의 방법에 의하는 것이 원칙이다.[20] 따라서 사해행위로 가등기가 마쳐진 경우 원상회복의 방법은 원칙적으로 '가등기 자체를 말소'하는 형식이 된다.

대법원은, 위 대법원 2003다19435 판결에서, 수익자가 채무자 소유의 부동산에 관하여 설정된 선순위 담보가등기의 피담보채무를 대위변제한 후 그 부동산에 관하여 매매예약에 기한 소유권이전등기청구권 보전을 위한 가등기를 마

---

20) 윤경, "사해행위취소와 가액배상", 저스티스 제34권 제5호(한국법학원, 2001. 10.), 13면. 다만 대법원 판례는 "자기 앞으로 소유권을 표상하는 등기가 되어 있었거나 법률에 의하여 소유권을 취득한 자가 진정한 등기명의를 회복하기 위한 방법으로는 그 등기의 말소를 구하는 외에 현재의 등기명의인을 상대로 직접 소유권이전등기절차의 이행을 구하는 것도 허용되어야 한다는 것이 대법원의 확립된 견해인바(대법원 1990. 11. 27. 선고 89다카12398 전원합의체 판결, 1990. 12. 21. 선고 88다카20026 판결 등 참조), 이러한 법리는 사해행위 취소소송에 있어서 취소 목적 부동산의 등기명의를 수익자로부터 채무자 앞으로 복귀시키고자 하는 경우에도 그대로 적용될 수 있다"는 입장이다(대법원 2000. 2. 25. 선고 99다53704 판결). 이에 의하면 사해행위로 마쳐진 등기를 말소하는 대신 수익자 또는 전득자를 상대로 채무자 앞으로 직접 소유권이전등기 절차의 이행을 명하는 방식으로 원상회복을 할 수도 있다.

친 경우 그 부동산의 가액, 즉 시가에서 피담보채무액을 공제한 잔액의 범위 내
에서 사해행위가 성립한다고 하면서, "소유권이전등기청구권 보전을 위한 가등
기가 사해행위로서 이루어진 경우에는 그 매매예약을 취소하고 원상회복으로서
가등기를 말소하면 족한 것이고, 가등기 후에 저당권이 말소되었다거나 그 피
담보채무가 일부 변제된 점 또는 그 가등기가 사실상 담보가등기라는 점 등은
그와 같은 원상회복의 방법에 아무런 영향을 주지 않는다"고 판시하였다.

본래 저당권이 설정되어 있는 부동산이 사해행위로 이전된 후 변제 등에
의하여 저당권이 말소된 경우에는 그 부동산 자체의 회복을 명하는 것은 당초
일반 채권자들의 공동담보로 되어 있지 아니하던 부분까지 회복을 명하는 것이
되어 공평에 반하는 결과가 되기 때문에 설사 원물반환이 가능하다고 하더라도
원상회복으로 가액배상을 구할 수 있을 뿐이라는 것이 판례의 원칙적인 입장[21]
이다.[22]

그런데, 위 대법원 2003다19435 판결에 따르면, 저당권이 설정되어 있던 부
동산이 사해행위로 소유권이전등기가 아닌 소유권이전등기청구권 보전을 위한
가등기만 마쳐진 경우에는 이후에 저당권이 말소되었거나 피담보채무가 변제된

---

21) 대법원 2002. 11. 8. 선고 2002다41589 판결; 대법원 2007. 5. 31. 선고 2006다18242 판
결 등.
22) 다만 이 경우에도 구체적 타당성의 관점에서 원물반환이 허용되어야 한다고 판시한 예
가 있다. 즉 부산고등법원 2008. 12. 3. 선고 2008나11795 판결은 "가액반환을 명하는 것
이 오히려 원물반환보다 수익자에게 불리하고 채권자에게 유리하여 수익자가 스스로 불
이익을 감수하면서 원상회복의 방법으로 원물반환을 원할 경우에는, 가액배상을 명하기
보다는 사해행위취소에 따른 본래적 의미의 원상회복방법인 원물반환을 명함이 공평의
관념에 비추어 더욱 타당하다"고 판시하였는바, 위 법원이 예외적으로 원물반환이 더 타
당하다고 본 근거는 다음과 같다.
"(i) 채무자의 총채권액에 비하여 수익자에 의하여 소멸된 근저당권의 피담보채권액이
현저히 소액으로 수익자의 명백한 의사에 반하여 가액배상을 명할 경우 수익자에게 상
당히 불리함, (ii) 수익자로서는 채무자에 대한 채권자라는 이유로 가액배상청구에 대하
여 상계를 주장할 수 없는데, 가액배상의 경우 현행법상 취소채권자 이외에 다른 채권자
들의 변제충당을 위한 절차규정이 흠결되어 있어 다른 채권자로서는 배당요구의 기회가
없어 사실상 취소채권자가 우선변제를 받게 되는바 수익자가 스스로 피해를 감수하고
원물반환의사가 있음에도 가액배상을 명하게 되면 사해행위 취소를 구하는 채권자에게
만 사실상 우선변제효를 부여함으로써 채권자 평등의 원칙을 실현하기 위하여 마련된
사해행위 취소제도가 채권자 평등의 원칙을 넘어뜨리는 방편으로 사용되어 제도의 근본
취지에 반하는 결과가 초래됨, (iii) 원물반환을 명하게 되면 사해행위 부동산만을 강제집
행하여 채권 만족을 얻게 될 것인데 가액배상을 명하면 사해행위 부동산 외에 수익자의
고유재산에 대하여도 강제집행이 될 우려도 있음."

경우에도 원상회복의 방법으로 가액배상을 하는 것이 아니라 원물반환으로 가등기를 말소하게 된다. 이는 가등기만 마쳐지고 아직 그에 기한 본등기는 경료되지 않은 상태에서는 아직 수익자 앞으로 부동산의 소유권이 확정적으로 이전된 것이 아니고, 실제로 가등기가 말소되더라도 수익자가 부동산의 소유권 자체를 상실하게 되는 것이 아니라 소유권이전등기청구권의 순위 보전의 효력만이 소멸하게 된다는 점을 감안한 것으로 보인다. 즉 가등기만이 경료되어 아직 소유권이 이전되지 않은 상태에서 부동산 가액에서 저당권의 피담보채권액을 공제한 금액에 대하여 가액배상을 명하게 되면 오히려 가등기만을 경료한 수익자에게 지나치게 가혹할 수 있기 때문에 가등기 자체만을 말소하는 것으로 원상회복을 인정한 것이다.

Ⅲ. 대상판결에 대한 검토

1. 이 사건 소송에서의 원상회복청구

이 사건에서는 사해행위로 수익자 앞으로 마쳐진 가등기 명의가 제3자(전득자)로 변경되었고 그 제3자 앞으로 가등기에 기한 본등기까지 마쳐졌는바, 원물반환으로서 원상회복은 원칙적으로 전득자 앞으로 경료된 가등기 및 이에 기한 본등기를 각각 말소하거나 채무자 앞으로 이전하도록 하는 형태가 되어야 한다.

그런데 이 사건 소송에서 원고(취소채권자)는 수익자만을 상대로 하여 사해행위취소 및 원상회복을 청구하였고, 수익자로부터 가등기를 이전받아 그에 기하여 본등기까지 마친 전득자에 대하여는 사해행위취소의 소를 제기하지 아니하였는바, 이 사건 소송에서 원상회복으로 전득자 명의의 가등기 및 본등기 말소가 불가능하게 되었다. 이때 종전 가등기권자인 수익자를 상대로 하여 가등기 말소를 구하는 것도 가능하지 않으므로 종전의 가등기권자에 대하여 원상회복으로 가등기 말소를 청구하는 대신 가액배상을 명할 수 있는지 여부가 문제된 것이다. 만약 수익자에게 가액배상의무가 인정되지 않을 경우 채권자로서는 악의의 전득자를 상대로 별소를 제기하여야 사해행위 취소 및 원상회복을 구할 수 있게 되고, 만약 전득자가 사해행위라는 점을 알지 못하였던 것으로 판명되는 경우에는 일탈된 채무자의 책임재산을 회복할 수 없게 된다.

이하에서는 종전의 가등기권자인 수익자에 대하여 가액배상의무를 인정하여야 하는지를, 가등기 명의가 변경된 원인, 즉 (i) 가등기 이전의 부기등기가 마쳐진 경우와 (ii) 가등기에 대한 경정등기가 이루어진 경우로 나누어서 살펴보기로 한다.

2. 종전의 가등기권자에 대한 가액배상의무 인정 여부

가. 가등기가 매매 내지 계약 양도를 이유로 '이전'된 경우

(1) 가등기상 권리의 이전

이 사건 제2 내지 5, 7, 9, 11 내지 16부동산에 관하여는 사해행위인 매매예약에 기하여 수익자 앞으로 가등기가 마쳐진 후에 수익자와 제3자 사이의 매매 또는 계약양도를 이유로 제3자 앞으로 가등기 이전의 부기등기를 마치고 가등기에 기한 본등기까지 마쳐졌다.

가등기는 본래 순위를 확보하는 데에 그 목적이 있으나, 순위 보전의 대상이 되는 물권변동의 청구권은 그 성질상 양도될 수 있는 재산권일 뿐만 아니라 가등기로 인하여 그 권리가 공시되어 결과적으로 공시방법까지 마련된 셈이므로 가등기상 권리도 양도할 수 있으며, 이 경우 양도인과 양수인의 공동신청으로 그 가등기상의 권리의 이전등기를 가등기에 대한 부기등기의 형식으로 마치게 된다.[23]

이때 가등기상 권리를 양도한 종전 가등기권자가 양도 이후에도 여전히 사해행위의 수익자로서의 지위를 가지는지, 그에 따라 취소채권자에 대하여 가액배상의무를 부담하는지 문제된 것이다.

(2) 기존의 대법원 판례 및 원심의 입장

기존의 대법원 판례(대법원 2005. 3. 24. 선고 2004다70079 판결)는, "가등기의 이전에 의한 부기등기는 기존의 가등기에 의한 권리의 승계관계를 등기부상에 명시하는 것일 뿐이므로 그 등기에 의하여 새로운 권리가 생기는 것이 아닌 만큼 가등기가 원인무효인 경우 가등기의 말소등기청구는 양수인만을 상대로 하면 족하고, 양도인은 그 말소등기청구에 있어서의 피고적격이 없다는 법리에 비추어 보면, 사해행위에 기하여 가등기가 마쳐졌고, 그 후 그 가등기에 기한 본등기가 마쳐진 사건에 있어서 가등기말소등기청구의 상대방이 될 수 없고 본

---

23) 대법원 1998. 11. 19. 선고 98다24105 전원합의체 판결 참조.

등기 명의인도 아닌 가등기권리양도인이 채권자에 대하여 가액배상의무를 부담한다고 볼 수 없다"는 입장이었다.

위 대법원 2004다70079 판결은, 채무자가 근저당권이 설정되어 있는 부동산에 대하여 피고1(수익자) 앞으로 매매예약에 따른 가등기를 마쳤는데, 이후 피고1은 피고2(전득자)와 위 가등기에 대한 양도계약을 체결하고 피고2 앞으로 이전등기를 마쳤고, 피고2는 피고3(전전득자)과 가등기에 대한 양도계약을 체결하고 피고3 앞으로 이전등기를 마친 사안에 관한 것이었는데, 이후 근저당권이 변제 등에 의하여 소멸하게 된 결과 매매예약 전부를 취소하여 그 부동산 자체의 회복을 명하는 것이 당초 담보로 되어 있지 아니하던 부분까지 회복시키는 것이 되어 공평에 반하는 결과가 되기 때문에 원물반환 대신 전전득자인 피고3에 대하여 가액배상을 인정하면서 수익자인 피고1의 가액배상의무는 부정한 것이었다.

원심은 위 대법원 2004다70079 판결 내용을 토대로 하여 이 사건 제2 내지 5, 7, 9, 11 내지 16부동산의 경우 수익자인 피고1, 4 앞으로 가등기가 마쳐졌다가 매매 내지 계약양도를 이유로 제3자 앞으로 가등기가 이전되고 그에 따라 제3자 명의로 본등기까지 마쳐진 이상 종전 가등기권자인 피고1, 4는 가등기말소등기청구의 상대방이 될 수 없고 본등기 명의인도 아니라는 점을 들어 원고에 대하여 가액배상의무를 부담하지 않는다고 판단하였다.

(3) 대상판결의 입장

그런데, 대상판결은 원심 및 기존 대법원 판례의 입장을 정면으로 배척하면서 종전 가등기권자의 가액배상의무를 인정하였다. 이 부분 대상판결의 구체적인 판시 내용은 아래와 같다.

"사해행위인 매매예약에 기하여 수익자 앞으로 가등기를 마친 후 전득자 앞으로 그 가등기 이전의 부기등기를 마치고 나아가 그 가등기에 기한 본등기까지 마쳤다 하더라도, 위 부기등기는 사해행위인 매매예약에 기초한 수익자의 권리의 이전을 나타내는 것으로서 위 부기등기에 의하여 수익자로서의 지위가 소멸하지 아니하며, 채권자는 수익자를 상대로 그 사해행위인 매매예약의 취소를 청구할 수 있다. 그리고 설령 부기등기의 결과 위 가등기 및 본등기에 대한 말소청구소송에서 수익자의 피고적격이 부정되는 등의 사유로 인하여 수익자의 원물반환의무인 가등기말소의무의 이행이 불가능하게 된다 하더라도 달리 볼 수 없으며, 특별한 사정이 없는 한 수익자는 위 가등기 및 본등기에 의하여 발생된 채권자들의 공동담보부족에 관하여 원상회복의무로서 가액을 배상할 의무를 진다 할 것이다.

이와 달리 사해행위인 매매예약에 의하여 마친 가등기를 부기등기에 의하여 이전하고, 그 가등기에 기한 본등기를 마친 경우에, 그 가등기에 의한 권리의 양도인은 가등기말소등기청구소송의 상대방이 될 수 없고 본등기의 명의인도 아니므로 가액배상의무를 부담하지 않는다는 취지의 대법원 2005. 3. 24. 선고 2004다70079 판결 등은 이 판결의 견해에 배치되는 범위 안에서 이를 변경하기로 한다.

앞서 본 법리에 비추어 이 사건 사실관계를 살펴보면, 채권자인 원고는 매매예약에 관한 수익자인 피고1, 4를 상대로 매매예약의 취소를 청구할 수 있고, 위 수익자들 명의의 가등기말소의무 이행이 불가능하다 하더라도 위 가등기 및 본등기에 의하여 발생된 공동담보 부족에 관하여 원상회복의무로서 위 수익자들에게 가액배상을 청구할 수 있다."

특히 대상판결은, "설령 부기등기의 결과 위 가등기 및 본등기에 대한 말소청구소송에서 수익자의 피고적격이 부정되는 등의 사유로 인하여 수익자의 원물반환의무인 가등기말소의무의 이행이 불가능하게 된다 하더라도 달리 볼 수 없다"고 판시하여 기존의 대법원 판례 및 원심과는 달리 가등기말소청구의 상대방이 될 수 있는지 또는 본등기 명의인인지 여부는 사해행위로 마쳐진 종전 가등기권자의 가액배상의무 성립을 부정할 사유가 될 수 없다는 점을 명시적으로 밝혔다.

(4) 검토 — 가등기가 이전된 경우 양도인인 종전 가등기권자에 대한 가액배상의
　　　무 인정 여부

기존의 대법원 판결 및 원심이 '가등기말소등기청구 내지 본등기말소청구의 상대방이 될 수 없다는 점'을 근거로 종전의 가등기권자의 가액배상의무를 부정한 것은 (구체적 타당성의 측면을 떠나) 사해행위 취소 및 원상회복에 관한 법리적 관점에서는 일응 타당하지 않은 측면이 있다. 즉 가등기가 제3자에게 이전되어 종전 가등기권자가 가등기말소청구의 상대방이 될 수 없다거나 제3자 앞으로 본등기까지 마쳐졌다는 사정은 단지 종전 가등기권자에 대하여 가등기 말소의 방식으로 원물반환을 구하는 것이 불가능하게 되었다는 점을 의미하는 것

에 불과하다. 사해행위로 가등기가 마쳐진 경우 원상회복의 원칙적인 모습은 가등기를 말소하는 방식이 되어야 할 것인데, 가등기가 제3자에게 이전하고 그에 따라 본등기까지 마쳐지면 기존의 가등기는 말소할 수 없게 되었는바 이는 원물반환이 불가능하게 된 경우에 해당하는 것으로, 이러한 경우에는 오히려 원물반환 원칙의 예외로서 가액배상이 인정되어야 하는 것이지, 이를 가액배상 의무를 부정할 근거로 삼기는 적절하지 않다.

그런데, 이 사건을 구체적 타당성의 측면에서 살펴보면, 수익자인 종전 가등기권자의 입장에서는 단순히 가등기 명의를 보유하였었다는 사정만으로 일정한 금액을 실제로 배상하여야 한다고 할 경우 당초 취득한 이익보다 과도한 반환의무를 부담하게 된다는 점에서 부당하다고 볼 여지가 있다. 즉 소유권이전등기청구권의 순위 보전을 위한 본래적 의미의 가등기인 경우 가등기가 마쳐짐으로써 수익자가 얻게 되는 이득은 향후 소유권을 취득할 경우의 순위 보전의 효력에 그치는 것이고, 그 자체로 소유권을 취득한다거나 또는 담보가등기의 경우에서처럼 자신의 채권을 담보하는 권리를 취득하는 것이 아니다. 따라서 순위 보전을 위한 가등기 명의를 보유한 가등기권자에 대하여 가액배상을 명하는 경우 가등기를 말소하여 원물반환을 하는 경우보다 더 큰 부담을 부과하는 것이어서 형평에 반하고 사해행위 취소 및 원상회복의 취지에 부합하지 않는 측면이 있다. 원상회복으로 원물반환 대신 예외적으로 가액배상이 인정되는 경우 원물반환보다 과도한 가액배상의무를 지울 경우에는 당초 사해행위로 일탈된 책임재산을 과도하게 회복하는 것이어서 채권자의 입장에서 부당하게 이득을 취하게 될 우려가 있기 때문에 가액배상의 범위는 원물반환의 경우보다 더 과도할 수는 없다고 할 것이다.

다만 이 사건에서 수익자에 해당되는 피고1, 4 모두 채무자가 대표이사로 있는 A건설의 공사하청 협력업체들로 구성된 채권단의 일원으로 A건설의 부도 이후 자신들의 채권을 변제받기 위하여 매매예약을 체결하고 가등기를 마친 것이어서 실질적으로는 자신의 채권에 대한 담보를 위하여 가등기를 경료받은 것으로 보인다. 이는 당초 일반 채권자들의 공동담보로 되어 있는 부분을 담보로 제공한 것이어서 사해행위 취소의 대상이 될 뿐만 아니라 실제로 수익자가 담보를 제공받은 부분에 대하여는 자신의 피담보채권액에 상응하는 금액만큼 실질적으로 이익을 입었다고 할 것이므로 적어도 이에 대하여는 가액배상을 명하

더라도 (일반 순위보전을 위한 가등기의 경우와는 달리) 부당하지 않은 것으로 판단
된다. 그렇다고 하더라도 가액배상의 범위는 취소채권자의 채권액 또는 수익자
의 피담보채권액 중 적은 액수로 한정되어야 할 것인데, 대상판결은 이 점을 지
적하고 있지 않은 점에서 아쉬움이 있다. 실제 환송심에서는 이 부분에 대한 심
리가 이루어져야 할 것이다.

　　한편 대상판결은 이 사건에서 본등기를 마친 전득자가 선의이어서 전득자
에 대한 원물반환이 불가능하므로 악의인 수익자에 대하여 가액배상을 인정하
여야 할 실질적인 필요성이 있다고 파악한 것으로 보인다. 변경 전의 종전 대법
원 판례 사안(대법원 2004다70079 판결)에서는 종전의 가등기권자에 대하여 가액
배상청구가 불가능하더라도 전득자로부터 가액배상을 받을 수 있었으나, 이 사
건에서는 취소채권자가 전득자는 피고로 삼지 아니하였고 종전의 가등기권자에
대하여 가액배상의무를 인정하지 않을 경우 채권자로서는 원상회복을 구할 수
있는 방법이 없었던 것으로 보인다. 만약 가등기를 이전받은 제3자(전득자)가 사
해행위에 대하여 악의이고 그 제3자를 상대로 원상회복으로 가등기 말소를 구
할 수 있는 경우(나아가 본등기까지 경료된 경우에는 가등기 및 본등기의 말소를 구할
수 있는 경우)에는 종전 가등기권자인 수익자를 상대로 가액배상의무를 지워야
할 필요는 없다고 할 것이다.24)

　　이처럼 전득자로부터 원물반환을 청구하는 것이 불가능하였고, 수익자가
사실상 담보물을 취득한 담보가등기권자였다는 구체적인 사정을 감안하면, 원
심보다는 종전의 가등기권자에 대하여 가액배상의무를 인정한 대상판결이 법리

24) 상대적 무효설에 따르면, 본래 수익자와 전득자 모두 악의일 경우 취소채권자의 선택에
따라 수익자 또는 전득자를 상대로 가액배상이나 원물반환을 청구할 수 있고, 대법원도
사해행위 취소에 따른 원상회복청구권은 사실심 변론종결 당시의 채권자의 선택에 따라
원물반환과 가액배상 중 어느 하나로 확정되며, 채권자가 일단 사해행위 취소 및 원상회
복으로서 원물반환 청구를 하여 승소 판결이 확정되었다면, 그 후 어떠한 사유로 원물반
환의 목적을 달성할 수 없게 되었다고 하더라도 다시 원상회복청구권을 행사하여 가액
배상을 청구할 수는 없다는 입장(대법원 2006. 12. 7. 선고 2004다54978 판결)이다. 이에
의하면, 가등기를 이전받은 전득자에 대한 원물반환청구가 가능한 경우에도 취소채권자
의 선택에 따라 수익자를 상대로 가액배상을 청구하는 것도 가능한 것으로 해석될 여지
가 있다. 그러나 앞서 본 바와 같이 단지 가등기 명의만을 보유하였던 것에 불과한 수익
자에게 가액배상의무를 지우는 것은 그 자체로 과도한 측면이 있으므로 적어도 전득자
가 악의이어서 원물반환으로 가등기 말소를 구할 수 있는 경우에는 이를 이유로 수익자
가 가액배상의무를 면할 수 있도록 예외를 인정하는 것이 구체적 타당성에 좀 더 부합한
다고 할 것이다.

적 관점에서뿐만 아니라 결론에 있어서도 구체적 타당성을 도모한 것으로 타당한 것으로 판단된다.

그러나 위와 같은 구체적인 사정에 대한 고려 없이 일반적으로 가등기 명의를 보유하였다가 전득자 앞으로 가등기가 이전되고 본등기까지 마쳐진 경우에 있어 종전 가등기권자에 대하여 항상 가액배상의무가 발생한다고 단정하기는 어렵다고 할 것이다. 만약 종전 가등기권자에게 가등기 이전에도 불구하고 항상 가액배상의무가 인정된다고 볼 경우 앞서 본 바와 같이 순위보전을 위한 가등기를 경료한 것에 불과하여 소유권 등을 실질적으로 취득한 바 없었던 가등기권자에 대하여 가등기를 말소하는 것 이상의 과도한 의무를 지우는 것이 될 수 있으며, 취소채권자의 입장에서는 중복하여 배상을 받게 될 가능성(즉 가등기를 이전한 수익자와 이를 이전받은 전득자가 중첩적으로 가액배상의무를 부담하게 될 위험성)이 존재한다.

따라서 대상판결이 원심을 파기하고 더 나아가 기존의 대법원 판결을 전원합의체 판결로 변경함에 있어서 이 사건 사실관계의 특수성을 반영한 제한적인 판시를 하였어야 할 것으로 보인다. 특히 향후 이 사건과 유사하게 종전에 가등기 명의를 보유하였던 적이 있는 수익자에 대하여 가액배상의무를 부과할 것인지 여부가 문제되어 대상판결을 참고하는 경우에도 해당 사안에서 본등기 명의인에 대한 원물반환 내지 가액배상이 가능한지, 종전에 이루어진 가등기가 담보가등기인지, 순위보전을 위한 가등기인지 등 구체적인 사실관계를 면밀히 살펴 대상판결을 그대로 적용할 수 있는지 여부를 결정하여야 할 것이다.

나. 가등기 명의인을 변경하는 '경정등기'가 이루어진 경우
(1) 가등기에 대한 경정등기 및 동일성이 없는 위법한 경정등기의 효력
이 사건 제1, 8, 10부동산에 대하여는 사해행위인 매매예약에 기하여 수익자 앞으로 가등기가 마쳐진 후 등기명의인의 동일성이 인정되지 않는 위법한 경정등기가 마쳐졌으나, 그것이 경정 후의 명의인의 권리관계를 표상하는 결과에 이르렀고 등기가 실체관계에도 부합하게 되었는바, 이 경우 위 경정등기에 따라 본등기까지 완료되었을 때 채권자가 수익자인 종전의 가등기권자를 상대로 사해행위인 매매예약의 취소 및 원상회복으로 가액배상을 구할 수 있는지 문제된다.

경정등기란 부동산표시 내지 등기명의인의 표시 등에 착오 내지 유루가 있는 경우 등기와 실체관계 사이의 원시적인 불일치를 시정할 목적으로 하는 등기(부동산등기법 제32조)로서, 원칙적으로 경정 전후를 통하여 등기의 동일성이 인정될 수 있어야 한다. 그런데, 이 사건의 경우 당초 피고1, 4 앞으로 마쳐졌던 가등기가 경정등기를 통해서 피고1, 4와 동일성이 인정되지 않는 제3자로 등기명의인이 변경되었는바, 이는 경정등기의 요건을 갖추지 못한 것으로 위법하다. 그러나 "등기명의인의 동일성 유무가 명백하지 아니하여 경정등기 신청이 받아들여진 결과 명의인의 동일성이 인정되지 않는 위법한 경정등기가 마쳐졌다 하더라도, 그것이 일단 마쳐져서 경정 후의 명의자의 권리관계를 표상하는 결과에 이르렀고, 그 등기가 실체관계에도 부합하는 것이라면 그 등기는 유효하다"고 보는 것이 대법원 판례[25]의 입장이므로, 제3자 앞으로 마쳐진 가등기의 경정등기가 실체관계에 부합하는 이상 이는 유효한 것으로 보아야 한다.

이때 위 경정등기에 대하여 경정 전 가등기가 마쳐쳤을 때로 소급하여 효력이 발생하게 되는 것인지, 혹은 실체관계에 부합하게 되는 때부터 경정등기가 유효하게 되는 것인지 여부는 경정 전 가등기권자에게 수익자로서의 지위를 인정할 것인지, 그에 따라 가액배상의무를 인정할 것인지 여부와 연결된다. 이는 결국 앞서 살펴본 바와 같이 종전의 가등기권자에 대하여 가액배상의무를 인정할 것인지에 관한 논의가 그대로 적용된다고 할 것이다. 다만 가등기 명의의 변경이 '이전등기'가 아닌 '경정등기'의 방식이었다는 점에서 양자를 달리 취급하여야 할 특별한 사정에 해당하는 것인지 추가로 살펴볼 필요가 있다.

(2) 원심의 입장

원심은, 제3자 명의의 경정등기는 실체관계에 부합하는 이상 유효하고, "이러한 유효한 경정등기에 따라 이 사건 제1, 8, 10부동산에 관한 채무자와 피고1, 4 사이의 매매예약은 존재하지 않게 되어 피고1, 4는 '채무자와 법률행위를 한' 수익자에 해당되지 않아 사해행위 취소소송의 피고적격이 없다"고 판단하였다.

비록 원심에서 명시적으로 언급하고 있지는 아니하나, 원심은 경정등기의 효력발생시점에 관하여 경정 전의 가등기가 마쳐진 시점까지 소급하여 경정등기의 효력이 발생하는 것으로 보면서 그 결과 그에 앞서 피고1, 4 앞으로 마쳐

---

25) 대법원 1996. 4. 12. 선고 95다2135 판결.

졌던 경정 전의 가등기는 존재하지 아니하여 당연히 효력이 없다는 입장을 취한 것으로 보인다.

(3) 대상판결의 판시

대상판결은 원심과 마찬가지로 제3자 명의의 경정등기가 실체관계에 부합하여 유효하다고 보면서도, 명시적으로 위 경정등기의 소급효를 부정하면서 위 경정등기로 인하여 경정 전 가등기권자의 권리의무 관계, 특히 사해행위 취소에 있어 수익자의 지위 및 그에 따른 가액배상의무가 소멸하는 것이 아니라고 판시하였다.

"등기명의인의 경정등기는 그 명의인의 동일성이 인정되는 범위를 벗어나면 허용되지 아니한다. 그렇지만 등기명의인의 동일성 유무가 명백하지 아니하여 경정등기 신청이 받아들여진 결과 명의인의 동일성이 인정되지 않는 위법한 경정등기가 마쳐졌다 하더라도, 그것이 일단 마쳐져서 경정 후의 명의인의 권리관계를 표상하는 결과에 이르렀고 그 등기가 실체관계에도 부합하는 것이라면 그 등기는 유효하다(대법원 1996. 4. 12. 선고 95다2135 판결 등 참조). 이러한 경우에 경정등기의 효력은 소급하지 않고 경정 후 명의인의 권리취득을 공시할 뿐이므로, 경정 전의 등기 역시 원인무효의 등기가 아닌 이상 경정 전 당시의 등기명의인의 권리관계를 표상하는 등기로서 유효하고, 경정 전에 실제로 존재하였던 경정 전 등기명의인의 권리관계가 소급적으로 소멸하거나 존재하지 않았던 것으로 되지도 아니한다.

이 사건 위 각 부동산에 관하여 가등기권자를 당초 피고1, 4에서 수분양자로 경정하는 경정등기 및 그에 기초한 각 수분양자 명의의 본등기는 명의인의 동일성을 벗어나는 경정등기 및 이에 기초한 본등기이지만 경정 후의 등기명의인인 각 수분양자의 실체관계에 부합하는 등기로서 유효하고, 한편 이러한 각 경정등기는 그 효력이 소급하지 않고 그에 앞서 체결된 이 사건 매매예약 및 그에 따른 소유권이전청구권 가등기의 존부 및 효력에 영향을 미치지 않는다.

따라서 위 각 부동산에 관하여 채무자와 이 사건 매매예약을 체결하고 그 소유권이전청구권가등기를 마친 피고1, 4는 위와 같은 위법한 경정등기에 불구하고 이 사건 매매예약에 관한 사해행위취소채권자인 원고에 대하여 여전히 수익자의 지위에 있다 할 것이므로 다른 사정이 없는 한 원고는 피고1, 4를 상대로 위 각 부동산에 관한 이 사건 매매예약에 대하여 사해행위취소 및 그에 따른 원상회복을 청구할 수 있다."

(4) 검토 — 경정등기 전 가등기권리자에 대한 가액배상의무 인정 여부

경정등기의 효력발생시점에 관하여 부동산등기법 등에 명시적인 규정이 있는 것은 아니지만, 경정등기의 목적이 이미 이루어진 등기의 일부를 보정하는 것으로서 개념상 기존등기의 등기절차에서 발생한 등기와 실체관계의 원시적인 불일치를 시정하는 것이라는 점과 당초의 등기와 동일성이 인정되는 범위 내에서 경정등기가 허용된다는 점에 비추어 보면 본래 경정등기에 대하여는 소급효가 인정되는 것으로 보인다.

그런데 이 사건 제3자 명의의 경정등기는 단순히 표시상의 불일치를 시정하기 위하여 이루어진 것이 아니라 동일성 요건을 갖추지 못하여 위법한 것이나 실체관계에 부합하여 유효한 것이라는 점에서 그대로 소급효가 인정된다고 보기는 어렵다. 동일성 요건을 갖추지 못하여 원칙적으로 위법한 경정등기가 예외적으로 실체관계에 부합하는 등기로서 유효하다고 볼 경우에는 실체관계에 부합하게 되는 시점, 즉 경정등기가 마쳐진 무렵부터 유효한 것으로 보아야 할 것이고, 무엇보다도 경정 전의 가등기가 처음부터 존재하지 않는 것처럼 되거나 경정 전 가등기권리자에 대한 법률관계가 소급하여 소멸한 것으로 되지는 않는다고 할 것이다.

따라서 위와 같은 법리에 비추어 보면 이 사건 경정등기에 대하여도 소급효가 인정된다고 본 원심은 타당하지 않고 경정 전의 가등기도 유효하고 그에 따라 경정 전에 실제로 존재하였던 종전 가등기권리자의 권리관계가 소멸하지 않는 것으로 본 대상판결의 판시가 타당하다.

한편 구체적 타당성의 관점에서는, 앞서 본 바와 같이 더 이상 가등기 명의를 보유하지 않게 된 종전의 가등기권리자에 대하여 단순히 가등기를 말소하는 원물반환의 경우보다 더 과중한 가액배상의무를 부과하는 것이 사해행위 취소의 취지 및 채권자와 수익자 사이의 형평이라는 점에서 부당한 측면이 있다. 특히 가등기 이전은 수익자가 적극적으로 가등기 이전을 위한 매매 내지 계약양도 행위를 한 것임에 비하여 경정등기의 경우에는 수익자의 행위가 개입되지 않고 등기관의 직권으로 이루어질 수도 있다는 점에서, 가등기의 경정등기를 이유로 가액배상을 인정할 경우에는 가등기를 이전한 경우에 비하여 더욱 종전 가등기권리자의 이익을 침해하는 것은 아닌가 하는 문제가 있을 수 있다.

그러나 경정등기도 부동산등기법 제23조에 따라 당사자의 신청에 의해서도 이루어질 수 있으며(대법원 2013. 6. 27. 선고 2012다118549 판결 참조), 특히 이 사건과 같이 등기명의인을 경정하는 경우에는 위 법 제23조 제6항에 따라 해당 권리의 등기명의인이 단독으로 신청하게 되는바, 만약 이 사건에서 종전 가등기권자의 신청으로 경정등기가 이루어졌다면 이 경우에는 매매 내지 계약양도의 방식으로 가등기를 이전한 경우와 달리 파악하거나 종전 가등기권자의 이익을 더 보호하여야 할 이유는 없을 것이다. 오히려 수익자가 원상회복의무를 면하기 위하여 가등기 이전의 부기등기를 마치는 대신 경정등기 절차를 악용한 것이라면 경정등기라는 점을 들어 가액배상의무를 부정할 수는 없다고 할 것이다(다만 현실적으로 수익자가 원상회복의무를 면하기 위한 방편으로 경정등기를 활용한다는 것은 상정하기 어려운 측면이 있다).

이 사건에서, 종전 가등기권자의 신청으로 경정등기가 이루어져 가등기 이전의 부기등기가 이루어진 경우와 실질적으로 차이가 없는 경우라면, 앞서 가등기가 이전되기 전의 종전 가등기권자에 대하여 가액배상의무를 인정한 것과 동일하게 경정등기 전의 가등기권자에게 가액배상의무가 있다고 본 대상 판결은 타당한 것으로 보인다.

Ⅳ. 수익자에 대한 가액배상의무 인정 시 채권자평등의 원칙 관련 제문제

1. 문제의 소재

대상 판결의 결론에 의하면, 매매예약에 의한 가등기를 경료하였던 수익자인 피고1, 4는 그들 역시 채무자에 대한 채권자의 지위에 있음에도 불구하고 취소채권자인 원고에 대하여 원고의 채권액 전액을 가액배상으로 지급할 의무를 부담하게 된다.

그런데 민법 제407조가 사해행위 취소 및 원상회복은 모든 채권자의 이익을 위하여 효력이 있다고 규정하여 채권자평등의 원칙을 선언하고 있는 이상 가액배상을 받은 취소채권자가 사실상 우선변제를 받는 것이 채권자 간의 형평의 관점에서 부당한 것은 아닌지, 가액배상의무를 부담하는 수익자가 채권자들 중 1인일 경우 채권자평등의 원칙에 기하여 배상의무 이행을 거절하거나 배상의 범위를 조정할 수 있는지 살펴볼 필요가 있다.

채권자평등의 원칙과 관련하여 취소채권자의 가액배상금 수령 및 분배에 관하여 민법 개정안에서는 비교적 상세한 규정을 두고 있는바, 이에 관하여도 간략하게 살펴보기로 한다.

2. 가액배상을 받은 취소채권자의 사실상 우선변제 가능성

민법 제407조에 따라 사해행위 취소 및 원상회복은 모든 채권자의 이익을 위하여 그 효력이 있는 것이므로 채권자가 채권자취소권을 행사함으로써 채무자의 책임재산으로 회복된 재산으로부터 자신의 채권에 대해 우선변제를 받을 수 없고 채무자에 대한 집행권원에 기하여 회복된 채무자 재산에 대하여 강제집행을 함으로써 변제를 받는 것이 원칙이며, 다른 채권자들은 그 강제집행절차에서 배당요구 등을 통해 취소채권자와 평등하게 분배를 받게 된다.

그런데 앞서 본 바와 같이 가액배상에 관하여 통설 및 판례가 채권자귀속설의 입장을 취하고 있는 이상 취소채권자는 직접 자신에게 금전 등의 반환을 구할 수 있게 되고, 취소채권자가 가액배상판결에 따라 임의로 지급받은 금전에 대하여 따로 집행절차가 마련되어 있지 않는 이상[26] 취소채권자로서는 상계를 통해서 사실상 우선변제를 받는 것이 가능하게 된다.[27]

취소채권자가 상계를 통해서 사실상 우선변제를 받게 되는 경우 본래 다른 채권자들과 평등하게 강제집행에 참여하여야 할 일반채권자가 채권자취소권 행사를 통해서 우선변제권이 있는 채권자처럼 자신의 채권을 다른 채권자들에 우

---

26) 민사집행법 제236조는, 추심명령을 받은 채권자가 채무자의 제3채무자에 대한 채권을 추심한 경우 그 채권액을 법원에 신고하여야 하고, 그 신고 전에 다른 압류·가압류 또는 배당요구가 있었을 때에는 채권자는 추심한 금액을 바로 공탁하고 그 사유를 신고하도록 규정하고 있는데, 채권자취소권을 행사하여 수령한 금전에 대해서는 이와 같은 명문 규정이 없다. 이상 이혜진, 전게논문, 173면 각주 8) 참조.

27) 참고로 대법원 판례 중 "(민법 제407조에 따라) 취소채권자가 자신이 회복해 온 재산에 대하여 우선권을 가지는 것은 아니라고 할 것이므로, 사해행위의 수익자 소유의 부동산에 대한 경매절차에서 취소채권자가 수익자에 대한 가액배상판결에 기하여 배당을 요구하여 배당을 받은 경우, 그 배당액은 배당요구를 한 취소채권자에게 그대로 귀속되는 것이 아니라 채무자의 책임재산으로 회복되는 것이며, 이에 대하여 채무자에 대한 채권자들은 채권만족에 관한 일반 원칙에 따라 채권 내용을 실현할 수 있다"고 판시한 예가 있는데(대법원 2005. 8. 25. 선고 2005다14595 판결 등), 이는 취소채권자가 배당절차에서 배당을 받는 경우에 국한되는 판시이고 이로써 취소채권자가 임의로 지급받은 배상금으로 상계를 하여 사실상 우선변제를 받는 것까지 부정하는 취지는 아닌 것으로 보인다. 이상 이혜진, 전게 논문, 174면 참조.

선하여 현실적으로 만족을 받는 셈이 되어 현행 민법 제407조의 채권자평등의 원칙에 위배될 수 있으며, 더욱이 채권자취소권 제도가 취소채권자의 채권 만족을 위한 강제집행제도가 아니라 일반채권자들을 위한 책임재산을 회복시키는 제도라는 취지에도 반하는 측면이 있으므로28) 취소채권자의 상계를 인정할 것인지에 관하여는 견해 대립이 있을 수 있다. 그러나 현실적으로 가액배상판결에 따라 임의로 지급받은 취소채권자의 상계를 금지하는 것도 쉽지 않으며 오히려 채무자에게 반환할 경우 재차 책임재산의 일탈이 발생할 수 있다는 점 등을 감안하면, 취소채권자의 상계 자체를 부정할 것이 아니라 이를 허용하되 다른 채권자들의 형평을 고려하여 다른 채권자들도 가액배상판결로 회복된 재산으로부터 채권의 만족을 받을 수 있는 절차를 마련하는 것이 현실적인 해결책이라고 보여진다.

    대법원도 채권자가 사해행위 취소소송을 제기하여 직접 가액배상금을 수령한 경우 다른 채권자들이 곧바로 취소채권자를 상대로 채권액에 따른 안분액의 지급을 구할 수 있는지 여부가 문제된 사안에서, "사해행위의 취소와 원상회복은 모든 채권자의 이익을 위하여 그 효력이 있으므로(민법 제407조), 채권자취소권의 행사로 채무자에게 회복된 재산에 대하여 취소채권자가 우선변제권을 가지는 것이 아니라 다른 채권자도 총채권액 중 자기의 채권에 해당하는 안분액을 변제받을 수 있는 것이지만, 이는 채권의 공동담보로 회복된 채무자의 책임재산으로부터 민사집행법 등의 법률상 절차를 거쳐 다른 채권자도 안분액을 지급받을 수 있다는 것을 의미하는 것일 뿐, 다른 채권자가 이러한 법률상 절차를 거치지 아니하고 취소채권자를 상대로 하여 안분액의 지급을 직접 구할 수 있는 권리를 취득한다거나, 취소채권자에게 인도받은 재산 또는 가액배상금에 대한 분배의무가 인정된다고 볼 수는 없다. 가액배상금을 수령한 취소채권자가 이러한 분배의무를 부담하지 아니함으로 인하여 사실상 우선변제를 받는 불공평한 결과를 초래하는 경우가 생기더라도, 이러한 불공평은 채무자에 대한 파산절차 등 도산절차를 통하여 시정하거나 가액배상금의 분배절차에 관한 별도의 법률 규정을 마련하여 개선하는 것은 별론으로 하고, 현행 채권자취소 관련 규정의 해석상으로는 불가피하다"(대법원 2008. 6. 12. 선고 2007다37837 판결)고 하

---

28) 윤진수·권영준, "채권자취소권에 관한 민법 개정안 연구", 민사법학 제66호(한국민사법학회, 2014. 3.), 22면.

여 현행법상 상계를 통한 사실상 우선변제가 허용된다고 보았으며, 더 나아가 가액배상금의 분배절차에 관하여 별도의 법률 규정을 마련하여 개선하는 것이 필요하다는 점까지도 언급하였다.

이에 민법 개정안 및 민사집행법 개정안에서는 채권자취소권 행사의 효과로서 가액배상금의 수령 및 채권자들 사이의 분배에 관한 상세한 규정을 마련하였다.[29] 이에 의하면, 사해행위 취소 및 원상회복으로 가액배상판결이 내려진 경우 채권자취소권을 행사한 채권자에게 이를 수령할 권리가 명시적으로 인정되고, 일정 기간 동안 다른 채권자들이 평등하게 배당에 참가할 기회를 부여하고 그 기간 동안 아무런 요구가 없으면 취소채권자가 사실상 우선변제를 받는 것이 허용된다. 나아가 절차적으로 상계금지 기간 내에 다른 채권자가 압류나 가압류 또는 배당요구를 하면 민사집행법 제248조에 준하여 취소채권자가 공탁을 할 수 있도록 하였다.[30]

3. 수익자가 채권자들 중 1인인 경우의 문제

한편 대상판결을 통해서 가액배상의무를 부담하게 된 수익자(피고1, 4)는 채무자에 대하여 채권자의 지위에 있고, 민법 제407조의 채권자평등의 원칙상 채권자에 포함될 수 있다. 그렇다면 수익자가 채권자의 지위에 있음을 들어 취소채권자의 가액배상청구에 대하여 안분액에 대한 지급을 거절할 수 있는지 또는 수익자의 가액배상 범위 자체를 제한할 수 있는지를 민법 제407조와의 관계에서 살펴볼 필요가 있다.

---

29) 개정안의 구체적인 내용 및 취지를 살펴보면, (i) 반환재산이 금전 기타 동산일 경우 채권자 자신에게 반환청구를 하도록 허용하여 채무자에게 반환되었을 경우 발생할 수 있는 책임재산 일탈을 방지하고자 하였고(개정안 제407조의 4 제1항), (ii) 일정한 기간 동안 취소채권자의 상계나 취소채권자를 포함한 채권자들의 전부명령이나 추심명령 등 우선적인 채권회수행위를 제한하면서 채무자의 금전반환청구도 배제함으로써 진정한 채권자평등주의의 토대를 마련하였으며(개정안 제407조의 4 제2항, 민사집행법 개정안 제248조의 2 제1, 2항), (iii) 그 기간 동안에는 채권자들의 압류, 가압류, 배당요구를 자유롭게 허용하고 그러한 행위가 있으면 집행공탁과 그에 따른 배당절차를 통해서 채권자평등주의를 실현하고(민사집행법 개정안 제248조의 2 제3, 4항), (iv) 그 기간 동안 다른 채권자의 요구가 없다면 다시 원칙으로 돌아가 채권자의 상계를 허용함으로써 채권자취소권 행사에 대한 인센티브 내지 보상을 부여(개정안 제407조의 4 제2항)하는 것으로 하였다. 이상 윤진수·권영준, 전게논문, 27면 참조.

30) 민사집행법 개정안 제248조의 2.

대법원 판례는 기본적으로, 채권자인 수익자도 민법 제407조에 의하여 그 취소 및 원상회복의 효력을 받게 되는 채권자에 포함된다. 따라서 취소소송을 제기한 채권자 등이 원상회복된 채무자의 재산에 대한 강제집행을 신청하여 그 절차가 개시되면 수익자인 채권자도 그 집행권원을 갖추어 강제집행절차에서 배당을 요구할 권리가 있다는 입장(대법원 2003. 6. 27. 선고 2003다15907 판결)이다.

다만 대법원은 수익자인 채권자로 하여금 사해행위 취소소송을 제기하고 수익자를 상대로 가액배상을 청구하는 취소채권자에 대하여 안분액의 반환을 거절하도록 할 경우 자신의 채권에 대하여 변제를 받은 수익자를 보호하고 다른 채권자의 이익을 무시하는 결과가 되어 모든 채권자를 위하여야 한다는 채권자취소권 제도의 취지에 반하게 되므로, "수익자가 채무자의 채권자인 경우 수익자가 가액배상을 할 때에 수익자 자신도 사해행위취소의 효력을 받는 채권자 중의 1인이라는 이유로 취소채권자에 대하여 총 채권액 중 자기의 채권에 대한 안분액의 분배를 청구하거나, 수익자가 취소채권자의 원상회복에 대하여 총채권액 중 자기의 채권에 해당하는 안분액의 배당요구권으로써 원상회복청구와의 상계를 주장하여 그 안분액의 지급을 거절할 수는 없다"고 판시하고 있다(대법원 2001. 2. 27. 선고 2000다44348 판결 참조).

현행법 해석상 수익자인 종전 가등기권리자에 대하여도 채권자로서의 지위는 인정될 것이나 그렇다고 하여 가액배상의무 이행 시 자신의 채권액에 대한 상계를 주장하거나 안분한 금액으로 가액배상의 범위가 제한된다고 주장하기는 어려울 것으로 보인다. 오히려 위 대법원 2000다44348 판결이 적절하게 지적하고 있는 바와 같이 수익자에게 위와 같은 권리를 인정할 경우 취소채권자와 수익자 이외의 다른 채권자들과의 관계에서 민법 제407조의 채권자평등의 원칙 위반이라는 문제가 재차 대두될 수밖에 없게 된다. 분쟁의 신속하고 일회적인 해결이라는 관점에서는 하나의 사해행위 취소 및 원상회복 소송절차에서의 조정이 의미를 가질 수 있으나, 다른 채권자들을 임의로 소송절차에 참가시킬 수 없는 이상 전체 채권자들과의 관계에서는 여전히 채권자 불평등의 문제가 남게 되므로 결국 별도의 절차를 통한 해결을 도모할 수밖에 없을 것이다. 즉 수익자도 여전히 채권자로서의 지위를 보유하는 이상 사해행위 취소 및 가액배상 판결에 따라 가액배상의무를 이행한 후 민법 개정안에서 마련한 대로 이에 대한 집행절차에 참여하여 자신의 채권 만족을 도모하여야 할 것이다.

V. 결 어

대상판결은, 이 사건의 특수성, 즉 수익자인 종전 가등기권자가 자신의 채권에 대한 담보를 위하여 가등기를 경료받은 후 자신이 직접 이를 제3자 앞으로 이전하거나 신청을 통해서 경정등기가 이루어지도록 함으로써 적극적으로 가등기 말소의무를 면하였다는 점을 감안하여 수익자인 종전의 가등기권자에 대하여 가액배상의무를 지운 것으로 보인다. 이 경우 원물반환이 불가능하게 된 데에 사실상 수익자에게 귀책사유가 있다고 할 것이므로 대상판결은 그 결론에 있어서 타당한 것으로 사료된다.

다만 이 사건에 나타난 구체적인 사정을 전혀 고려하지 아니하고, 사해행위로 수익자 앞으로 가등기가 마쳐졌다가 전득자 앞으로 이전하게 된 모든 경우에 종전의 가등기권자가 수익자로서 항상 가액배상의무를 부담한다고 본다면 단순히 가등기 명의를 보유하였던 것에 불과한 수익자에게 지나치게 부당한 결과를 초래할 수 있다. 즉, 가액배상으로 입게 되는 불이익이 원물반환으로 가등기를 말소하는 불이익보다 훨씬 과다하며, 더욱이 종전의 가등기권자가 가등기를 통해서 향유하는 이익이 본래 이전등기청구권의 순위보전 효력에 불과하다는 점에서도 이는 지나치게 과중한 의무라고 아니할 수 없다. 그리고 원물반환이 불가능하게 된 데에 수익자에게 아무런 귀책사유가 없는 경우에도 기왕에 가등기 명의를 보유하였던 점만을 들어 가액배상의무를 인정하는 것은 위 수익자에게 지나치게 가혹할 수 있으며, 나아가 채권자에게 부당하게 이득을 취하게 하는 결과가 될 수 있다.

대상판결이 이러한 구체적인 사정을 감안하지 않고 일반적으로 해석될 수 있는 판시를 하였다는 점은 아쉬움으로 남는다. 향후 사해행위로 가등기가 마쳐진 후 수익자 명의의 가등기가 제3자 앞으로 변경된 경우에, 대상판결을 근거로 무조건 수익자에게 가액배상의무를 인정할 것이 아니라, 가등기 명의가 변경된 경위 내지 가등기로 인하여 수익자가 취득한 이익의 내용 등을 구체적으로 살펴본 후 이를 토대로 하여 가액배상 여부를 결정하여야 할 것이다.

이상 대상판결을 검토하는 과정에서 살펴본 내용을 토대로 종전 가등기의 성질, 가등기가 이전하게 된 경위, 새로운 가등기권자(전득자)의 선악 여부 등 각각의 경우에 있어 사안별로 구체적 타당성을 도모할 수 있는 결론을 제시하면 아래와 같다. 다만 이 역시 구체적인 사안에 따라 달리 판단될 여지가 있으며, 무엇보다 사해행위로 가등기가 경료된 경우 원상회복에 관하여 법리적 관점에서 통합적인 해결방안을 제시할 수 있도록 좀더 심도 깊은 연구가 이루어질 필요가 있다.

	선의의 전득자	악의의 전득자
담보 가등기	수익자 가액배상의무 ○ 다만 가액배상의 범위는 피담보채권액 또는 취소채권자의 채권액 중 적은 액수로 한정되어야	전득자 상대로 가등기 및 본등기 말소 수익자 가액배상의무 × → 수익자에게 가액배상의무 부과할 경우 이중 배상의 문제
순위보전 가등기	수익자 가액배상의무 × • 단순히 가등기를 말소하는 경우에 비하여 가액배상으로 입게 되는 불이익이 더 큼	전득자 상대로 가등기 및 본등기 말소 수익자 가액배상의무 × → 수익자에게 가액배상의무 부과할 경우 이중 배상의 문제
위법한 경정등기를 통한 가등기 명의변경	수익자 가액배상의무 ○ → 가등기 이전과 동일 → 다만 담보가등기인지, 순위보전 가등기인지에 따라 달리 파악되어야 함 (담보가등기일 경우 가액배상의무 ○)	전득자 상대로 가등기 및 본등기 말소 수익자 가액배상의무 × → 수익자에게 가액배상의무 부과할 경우 이중 배상의 문제

● 참고문헌

[단행본]

집필대표 박준서, 주석 민법 채권총칙(2), (한국사법행정학회, 2000)

집필대표 김능환, 민법주해 [IX], (박영사, 2008)

[논문]

지원림, "사해행위취소에 따른 원상회복의 방법", 안암법학 제25호(안암법학회, 2007)

김재형, "채권자취소권에 관한 민법개정안: 개정안에 대한 기본구상과 민법개정위원회
　　　의 논의과정을 중심으로", 민사법학 제68호(한국민사법학회, 2014. 9.)

하현국, "채권자취소로 인한 가액배상과 취소채권자의 우선변제", 민사재판의 제문제
　　　제19권(민사실무연구회, 2010)

이혜진, "사해행위취소소송의 경합과 가액배상", 동아법학 제55호(동아대학교 법학연구소,
　　　2012)

윤경, "사해행위취소와 가액배상", 저스티스 제34권 제5호(한국법학원, 2001. 10.).

윤진수·권영준, "채권자취소권에 관한 민법 개정안 연구", 민사법학 제66호(한국민사법
　　　학회, 2014. 3.)

진술 및 보장[1] 위반에 대한 악의의 매수인의 손해배상청구 허용 여부

허진용, 정영민

[요 지]

미국 또는 영국의 M&A(Merger and Acquisition)계약에서 통상적으로 이용되던 '진술 및 보장 조항'은 우리나라에 도입된 이후 현재 M&A계약뿐만 아니라, 거래대상 목적물이 복잡하고 포괄적인 다양한 계약에서 이용되고 있다.

진술 및 보장 조항은 통상적으로 진술 및 보장 위반에 대한 손해배상조항과 함께 계약 내용에 포함되는데, 진술 및 보장 조항 및 그와 관련된 조항의 내용은 민법상 담보책임과 유사한 면이 있기 때문에 그 둘의 관계를 확정할 필요가 있다. 이에 대하여 국내·외 학자들은 '진술 및 보장 위반으로 인한 손해배상책임의 법적 성격' 문제로 접근하여 논의하고 있다. 그리고 위 견해들의 차이는 매도인의 진술 및 보장 위반사실을 매수인이 이미 알고 있었던 경우 악의의 매수인의 손해배상청구를 허용할 것인지에 대한 논의로 귀결된다.

그러나 진술 및 보장 조항은 당사자들이 계약내용의 일부로 약정하였기 때문에 그 효력이 발생하는 것이므로, 진술 및 보장 조항과 민법상 담보책임의 관

---

1) 이는 영문계약서에서 사용되는 'Representation and Warranties'를 번역한 것으로[미국 변호사협회(American Bar Association)의 '주식매매표준계약서'(Model Stock Purchase Agreement) 제3조 참조], 대부분의 논문에서 동 용어를 사용하고 있다. 이에 대하여 중대한 사항을 진술하고 그 진술한 내용이 사실과 다를 경우 그에 대한 책임을 보증한다는 측면에서 '진술 및 보증'이라는 용어가 타당할 수 있다는 견해가 있다[김홍기, "M&A계약 등에 있어서 진술보장 조항의 기능과 그 위반시의 효과 — 대상판결 서울고등법원 2007. 1. 24. 선고 2006나11182 판결", 상사판례연구 제22집 제3권(한국상사판례학회, 2009. 9.), 72면]. 이 사건의 당사자들은 주식양도양수계약을 체결하면서 '진술 및 보증'이라는 용어를 사용하였고, 이에 따라 법원도 '진술 및 보증'이라는 용어를 사용하였으나, 이하에서는 보다 널리 사용되고 있는 '진술 및 보장'이라는 용어를 사용하기로 한다.

계를 파악하는 것은 당사자들이 계약서에 진술 및 보장 조항을 둔 취지가 무엇인지를 해석하는 것에서 출발해야 한다.

대상판결은 처분문서에 나타난 의사표시의 해석 방법에 관한 법리를 기초로 진술 및 보장 위반으로 인한 손해배상청구권은 당사자들의 계약에 의한 것이므로, 악의의 매수인의 손해배상청구를 허용할 것인지 여부는 그 계약의 문언에 따라 판단하여야 하고, 다만, 그 권리행사가 신의성실의 원칙에 위배되는 경우에는 매수인의 손해배상청구를 제한할 수 있다는 취지로 판시하였다.

대상판결의 위와 같은 판단은 타당하다고 할 것이나, 이 사건의 구체적인 사실관계를 감안하면, 이 사건에서 매수인인 원고의 손해배상청구가 신의성실의 원칙에 위배되지 않는다는 결론은 수긍하기 어렵다.

[주제어]
• 진술 및 보장
• 매수인의 악의
• 하자담보책임
• 매수인의 손해배상청구
• 신의성실의 원칙
• 공평의 이념

대상판결 : 대법원 2015. 10. 15. 선고 2012다64253
판결[공2015하, 1641]

[사실의 개요]

1. 주식양도양수계약의 체결

원고 A주식회사는 1999. 4. 2. B주식회사의 주주들(피고들) 및 C주식회사의 주주들과 사이에, 피고들 및 C주식회사의 주주들이 소유하고 있던 B주식회사 및 C주식회사의 발행주식을 양수하는 계약(이하 "이 사건 주식양수도계약"이라 한다)을 체결하고, 1999. 8. 31. 위 계약에 따라 피고들 및 C주식회사의 주주들에게 주식양수대금을 지급한 후 그들로부터 주식을 교부받았다. 이후 B주식회사는 D주식회사로 상호를 변경하였고(이하 B주식회사와 D주식회사를 통틀어 "B주식회사"라 한다), C주식회사는 원고에게 흡수합병되었다.

이 사건 주식양수도계약에서 주식양도인인 피고들 및 C주식회사 주주들은 주식양수인인 원고에게 진술 및 보장을 하였는데, 이 사건 주식양수도계약서의 주요 내용은 다음과 같다(아래에서 '갑'은 '피고들 및 C주식회사 주주들', '을'은 '원고'이다).

제9조(진술 및 보장사항)
(1) 갑은 본 계약체결일 현재 갑 및 B주식회사 및 C주식회사에 대하여 다음 사항을 보장한다. 아래의 진술 및 보장은 양수도실행일에 재차 이루어진 것으로 본다. 단, 양수도실행일로 특정하여 명시된 부분에 한하여 양수도실행일로부터 보장한 것으로 본다.
(거) B주식회사 및 C주식회사는 일체의 행정법규를 위반한 사실이 없으며, 이와 관련하여 행정기관으로부터 조사를 받고 있거나 협의를 진행하는 것은 없다.
제11조(손해배상)
(1) 양수도 실행일 이후 제9조의 보장의 위반사항(순자산가치의 부족이나 숨은 채무 또는 우발채무가 새로이 발견되는 경우도 포함한다)이 발견된 경우 또는 기타 본 계약상의 약속사항을 위반함으로 인하여 B주식회사 및 C주식회사 또는 을에게 손해가

발생한 경우 을은 즉시 갑에게 통보하고, 갑은 통보받은 날로부터 30일 이내에 시정하거나(시정 가능한 경우), 현금으로 을에게 배상한다. 단, 제9조 제1항 (가)의 전단 부분과 (나), (라), (마), (아), (너), (머) 기재 진술 및 보장위반사항에 대하여는 양수도실행일로부터 5년, 나머지 보장 및 약속사항에 대하여는 양수도실행일로부터 3년간 책임을 지는 것으로 한다. 단, 갑이 본건 주식의 완전하고 아무런 부담이나 제한 없는 소유권을 갖지 못하였거나 B주식회사 및 C주식회사가 소유하는 것으로 진술 및 보장한 자산의 소유권이 없는 것으로 밝혀진 경우에는 갑은 기간의 제한 없이 진술 및 보장위반에 따른 책임을 부담한다.

2. 원고와 B주식회사 등의 담합행위에 대한 과징금 부과

공정거래위원회는 B주식회사가 원고를 포함한 다른 정유사들과 함께 1998년부터 2000년까지 실시된 군용유류 구매입찰에 참가하면서 사전에 유종별 낙찰예정업체, 낙찰예정업체의 투찰가격 및 들러리 업체의 들러리 가격 등에 대하여 구체적인 합의를 하고, 그 합의된 내용대로 응찰하고 낙찰을 받아 그에 따라 군용유류공급계약을 체결하는 방법(이하 "이 사건 담합행위"라 한다)으로 독점규제 및 공정거래에 관한 법률(이하 "공정거래법"이라 한다) 제19조 제1항 제1호를 위반하여 부당한 공동행위를 하였다는 이유로, 2000. 10. 17.경 475억 원 상당의 과징금 납부명령 등을 내렸다.

B주식회사는 위 과징금 납부명령에 대한 이의신청 및 일련의 과징금납부명령취소소송을 제기하였고, 이에 공정거래위원회는 2004. 12. 29.경 일부 직권취소를 통해 위 과징금을 감축하였다가, 2009. 1. 14.경 과징금을 재산정하여 B주식회사를 합병한 E주식회사에 대하여 145억 원 상당의 과징금 납부명령을 내렸다.

3. 대한민국의 원고와 B주식회사 등에 대한 손해배상 소송

대한민국은 2001. 2. 14. 이 사건 담합행위로 인하여 군용유류 구매입찰 과정에서 적정가격보다 고가로 유류를 공급받는 손해를 입었다는 이유로 원고와 B주식회사 등 이 사건 담합행위에 가담한 정유회사들을 상대로 손해배상청구소송을 제기하였다.

위 소송은 항소심과 상고심을 거친 후 2013. 7.경 환송 후 항소심에서 화해권고결정으로 종료되었다.

[소송의 경과]

1. 원고는, 피고들이 이 사건 주식양수도계약에서 B주식회사가 일체의 행정법규를 위반한 사실이 없다고 진술 및 보장을 하였음에도 그와 달리 B주식회사가 이 사건 담합행위에 가담하여 공정거래법을 위반하였고, 그로 인하여 과징금 납부 및 대한민국에 대한 손해배상 등 손해가 발생하였으므로, 피고들은 이 사건 주식양수도계약에서 정한 바에 따라 원고에게 피고들의 진술 및 보장 위반으로 인하여 B주식회사가 입은 손해 또는 원고가 위 위반사실을 알지 못하여 피고들에게 과다하게 지급한 매매대금 상당의 손해를 배상할 의무가 있다고 주장하면서 322억 원 상당의 손해배상금 지급을 청구하였다.

이에 대하여 피고들은, 피고들의 진술 및 보장은 민법상의 하자담보책임에서 그 하자의 의미와 범위를 보다 구체적으로 합의한 것으로서 민법 제580조 제1항 단서2)에 따라 악의 또는 과실로 하자를 알지 못한 매수인은 그로 인한 손해배상을 청구할 수 없는데, 원고는 이 사건 담합행위자 중 하나로서 B주식회사의 공정거래법 위반사실을 알고 있었던 악의의 매수인에 해당하므로 손해배상을 청구할 수 없다고 주장하였다. 이에 대하여 원고는 진술 및 보장 조항은 민법상의 하자담보책임과는 무관한 별개의 독자적인 제도로서 매수인의 위반사실에 대한 인식 여부는 고려 대상이 아니라고 주장하였다.

2. 제1심은, 진술 및 보장 제도는 영미법상 M&A계약에서 유래한 것으로서, 우리 민법상의 하자담보책임과 유사한 면도 있으나 단순히 하자담보책임을 구체화한 것에 불과하다고 보기는 어렵고, 이 사건 주식양수도계약의 대금 결정 당시 B주식회사에게 과징금이 부과되는 등 손해가 발생할 수 있다는 사정에 대하여는 전혀 고려하지 않은 점, M&A계약상의 진술 및 보장 제도는 진술 및 보장이 사실과 다른 경우 그로 인한 우발채무 등이 발생하였을 때 위험부담을 정하여 대가관계를 재차 조정하기 위한 점 등을 종합하여 보면, 매수인 원고에게 악의 또는 중대한 과실이 있다고 하더라도 진술 및 보장 조항의 위반에 따른 책임을 물을 수 있다는 이유로 피고들의 주장을 배척하고, 원고의 청구를 일부

---

2) 제580조(매도인의 하자담보책임)
① 매매의 목적물에 하자가 있는 때에는 제575조 제1항의 규정을 준용한다. 그러나 매수인이 하자 있는 것을 알았거나 과실로 인하여 이를 알지 못한 때에는 그러하지 아니하다.

인용하였다.3)

　　3. 원심은, 매수인이 이미 매도인의 진술 및 보장 위반사실을 알고 있는 경우라도 매수인의 손해배상청구가 가능하나, 매수인의 손해배상청구를 허용하면 신의성실의 원칙 및 공평의 이념에 반하는 결과를 초래하게 되는 경우에는 매수인의 손해배상청구가 허용될 수 없음을 전제로, 이 사건에서 원고는 피고들의 진술 및 보장 위반사실을 이미 알고 있었고, 이를 계약체결 과정에서 반영하였거나 충분히 반영할 수 있었음에도 이를 방치하였으므로, 원고의 손해배상청구는 신의성실의 원칙 및 공평의 이념에 반하는 결과를 초래하여 허용될 수 없다는 이유로 원고의 청구를 전부 기각하였다.4)

---

　3) 서울중앙지방법원 2007. 12. 18. 선고 2002가합54030 판결.
　4) 서울고등법원 2012. 6. 21. 선고 2008나19678 판결.
　　원심 판단의 주요 내용은 다음과 같다.
　　진술 및 보장 조항은 민·상법상의 하자담보책임과 유사한 제도이므로, 당사자들은 약정에 의하여 하자담보책임의 범위 및 내용을 개별적으로 규정할 수 있는 것처럼 진술 및 보장 조항의 적용에 있어서도 당사자 간의 구체적인 약정이 있다면 이러한 개별약정을 우선하여 적용하여야 하고, 이러한 명시적인 합의가 없어 불명확한 부분이 있다면 이에 대하여는 신의성실의 원칙, 공평의 이념 등에 반하지 않는 범위 내에서 진술 및 보장 조항의 기능, 위 조항을 통해 달성하려는 목적, 당사자의 진정한 의사 등을 종합적으로 고려하여 합리적으로 해석하여야 한다.
　　그런데 ① 진술 및 보장 위반사실에 대한 악의의 매수인에게도 손해배상청구를 허용하게 되면 매도인은 자신의 귀책사유 유무와는 상관없이 위반사실이 존재한다는 사정만으로도 그 책임을 부담하는 반면 매수인은 그 위반사실을 알고 이를 매매계약 체결 과정에서 반영하였거나 충분히 반영할 수 있는 기회가 있었음에도 불구하고 계약체결 이후 동일한 위반사실을 이유로 매도인에 대하여 이에 상응하는 손해배상 내지 보전을 다시 요구할 수 있게 되어 당사자 간의 대등·균형 유지라는 진술 및 보장의 목적에 맞지 않을 뿐만 아니라 공평의 이념에도 반하는 결과를 낳게 되는 점, ② 진술 및 보장의 기능 및 역할 중의 하나인 '계약 체결 당시 당사자 모두 고려하지 않았던 사정이 존재하거나 발생함으로 인하여 야기되는 위험분배 및 가격조정의 문제'는 이에 대한 인식이나 귀책사유가 없는 매도인에게 진술 및 보장 위반에 따른 책임을 인정함으로써 충분히 달성되는 것이고 나아가 그러한 사정을 알고 있었던 매수인에게까지 이에 대한 청구를 허용하여야 할 합리적 근거가 없는 점, ③ 진술 및 보장이 오래 전부터 활성화되어 있는 미국에서도 악의의 매수인에게 손해배상 내지 보상청구가 허용되는지에 대하여는 학설이나 판례가 명확히 확립되어 있지 않고, 현재 거래실무에서도 이러한 점을 고려하여 매수인의 인식 여부와는 무관하게 손해배상청구가 가능하다는 조항을 별도로 추가함으로써 이를 명확히 하는 경우도 있는 점 등을 종합하여 보면, 진술 및 보장 위반사실을 이미 알고 있는 악의의 매수인이 계약협상 및 가격산정시 드러내지는 않았지만 이를 반영하였거나 충분히 반영할 수 있었음에도 방치하였다가 이후 위반사실이 존재한다는 사정을 들어 뒤늦게 매도인에게 위반에 대하여 책임을 묻는 것은 공평의 이념 및 신의칙상 허용될 수 없다고 봄이 상당하다.

[판결의 요지 - 파기환송]

대법원은, 계약당사자 사이에 어떠한 계약내용을 처분문서인 서면으로 작성한 경우에 문언의 객관적인 의미가 명확하다면 특별한 사정이 없는 한 문언대로의 의사표시의 존재와 내용을 인정하여야 하며, 문언의 객관적 의미와 달리 해석함으로써 당사자 사이의 법률관계에 중대한 영향을 초래하게 되는 경우에는 문언의 내용을 더욱 엄격하게 해석하여야 하고, 채권자의 권리행사가 신의칙에 비추어 용납할 수 없는 것인 때에는 이를 부정하는 것이 예외적으로 허용될 수 있을 것이나, 일단 유효하게 성립한 계약상의 책임을 공평의 이념 및 신의칙과 같은 일반원칙에 의하여 제한하는 것은 자칫하면 사적 자치의 원칙이나 법적 안정성에 대한 중대한 위협이 될 수 있으므로 신중을 기하여 극히 예외적으로 인정하여야 함을 전제로 하여, 이 사건 주식양수도계약서에 나타난 당사자의 의사는, 원고가 진술 및 보장 위반사실을 알았는지 여부와 관계없이, 피고들이 원고에게 그 위반사항과 상당인과관계 있는 손해를 배상하기로 하는 합의를 한 것으로 봄이 상당하고, 원고의 손해배상청구가 공평의 이념 및 신의칙에 반하여 허용될 수 없다고 보기는 어렵다는 이유로, 원심 판결에는 처분문서의 해석이나 신의성실의 원칙 등에 관한 법리를 오해하여 판결에 영향을 미친 위법이 있다고 판단하여 원심 판결을 파기환송하였다.[5]

다만, 매수인이 위반사실을 알지 못한 이상 그와 같이 알지 못한데 과실 내지 중과실이 있는 경우라고 하더라도 진술 및 보장 위반에 따른 손해배상청구는 허용되어야 하고, 앞서 본 바와 같이 매수인이 이미 위반사실을 알고 있어서 드러내지는 않았지만 이를 계약체결 과정에서 반영하였거나 충분히 반영할 수 있었음에도 이를 방치한 경우와 같이 손해배상청구를 허용하면 신의성실의 원칙 및 공평의 이념에 반하는 결과를 초래하게 되는 경우에만 허용되지 아니한다고 할 것이다.

5) 대법원 판단의 주요 내용은 다음과 같다.
  ① 이 사건 주식양수도계약서에는 원고가 계약체결 당시 이 사건 진술 및 보장의 위반사실을 알고 있는 경우에는 위 손해배상책임 등이 배제된다는 내용은 없는 점, ② 원고와 피고들이 이 사건 주식양수도계약서에 이 사건 진술 및 보장 조항을 둔 것은, 이 사건 주식양수도계약이 이행된 후에 피고들이 원고에게 진술 및 보장하였던 내용과 다른 사실이 발견되어 원고 등에게 손해가 발생한 경우에 피고들로 하여금 원고에게 500억 원을 초과하지 않는 범위 내에서 그 손해를 배상하게 함으로써 원고와 피고들 사이에 불확실한 상황에 관한 경제적 위험을 배분시키고, 사후에 현실화된 손해를 감안하여 주식양수도대금을 조정할 수 있게 하는 데 그 목적이 있는 것으로 보이는데, 이러한 경제적 위험의 배분과 주식양수도대금의 사후 조정의 필요성은 원고가 피고들이 진술 및 보장한 내용에 사실과 다른 부분이 있음을 알고 있었던 경우에도 여전히 인정된다고 할 것인 점 등에 비추어 보면, 이 사건 주식양수도계약서에 나타난 당사자의 의사는, 이 사건 주식

[연 구]

I. 대상판결의 쟁점 정리

1. 대상판결에서 원고가 주장한 손해배상청구의 근거는 이 사건 주식양수도계약의 내용에 포함되어 있는 진술 및 보장 조항과 진술 및 보장 위반으로 인한 손해배상조항으로서, 이 사건 주식양수도계약을 근거로 하고 있다. 즉, 진술 및 보장 조항은 민법상 담보책임과는 별개로 '약정'한 것이기 때문에 민법 제580조 제1항이 적용될 여지가 없다는 것이 원고 주장의 요지이다.

반면, 피고들 주장의 요지는 이 사건 주식양수도계약서의 진술 및 보장 조항은 민법상 하자담보책임에서의 '하자' 범위를 구체적으로 합의한 것에 불과하기 때문에 악의 또는 과실 있는 매수인의 손해배상청구를 제한하고 있는 민법 제580조 제1항 단서에 따라 원고의 손해배상청구가 허용될 수 없다는 것이다.

이는 결국 이 사건 주식양수도계약에서 진술 및 보장 조항을 둔 원고와 피고들의 의사를 어떻게 해석할 것인지에 관한 문제로서, 궁극적으로는 악의의 매수인에 대해서도 매도인이 손해배상책임을 부담하는지에 관한 문제로 귀결된다.

2. 계약내용의 해석을 위해서는 그 문언의 내용을 먼저 살펴보아야 한다. 그러나 진술 및 보장은 이미 상당한 기간 동안 M&A계약에서 사용되어 오면서 진술 및 보장의 구체적인 대상만을 조금씩 달리 할 뿐, 그 규정 방식이 비교적

양수도계약의 양수도 실행일 이후에 이 사건 진술 및 보장의 위반사항이 발견되고 그로 인하여 손해가 발생하면, 원고가 그 위반사항을 계약체결 당시 알았는지 여부와 관계없이, 피고들이 원고에게 그 위반사항과 상당인과관계 있는 손해를 배상하기로 하는 합의를 한 것으로 봄이 상당하다.

그리고 공정거래위원회가 이 사건 담합행위에 대한 조사를 개시한 것은 이 사건 주식양수도계약의 양수도 실행일 이후여서, 원고가 이 사건 주식양수도계약을 체결할 당시 공정거래위원회가 B주식회사에 이 사건 담합행위를 이유로 거액의 과징금 등을 부과할 가능성을 예상하고 있었을 것으로 보기는 어렵다.

따라서 원고가 이 사건 담합행위를 알고 있었고 이 사건 담합행위로 인한 공정거래위원회의 제재 가능성 등을 이 사건 주식양수도대금 산정에 반영할 기회를 가지고 있었다고 하더라도, 특별한 사정이 없는 한 그러한 점만으로 이 사건 주식양수도계약 제11조에 따른 원고의 손해배상청구가 공평의 이념 및 신의칙에 반하여 허용될 수 없다고 보기는 어렵다고 할 것이다.

획일화되어 있다는 특징이 있다.[6] 즉, 진술 및 보장 규정은 M&A계약에 있어 하나의 제도처럼 정착되어 있다고 볼 수 있다.

따라서 진술 및 보장 조항을 규정한 당사자들의 의사를 합리적으로 해석하기 위해서는 먼저 진술 및 보장 조항의 의미와 유래 등을 살펴볼 필요가 있다.

3. 악의의 매수인에 대한 매도인의 손해배상책임 인정 여부와 관련하여, 현재 학자들 사이에 다양한 견해들이 제시되고 있는데, 이는 '손해배상책임의 법적 성격'에 대한 논의를 기초로 하고 있다.

우리가 논의하고자 하는 '진술 및 보장 조항의 약정 취지에 대한 해석' 문제가 '손해배상책임의 법적 성격'에 대한 논의와 일치하는 것은 아니지만, 진술 및 보장 조항과 민법상 담보책임의 관계를 분석하고 있다는 점에서 공통점이 있다.

따라서 악의의 매수인에 대한 손해배상책임의 인정 여부에 대한 논의뿐만 아니라, '손해배상책임의 법적 성격'에 대한 논의 역시 검토해 볼 필요가 있다.

4. 한편, 대상판결은 진술 및 보장 위반으로 인한 손해배상책임을 계약상 책임으로 보고, 나아가 계약상 책임을 공평의 이념 및 신의성실의 원칙 등에 의하여 제한할 수 있다고 판시하면서도, 진술 및 보장 위반사실에 대하여 악의인 원고의 손해배상청구가 공평의 이념 및 신의성실의 원칙에 반하지 않는다고 판단하였다.

계약상 책임을 예외적이나마 신의성실의 원칙 등으로 제한할 수 있다는 법리는 판례에 의하여 과거부터 확립되어 온 법리이므로, 사실 특별할 것은 없으나 이 사건 담합행위에 적극적으로 가담하였던 원고의 손해배상청구가 신의성실의 원칙에 위배되지 않는다는 결론은 선뜻 납득되지 않는다.

따라서 구체적인 사실관계에 비추어 대상판결의 결론이 타당한지 여부를 검토해 볼 필요가 있다.

Ⅱ. 진술 및 보장의 의미

'진술 및 보장'이란 계약의 당사자로 하여금 계약체결의 중요한 전제사항을 '진술'하게 하고 그 진실성을 '보장'하게 하는 것을 의미하는 것으로, 본래 미국

---

6) 예를 들어 미국에는 미국변호사협회(American Bar Association)가 작성한 '표준계약서'(Model Stock Purchase Agreement)가 마련되어 있다.

등 영미법계 국가의 M&A계약에 있어 기업을 매도하고자 하는 매도인이 매매당사자(행위능력, 내부수권 등에 관한 사항 등) 및 매매대상 기업(재무상황, 우발채무의 존부, 법규 등의 준수 여부 등)에 대한 정보를 매수인에게 진술하고, 그 사실이 진실함을 매수인에게 확인해 주고 사실이 아닐 경우 그에 대한 책임 부담을 보장하는 약정이다.[7]

이에 따라 진술 및 보장을 하는 경우, 통상적으로 진술 및 보장 조항과 동시에 진술 및 보장 조항의 준수 여부에 따라 거래종결을 할 수 있도록 하거나, 계약해제를 할 수 있도록 하는 내용의 조항(거래종결 또는 계약해제조항), 거래종결 이후 진술 및 보장 위반 사실이 발견될 경우 상대방으로 하여금 면책되게 하거나, 상대방에게 그로 인한 손해를 배상하도록 하는 내용의 조항(면책 또는 손해배상조항)을 같이 규정하고 있다.[8]

이처럼 진술 및 보장 조항은 영미법계 국가의 M&A계약에서 주로 사용되던 것이었는데,[9] 1997년 외환위기 이후 주로 외국기업들이 역외에서 우리 기업들의 주식을 인수하면서 미국 및 영국계 로펌에서 작성한 M&A계약서가 선례로 축적되는 과정에서 비로소 우리나라에 도입된 것으로 보는 것이 일반적이다.[10] 현재 실무에서는 M&A계약뿐만 아니라 거래대상 목적물이 복잡하고 포괄적인 금융계약, 가령 PF(Project Financing)계약 등에서 진술 및 보장 조항이 널리 이용되고 있다.

III. 진술 및 보장의 목적 및 약정 원인

1. 진술 및 보장은 매도인이 매수인에 대하여, 매수인이 매도인에 대하여 각각 하게 되는데,[11] 실무적으로 가장 문제되는 것은 매도인의 대상기업에 관

---

7) 김상곤, "진술 및 보장 조항의 새로운 쟁점", 상사법연구 제32권 제2호(한국상사법학회, 2013), 1면.

8) 이하에서는 특별한 사정이 없는 한, 진술 및 보장 조항과 그와 관련된 조항 전부를 통틀어 '진술 및 보장'이라고 한다.

9) 김태진, "M&A계약에서의 진술 및 보장 조항 및 그 위반", 저스티스 제113호(한국법학원, 2009. 10.), 31면.

10) 허영만, "M&A계약과 진술보장 조항", BFL 제20호(서울대학교 금융법센터, 2006. 11.), 16-17면.

11) 진술 및 보장은 '매도인에 대한 사항'과 '매수인에 대한 사항'으로 구분되고, '매도인에 대한 사항'은 다시 '매도인 본인에 대한 사항'과 '대상기업에 대한 사항'으로 구분되는데, 이

한 진술 및 보장이다. 이는 통상적으로 대상기업의 조직, 자본구조, 자회사 및 투자, 재무제표 및 재무제표 작성 이후의 변동 사항, 우발채무, 세금, 소송을 포함한 분쟁, 법률준수 및 정부인허가 등 대상기업 등에 대한 주요 정보를 매수인에게 제공하는 것을 주요 내용으로 한다.

국내에서는 진술 및 보장이 정보제공, 거래종결 또는 계약해제, 면책 또는 손해배상의 기능을 한다고 보는 것이 일반적이다.[12] 그러나 진술 및 보장이 위와 같은 기능을 한다고 설명하는 것은 오해의 소지가 있다.

진술 및 보장이 위와 같은 기능을 한다고 설명되는 이유는 단순하다. 당사자들이 계약서에 진술 및 보장 조항, 거래종결 또는 계약해제조항, 면책 또는 손해배상조항을 두기로 '합의'하였기 때문이다. 즉, 진술 및 보장의 기능이라고 설명되고 있는 것들은 결국 당사자들이 그와 같은 내용으로 약정을 하였기 때문에 그 계약상 효력이 발휘되는 것에 불과하다.

따라서 진술 및 보장의 기능이라고 설명하기보다는 진술 및 보장 조항의 목적이라고 설명하는 것이 더 정확한 표현이라고 본다. 즉, 당사자들은 정보제공 및 그 정보의 진실성을 보장하기 위한 목적으로 진술 및 보장 조항을 두는 것이고, 그 진술 및 보장의 준수 여부에 따라 '거래종결 또는 계약해제', '면책 또는 손해배상청구'를 하기 위한 목적으로 거래종결 또는 계약해제조항, 면책 또는 손해배상조항을 두는 것이다.

2. 그렇다면, 당사자들이 진술 및 보장을 하는 이유는 무엇일까?

매매계약에 있어 물건의 가격을 결정짓는 가장 결정적인 요소는 매도인과 매수인의 협상력(가격흥정)이다. 다만, 물건의 경우에는 그 종류에 따라 성능, 품질 등이 예정되어 있기 때문에 매수인이 그 물건의 가치를 쉽게 판단할 수 있고, 매수인은 이미 형성되어 있는 가격을 기초로 매도인과의 협상에 임하게 된다.

그런데 M&A계약에서는 매수인이 대상기업의 가치[13]를 쉽게 판단하기 어

하에서는 진술 및 보장의 가장 핵심적인 내용이라고 할 수 있는 대상기업에 대한 진술 및 보장을 위주로 논의한다.

12) 김상곤, 전게논문, 3면; 김홍기, 전게논문, 73-76면; 허영만, 전게논문, 17-18면. 위 각 논문에서 사용하는 용어는 조금씩 차이가 있으나, 실질적인 내용에는 차이가 없는 것으로 보인다. 한편, 진술 및 보장이 계약이행의 정지조건, 채무불이행사유, 면책청구사유 내지 손해배상청구사유의 기능을 한다고 설명하는 견해로는, 천경훈, "진술보장 조항의 한국 법상 의미", BFL 제35호(서울대학교 금융법센터, 2009. 5.), 85-89면.

13) 통상적으로 거래 당시의 '주가'에 '경영권 프리미엄'을 더한 금액이 될 것이다.

렵다는 문제가 있다. 물론 통상적으로 매수인은 실사를 통하여 대상 기업에 대한 정보를 확보하기는 하나, 막대한 양의 자료를 일일이 확인하여 문제점을 파악한다는 것은 현실적으로 불가능할 뿐만 아니라, 자료만으로는 정확히 파악할 수 없는 내용도 있기 때문에 매수인이 알 수 있는 정보에는 분명 한계가 있다.

따라서 매수인의 입장에서는 대상기업의 가치를 보다 쉽게 산정하고, 나아가 매매대금 결정의 기초가 되는 회계자료 등의 진실성을 담보하기 위한 장치가 필요하다. 그 장치가 바로 매도인의 진술 및 보장인 것이다.

즉, 진술 및 보장을 약정하는 것은 매수인에게 대상기업에 대한 정보가 부족하고 실사 등을 통해 확보한 정보의 진실성이 완벽하게 담보되어 있지 않기 때문에, 매도인이 매수인에게 대상기업에 대한 정보를 제공하고 그 정보의 진실성을 보장함으로써 정보력에 있어 약자인 매수인으로 하여금 매도인과 동등한 지위에 서게 하고, 당사자들이 예정한 대상기업의 가치를 보다 확실하게 정함으로써 매수인이 M&A계약의 체결 여부나 매매대금 액수를 안심하고 결정할 수 있도록 하기 위한 것이다.

3. 매도인은 신의성실의 원칙상 계약의 주요 내용에 대하여 매수인에게 고지할 의무를 부담하기 때문에, 진술 및 보장을 하지 않더라도 매도인은 매수인에게 계약과 관련된 주요 정보를 제공할 의무가 있다.[14]

따라서 매도인이 주요 정보를 고지하지 않거나 허위로 고지하는 경우 매수인은 매도인의 고지의무 위반이 부작위 또는 작위에 의한 기망행위에 해당한다는 이유로 민법 제110조에 의하여 계약을 취소하거나 그로 인한 손해배상을 청구할 수 있다.[15] 그러나 이 경우 고지의무의 대상이 되는 계약의 주요 내용이 무엇인지 불확실하기 때문에 매수인의 권리 보호에 미흡한 점이 있다.

반면, 진술 및 보장은 매도인이 매수인에게 제공하여야 할 정보의 대상을 분명히 함으로써 매도인의 진술 및 보장 위반 사실이 발견되는 경우 매수인이 매도인으로부터 손쉽게 손해배상을 받을 수 있도록 한다는 점에서 의미가 있다.

---

14) 진술 및 보장을 매도인의 고지의무와 유사하다고 보는 견해로는 김태진, "M&A계약의 진술 및 보장 조항에 관한 최근의 하급심 판결 분석", 고려법학 제72호(고려대학교 법학연구원, 2014. 3.), 431면.

15) 대법원 2006. 10. 12. 선고 2004다48515 판결; 대법원 2007. 6. 1. 선고 2005다5812, 5829, 5836(병합) 판결 등 참조.

Ⅳ. 진술 및 보장의 약정 취지: 손해배상책임의 법적 성격에 대한 논의

1. 논의의 전제

가. 서두에서 언급한 바와 같이, 대상판결에서는 원고와 피고들이 진술 및 보장 조항을 둔 취지가 민법상 담보책임에서의 하자를 구체화한 것인지, 아니면 민법상 담보책임과는 다른 별도의 책임을 규정한 것인지 여부가 문제된다.

이는 당사자들이 진술 및 보장을 둔 취지가 무엇인지를 해석하는 문제로서, 이에 대하여는 민법상 담보책임에 관한 규정의 적용을 전제로 민법상 '하자'의 의미를 구체화한 것이라는 견해와 민법상 담보책임과는 별도의 규정으로서 민법 규정이 적용될 여지가 없다는 견해가 있을 수 있다. 그러나 이를 직접적으로 다루고 있는 국내 문헌은 찾아볼 수 없는 실정이다.

다만, 이와 관련하여 국내 학자들은 진술 및 보장 조항의 위반시 그 '손해배상책임의 법적 성격'에 대하여 논의를 하고 있으므로, 이에 대해서 살펴보도록 한다.

나. 민법은 제569조 내지 제584조에서 매도인의 담보책임에 관하여 규정하고 있고, 그중 제580조는 매매의 목적인 특정물에 하자가 있는 경우의 담보책임에 대하여 규정하고 있다. 따라서 특정물에 대한 매매계약을 체결한 이후 그 특정물의 하자가 발견되는 경우에는 민법 제580조가 적용되게 된다.

한편, 미국에서 'warranty'(보장)는 M&A계약뿐만 아니라 거의 모든 상거래에 등장하는 요소로서, 매매의 목적인 특정물에 하자가 있는 경우에 'warranty'에 기초하여 책임을 추궁하는 것이 일반법리로 형성되어 있다.[16] 따라서 진술 및 보장은 현행 민법상 담보책임과 일단 유사한 면이 있다.

그러나 민법상 담보책임은 대륙법체계에서 유래된 것인 반면, 진술 및 보장 조항은 영미법체계에서 유래하였다는 점에서 근본적인 차이가 있다. 또한, 민법 제580조는 '목적물에 하자가 있는 경우'에 적용되는 규정인데, 진술 및 보장 위반이 M&A계약의 목적물인 '주식'의 하자라고 평가하기는 어렵기 때문에 민법상 담보책임과 진술 및 보장 위반으로 인한 매도인의 손해배상책임이 동일하다고 단정지을 수는 없다.

---

16) 지창구, "기업인수계약에서 진술 및 보장에 관한 연구", 서울대학교 법학석사학위논문 (2011), 7-9면.

이러한 이유로 국내에서는 진술 및 보장 조항 위반시 손해배상책임의 법적 성격에 대하여 다음과 같은 견해가 대립하고 있다.[17)

2. 손해배상책임의 법적 성격에 관한 견해

가. 약정 담보책임이라는 견해[18)

진술 및 보장은 대상기업에 대한 진술이 사실과 다름이 없다는 것을 보증하는 것이고, 이는 매매대상인 물건이나 권리에 하자가 없음을 보증하는 것과 본질적으로 유사하므로, 그 위반으로 인한 손해배상책임은 담보책임의 일종이라는 견해이다.

다만, 이 견해는 민·상법상의 담보책임 조항은 매매목적물에 하자가 있으면 그대로 적용되지만, 진술 및 보장 위반으로 인한 손해배상책임은 진술 및 보장 조항을 둔 경우에 한하여 성립하기 때문에, '약정 담보책임'에 해당하고, 진술 및 보장의 내용, 기간, 범위 등에 관하여 구체적인 약정이 있다면, 그러한 약정은 민·상법상의 담보책임에 우선하여 적용된다고 한다. 또한, 진술 및 보장 조항을 두면서도 구체적인 내용을 규정하지 않는 경우에는 채권매매에 관한 매도인의 담보책임(민법 제579조)의 법리를 유추하여 적용하는 것이 타당하다고 한다.

이 견해는, 진술 및 보장의 약정 취지에 대하여 민법상 담보책임에 관한 규정의 적용을 전제로 하자의 의미를 구체화한 것이라고 주장하는 것으로 이해된다.

---

17) 일본에서는 ① 고의·과실을 필요로 하지 않는 채무불이행책임으로 보는 견해(본래 채무불이행은 채무자의 귀책사유를 요건으로 하는 것이 통설이나, 표명보증(진술 및 보장)에 위반하였다고 하는 객관적 사실 이외에 위반 당사자의 고의·과실을 요구할 이유는 없다고 한다)[岡內眞哉, "表明保證違反による補償請求に際して, 買主の重過失は抗弁となるか", 金融商事判例 第1239号, (經濟法令研究會, 2006. 4. 15.), 2-5면], ② 특약에 기한 담보책임으로 보는 견해(채무불이행 또는 보증채무는 민법상의 채무를 전제로 하는 것이나, 표명보증 위반으로 인한 손해배상책임은 위반 당사자의 주관적 사정을 묻지 않고 발생할 수 있는 것이기 때문이라고 한다)[金田繁, "表明保証条項をめぐる実務上の諸問題(上) ― 東京地判平18. 1. 17. を題材として", 旬刊金融法務事情 第1771号(金融法務事情研究會, 2006. 5. 25.), 43-50면]가 대립하고 있다. 다만, 천경훈, 전게논문, 89면에서는 일본에서 표명보증책임을 독립적 손해담보계약으로 파악하는 견해가 늘고 있다고 설명하고 있다.

18) 김홍기, 전게논문, 78-80면.

나. 채무불이행책임이라는 견해[19]

진술 및 보장 조항을 계약의 내용으로 한 당사자들의 의도는 매매대상 목적물이 매수인이 희망하는 일정한 수준의 것이고 그러한 성질을 그 목적물이 갖추고 있어야 한다는 내용의 특약으로 정한 것이므로, 그 특약에 따라 매도인이 제공하는 목적물이 약정한 수준에 부합하지 않을 경우 불완전이행에 해당하고, 채무 발생의 근거가 당사자들 간의 합의인 이상 그 본질은 채무불이행책임이라는 견해이다.

채무불이행책임은 그 성질상 당연히 채무자의 고의·과실을 요건으로 하는 것이나, 이 견해는 진술 및 보장 위반에 대한 매도인의 고의 또는 과실을 요구하지 않는다고 한다. 손해배상의무가 채무자의 고의·과실을 요건으로 하는지 여부도 당사자들의 합의로 민법 규정과 달리 정할 수 있고, 진술 및 보장 위반으로 인한 손해배상의무는 궁극적으로 양 당사자의 가격산정 등 계약조건 합의의 전제가 되었던 사실에 변경이 발생했을 때 이를 누구의 위험부담으로 처리할 것인가의 문제임을 전제로, 양 당사자에게 귀책사유가 없는 경우에도 계약조건 합의의 전제사실에 변경이 발생한 이상 손해배상 조항을 통해 그 이해관계를 조정하려는 것이 당사자들의 의도이기 때문이라고 한다.

이 견해는 진술 및 보장의 약정 취지에 대하여 진술 및 보장은 민법상 담보책임과는 다른 별도의 책임으로 규정한 것이라고 주장하는 것으로 이해된다.

다. 계약상 책임이라는 견해[20]

매도인이 "진술 및 보장이 계약일 또는 거래종결일 현재 진실하지 않았을 때에는 이로 인한 매수인의 손해를 배상하여야 한다"는 점에 합의하고, 그러한 의무를 수인하였으니 이를 근거로 손해배상을 구할 수 있다는 견해이다.

여기서 매도인이 수인하고 합의한 '진술 및 보장 위반으로 인한 손해를 배상할 의무' 자체가 그의 채무를 구성하는 것으로 볼 수 있고, 매도인이 그러한 채무를 이행하지 않으면 매수인은 소송 또는 중재를 통해 그러한 채무의 이행 및 추가적인 손해배상을 소구할 수 있다고 한다.

이 견해는 진술 및 보장 위반으로 인한 책임은 그 본질이 계약상 책임일

---

19) 김태진, 전게논문, 49면.
20) 천경훈, 전게논문, 89면.

수밖에 없다고 설명하면서, 굳이 분류하자면 일종의 손해담보계약에 유사한 것으로 파악할 수 있다고 한다.

이 견해도 진술 및 보장 약정 취지는 민법상 담보책임과는 다른 별도의 책임으로 규정한 것이라고 주장하는 것으로 이해된다.

3. 대법원 판례의 태도

가. 대법원은 대상판결에서 "이 사건 주식양수도계약의 양수도 실행일 이후에 이 사건 진술 및 보장 조항의 위반사항이 발견되고 그로 인하여 손해가 발생하면, 원고가 그 위반사항을 계약체결 당시 알았는지 여부와 관계없이, 피고들이 원고에게 그 위반사항과 상당인과관계 있는 손해를 배상하기로 하는 합의를 한 것으로 봄이 상당하다"라고 판시하였다.

대상판결에서 명시적으로 진술 및 보장 위반으로 인한 손해배상책임이 '계약상 책임'이라고 인정하지는 않았으나, 손해배상책임의 근거가 당사자 사이의 '합의'에 있다고 판단한 것을 보면, 대법원이 손해배상책임의 법적 성격을 계약상 책임으로 인정하였다고 볼 여지가 많다.

나. 다만, 대법원은 대상판결 이전에 매도인의 진술 및 보장 위반을 이유로 매수인이 매도인에게 손해배상을 청구한 사안(대법원 2012. 3. 29. 선고 2011다51571 판결)에서, "(진술 및 보장 위반으로 인한) 손해배상에 관한 약정은 피고들이 이 사건 진술·보장 조항을 위반하여 경영권이 이전되는 시점 이전의 사유로 인한 부외채무, 우발채무, 부실자산 등이 추가로 발견되는 경우, 피고들은 그 채무불이행에 따른 손해배상으로서 원고에게 위 각 해당 금액을 지급하되, 그 부외채무, 우발채무, 부실자산이 계약체결 후에 실시된 실사완료시점 이전에 발견되는 경우에는 그 금액을 양도대금에서 공제함으로써 간이하게 정산하기로 한 취지라고 볼 것이다"라고 판단하면서 매도인의 손해배상책임을 "채무불이행에 따른 손해배상"이라고 표현한 적이 있으므로, 대법원이 손해배상책임을 계약상 책임으로 인정하였다고 단정하기는 어렵다.

4. 검   토

가. 계약자유의 원칙은 소유권절대의 원칙, 과실책임의 원칙과 함께 근대 민법의 3대원칙을 이루는 것으로서, 내용결정의 자유를 그 본질로 한다. 따라서

계약내용이 법질서나 사회윤리에 반한다는 특별한 사정이 없는 이상, 당사자는 서로 합의한 내용에 따라 구속을 받는 것이 원칙이다.

매도인이 진술 및 보장 위반으로 인하여 매수인에게 손해배상책임을 부담하는 것은 매도인과 매수인이 진술 및 보장 조항과 손해배상조항에 합의하여 그것을 계약내용의 일부로 정하였기 때문이다. 이와 같이 손해배상책임은 '계약'에 근거한 것이므로, 그 법적 성격 역시 계약상 책임이라고 보는 것이 지극히 타당하고, 담보책임 또는 채무불이행책임으로 보는 것은 다음과 같은 이유로 타당하지 않다고 생각한다. 다만, 어느 견해에 의하더라도 당사자들의 약정이 우선한다는 점에 대해서는 이론이 없는 것으로 보인다.[21]

나. 먼저 담보책임으로 보는 견해와 관련하여, 목적물에 하자가 있다 함은 그 물건이 거래통념상 또는 당사자의 특약상 보유한 것으로 보증한 품질·성능·형태 등에 결함이 있어 그 사용가치 또는 교환가치를 감소시키는 경우를 말하는데, 우발채무, 부실자산 등의 존재가 곧바로 주식의 가치를 하락시킨다고 단정하기는 어려우므로 진술 및 보장 조항의 위반 자체가 곧바로 매매 목적물인 주식의 하자를 구성한다고 볼 수 없다. 나아가 진술 및 보장은 실무에서 M&A계약뿐만 아니라 PF(Project Financing)계약 등 다른 형태의 계약에서도 널리 사용되는데, PF계약의 경우 그 목적물은 금전이기 때문에 '목적물의 하자'가 논의될 여지가 없다. 이러한 점을 감안하면, 진술 및 보장 위반으로 인한 손해배상책임이 모두 담보책임의 일종이라고 보기는 어렵다.

다음으로 채무불이행책임으로 보는 견해와 관련하여, M&A계약에서 매도인이 부담하는 채무는 대상기업의 주식을 매수인에게 양도하는 것으로서, 매도인이 그 주식을 매수인에게 양도한 이상 매도인은 자신의 채무를 모두 이행하였다고 보아야 한다. 또한, 진술 및 보장은 계약체결 당시 대상기업 등의 상황을 진술하고 보장하는 것일 뿐, 그 이후에 어떠한 의무의 이행을 필요로 하는 것은 아니므로, 이를 주된 채무 또는 부수적 채무라고 볼 수 없다. 따라서 진술 및 보장 위반이 채무불이행에 해당한다고 보기도 어렵다.

다. 한편, 계약상 책임에서 '계약'은 손해담보계약의 일종으로 보는 것이 타당하다.

진술 및 보장 위반으로 인한 손해배상책임은 거래의 상대방이 거래 목적물

---

21) 담보책임으로 보는 견해도 당사자들의 약정이 민·상법에 우선한다고 보고 있다.

에 대한 정보에 쉽게 접근하지 못하거나 그 정보를 제공받더라도 문제점을 쉽게 파악하기 어려운 대규모 거래에 있어서, 일방 당사자로 하여금 일정한 사항의 진실성을 보장하게 하고 해당 사항의 진실성과 관련하여 그 거래종결 이후 발생하는 위험을 일방 당사자로 하여금 인수하게 하여 그로 인한 손해를 담보하게 하는 것인데, 이러한 손해배상에 관한 약정은 진술 및 보장을 한 일방 당사자가 그 위반으로 인하여 상대방이 입게 될 손해를 담보하는 것을 주된 내용으로 하는 것이기 때문이다.

따라서 손해담보계약상 담보의무자의 책임은 채무불이행, 불법행위 또는 법정책임에 근거한 손해배상책임이 아니라 계약내용을 실현하는 이행책임이므로, 결국 진술 및 보장 위반으로 인하여 매수인이 갖는 청구권의 성질은 손해배상청구권이 아니라 계약상의 이행청구권으로 보아야 할 것이다.

라. 나아가 진술 및 보장의 약정 취지와 관련하여, 진술 및 보장은 민법상 담보책임과는 다른 별도의 책임을 인정하기 위하여 약정한 것으로 보는 것이 타당하다. 그 근거는 손해배상책임의 법적 성격을 계약상 책임으로 인정하는 이유와 동일하다.

이와 관련하여, 통상적으로 당사자들은 진술 및 보장을 하면서 민법상 담보책임규정을 적용(또는 유추적용)한다는 내용의 명시적인 약정을 하지 않는 경우가 많고, 대부분의 경우 당사자들에게 그와 같은 의사가 있었다고 볼 만한 사정도 없을 것이기 때문에, 당사자들에게 진술 및 보장에 대하여 담보책임규정을 적용할 의사가 있었다고 볼 만한 근거가 없다.

뿐만 아니라 민법 제580조 또는 제581조 등이 적용되는 경우 매수인의 입장에서는 악의뿐만 아니라 과실 있는 경우에도 손해배상청구를 할 수 없게 되는데, 과실 있는 경우까지 손해배상청구를 제한하는 것은 매수인의 권리를 지나치게 제한하는 것으로서, 매수인에게 매우 불합리한 결과를 초래하게 된다.

결국 진술 및 보장의 약정 취지 역시 당사자들이 민법상 담보책임과는 다른 별도의 약정상 책임을 부담하기로 합의한 것으로 봄이 상당하다.

V. 악의의 매수인의 손해배상청구권 허용 여부

1. 논의의 전제

진술 및 보장 조항과 더불어 손해배상조항을 계약내용에 포함시키는 당사자의 목적은, 계약 체결 당시 매수인이 예상하였던 대상기업의 가치가 실제 가치와 다를 경우 추후에 손해배상을 통해 위험분배 또는 가격조정을 하려는 것으로 볼 수 있다.[22]

진술 및 보장 위반으로 인하여 매수인이 입게 되는 손해는 계약 체결 전의 원인으로 발생한 것인데, 매수인으로서는 그러한 손실을 예상하지 못한 채 대상기업의 가치를 평가하여 가격을 정한 것이므로, 매도인이 그로 인한 손해를 부담하는 것이 공평의 관념에 부합하기도 한다.

그러나, 매수인이 계약체결 또는 거래종결 당시 매도인의 진술 및 보장 위반사실을 인식한 경우 그러한 매수인에게도 손해배상청구권을 인정하는 것이 과연 진술 및 보장의 가격조정 기능 또는 공평의 이념에 부합한다고 볼 수 있는지는 의문이다. 악의의 매수인의 손해배상청구권을 인정할 것인가에 대한 논의는 바로 위와 같은 의문에서 출발한다.

2. 미국에서의 논의

악의의 매수인의 손해배상청구를 허용할 것인지를 다룬 미국의 대표적인 판례로 국내에서는 다음 두 가지 판례가 소개되고 있다.[23]

* Cbs Inc. v. Ziff-Davis Pub. Co. 판결[24]
[사안의 개요]

출판회사인 Ziff-Davis Publishing. Co.(이하 "Ziff-Davis"라 한다)와 Cbs Inc.(이하 "Cbs"라 한다)는 1984. 9.경 Ziff-Davis의 자산 및 사업을 인수하기로 하는 내용의 계약을 체결하였다. 계약 당시 Ziff-Davis는 Cbs에 제공된 1984년 회계연도의

---

22) 학자들은 이를 진술 및 보장의 기능으로 설명하고 있다. 위 각주 12) 참조.
23) 김홍기, 전게논문, 82면; 허영만, 전게논문, 32면; 김상곤, 전게논문 10-11면.
24) Cbs Inc. v. Ziff-Davis Pub. Co., 553 N.E.2d 997(N.Y. 1990).

손익계산서가 일반적으로 인정되는 회계원칙(GAAP)에 따라 작성되었고, 그 항목들이 공정하게 작성되었음을 보장하였다.

위 계약 체결 이후 Cbs는 Ziff-Davis에 대한 실사를 실시하였는데, 그 과정에서 Ziff-Davis의 재무제표에 문제가 있음을 발견하였고, 이를 Ziff-Davis에게 알렸으나, Ziff-Davis는 재무제표가 사실대로 작성되었다고 주장하면서 계약체결 시 예정하였던 이행완료일에 모든 의무를 이행할 것을 촉구하였다. 그 후 Cbs는 거래종결이 Ziff-Davis의 진술 및 보장 위반에 대한 면제나 권리 포기가 아니라는 점을 유보하고 Ziff-Davis와 거래종결에 합의하였다.

그 후 Cbs는 Ziff-Davis가 진술 및 보장을 위반하였다고 주장하면서 손해배상청구의 소를 제기하였다.

[판결의 취지]

뉴욕주 상고심 법원(The New York Court of Appeal)은 "사기나 허위의 진술에 의한 손해배상의 경우에는 매수인이 진실이라는 점에 대하여 믿을 것이 요구되나, 명문의 보장 조항에 의한 계약상의 청구인 경우에는 매수인이 그 사실관계를 믿었느냐에 따라 달라지는 것이 아니고 보장 조항 자체의 위반으로 책임이 성립한다"라고 판시하였다. 위 판결은 매수인이 진술 및 보장 위반사실을 알았거나 알 수 있었던 경우라도 손해배상청구가 가능하다는 취지이나, 위 사례는 매수인인 Cbs가 손해배상청구권 행사를 유보한 경우여서 뉴욕주 상고심 법원이 모든 경우에 있어 매수인의 악의 또는 과실 여부가 문제되지 않는다고 단정한 것이라고 보기는 어렵다.[25]

• Galli V. Metz 판결[26]

[사안의 개요]

Betuna Corporation의 주주인 Frank A. Galli, Una G. Galli, John D. Yeager와 Elizabeth M. Yeager(이하 "Galli" 또는 "Yeager"라 한다)는 1986. 12.경 자신들의 주식을 James T. Metz, Jr., Kathleen M. Metz(이하 "Metz"라 한다)에게 매도하는 내용의 주식매매계약을 체결하였다.

Betuna Corporation은 Peterson Petroleum Corp.(이하 "Peterson"이라 한다)과

---

25) 김상곤, 전게논문, 11면.
26) Second Circuit: Galli v. Metz, 973 F.2d 145(2d Cir. 1992).

Pulver-Simmons-Mulhern, Inc.(이하 "PSM"이라 한다)이라는 자회사를 두고 있었는데, Yeager는 Peterson이 과거에 주유소를 운영하면서 그 토지에 위험폐기물을 묻어 두었고 향후 이를 이유로 환경소송이 제기될 것을 알고 있었음에도, 위 주식매매계약을 체결하면서 계약 체결 전의 사유로 소송이 제기될 원인이 없다는 취지의 진술 및 보장을 하였다. 다만, Metz는 거래종결 전에 위 토지의 문제점을 인식하였다.

한편, PSM은 위 주식매매계약 체결 전 Becraft에 담보권을 설정해 주었는데, 위 주식매매계약 당시 Galli와 Yeager는 1986. 6. 30. 이후로 매도인들의 부동산, 사업 또는 자산에 대하여 담보 등의 제한을 설정하지 않았다는 내용의 진술 및 보장을 하였다. 다만, Galli와 Yeager는 거래종결 전 Metz에게 담보권 설정사실을 통지하였다.

그 후 Galli와 Yeager가 Metz를 상대로 주식매매대금의 지급을 구하는 소를 제기하자, Metz는 Galli와 Yeager가 위 진술 및 보장을 위반하였다고 주장하면서 그로 인한 손해배상액 만큼의 상계를 주장하였다.

[판결의 취지]

이에 대하여 연방항소법원은 "Ziff-Davis 사건에서는 거래 종결시 특정한 진술 및 보장의 정확성에 대하여 거래종결 전 다툼이 있었으므로, 위 판례는 당사자들이 거래종결 시점에 특정한 진술 및 보장의 부정확성에 대하여 당사자들 사이에 합의가 이루어진 경우에는 적용되지 않는다"라고 판시하면서, PSM의 담보권 설정행위에 대하여 Metz가 담보권 설정사실을 통지받고도 거래종결에 합의를 한 것은 그에 대한 권리를 포기한 것이라고 인정한 제1심 판결을 그대로 인정하였다.[27][28]

위 판결은 진술 및 보장 위반에 대하여 악의의 매수인의 손해배상청구권을

---

27) 원문을 소개하면 다음과 같다.
   "Metz does not dispute the district cour's factual conclusion that Galli and Yeager informed Metz of the breach. Metz contends, on the strength of Ziff-Davis, that buyers' awareness of the breach is irrelevant. We disagree. As stated earlier, Ziff-Davis does not eliminate the possibility of a waiver. The district court found a waiver, and Metz does not seriously challenge this conclusion. Accordingly, we affirm the district court's refusal to grant relief on this counterclaim."

28) 토지 관련 환경소송에 대하여는 Metz가 그 문제점을 인식하게 된 경위가 분명하지 않다는 이유로 제1심 판결을 파기환송하였다.

허용할 수 없다는 것인데, 위 각 판례를 서로 다른 것이라고 보는 견해도 있기는 하나,[29] 위 각 판례는 서로 구체적인 사실관계가 다른 것일 뿐, 서로 배치되는 것이라고까지 보기는 어렵다고 생각된다.[30]

3. 우리나라의 견해

가. 제1 견해[31]

매수인이 악의 또는 중과실인 경우라 하더라도, 매도인은 손해배상책임을 부담하는 것이 원칙이고, 다만 신의성실의 원칙에 따라 아주 예외적으로 그러한 책임이 제한될 수 있다고 해석하는 것이 바람직하다는 견해이다.

이 견해는 진술 및 보장 조항의 가격조정 기능이라는 측면을 중시하여, 비록 매수인이 악의 또는 중과실인 경우라 하더라도 진술 및 보장 내용에서 벗어난 상황에 대한 위험분배 및 가격조정의 역할을 하도록 만들어진 진술 및 보장 조항 자체는 여전히 유효하다는 점을 근거로 한다.

나. 제2 견해[32]

매수인이 악의더라도, 매도인은 항상 손해배상책임을 부담한다는 견해이다.

이 견해는 진술 및 보장 조항의 위반에 따른 손해배상책임의 법적 성격을 채무불이행책임이라고 보면서, 채무불이행책임으로 해석하는 이상 민법 제580조 제1항 단서는 적용될 수 없고, 매수인이 매도인의 진술 및 보장 위반에 대하여 악의이거나 과실로 알지 못하였다고 하더라도 이러한 매수인의 주관적 사정은 과실상계에 의한 감액사유는 될지언정, 매도인의 손해배상책임에는 아무런 문제가 없다는 점을 근거로 한다.

다. 제3 견해[33]

매수인이 고의인 경우에는 매도인의 손해배상책임을 부정하는 것이 타

---

29) 허영만, 전게논문, 32면.
30) 같은 견해로는 김상곤, 전게논문, 12면; 김태진, 전게논문, 39면.
31) 허영만, 전게논문, 32-33면.
32) 김태진, 전게논문, 54면.
33) 김홍기, 전게논문, 82-83면.

당하고, 매수인에게 과실만 인정되는 경우에는 매도인의 손해배상책임을 인정하여야 한다는 견해이다.

이 견해는 손해배상책임의 법적 성격을 약정 담보책임의 일종으로 보면서, 담보책임의 원칙에 따라 악의의 매수인에게는 손해배상청구권을 부정하는 것이 타당하고, 다만, 민법 제580조 제1항 단서의 규정을 그대로 적용하여 과실 있는 매수인의 손해배상청구까지 부정하는 것은 진술 및 보장 조항이 가지는 가격조정 및 위험분배의 기능, 매매가격에 포함되는 영업권 평가 등 M&A 거래의 특수성을 충분히 반영하지 못한다는 점을 근거로 한다.

4. 대법원 판례의 태도

대법원은 이 사건에서, 악의 또는 과실 있는 매수인에게 손해배상청구권을 인정할지 여부는 처분문서인 계약서에 나타난 당사자들의 의사에 따라야 하고, 다만 악의 또는 과실 있는 매수인에게 손해배상청구권이 인정되는 경우라도 그 권리행사가 신의칙에 비추어 용납할 수 없는 것인 때에는 매수인의 손해배상청구권 행사를 예외적으로 부정할 수 있다는 취지로 판시하였는바, 제1 견해에 가까운 것으로 보인다.

5. 검   토

진술 및 보장 약정을 민법상 담보책임과는 별도의 약정으로 해석하는 이상, 민법 제580조 제1항 단서가 적용 또는 유추적용될 여지는 없다. 따라서 악의 또는 과실이 있는 매수인의 손해배상청구를 부정하는 명시적인 약정이 없는 이상 매수인에게 악의 또는 과실이 있다고 하더라도, 매도인은 손해담보계약에 따라 손해배상책임을 부담한다고 보는 것이 타당하다.

다만, 우리 법제 하에서는 권리의 행사는 신의에 좇아 성실히 하여야 하고 (민법 제2조), 법률관계의 당사자는 상대방의 이익을 배려하여 형평에 어긋나는 내용 또는 방법으로 권리를 행사하여서는 아니 된다. 만약 권리행사가 정의 관념에 비추어 용인할 수 없는 상태에 이른 경우에는 신의성실의 원칙에 의하여 그 권리행사를 제한할 수 있으므로, 매수인의 손해배상청구 역시 그 권리행사가 신의성실의 원칙에 위배되는 때에는 제한하는 것이 당연하다.[34]

─────────
34) 대법원은 대상판결에서 "채권자의 권리행사가 신의칙에 비추어 용납할 수 없는 것인 때

VI. 대상판결의 평석

1. 대상판결의 의미

가. 대상판결이 판시한 의사표시의 해석 방법 및 계약상 책임의 제한 여부는 과거부터 확립되어 온 법리를 확인한 것에 불과하므로, 판시사항만 보아서는 사실 특별할 것이 없다.

다만, 대상판결은 진술 및 보장과 민법상 담보책임과의 관계에 대하여 확립된 법리가 없는 상황에서, 진술 및 보장 위반으로 인한 손해배상책임이 '계약'에 기초한 것으로서 민법상 담보책임규정이 적용되지 않는다는 점을 최초로 확인하였다는 점에서 큰 의미가 있다.

그러나 대상판결의 구체적인 사실관계에 비추어 보았을 때, 원고의 손해배상청구가 신의성실의 원칙에 위배되지 않는다고 판단한 대상판결의 결론은 타당하지 않다고 본다.

나. 이와 관련한 논의에 들어가기에 앞서, 대상판결은 원고와 피고들이 원고의 악의 여부와 관계없이 피고들이 원고에게 진술 및 위반사항과 상당인과관계 있는 손해를 배상하기로 하는 합의를 한 것으로 봄이 상당하다고 판단하면서, "이 사건 주식양수도계약서에는 원고가 계약체결 당시 이 사건 진술 및 보장의 위반사실을 알고 있는 경우에는 위 손해배상책임 등이 배제된다는 내용은 없는 점"을 주요 근거로 들고 있다.

이는 마치 위 사실만으로 원고와 피고들이 원고가 악의인 경우에도 피고들이 손해배상책임 등을 부담하기로 약정한 것처럼 오해를 불러일으킬 위험이 있으므로, 그 의미를 분명히 짚고 넘어가고자 한다.

대상판결이 설시한 바와 같이 이 사건 주식양수도계약서에는 원고가 악의인 경우 피고들의 손해배상책임 등이 배제된다는 내용이 없긴 하지만, 반대로 원고가 악의인 경우에도 피고들이 손해배상책임 등을 부담한다는 내용도 없다. 오히려 진술 및 보장이 유래된 미국에서는 M&A계약서에 "매수인의 인식 여부가 손해배상청구에 영향을 미치지 않는다"라는 조항을 명시적으로 삽입함으로

에는 이를 부정하는 것이 예외적으로 허용될 수 있을 것"이라고 판시하여, 매수인의 손해배상청구권 행사를 제한할 수 있다는 점을 확인하였다.

써 악의의 매수인의 손해배상청구가 가능함을 분명히 하려고 하고 있다.[35)

즉, 이 사건에서는 당사자들이 "매수인의 인식 여부가 손해배상청구에 영향을 미치지 않는다"는 문구를 계약서에 명시하지 않았기 때문에, 그러한 문구를 명시한 경우와는 대비된다. 계약서에 위 문구가 없었던 Galli V. Metz 판결에서도 악의인 Metz의 손해배상청구가 배척되었던 것을 보면, 위 문구가 없다는 사정은 오히려 악의의 매수인의 손해배상청구가 허용되지 않는 근거로 보는 것이 합리적이라 할 것이다.

다만, 대상판결은 위와 같은 사정 이외에 다른 사정들도 다수 제시하며 악의의 매수인에게도 손해배상청구권이 인정되는 것으로 진술 및 보장 조항의 의미를 해석하였던바, 그 결론이 타당하다는 점에 대해서는 전술한 바와 같다.

2. 악의의 원고의 손해배상청구가 신의성실의 원칙 등에 위배되는지 여부

가. 논의의 전제

(1) 앞서 지적한 바와 같이 원고와 피고들은 원고의 악의 여부와 관계없이 피고들이 손해배상책임 등을 부담하기로 명시적으로 약정한 것이 아니다. 다만, 진술 및 조항의 문언, 계약 체결 당시의 제반 상황 등에 비추어 원고가 악의인 경우에도 피고들이 여전히 손해배상책임 등을 부담하는 것으로 당사자들이 약정하였다고 봄이 상당하다는 것일 뿐이다.

본래 법률행위의 해석은 당사자가 그 표시행위에 부여한 객관적인 의미를 명백하게 확정하는 것으로서, 당사자가 표시한 문언에 의하여 객관적인 의미가 명확하게 드러나지 않는 경우에는 당사자의 내심의 의사가 어떤지에 관계없이 그 문언의 내용에 의하여 당사자가 그 표시행위에 부여한 객관적인 의미를 합리적으로 해석하여야 한다.[36)

---

35) 미국변호사협회의 주식매매표준계약서 제10조 제1항에는 다음과 같이 규정되어 있다.
   10.1 Survival; Right to Indemnification Not Affected By Knowledge.
   ⋯ The right to indemnification, payment of Damages or other remedy based on such representations, warranties, covenants, and obligations will not be affected by any investigation conducted with respect to, or any Knowledge acquired (or capable of being acquired) at any time, whether before or after the execution and delivery of this Agreement or the Closing Date, ⋯.

36) 대법원 2009. 5. 14. 선고 2008다90095, 90101 판결; 대법원 2009. 10. 29. 선고 2007다6024, 6031 판결 등 참조.

따라서 진술 및 보장의 의미를 해석하는 데에 있어 원고와 피고들의 내심의 의사는 고려할 필요가 없다. 다만, 그 계약상의 책임을 공평의 이념 및 신의성실의 원칙 등에 의하여 제한하는 경우에는 계약 당시 당사자들의 내심의 의사도 고려 대상이 된다고 할 것이다.

(2) 논의의 편의를 위하여, 매수인의 악의 정도를 구분하자면 대략 다음 세 가지 정도로 구분할 수 있다.

먼저, 매수인이 매도인의 진술 및 보장 위반사실을 매도인이 아닌 제3자로부터 들어 알게 된 경우이다. 이는 정보 출처에 따라 달라지겠으나, 일반적으로 신빙성이 낮은 점을 감안한다면 아주 약한 정도의 악의라고 할 수 있다.

다음으로, 매수인이 매도인의 진술 및 보장 위반사실을 매도인으로부터 직접 들어 알게 된 경우이다. 이는 중간 정도의 악의라고 할 수 있다. Galli V. Metz 판결에서 Metz의 악의가 이에 해당한다고 볼 수 있다.

마지막으로, 매수인이 매도인의 진술 및 보장 위반사실에 적극적으로 가담함으로써 그 위반사실을 알고 있는 경우이다. 이는 매수인이 매도인의 진술 및 보장 위반사실을 확신할 수 있는 수준에 해당하므로 아주 강한 정도의 악의라고 할 수 있다.

이 사건에서 원고가 피고들의 진술 및 보장 위반사실을 이미 알고 있었다는 점에 대하여는 전혀 다툼이 없었다. 원고는 이 사건 담합행위에 적극 가담했던 회사이므로, 아주 강한 정도의 악의인 매수인에 해당한다.

나. 악의의 원고의 손해배상청구 허용 여부

(1) 앞서 살펴본 바와 같이 진술 및 보장을 하는 이유는 매수인에게 대상기업에 대한 정보가 부족하고, 실사 등을 통해 확보한 정보의 진실성이 담보되어 있지 않기 때문에, 매도인이 매수인에게 대상기업에 대한 정보를 제공하고, 그 정보의 진실성을 보장함으로써, 정보비대칭 상황을 해소하여 매수인이 매도인과 동등한 지위에 서게 하려는 것으로서, 매도인의 진술 및 보장을 믿고 거래에 임한 매수인을 보호하기 위한 것일 뿐, 매수인에게 매도인보다 우월한 지위를 부여하려고 한 것이 아니다.

이와 같은 진술 및 보장의 약정 원인에 비추어 보면, 진술 및 보장은 매수인이 선의이거나 아주 약한 정도의 악의임을 전제로 한 것임을 알 수 있다.

즉, 적어도 피고들로서는 원고가 대상기업에 대하여 모르고 있는(또는 원고가 모르는 것으로 알고 있는) 정보를 제공하거나, 실사 등을 통해 확보한 정보가 진실하다는 것을 보증하기 위하여 진술 및 보장을 하는 것이지, 굳이 추가로 확인할 필요가 없을 정도로 원고가 이미 매우 확실하게 알고 있는 사항에 대해서까지 정보를 추가로 제공하고, 그 정보의 정확성을 보장하기 위하여 진술 및 보장을 하는 것이 아님은 분명하다.[37]

그렇다면, 아주 강한 정도의 악의인 원고의 손해배상청구를 허용하는 것은 이 사건 주식양수도계약 체결 당시 원고와 피고들의 예상과는 전혀 다른 결과를 초래하게 된다.

(2) 진술 및 보장이 위험분배 또는 가격조정이라는 목적을 가지고 있다고 하더라도, 진술 및 보장이 매수인에게 우월한 지위를 부여하려고 하는 것이 아닌 이상, 위 목적만을 위하여 악의의 매수인의 손해배상청구가 무조건적으로 허용될 수는 없다.

진술 및 보장이 통상적으로 매수인의 선의 또는 아주 약한 정도의 악의를 전제로 약정에 삽입된다는 사정에 비추어 보면, 위와 같은 위험분배 또는 가격조정 목적 역시 원칙적으로 매수인의 선의 또는 아주 약한 정도의 악의를 전제로 달성되어야 한다.

한편, 원고는 이 사건 담합행위에 직접 가담함으로써 그 사실을 매우 잘 알고 있었음에도 이 사건 주식양수도계약 체결 당시 이 사건 담합행위로 인한 손해에 대하여 아무런 언급을 하지 않은 잘못이 있다. 이는 Galli V. Metz 판결과 같이 원고가 이 사건 담합행위로 인한 손해배상청구권을 포기한 것으로 볼 수도 있다.

그럼에도 불구하고 원고의 손해배상청구를 허용한다면, 진술 및 보장의 위험분배 또는 가격조정이라는 목적에 치우친 나머지, 피고들에게 너무 과중한 책임을 부담하게 하고 상대적으로 원고에게 우월한 지위를 부여하는 결과를 초래하게 된다.

(3) 이 사건에서 진술 및 보장의 위반사실에 대한 원고의 인식 정도를 살펴

---

37) 만약 매수인이 중간 정도 또는 아주 강한 정도의 악의라고 할 경우 그 위반사실에 대한 매도인의 진술 및 보장은 통정허위표시에 가까운 것으로서 무효이거나 착오에 의한 것으로서 취소가 가능하다고 볼 여지도 있을 것이다.

보면, 원고는 이 사건 담합행위에 적극 가담한 회사로서 아주 강한 악의의 매수인에 해당한다.

따라서 사적 자치의 핵심인 계약자유의 원칙을 중요시하여 원칙적으로 계약 문언대로의 준수를 강조하고, 신의성실의 원칙에 따른 계약책임의 제한을 극히 예외적으로 인정해야 한다 하더라도, 공모하여 범죄를 저지른 자가 다른 공범에게 계약 이행을 요구하며 손해배상청구를 하는 것을 두고 과연 정의의 관념에 위배되지 않는다고 할 수 있을지는 심히 의문스럽다.[38] 피고들의 진술 및 보장 위반, 즉 이 사건 담합행위를 공모하고 직접 실행에 옮긴 원고의 손해배상청구가 신의성실의 원칙에 위배되지 않는 것이라고 판단한다면, 도대체 어떤 경우가 신의성실의 원칙에 위배되는 경우라고 할 수 있는 것인지 반문하지 않을 수 없다.

(4) 한편, 대상판결은 원고의 손해배상청구가 신의성실의 원칙에 위배되지 않는 근거로 "공정거래위원회가 이 사건 담합행위에 대한 조사를 개시한 것은 이 사건 주식양수도계약의 양수도 실행일 이후여서, 원고가 이 사건 주식양수도계약을 체결할 당시 공정거래위원회가 B주식회사에 이 사건 담합행위를 이유로 거액의 과징금 등을 부과할 가능성을 예상하고 있었을 것으로 보기는 어렵다"는 점을 들고 있으나, 이 사건 담합행위에 대한 조사개시의 시기는 고려대상이 될 수 없다.

즉, 원고는 이 사건 주식양수도계약 당시 이 사건 담합행위에 적극 가담함으로써 담합행위의 존재를 이미 잘 알고 있었다. 따라서 설령 이 사건 담합행위에 대한 조사개시가 뒤늦게 이루어졌다고 하더라도, 원고는 이 사건 담합행위의 존재를 매우 구체적으로 잘 알고 있었기 때문에 이로 인한 공정거래위원회의 조사 및 과징금 부과 등 손해가 발생할 가능성이 충분히 있다는 사정을 매우 잘 알고 있었고, 이에 따라 이를 이 사건 주식양수도계약 또는 매매대금에 반영할 기회도 갖고 있었다고 봄이 상당하다.

원고가 손해발생의 가능성을 인식하면서도 그에 대한 적절한 조치를 취하지 않은 이상, 이 사건 담합행위에 대한 조사개시가 이루어졌는지 여부와는 무관하게 원고의 손해배상청구가 정당하다고 볼 수는 없으므로, 결국 대법원의

---

38) 민법 제746조에서는 불법원인급여를 규정하고 있는데, 그 취지 또한 정의의 관념에서 파생된 것이다.

이 부분 판단 역시 전혀 타당하지 않다.

Ⅶ. 결　　론

　　대법원은 진술 및 보장 위반 사실에 대하여 손해배상책임을 인정하였고, 그 근거로 당사자들의 의사(합의)를 내세웠다. 즉, 당사자들의 의사는 원고가 악의인 경우라도 피고들이 손해배상책임을 부담하기로 한 것이라고 해석한 것이다. 대법원이 기본적으로 당사자들의 의사를 기초로 손해배상책임 여부를 판단한 것은 타당하나, 이 사건의 구체적인 사실관계에 비추어 보면 원고가 피고들에게 진술 및 보장 위반을 이유로 손해배상청구를 하는 것은 신의성실의 원칙에 위배되는 극히 예외적인 경우에 해당하여, 이 사안에 있어서는 손해배상청구를 기각(상고기각)했어야 한다고 본다.

　　이러한 관점에서 대상 판결은 선례적 가치가 대단히 높은 중요한 판결임에도 불구하고, 구체적 타당성 측면에 있어서 두고두고 아쉬움이 남는 판결이라 하겠다.

● 참고문헌

[단행본]
곽윤직, 채권각론, 제6판(박영사, 2005)
편집대표 곽윤직, 민법주해 [XIV], (박영사, 2000)

[논문]
지창구, "기업인수계약에서 진술 및 보장에 관한 연구", 서울대학교 법학석사학위논문
　　(2011)
김상곤, "진술 및 보장 조항의 새로운 쟁점", 상사법연구 제32권 제2호(한국상사법학회,
　　2013)
김태진, "M&A계약에서의 진술 및 보장 조항 및 그 위반", 저스티스 제113호(한국법학
　　원, 2009. 10.)
_____, "M&A계약의 진술 및 보장 조항에 관한 최근의 하급심 판결 분석", 고려법학 제
　　72호(고려대학교 법학연구원, 2014. 3.)
김홍기, "M&A계약 등에 있어서 진술보장 조항의 기능과 그 위반시의 효과 ─ 대상판결:
　　서울고등법원 2007. 1. 24. 선고 2006나11182 판결", 상사판례연구 제22집 제3권
　　(한국상사판례학회, 2009. 9.)
송종준, "M&A거래계약의 구조와 법적 의의 ─ 미국의 계약실무를 중심으로", 21세기 상
　　사법의 전개(정동윤화갑기념논문집), (법문사, 1999. 6.)
천경훈, "진술보장 조항의 한국법상 의미", BFL 제35호(서울대학교 금융법센터, 2009.
　　5.)
허영만, "M&A계약과 진술보장 조항", BFL 제20호(서울대학교 금융법센터, 2006. 11.)
岡内眞哉, "表明保證違反による補償請求に際して, 買主の重過失は抗弁となるか", 金融
　　商事判例 第1239号, (經濟法令研究會, 2006. 4. 15.)
金田繁, "表明保証条項をめぐる實務上の諸問題(上) ─ 東京地判平18. 1. 17. を題材とし
　　て", 旬刊金融法務事情 第1771号(金融法務事情研究會, 2006. 5. 25.)

도로소음에 대한 도로관리주체, 건축물 분양회사 등 관계자의 책임 및 소음방지대책이 요구되는 수인한도의 기준

조규석, 맹주한

[요 지]

도로에서 발생하는 소음으로 말미암아 생활에 고통을 받는 정도가 수인한도를 넘는 경우, 소음과 관련된 주체들은 소음으로 인한 피해자의 정신적 손해에 대한 손해배상의무 및 방음대책 강구의무를 지게 된다.

그런데 도시는 과밀화되고 고속도로 등의 건설 및 확장의 필요성은 높아지고 있어 도로의 공공성과 주민의 환경적 이익이 자주 갈등을 빚는 상황이 발생하고 있음에도, 소음으로 인한 손해배상 및 방음대책 의무를 부담하는 각 당사자의 책임원인, 수인한도의 기준 등은 환경기준 등 일률적인 기준에 의하고, 방음대책의 내용도 추상적인 차원에서 그친 것이 사실이다.

일조권 등 환경상 생활이익의 침해를 이유로 한 손해배상이나 유지청구 등에 있어서는 통상 피해를 주장하는 쪽에서 공사금지가처분 등으로 시작하여 손해배상을 구하는 소송을 제기하는 방식으로 분쟁을 해결하여 왔으므로 법원의 통일적인 판단이 내려져 왔으나, 도로소음 피해에 관하여는 환경분쟁조정위원회의 재정이 있고 난 후 그 불복절차로 소송이 진행되고 있어 분쟁이 더 복잡하게 되는 측면이 있다.

이와 관련하여 최근 고속도로와 주택 건축의 선후관계, 환경기준에 따른 측정방법의 보편적 적용 여부, 방지청구(방음대책)의 당부 판단 기준에 관하여 하나의 중요한 기준을 제시한 판결이 선고되었다.

대상판결은 도로가 필수불가결한 시설이고 주거의 과밀화가 이루어지고 있는 점, 고속국도가 담당하는 기능의 중요성 등을 고려하여 수인한도 초과 여부를 더 엄격하게 판단하여야 한다고 보았다. 특히 소음도 측정도 공동주택은 생활의 주된 공간을 기준으로 측정하여야 하고, 방음대책 강구의무를 심리함에 있어서도 당사자들의 이익을 교량하도록 하여 좀 더 구체화, 합리화하려는 시도를 한 것으로 평가되며, 공동주택 등 분양자의 책임과 관련해서도 책임 인정을 합리화하는 판결이 내려지길 기대한다.

[주제어]
• 도로소음
• 수인한도
• 환경기준
• 방지청구

대상판결 : 대법원 2015. 9. 24. 선고 2011다91784 판결
[공2015하, 1596]

[사실의 개요]1)

1. 1970. 7.경 왕복 4차로로 개설된 ○○고속도로에 관하여 1998. 3.경 왕복 8차로로 확장하는 내용의 '확장공사구간 지정결정'이 고시되었고, 그 후인 1998. 5. 6. 이 사건 아파트가 위치한 '○○ 2지구 택지개발사업지구'가 택지개발예정지구로 지정되어 1999. 7. 30.부터 2004. 12. 31.까지 택지개발사업이 시행되었다.

2. 위 고속도로 확장공사는 1998. 4.경부터 2003. 12.경까지 시행되었고, 이 사건 아파트는 고속도로 확장공사가 거의 완성되었을 무렵인 2003. 10.경 착공되어 2005. 12.경 준공되었다.

3. 이 사건 아파트는 제3종 일반주거지역에 위치하는 14~15층의 8개동 합계 580세대 규모로서, 그 남쪽으로 약 204~241m 떨어진 곳에 이 사건 고속도로가 동서방향으로 지나가고 있고, 이 사건 아파트에서 고속도로 쪽으로 30m 떨어진 곳에 동서방향으로 왕복 6차로의 지방도로가 지나가고 있으며, 그 지방도로변에는 높이 5m, 길이 172m 규모의 투명 아크릴 방음벽이 설치되어 있다.

4. 이 사건 아파트 부근을 통과하는 고속도로 1일 통행 차량은 매년 증가하고 있고, 그로 인한 소음 또한 증가하여 왔다. ○○시가 피고들의 요구로 측정한 이 사건 아파트의 도로 소음도는 2006. 9. 6. 기준 주간 69~71dB이었고, 2007. 3. 9. 이 사건 고속도로와 수평지점인 위 아파트 옆 현대자동차옥상(6층)에서 측정한 소음도는 주간 69.4dB, 야간 69.1dB이었으며, 대구지방환경청이 2007. 3. 26., 3. 27., 4. 23. 위 아파트 101동 6개 지점에서 측정한 소음도는 주간 62~74dB, 야간 58~73dB이었고, 제1심법원의 감정인이 2009. 11. 3.~11. 4. 측정한 소음도 측정값은 아래 표와 같다.

---

1) 사실의 개요는 원심인 대구고등법원 2011. 9. 21. 선고 2010나4845 판결에 기초하여 정리하였다.

[소음도 측정값]

측정지점	측정구분	측정값							
		주간					야간		
		1회 (13시)	2회 (15시)	3회 (17시)	4회 (19시)	평균	1회 (22시)	2회 (00시)	평균
101동	707호	71.0	71.3	72.2	71.0	71.4	70.7	69.7	70.2
	802호	71.0	71.0	72.2	71.6	71.5	70.8	70.0	70.4
	907	71.2	71.7	72.5	71.1	71.6	70.5	70.3	70.4
	1205	71.7	71.9	72.2	71.6	71.9	71.5	70.7	71.1
	1303	71.7	71.7	71.9	71.2	71.6	70.9	70.2	70.6
	1406	71.5	71.9	72.8	71.5	71.9	71.4	70.5	71.0
	1407	71.7	72.6	72.7	71.7	72.2	71.4	70.3	70.9
	1507	71.4	71.8	72.6	72.0	72.0	71.6	70.5	71.6
102동	501	71.3	70.8	72.1	71.1	71.3	70.8	70.0	70.4
	505	71.6	70.6	72.4	70.8	71.4	70.6	70.0	70.3
	1005	70.9	70.7	71.6	71.6	71.2	70.9	70.7	70.8

5. 피고들은 2007. 3.경 원고(한국도로공사), 택지개발사업 시행자인 대한주택공사, 아파트 시공업체인 A사 및 구미시를 상대로 이 사건 아파트 인근에 있는 고속도로 및 지방도로에서 발생하는 소음으로 인한 피해배상 및 방음대책을 구하는 재정신청을 하여, 2007. 7. 19. 중앙환경분쟁조정위원회로부터 "A사 및 대한주택공사는 연대하여 일부 주민들에게 손해배상금을 지급하고 원고, A사, 대한주택공사, 구미시는 상호 협의하여 고속도로변 방음벽 추가 설치, 저소음재 포장 및 감시카메라 설치 등 적절한 방음대책을 강구하여야 한다"는 내용의 재정결정을 받았고, 이에 원고는 2007. 9. 13. 위 재정결정에 불복하여 이 사건 소를 제기하였다.

[소송의 경과]
제1심 및 원심은 제1심 감정인이 소음·진동공정시험방법에 규정된 측정방법에 따라 소음측정기의 마이크로폰을 이 사건 아파트 베란다 창문으로부터 0.5-1m 돌출시켜 이 사건 고속도로 방향으로 설치하여 측정한 소음도 및 이에 기초하여 산정한 실외소음도를 그대로 받아들이고, 아래와 같은 이유로 원고의 방음대책 이행의무를 인정하였다.

① 제1심 감정인이 2009. 11. 소음·진동공정시험방법에 따라 측정한 이 사건 아파트 101동의 7층 이상 거주 세대, 102동의 5층 이상 거주 세대의 소음도는 주간 실외소음도 71.2dB-72.2dB, 야간 실외소음도 70.2dB-71.6dB로 환경기준을 훨씬 상회하고 있다.

② 비록 이 사건 고속도로가 이 사건 아파트 신축공사보다 먼저 시작되어 피고들이 입주하기 전에 위 확장공사가 완료되기는 하였으나, 위 확장공사의 완료 전에 이미 이 사건 아파트 부지에 관한 택지개발사업이 준공되었을 뿐만 아니라 위 아파트 신축공사가 시작되었으므로, 원고는 위 확장공사 완료 전에 이 사건 아파트의 완공 상황을 예상한 방음대책을 수립할 수 있었다.

③ 피고들이 이 사건 고속도로 확장공사가 완료된 이후에 이 사건 아파트에 입주하였다고 하여, 위 고속도로에서 유입되는 소음으로 인한 피해를 모두 용인하였다고 볼 수는 없다.

④ 원고로서는 이 사건 고속도로의 확장공사 후 교통량 증가와 차량 속도 개선 등으로 인한 인근 주민들의 소음 피해를 충분히 예상할 수 있었고, 실제 교통량이 지속적으로 증가하고 있다.

⑤ 이 사건 아파트는 제3종 일반주거지역에 속하여 있고 환경정책기본법 등에서 정한 일반주거지역의 소음환경기준인 낮(06:00-22:00) 65dB, 밤(22:00-06:00) 55dB을 기준으로 수인한도를 판단함이 상당한데, 구미시의 2006. 9. 6.자 측정 소음도, 2007. 3. 9.자 측정 소음도, 대구지방환경청의 2007. 3. 26.자, 3. 27.자, 4. 23.자 각 측정 소음도 및 제1심 감정인의 2009. 11. 3.자, 11. 4.자 측정 소음도 모두가 위 기준을 초과하였다. [위 각 측정 소음도는 교통소음·진동 규제지역의 소음한도(주거지역)인 주간(06:00-22:00) 68dB, 야간(22:00-06:00) 58dB의 기준도 초과하였다.]

이 사건 아파트의 소음과 관련하여 65dB을 초과하는 소음이 발생하는 경우에는 통상의 수인한도를 넘는 것으로서 위법하다고 할 것이므로, 이 사건 고속도로는 피고들의 수인한도를 초과하는 소음을 유발하는 설치·관리상의 하자가 존재한다고 할 것이고, 그 설치·관리자인 원고는 피고들에 대하여 이 사건 고속도로에서 유입하는 소음을 수인한도 내로 저감시킬 방음대책을 이행할 의무가 있다.

[판결의 요지 - 파기환송]

[1] 도로에서 발생하는 소음으로 말미암아 생활에 고통을 받는(이하 "생활방해"라 한다) 정도가 사회통념상 일반적으로 참아내야 할 정도(이하 "참을 한도"라 한다)를 넘는지는 피해의 성질과 정도, 피해이익의 공공성, 가해행위의 태양, 가해행위의 공공성, 가해자의 방지조치 또는 손해 회피의 가능성, 공법상 규제기준의 위반 여부, 지역성, 토지이용의 선후관계 등 모든 사정을 종합적으로 고려하여 판단하여야 한다. 그리고 도로가 현대생활에서 필수불가결한 시설로서 지역 간 교통과 균형개발 및 국가의 산업경제활동에 큰 편익을 제공하는 것이고, 도시개발사업도 주변의 정비된 도로망 건설을 필수적인 요소로 하여 이루어지고 있는 점, 자동차 교통이 교통의 많은 부분을 차지하고 있고, 도시화·산업화에 따른 주거의 과밀화가 진행되고 있는 현실에서 일정한 정도의 도로소음의 발생과 증가는 사회발전에 따른 피치 못할 변화에 속하는 점 등도 충분히 고려되어야 한다. 특히 고속국도는 자동차 전용의 고속교통에 공용되는 도로로서 도로소음의 정도가 일반 도로보다 높은 반면, 자동차 교통망의 중요한 축을 이루고 있고, 지역경제뿐 아니라 국민경제 전반의 기반을 공고히 하며 전체 국민생활의 질을 향상시키는 데 중요한 역할을 담당하고 있는 점2) 등을 더하여 보면, 이미 운영 중인 또는 운영이 예정된 고속국도에 근접하여 주거를 시작한 경우의 '참을 한도' 초과 여부는 보다 엄격히 판단하여야 한다.

[2] 공법상 기준으로서 환경정책기본법의 환경기준은 국민의 건강을 보호하고 쾌적한 환경을 조성하기 위하여 유지되는 것이 바람직한 기준, 즉 환경행정에서 정책목표로 설정된 기준인 점, 위 환경기준은 도로법이나 도로교통법에 규정된 도로의 종류와 등급, 차로의 수, 도로와 주거의 선후관계를 고려하지 아니한 채 오로지 적용 대상지역에 따라 일정한 기준을 정하고 있을 뿐이어서 모든 상황의 도로에 구체적인 규제의 기준으로 적용될 수 있는 것으로 보기 어려운 점, 2층 이상의 건물에 미치는 도로교통소음이 환경정책기본법의 환경기준을 준수하였는지는 소음·진동공정시험기준(환경부고시 제2010-142호)에 규정된

---

2) 대상판결 이후에 선고된 대법원 2015. 10. 29. 선고 2008다47558 판결은 참을 한도의 판단 기준에 관하여 같은 내용의 판시에 "전국에 걸쳐 뻗어 있는 고속국도의 관리자로서는 유사한 피해상황에 있는 국민 전체를 기준으로 도로소음 방지조치의 내용을 결정하여야 하고 그 방지조치도 기술적·경제적으로 한계를 지닐 수밖에 없는 점 등의 특수성이 있으므로"라고 하여 방지조치의 기술적·경제적 한계를 논하였다.

측정방법에 따라 소음피해지점에서 소음원 방향으로 창문·출입문 또는 건물벽 밖의 0.5-1m 떨어진 지점에서 측정된 실외소음에 의해 판정하도록 되어 있으나, 공동주택에 거주하는 사람들에 대하여는 일상생활이 실제 이루어지는 실내에서 측정된 소음도에 따라 '참을 한도' 초과 여부를 판단함이 타당한 점 등을 고려하면, 도로변 지역의 소음에 관한 환경정책기본법의 소음환경기준을 초과하는 도로소음이 있다고 하여 바로 민사상 '참을 한도'를 넘는 위법한 침해행위가 있다고 단정할 수 없다.

이른바 도로소음으로 인한 생활방해를 원인으로 제기된 사건에서 공동주택에 거주하는 사람들이 참을 한도를 넘는 생활방해를 받고 있는지는 특별한 사정이 없는 한 일상생활이 실제 주로 이루어지는 장소인 거실에서 도로 등 소음원에 면한 방향의 모든 창호를 개방한 상태로 측정한 소음도가 환경정책기본법상 소음환경기준 등을 초과하는지에 따라 판단하는 것이 타당하다.

[3] 도로소음으로 인한 생활방해를 원인으로 소음의 예방 또는 배제를 구하는 방지청구는 금전배상을 구하는 손해배상청구와는 내용과 요건을 서로 달리하는 것이어서 같은 사정이라도 청구의 내용에 따라 고려요소의 중요도에 차이가 생길 수 있고, 방지청구는 그것이 허용될 경우 소송당사자뿐 아니라 제3자의 이해관계에도 중대한 영향을 미칠 수 있어, 방지청구의 당부를 판단하는 법원으로서는 청구가 허용될 경우에 방지청구를 구하는 당사자가 받게 될 이익과 상대방 및 제3자가 받게 될 불이익 등을 비교·교량하여야 한다.

[연 구]

I. 쟁점의 정리

도로에서 발생하는 자동차 주행으로 인한 소음과 관련하여, 도로 주변에 건설된 아파트 등의 입주민들이 소음으로 인한 환경적 이익 침해를 이유로 도로의 설치·관리 주체나 소음규제기관, 건축물의 분양자 등을 상대로 손해배상 및 방음대책을 요구하는 사례들이 많아지고 있는바, 이는 권리에 대한 인식이 높아진 것과 관련이 있기도 하지만, 점점 더 도시는 과밀화되고 고속도로 등의 건설 및 확장 등의 필요성은 높아지고 있어 그 공공성과 주민의 환경적 이익이 갈등을 빚게 되기 때문이다.

이와 관련하여, 환경분쟁은 대부분 중앙환경분쟁조정위원회의 재정을 거치게 되는데 중앙환경분쟁조정위원회가 수인한도를 넘는 소음도에 대한 판단을 함에 있어 환경침해를 주장하는 신청인 측의 환경이익을 최대한 보호하려는 입장에서 환경기준을 적용하고, 다수의 관련 주체들이 연대하여 손해배상 및 방음대책의 책임을 강구하도록 하고 있다.

그런데 각 주체가 소음으로 인하여 지게 되는 책임은 그 책임원인이 다르고, 그에 따라서 소음에 대한 책임을 지게 되는 수인한도 등의 판단기준도 달라질 수밖에 없다. 나아가 방음대책도 어느 주체가 어떤 대책을 담당해야 할지 명확하지 않고, 어느 정도 수준에 이르면 과다한 비용이 발생하는 문제가 생기는 등 비용효율성 문제도 있어 그에 대한 기준이 명확히 세워져야 할 필요가 있다.

구체적으로, 도로에서 발생하는 소음과 관련하여 도로의 설치·관리자, 소음·진동 관리 및 규제기관으로서의 지방자치단체의 장, 도로의 인근에 주택 등을 분양하여 공급하는 분양자 등의 책임의 원인이 각각 다르므로 이에 대한 구별이 필요하다.

이에 따라서 도로소음으로 인한 각 당사자의 책임에 있어서도 개별 법령의 기준 등에 따라서 위법성 내지 수인한도의 기준이 달리 적용될 것인지 여부가 검토되어야 한다.

나아가 각 당사자의 책임이 손해배상책임인지, 방음대책 강구의무인지에 따라서도 차별화된 위법성 인정 기준이 필요한지 여부를 검토할 필요가 있다.

대상판결은 도로, 특히 고속도로와 주택 건축의 선후관계, 환경기준에 따른 측정방법의 보편적 적용 여부, 방지청구(방음대책)의 당부 판단 기준에 관하여 하나의 중요한 기준을 제시한 판결이라고 생각된다.

한편 대상판결은 도로의 설치관리자의 책임 문제에 관한 것이므로, 건축물 분양자의 책임과 관련해서는 2008년 선고된 판례를 같이 살펴 쟁점 사항을 검토하고자 한다.

II. 도로에서 발생하는 소음과 관련된 공법적 규제 현황 및 수범자

1. 환경정책기본법

가. 도로 소음관련 환경기준

환경정책기본법 제12조 제2항은 환경기준을 대통령령으로 정하도록 하였고, 같은 법 시행령 제2조 및 [별표 1]에서는 '2. 소음' 항목에서 소음기준을 두고 있다. 도로변인지, 주거지역인지, 상업지역인지 등에 따라, 주간, 야간 소음도 기준을 두고 있다(소음도의 측정방법에 대하여는 아래에서 다른 법령에 의한 방법과 비교하여 같이 언급한다).

나. 환경기준의 수범자

환경정책기본법 제4조는 국가 및 지방자치단체가 환경보전계획을 수립하여 시행할 책무, 제5조는 사업자가 사업활동으로부터 발생하는 환경오염 및 훼손을 방지하기 위하여 필요한 조치를 취할 책무가 각각 있다고 정하면서, 제7조에서 자기의 행위 또는 사업활동으로 환경오염 또는 환경훼손의 원인을 발생시킨 자가 그 오염을 방지하고 회복, 복원할 책임, 피해의 구제에 드는 비용을 부담한다는 오염원인자 책임의 원칙을 천명하고 있다.

그런데 환경기준은 배출허용기준 등과 같이 사업자에 대하여 법적 구속력을 가지는 규제기준은 아니고, 행정목표 내지 지향점에 불과하여 법적 구속력이 없으며, 국가 또는 지방자치단체를 수범자로 한다. 다만 환경정책기본법의 환경기준은 도로 건설시의 환경영향평가에 있어 기준이 되어 도로 건설자도 사실상의 수범자가 될 수 있다.

다. 환경기준의 재판규범성

위에서 언급한 것과 같이 환경기준은 법적 구속력을 가지는 규제기준이 아니므로 그것이 준수되지 않더라도 처벌의 대상이 되지 않는 것으로 이해된다.[3] 대상판결도 "공법상 기준으로서 환경정책기본법의 환경기준은 국민의 건강을

---

3) 이경춘, "소음과 환경소송", 재판자료 제95집 — 환경법의 제문제(下), (법원도서관, 2002), 155면; 홍준형, 환경법, (도서출판 한울, 1994), 85면.

보호하고 쾌적한 환경을 조성하기 위하여 유지되는 것이 바람직한 기준, 즉 환경행정에서 정책목표로 설정된 기준"이라고 판시하고 있다.

그러나 환경기준의 법적 구속력이 인정되지 않는다고 하더라도 실제로 법적 분쟁에서 수인한도가 문제될 때에는 중요한 판단요소가 되고 있다. 대법원 2001. 2. 9. 선고 99다55434 판결은 고속도로 소음으로 인한 양돈업자의 피해가 수인한도 내인지 여부를 판단하면서 '일반적으로 허용되는 소음기준치'를 그 판단요소의 하나로 삼았으며,[4] 대법원 2008. 8. 21. 선고 2008다9358 판결도 도로에서 유입되는 소음 때문에 인근 주택의 거주자에게 사회통념상 수인한도를 넘는 침해가 있는지 여부는 주택법 등에서 제시하는 기준보다 환경기준을 우선적으로 고려하여 판단하여야 한다고 보았다.[5]

2. 소음·진동관리법

가. 소음관련 규제기준

교통소음의 관리기준은 소음·진동관리법 제26조, 소음·진동관리법 시행규

---

4) "원심판결에 의하더라도 피고가 점유·관리하는 위 고속도로가 확장되고 공사완료 후 차량의 교통량과 차량의 속도가 증가함에 따라 원고들이 이미 하고 있던 위 양돈업을 폐업하여야 할 만큼의 소음·진동이 발생하였다는 것인바, 그렇다면 원고들이 입은 위 피해의 성질과 내용 및 그 정도나 규모, 피해 원인과 그 밖에 기록으로 알 수 있는 위 고속도로 확장공사시나 공사완료 후의 소음정도와 일반적으로 허용되는 소음기준치, 피고가 위 고속도로 확장공사 전에 원고들의 피해를 방지하기 위하여, 고속도로 개통 후 원고들의 피해 경감을 위하여 아무런 조치를 취한 바 없는 점, 위 양돈장이 소재한 곳의 위치와 도로 근접성 및 그 주변 일대의 일반적인 토지이용관계 등 여러 사정을 종합하여 볼 때, 위 고속도로 확장공사 및 차량통행에 따른 소음으로 인한 원고들의 양돈업에 대한 침해는 그 정도가 사회통념상 일반적으로 수인할 정도를 넘어선 것이라고 볼 것이고, 따라서 고속도로의 사용이나 자동차의 통행 그 자체가 공익적인 것이고, 고속도로에서의 차량통행으로 인한 소음·진동이 불가피하게 발생한다 하더라도 그 정도가 수인한도를 넘어 원고들에게 위와 같이 양돈업을 폐업하게 하는 손해를 입혔다면 피고는 원고들에 대하여 그로 인한 손해배상책임을 면할 수 없다 할 것이다."

5) "수인한도의 기준을 결정함에 있어서는 일반적으로 침해되는 권리나 이익의 성질과 침해의 정도뿐만 아니라 침해행위가 갖는 공공성의 내용과 정도, 그 지역환경의 특수성, 공법적인 규제에 의하여 확보하려는 환경기준, 침해를 방지 또는 경감시키거나 손해를 회피할 방안의 유무 및 그 난이 정도 등 여러 사정을 종합적으로 고려하여 구체적 사건에 따라 개별적으로 결정하여야 하는바(대법원 2005. 1. 27. 선고 2003다49566 판결 등 참조), 특히 차량이 통행하는 도로에서 유입되는 소음으로 인하여 인근 공동주택의 거주자에게 사회통념상 일반적으로 수인할 정도를 넘어서는 침해가 있는지 여부는 주택법 등에서 제시하는 주택건설기준보다는 환경정책기본법 등에서 설정하고 있는 환경기준을 우선적으로 고려하여 판단하여야 한다."

칙 제25조 및 [별표 12]에 따르면 도로의 경우 주거지역은 등가소음도[6]로 주
간 68dB(A), 야간 58dB(A)이고, 상업지역과 공업지역 및 미고시지역은 주간
73dB(A), 야간 63dB(A)이다.

나. 소음관리 주체

소음·진동관리법에 따르면, 지방자치단체의 장은 교통기관에서 발생하는
소음·진동이 관련 기준을 초과할 우려가 있는 때에는 교통소음·진동 관리지역
을 지정할 수 있도록 하고(제27조), 지방경찰청장에게 관리지역을 통행하는 자동
차운행자에 대한 속도의 제한, 우회 등 필요한 조치를 하여 줄 것을 요청할 수
있으며(제28조), 스스로 혹은 해당 시설관리기관의 장에게 방음, 방진시설 등을
설치할 것을 요청할 수 있다(제29조).

다. 자동차 제작자 및 소유자의 의무

자동차의 제작자 및 소유자는 그 자동차에서 배출되는 가속주행소음, 배기
소음, 경적소음이 소음·진동관리법 시행령 및 시행규칙에서 정하는 운행차 소
음허용기준에 적합하게 운행하여야 하며, 소음기나 소음덮개를 떼어 버리거나
경음기를 추가로 붙여서는 아니 된다(소음·진동관리법 제30조, 제35조, 동법 시행령
제4조, 제8조, 동법 시행규칙 제29조, 제40조 및 [별표 13]).

3. 주택건설기준 등에 관한 규정[7]

가. 소음관련 설계, 시공기준

공동주택을 건설하는 지점의 소음도(실외소음도)가 65dB 미만이 되도록 하
되, 65dB 이상인 경우에는 방음벽, 수림대 등의 방음시설을 설치하여 해당 공동
주택의 건설지점의 소음도가 65dB 미만이 되도록 소음방지대책을 수립하여야
한다(제9조 제1항).

다만, 공동주택이 국토의 계획 및 이용에 관한 법률상 도시지역(주택단지 면
적이 30m² 미만인 경우) 또는 교통소음·진동관리지역에 건축되는 경우로서 세대

---

6) 등가소음도는 임의의 측정시간 동안 발생한 변동소음의 총 에너지를 같은 시간 내의 정
상소음의 에너지로 등가하여 얻어진 소음도를 의미한다(공동주택의 소음측정기준 제4조
제1호).
7) 주택법 제21조의 위임에 따라 대통령령으로 제정된 것이다.

안에 설치된 모든 창호를 닫은 상태에서 거실에서 측정한 소음도가 45dB 이하이고, 각 세대 안에 건축법 시행령 제87조 제2항에 따라 정하는 기준에 적합한 환기설비를 갖춘 경우에는 6층 이상 부분에 대하여는 위 대책을 적용하지 않게 된다(제9조 제1항 단서).

나. 소음방지대책 주체

주택건설사업계획의 승인을 받아 그 사업을 시행하는 사업주체가 수립하여 시행하여야 한다. 다만 사업주체 중 주택건설사업자가 아닌 대지조성사업자는 주택건설기준 등에 관한 규정의 적용대상이 되지 않으므로 소음방지의무를 부담하지 않는다.[8]

4. 도로변 주거지역 소음기준 관련 비교

구분	환경정책기본법	소음·진동관리법	주택법(주택건설기준 등에 관한 규정)
소음 기준	주간: 65dB(A) 야간: 55dB(A)	주간: 68dB(A) 야간: 58dB(A)	실외: 65dB(A) 실내: 45dB(A)
측정 지점	• 건축물 경계에 1m 이격한 지점에서 지면 위 1.2-1.5m 높이	(소음·진동 공정시험기준— 환경부 고시) • 부지경계선 중 소음도가 높을 것으로 예상되는 지점에서 지면 위 1.2-1.5m 높이 • 2층 이상 건물인 경우 창문, 출입문 또는 건축물 벽 밖의 0.5-1m 떨어진 지점	(공동주택의 소음측정기준— 국토교통부 고시) • 외벽면으로부터 1m 떨어진 지점 • 5층 이하는 1층과 5층의 바닥면으로부터 1.2-1.5m 높이 동시 측정 • 6층 이상은 상하 격층으로 1개층씩 총 3개층의 바닥면으로부터 1.2-1.5m 높이에서 동시 측정
측정 시간 및 개소	• 주간(06-22)은 각 측정지점에서 2시간 이상 간격으로 4회 이상 측정하여 산술평균 • 야간(22-06)은	• 시간대별로 소음피해가 예상되는 시간대를 포함하여 2개 이상의 측정지점수를 선정 • 4시간 이상 간격으로 2회 이상 측정하여 산술평균	• 주간(06-22)은 각 측정지점에서 출근 시간대(07-09)와 퇴근 시간대(17-22)를 포함 2시간 이상 간격으로 1회 5분간 4회 이상 측정하여 산술평균 • 야간(22-06)은 각 측정지점

---

8) 대법원 2015. 10. 29. 선고 2008다47558 판결 참조.

2시간 이상 간격으로 2회 이상 측정하여 산술평균		에서 22~24 시간대를 포함하여 2시간 이상 간격으로 1회 5분간 2회 이상 측정하여 산술평균

Ⅲ. 수인한도를 넘는 소음의 발생으로 인한 책임원인의 구성

1. 영조물 내지 공작물 책임

소송 실무상으로, 건설소음으로 인한 재산 및 정신적 손해는 민법 제750조의 불법행위책임으로 법리를 구성하는데 비하여, 도로 교통으로 인한 소음으로 인한 재산 및 정신적 손해에 대하여는 가해자 특정 자체가 곤란한 문제로 민법상 공작물 책임이나 국가배상법상의 영조물 책임으로 법리를 구성하고 있다.[9] 즉 도로는 공작물이자 영조물로서 그 하자로 인한 손해에 관하여 그 설치·관리자가 국가 또는 지방자치단체인 경우 영조물 책임을, 그 외의 기관(한국도로공사 등)일 경우에는 민법 제756조 제1항의 공작물의 소유자 내지 점유자로서의 불법행위책임이 문제된다.

이러한 공작물의 하자로 인한 책임에 관하여 대법원은 "'공작물의 설치 또는 보존의 하자'라 함은 공작물이 그 용도에 따라 갖추어야 할 안정성을 갖추지 못한 상태에 있음을 말하고, 안전성을 갖추지 못한 상태, 즉 타인에게 위해를 끼칠 위험성이 있는 상태라 함은 당해 공작물을 구성하는 물적 시설 그 자체에 있는 물리적·외형적 흠결이나 불비로 인하여 그 이용자에게 위해를 끼칠 위험성이 있는 경우뿐만 아니라, 그 공작물이 이용됨에 있어 그 이용상태 및 정도가 일정한 한도를 초과하여 제3자에게 사회통념상 수인할 것이 기대되는 한도를 넘는 피해를 입히는 경우까지 포함된다고 보아야 하고, 이 경우 제3자의 수인한도의 기준을 결정함에 있어서는 일반적으로 침해되는 권리나 이익의 성질과 침해의 정도뿐만 아니라 침해행위가 갖는 공공성의 내용과 정도, 그 지역환경의 특수성, 공법적인 규제에 의하여 확보하려는 환경기준, 침해를 방지 또는 경감시키거나 손해를 회피할 방안의 유무 및 그 난이 정도 등 여러 사정을 종합적으로 고려하여 구체적 사건에 따라 개별적으로 결정하여야 한다(대법원 2005. 1. 27.

---

9) 손윤하, 환경침해와 민사소송, (청림출판, 2005), 210면.

선고 2003다49566 판결 참조)"고 하여 이른바 기능적 하자로 제3자에게 수인한도를 넘는 피해가 발생하는 경우 공작물인 도로의 관리책임자인 한국도로공사에 그 위자료 배상책임 및 방음대책 강구의무를 인정하고 있다(대법원 2007. 6. 15. 선고 2004다37904 판결 등 참조).[10]

대상판결은 기존 판시에서 나아가, 도로가 현대생활에서 필수불가결한 시설인 점, 도시화·산업화에 따른 주거의 과밀화가 이루어지고 있는 점, 고속국도가 담당하는 기능의 중요성 등을 고려하여 이미 운영 중이거나 운영이 예정된 고속국도에 근접하여 주거를 시작한 경우의 수인한도 초과 여부를 더 엄격하게 판단하여야 한다고 판시함으로써 수인한도를 초과하였는지 여부에 관하여 기존보다 좀 더 엄격한 판단기준을 제시하였고, 특히 고속국도에 관하여는 준공시점의 선후관계가 아니라 입주 당시에 고속국도의 운영이 예정되어 있었는지 여부를 기준으로 판단하였다.

2. 건축물 분양자의 책임

대법원은 "도로에서 유입되는 소음으로 인하여 인근 공동주택의 거주자에게 사회통념상 수인한도를 넘는 생활이익의 침해가 발생하였다고 하더라도, 그 공동주택을 건축하여 분양한 분양회사는 도로의 설치·관리자가 아니고 위 공동주택의 건축으로 인하여 소음이 발생하였다고 볼 수도 없으므로, 공동주택의 거주자들이 분양회사를 상대로 소음으로 인하여 발생한 생활이익의 침해를 원인으로 하는 불법행위책임을 물을 수는 없는 것이고, 다만 분양회사는 공동주택의 공급 당시에 주택법상의 주택건설기준 등 그 공동주택이 거래상 통상 소음방지를 위하여 갖추어야 할 시설이나 품질을 갖추지 못한 경우에 집합건물의 소유 및 관리에 관한 법률 제9조 또는 민법 제580조의 규정에 의한 담보책임을 부담하거나, 수분양자와의 분양계약에서 소음 방지시설이나 조치에 관하여 특약이 있는 경우에 그에 따른 책임을 부담하거나, 또는 분양회사가 수분양자에게 분양하는 공동주택의 소음 상황 등에 관한 정보를 은폐하거나 부정확한 정보를 제공하는 등 신의칙상의 부수의무를 게을리한 경우에 그 책임을

---

10) 한편 국가배상법상 영조물책임과 민법상 공작물 점유자의 책임은 영조물이 공작물을 포함하는 개념이고, 공작물 점유자의 경우 면책규정이 있는 점에서 차이가 있으나, 판례는 도로소음에 관한 불법행위책임 구성에 있어서는 동일한 논리를 적용하고 있다(대법원 2008. 8. 21. 선고 2008다9358 판결 등 참조).

부담할 뿐이다"[대법원 2008. 8. 21. 선고 2008다9358,9365(병합) 판결]라고 하여, 공동주택 등 건축물 분양자는 도로의 설치관리자나 도로의 소음원인자가 아니므로 그에 따른 책임을 지지 아니하고, 담보책임, 특약에 따른 책임, 소음정보 은폐 등 신의칙상 부수의무를 게을리한 경우의 책임을 부담할 수 있을 뿐이라고 판단하였다.

여기서 주로 문제되는 것은 공동주택이 거래상 통상 소음방지를 위하여 갖추어야 할 시설이나 품질을 갖추었는지에 관한 하자의 존재 여부인데, 주택건설기준 등에 관한 규정이 적용되는 사업주체로서 주택건설사업계획의 승인을 얻어 건설하는 20세대 이상의 공동주택에 해당하므로, 위 주택건설기준 등에 관한 규정이 적용되지 않는 20세대 미만의 공동주택, 주상복합건물, 오피스텔은 위 규정을 기준으로 하자 여부를 직접 판단할 수는 없다.[11]

3. 방음대책의 종류

수인한도를 넘는 도로소음이 인정될 경우, 손해배상 외에 유지청구의 일환으로 방음대책 강구의무가 인정되는데, 소음을 저감할 수 있는 방음대책의 종류, 그 효과 범위 및 장단점을 정리하면 아래 표와 같다.[12] 아래 표에서 알 수 있듯이 모두를 만족시킬 수 있는 방음대책을 마련하는 것은 용이한 일이 아님을 알 수 있다.

구분		장점	단점	저감량
발생원 대책	저소음 포장	• 소음원에 대한 대책 • 아파트와 같은 고층에서는 전층에서 소음저감효과 있음	• 소음저감량에 한계가 있음 • 시간이 지나면 소음 저감효과 감소, 유지 보수가 필요	3-4dB
전파 경로	방음벽	• 가격에 비해 방음효과가 좋아 가장 일	• 설치 높이의 한계가 있어 고층부 대책으	가시선 하부에서 10-15dB

---

11) 다만 환경분쟁조정위원회는 오피스텔, 주상복합건물 등에 관계없이 동일한 기준을 적용하므로 결국 소송화되는 문제가 있다. 오피스텔의 경우도 쾌적한 주거공간이라는 점을 중심으로 광고를 하였다면 주택건설기준 등에 관한 규정을 유추적용하여 65dB(A)을 기준으로 하자 여부를 판단한 사례도 있다(대법원 2012. 3. 21. 선고 2012다28967 판결).

12) 손정곤 외 2인, "도로변 방음대책 수립시 합리적인 소음규정 적용에 대한 연구", 한국소음진동공학회 학술대회논문집(2011. 10.), 551면의 표를 수정 인용하였다.

		반적으로 사용	로는 부적합함	
대책	방음 터널	• 소음원 자체를 감싸는 구조로 소음효과가 탁월	• 설치비가 비쌈 • 입출구부에서의 토출음으로 소음이 크게 발생	20-30dB
수음자 대책	이격 거리 확보	• 소음원과의 거리를 확보함으로써 소음을 저감시키는 방법	• 도시 인구밀도가 높은 지역에서 적용 불가	3dB/거리 2배 (선음원으로 가정시)
	단지 배치13)	• 도로에 면한 부분에 창호를 두지 않는 방향으로 건물들을 배치하여 소음에 노출되는 부분을 줄임 (각도 변경, 탑상형, 십자형 등)	• 소음에 노출되는 세대를 줄일 수 있을 뿐 일부 세대는 여전히 노출될 수 있음	
	방음 창호	• 개별 주거지에 대한 대책이 가능	• 창문을 닫은 상태에서만 효과적임	25-35dB 방음창호 중에는 이중창이 복층유리에 비하여 효과적이라는 연구 결과가 있음14)

Ⅳ. 수인한도 내지 하자 여부의 판단기준

1. 손해배상에 있어 수인한도의 기준

대법원은 환경적 이익의 침해에 관하여 수인한도를 넘는 침해가 있는 경우 위법성을 인정하여 오고 있는바, 도로 소음과 관련된 수인한도에 있어서도 대법원은 "제3자의 수인한도의 기준을 결정함에 있어서는 일반적으로 침해되는 권리나 이익의 성질과 침해의 정도뿐만 아니라 침해행위가 갖는 공공성의 내용과 정도, 그 지역환경의 특수성, 공법적인 규제에 의하여 확보하려는 환경기준, 침해를 방지 또는 경감시키거나 손해를 회피할 방안의 유무 및 그 난이 정도 등 여러 사

---

13) 김동근·이승훈, "도로교통소음 저감에 유리한 가로변 공동주택 배치 방안에 관한 연구", 한국도시설계학회지 제13권 제1호(한국도시설계학회, 2012), 11-15면.

14) 창호는 이중창이 25-31dB, 복층유리가 20-23dB의 저감효과를 나타낸 것으로 알려져 있다[이한진 외 2인, "교통소음규제지역에서 창호 종류에 따른 실내의 소음특성에 관한 연구", 대한환경공학회지 제26권 제1호(대한환경공학회, 2004), 25면].

정을 종합적으로 고려하여 구체적 사건에 따라 개별적으로 결정하여야 한다"고
하고 있으며(대법원 2005. 1. 27. 선고 2003다49566 판결 등), 여기에서 중요한 고려요
소인 환경기준은 환경정책기본법 등에서 정하는 환경기준을 우선적으로 고려하
여야 한다고 하고 있다[대법원 2008. 8. 21. 선고 2008다9358, 9365(병합) 판결 참조].

　　그런데 대상판결은, "이른바 도로소음으로 인한 생활방해를 원인으로 제기
된 사건에서 공동주택에 거주하는 사람들이 참을 한도를 넘는 생활방해를 받고
있는지는 특별한 사정이 없는 한 일상생활이 실제 주로 이루어지는 장소인 거
실에서 도로 등 소음원에 면한 방향의 모든 창호를 개방한 상태로 측정한 소음
도가 환경정책기본법상 소음환경기준 등을 초과하는지에 따라 판단하는 것이
타당하다"고 하여, 공동주택의 소음측정 방식에 대하여는 일상생활이 이루어지
는 장소에서 측정하여야 한다고 함으로써, 공동주택에 관하여도 건물 외벽 내
지 그로부터 1m 정도 떨어진 지점에서의 측정치를 수인한도 판단에 있어 기준
으로 하는 것을 배척하고 좀 더 엄격한 기준에 의하여 인정하려는 방향으로 판
시하였다.

　　한편 도로건설(확장 포함)과 공동주택 등 건설 중 어느 것이 먼저 이루어졌
는지 여부 등 제반사정은, 수인한도의 판단에서 면책요소로 고려되기도 하나,15)
피해자가 위험을 인식하면서 용인하였다고 볼 수 없는 경우에는 수인한도를 넘
는 침해를 인정하되 과실상계 내지 책임제한의 법리가 적용될 수 있다는 것이
판례의 태도였다[대법원 2005. 1. 27. 선고 2003다49566 판결; 대법원 2008. 8. 21. 선고
2008다9358, 9365(병합) 판결16) 참조].

　　그런데 대상판결은 특히 고속국도의 경우에는 국민경제 전반의 중요한 역
할을 고려하여 "이미 운영 중인 또는 운영이 예정된 고속국도에 근접하여 주거
를 시작한 경우의 '참을 한도' 초과 여부는 보다 엄격히 판단하여야 한다"고 함
으로써 사실상 고속도로의 착공이 먼저 이루어지는 등의 경우에는 그 이후 신

---

15) 이른바 '위험에의 접근 이론'으로 대법원이 매향리 사격장에서 발생하는 소음피해에 관
　　한 소송에서 위 이론에 따른 면책가능성을 언급한 이래로 김포공항 소음피해 사건 등 다
　　른 사건에서도 적용 여부가 검토되었다(대법원 2004. 3. 12. 선고 2002다14242 판결).
16) 대법원 2008다9358, 9365(병합) 판결의 제1심[부산지방법원 2006. 12. 21. 선고 2003가합
　　23819, 23901(병합) 판결]은 위험에의 접근 이론을 원용하여 도로 개통 이후 입주한 주민
　　들에 대한 손해배상책임을 부정하였으나, 원심[부산고등법원 2008. 1. 8. 선고 2007나
　　6895, 6901(병합) 판결]은 위 주민들에 대하여도 손해배상책임을 인정하였고, 대법원도
　　원심의 판단을 유지하였다.

축된 공동주택 등의 '참을 한도'를 보다 엄격하게 판단하도록 하여 사실상 고속도로의 설치·관리자의 면책이 보다 용이하도록 하였다.

2. 손해배상에 있어 하자 여부에 대한 판단 기준

주택을 건축하여 분양한 자가 제공한 분양목적물에 사회통념상 기대되는 객관적 성질·성능을 결여하거나 당사자가 예정 또는 보증한 성질을 결여한 경우에는 그 하자로 인한 담보책임을 부담하게 되는바, 판례는 수인한도를 초과하는 소음이 유입되는 하자가 있다면 분양자가 담보책임을 부담한다고 보아, 결국 수인한도 초과 여부를 기준으로 하자 여부를 판단하고 있다(대법원 2013. 6. 14. 선고 2012다28967 판결).

다만 분양자의 경우 원칙적으로 공법상 규제기준은 환경기준이 아닌 주택건설기준 등에 관한 규정에서 정한 소음도가 기준이 될 것이다. 그러므로 야간에도 65dB(A) 이하의 실외소음도 기준을 충족하거나 실내소음도가 45dB(A) 이하를 유지한다면 다른 사정이 없는 이상 하자를 쉽게 인정할 수는 없을 것이다.

실제 사례를 살펴보면, 사용승인 당시 건설지점의 소음도 실측치가 주택건설기준 등에 관한 규정 제9조의 기준인 65dB(A)를 충족하였는지를 우선 검토하고, 이를 충족한 경우에는 달리 방음시설이 통상의 품질을 갖추지 못하였다고 상대방이 입증하지 못하였음을 이유로 분양자에게 책임이 없다고 하거나(앞서 언급한 대법원 2008다9358 판결), 분양자가 소음도를 감쇄하기 위하여 방음벽, 수림대 설치, 단지재배치, 도로개설예정 고지 등의 조치를 취한 사례에서 소음도 실측치를 제출하지 아니하고 사용승인을 받은 경우이지만 거래상 통상 소음방지를 위한 시설이나 품질을 갖추었다고 판단한 경우가 있다(광주고등법원 2009. 7. 3. 선고 2008나7337 판결 참조).

3. 방음대책에 대한 수인한도의 기준

가. 실무상 문제점

종래에 대법원은 도로소음으로 인하여 수인한도를 초과하는 생활이익의 침해가 인정되는 경우에는 손해배상의무와 방음대책 강구의무를 모두 인정하여 왔는데, 문제는 가장 빈번하게 사용되는 방음벽의 경우에는 고층의 경우 소음 저감 효과가 미미하고, 다소 만족할 만한 방음대책, 예를 들어 터널형 방음벽 설치에는 막대한 비용이 소요되어 비용 대비 효율성 문제가 있으며, 이중창 설치 등으로 실내소음도를 기준으로 하는 경우에는 창문을 열고 생활할 수 없다는 것을 전제로 해야 하는 등 관련 당사자 모두를 만족시킬 수 있는 방음대책의 마련에는 난점이 존재한다.

　　대상판결 이후에 선고된 대법원 2015. 10. 29. 선고 2008다47558 판결도 기존과 같이 환경기준에 따라 참을 한도가 초과하였는지 여부를 판단할 경우의 문제점을 구체적으로 설시하였는바, 대법원은 ① 원심이 요구한 소음기준을 만족시키는 것은 밀폐형 방음터널밖에 없는데 그 설치를 위해서는 7년이 넘는 기간 동안 8.5km 구간의 도로 절반을 차단해야 하고, 공사비용도 1,900억 원이 소요될 것으로 예상되고, ② 방음벽은 중층 또는 고층에는 방음효과를 기대하기 어렵고, ③ 결국 해당 도로가 고속국도로서의 기능을 유지하면서 야간 실외소음 55dB 미만을 유입시킬 수 있는 소음방지설비는 존재하지 않는 것으로 보이므로, 원심판단 기준에 의할 경우 설령 피고인 한국도로공사가 원심이 명한 의무를 이행하더라도 일부 원고에 대하여는 계속 손해배상책임을 부담할 수밖에 없는 문제점이 있음을 지적하였던 것이다.

　　또한 소음으로 인한 분쟁의 제기는 생활이익을 침해당했다고 주장하는 주택거주자들이 인근 도로의 설치·관리자인 한국도로공사, 지방자치단체, 그리고 건축물 분양자 전체를 상대로 하여 환경분쟁 조정법에 따라 환경분쟁조정위원회에 재정신청을 하는 방식으로 진행되는데, 환경분쟁조정위원회는 통상 65dB을 기준으로 손해배상 및 방음대책 강구의무를 연대하여 이행하도록 하는 재정을 하게 되고, 환경분정조정위원회의 재정이 송달된 날로부터 60일 내에 소송을 제기하지 않으면 이는 재판상 화해와 동일한 효력이 발생하므로[17] 각 당사자는 손해배상 및 방음대책 강구의무의 부존재를 구하는 소송을 제기함이 통상적이다.

---

17) 환경분쟁 조정법 제42조(재정의 효력 등) ① 지방조정위원회의 재정위원회가 한 재정에 불복하는 당사자는 재정문서의 정본이 당사자에게 송달된 날부터 60일 이내에 중앙조정위원회에 재정을 신청할 수 있다.
　　② 재정위원회가 재정을 한 경우에 재정문서의 정본이 당사자에게 송달된 날부터 60일 이내에 당사자 양쪽 또는 어느 한쪽으로부터 그 재정의 대상인 환경피해를 원인으로 하는 소송이 제기되지 아니하거나 그 소송이 철회된 경우 또는 제1항에 따른 신청이 되지 아니한 경우에는 그 재정문서는 재판상 화해와 동일한 효력이 있다. 다만, 당사자가 임의로 처분할 수 없는 사항에 관한 것은 그러하지 아니하다.

한편 도로의 관리자와 지방자치단체(지방자치단체는 도로의 관리자로서의 지위 및 건축물에 관한 사업계획승인을 하였다는 점에서 책임이 인정되기도 한다), 분양자는 각각 이해관계가 같다고 할 수 없어 공동원고가 되어 소송을 제기하는 일은 드물다.

그런데 방음대책 강구의무의 부존재 확인을 구하는 소송을 각기 제기하게 되면, 법원으로서는 해당 원고에 대하여 방음대책 강구의무가 있다는 확인판결 외에 구체적 방음대책을 특정하기가 곤란하다. 방음대책이라는 것이 저소음포장, 속도위반 감시 CCTV 설치 등 도로의 관리자 내지 소음 관리자 측에서 할 수 있는 것이 있는가 하면, 방음벽 설치와 같이 분양자 혹은 도로관리자와 분양자가 같이 분담할 수 있는 것, 이중창 설치와 같이 분양자가 할 수 있는 것 등 여러 종류가 존재하기 때문이다.

대법원은 방음대책 강구의무가 추상적인 의무라고 하더라도 그것이 간접강제 등의 방법으로 강제집행이 가능하다고 보고 있기는 하나[대법원 2007. 6. 15. 선고 2004다37904, 37911(병합) 판결[18]], 방음대책을 강구하여 시행하여야 할 의무자가 여럿일 경우에도 한 당사자에게 방음대책 강구의무의 불이행을 이유로 간접강제를 구할 수 있는 것인지는 의문이 있다.

나. 일조권, 조망권 등 환경침해의 구제와 관련하여 인정되고 있는 위법성단계론

현재 법원의 판결이나 다수 학자는 환경침해의 구제에 있어서 방해행위의 위법성을 보았을 때 그 위법성의 정도가 심한 경우에는 유지청구를 허용하도록 하고, 그런 정도에 이르지 못하였을 때에는 손해배상청구만을 허용하여야 한다는 이른바 위법성단계론을 표명하거나 지지하고 있다.[19]

실제로 다른 종류의 환경침해 사례로 분쟁이 빈번한 일조권 침해 사건에 있어서도 법원은 수인한도를 넘는 일조침해가 존재하는지 여부에 대하여 판단

---

18) "원고가 관리하는 부평-신월간 경인고속도로로부터 발생하는 소음이 피고 주민들 주택을 기준으로 일정한도를 초과하여 유입되지 않도록 하라는 취지의 유지청구는, 소음발생원을 특정하여 일정한 종류의 생활방해를 일정 한도 이상 미치게 하는 것을 금지하는 것으로 청구가 특정되지 않은 것이라고 할 수 없고, 이러한 내용의 판결이 확정될 경우 민사집행법 제261조 제1항에 따라 간접강제의 방법으로 집행을 할 수 있으므로, 이러한 청구가 내용이 특정되지 않거나 강제집행이 불가능하여 부적법하다고 볼 수는 없다."

19) 조홍식, "유지청구 허용 여부에 관한 소고", 민사판례연구 제22권(민사판례연구회, 2000), 24면 및 29면.

함에 있어 손해배상에 있어서의 수인한도와, 일정한 층수를 넘어서는 공사를 금지하는 유지청구에 있어서의 수인한도의 기준을 달리 하고 있다[서울중앙지방법원 2014. 1. 20.자 2013카합1909, 2140(병합) 결정;[20] 서울중앙지방법원 2006. 6. 14.자 2006카합522 결정; 서울중앙지방법원 2007. 6. 20.자 2007카합1485 결정 등 참조].

다. 대상판결의 판시내용

대상판결은 "도로소음으로 인한 생활방해를 원인으로 소음의 예방 또는 배제를 구하는 방지청구는 금전배상을 구하는 손해배상청구와는 내용과 요건을 서로 달리하는 것이어서 같은 사정이라도 청구의 내용에 따라 고려요소의 중요도에 차이가 생길 수 있고, 방지청구는 그것이 허용될 경우 소송당사자뿐 아니라 제3자의 이해관계에도 중대한 영향을 미칠 수 있어, 방지청구의 당부를 판단하는 법원으로서는 청구가 허용될 경우에 방지청구를 구하는 당사자가 받게 될 이익과 상대방 및 제3자가 받게 될 불이익 등을 비교·교량하여야 한다"라고 판시하였다.

도로소음으로 인한 생활이익의 침해 문제에 있어서도 일조침해와 같은 환경이익의 침해에 있어 받아들인 위법성단계론과 유사하게 손해배상이 인정되는 수인한도와 유지청구가 인정되는 수인한도를 달리 판단한 것이다.

V. 판결의 평석

1. 대상판결의 판지에 찬성한다.

2. 환경상 생활이익의 침해를 이유로 한 손해배상이나 유지청구 등에 있어 일조권 및 조망권의 침해와 관련해서는 피해를 주장하는 쪽에서 주로 공사금지 가처분 등으로 시작하여 손해배상을 구하는 소송을 제기하는 방식으로 분쟁을 해결하여 왔으므로 이에 관하여 법원의 통일적인 판단이 내려져 왔으나, 교통소음 내지 도로소음으로 인한 환경침해 문제에 대하여는 통상 환경분쟁조정위원회의 재정을 통하여 일차적 판단이 내려지고 난 이후에 피신청인인 도로관리

---

20) "그러한 일조의 침해에 대하여 불법행위를 원인으로 하는 손해배상을 구하는 것이 아니라 공사 자체의 금지를 구하는 경우에는 상대방의 헌법상 보장된 재산권 행사 자체를 전면적으로 제한하게 되는 점에 비추어 수인한도를 넘는지 여부에 대하여 보다 엄격한 심사가 필요하다."

자, 분양자 측에서 채무부존재확인을 구하는 소송을 제기하여 법원이 환경분쟁
조정위원회의 소음측정 기준이나 수인한도 판단을 큰 문제의식 없이 받아들여
판결을 내리는 경우가 많았다.

그러나 환경분쟁조정위원회의 재정은 피해를 주장하는 신청인들의 환경이
익을 최대한 보장하려는 취지로 각 피신청인에 대한 청구의 내용과 요건, 법령
규정 등의 차이점 등을 고려하지 않고 수인한도의 기준을 가장 신청인들에게
유리하게 설정하여 손해배상 및 방음대책 강구의무를 인정해 왔기 때문에 피신
청인들 입장에서는 불합리하고 부당하다고 여겨지는 판단을 받아 오기도 한 것
이 사실이다.

3. 그러나 대법원이 2008. 8. 21. 선고 2008다9358 판결에서 도로관리자와
분양자의 책임을 구별하여 판시한 이래, 소음도가 환경기준을 초과한다고 하더
라도 사회발전에 따른 자연스러운 변화에 따른 것이면 수인한도를 초과하지 않
는다고 본 하급심 판결례(서울중앙지방법원 2008. 12. 17. 선고 2007가합51029 판결)
등이 나타났고, 대상판결은 도로가 현대생활에서 필수불가결한 시설인 점, 도시
화·산업화에 따른 주거의 과밀화가 이루어지고 있는 점, 고속국도가 담당하는
기능의 중요성 등을 고려하여 수인한도 초과 여부를 더 엄격하게 판단하여야
한다고 봄과 아울러, 소음도 측정도 공동주택은 생활의 주된 공간을 기준으로
측정하여야 한다고 보았는바, 대상판결이 소음발생으로 인한 책임을 구체화, 합
리화하려는 시도를 한 것은 적절하다고 생각된다.

4. 그리고 방음대책 강구의무에 관하여는, 대상판결이 기존 환경침해에 관
하여 손해배상과 유지청구에 있어 위법성 여부를 가리는 수인한도의 판단에 있
어 다른 기준을 제시하였던 판례와 학설들의 태도를 승계한 것으로 보인다.

손해배상 청구의 경우와 유지청구로서 방음대책 강구의무의 경우는 각각
내용과 요건이 다른 점,21) 방음대책에 있어 환경기준을 충족하기 위해서는 과
다한 비용을 요하게 되는 문제가 발생한다는 점, 유지청구는 기존에도 청구취

---

21) 환경상 이익의 침해로 인한 손해배상 외에 유지청구가 인정된다고 보는 경우에도, 그 근
　거가 소유권에 관한 민법 제214조인지, 불법행위에 관한 민법 제761조인지 등에 관하여
　학설은 갈리고 있다. 일조권의 경우 대법원은 유지청구의 근거를 민법 제214조라고 보고
　있다(대법원 1997. 7. 22. 선고 96다56153 판결). 대법원이 신청인의 이익을 민법 제217조
　의 생활이익으로 파악하였다면 해당 사건 원심과 같이 민법 제217조도 유지청구의 근거
　로 하는 것이 타당하다는 평석도 있다(조홍식, 전게논문, 21면).

지의 불특정성 및 집행불능의 가능성의 문제가 지적되었으나 환경분쟁조정위원회가 계속하여 그러한 취지의 재정을 하고 있고, 피해구제의 측면에서 법원이 달리 문제삼지 않아 왔던 점, 생활이익 침해로 인한 손해배상으로 구제가 불충분한 경우 이주 가능성이 있고, 거주자의 경우 도로근접의 편의성 및 거주비용 등을 고려하여 창호를 개방하지 않은 채로 생활하는 것을 감수하기도 하는 점 등을 고려한다면, 방음대책의 문제는 수인한도의 기준 등 요건의 판단에서 좀 더 엄격하게 보는 것이 더 많은 분쟁의 소지를 제거할 수 있는 방법이 될 수 있으리라고 생각되고, 대상판결의 판단이 타당하다고 생각된다.

5. 향후에는 이러한 방음대책의 문제에 있어 수인한도를 초과하는 소음이 유입되는 하자를 분양자의 담보책임으로 구성하는 경우에도 같은 기준을 적용할 수 있어야 하리라고 생각된다.

물론 건축물의 설계와 시공 단계에서는 주택사업승인권자 혹은 건축허가권자 등이 환경부 등과의 협의를 통하여 높은 수준의 방음대책을 강구하도록 요구할 수 있을 것이나, 이미 준공이 이루어진 이후에는 새로이 방음대책을 강구하는 것이 사실상 곤란하다는 점을 고려하여야 할 것이다. 이 때에는 민법 제 667조 제1항 단서의 '하자가 중요하지 아니한 경우에 그 보수에 과다한 비용을 요할 때'에 해당하는지를 검토할 필요가 있다. 이러한 경우에는 하자의 보수나 하자의 보수에 갈음하는 손해배상을 구할 수는 없고, 하자로 인하여 입은 통상의 손해로서 하자 없이 시공하였을 경우와 현재 상태의 교환가치의 차이 혹은 시공비용의 차액을 구할 수 있을 것이다(대법원 2009. 6. 25. 선고 2008다18932 판결;[22] 대법원 1998. 3. 13. 선고 95다30345 판결; 대법원 1998. 3. 13. 선고 97다54376 판결 참조).

---

22) "하자가 중요하지 아니하면서 동시에 보수에 과다한 비용을 요할 때에는 하자의 보수나 하자의 보수에 갈음하는 손해배상을 청구할 수는 없고 하자로 인하여 입은 손해의 배상만을 청구할 수 있으며, 이러한 경우 하자로 인하여 입은 통상의 손해는 특별한 사정이 없는 한 도급인이 하자 없이 시공하였을 경우의 목적물의 교환가치와 하자가 있는 현재의 상태대로의 교환가치와의 차액이 되고, 교환가치의 차액을 산출하기가 현실적으로 불가능한 경우의 통상의 손해는 하자 없이 시공하였을 경우의 시공비용과 하자 있는 상태대로의 시공비용의 차액이라고 봄이 상당하다(대법원 1997. 2. 25. 선고 96다45436 판결; 대법원 1998. 3. 13. 선고 97다54376 판결 참조)."

● 참고문헌

[단행본]

손윤하, 환경침해와 민사소송, (청림출판, 2005)

조홍식, 판례환경법, (박영사, 2012)

홍준형, 환경법, (도서출판 한울, 1994)

[논문]

김동근·이승훈, "도로교통소음 저감에 유리한 가로변 공동주택 배치 방안에 관한 연구", 한국도시설계학회지 제13권 제1호, (한국도시설계학회, 2012)

손정곤 외 2인, "도로변 방음대책 수립시 합리적인 소음규정 적용에 대한 연구", 한국소음진동공학회 학술대회논문집(2011. 10.)

이경춘, "소음과 환경소송", 재판자료 제95집 ― 환경법의 제문제(下), (법원도서관, 2002)

이한진 외 2인, "교통소음규제지역에서 창호 종류에 따른 실내의 소음특성에 관한 연구", 대한환경공학회지 제26권 제1호(대한환경공학회, 2004)

조홍식, "유지청구 허용 여부에 관한 소고", 민사판례연구 제22권, (민사판례연구회, 2000)

특정금전신탁에 있어서의 투자권유규제 적용 여부

곽희경, 송영은

[요 지]

대법원은 최근 기업어음(CP)에 투자하는 특정금전신탁계약을 체결한 투자자들이 신탁업자인 N투자증권 주식회사를 상대로 하여 적합성의 원칙 위반, 설명의무 위반 등을 이유로 제기한 손해배상청구의 소에서, 피고의 손해배상책임을 일부 인정한 원심판결을 파기하고 사건을 서울고등법원에 환송하는 판결을 내린 바 있다.

위 판결에서의 주요 쟁점은, 피고 증권회사가 원고 투자자들과 사이에 투자자들이 신탁한 금원을 L건설 주식회사(이하 "L건설"이라 한다)가 발행한 기업어음증권에 운용되도록 하는 내용의 특정금전신탁계약을 체결하는 과정에서 자본시장과 금융투자업에 관한 법률상 투자권유규제에 속하는 적합성의 원칙 및 설명의무를 위반하였는지 여부이다.

그런데 '특정금전신탁'이란 "위탁자가 신탁재산인 금전의 운용방법을 지정하는 금전신탁"을 의미하므로, 특정금전신탁은 위탁자 겸 수익자인 투자자가 직접 신탁재산의 운용방법과 조건을 지정하여 '지시'하는 것이 그 본질이고, 또한 위탁자가 우선적으로 투자대상에 대한 결정권한을 가지는 경우를 전제하고 있다. 이러한 '특정금전신탁'의 본질을 볼 때, 금융투자업자가 이미 설계해 놓은 기성 상품들 중에서 투자자가 선택하는 일반적인 경우와 달리 '투자권유'를 상정하기 어렵거나 '투자권유'가 가지는 의미가 사뭇 달라질 수 있어, 특정금전신탁상품의 판매에 있어서도 다른 일반적인 경우와 마찬가지로 '투자권유'가 존재함을 전제로 하는 자본시장과 금융투자업에 관한 법률상의 투자권유 규제를 그대로 적용할 수 있는지가 문제된다.

이와 관련하여 특정금전신탁과 투자권유는 '양립 불가능'하다거나 '개념상

으로 충돌'한다고 보는 견해도 있으나, 그와 같이 보는 것은 타당하지 않다. 특
정금전신탁의 경우 '투자권유'가 처음부터 없었거나, 있었다고 하더라도 그것이
투자자의 투자판단에 미치는 영향이나 의미가 다른 일반 거래에서와는 다를 수
있다는 특수성이 있으나, 이러한 특수성은 개별적인 사안별로 설명의무 위반
여부 등을 판단함에 있어서 참작하면 되는 것이지, 특정금전신탁이라고 하여
투자권유규제의 적용 자체를 배제할 근거는 없다.

대상판결은 특정금전신탁에 있어서도 권유행위가 존재할 수 있다고 보아
투자권유규제를 적용하고 있는데, 이는 타당하다.

[주제어]
- 신탁
- 특정금전신탁
- 투자권유
- 적합성의 원칙
- 설명의무
- 기업어음
- 신용평가서

대상판결 : 대법원 2015. 4. 23. 선고 2013다17674 판결

[사실의 개요][1]

1. 피고는 신탁업 등 금융투자업을 목적으로 하는 회사이고, 원고들(원고 A 및 B)은 피고와 특정금전신탁계약을 체결한 피고의 투자자들이다.

2. C는 원고 A를 대리하여 2010. 10. 15. 피고와 사이에 원고 A가 신탁한 돈을 L건설이 발행한 액면 200,000,000원, 만기 2011. 4. 15.인 기업어음증권에 운용되도록 하는 내용의 특정금전신탁계약을 체결하고, 같은 날 피고에게 200,000,000원을 지급하였다. 또한 C는 원고 B를 대리하여 2010. 11. 12. 피고와 사이에 원고 B가 신탁한 돈을 L건설이 발행한 액면 100,000,000원, 만기 2011. 5. 13.인 기업어음증권(위 기업어음증권과 통틀어 이하 "이 사건 기업어음증권"이라 한다)에 운용되도록 하는 내용의 특정금전신탁계약을 체결하고, 같은 날 피고에게 100,000,000원을 지급하였다.

3. 이 사건 각 신탁계약에 따르면, 신탁기간은 각 계약체결일로부터 각 만기일까지, 수익률은 연 8.4%, 신탁원본 및 신탁이익의 수익자는 원고들로 되어 있다.

4. L건설은 2011. 3. 21. 서울중앙지방법원 2011회합34로 L건설에 대한 회생절차 개시신청을 하였고, 2011. 4. 1. 회생절차 개시결정이 내려졌다. 피고는 2011. 5. 27. 원고들에게 피고가 위 회생절차 개시결정에 따라 L건설로부터 이 사건 각 기업어음을 변제받지 못하게 되어 원고들에 대한 만기 원리금 지급이 위 회생절차에서 회생계획이 인가될 때까지 유예될 예정이라는 취지를 통지하였다.

한편 2011. 9. 30. L건설의 회생계획에 대한 인가결정이 내려졌는데, 기업어음 채무와 관련하여서는 원금의 20%는 출자전환하고 30%는 현금 변제하되, 현금 변제할 금액은 제1차년도(2012년)까지 거치 후, 제2차년도(2013년)부터 제10차년도(2021년)까지 9년간 매년 균등분할하여 변제하며, 나머지 50%는 2011년도에

---

1) 사실의 개요는 환송후 원심 판결인 서울고등법원 2015. 7. 17. 선고 2015나12880 판결에 기초하여 정리한 것이다.

회사채를 발행하여 그 변제에 갈음하는 것을 내용으로 하고 있다.

[소송의 경과]

1. 원고들은 다음과 같은 주장들을 선택적으로 하면서, 피고에 대하여 ① 원고 A에게 200,000,000원 및 이에 대하여 2011. 4. 16.부터 이 사건 소장부본 송달일까지는 연 5%의, 그 다음날부터 다 갚는 날까지는 연 20%의 각 비율로 계산한 돈을 지급하고, ② 원고 B에게 100,000,000원 및 이에 대하여 2011. 5. 14.부터 이 사건 소장부본 송달일까지는 연 5%의, 그 다음날부터 다 갚는 날까지는 연 20%의 각 비율로 계산한 돈을 지급하라고 청구하였다.

가. 피고는 원고들의 대리인인 C에게 투자권유를 함에 있어서 원고들의 투자목적에 적합하지 않은 위험성이 높은 기업어음의 매수에 투자하도록 권유함으로써 자본시장과 금융투자업에 관한 법률(이하 "자본시장법"이라 한다) 제46조를 위반하였으므로 같은 법 제64조에 따른 손해를 배상할 책임이 있다.

나. 피고는 원고들의 대리인인 C에게 투자권유를 함에 있어서 L건설의 재무위험 등 투자의 위험성에 관하여 설명하지 않았고, L그룹의 지원가능성 등에 대하여 왜곡된 설명을 함으로써 자본시장법 제47조를 위반하였으므로 같은 법 제48조에 따른 손해를 배상할 책임이 있다.

다. 피고는 원고들의 대리인인 C에게 투자권유를 함에 있어 거짓의 내용을 알리거나 L그룹의 지원가능성 등 불확실한 사항에 대하여 단정적 판단을 제공하거나 확실하다고 오인하게 할 소지가 있는 내용을 알리는 행위를 함으로써 자본시장법 제49조를 위반하였으므로 같은 법 제64조에 따른 손해를 배상할 책임이 있다.

2. 환송전 원심[2]은 피고가 이 사건 각 신탁계약 체결 당시 그 투자에 따른 위험(L건설의 재무상황이나 자산건전성 등)에 관한 균형있는 정보를 명확히 설명함으로써 고객인 원고들이 그 정보를 바탕으로 합리적인 투자판단을 할 수 있도록 고객을 보호하여야 할 주의의무를 다하지 못하였다고 할 것이며, 이러한 피고의 설명의무 위반행위가 원고들에 대하여 불법행위를 구성하므로 피고는 이로 인하여 원고들이 입은 손해를 배상할 의무가 있다고 인정하고, 다만 ① 원고들도 자기책임의 원칙 아래 투자하려고 하는 이 사건 기업어음의 내용, 투자에

---

2) 서울고등법원 2012나2189호 사건.

따르는 위험 등에 관하여 사전에 파악하여 신중히 검토한 다음 투자하였어야 하는 점, ② 원고들을 대리한 C는 금융투자상품에 대한 지식수준이 높고 이른바 공격투자형 상품에 대한 투자경험을 가지고 있었으므로 기업어음의 본질적인 위험성 등에 대해 어느 정도는 인지하고 있었을 것으로 보이는 점, ③ 피고의 설명의무 위반의 정도가 비교적 가벼운 점 등을 참작하여 피고의 책임을 30%로 제한하였다.

3. 환송전 원심이 설시한 논리는 아래와 같다.

가. C는 자본시장법상 일반투자자에 해당하지만 이 사건 각 신탁계약을 체결하기 이전에도 자신이 보유하고 있는 자산 중 5% 정도를 주식과 펀드 등에 투자하여 왔는데, C가 투자한 상품에는 ELS 상품이나 회사채뿐만 아니라 기업어음이나 채권 등에 투자하는 특정금전신탁상품도 포함되어 있었고, 이 사건 각 신탁계약을 체결하기 이전에 작성된 C 및 원고들 명의의 투자자정보확인서에는 투자경험에 대하여 '공격투자형투자상품: ELW, 선물옵션, 시장수익률 이상의 수익을 추구하는 주식형펀드, 파생상품에 투자하는 펀드, 주식신용거래' 항목이, 금융상품에 대한 지식수준에 대하여 '높음' 항목이, 감내할 수 있는 손실수준에 대하여 '기대수익이 높다면 위험이 높아도 상관하지 않겠다' 항목이, 투자목표와 투자성향을 가장 잘 설명하는 투자자 유형에 대하여 '공격투자형: 시장평균 수익률을 훨씬 넘어서는 높은 수준의 투자수익을 추구하며, 이를 위해 자산가치의 변동에 따른 손실위험을 적극 수용, 투자자금 대부분을 주식, 주식형 펀드 또는 파생상품 등의 위험자산에 투자할 의향이 있음' 항목이 각 체크되어 있는데, 이러한 사정 등에 비추어 보면 C는 금융상품에 대한 상당한 수준의 지식과 경험이 있었고, 안정성보다는 단기간에 고수익을 올릴 수 있는 형태의 상품을 추구한 것으로 보이고, 이 사건 기업어음증권의 신용등급인 'A3-'는 일반투자자에게 투자권유를 할 수 있는 범위 내로 보여, 피고의 투자권유가 적합성의 원칙을 위반하였다고 인정하기 부족하다.

나. 설명의무 위반 여부와 관련하여, ① 자본시장법 시행령 제183조의 취지와 피고가 기업어음증권 발행회사의 신용상태와 자산의 건전성 등을 조사하더라도 신용평가회사보다 더 정밀한 조사를 하는 것은 불가능할 것으로 보이고 오히려 거래비용만 증가시킬 것으로 보이는 점 등을 종합하여 보면, 기업어음증권의 중개 또는 판매자에 불과한 피고에게 L건설의 신용상태와 자산의 건전

성 등에 대해 별도로 조사할 의무를 부과할 수 없고, ② 피고가 L건설에게 L그룹의 지원가능성에 대한 객관적인 자료를 제공하라는 등의 요구를 할 수는 없을 것으로 보이는 점 등에 비추어 피고에게 L그룹의 지원가능성에 대한 불확실성을 제거할 의무까지 있다고 볼 수 없으며, ③ 취약투자자 보호에 관한 금융감독원의 투자자 권유제도 개선안은 피고에게 어떠한 법적의무를 구체적으로 발생시킨다고 볼 수 없고, ④ 인정사실에 비추어 보면 피고가 C에게 L그룹의 L건설 지원가능성에 대하여 단정적 판단을 제공하거나 확실하다고 오인하게 하였다고 보기 어려우며, 또한 ⑤ 기업어음의 거래에 있어서 신용등급은 그 기업어음의 가치에 중대한 영향을 미치는 중요정보에 해당함은 분명하나 고객이 이미 신용등급의 의미를 알고 있었다거나 신용등급의 의미를 제대로 고지하였더라도 그 기업어음증권에 투자하였으리라는 등의 특별한 사정이 없는 한 해당 신용등급이 전체 신용등급체계에서 어느 정도의 위치에 있는 것인지, 해당 신용등급이 의미하는 신용상태 및 자산건전성이 어느 정도인지 등에 관하여 구체적인 설명을 덧붙이지 않은 채 신용등급만을 고지하였다고 하여 기업어음증권을 판매함에 있어서 판매회사가 지켜야 할 설명의무를 다하였다고 볼 수는 없는데, 인정사실에 비추어 보면 C의 경우 'A3-' 등급이 의미하는 바를 알고 있었다고 봄이 상당하므로 이에 관한 설명의무는 없다. 그러나, ⑥ 피고는 C에게 이 사건 각 신탁계약 체결 당시 이 사건 기업어음에 대하여 설명하면서 두 개의 신용평가회사가 평가한 신용평가서를 교부하였으나 이를 바탕으로 L건설의 재무상황이나 자산건전성 등에 대하여 어떠한 구체적인 설명을 하지 않은 점, 당시 만 84세에 이른 C가 신용평가서를 전달받았다고 하더라도 이를 자세히 검토하기를 기대하는 것은 쉽지 않을 것이므로 위 신용평가서의 기재 내용에 대하여도 C가 이해할 수 있도록 설명할 의무가 있고 신용평가서를 단지 교부한 것만으로 설명의무를 다하였다고 보기는 어려운 점 등에 비추어 보면 피고는 이 사건 각 신탁계약 체결 당시 그 투자에 따르는 위험(L건설의 재무상황이나 자산건전성 등)에 관한 균형있는 정보를 명확히 설명함으로써 고객인 원고들이 그 정보를 바탕으로 합리적인 투자판단을 할 수 있도록 고객을 보호하여야 할 주의의무를 다하지 못하였다고 할 것이며, 이러한 피고의 설명의무 위반행위는 원고들에 대하여 불법행위를 구성하고, 달리 피고가 C에게 균형있는 설명을 하지 않았다고 하더라도 C가 이 사건 각 신탁계약을 체결하였을 것이라는 사정을 인정할 증거가 없으므로 피고는 이로 인하여 원고들이 입은 손해를 배상할 의무가 있다.

[판결의 요지 – 파기환송]

대법원은 피고 증권회사에게 적합성 원칙 위반을 인정할 수 없다는 취지의 원심 판단은 정당하다고 보았다.

그러나 대법원은 원심 판결 중 피고 증권회사에게 설명의무 위반이 인정된다고 판단한 부분은 아래와 같은 이유로 위법하다고 보아 파기환송 판결을 하였다.

[1] 자본시장법 제4조 제3항에서 정한 기업어음은 기업이 사업에 필요한 자금을 조달하기 위하여 발행한 약속어음이므로, 기업어음에 투자하는 것으로 운용방법을 지정하는 특정금전신탁의 경우에 그 투자에 따르는 위험은 기업어음이 만기에 지급되지 아니할 위험, 즉 발행기업의 신용위험 및 그로 인한 원금 손실 가능성이라고 할 수 있다. 이에 따라 위와 같은 특정금전신탁에 투자권유를 하는 경우에 금융투자업자는 일반적으로 투자에 따르는 위험과 관련하여 투자자에게 기업어음 발행기업의 신용위험이 존재하고 이로 인하여 원본 손실 가능성이 있다는 사실 등을 설명하여야 한다.

[2] 그런데 기업어음의 신용등급은 기업어음 발행기업의 적기상환능력 내지 위험을 나타내는 지표가 되고, 자본시장법 시행령 제183조 제1항 제1호는 금융투자업자인 금융매매업자 또는 투자중개업자가 매매, 중개 등을 하는 기업어음에 대하여는 둘 이상의 신용평가회사의 신용평가를 받도록 규정하고 있는데, 이와 같은 기업어음에 관한 신용평가와 신용등급의 취지 및 기능 등에 비추어 보면, 금융투자업자가 투자자에게 기업어음의 신용등급과 아울러 신용평가 내용을 고지하고 해당 신용등급의 의미와 그것이 전체 신용등급에서 차지하는 위치에 대하여 투자자가 이해할 수 있도록 설명하였다면, 특별한 사정이 없는 한 이는 재무상황이나 자산건전성 등을 포함하여 발행기업의 긍정적인 요인과 부정적인 요인을 종합적으로 평가한 결과로서의 발행기업의 신용위험이 어느 정도인지를 설명하였다고 할 수 있다.

[판결의 요지 – 환송후 원심]

1. 피고의 직원은 신용등급의 의미와 체계를 이미 알고 있던 C에게 이 사

건 기업어음의 신용등급이 'A3-'임을 고지하였을 뿐만 아니라 발행기업인 L건설의 부도위험 및 그로 인한 원본 손실 가능성에 대하여 설명하였고, 나아가 L건설의 긍정적인 요인과 부정적인 요인이 모두 기재되어 있는 각 신용평가서까지 교부하였으므로, 이로써 이 사건 각 신탁계약의 체결에 따르는 위험과 관련하여 기업어음 발행기업의 신용위험이 존재하고 그로 인한 원금 손실 가능성이 있다는 사실을 설명한 것으로 볼 수 있다. 투자설명자료에 긍정적인 요인으로 기재되어 있는 L그룹의 지원가능성은 각 신용평가서의 내용에 기초한 것으로서 그 자체로 단정적 판단이 아닌 불확실한 가능성에 지나지 아니하므로, C의 투자경험 및 능력을 고려할 때 그것이 C로 하여금 투자에 따르는 위험에 따른 올바른 인식형성을 방해할 정도의 균형성을 상실한 정보라고 보기도 어렵다. 따라서 피고가 자본시장법 제47조에서 정하고 있는 설명의무를 위반하였다고 볼 수 없다.

2. 인정사실 등에 비추어 보면 피고의 C에 대한 투자권유가 적합성의 원칙을 위반하였다고 인정하기 부족하고, 피고가 C에게 L그룹의 L건설 지원가능성에 대하여 단정적 판단을 제공하거나 확실하다고 오인하게 하였다고 보기 어렵고 피고가 C에게 투자를 권유하면서 거짓의 내용을 알리는 행위와 불확실한 사항에 대하여 단정적 판단을 제공하거나 확실하다고 오인하게 할 소지가 있는 내용을 알리는 행위를 하였다고 인정하기 부족하다.

[연　구]

Ⅰ. 쟁점의 정리

1. 신탁업자는 자본시장법에 따라 금융투자의 업종으로 분류되지만, 이와 병행하여 기본적으로 신탁계약의 '수탁자'이므로 신탁법에 따라 선관의무, 충실의무, 분별관리의무 등 각종 의무를 부담한다. 이 또한 신탁계약 체결과 관련한 고객보호의무 중 하나이지만, 이는 주로 신탁계약이 체결된 이후에야 구체적으로 발현된다고 볼 수 있을 것이다.[3) 반면 신탁계약이 체결되기까지의 단계에서

---

3) 김태연, "특정금전신탁을 통한 기업어음(CP) 투자와 투자자보호", 고려대학교 석사학위

는 자본시장법에 따라 금융투자업자로서의 고객보호의무가 발현될 것이다. 그런데 아래 자세히 살펴보는 바와 같이, 특정금전신탁은 위탁자 겸 수익자인 투자자가 직접 신탁재산의 운용방법과 조건을 지정하여 '지시'하는 것이 그 본질이라 할 수 있어, 이 경우 금융투자업자가 이미 설계해 놓은 기성 상품들 중에서 투자자가 선택하는 일반적인 경우에서와 마찬가지로 '투자권유'가 존재함을 전제로 자본시장법상의 투자권유 규제를 그대로 적용할 수 있는지가 문제될 수 있다.

또한 대상판결에서는 설명의무 위반 여부에 관하여 원심과 판단을 달리하였는데, 기업어음 투자 상품에 있어서 설명의무의 정도 및 범위를 어디까지로 볼 것인지도 살펴볼 필요가 있다.

2. 따라서 이하에서는 먼저 특정금전신탁의 본질, 투자권유규제의 필요성 및 투자권유의 개념, 특정금전신탁과 투자권유규제의 정합성에 대해 살펴보고, 이어 대상판결에서 다루어진 기업어음에 투자하는 특정금전신탁상품 판매단계에서의 투자자보호의무에 관한 몇 가지 쟁점에 대해 검토하고자 한다.

Ⅱ. 특정금전신탁의 본질

1. 금전신탁의 의의 및 유형

가. 현행 신탁법 제2조에서는 신탁을 "신탁을 설정하는 자(이하 "위탁자"라 한다)와 신탁을 인수하는 자(이하 "수탁자"라 한다) 간의 신임관계에 기하여 위탁자가 수탁자에게 특정한 재산(영업이나 저작재산권의 일부를 포함함)을 이전하거나 담보권의 설정 또는 그 밖의 처분을 하고 수탁자로 하여금 일정한 자(이하 "수익자"라 한다)의 이익 또는 특정한 목적을 위하여 그 재산의 관리, 처분, 운용, 개발, 그밖에 신탁 목적의 달성을 위하여 필요한 행위를 하게 하는 법률관계"라고 정의하고 있다. 자본시장법 제9조 제24항에서는 "이 법에서 '신탁'이란 신탁법 제2조의 신탁을 말한다"라고 규정하여, 신탁법상 신탁의 개념을 그대로 원용하고 있다.

나. 신탁유형은 기준에 따라 매우 다양하게 분류될 수 있는데, 신탁재산에 따라서는 (i) 금전신탁, (ii) 재산신탁, (iii) 종합재산신탁으로 분류된다. 원래 금

논문(2014), 26면 및 48면.

전신탁의 법령상의 근거는 구 신탁업법을 들 수 있었다. 구 신탁업법 제3조 제2항은 신탁회사가 영위할 수 있는 신탁을 '금전신탁'과 '금전을 제외한 재산의 신탁'으로 나누고, 금전과 금전 아닌 재산을 한꺼번에 신탁재산으로 하는 신탁을 '종합재산신탁'으로 규정하였다.

　　다. 한편, 구 신탁업법 시행령 제3조 제2항은 "1. 특정금전신탁: 위탁자가 신탁재산인 금전의 운용방법을 지정하는 금전신탁. 2. 불특정금전신탁: 위탁자가 신탁재산인 금전의 운용방법을 지정하지 아니하는 금전신탁"이라고 규정하고 있었는데, 구 신탁업법은 2009. 2. 4. 시행된 자본시장법에 의하여 폐지되어 현재는 자본시장법 제103조 이하에서 신탁업자의 영업행위에 관하여 규정하고 있다. 자본시장법 제103조 제3항은 "제1항 각 호의 재산의 신탁 및 제2항의 종합재산신탁의 수탁과 관련한 신탁의 종류, 손실의 보전 또는 이익의 보장, 그 밖의 신탁거래조건 등에 관하여 필요한 사항은 대통령령으로 정한다"라고 규정하고 있으며, 동법 시행령 제103조(신탁의 종류)에서 자본시장법 제103조 제3항에 따른 금전신탁을 "1. 위탁자가 신탁재산인 금전의 운용방법을 지정하는 금전신탁(이하 "특정금전신탁"이라 한다), 2. 위탁자가 신탁재산인 금전의 운용방법을 지정하지 아니하는 금전신탁(이하 "불특정금전신탁"이라 한다)"으로 구분하고 있어, 구 신탁업법의 정의를 그대로 승계하였다.

2. 특정금전신탁과 불특정금전신탁의 구분

　　가. 대법원 2007. 11. 29. 선고 2005다64552 판결은, 금전신탁의 일환으로서 특정금전신탁과 불특정금전신탁을 정면으로 다루었는데, '특정금전신탁'이라는 용어를 사용한 최초의 대법원 민사판결이기도 하다. 위 판결은 "특정금전신탁은 위탁자가 신탁재산의 운용방법을 특정하는 금전신탁으로서 수탁자는 위탁자가 지정한 방법대로 자산을 운용하여야 하고 다른 신탁상품과는 합동운용할 수 없으며 원본 보전과 이익 보족이 금지되어 있는 반면, 불특정금전신탁은 위탁자가 신탁재산의 운용방법을 특정하지 않고 수탁자에게 일임하는 금전신탁으로서 수탁자는 관계 법령에서 정하고 있는 방법과 대상의 제한 범위 내에서 자유롭게 자산운용을 하고 다른 신탁상품과도 합동운용할 수 있으며 관계 법령이 정하는 바에 따라 원본 보전과 이익 보족이 허용된다는 점 등에서 특정금전신탁과 차이가 있다"고 판시하였다.

나. 그런데 자본시장법은 특정금전신탁에 관하여 '운용방법을 지정하는'이라고만 규정하고 있을 뿐 그 이상의 상세한 내용을 규정하고 있지는 않다. 따라서 그 구체적인 내용은 법리에 의해서 풀이하여야 한다. 즉, 금전으로 매매할 수 있는 상품의 종류만 정하면 되는 것인지, 아니면 그 이상으로 아주 구체적인 운용지시까지 하여야 하는 것인지 하는 점들에 대한 의문이 생기게 된다.

다. 자본시장법에서는 금전신탁 유형별 명칭을 '특정' 금전신탁이라고 명명하면서도 그 의미를 정의함에 있어서는 금전의 운용방법을 '특정'한다고 하지 않고 '지정'한다고 표현하고 있다. 한편, 신탁실무상으로는 운용 '지시'라는 표현을 사용한다. 특정금전신탁에서 운용방법의 지정은 신탁실무상으로는 특정 계약서 말미의 "특정금전신탁 운용지시서"를 작성함으로써 이루어지고, 운용방법을 변경할 때에는 "특정금전신탁 운용방법 변경지시서"를 작성함으로써 이루어진다. 위 경우 모두 먼저 운용대상을 지정하고, 그에 대하여 '수량', '금액' 및 '기타 세부내용'(실무상 '기타 세부내용'은 기재하지 않는 경우도 많다)을 지정하는 것으로 이루어진다.[4]

라. 우리나라의 금전신탁 거래에서 행해지는 특정금전신탁계약의 유형은 크게 아래의 두 가지로 분류할 수 있는데, 운용방법을 포괄적으로 지정하는 아래 (2) 유형이 현재 거래계에서 일반적으로 행해지고 있다고 한다.[5]

(1) 첫째는 신탁계약으로 신탁재산인 금전의 운용대상을 특정의 재산으로 한정하거나, 위탁자 내지 그 대리인 등이 매번 운용대상 재산을 구체적으로 지시하는 유형이다.

예컨대, 신탁계약상에 "×× 주식회사 주식 ○○주를 취득", "×× 주식회사에게 부동산담보로 ○○억 원을 대여한다"와 같이 금전의 운용대상을 특정 재산으로 정하여 신탁회사에게 운용지시를 하거나, 일단 신탁계약상으로는 "위탁자는 수탁자에 대하여 신탁재산의 운용에 관한 지시를 행한다"라고 포괄적으로 약정한 후 구체적으로는 매번 위탁자가 신탁회사에 문서 등으로 "××주식회사 주식 ○○주를 취득할 것" 등을 지시하는 것이다. 이 경우 금전의 운용방법이 구

---

4) 임채웅, 신탁법연구, (박영사, 2009), 255면.
5) 이하의 내용은 오영준, "가. 금전신탁과 예금, 특정금전신탁과 불특정금전신탁의 구별, 나. 특정금전신탁에 관한 원본 보전이나 이익 보족 약정의 효력 2007. 11. 29. 선고 2005다64552 판결: 공2007하, 2001", 대법원판례해설 제72호(법원도서관, 2008), 64-65면의 내용을 전재한 것이다.

체적으로 특정되어 있기 때문에 신탁회사는 재산의 운용에 관한 전문적인 관리능력을 이용한 서비스를 제공할 필요가 없고, 단지 기장, 재산의 보관, 매매주문의 집행 등을 행하면 된다.

(2) 둘째는 신탁계약에서 신탁재산인 금전의 운용대상을 '재산의 종류'로 포괄적으로 정하는 유형이다.

예컨대, "대부금, 주식, 공사채"와 같이 금전의 운용대상을 포괄적으로 정하는 것이다. 구체적인 운용방법, 운용대상에 관하여는 지정된 범위 내에서 수탁자인 신탁회사의 전문기관으로서의 능력을 활용할 수 있으므로 위탁자 자신의 자산운용보다 높은 고수익을 올릴 수 있는 장점이 있다.

마. 한편, 대법원 2007. 11. 29. 선고 2005다64552 판결의 사안에서는, 그 운용방법을 '기타 재정경제원장관의 인가를 받은 유가증권의 인수 또는 매입' 또는 별첨에서 '국·공채, 회사채의 인수 또는 매입'으로 포괄적으로 지정하여 놓았는데, 이 경우에도 대법원은 위탁자의 운용지시가 있었다는 점을 중시하여 '특정금전신탁'에 해당한다고 판시하였다.

이와 관련하여, 국내 학설 중에는 불특정금전신탁으로 간주될 수 있는 기타의 요소가 있는 경우, 즉 실적배당이라고 하면서 연 수익률을 기재하거나 수익률 보장 약정을 하는 경우 등은 실질적으로 특정금전신탁으로서의 요건을 구비하지 못하므로 모두 불특정금전신탁으로 분류·처리해야 한다는 견해가 있다.[6]

그러나 특정금전신탁인지 불특정금전신탁인지를 가리는 가장 큰 이유 중의 하나는 수익률보장약정(구 신탁업법 등 관계 법령상 불특정금전신탁의 경우에 있어서만 예외적으로 허용되었다)을 유효로 볼 수 있을 것인지를 가리기 위함이므로, 이러한 점을 염두에 두고 판단할 필요가 있다. 불특정금전신탁의 경우에 있어서 정책적인 이유에서 예외적으로 원본보전 및 이익보장을 허용하는 점에 비추어 보면, 기본적으로 불특정금전신탁의 범위를 확대해석하는 것은 바람직하다고 할 수 없다. 또한, 운용방법을 포괄적으로 지정한 특정금전신탁이라 하더라도 그 운용방법이 한정되어 있는 관계로 신탁회사의 자산운용에 일정한 제한이 있고 단독운용만이 가능하므로 수익창출에 일정한 제약이 따르는 한편, 불특정

---

[6] 홍유석, "모든 금전신탁은 예금채권보다 우선적으로 보호되어야 한다", 법률신문 1998. 8. 13(목) 참조.

금전신탁은 그러한 한계가 없고 합동운용 등을 통하여 자유로운 수익구조를 창출할 수 있다. 따라서 운용방법을 포괄적으로 지정한 특정금전신탁이라 하더라도 운용방법 및 수익구조에 있어서 불특정금전신탁과는 상당한 차이가 있다고 할 수 있다.[7]

    결국, 특정금전신탁계약서에서 운용방법을 포괄적으로 지정하였다고 하여 이를 불특정금전신탁이라 볼 수 없다 할 것이고, 불특정금전신탁의 범위를 확대해석하는 것은 바람직하지 않다는 점에서 위 대법원 판시내용은 타당하다고 생각한다.

    바. 실무상으로는, 특정금전신탁을 '지정형 특정금전신탁'과 '비지정형 특정금전신탁'으로 구분하고 있는데, 금융투자협회의 2015. 6. 30. 「특정금전신탁 업무처리 모범규준」에 의하면, 특정금전신탁을 (i) 투자자가 운용대상에 관해 특정종목과 비중 등을 구체적으로 지정한 특정금전신탁인 '지정형 특정금전신탁'과, (ii) 투자자가 운용대상에 관해 특정종목과 비중 등을 구체적으로 지정하지 아니한 특정금전신탁인 '비지정형 특정금전신탁'으로 정의하고 있다.

Ⅲ. 투자권유규제의 필요성, 투자권유의 개념

1. 투자권유규제의 필요성

    가. 금융투자상품의 거래는 금융투자상품의 종류에 따라 그 위험의 수준과 정도가 다를 수 있지만, 그 어느 것이나 본질적으로 위험을 수반하는 거래라고 할 수 있다. 이러한 금융투자상품을 거래함에 있어서 투자자들이 인식해야 할 가장 중요한 원칙은 '자기책임의 원칙'이다. 이는 금융투자업자가 제공하는 정보나 조언, 특정 주식의 주가전망 또는 경제전망이나 정치상황 등은 대부분 불확실한 요소로서 투자자는 이들 정보의 합리성, 특정 상품의 적합성 및 특정 거래의 위험성의 유무 등을 스스로 판단하고 투자 결과에 대하여 책임을 져야 한다는 것을 의미한다.

    나. 그러나 최근에는 원본손실의 가능성이 높은 투자상품이 다양하게 출시되고 있는데, 이는 금융소비자의 다양한 욕구를 충족시킬 수 있다는 바람직한 측면도 있지만 투자자의 투자위험이 매우 커지게 된다는 부작용도 있다. 게다

---

    7) 오영준, 전게논문, 60면.

가 이러한 금융투자상품의 계약체결은 사전적으로 광고나 판촉활동을 통해 이루어지는 것이 일반적이다.

나아가 금융투자상품의 경우 다른 금융상품에 비해 구조가 복잡하고 다양하며 투자자와 금융투자업자간 정보격차가 크기 때문에 많은 경우 금융투자업자의 권유에 따라 투자를 결정하게 된다. 그럼에도 일단 계약이 체결된 이후에는 원금손실이 발생하더라도 자기책임의 원칙상 손실을 보전받기 어려운 문제가 발생할 수 있다. 따라서 금융투자상품의 판매과정에서 투자자에 대한 사전적 보호가 무엇보다도 중요하다고 볼 수 있다.[8)]

다. 한편, 금융투자업자는 투자자로부터 금융투자상품 위탁매매수수료 등을 수취함으로써 자신의 이익을 창출하므로, 보다 많은 영업수익을 올리기 위해 가능한 다수의 투자자를 증권거래에 참여하도록 하는 방안을 강구하게 되고, 수익을 극대화하기 위하여 투자권유를 적극적으로 할 동기를 갖고 있다. 이러한 구조 하에서 부당한 투자권유행위가 발생하는 경우 투자자들은 예측하지 못한 손해를 입을 수도 있다.[9)]

따라서 투자권유규제는 금융투자업자의 적정한 투자권유행위를 유도하고 금융투자업자와 투자자 사이의 정보격차를 해소하기 위한 중요한 규제상의 조치라 할 수 있을 것이다.

이에 자본시장법은 '투자권유'의 개념과 더불어, 금융투자업자가 투자자에게 투자를 권유함에 있어서 준수하여야 할 기본적인 원칙들을 법으로 규정하고 있다. 최근 복잡다단해진 금융투자상품 거래 환경 하에서 금융투자업자의 투자자에 대한 부당한 투자권유행위가 다수 발생하고 있는 현실을 고려하면 자본시장법에서 규정하고 있는 여러 가지 형태의 투자권유규제는 투자자보호의 수단인 동시에 공정한 거래질서 확립을 위한 전제조건으로도 볼 수 있다.

2. 투자권유의 개념

가. 자본시장법 제9조 제4항은 투자권유의 개념에 대하여 '특정 투자자를 상대로 금융투자상품의 매매 또는 투자자문계약·투자일임계약·신탁계약(관리

---

8) 안수현, "금융상품거래와 신뢰", BFL 제61호(서울대학교 금융법센터, 2011), 32면.
9) 오성근, "증권투자권유에서 증권업자의 계약책임론에 관한 고찰", 주식 428호(2004), 4면.

형신탁계약 및 투자성 없는 신탁계약을 제외한다)의 체결을 권유하는 것'으로 규정하고 있다.

특정 투자자를 상대로 금융투자상품에 관해 법에서 열거하고 있는 '매매계약 등의 체결을 권유'하여야 하므로, 금융투자업자의 행위가 금융투자상품을 설명하는데 그치거나, 금융투자상품의 매매 또는 자문계약 등의 체결을 권유하지 않고 금융투자상품에 대한 일반적이고 단순한 상담이나 안내를 하는 것은 자본시장법상의 투자권유에 해당하지 않는다.[10] 다만, 금융투자업자의 이메일 등을 통한 광고 또는 안내행위가 사실상 '투자권유'에 해당할 경우도 발생할 수 있는데, 이를 방지하기 위해 금융투자업자는 신중한 주의를 기울일 필요가 있다.[11]

나. 한편, 금융투자업자의 투자권유행위가 주효할 경우 투자자의 의사결정에 영향을 미쳐 일정한 거래조건에 대한 권유행위를 기초로 금융투자상품에 대한 매매계약 등이 체결될 것인데, 이 경우 투자권유자의 행위가 투자권유에 해당하는지 여부는 그 행위를 한 권유자의 주관적 의도가 아니라, 권유행위가 객관적으로 투자자의 투자판단에 영향을 미쳤는지를 기준으로 판단하는 것이 바람직하다. 또한 투자권유행위인지 여부를 판단함에 있어서는 자본시장법상 투자권유의 개념요소를 기초로 하되, 투자자 보호를 위하여 그 형식에 구애받지 않고 투자자 보호의 관점에서 실질적으로 판단하는 것이 필요하다.

IV. 특정금전신탁과 투자권유규제의 정합성

1. '특정금전신탁'이란 "위탁자가 신탁재산인 금전의 운용방법을 지정하는 금전신탁"을 의미하므로(자본시장법 시행령 제103조 제1항), 특정금전신탁은 위탁자 겸 수익자인 투자자가 직접 신탁재산의 운용방법과 조건을 지정하여 '지시'하는 것이 그 본질이다. 또한 위탁자가 우선적으로 투자대상에 대한 결정권한을 가지는 경우를 전제한다.

이러한 '특정금전신탁'의 본질을 볼 때, 특정금전신탁의 경우에는 금융투자업자가 이미 설계해 놓은 기성 상품들 중에서 투자자가 선택하는 일반적인 경우와 달리 '투자권유'를 상정하기 어렵거나 '투자권유'가 가지는 의미가 사뭇 달

---

10) 금융위원회 보도자료, "투자권유관련 업무처리 해설지침", (금융위원회, 2009).
11) 김정수, 자본시장법원론, (SFL그룹, 2011), 201면.

라질 수 있어, 특정금전신탁상품의 판매에 있어서도 다른 일반적인 경우와 마찬가지로 '투자권유'가 존재함을 전제로 하는 자본시장법상의 투자권유 규제를 그대로 적용할 수 있는지가 문제된다.

2. 이와 관련하여, 위탁자가 먼저 금전의 운용방법을 지정하고 나서 특정금전신탁계약을 체결하였다면 신탁업자의 투자권유가 개입할 여지가 없고, 반대로 신탁업자의 투자권유에 따라 위탁자가 운용방법을 지정한 경우라면 이는 기성의 상품이 전제된 상태에서 판매가 이루어지는 경우(예컨대, 수익증권 판매)와 다를 바 없게 되어, 위탁자의 운용지시에 따라 비로소 투자대상이 결정된다는 특정금전신탁의 속성에 반하게 되고, 따라서 양자의 선후관계를 고려하더라도 개념상 충돌소지를 배제할 수는 없으며, 특정금전신탁계약 체결시 투자권유가 있었는지 여부는 법리의 문제가 아닌 사실판단의 영역으로서, 투자권유와 특정금전신탁이 개념상으로는 충돌소지가 있는 것은 사실이나, 거래의 실제에 있어서는 투자권유에 따라 신탁계약을 하는 경우가 다반사이므로 반드시 상충된다고 볼 필요는 없다는 견해가 있다.[12]

3. 이에 관해 법원은 특정금전신탁에 있어서도 신탁업자의 권유행위가 존재할 수 있다고 보아 투자권유규제를 적용하고 있다. 즉, 개인고객이 은행(신탁업자) 직원의 권유에 따라 100억 원대의 인천정유 CP에 투자하기로 하는 특정금전신탁계약을 체결한 사안에서 법원은 "이 사건 특정금전신탁은 처음부터 고객의 기업에 대한 직접 투자를 신탁의 형식으로 중개 내지 알선한 것으로서 그 업무의 성질상 증권회사의 투자신탁의 그것과 유사할 뿐만 아니라 … (중략) … 증권회사 임직원과 유사하게 허위표시 또는 단정적 판단의 제공 등과 같은 부당권유의 방법으로 당해 투자행위에 필연적으로 수반되는 위험성에 관한 고객의 올바른 인식형성을 방해하지 아니하고, 고객의 투자상황에 비추어 과대한 위험이 수반하는 거래를 적극적으로 권유하는 것을 회피하여야 할 고객보호의무를 부담한다"(서울지방법원 2003. 1. 30. 선고 2002가합26820 판결)라고 하면서 신탁업자의 손해배상책임을 인정하였다.[13]

4. 금융투자상품 거래의 실무를 살펴보더라도, 금융투자협회의 2015. 6. 30.자 「특정금전신탁 업무처리 모범규준」에 의하면, "신탁업자는 투자자가 투자권

---

12) 김태연, 전게학위논문, 35면.
13) 위 판결은 대법원 2004. 10. 15. 선고 2004다43046 판결로 확정되었다.

유에 필요한 정보를 제공하지 않거나 투자권유를 희망하지 않는 경우에는 신탁
계약의 맞춤형 특성에 부합하지 않으므로 신탁계약을 체결할 수 없다"라고 하
여, 사실상 투자권유가 이루어지는 것을 전제로 규율하고 있다.

　5. 생각건대, 특정금전신탁이 투자자에 의한 금전 운용방법의 '지정'을 그
본질적 요소로 한다고 하더라도, 금융투자업자에 의한 투자권유와 '양립 불가
능'하다거나 '개념상으로 충돌'한다고 보는 것은 타당하지 않다. 투자자가 투자
금융업자의 권유에 따라 특정 재산을 금전 운용의 대상으로 지정하여 투자하는
것도 얼마든지 가능하고, 실제 그와 같이 투자권유에 따라 특정금전신탁계약을
체결하게 되는 경우가 다수 존재하기 때문이다.

　다만, 특정금전신탁의 경우에 있어서는, 금융투자업자가 이미 설계해 놓은
기성 상품들 중에서 투자자가 선택하고 구체적인 금전의 운용방법은 금융투자
업자가 정하게 되는 일반적인 경우와 달리, 투자자가 구체적인 금전 운용방법
을 지정하여야 하므로, 다른 일반적인 상품에 비해 그 투자자는 (비록 일반투자
자라고 하더라도) 금전 운용방법을 스스로 판단하여 정할 수 있을 정도의 투자
경험과 지식을 보유하고 있는 경우가 많을 것이고, 금융투자업자의 투자권유
없이도 선제적으로 스스로의 판단 하에 금전의 운용방법을 지정할 수 있는 것
이므로, 특정금전신탁의 경우에는 '투자권유'가 처음부터 없었거나, 있었다고 하
더라도 그것이 투자자의 투자 판단에 미치는 영향이나 의미가 다른 일반 거래
에서와는 사뭇 다를 수 있다는 특수성이 있다.

　그러나 이러한 특수성은 개별적인 사안별로 설명의무 위반 여부 등을 판단
함에 있어서 참작되면 되는 것이지(설명의무 위반 여부 등을 판단함에 있어서는 당
해 금융투자상품의 특성 및 위험도 등을 종합적으로 고려하여 판단하여야 한다는 점에
는 이론이 없다), 특정금전신탁이라고 하여 투자권유규제의 적용 자체를 배제할
근거는 없다고 본다.

V. 판결의 평석

1. 특정금전신탁에서의 투자권유규제의 적용 여부

　대상판결에서의 주요 쟁점은, 피고 증권회사가 원고 투자자들과 사이에 투
자자들이 신탁한 금원을 L건설이 발행한 기업어음증권에 운용되도록 하는 내용

의 특정금전신탁계약을 체결하는 과정에서 자본시장법상 투자권유규제에 속하는 적합성의 원칙 및 설명의무를 위반하였는지 여부이다.

결국 대상판결도 구체적 사실관계에 따라 특정금전신탁에도 '투자권유'가 존재할 수 있고 따라서 이에도 자본시장법상 투자권유규제가 적용됨을 인정하는 전제에서, 나아가 구체적으로 각 투자권유규제 위반 여부를 판단한 것이다.

위에서 본 바와 같이, '특정금전신탁'이라고 하여 '투자권유'와 양립 불가능하거나 개념상으로 모순되는 것은 아니므로 특정금전신탁 역시 자본시장법상 투자권유규제의 규율을 받는다고 보아야 하고, 구체적인 사안에서 투자권유의 유무, 투자권유가 투자자의 투자 판단에 미친 영향의 정도 등을 종합적으로 고려하여 투자권유규제 위반 여부를 판단하는 것이 타당하다고 본다. 이와 같은 취지에서 판단한 대상판결의 태도에 찬성한다.

나아가, 대상판결의 쟁점이었던 적합성의 원칙 및 설명의무 위반 여부에 관해 자세히 살펴보면 다음과 같다.

2. 적합성의 원칙 위반 여부

환송전 원심은, "고객의 자산을 관리하는 금융기관은 고객에 대하여 선량한 관리자로서의 주의의무를 부담하는 것이므로, 고객의 투자목적·투자경험·위험선호의 정도 및 투자예정기간 등을 미리 파악하여 그에 적합한 투자방식을 선택하여 투자하도록 권유하여야 하고, 조사된 투자목적에 비추어 볼 때 고객에게 과도한 위험을 초래하는 거래행위를 감행하도록 하여 고객의 재산에 손실을 가한 때에는 그로 인한 손해를 배상할 책임이 있으나, 투자자가 금융기관의 권유를 받고 어느 특정한 상품에 투자하거나 어떠한 투자전략을 채택한 데에 단지 높은 위험이 수반된다는 사정만으로 일률적으로 금융기관이 적합성의 원칙을 위반하여 부당하게 투자를 권유한 것이라고 단정할 수 없으며, 투자자로서도 예상 가능한 모든 위험을 회피하면서 동시에 높은 수익률이 실현될 것을 기대할 수는 없고 수익률의 조합을 스스로 투자목적에 비추어 선택할 수밖에 없는 것"이라고 전제한 다음, 당해 사건의 경우 투자자는 자본시장법상 일반투자자이지만 이 사건 특정금전신탁 체결 이전에도 기업어음이나 채권 등에 투자하는 특정금전신탁상품에 투자한 경험이 있으며, 특정금전신탁계약을 체결하기 전에 작성한 투자자정보확인서에 투자경험에 대하여 '공격형투자상품' 항목이,

금융상품에 대한 지식수준에 대하여 '높음(투자할 수 있는 대부분의 금융투자상품
의 차이를 이해할 수 있는 정도)' 항목이, 감내할 수 있는 손실수준에 대하여 '기대
수익이 높다면 위험이 높아도 상관하지 않겠다' 항목이, 투자자 유형에 대하여
'공격투자형' 항목이 각 체크되어 있는바 제반 사정에 비추어 해당 투자자는 금
융상품에 대한 상당한 수준의 지식과 경험이 있었고, 안정성보다는 단기간에
고수익을 올릴 수 있는 형태의 상품을 추구한 것으로 보이고, 이 사건 기업어음
증권의 신용등급인 'A3-'는 일반투자자에게 투자권유를 할 수 있는 범위 내로
보인다고 하여, 피고의 투자권유가 적합성의 원칙에 위반되지 않는다고 판시하
였고, 이 점에 대해서는 대법원도 견해를 같이 하였다.

이상의 대상판결은, '특정금전신탁계약 체결'에 관하여도 자본시장법상 적
합성원칙(법 제46조)의 기본개념을 그대로 따른 것으로 분석된다. 이러한 판단은
타당한 것으로 이에 찬성한다.

3. 설명의무 위반 여부

대상판결의 판시내용 중 설명의무에 관하여는 (i) 대리인에 의한 거래에 대
한 평가, (ii) 신탁업자의 자료분석의무의 유무, (iii) 설명의무의 대상 및 범위에
관하여 차례대로 검토하고자 한다.

가. 첫째, 대리인에 의한 금융투자상품 거래에 대한 평가에 대하여 살펴본다.

대상판결에서, 원고 2인은 모두 동일한 대리인인 C를 통하여 이 사건 특정
금전신탁계약을 체결하였는데, 이와 관련하여 투자자 본인과 대리인 중 누구를
기준으로 설명의무의 이행 여부를 판단할 것인지가 문제되었다.

대리인에 의한 금융투자 거래에 있어서, 적합성 원칙은 본인이 노출되어
있는지 여부에 따라 판단이 달라지고, 설명의무의 경우에는 대리인을 기준으로
하는 것이 타당하다는 견해가 있다.[14] 대상판결 역시, 피고 증권회사가 대리인
인 C를 기준으로 하여 C에게 자본시장법상 요구되는 설명의무를 모두 이행하였
는지 여부를 기준으로 판단하였다.

생각건대, 대리인에 의한 금융투자상품 거래에 있어서 누구를 기준으로
판단할 것인지에 대하여 자본시장법상 특별한 규정이 없는 이상 민법 제116

---

14) 좌담회: "금융상품분쟁해결의 법리", BFL 제58호(서울대학교 금융법센터, 2013), 37-38면.

조15)에 따라 원칙적으로 대리인을 기준으로 판단하는 것이 타당하다고 본다. 따라서 대상판결에서 대법원이 대리인 C의 경력, 투자경험 등을 기준으로 설명의무 위반 여부를 판단한 원심의 판단 부분을 적법한 것으로 인정한 것은 타당하다.

나. 둘째, 자료분석의무에 관하여 살펴본다.

(1) 금융투자협회의 2015. 6. 30.자 「특정금전신탁 업무처리 모범규준」에 따르면, 신탁업자의 임직원 등은 위 모범규준에 따라, (i) 먼저 투자자의 신탁목적 및 투자권유 희망여부를 확인하여야 하고, (ii) 해당 투자자가 일반투자자인지 전문투자자인지를 확인하며, (iii) 투자자정보를 파악하고 투자자성향을 분석하며, (iv) 앞서의 3단계의 절차를 마치면 투자자정보에 따라 분류된 투자자성향에 적합한 범위 내에서 신탁계약의 체결을 권유할 수 있다. 또한 위 모범규준은 신탁계약의 체결절차에 있어서 (v) 신탁계약 체결시 관계법령 등에서 정한 설명의무를 이행하도록 하고 있으며 (vi) 그 후 투자자의 신탁계약 체결 의사를 최종 확인한 후 설명의무 이행 및 설명서 또는 상품설명서 교부를 확인 받도록 하고 있다.

(2) 이와 관련하여 대법원은, 자산운용사가 펀드상품에 대한 허위의 판매보조자료를 투자중개업자와 고객에게 제공하였는데 투자중개업자가 그 내용의 진위를 자체적으로 검증하지 않고 판매보조자료의 내용만을 그대로 고객에게 설명하여 결국 고객이 막대한 투자금 손실을 입은 사안에서, "판매회사는 자산운용회사가 제공한 투자설명서의 내용을 숙지하고, 의미가 명확하지 않은 부분은 자산운용회사에게서 정확한 설명을 들어 내용을 스스로 명확하게 이해한 다음, 투자자에게 투자신탁의 운용방법이나 투자계획 및 그로 인한 수익과 위험을 투자자가 정확하고 균형 있게 이해할 수 있도록 설명하여야 하고, 단지 자산운용회사한테서 제공받은 판매보조자료의 내용이 정확하고 충분하다고 믿고 그것에 의존하여 투자신탁에 관하여 설명하였다는 점만으로는 투자자보호의무를 다하

15) 민법 제116조(대리행위의 하자) ① 의사표시의 효력이 의사의 흠결, 사기, 강박 또는 어느 사정을 알았거나 과실로 알지 못한 것으로 인하여 영향을 받을 경우에 그 사실의 유무는 대리인을 표준하여 결정한다. ② 특정한 법률행위를 위임한 경우에 대리인이 본인의 지시에 좇아 그 행위를 한 때에는 본인은 자기가 안 사정 또는 과실로 인하여 알지 못한 사정에 관하여 대리인의 부지를 주장하지 못한다.

였다고 볼 수 없다"고 판시한 바 있다.[16]

그런데 신탁계약의 체결에 있어서도 신탁계약에 대한 설명은 결국 신탁상품을 취급하는 영업점 직원들의 상품 숙지의 정도와 밀접한 관련이 있으므로, 상품을 숙지하기 위해 신탁업자도 투자대상을 적극적으로 조사할 의무가 있는지가 문제될 수 있다.[17]

대상판결에서는 피고 증권회사에게 둘 이상의 신용평가회사가 제시한 기업어음 신용등급('A3-')과는 별개로, L건설의 신용상태와 자산의 건전성 등에 대해 별도의 조사를 행하고 이를 설명할 의무가 있는 것인지가 쟁점이 되었다.

(3) 이에 관하여 환송전 원심은, "자본시장법 시행령 제183조는 투자매매업자 또는 투자중개업자는 둘 이상의 신용평가회사로부터 신용평가를 받은 기업어음증권에 대해서만 매매, 중개, 주선 등을 할 수 있다는 취지로 규정하고 있는데, 위 규정의 취지는 신용평가회사로 하여금 전문적이고 객관적이며 공정한 방법으로 기업어음 발행회사의 신용상태와 자산의 건전성 등을 조사하게 하고 그 결과를 쉽게 인식할 수 있도록 미리 체계화된 내용에 따라 등급화하여 공개함으로써 궁극적으로 투자자 보호와 기업어음의 공신력을 강화하고 기업어음의 유통성을 높여 기업의 자금조달을 원활하게 하기 위한 것이므로, 이러한 규정의 취지와 피고 증권회사가 기업어음증권 발행회사의 신용상태와 자산의 건전성 등을 조사하더라도 신용평가회사보다 더 정밀한 조사를 하는 것은 불가능할 것으로 보이고 오히려 거래비용만 증가시킬 것으로 보이는 점 등을 종합하여, 기업어음증권의 중개 또는 판매자에 불과한 피고 증권회사에게 L건설의 신용상태와 자산의 건전성 등에 대해 별도로 조사할 의무를 부과할 수 없다"는 취지로 판시하였고, 대법원도 동일한 취지로 판시하였다.

(4) 생각건대, 제3자가 작성한 자료를 기초로 금융투자상품 판매가 이루어진 경우에 금융투자업자가 그 제3자 작성 자료의 내용에 대하여 자체적으로 검증하여야 할 책임이 있는지와 관련하여, 위에서 본 2010다76368 판결은 투자중개업자가 '투자설명서'를 좀 더 주의 깊게 읽고 판매보조자료와 비교하였다면 자체적으로 충분히 그 내용의 허위 여부를 검증할 수 있는 경우였음에도 불구하고 그 검증을 하지 않은데 대하여 책임을 물은 것인데 반하여, 대상판결 사안

---

16) 대법원 2011. 7. 28. 선고 2010다76368 판결.

17) 김태연, 전게학위논문, 38면.

에서 투자대상 기업에 대한 '신용등급의 평가'는 해당 금융투자업자의 전문 영역에 해당하지 않으므로 자체 검증을 하려고 해도 이를 독자적으로 평가할 수 없는 것이라는 점에서, 위 두 사건은 사안이 다르므로 그 판단도 달라질 필요가 있다고 생각된다.[18] 대상판결 역시 같은 취지에서 신탁업자가 별도로 신용등급을 평가할 의무까지는 없다고 판시한 것으로 보이고, 이러한 판단은 타당하다.

　　금융투자상품으로서의 기업어음의 투자위험은 발행기업의 현재 및 장래의 재무상태나 신용능력에 좌우되는 것인데, 발행기업의 현재 및 장래의 재무상태나 신용능력에 영향을 미치는 사정들은 그야말로 복잡 다양하고, 이러한 제반 사정을 고려하여 발행기업의 재무상태, 신용능력을 평가하는 것 또한 평가방법이나 평가자에 따라 그 결론이 달라질 수 있는 지극히 어려운 일이라고 할 수 있다. 그런 이유로 기업어음을 발행하여 자금을 조달하려는 기업, 기업어음에 투자하려는 투자자, 기업어음 상품에 관한 투자를 중개하는 금융기관 모두 기업어음에 관한 거래를 꺼리게 될 수밖에 없다. 기업에 대한 신용평가를 전문적으로 실시하고 있는 신용평가기관이 전문성과 경험을 활용하여 제반 정보를 수집하고 긍정적인 요소와 부정적인 요소를 고려하여 내린 신용평가 결과에는 발행기업의 재무상태와 신용능력이 가장 객관적이고 합리적으로 반영되어 있을 것이므로 이를 토대로 기업어음을 발행, 유통하도록 하고 있는 것이므로, 위와 같은 판시 취지는 역시 타당하다.

　　다. 셋째, 설명의 대상, 범위에 대해 살펴본다.

　　(1) 금융투자업자의 설명의무는 투자자의 자기책임원칙의 전제조건으로서 인정되는 것이므로, 금융투자업자의 설명의무 위반이 인정되기 위해서는 수익증권 판매과정에서 금융투자업자의 설명 내용이 결과적으로 투자자의 투자판단에 영향을 주었을 것이 전제되어야 할 것이다(대법원 2011. 7. 28. 선고 2010다76368 판결 참조).

　　(2) 자본시장법은 설명의 대상이 되는 '중요사항'이란 "투자자의 합리적인 투자판단 또는 해당 금융투자상품의 가치에 중대한 영향을 미칠 수 있는 사항"이라고 정하고 있는데(자본시장법 제47조 제3항), 대법원은 소위 KIKO 사건에서

---

18) 같은 견해로 김용재, "투자중개·매매업자의 주의의무에 관한 연구", 증권법연구 제14권 제3호(한국증권법학회, 2013), 60면.

"금융기관이 고객에게 설명하여야 하는 거래상 주요 정보에는 당해 장외파생상품 계약의 구조와 주요 내용, 고객이 그 거래를 통하여 얻을 수 있는 이익과 발생 가능한 손실의 구체적 내용, 특히 손실발생의 위험요소 등이 모두 포함된다. 그러나 당해 장외파생상품의 상세한 금융공학적 구조나 다른 금융상품에 투자할 경우에 비교하여 손익에 있어서 어떠한 차이가 있는지까지 설명해야 한다고 볼 것은 아니다"라고 판시함으로써(대법원 2013. 9. 26. 선고 2012다1146 전원합의체 판결), 위 중요사항의 의미를 보다 구체화하고 있다.

(3) 위 대법원 판시내용에 따르면, 금융투자업자의 투자자에 대한 설명의무가 인정되는 중요사항은 금융투자상품의 기본적인 구조, 주요 내용, 손실발생의 위험요소 등에 한정되고, 설령 손실발생과 연결되는 사항이라고 하더라도 지나치게 세세한 사항(예컨대 파생상품의 복잡한 금융공학적 구조)에 대하여까지 금융투자업자의 설명의무가 인정되지는 않는다. 물론 복잡한 파생상품의 경우 금융기관과 투자자간의 정보의 불균형 또는 비대칭성이 존재한다는 점에서 금융기관은 신의칙상 그 장외파생상품의 내용에 대해 충분히 설명할 의무가 있다고 보아야 할 것이지만,[19] 실무상 고객에게 파생상품의 금융공학적 구조와 같이 지나치게 세세하고 그 성격상 고객에게 이해를 시키기 어려운 사항에 대하여까지 설명의 대상으로 삼아 이에 대하여 분명하게 인식할 수 있도록 설명할 의무를 부과할 경우에는, 그 설명의 어려움으로 인하여 고객에게 상품을 팔지 못하게 되거나 아니면 제대로 설명하지 아니하고 상품을 판 결과 설명의무 위반으로 인한 손해배상책임을 부담하게 되는 불합리한 결과가 초래될 수 있다.[20]

따라서 위 KIKO 사건에서의 대법원 판시의 취지와 같이 설명의무의 범위를 합리적인 일정 범위 내로 제한하는 것이 타당하다. 그에 있어서 설명의무의 대상, 범위를 어느 정도로 인정하는 것이 합리적인 것인지는 개별 금융상품별로 살펴보아야 한다.

(4) 이러한 견지에서 대법원은 "투자신탁 수익증권 판매 업무를 영위하는 은행 임직원이 고객에게 수익증권의 매수를 권유할 때에는 그 투자에 따르는

---

19) 김상만, "키코통화옵션계약에 대한 최근 대법원 판결의 고찰", 법학논총 제31집(숭실대학교 법학연구소, 2041), 17면.

20) 최문희, "계약의 구조에 대한 설명의무", 상사판례연구 제27호 제1권(한국상사판례학회, 2014), 148면.

위험을 포함하여 당해 수익증권의 특성과 주요 내용을 명확히 설명함으로써 고객이 그 정보를 바탕으로 합리적인 투자판단을 할 수 있도록 고객을 보호하여야 할 주의의무가 있고, 이 경우 고객에게 어느 정도의 설명을 하여야 하는지는 당해 수익증권의 특성 및 위험도의 수준, 고객의 투자경험 및 능력 등을 종합적으로 고려하여 판단하여야 한다"고 하여(대법원 2010. 11. 11. 선고 2008다52369 판결), 금융투자상품별로 설명의무의 내용이 달라진다고 판시하고 있다.

대상판결에서는 '신용등급' 등 설명의 대상을 어떻게 볼 것인지 하는 쟁점에 관하여, "자본시장법 제4조 제3항에서 정한 기업어음은 기업이 사업에 필요한 자금을 조달하기 위하여 발행한 약속어음이므로, 기업어음에 투자하는 것으로 운용방법을 지정하는 특정금전신탁의 경우에 그 투자에 따르는 위험은 기업어음이 만기에 지급되지 아니할 위험, 즉 발행기업의 신용위험 및 그로 인한 원금 손실 가능성이라고 할 수 있다. 이에 따라 위와 같은 특정금전신탁에 투자권유를 하는 경우에 금융투자업자는 일반적으로 투자에 따르는 위험과 관련하여 투자자에게 기업어음 발행기업의 신용위험이 존재하고 이로 인하여 원본 손실의 가능성이 있다는 사실 등을 설명하여야 한다"고 전제하고, "그런데 기업어음의 신용등급은 금융위원회의 인가를 받은 신용평가회사가 기업어음의 신용상태를 평가하여 그 결과에 대하여 기호, 숫자 등을 사용하여 표시한 등급으로서 기업어음 발행기업의 적기상환능력 내지 위험을 나타내는 지표가 된다. 그리고 자본시장법 시행령 제183조 제1항 제1호는 금융투자업자인 투자매매업자 또는 투자중개업자가 매매, 중개 등을 하는 기업어음에 대하여는 둘 이상의 신용평가회사의 신용평가를 받도록 규정하고 있다. 이와 같은 기업어음에 관한 신용평가와 신용등급의 취지 및 기능 등에 비추어 보면, 금융투자업자가 투자자에게 기업어음의 신용등급과 아울러 신용평가 내용을 고지하고 해당 신용등급의 의미와 그것이 전체 신용등급에서 차지하는 위치에 대하여 투자자가 이해할 수 있도록 설명하였다면, 특별한 사정이 없는 한 이는 재무상황이나 자산건전성 등을 포함하여 발행기업의 긍정적인 요인과 부정적인 요인을 종합적으로 평가한 결과로서의 발행기업의 신용위험이 어느 정도인지를 설명하였다고 할 수 있다"라고 판시하였다.

(5) 결국, 위와 같은 기업어음의 판매에 있어 설명의 대상에 관한 법원의 판시에 비추어 보면, 대법원의 입장은 결국 기업어음 투자에 따르는 위험은 발

행기업의 신용위험으로 귀결되므로, 기업어음의 판매에 있어서 금융투자회사는 그 신용등급이 가지는 의미와 전체 신용등급에서 차지하는 위치에 대해 설명함으로써 투자자에게 해당 기업어음의 투자판단에 필요한 중요사항을 설명한 것으로 인정된다는 것으로 볼 수 있다.

(6) 한편, 신용등급의 의미에서 더 나아가, 과연 신용평가회사의 평가보고서를 제공만 하면 설명의무를 다한 것으로 되는 것인지, 아니면 위 평가보고서를 제공한 것만으로는 설명의무를 다한 것으로 볼 수 없다고 보아야 할 것인지가 문제된다.

이에 대해 대상판결의 환송전 원심은, 신용평가회사의 평가보고서를 제공한 것만으로는 설명의무를 다하였다고 볼 수 없으며, 이 사건 신탁계약 체결 당시 고객인 원고들의 대리인 C가 그 정보를 바탕으로 합리적인 투자판단을 할 수 있도록 L건설의 재무상황이나 자산건전성 등 투자에 따르는 위험에 관한 균형 있는 정보를 제공하였다고 볼 수 없어 고객을 보호하여야 할 주의의무를 다하지 못하였다고 판시하였다.

그러나 대법원은 "기업어음에 관한 신용평가와 신용등급의 취지 및 기능에 비추어 보면, 금융투자업자가 투자자에게 기업어음의 신용등급에서 차지하는 위치에 대하여 투자자가 이해할 수 있도록 설명하였다면, 특별한 사정이 없는 한 이는 재무상황이나 자산건전성 등을 포함하여 발행기업의 긍정적인 요인과 부정적인 요인을 종합적으로 평가한 결과로서의 발행기업의 신용위험이 어느 정도인지를 설명하였다고 할 수 있다"고 판시하면서, 피고 증권회사는 C에게 기업어음의 신용등급과 발행기업인 L건설의 부도위험 및 그로 인한 원본 손실 가능성에 대하여 설명하였고, 나아가 L건설의 긍정적인 요인과 부정적인 요인이 모두 기재되어 있는 각 신용평가서까지 교부한 이상, 이로써 신탁계약의 체결에 따르는 위험과 관련하여 기업어음 발행기업의 신용위험이 존재하고 그로 인한 원금 손실의 가능성이 있다는 사실을 설명한 것으로 볼 수 있고, 비록 피고 증권회사가 신용평가서를 바탕으로 그 신용등급 평가의 근거가 된 L건설의 재무상황이나 자산건전성 등에 대하여 일일이 구체적으로 설명하지 아니하였더라도 그러한 사정만으로 투자자의 합리적인 투자판단을 그르치게 할 정도로 균형성을 상실한 설명을 하였다고 단정하기에 부족하다고 판시하여, 원심 판결을 파기하였다.

(7) 신용평가서는 기업의 재무상태·사업실적 등 현재의 상황과 사업위험·경영위험·재무위험 등 미래의 전망을 종합적으로 고려하여 작성되는 것이다. 이는 신탁업자가 작성한 것이 아닐 뿐만 아니라 신탁업자의 전문 영역에 해당하는 것도 아니다. 또한 이는 원리금 상환가능성에 대한 예측정보의 하나로서, 법적 의무 없이 고객에게 제공되는 자료에 불과하다. 따라서 그 세부적인 내용까지 설명대상에 포함시켜 금융투자업자에게 구체적인 설명의무를 부과하는 것은 부당하다고 생각된다.[21] 대상판결에서 대법원이 설시한 바와 같이, 기업어음을 편입재산으로 한 특정금전신탁상품의 판매에 있어서 금융투자업자는 일반적으로 투자에 따르는 위험과 관련하여 투자자에게 기업어음 발행기업의 신용위험이 존재하고 이로 인하여 원본 손실의 가능성이 있다는 사실 등을 설명하면되고, 이는 결국 금융위원회의 인가를 받은 신용평가회사가 기업어음의 신용상태를 평가한 결과로서 기업어음 발행기업의 적기상환능력 내지 위험을 나타내는 지표인 신용등급으로 표상되므로, 중요사항인 기업어음의 신용등급의 의미를 제대로 고지하였다면 특별한 사정이 없는 한 설명의무 위반은 인정될 수 없다고 봄이 타당하다고 사료된다.

참고로, 대법원은 최근에도 '신용등급'의 의미 및 고지가 쟁점이 된 일련의 사건에서, 증권회사가 회사채를 판매함에 있어 중요사항인 기업어음·회사채의 신용등급을 제대로 고지하였다면 증권신고서나 투자설명서에 기재된 D해운의 영업환경이나 재무상황에 관하여 구체적으로 설명하지 아니하였다거나 투자설명서에 기재된 투자위험에 관하여 따로 주의를 촉구하지 아니하고 투자설명서를 교부하지 아니하였다는 사정만으로는 고객보호의무 위반이 인정될 수 없다는 일관된 입장을 취하고 있다.[22]

---

21) 같은 견해로 김태연, 전게학위논문, 45-46면.
22) 대법원 2006. 6. 29. 선고 2005다49799 판결(대우자동차 CP 사건), 대법원 2015. 9. 15. 선고 2014다216123 판결(대한해운의 회사채 사건); "투자자가 자본시장법 제4조 제3항에서 정한 채무증권인 이 사건 회사채의 취득과 관련하여 부담하는 위험은 시장금리 수준에 따른 회사채 시가의 변동 위험과 그로 인한 원본손실 가능성이라고 할 것이다. 따라서 금융투자업자인 피고로서는 원고들에게 이 사건 회사채에 투자할 것을 권유하는 경우 그 투자에 따르는 위험과 관련하여 이 사건 회사채의 시가 변동의 위험 및 대한해운의 신용위험이 존재하고 그로 인하여 원본손실 가능성이 있다는 사실 등을 설명하여야 한다. 그리고 사채권의 신용등급은 금융위원회의 인가를 받은 신용평가회사가 사채권의 신용상태를 평가하여 그 결과에 대하여 기호, 숫자 등을 사용하여 표시한 등급으로서 사채권을 발행한 기업의 원리금 지급능력 내지 위험을 나타내는 지표이므로, 금융투자업자가

4. 결   어

특정금전신탁은 위탁자 겸 수익자인 투자자가 직접 신탁재산의 운용방법과 조건을 지정하여 '지시'하는 것이 그 본질이기는 하나, 금융회사가 사전에 확보한 다양한 금융상품군 중에서 일정한 투자권유를 하고 그에 따라 투자자가 특정 상품을 선택하는 경우가 종종 있어, 실제적으로 투자권유가 존재하는 경우가 상당수 있고, 특히 개인투자자에게 판매되는 상당수의 특정금전신탁의 경우 투자자의 독자적인 결정으로서의 '지정 내지 지시'가 있었다고 할 만큼 투자자가 신탁상품의 특징을 이해하고 구체적인 운용방법을 정하여 지시하였다고 보기에는 무리인 사례들이 적지 않다. 따라서 이러한 경우에는 자본시장법상의 투자권유규제가 적용되어야 한다고 생각된다.

이와 관련하여 특정금전신탁의 본질과 투자권유 개념 간에 이론상 충돌이 있다는 견해가 있으나, 이러한 견해는 타당하지 않다. 다만 특정금전신탁의 특수성상 투자권유를 상정할 수 없는 경우가 있거나 투자권유가 투자자에 미치는 영향 내지 그 의미가 다른 일반 거래에서와 다를 수 있으나, 이러한 특수성은 개별적인 사안에서 설명의무 위반 등을 판단함에 있어서 참작하면 된다. 대법원 역시 최근까지 문제된 특정금전신탁과 관련한 일반투자자와의 분쟁 사례에서 특정금전신탁에 대한 투자권유가 존재함을 전제로 하여 자본시장법상 투자

투자자에게 사채권의 신용등급과 아울러 해당 신용등급의 의미와 그것이 전체 신용등급에서 차지하는 위치에 대하여 투자자가 이해할 수 있도록 설명하였다면, 특별한 사정이 없는 한 금융투자업자는 사채권의 원리금 상환 여부에 영향을 미치는 발행기업의 신용위험에 관하여 설명을 다하였다고 볼 것이고, 자본시장법 제119조에 따라 증권을 모집, 매출하는 경우 작성, 공시하는 증권신고서와 투자설명서에 기재되어 있는 발행주체의 재무상황 등까지 설명하여야 하는 것은 아니다. 이 사건에서 피고 직원들은 원고들에게 'BBB+'라는 것과 원본손실 가능성이 있음을 설명하였고, 원고들 대부분에게 대한해운의 사업위험 및 재무위험에 관한 내용이 구체적으로 기재된 신용평가서를 교부하였는데, 이러한 경우 이 사건 회사채에 관한 투자판단에 필요한 대한해운의 신용위험에 관한 정보를 제공하였다고 볼 여지가 있고, 그 중 회사채에 투자한 경험이 있는 일부 원고들은 'BBB+'라는 이 사건 회사채 신용등급의 의미도 알고 있었다고 봄이 상당하다. 이러한 사정에 비추어 보면, 피고 직원들이 원고들에 대하여 이 사건 증권신고서나 투자설명서에 기재된 대한해운의 영업환경이나 재무상황에 관하여 구체적으로 설명하지 아니하였다거나 투자설명서에 기재된 투자위험에 관하여 따로 주의를 촉구하지 아니하고 투자설명서를 교부하지 아니하였다는 사정만으로는 피고가 일반투자자인 원고들에게 이 사건 회사채의 투자와 관련한 중요사항에 관한 설명을 하지 아니하여 합리적인 투자판단을 그르쳤다고 단정하기 어렵다."

권유규제를 적용하고 있는 것으로 보이는데, 이는 해당 사건에서 실제 투자권유 행위가 존재한 사실이 인정되었기 때문이고, 그 금융투자상품의 성격 등을 종합적으로 고려하여 설명의무 위반 여부를 판단하고 있다. 이러한 대법원의 입장은 타당하다.

한편, 금융투자협회 역시 특정금전신탁에서의 투자권유규제에 대한 실효성을 확보하기 위하여 투자권유준칙과 모범규준을 제정하여 이를 권고하고 있으며, 여기에는 설명의무, 적정성의 원칙, 적합성의 원칙 등 일반적인 의무뿐만 아니라 세부적으로 설명의 방법, 설명확인서의 작성요령, 투자동의서 등을 실무에 적용할 수 있도록 상당히 구체적으로 정하고 있다.

결국 향후에는 금융투자업자 스스로, 특정금전신탁상품의 성격이나 본질에만 의존하여 자본시장법상의 각종 의무를 간과하거나 회피하기보다는 투자권유준칙 및 모범규준에 따른 판매업무를 할 필요가 있으며, 이러한 규제 준수가 사후 분쟁 예방에도 상당한 기여를 할 것으로 사료된다.

● 참고문헌

[단행본]

김정수, 자본시장법원론, (SFL 그룹, 2011)

임채웅, 신탁법연구, (박영사, 2009)

[논문 등]

금융위원회 보도자료, "투자권유관련 업무처리 해설지침", (금융위원회, 2009)

김상만, "키코통화옵션계약에 대한 최근 대법원 판결의 고찰", 법학논총 제31집(숭실대
        학교 법학연구소, 2014)

김용재, "투자중개·매매업자의 주의의무에 관한 연구", 증권법연구 제14권 제3호(한국
        증권법학회, 2013)

김태연, "특정금전신탁을 통한 기업어음(CP) 투자와 투자자보호", 고려대학교 석사학위
        논문(2014)

안수현, "금융상품거래와 신뢰", BFL 제61호(서울대학교 금융법센터, 2011)

오성근, "증권투자권유에서 증권업자의 계약책임론에 관한 고찰", 주식 428호(2004)

오영준, "금전신탁과 예금, 특정금전신탁과 불특정금전신탁의 구별, 나. 특정금전신탁에
        관한 원본 보전이나 이익 보족 약정의 효력 2007. 11. 29. 선고 2005다64552 판
        결: 공2007하, 2001", 대법원판례해설 제72호(법원도서관, 2008)

최문희, "계약의 구조에 대한 설명의무", 상사판례연구 제27호 제1권(한국상사판례학회,
        2014)

홍유석, "모든 금전신탁은 예금채권보다 우선적으로 보호되어야 한다", 법률신문 1998.
        8. 13(목)

좌담회: "금융상품분쟁해결의 법리", BFL 제58호(서울대학교 금융법센터, 2013)

ELS헤지거래에 있어서의 투자자보호의무

박해성, 표정률

[요 지]

금융공학을 활용한 첨단 파생금융상품이 개발·발행되고 있는 배경에는 이를 발행하는 발행사의 위험을 회피할 수 있는 금융거래기법이 자리하고 있다.

2000년대 중반 이후 우리나라에서 선풍적인 인기를 구가해 온 파생금융상품인 주가연계증권(Equity-Linked Security, ELS) 역시 델타헤지(Delta Hedge) 방식의 헤지기법이 있어 그 발행이 가능했다. 그러나, 금융상품과 헤지기법이 복잡해질수록 정상적인 헤지기법의 외형을 내세워 비정상적인 투기거래를 하고자 하는 유인은 커질 수밖에 없다.

대상 판결은 ELS 발행에 있어 필수적으로 사용되는 델타헤지거래에 있어서 델타값과 괴리를 보이는 등의 비정상적인 헤지거래가 자체헤지를 하는 ELS 발행사에 의해 이루어진 경우 이를 민법 제150조 제1항상의 '신의성실의 원칙에 반하는 방해행위'라고 보아 위 헤지거래로 인해 기초자산 가격이 하락하여 ELS 상환조건 성취가 이루어지지 못했다면 상환조건 성취를 의제하여 ELS 발생사로 하여금 투자자에게 상환금을 지급하도록 하는 취지의 판결이다.

대상 판결은 금융투자업자가 파생금융상품에 관한 헤지거래를 함에 있어서 그 외형이 헤지거래라 하더라도 정상적인 헤지거래의 범위를 넘어 시장가격을 왜곡하는 등 파생금융상품 조건의 성취를 방해한 경우, 조건성취를 의제하는 강력한 민사적 제재가 이루어질 수 있음을 보여주는 실례라는 점에서 의미가 있는 판결이다.

[주제어]
- ELS
- 헤지거래
- 투자자 보호의무

대상판결 : 대법원 2015. 5. 14. 선고 2013다2757 판결
[공2015상, 785]

[사실의 개요]

1. 피고는 삼성에스디아이 주식회사(이하 "삼성SDI"라 한다) 보통주를 기초자산으로 하는 주가연계증권(이하 "이 사건 주가연계증권"이라 한다)을 발행한 증권회사이고, 원고들은 피고가 발행한 이 사건 주가연계증권을 매입한 투자자들(원고1은 36,000,000원 상당, 원고2는 150,000,000원 상당, 원고3은 33,000,000원 상당을 각각 매입)이다. 피고가 2005. 3. 16. 발행한 이 사건 주가연계증권은 한국증권선물거래소에 상장된 삼성SDI 보통주를 기초자산으로 하여 1매의 액면가가 10,000원이었다. 같은 날의 삼성SDI 보통주 종가인 108,500원을 기준가격으로 하고, 중간평가일 및 만기평가일의 삼성SDI 보통주 종가를 그 평가가격으로 하며, 중간평가일은 약 4개월 간격으로 총 8차에 걸쳐 있고, 만기평가일은 2008. 3. 17.이다.

2. 피고는 이 사건 주가연계증권의 투자자에게, ① 각 중간평가일에 삼성SDI 보통주 중간평가가격이 기준가격보다 높거나 같을 경우 또는 기준가격 결정일 다음 날인 2005. 3. 17.부터 해당 중간평가일까지, 삼성SDI 보통주 가격이 장중가를 포함하여 한 번이라도 기준가격의 110% 이상으로 상승한 적이 있는 경우에는 이 사건 주가연계증권의 액면금에 각 차수가 도래할 때마다 액면가의 3%씩 증액된 수익금(연 9%의 수익금)을 더하여 중도상환금으로 지급하고, ② 중도상환이 이루어지지 아니하고 만기에 이른 때에는, 그 만기평가가격이 기준가격보다 높거나 같은 경우 또는 8차 중간평가일 다음 날부터 만기평가일까지 삼성SDI 보통주 가격이 장중가를 포함하여 한 번이라도 기준가격의 110% 이상으로 상승한 적이 있는 경우에는 이 사건 주가연계증권 액면금액의 127%를, 위 조건이 충족되지 아니한 상태에서 삼성SDI 보통주 가격이 2005. 3. 17.부터 만기평가일까지 한 번도 기준가격 대비 40% 이상 하락한 적이 없는 경우에는 액면금액을, 위 두 조건이 모두 충족되지 아니한 경우에는 '액면금액 × (만기평가가격/기준가격)'으로 계산한 금액을 만기상환금으로 지급한다고 약정하였다.

3. 피고는 삼성SDI 보통주를 기초자산으로 하여 운용하는 주가연계증권 전체를 합하여 델타헤지거래를 하였는데, 2005년 7월 중순부터 이 사건 주가연계증권의 2차 중간평가일인 2005. 11. 16.(이하 "이 사건 중간평가일"이라 한다)까지는 대체로 델타값보다 약 15% 정도 많게 주식 보유량을 유지하면서 델타값의 증감에 따라 이를 조절하였다. 이 사건 중간평가일의 삼성SDI 보통주는 기준가격인 108,500원에 거래되기 시작하여 같은 날 12:00경부터 거래가 종료되기 10분 전인 14:50경까지는 위 기준가격 이상인 108,500원 또는 109,000원의 가격으로 거래되고 있었다. 한편 피고는 그 전날인 2005. 11. 15. 장 종료 무렵 삼성SDI 보통주 287,221주를 보유하고 있었고, 피고가 삼성SDI 보통주를 기초자산으로 하여 운용하는 주가연계증권 전체의 델타값은 이 사건 중간평가일 종가가 108,500원으로 결정될 경우에는 -127,137이고, 종가가 108,000원으로 결정될 경우에는 -192,137이었다. 피고는 이 사건 중간평가일에 피고의 장외거래(OTC) 파생상품부 상품계좌를 통해 삼성SDI 보통주에 관하여 접속매매시간대에 180,000주, 단일가매매시간대에 134,000주[1]의 매도 주문을 하여 그 중 98,190주를 매도하였다.

4. 이 사건 주가연계증권의 만기일인 2008. 3. 19. 피고로부터, 원고1은 24,055,299원을, 원고2는 100,230,414원을, 원고3은 22,050,691원을 각 만기상환금으로 지급받았다(원고들에게 만기상환일에 30% 상당의 손실 발생).

[소송의 경과]

1. 원고들은 이 사건 중간평가일인 2005. 11. 16. 장 종료 10분 전까지만 해도 108,500원 이상이었던 삼성SDI 주가가 장 막판 피고가 대량 매도에 나서는 방식으로 델타헤지를 시도하면서 108,000원으로 마감되어 중도상환이 무산됐으므로, 그 후 만기상환 당시 30% 상당의 손실을 보게 되자 위와 같은 피고의 대

---

1) 피고는 삼성SDI 보통주에 관하여 이 사건 중간평가일의 단일가매매시간대인 14:52:54에 20,000주, 14:53:10에 8,000주(14:53:48 주문 취소), 14:53:27에 20,000주, 14:54:11에 6,000주에 관하여 각 107,500에 매도 주문을 하였고, 그로 인하여 삼성SDI 보통주의 예상체결가격은 109,5000원에서 108,500원으로 하락하였다. 피고는 같은 날 14:54:56에 20,000주, 14:55:40에 20,000주에 관하여 각 108,500원에, 14:57:46에 20,000주, 14:58:48에 10,000주, 14:59:42에 10,000주에 관하여 각 108,000원에 매도 주문을 하였고, 그 결과 이 사건 중간평가일의 종가는 108,000원으로 결정되어 이 사건 주가연계증권의 중도상환조건이 성취되지 아니하였다.

량 매도가 민법 제150조 제1항("조건의 성취로 인하여 불이익을 받을 당사자가 신의성실에 반하여 조건의 성취를 방해한 때에는 상대방은 그 조건이 성취한 것으로 주장할 수 있다")상의 조건 성취 방해에 해당하여 중도상환 조건이 성취된 것으로 주장할 수 있음을 근거로 피고를 상대로 상환금청구소송을 제기하였다.

2. 제1심[2]은 피고의 델타헤지 거래가 원고들이 주장하는 조건 성취 방해 행위에 해당하지 않는다고 보아 원고들의 청구를 모두 기각하였다.[3]

3. 원심[4] 역시 델타헤지 거래행위가 ELS 발행의 전제조건으로 보편성과 필요성이 인정되는 헤지방법일 뿐만 아니라 금융회사의 자산운용 건전성을 위해 법령상 강제되는 헤지거래의 한 방법이므로 단지 거래수량이 많다거나 매매시기가 집중되어 있다는 점만으로 델타헤지로 인한 주식매매가 인위적인 시장조작에 해당한다고 단정하기 어렵다고 판단하였다. 즉, 원심은 피고가 2005. 11. 1.부터 2005. 11. 30.까지 사이에 델타값과 실제 주식보유수량을 정확하게 일치시키지는 않았으나 델타값의 증감에 따라 실제보유수량을 증감시켜온 점, 피고의 델타헤지 모습이 델타헤지의 기본원리에 정확하게 부합한다고 평가하기는 어려우나 트레이더에게는 일정한 위험수준 한도 내에서는 재량이 인정되는 점 등을 고려하여 이 사건 중간평가일에 피고가 대량 매도주문을 한 것은 델타헤지에 부합하는 거래라고 하면서, 제1심 판결을 취소하고 원고들의 항소를 모두 기각하였다.

4. 그러나 대법원은 원심 판결을 파기하고, 이를 서울고등법원으로 환송하였다.[5]

---

2) 서울중앙지방법원 2009. 10. 13. 선고 2009가합116043 판결.
3) 다만, 동일한 사안에 대한 제1심 판결 중 증권매입일로부터 만기에 이르기까지 4개월마다 도래하는 중간평가일의 기초자산의 가격변동에 따라 중도상환의무가 발생하는 구조의 주가연계증권을 발행·판매한 피고가 두 번째 중간평가일의 종가가 결정되기 불과 10분 전에 그 기초자산인 주식을 대량매도함으로써 중도상환조건의 성취로 불이익을 받을 당사자인 피고가 신의성실에 반하여 중도상환조건의 성취를 방해한 것이므로 그 상대방인 원고들은 피고에 대하여 방해행위가 없었더라면 조건이 성취되었을 것으로 추단되는 위 중간평가일에 중도상환조건이 성취된 것으로 주장할 수 있다고 보아 원고들의 청구를 인용한 판결(서울중앙지방법원 2010. 7. 1. 선고 2009가합90394 판결)이 내려져 제1심 판결의 결론이 엇갈린 바 있다.
4) 서울고등법원 2010. 7. 2. 선고 2010나58607 판결.
5) 환송심 법원은 원고들의 청구를 인용하는 판결을 하였고(서울고등법원 2015. 6. 1. 선고 2015나14633 판결), 이에 피고가 재상고하여 2016. 3. 현재 재상고심(대법원 2016다8565 사건)이 진행중이다.

[판결의 요지 - 파기환송]

권리의 행사와 의무의 이행은 신의에 좇아 성실히 하여야 한다는 것이 법질서의 기본원리이다(민법 제2조). 따라서 법률관계의 당사자는 자신의 권리를 행사하거나 의무를 이행함에 있어 상대방의 이익도 배려하여야 하고, 형평에 어긋나거나 신뢰를 저버려서는 안 된다(대법원 2001. 5. 15. 선고 99다53490 판결; 대법원 2006. 3. 10. 선고 2002다1321 판결 등 참조). 민법 제150조 제1항이 "조건의 성취로 인하여 불이익을 받을 당사자가 신의성실에 반하여 조건의 성취를 방해한 때에는 상대방은 그 조건이 성취된 것으로 주장할 수 있다"고 규정하고 있는 것도 위와 같은 신의성실의 원칙이 발현된 모습의 하나이다.

한편 구 증권거래법(2007. 8. 3. 법률 제8635호 자본시장과 금융투자업에 관한 법률 부칙 제2조로 폐지되기 전의 것) 제52조 제3호는 증권회사 또는 그 임·직원에 대하여 유가증권의 발행 또는 매매 기타 거래와 관련하여 투자자의 보호 또는 거래의 공정을 저해하는 행위를 금지하면서, 구 증권거래법 시행령(2008. 7. 29. 대통령령 제20947호 자본시장과 금융투자업에 관한 법률 시행령 부칙 제2조로 폐지되기 전의 것) 제36조의 3에서 그 금지하는 행위를 구체적으로 규정하고 있다. 나아가 공법상 업무규제를 위하여 제정된 구 증권업감독규정(2008. 8. 4. 금융투자업규정의 제정에 의하여 폐지되기 전의 것) 제4-4조 제1항은 증권회사로 하여금 고객과의 사이에서 이해가 상충하지 않게 하고 이해상충이 불가피한 경우에는 고객이 공정한 대우를 받을 수 있도록 적절한 조치를 취하도록 규정하고 있다.

위와 같은 민법과 구 증권거래법 등의 규정 취지에 비추어 보면, 증권회사는 유가증권의 발행, 매매 기타의 거래를 함에 있어 투자자의 신뢰를 저버리는 내용 또는 방법으로 권리를 행사하거나 의무를 이행하여 투자자의 보호나 거래의 공정을 저해하여서는 안 되므로 투자자와의 사이에서 이해가 상충하지 않도록 노력하고, 이해상충이 불가피한 경우에는 투자자가 공정한 대우를 받을 수 있도록 적절한 조치를 취함으로써 투자자의 이익을 보호하여야 하며, 정당한 사유 없이 투자자의 이익을 해하면서 자기 또는 제3자의 이익을 추구하여서는 안 된다.

따라서 증권회사가 약정 평가기준일의 기초자산 가격 또는 지수에 연계하여 투자수익이 결정되는 유가증권을 발행하여 투자자에게 판매한 경우에는, 증권회사가 설사 기초자산의 가격변동에 따른 위험을 회피하고 자산운용의 건전성을 확보하기 위하여 위험회피거래를 한다고 하더라도, 약정 평가기준일의 기초자산 가격 또는 지수에 따라 투자자와의 사이에서 이해가 상충하는 때에는 그와 관련된 위험회피거래는 시기, 방법 등에 비추어 합리적으로 하여야 하며, 그 과정에서 기초자산의 공정한 가격형성에 영향을 끼쳐 조건의 성취를 방해함으로써 투자자의 이익과 신뢰를 훼손하는 행위를 하여서는 안 된다.

이 사건 주가연계증권은 기초자산인 삼성SDI 보통주의 중간평가일의 종가에 따라 중도상환조건의 성취 여부가 결정되어 피고가 투자자에게 지급할 중도상환금의 지급시기와 금액이 달라지는 유가증권이다. 그리고 이 사건 주가연계증권의 중도상환조건은 법률행위 효력의 발생을 장래의 불확실한 사실에 의존케 하는 정지조건이고, 피고는 이 사건 주가연계증권을 발행하여 판매한 증권회사로서 위 정지조건이 성취되는 경우 이 사건 주가연계증권의 투자자에게 이 사건 주가연계증권의 판매계약에서 정한 바에 따라 액면금에 약정 수익금을 더한 중도상환금을 지급하여야 할 의무를 부담하게 되므로, 위 정지조건의 성취 여부에 따라 이 사건 주가연계증권의 투자자와 이해관계가 상충한다.

피고가 이 사건 주가연계증권과 관련된 델타헤지거래로 삼성SDI 보통주를 매도하는 것은 기본적으로 위험회피라는 자신의 이익을 위하여 행하는 것이므로 그 과정에서 투자자의 신뢰나 이익이 부당하게 침해되어서는 안 된다고 할 것인바, 이 사건과 같이 중간평가일의 기초자산 가격이 중도상환조건을 성취시키는 가격에 근접하여 형성되고 있어 그 종가에 따라 중도상환조건이 성취될 가능성이 커서 피고와 투자자 사이의 이해관계가 서로 상충하는 상황에서는 피고는 중도상환조건의 성취 여부에 최소한의 영향을 미치는 방법으로 헤지거래를 함으로써 투자자를 보호해야지 그 반대로 중도상환조건의 성취를 방해함으로써 투자자의 신뢰를 저버리는 헤지거래를 하여서는 안 된다.

그런데 피고는 중도상환조건 성취 여부와 무관하게 보유하고 있던 삼성SDI 보통주 중 상당량을 이 사건 중간평가일의 접속매매시간대 전체에 걸쳐 분산하여 매도함으로써 중도상환조건 성취 여부를 결정하는 요소인 종가 결정에 미치는 영향을 최소화할 의무가 있었다. 나아가 단일가매매시간대 직전의 삼성SDI 보통주의 가격이 기준가격을 상회하여 투자자로서는 이 사건 주가연계증권의 중도상환조건이 충족될 것으로 기대할 수 있었으므로, 피고는 단일가매매시간대에 시장수급에 영향을 줄 것이 예상되는 대량의 매도 주문을 하려면 조건성취에 영향을 미치지 않도록 기준가격 이상의 호가를 제시하였어야 했다.

그럼에도 피고는 이 사건 중간평가일의 접속매매시간대에는 매도 주문 시 그 호가 대부분을 직전체결가보다 높게 제시하여 대부분의 계약 체결이 무산되는 결과를 초래하고 오히려 총 70,000주의 매수 주문을 내기도 하는 한편, 단일가매매시간대에는 같은 시간대 전체 매도 주문의 약 79%를 차지하는 134,000주에 관하여 매도 주문을 하면서 그중 94,000주에 관하여는 기준가격인 108,500원에 미치지 못하는 호가를 제시하였고, 단일매매시간대 전까지 기준가격인 108,500원 이상으로 거래되고 있던 삼성SDI 보통주가 피고의 위와 같은 대량매도 주문으로 인하여 종가가 108,000원으로 결정되었고, 결국 이 사건 주가연계증권의 중도상환조건 성취가 무산되었다. 피고의 이러한 행위는 원고들에 대한 투자자보호의무를 게을리한 것으로서 신의성실에 반하여 이 사건 주가연계증권의 중도상환조건 성취를 방해한 것이라고 볼 여지가 충분하다.

[연 구]

I. 서 론

주가연계증권(Equity-Linked Security, 이하 "ELS"라 한다)은 자본시장과 금융투자업에 관한 법률(이하 "자본시장법"이라 한다)상 파생결합증권(자본시장법 제4조 제7항)의 일종으로, 투자수익(원금 또는 이자)이 특정 주권의 가격 또는 주가지수의 변동에 연계되어 결정되는 금융투자상품[6]이다.

ELS는 2003년 장기적으로 안정적인 주식수요 기반을 확충하기 위하여 유가증권의 범위를 확대[7]하고자 구 증권거래법 시행령(제2조의 3 제7호 신설)을 개정하면서 도입된 것으로, 우리나라에서 발행된 ELS의 규모는 2003년 도입 초기 3-5조 원 가량이었으나 이후 지속적으로 성장하여 2013년 28.5조 원, 2014년 47.6조 원, 2015년 57.5조 원에 이르고 있다.[8]

---

6) 임재연, 자본시장법, 2016년판(박영사, 2016), 50면; 한국거래소 시장감시위원회, 2009 주가연계증권(ELS) 기초주식 감리백서, (2009. 11.) 7면.
7) 구 증권거래법 시행령(2003. 2. 24. 대통령령 제17907호) 개정이유의 취지이다.
8) 맹수석, "ELS투자에 있어서 증권회사의 고객보호의무", 선진상사법률연구 제72호(법무

2003년 이래 ELS 발행시장의 흐름을 살펴보면, ① 초기(2003-2004년)에는 KOSPI200 지수를 기초로 한 녹아웃(knock-out)형 수익구조가 대부분을 이루다가, ② 2005-2008년에는 하이파이브(Hi-Five)형, 스텝다운(Step-Down)형의 수익구조를 가지는 상품 발행이 급속도로 증가하였고 이 중 상당수는 국내종목형, 원금비보장 상품이어서 2008년 말 글로벌 금융위기 당시 급격한 주가하락으로 위와 같은 상품에서 손실이 발생하기도 하였으며, ③ 2009년 이후에는 위험자산에 대한 수요 감소 등으로 인해 안전성이 높은 상품들의 출시가 이어져 왔고, ④ 최근에는 해외지수형을 중심으로 한 급격한 발행증가로 시스템 리스크 증폭 위험, 불완전판매, 헤지거래의 불공정성 등에 대한 소비자보호 문제가 제기되면서 원금손실 가능성이 낮은 상품의 출시가 증가하고 있는 추세이다.[9]

이렇듯 국내종목형, 원금비보장 상품이 다량 발행[10]되어 구조적으로 손실 가능성이 있는 ELS 상품이 높은 비중을 차지하고 있었던 2005-2008년의 상황을 배경으로 실제로 ELS 투자자들의 투자손실 발생 사례가 늘어나면서 ELS 발행사 등의 헤지거래가 투자손실의 원인으로 지목되기 시작하였고, 2009년 이후에는 실제로 ELS 헤지거래에 따른 ELS 발생사 등의 민·형사상 책임이 법률적인 쟁점으로 부각되게 되었다. 대상 판결의 사안 역시 2005년에 발행된 국내종목형, 원금비보장형 ELS 상품과 관련한 ELS 발행사의 헤지거래가 문제된 사안이다.

이 평석에서는 ELS 상품의 유형 및 구조와 ELS 헤지거래의 얼개를 검토한 후 ELS 헤지거래에 있어서 대상 판결이 지적한 ELS 발행사 등 금융투자업자의 투자자보호의무의 내용에 대해 살펴보도록 한다.

부, 2015. 10.), 155-156면; 금융투자협회 홈페이지(http://freesis.kofia.or.kr/) ELS/ELB 발행 동향 자료 참조.

9) 이효섭·김지태, "한국 ELS/DLS 시장의 건전한 성장을 위한 방안", (자본시장연구원, 2013. 3.), 15-17면.

10) 국내 ELS 발행시장에서 2005-2008년 기간 중 원금비보장형 ELS의 발행비율은 83-94%에 달하였고[성희활, "자본시장법상 연계 불공정거래의 규제현황과 개선방향", 금융법연구 제6권 제2호(한국금융법학회, 2009), 69면], 국내종목형의 비중이 40.68-76.60%에 달하였다(한국거래소 시장감시위원회, 전게백서, 11면).

II. ELS 상품의 유형 및 구조

1. 원금보장여부에 따른 분류 — 원금보장형과 원금비보장형

ELS는 그 상품이 원금을 보장할 수 있는 구조로 설계되었는지 여부에 따라
원금보장형 상품과 원금비보장형 상품으로 분류된다.

원금보장형 ELS(ELB)는 투자원금의 대부분을 국공채 등 우량채권에 투자하
고 일부는 옵션 복제의 재원으로 사용함으로써, 우량채권에 투자한 원금과 이
자를 합하여 투자자가 선택한 보장수준의 원금을 보장하는 한편, 주가(지수)의
변동에 따른 만기의 수익을 사전에 확정하여 그 수익의 지급을 발행사가 보장
하는 형태의 ELS 상품이다.[11]

다만, 자본시장법은 2013. 5. 28. 개정시 "발행과 동시에 투자자가 지급한
금전등에 대한 이자, 그 밖의 과실(果實)에 대하여만 해당 기초자산의 가격·이
자율·지표·단위 또는 이를 기초로 하는 지수 등의 변동과 연계된 증권"을 파생
결합증권에서 제외하는 것으로 규정하여(자본시장법 제4조 제7항 제1호), 현재는
주가연계파생결합사채(Equity-Linked Bond, ELB)로 불리고 있다.

[그림 1] 원금보장형 ELS(ELB)의 투자구조[12]

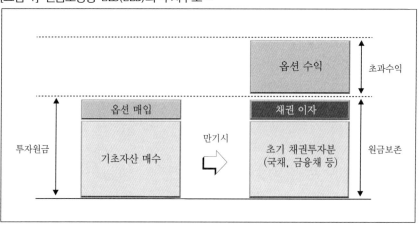

---

11) 한국거래소 시장감시위원회, 전게백서, 12면.
12) "그림 1"은 한국거래소 시장감시위원회, 전게백서, 13면의 그림을 인용한 것이다.

원금비보장형 ELS는 투자원금을 기초자산의 초기 포지션 설정 및 채권투자에 사용하고, 기초자산에 대한 델타헤징(Position 증감)에 따라 채권부분의 증감이 발생[13]하도록 하면서, 발행시의 조건에 따라 발행사가 위 증감분을 재원으로 투자자에게 수익을 지급하는 형태의 ELS 상품이다.

[그림 2] 원금비보장형 ELS의 투자구조[14]

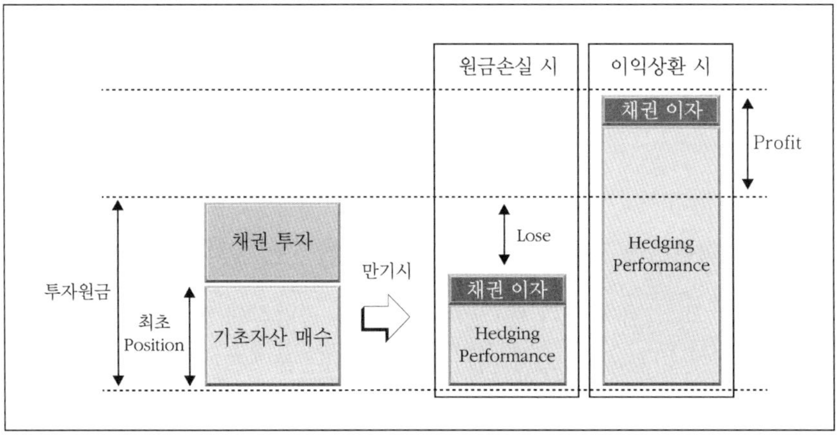

원금보장형 ELS(ELB)는 근본적으로 국공채와 같은 안전자산을 기초로 한 원금보장을 지향한다는 측면에서 대상 판결의 사안과 같은 투자손실이 발생할 가능성도 거의 없으나, 기초자산에 대한 헤지거래를 하지 않는다는 특성도 있다.

따라서, ELS 발생사 등의 기초자산에 대한 헤지거래[15]가 문제되는 것은 원금비보장형 ELS가 투자대상이 된 사안이고, 대상 판결의 사안에서 문제된 ELS 상품 역시 원금비보장형 ELS에 해당한다.

---

13) 한국거래소 시장감시위원회, 전게백서, 13면.

14) "그림 2"는 한국거래소 시장감시위원회, 전게백서, 13면의 그림을 인용한 것이다.

15) 결국 대상판결과 같은 사안은 실제 기초자산인 상장주식을 헤지거래의 대상으로 함으로써 발생하는 문제라는 점에서 그 대안으로서 ELS 헤지수단으로 장내개별주식옵션을 활성화해야 한다는 견해도 있다[김경호, "ELS헤지수단으로서의 장내개별주식옵션 활성화 필요성 검토", 파생상품 리서치 제1권 제2호(한국거래소 파생상품연구센터, 2012)]. 다만, 장내개별주식옵션이 대안적인 헤지거래 대상이 되기 위해서는 그 종목과 거래량이 ELS 헤지거래가 가능할 정도로 풍부해야 한다는 문제점이 있다.

2. 기초자산에 따른 분류 — 지수형과 종목형

ELS는 그 기초자산에 따라 주가지수를 기초자산으로 하는 지수형 ELS 상품과 개별 주식을 기초자산으로 하는 종목형 ELS 상품으로 분류할 수 있다.

지수형 ELS는 국내지수 또는 해외지수 1-3개를 기초자산으로 하여 해당 지수들의 움직임에 따라 수익이 결정되는 ELS 상품이고, 종목형 ELS는 개별 주식 종목 1-3개를 기초자산으로 하는 ELS 상품인데 주로 2개 종목을 기초자산으로 하여 발행되는 것이 일반적이다.[16]

그 밖에 특정 주가지수와 개별 주식 종목을 기초자산으로 하는 지수·종목 결합형 ELS 상품도 존재한다.

3. 수익구조에 따른 분류

ELS는 그 설계에 따라 여러 가지 옵션을 조합하여 다양한 수익구조를 만들어 내는 것이 가능하고, 그에 따라 넉아웃형,[17] 불스프레드형,[18] 리버스 컨버터블형,[19] 디지털형[20]과 같은 다양한 ELS 상품이 존재한다. 그 중 국내 ELS 발행 시장에서 가장 많이 사용된 수익구조로서 ELS 발행사 등의 헤지거래로 인해 투자자 손실이 발생하였던 것은 하이파이브(Hi-five)형과 스텝다운(Step-Down)형이다.

---

16) 나지수, "주가연계증권(ELS) 델타헤지거래 관련분쟁의 분석 — 델타헤지거래의 정당성, 적법성 여부를 판단한 대법원 판례 분석을 중심으로 —", 서강대학교 석사학위논문(2015), 8면.

17) 넉아웃형은 기초자산의 가격이 하락할 경우 원금의 일정비율(대개의 경우 100%)을 보장받고, 기초자산의 가격이 상승할 경우 일정 수준에 이를 때까지는 가격상승률에 비례하여 일정한 수익을 획득하며, 일정 수준을 초과하면 저리의 고정이자를 받는 구조이다.

18) 불스프레드형은 원금이 보장되어 하한이 존재하고, 그 이후 일정 수준까지는 기초자산의 가격상승률에 비례하여 수익을 획득하다가, 그 이상의 구간에서는 수익률에 상한이 존재하는 구조이다.

19) 리버스 컨버터블형은 미리 정한 하락폭 이하로 기초자산의 가격이 하락하지 않으면 약속된 수익을 지급하는 구조이다.

20) 디지털 콜옵션형은 기초자산의 가격이 상승할 경우 상승률에 관계없이 고정된 수익을 획득하고 하락할 경우에는 원금을 보장받는 구조이며, 디지털 풋옵션형은 기초자산이 하락할 경우에는 하락률에 관계없이 고정된 수익을 획득하고 상승할 경우에는 원금을 보장받는 구조이다.

가. 하이파이브(Hi-Five)형 ELS

조기상환 평가일에 기초자산의 가격이 평가가격 이상을 유지하면 정해진 수익으로 조기상환되고, 조기상환되지 않은 경우에는 투자기간 동안 일정 수준 이하로 하락한 적이 없으면 정해진 수익률로 만기상환되며 일정 수준 이하로 하락한 적이 있으면 조건에 따라 원금만 보장되거나 손실이 발생하는 구조의 ELS 상품이다.[21)]

[그림 3] 하이파이브(Hi-Five)형 ELS의 수익구조 예시[22)]

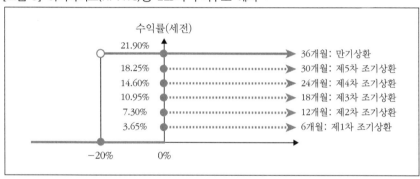

"그림 3"에서 예시로 든 하이파이브(Hi-Five)형 ELS의 수익구조를 살펴보면, 매 6개월마다 기초자산 가격이 초기 기준가격 이상이면 투자자에게 연 7.3%의 수익률로 조기상환 기회가 부여되고, 만기에 기초자산의 가격이 기준가격의 80% 이하로 하락한 적이 없는 경우에는 21.90%의 수익을 지급하며, 80% 이하로 하락한 적이 있는 경우에는 원금만을 지급하도록 되어 있다.

나. 스텝다운(Step-Down)형 ELS

스텝다운(Step-Down)형 ELS는 발행일로부터 만기에 이르기까지 수개월 단위로 조기상환 조건을 부여하면서 기간이 경과할수록 조기상환 조건이 계단식으로 낮아지도록 하되, 만기까지 조기상환이 되지 않은 경우 투자기간 중 기초자산의 가격이 일정 수준 이하로 하락한 적이 있으면 원금손실이 발생하는 구조의 ELS 상품이다.[23)]

---

21) 나지수, 전게학위논문, 10면.
22) "그림 3"은 나지수, 전게학위논문, 10면의 그림을 인용한 것이다.
23) 나지수, 전게학위논문, 11면.

[그림 4] 스텝다운(Step-Down)형 ELS의 수익구조 예시[24]

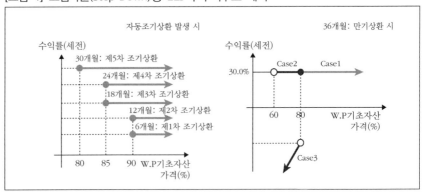

"그림 4"에서 예시로 든 스텝다운(Step-Down)형 ELS의 수익구조를 살펴보면, 발행일로부터 매 6개월마다 조기상환 기회를 부여하되 1차 및 2차 조기상환일에 기초자산의 가격이 기준가격의 90% 이상, 3차 및 4차 조기상환일에 기초자산의 가격이 기준가격의 85% 이상, 5차 조기상환일에 기초자산의 가격이 기준가격의 80% 이상이면 연 10%의 수익률로 조기상환이 되며, 만기시까지 조기상환이 되지 않았으나 기초자산의 가격이 기준가격의 60%[25] 이하로 하락한 적이 없는 경우에는 30%의 수익을 지급하고, 기초자산의 가격이 기준가격의 60% 이하로 하락한 적이 있으면 투자원금 × (만기평가가격/기준가격) 상당을 지급함으로써 투자자에게 손실이 발생하도록 되어 있다.

4. ELS 발생사 등의 헤지거래로 인한 투자자 손실 가능성이 있는 ELS 상품 유형

앞서 살핀 ELS 상품 유형을 종합하여 보면, ELS 발생사 등의 헤지거래로 인한 투자자 손실 가능성이 있는 ELS 상품 유형은 기초자산에 대한 헤지거래가 이루어지는 원금비보장형 ELS 중 특정 발행사 등의 헤지거래로 인해 기초자산의 가격이 변동될 가능성이 상당한 종목형 ELS로서 만기시 기준가격 대비 기초자산의 가격에 따라 손실이 발생할 수 있는 형태의 ELS(하이파이브형과 스텝다운형은 이에 속한다)이다.

---

24) "그림 4"는 나지수, 전게학위논문, 11면의 그림을 인용한 것이다.
25) 이러한 가격을 '낙인(Knock-In)'가격이라 한다.

대상 판결의 사안에서 문제가 된 ELS 상품 역시 원금비보장인 종목형, 하이파이브형 ELS에 해당한다.

III. ELS 헤지거래의 얼개

1. ELS 헤지거래의 방법 — 델타헤지(Delta Hedge)

ELS 발행사는 자산운용사와 달리 자금모집시 투자자에게 자금운용방식을 제시할 필요가 없고 투자수익결정 방법만을 제시하면 되며, ELS 발행을 통해 조달된 자금을 사용하는 데에 법률적인 제약을 받지 않는다.[26]

그러나 ELS 발행사는 ELS의 상환조건 충족 시 투자자에게 수익금을 지급할 상환재원을 마련하는 등 ELS 발행에 따른 위험을 관리할 필요가 있으므로 통상 위험회피거래, 즉 헤지거래를 하고 있다. 헤지(Hedge)는 기초자산의 가격, 변동성, 만기, 이자율 등의 변동에 따른 위험으로부터 보유하고 있는 운용포지션의 손익을 보호하기 위한 위험회피방법으로서 보유하고 있는 포지션과 리스크가 반대되는 포지션을 동시에 취함으로써 시장위험에 따른 손익변동 위험을 사전에 제거하는 행위를 말한다.[27]

앞서 ELS의 수익구조를 통해 살펴본 바와 같이 ELS는 다양한 옵션이 복합된 상품으로서 기본적으로 옵션의 성격을 가지고 있다. 그에 따라, ELS 발행사들은 ELS 매도 후 옵션의 위험관리에 준하여 델타헤지(Delta Hedge)의 방법으로 헤지거래를 하고 있다.[28]

델타(Delta)란 기초자산의 가격변동에 대한 파생상품 가격 변동의 민감도를 말하는 것으로, 기초자산 가격이 1단위 변동할 때 파생상품의 가격이 변동하는 정도로 측정한다. 예를 들면, 삼성전자 주식 콜옵션의 델타가 0.5라는 것은 삼성전자 주식의 가격이 1원 상승할 때 삼성전자 주식 콜옵션의 가격이 0.5원 상승한다는 의미이다.[29]

델타헤지는 기초자산의 매매를 통해 자신이 보유한 옵션 포지션의 델타를

---

26) 나승철, "주가연계증권(ELS)에 있어서 발행사와 투자자 사이의 이해상충", 기업법연구 제24권 제4호(한국기업법학회, 2012. 11.), 195면.
27) 한국거래소 시장감시위원회, 전게백서, 15면.
28) 나승철, 전게논문, 195면.
29) 나지수, 전게학위논문, 15면.

'0'(델타중립상태)으로 만듦으로써 기초자산 가격변동에 따른 보유포지션의 가격 변동위험을 제거하는 헤지거래 기법이다. 예를 들어,[30] 델타가 −0.5인 삼성전자 주식 풋옵션을 10계약(1계약당 10주)을 보유하고 있는 경우의 옵션델타는 −50 = (−0.5) × 10계약 × 10주이므로, 이를 0으로 만들기 위해서는 기초자산인 삼성전자 주식을 50주 보유해야 한다. 이와 같이 옵션델타를 '0'으로 만드는 기초주식의 수량을 델타헤지수량이라고 한다.

나아가, 파생상품의 델타, 즉 가격 변동 민감도는 시장상황에 따라 변화할 수 있는데 이러한 변화에 따라 보유포지션의 델타중립상태를 유지하기 위해 계속적으로 기초자산을 매매하여 포지션을 조정하는 것을 동적델타헤지(Dynamic Delta Hedge)라 한다. ELS 헤지거래에 있어서는 통상 이러한 동적델타헤지 전략이 사용된다.

2. ELS 델타헤지의 특성

앞서 본 바와 같이 통상 많이 사용되는 하이파이브형 ELS, 스텝다운형 ELS 등과 같은 ELS 상품들은 단순한 풋옵션이나 콜옵션이 아닌 베리어옵션[31]과 디지털옵션[32]으로서의 특성을 가지고 있다.

그에 따라, 불연속점에 해당하는 조기 및 만기상환일 무렵에 가까워질수록, 그리고 상환기준가격 근처에서 주가가 변화할수록 델타값이 급격히 증가하였다가[33] 다시 급격히 하락한다. 즉, ELS의 구조가 기초자산의 가격변화에 따라 손익구조가 비례적으로 변하는 구조가 아닌, 이른바 '전부 아니면 전무'의 구조를 가지기 때문에 조기 및 만기상환일에 가까워질수록, 나아가 상환기준가격 근처에서 주가 변화에 즉응하여 델타값이 급격히 변동하는 특성을 보인다.[34]

---

30) 나지수, 건제학위논문, 15면의 예를 풀어서 설명한 것이다.

31) 베리어옵션(Barrier Option)은 기초자산가격이 사전에 정한 일정한 기간 동안 어떤 특정한 가격에 도달하면 옵션의 효력이 생성되거나 소멸되는 특성을 가진 옵션을 말한다.

32) 디지털옵션(Digital Option)은 정해진 시점에 기초자산가격이 미리 정해진 일정한 가격수준에 있으면 미리 사전에 약정한 금원을 지불하고 그렇지 않을 경우에는 옵션의 가치가 소멸되어 버리는 옵션이다.

33) 델타값이 무한대에 가깝게 증가하는 현상을 보인다(나지수, 전게학위논문, 21면, 각주 28).

34) 맹수석, 전게논문, 157면; 박준영·현종석, "거래비용을 고려하여 주가연계증권을 헤지할 때 발생하는 비용과 위험의 상쇄효과에 대한 시뮬레이션연구 — 조기상환구조상품을 중심으로—", 선물연구 제17권 제2호(한국파생상품학회, 2009. 5.), 14면.

구체적으로, 조기상환평가일에는 주가가 조금만 움직여도 조기상환 여부가 달라지므로 가격 변동에 대한 위험(델타)이 매우 높아지고, 조기상환일이 경과하면 델타값이 크게 하락하는데, 이때 ELS 발행사 등은 델타중립을 유지하기 위해 보유주식을 상환일 종가에 매도하게 된다.[35]

[그림 5] 기초자산 가격에 따른 ELS 델타값[36]

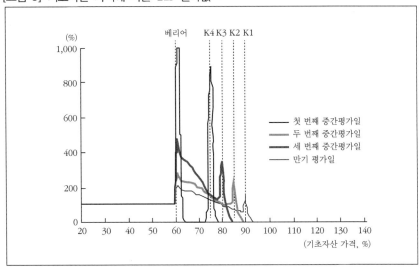

또한 Knock-In 조건이 포함된 ELS는 가격이 베리어(Barrier)를 이탈하면 만기 수익구조가 변하기 때문에 델타 구조 역시 변동하게 된다. 그에 따라 Knock-In 베리어 근처에서 델타값이 매우 커지게 되고 Knock-In이 발생하는 순간 베리어 근처에서의 델타 등락이 사라지게 되어 헤지거래를 하는 ELS 발행사 등은 기초자산을 대량 매도하게 된다.[37]

3. ELS 해지의 실무

가. ELS 헤지의 종류 ― 자체 헤지와 백투백(Back to Back) 헤지

ELS 발행사는 위험을 헤지하기 위해 위에서 설명한 델타헤지의 방법에 따

---

35) 나지수, 전게학위논문, 20-21면.

36) "그림 5"는 나지수, 전게학위논문, 21면의 그림을 인용한 것이다.

37) 나지수, 전게학위논문, 21면.

라 자체적으로 헤지를 할 수도 있지만, 다른 증권사나 투자은행 등 제3자와 장외파생상품계약을 체결하여 ELS 발행에 따른 위험을 제3자에게 전가할 수도 있다. 전자와 같이 ELS 발행사가 직접 헤지를 하는 방식을 '자체 헤지', 후자와 같이 장외파생상품계약을 통해 제3자에게 위험을 전가하는 방식을 '백투백(Back to Back) 헤지'라 한다.[38]

자체 헤지는 ELS 발행사가 판매수수료와 델타헤지 과정에서 발생하는 운용수익을 모두 얻을 수 있다는 장점이 있는 반면, 시장, 신용, 운영리스크 등 제반 리스크를 모두 부담해야 하는 단점이 있다.[39]

반면, 백투백 헤지는 ELS 발행사가 제3자에게 델타헤지에 따른 비용 및 위험을 전가할 수 있는 장점이 있으나, 헤지거래에 따른 운용수익을 얻을 수 없고 제3자의 신용위험을 부담해야 한다는 단점이 있다.[40]

나. 풀링(Pooling) 방식의 헤지거래

ELS 헤지거래를 하는 ELS 발행사 등은 실무상 헤지비용을 절약하기 위해 동종의 기초자산에서 발생하는 위험을 하나의 풀(pool)로 관리하여 델타값도 일괄 산정하는 풀링(pooling) 방식을 이용해 헤지거래를 하고 있다. 풀링 방식에 의하면 금융회사별 자체 기준에 따라 일정 기간마다 델타값을 계산하며 실제 거래도 주식보유량과 델타값에 의한 보유요구량이 완전히 일치하도록 하지 않고, 리스크 한도 범위 내에서 트레이더가 재량을 가지고 주식매매를 할 수 있도록 하고 있다.[41]

대상 판결의 사안에서도 피고는 자체헤지를 하면서 사안에서 문제된 ELS 상품을 포함해 16개의 ELS 상품을 통합하여 델타헤지를 수행하였다.

다. ELS의 수익발생구조

주가가 상승하는 것이 투자자에게 이익이 되는 상승형 ELS의 경우 기초자산 주가의 상승에 따라 ELS의 가치가 증가하다가 일정 시점 이상에서는 수익이

---

38) 나승철, 전게논문, 197면.
39) 한국거래소 시장감시위원회, 전게백서, 16면.
40) 나승철, 전게논문, 197면.
41) 맹수석, 전게논문, 156면.

확정되기 때문에 투자자는 풋옵션을 매도한 것과 유사한 포지션에 놓이게 된다.[42]

그런데, 일반적으로 조기상환형 ELS의 경우 기초자산의 가격이 상환기준가격보다 높으면 ELS 가치의 변동 가능성이 작아지므로 ELS 가격변동의 민감도인 델타도 감소하게 된다.

이처럼 기초자산의 가격이 상승함에 따라 델타값이 작아지므로, 헤지거래를 하는 ELS 발행사 등은 기초자산의 가격이 상승하면 델타의 감소분만큼 기초자산을 매도하게 되고 가격이 하락하면 델타의 증가분만큼 기초자산을 매수하게 된다. 이렇게 델타헤지를 수행하는 과정에서 기초자산에 대한 고가매도, 저가매수가 반복되면서 수익이 발생하고, 이렇게 발생하는 수익금과 보유하고 있던 기초자산의 매각대금이 ELS 상환금의 재원으로 사용되게 된다.[43]

IV. 대상판결에 대한 검토 ― ELS 헤지거래에서의 투자자보호

1. 상환평가일 부근에서의 ELS 헤지거래자와 투자자 간의 이익상충

앞서 본 바와 같이, 상환평가일 근처에서 기초자산의 주가가 상환기준가격을 약간 상회하는 수준에 머물러 있을 때 ELS의 델타값은 급격히 상승하게 되고 ELS 발행사(자체헤지) 또는 헤지사(백투백 헤지, 이하 "ELS 발행사와 헤지사를 통칭하여 "ELS 헤지거래자"라 한다)는 상승한 델타값에 상응하여 기초자산 가격변동의 위험을 헤지하기 위해 ELS 발행액면금보다 많은 액수의 기초자산을 보유하게 된다. 그러다가, 상환평가일에 수익금 지급 조건이 충족될 것으로 예상되면 보유하고 있던 물량을 전량 매도하게 된다. 이는 ELS 헤지거래자가 상환을 위한 재원을 마련하기 위한 것인 동시에, 투자자의 수익이 확정되고 델타가 0이 됨으로써 더 이상 기초자산을 보유하여 헤지할 필요가 없음에도 이를 보유함으로 인해 기초자산의 가격변동 위험에 노출되어서는 안 되기 때문이다.

문제는 이와 같은 ELS 헤지거래자의 기초자산 대량 보유 및 대량 매도 현상이 상환평가일 근처에서 기초자산의 주가가 상환기준가격을 약간 상회하는 수준에 있을 때 발생한다는 점이다. 상환조건성취가 예상되는 상황에 대비해

---

42) 나승철, 전게논문, 198면.
43) 나승철, 전게논문, 199면.

ELS 헤지거래자가 기초자산 대량 매도 형태로 델타헤지에 나아간 것이 결과적으로 기초자산의 가격 하락을 초래하여 상환조건이 성취되지 못하게 만드는 상황을 초래하게 되는 것이다.

그에 따라, 상환평가일(특히, 장 종료 직전)에 상환조건성취에 대비하여 기초자산을 매도할 필요가 있는 ELS 헤지거래자의 이해와 기초자산 가격이 그대로 유지되어 상환조건이 성취되기를 원하는 투자자의 이해가 충돌하게 된다.

이러한 점에서, 대상 판결 사안의 원고들이 피고를 상대로 상환금청구소송을 제기하게 된 데에는, 상환평가일에 주가가 상환기준가격을 상회하고 있었으므로 수익금의 지급 및 원금손실위험의 회피에 대한 강한 기대를 가지고 있었고 그러한 기대가 합리적[44]이었다고 생각한 투자자로서의 시각이 배경이 된 것으로 볼 수 있다.

2. 민법 제150조 제1항의 적용을 청구원인으로 한 배경[45]

대상 판결 원고들의 소송대리인은 피고가 ELS의 조기상환여부를 결정하는 기초자산의 가격을 조작한 불법행위를 하였다고 주장하면서도 불법행위에 따른 손해배상청구를 청구원인으로 구성하지 않고 피고의 기초자산 대량매매가 신의칙 위반임을 주장하면서 민법 제150조 제1항에 근거한 ELS 조기상환조건 성취에 따른 상환금청구를 청구원인으로 구성하였다.

이러한 청구원인 구성의 배경에 관하여, 위 소송대리인은 손해배상청구소송에서는 피고가 기초자산의 주가를 조작하였다는 사실, 하락시켰다는 사실을 입증해야 하지만 조기상환조건 성취를 주장하는 소송은 증권사의 특정 매매행태가 신의칙 위반행위임을 입증하면 되기 때문에 승소가능성이 높으며 과실상계도 적용될 여지가 없어 승소시 예상되는 보상금액도 큰 장점이 있다는 점을 밝힌 바 있다.[46]

---

44) 나승철, 전게논문, 203면.

45) 대상 판결 사안의 원고들은 피고의 기초자산 대량 매도가 사기적 부정거래 등(구 증권거래법 제188조의 4)에 해당한다고 취지의 예비적 주장도 하였으나, 원심은 피고의 행위가 정당한 델타헤지 거래행위로서 금융회사가 위험을 관리하기 위하여 반드시 수행해야 한다는 것이므로 이를 부당한 이득을 얻기 위하여 고의로 위계를 쓴 사기적 부정행위로 볼 수 없다고 판단하였다. 다만, 이 평석에서는 대상 판결에서 이루어진 논의인 민법 제150조 제1항 적용 여부에 집중하고자 한다.

46) 법무법인 한누리, "ELS 상환방해 첫 소송제기", 2009, 8, 10.자 보도자료.

결국, 대상 판결의 원고들은 손해배상청구시 지게 되는 요건사실에 대한 입증부담 등을 고려하여 소송전략 및 승소가능성 제고 차원에서 민법 제150조 제1항에 따른 상환금청구소송을 제기하게 된 것으로 보인다.

3. 민법 제150조 제1항 적용에 대한 검토

가. 민법 제150조 제1항 상의 적용요건

민법 제150조 제1항은 ① 조건의 성취로 인하여 불이익을 받을 당사자가 ② 신의성실에 반하여, ③ 조건의 성취를 방해한 때에는 상대방은 그 조건이 성취한 것으로 주장할 수 있다고 규정하고 있다. 조문에 명시되어 있지는 않으나 '조건의 성취로 인하여'라는 문언상 민법 제150조 제1항은 당연히 '조건부 법률행위'에 대해 적용되는 것으로 해석된다.[47]

나. 조건부 법률행위

이 사건 주가연계증권은 상환기준일의 조건충족에 따른 ELS 발행사인 피고의 상환금지급의무를 사전에 약정한 것으로 조건부 법률행위로 볼 수 있다.[48] 대상 판결 역시 "이 사건 주가연계증권의 중도상환조건은 법률행위 효력의 발생을 장래의 불확실한 사실에 의존케 하는 정지조건이고, 피고는 이 사건 주가연계증권을 발행하여 판매한 증권회사로서 위 정지조건이 성취되는 경우 이 사건 주가연계증권의 투자자에게 이 사건 주가연계증권의 판매계약에서 정한 바에 따라 액면금에 약정 수익금을 더한 중도상환금을 지급하여야 할 의무를 부담"한다고 판시하여 이 사건 주가연계증권상의 약정은 조건부 법률행위임을 전제로 판단하고 있다.

이에 대해, 우선 대상 판결의 원고들이 이 사건 주가연계증권의 만기에 상환금을 수령하였음을 지적하면서 이로써 이 사건 주가연계증권에 대한 법률관계는 종료한 것이고 그 후에 다시 이미 종료된 법률관계에 대하여 조건의 성취를 주장할 수는 없다는 취지의 견해가 있다. 즉, 민법 제150조 제1항에 있어서 상대방은 그 조건이 성취한 것으로 주장할 수 있을 뿐이고 조건의 성취가 당연히 의제되는 것은 아니며, 조건의 성취를 주장할 수 있는 권리는 그 발생의 기

---

47) 집필대표 김용담, 주석 민법 민법총칙(3), 제4판(2010. 8.), 421면.
48) 나지수, 전게학위논문, 43면.

초가 되는 법률관계가 종료되면 함께 소멸한다는 것이다.[49]

　　그러나, 제150조 제1항에 따른 형성권의 행사에 의하여 조건이 성취된 것으로 의제되는 시점은 신의성실에 반하는 행위가 없었더라면 조건이 성취되었을 시점이라는 것이 통설적인 견해[50]이고, 대법원 역시 조건이 성취된 것으로 의제되는 시점을 조건이 성취되었으리라고 추산되는 시점으로 해석[51]하고 있다는 점에서, 다른 조건의 성취나 기한의 도래로 법률관계가 종료된 외형을 갖추게 되었다고 하더라도 그 종료 전에 신의성실에 반하는 계약상 조건 성취 방해행위가 있었다면 상대방은 그 종료 이후라도 계약에 기한 조건이 성취되었음을 주장할 수 있는 것으로 봄이 타당하다고 본다.[52]

　　다음으로, 이 사건 주가연계증권상의 조건에 따라 투자자인 원고들은 대상판결 사안에서 문제된 제2차 중간상환일 외에 만기까지 8차에 걸쳐 피고에게 중도상환을 청구할 권리를 가지고 있었고,[53] 그 외에 피고에게 매월 20일 재매입을 신청할 수 있는 35회의 재매입 요청 기회가 부여되어 있었음을 들어, 민법 제150조 제1항을 기계적으로 적용할 경우 투자자인 원고들은 제2차 중간상환일의 상환조건에 따라 연 6%의 수익을 얻을 수 있는 권리를 부여받은 상태에서 만기에 이르기까지 고수익을 얻을 수 있는 기회를 추가적으로 부여받게 되는 셈이 되어 부당[54]하고, 그에 따라 원고들이 피고에게 청구할 수 있는 금액은 원고들이 제2차 중도상환일에 수령할 수 있었던 금전(원금 및 6% 수익)에서 제2차 중도상환일 이후 가장 좋은 조건으로 재매입 청구를 하였더라면 재매입 청구일에 수령할 수 있었던 금원을 차감한 차액으로 보아야 할지 여부를 검토해야 한다는 견해가 있다.[55]

　　그러나, 제2 중도상환일에서 피고가 조건성취 방해행위를 한 것이 인정된

---

49) 이숭희, "ELS분쟁의 현황과 법적 쟁점", YGBL 제2권 제2호(연세대학교 법학연구원, 2010), 60면; 서울중앙지방법원 2010. 5. 28. 선고 2009가합116043 판결.

50) 집필대표 김용담, 전게서, 425면.

51) 대법원 1998. 12. 22. 선고 98다42356 판결.

52) 같은 취지로 서울중앙지방법원 2010. 7. 1. 선고 2009가합90394 판결이 있다.

53) 이 사건 주가연계증권상의 조건은 중도상환일에 중도상환조건을 충족하였다고 하여 강제로 중도상환이 이루어지도록 하지 않고 투자자 및 ELS 발행사에게 각각 상대방에 대하여 중도상환을 청구할 수 있는 권리를 부여하고 있다.

54) 투자자 스스로의 투자판단으로 인한 책임까지도 금융투자업자가 부담하게 된다는 것이 그 취지이다.

55) 이숭희, 전게논문, 62면.

다면 원고들에게 다른 중도상환일에서의 중도상환청구권이나 별도의 재매입청
구권이 부여되어 있었다 하더라도 이로 인해 위 조건성취 방해행위와 중도상환
조건 불성취 사이에 인과관계가 없다고 할 수 없고 그 상대방은 그 선택에 따라
조건이 성취되었음을 주장하거나 주장하지 않을 수 있는 것이므로, 이 사건 주
가연계증권상의 약정이 조건부 법률행위에 해당된다는 점에 대하여 특별한 영
향이 없다고 본다.[56]

다. 조건의 성취로 인하여 직접 불이익을 받을 자

대상 판결은 "피고는 이 사건 주가연계증권을 발행하여 판매한 증권회사로
서 위 정지조건이 성취되는 경우 이 사건 주가연계증권의 투자자에게 이 사건
주가연계증권의 판매계약에서 정한 바에 따라 액면금에 약정 수익금을 더한 중
도상환금을 지급하여야 할 의무를 부담하게 되므로, 위 정지조건의 성취 여부
에 따라 이 사건 주가연계증권의 투자자와 이해관계가 상충한다"고 판시하여
피고가 이 사건 주가연계증권상의 조건 성취로 인하여 직접 불이익을 받을 자
에 해당된다고 보았다.

이에 대해, ① 이 사건 주가연계증권의 조건상 중도상환조건 성취 시 피고
에게도 투자자에 대한 중도상환청구권이 인정되며 이는 ELS 발행사인 피고의
면책을 위하여 부여된 조건이고, ② 중도상환조건이 성취되더라도 피고가 지급
해야 하는 중도상환금은 델타헤지거래에 따른 매각대금을 통해 자연스럽게 충
당되고 피고는 추가적인 중도상환의무, 만기상환의무를 면하게 되는 반면, 운용
기간이 늘어나게 되면 헤지비용 및 운용리스크를 부담해야 하므로 중도상환조
건의 성취가 피고에게 불이익이 된다고 할 수 없으며, ③ 헤징의 성과가 특정
중도상환기일이나 만기일의 주가에 따라 결정되는 것이 아니고, ④ ELS 헤지거
래자는 기초자산의 가격 변화에 영향을 받지 않는 헤징 포트폴리오를 구성하기
때문에 기초자산의 가격이 상승했다고 하여 이득을 보고 하락했다고 하여 손해
를 보지 않는다는 점에서 피고가 조건의 성취로 인하여 직접 불이익을 받을 자
에 해당하지 않는다는 견해가 있다.[57]

그러나 피고는 제2 중도상환일에 중도상환조건이 성취되는 경우, 그에 해

---

56) 같은 취지로 나지수, 전게학위논문, 43-44면.
57) 이숭희, 전게논문, 63-65면.

당하는 델타값(-127,137)에 따라 보유하고 있던 삼성SDI 보통주 중 약 160,000주를 매도해야 했는데 실제로는 98,190주만을 매도하여 중도상환조건이 성취되는 상황에 대한 델타헤지에 실패한 상태[58]였고, 피고는 자체 헤지를 하는 ELS 발행사로서 중도상환조건이 성취되는 경우 투자원금을 재원으로 델타헤지거래를 통해 저가매수, 고가매도를 통한 수익실현 기회를 상실[59]하게 되는 상황이었다는 점에서 조건의 성취로 인하여 직접 불이익을 받을 자에 해당된다고 본다.

한편, 민법 제150조 제1항에서 말하는 당사자는 당해 조건부 법률행위의 대립하는 당사자에만 한정되는 것은 아니나(예를 들어, 제3자를 위한 계약에서 권리를 취득한 제3자), 그 조건에 의하여 불이익을 받을 직접의 법률관계에 있는 자에 해당되어야 하는 것으로 해석된다.[60]

따라서, 대상 판결의 사안에 있어서는 투자자인 원고들에 대하여 자체 헤지 방식으로 직접 헤지거래를 한 ELS 발행사인 피고는 이 사건 주가연계증권상의 법률행위의 당사자로서 민법 제150조 제1항에서 말하는 당사자에 해당한다. 반면, 백투백 헤지가 이루어진 경우에는 ELS 발행사와 헤지거래를 한 헤지사가 분리되고 헤지사는 투자자들에 대하여 직접적인 법률관계를 맺은 자에 해당되지 않게 된다. 그에 따라, 백투백 헤지가 이루어진 경우 투자자들은 ELS 발행사나 헤지사에 대하여 모두 민법 제150조 제1항에 따른 상환조건성취를 주장할 수 없게 된다.[61]

라. 신의성실의 원칙에 반하는 방해행위

대상 판결은 피고가 제2 중도상환일에 하였던 헤지거래를 '신의성실의 원칙에 반하는 방해행위'라고 판단하였다. 즉, 피고가 이 사건 주가연계증권을 대량 매도한 것이 기초자산의 가격변동에 따른 위험을 회피하기 위한 '델타헤지거

---

58) 그에 따라, 델타헤지거래에 따른 매매대금으로 상환금이 정상적으로 충당될 수 있는지 여부가 불확실하다.

59) 중도상환 후 새로운 ELS를 발행하여 이를 통해 다시 이익을 창출하는 경우도 상정해볼 수는 있겠으나, 실제로 새로운 ELS가 발행되어 이 사건 주가연계증권과 같은 투자금을 유치해 수익을 얻을 수 있을지는 불확실하다.

60) 집필대표 김용담, 전게서, 421면.

61) 실제로, 백투백 헤지가 문제된 사안에 있어서 투자자들은 헤지사를 상대로 소를 제기하면서 청구원인으로 시세조종 또는 사기적 부정거래로 인한 손해배상청구권만을 주장하였다(대법원 2016. 3. 24. 선고 2013다2740 판결 등).

래'의 일환으로서 이루어진 것이라고 하더라도, 위험회피거래는 증권사가 그 자신의 이익을 보호하기 위하여 그의 책임과 판단 아래 수단과 방법을 결정하여 행하여지는 것이므로, 기초자산의 공정한 가격형성에 영향을 주거나 투자자의 이익과 신뢰를 부당하게 훼손하지 않는 범위 내에서 이루어져야 하는데, 피고는 장중 분할 매매를 하는 등 시장 충격을 완화하려는 노력을 기울이지 않은 채 장종료 직전 한꺼번에 상환기준가격 이하로 기초자산에 대한 매도 주문을 내어 대량 매도한 점을 종합하면 이러한 대량 매도로 인해 중도상환조건이 성취되지 못한 것이고, 이는 시장의 수요 공급의 원리에 따라 기초자산의 주가가 공정하게 결정되고 중도상환조건을 충족할 경우 중도상환금을 지급받을 수 있으리라는 투자자의 정당한 신뢰와 기대를 훼친 행위라는 것이 대상 판결의 취지이다.

이러한 대상 판결에 대하여, 델타헤지거래에 있어서 단일가매매시간대에 시장수급에 영향을 미칠 것으로 예상되는 대량의 매도주문을 하려면 중도상환 조건 성취에 영향을 미치지 않도록 상환기준가격 이상의 호가를 제시하여야 한다는 구체적 기준을 제시하였다거나, 단순히 ELS 발행사가 투자자에게 ELS 운용시 델타헤지거래를 하고 있다는 점을 사전 고지하는 것만으로는 부족하고 실제 거래 과정에서도 투자자의 신뢰나 이익을 보호하는 쪽으로 행동할 의무가 있다고 본 것이라고 평가하는 견해도 있다.[62]

그러나, 2009년 금융위원회 및 금융감독원의 "ELS 발행 및 운영관련 제도 개선방안", 한국거래소의 "주가연계증권(ELS) 헤지거래 가이드라인"이 발표됨으로써 복수의 평가일 종가를 기준으로 상환조건이 결정되고 평가일의 종가에 영향을 미치는 기초자산 매매를 사실상 금지하는 내용의 규범이 형성되기 전까지 ELS 헤지거래에 대한 명시적인 규범은 존재하지 않았다는 점에서 대상 판결의 판시 내용을 위와 같은 규범이 없었던 상태에서의 ELS 헤지거래에 일반적으로 적용할 수 있는 것인지에 대해서는 의문이 있다. 즉, 투자자의 이익과 아울러 ELS 헤지거래자의 이익도 함께 고려한 균형 있는 시각으로 대상 판결을 이해할 필요가 있다.

우선, 델타헤지 방식의 ELS 헤지거래는 ELS라는 금융상품이 발행될 수 있는 근간이 되는 것이다.[63] 금융투자업자인 ELS 발행사는 ELS와 같은 파생결합

---

62) 맹수석, 전게논문, 173면.

63) 이러한 측면에서 뒤에서 살펴볼 대법원 2016. 3. 10. 선고 2013다7264 판결 역시 "금융투

증권을 발행함에 있어서 구 증권거래법, 현행 자본시장법에 따라 자산운용 건전성 확보를 위해 헤지거래를 통한 위험관리를 할 의무를 부담[64]하고 있다. 즉, 델타헤지를 통한 헤지거래는 ELS 발행을 위한 필수불가결한 요소이다.

더욱이, ELS는 고위험·고수익 상품으로서 자본시장법상 적합성 원칙에 따라 이러한 위험상품 투자에 적합한 투자자만이 ELS 투자에 참여할 수 있도록 되어 있고, 상환기준일에 기초자산의 가격이 상환기준가격을 약간 상회하고 있는 경우 델타헤지거래로 인해 기초자산의 대량 매도가 이루어질 수 있다는 점은 투자설명서 등을 통해 투자자에게 고지[65]하도록 되어 있다.

따라서, 투자자 역시 상환기준일에 기초자산의 가격이 상환기준가격을 약간 상회하는 상황이라면 델타헤지거래로 인해 기초자산의 가격이 상환기준가격 밑으로 하락할 가능성이 있다는 점을 충분히 인식할 수 있고, 또한 이러한 점을 ELS 상품의 특성 중 하나로서 인식할 필요가 있다(그에 따라, 상환기준일에 기초자산의 가격이 상환기준가격을 약간 상회하는 상황에서 투자자가 상환조건 성취를 기대하는 것이 반드시 합리적이라고만은 볼 수 없다).

다른 한편으로, 상환기준일 부근에서 기초자산의 가격이 상환기준가격을 하회하다가 기준가격 쪽으로 이동해 가는 경우 앞서 본 바와 같이 델타값 증가로 인해 ELS 헤지거래자는 계속적으로 기초자산을 매입해 액면 이상의 기초자산을 보유하는 형태의 델타헤지거래를 하게 된다. 이 과정에서 기초자산인 상장주식의 주가가 부양되는 효과가 발생하는 것도 무시할 수 없다. 즉, 상환기준일에 형성된 기초자산의 가격에는 델타헤지거래로 인한 가격부양효과도 반영되

자업자가 파생상품의 거래로 인한 위험을 관리하기 위하여 시장에서 주식 등 그 기초자산을 매매하는 방식으로 수행하는 헤지(hedge)거래가 시기, 수량 및 방법 등의 면에서 헤지 목적에 부합한다면 이는 경제적 합리성이 인정되는 행위라고 할 것"이라고 판시한 바 있다.

64) 자본시장법 제166조의 2(장외파생상품의 매매 등), 제31조(경영건전성기준), 자본시장법 시행령 제35조(경영건전성기준), 금융투자업규정 제3-42조(위험관리체제).

65) 금융감독원도 2012. 3. 8. "파생결합증권 신고서 작성 가이드라인"을 발표하여 투자위험 요소의 하나인 가격변동위험과 관련해 파생결합증권 발행인의 정상적인 영업활동으로서의 헤지거래로 인하여 기초자산의 가격이 변동될 수 있음을 전제로 "헤지거래로 인하여 기초자산의 가격이 변동될 수 있으며, 그 결과 본 증권의 상환금액에 영향을 미칠 수도 있습니다. 특히 발행인의 헤지거래에 의해 자동조기상환평가일 또는 만기평가일에는 기초자산의 대량매매가 이루어질 수 있으며, 그 중 만기평가일에는 기초자산 가치의 변동으로 인한 위험 관리 및 본 증권의 상환금액 확보를 위하여 발행인은 보유하고 있는 기초자산을 전부 또는 일부 매도할 수 있습니다"라고 공시하도록 안내하고 있다.

어 우연히 그 가격이 상환기준가격을 약간 상회하는 가격이 되었을 가능성이 있다.

위와 같은 가격부양효과가 정상적인 델타헤지거래에 의한 것이고 그에 따라 투자자 역시 객관적인 시장상황에 비해 기초자산 가격이 상승함으로써 상환조건이 성취될 기회를 얻게 되었을 가능성이 있다면, 마찬가지로 정상적인 델타헤지거래를 통해 상환조건이 성취되지 못하게 되는 상황도 용인할 필요가 있다.

다만, 이는 ELS 헤지거래자가 델타값에 기초한 정상적인 델타헤지거래를 하였다는 것이 전제가 되어야 한다.[66]

ELS 헤지거래자가 풀링(Pooling) 형태의 델타헤지거래를 하면서 델타값과 크게 차이가 나는 상태로 헤지거래를 계속해왔고, 상환기준일에도 이러한 형태의 헤지거래를 하였다면 이는 정상적인 헤지거래로서 보호받기 어렵다(특히 이러한 형태의 헤지거래가 헤지 트래이더에게 상당한 재량을 부여함으로써 거래차익을 통한 이익실현을 극대화하기 위한 목적에서 이루어진 것이었다면 더욱 그러하다). 대상 판결은 자체 헤지에 있어 이러한 델타헤지의 비정상성 여부를 판단하는 근거 내지 기준으로서 ELS 발행사의 투자자보호의무를 제시하고 있는 것으로 이해된다.

대상 판결의 사안에서도 자체 헤지 방식으로 델타헤지거래를 하였던 피고는 델타값과 크게 괴리된 상태로 헤지거래를 하여 왔고 제2 상환기준일에도 델타값과 괴리된 헤지거래를 계속하고 있었다. 이러한 측면에서 비정상적인 델타헤지거래를 조건성취 방해행위로 판단한 대상 판결의 결론은 수긍할 수 있다.

---

66) 정상적인 헤지거래와 투기거래가 이론적으로 거래의 동기, 효과, 거래방식으로 구분된다는 것이 이론적인 설명이나 현실에 있어서는 위와 같은 기준에 따라 명확한 구별이 가능한 것인지에 대해 의문을 제기하는 견해도 있다[김주영, "헤지거래기법을 이용한 투기거래와 이에 대한 법적 규제", 증권법연구 제12권 제3호(한국증권법학회, 2011), 198-202면)]. 그러나, 거래의 동기는 주관적인 요소이고, 기본적으로 ELS와 같은 파생금융상품은 헤지거래가 이루어지는 것이 전제가 되어 개발된 금융상품이라는 점에서 예정된 헤지거래를 통해 발생한 효과가 비록 투자자의 이익에 반하는 결과를 초래할 수 있다고 하더라도 투자자가 이를 사전에 고지받고 인식할 수 있었다면 그 결과만으로도 정상적인 헤지거래가 아니라고 볼 수는 없다. 따라서, 결국 헤지거래의 거래방식이 정상적인 델타헤지거래에 해당하는지 여부가 정상적인 헤지거래와 투기거래를 가르는 객관적인 기준이 될 수 있다고 본다.

4. 백투백 헤지를 배경으로 한 손해배상청구 사건과의 비교 검토

가. 백투백 헤지를 배경으로 한 손해배상청구 사건의 개관

앞서 잠시 살핀 바와 같이, 자체 헤지를 배경으로 한 대상 판결의 사안과 달리 백투백 헤지를 배경으로 하여 ELS 투자자들이 헤지사가 상환기준일에 한 델타헤지거래를 시세조종행위 내지 사기적 부정거래행위로 문제삼아 헤지사를 상대로 손해배상청구를 한 사건들도 있는데, 대법원은 대상 판결이 선고된 이후인 2016. 3. 그 중 일부에 대해서는 헤지사의 손해배상책임을 인정한 판결을, 다른 일부에 대해서는 헤지사의 손해배상책임을 부정한 판결을 선고한 바 있다. 대상 판결의 사안을 포함하여 이를 사건군별로 정리하여 보면 다음과 같다.

[ELS 헤지거래 관련 대법원 판결 사건군(2015 - 2016. 3.)]

사건군 및 대표사건	피고	헤지거래 형태	청구원인
대우증권군 대상 판결 ELS 발행사 책임 인정	대우증권 (ELS 발행사)	자체 헤지	민법 제150조 제1항에 기초한 상환금 청구
BNP파리바군 대법원 2013다7264 헤지사 책임 부정	BNP파리바은행 (헤지사)[67]	백투백 헤지	시세고정행위(구 증권거래법 제188조의 4 제3항)에 따른 손해배상청구(민법 제750조)
도이치은행군 대법원 2013다2740 헤지사 책임 인정	도이치은행 (헤지사)	백투백 헤지	① 부정거래행위 금지위반에 따른 손해배상청구(자본시장법 제179조, 제178조 제1항 제1호) ② 시세고정행위(자본시방법 제176조 제3항)에 따른 손해배상청구(민법 제750조)[68]

---

67) ELS 발행사인 신영증권이 공동피고가 되기도 하였으나 ELS 헤지거래에 관한 논의에 집중하기 위하여 ELS 헤지거래를 하지 않은 ELS 발행사에 관한 부분은 논의에서 제외한다.

68) 자본시장법 제178조는 포괄적 부정거래행위 금지규정으로서 시세조종을 금지하는 자본시장법 제176조가 포섭하지 못하는 불공정한 행위들을 규제하기 위한 것이 그 입법적인 연혁인데, 자본시장법 제178조와 자본시장법 제176조를 동시에 위반한 경우 형사적으로 이를 포괄일죄로 보는 견해와 법조경합으로 보는 견해가 나뉘어져 있다[김학석·김정수, 자본시장법상 부정거래행위, (서울파이낸스앤로그룹, 2015), 297-298면]. 다만, 민사적으

우선, 대법원은 BNP파리바군 사건 판결(대법원 2016. 3. 10. 선고 2013다7264 판결)에서 "금융투자업자가 파생상품의 거래로 인한 위험을 관리하기 위하여 시장에서 주식 등 그 기초자산을 매매하는 방식으로 수행하는 헤지(hedge)거래가 시기, 수량 및 방법 등의 면에서 헤지 목적에 부합한다면 이는 경제적 합리성이 인정되는 행위라고 할 것이므로, 헤지거래로 인하여 기초자산의 시세에 영향을 주었더라도 파생상품의 계약 조건에 영향을 줄 목적으로 인위적으로 가격을 조작하는 등 거래의 공정성이 훼손되었다고 볼만한 특별한 사정이 없는 한 이를 시세조종행위라고 할 수는 없다"는 법리를 설시한 후 헤지사의 헤지거래를 시세고정에 의한 시세조종행위에 해당하지 않는다고 본 원심 판결이 델타헤지의 성질, 시세고정행위의 요건이나 긴급피난에 관한 법리를 오해하고 시세고정 거래나 제3자에 의한 조건성취 방해행위 여부에 관한 판단을 누락하는 등의 위법이 없다고 판시하여 헤지사의 손해배상책임을 부정한 원심 판결을 수긍하는 판단을 하였다. 위 사건의 원심 판결이 헤지사의 헤지거래를 시세고정에 의한 시세조종행위에 해당하지 않는다고 판단한 주요근거는 다음과 같다.

① 피고는 기준일에 인접한 2006. 8. 30.까지는 전체 옵션 델타값과 근사하게 실제 주식 보유량을 유지하는 등 비교적 델타헤지의 원리에 충실하게 헤지거래를 하여 왔고, 특히 2006. 8. 28.부터 2006. 8. 30.까지 3거래일 동안 기초자산에 해당하는 상장주식 1,804,040주를 매수한 결과 그에 상응한 만큼 위 주식의 주가 하락이 저지되기도 하였다.

② 위 주식의 기준일 시초가는 상환기준가격인 15,562.5원보다 높은 16,100원으로 결정되었고 이는 전날 종가인 15,800원보다 높은 가격이었기 때문에 당일 주가 상승으로 이 사건 주가연계증권의 상환조건이 성취될 가능성이 있었고, 그 경우 피고는 그 델타값에 따라 1,691,928주를 매도할 필요가 있었다.

③ 피고는 이 사건 기준일의 접속매매시간대에 1,645,080주에 대하여 상환기준가격인 15,562.5원을 350원 이상 상회함과 동시에 직전 체결가와 같거나 높은 가격인 15,950원에서 16,600원 사이의 호가에 매도 주문을 하였는데 이는 처분이 필요한 수량에 근접한 규모[69]이고 그 호가도 피고와 함께 이 사건 주가연

로는 일반적으로 인정된 청구권 경합에 따라 양자를 별개의 청구원인으로 구성하는 것이 가능한 것으로 보인다.
[69] 피고의 매도 주문 중 접속매매시간대에 실제로 매도 거래가 체결된 수량은 550,080주

계증권에 관한 헤지를 담당하였던 다른 헤지사가 한 매도 호가와 비교하여도 과도하게 높은 금액으로 보이지 아니한다.

④ 피고가 기준일 단일가매매시간대에 한 위 상장주식 대량매도행위는 다음과 같은 이유로 델타헤지를 위한 거래로 보인다. (i) 당일 종가가 상환기준가격 이상에 결정될 가능성이 컸기 때문에 델타값에 따라 주식 보유 수량을 조절하고 투자자에 대한 상환금 마련을 위해 위 주식 약 100만 주를 단일가매매시간대에 매도할 필요가 있었다. (ii) 기준일 14:57:03부터 14:58:04까지 3회 걸쳐 20만 주씩 합계 60만 주에 대하여 시장가로 한 매도 주문은 피고가 장 종료 전 상당한 수량을 매도할 필요가 있었던 점, 시장가 주문은 지정가 주문보다 우선하여 계약 체결을 하기 위한 주문으로 다른 증권회사 등도 많이 사용하고 있는 주문인 점 등에 비추어 가격 하락을 목적으로 한 주문으로 보기 어렵다.[70] (iii) 같은 날 14:58:32와 14:58:49에 20만 주씩 호가 15,600원에 한 매도 주문은 그 전에 시장가로 한 60만 주의 매도 주문과 함께 이 사건 주식의 종가가 15,600원 이상으로 결정되어 상환조건이 성취되는 경우 처분하여야 하는 물량인 약 100만 주에 맞추기 위한 주문으로 보이고, 그 호가도 상환기준가격을 넘는다. (iv) 같은 날 14:59:13와 14:59:21에 20만 주씩 호가 15,500원에 한 매도 주문은 이 사건 기준일 종가가 15,600원으로 결정되어 상환조건이 성취되더라도 그 전에 한 호가 15,600원의 40만 주 매도 주문이 시간 순서에서 후순위로 밀려 계약 체결이 무산될 것을 대비한 것으로 보인다.

⑤ 피고가 기준일에 상환조건이 충족되는 경우 델타값에 따라 처분하여야 할 수량만큼을 2006. 9. 1. 또는 기준일의 접속매매시간대에 모두 매도할 수 있었다고 하기 어렵고, 설령 그와 같이 매도하였더라도 그 경우 위 주식의 기준일 종가가 상환기준가격을 상회하여 결정되었으리라 단정하기 어려운 점, 주가연계증권의 조건성취 여부는 상환기준일의 종가에 의하여 결정되므로 델타헤지를 수행하는 금융기관은 상환기준일 장 종료 직전에 헤지거래를 수행하는 것이 이론적으로는 가장 합리적인 점, 다만 거래 현실에서는 주식의 유동성이 제한되어 있어 그것이 항상 가능하지는 아니하므로 그 대안으로 상환기준일 접속매매

였다.

[70] 참고로, 기준일의 단일가매매시간대 시작시점인 14:50경 헤지거래 대상 상장주식의 주가는 기준가격인 15,562.5원을 약 400원 가량 상회한 15,950원에 형성되어 있었다.

시간대 또는 그 전에 미리 일부 물량을 처분하기도 하는 점 등에 비추어보면 피고가 2006. 9. 1. 또는 기준일의 접속매매시간대까지 델타값에 따른 주식 전부를 분할 매도하지 아니하였다고 하여 이를 부당하다고 할 수 없다.

반면, 대법원은 도이치은행군 사건 판결(대법원 2016. 3. 24. 선고 2013다2740 판결)에서 "(1) 이 사건 주가연계증권은 투자자에게 상환될 금액이 기초자산의 상환기준일 종가에 따라 결정되는 구조로 되어 있는데, (2) 이 사건 기준일 당시 기초자산인 상장주식의 가격이 손익분기점인 기준가격 부근에서 등락을 반복하고 있었으므로, 피고로서는 이 사건 주식의 기준일 종가를 낮추어 수익 만기상환조건의 성취를 무산시킴으로써 ELS 발생사에 지급할 금액을 절반 가까이 줄이고자 할 동기가 충분히 있었다고 보이고, (3) 이 사건 주식매도행위의 태양을 보더라도, 접속매매시간대 중 위 주식의 가격이 올라간 오후에 집중적으로 주식을 매도71)하고 특히 단일가매매시간대에 이르러서는 위 주식의 예상체결가격이 기준가격을 근소하게 넘어서는 시점마다 가격하락효과가 큰 시장가주문 방식으로 반복적으로 주식을 대량 매도하였고 그 매도관여율이 매우 큰 비중을 차지함에 따라 실제로 예상체결가격이 하락한 사정에 비추어 볼 때, 피고가 이 사건 주식의 가격을 낮출 의도로 이 사건 주식의 가격 내지 예상체결가격의 추이를 줄곧 살피면서 이 사건 주식매도행위를 하였다고 볼 여지가 많다.

이 사건 주식매도행위는 이 사건 주가연계증권과 관련하여 수익 만기상환 조건이 성취되지 않도록 이 사건 주식의 기준일 종가를 낮추기 위하여 이루어진 자본시장법에서 금지하고 있는 시세조종행위 내지 부정거래행위에 해당한다고 볼 수 있으며, 이 사건 주식매도행위가 이 사건 주가연계증권과 관련하여 피고 자신을 위한 위험 회피 목적으로 이루어졌다 하여 달리 볼 수 없다.

그럼에도 이와 달리 원심은, 이 사건 주식매도행위에 의하여 이 사건 주가연계증권의 기초자산이 된 상장주식에 관한 기준일의 종가에 영향을 미쳤음을 인정하면서도, 피고가 기준일 전까지 비교적 델타값에 따라 산출된 수량의 위 주식을 보유하고자 노력하였고, 기준일 무렵에 이르러 델타값에 따라 매도세로

---

71) 위 사건에서 ELS의 기초자산이 된 상장주식에 대한 기준가격은 54,740원이었는데, 피고는 기준일에 위 주식의 가격이 상대적으로 낮았던 오전에는 8,812주를 직전 체결가인 53,500원에 매도하였고, 위 주식의 가격이 상승하여 기준가격을 약간 밑돌거나 넘어선 오후에는 14회에 걸쳐 합계 106,032주를 매도하였으며, 단일가매매시간대에는 두 번에 걸쳐 시장가매도주문 방식으로 합계 128,000주를 매도하였다.

일관하여 주식을 전량 매도하는 과정에서 이 사건 주식매도행위가 이루어졌다
거나 기준일의 접속매매시간대에 직전 체결가와 근사한 가격으로 분산매도를
시도하였다는 사정을 비롯하여 델타헤지의 일반적인 목적이나 필요성 및 방법
등에 관한 판시 사정들만을 가지고 피고에게 이 사건 주식의 시세를 조종할 목
적이 인정되지 아니한다고 잘못 판단하여, 이 사건 주식매도행위가 자본시장법
에서 정한 시세조종행위 내지 부정거래행위에 해당하지 않는다고 보아 자본시
장법 또는 민법 제750조에 의하여 이 사건 주식매도행위로 인한 손해의 배상을
구하는 원고들의 청구를 기각하고 말았다"고 판시하면서 헤지사의 손해배상책
임을 인정하였다.

나. 백투백 헤지를 배경으로 한 손해배상청구 사건의 대법원 판결들에 대한 분석
그런데, BNP파리바군 사건 사안과 도이치은행군 사건 사안의 사실관계를
비교하여 보면, 델타헤지의 원리에 따라 헤지거래를 한 헤지사들의 거래형태가
매우 유사하고 양자 모두 델타헤지의 원리에 부합하는 것으로 보인다는 사실을
알 수 있다.
즉, 양 사건에서 헤지사들은 모두 ① 델타값에 따라 산정된 수량에 근접하
게 기초자산인 상장주식을 보유하고자 노력하였고, ② 또한 기준일의 접속매매
시간대에 델타값에 부합하게 위 주식을 분산매도하려는 시도를 하였으나 델타
값에 부합하는 수량만큼을 모두 매도하지 못하였으며, ③ 단일가매매시간대에
분산 매도를 하지 못한 나머지 매도수량을 매도하고자 대량의 시장가 매도주문
을 하여 매도거래를 체결하였다(그에 따라 결과적으로 위 주식의 기준일 종가가 기
준가격에 미달하는 가격으로 형성되었다).
위와 같이 헤지사가 유사한 매도거래형태를 보인 양 사건에 관하여, 대법
원은 BNP파리바군 사건에서는 헤지거래로 인하여 기초자산의 시세에 영향을
주었더라도 파생상품의 계약 조건에 영향을 줄 목적으로 인위적으로 가격을 조
작하는 등 거래의 공정성이 훼손되었다고 볼만한 특별한 사정이 없는 한 이를
시세조종행위라고 할 수는 없다는 법리에 기초하여 헤지사의 대량 매도거래를
델타헤지의 원리에 부합하는 거래로 보아 시세고정에 의한 시세조종행위에 해
당한다고 볼 수 없다고 판단한 반면, 도이치은행 사건군에서는 헤지사의 헤지
거래를 자본시장법상 부정거래행위, 시세고정에 의한 시세조종행위에 해당된다

고 판단하였다.

　양 사안을 비교하여 보면, 결국 상환기준일 당시 헤지거래의 대상이 된 상장주식 주가의 상태와 흐름이 대법원이 위와 같이 판단을 달리 하게 된 원인이 된 것으로 사료된다.

　BNP파리바군 사건의 경우, 상환기준일 당시 헤지거래 대상 상장주식의 시초가가 상환기준가격인 15,562.5원보다 높은 16,100원으로 형성되었고 장중에도 위 상환기준가격을 계속 상회하고 있었다.

　그에 따라, 헤지사로서는 상환조건성취가 가능성이 높다고 보고 장 중에 꾸준히 상환조건성취 시의 델타값에 부합하도록 위 주식을 매도하려는 의도로 매도 주문을 제출하다가 접속매매시간대에 모두 매도하지 못한 상태에서, 장 종료 직전 단일가매매시간대에 매도하지 못한 나머지 매도물량에 대한 대량(140만 주)의 매도 주문(이 중 60만 주 상당은 시장가매매 방식으로 매도 주문)을 제출하여 상환조건성취 시의 델타값에 부합하는 매도거래를 한 것이고, 이 과정에서 의도치 않게 위 주식의 상환기준일 종가가 위 대량 매도거래로 인해 상환기준가격인 15,562.5원에 12.5원 미달되는 결과가 초래되었다고 본 것이 대법원의 시각이었던 것으로 보인다.

　반면, 도이치은행군 사건의 경우, 상환기준일 무렵 헤지거래 대상 상장주식의 주가가 상환기준가격인 54,740원 부근에서 등락을 반복하고 있었고 상환기준일 당일에도 상환기준가격 부근에서 등락을 반복하고 있었다.

　대법원은 상환기준일 무렵 헤지거래 대상 상장주식의 주가가 상환기준가격을 계속 상회하고 있었던 경우와 달리 상환기준가격 부근에서 등락을 반복하고 있었던 경우에는 헤지사에게 위 주식의 상환기준일 종가를 낮추어 수익 만기상환조건의 성취를 무산시킬 동기가 있었다고 보고 위 주식의 주가가 상환기준가격을 상회할 때마다 이루어진 헤지사의 매도거래를 자본시장법상 부정거래행위, 시세고정에 의한 시세조종행위에 해당한다고 판단한 것으로 보인다.

　그러나, 상환기준일에 헤지사의 헤지거래 대상 상장주식의 대량 매도는 상환조건성취 시의 델타값에 대응하여 이루어지는 것이고 따라서 위 주식의 주가가 상환기준가격을 상회하여 상환조건이 성취될 것으로 보이는 상황에서 헤지사가 위 주식을 매도한 것은 델타헤지의 원리에 부합하는 것으로 볼 수 있다는 점에서 이러한 헤지사의 매도거래에 위 주식의 시세를 하락시킬 목적이 있었다고 보아 의도적인 부정거래행위 내지 시세조종행위로 단정할 수 있는 것인지 의문이다.

즉, 기술적으로 동일한 델타헤지거래를 하였더라도 '상환기준일 당시 기초 자산의 주가 상황'이라는 우연적인 요소로 인해 상환기준가격을 대체로 상회하고 있었던 경우에는 시세조종행위에 해당하지 않고, 상환기준가격 부근에서 등락을 거듭한 경우에는 시세조종행위에 해당한다고 보는 것은 합리적이지 않다.

한편, 자체 헤지를 시행하는 ELS 발행사에게 투자자와의 이해상충이 불가피한 경우에는 투자자의 이익을 보호할 의무가 있다고 판단한 대상판결의 논리와 유사한 관점에서 헤지거래 대상 상장주식의 주가가 상환기준가격 부근에서 등락을 반복하고 있는 경우에는 헤지사 역시 ELS의 조건성취를 방해하지 않도록 헤지거래를 해야 한다는 관점이 있을 수 있다.

도이치증권군 사건의 대법원 판결(대법원 2016. 3. 24. 선고 2013다2740 판결)이 사기적 부정거래에 따른 손해배상책임자의 범위에 관한 법리를 설시하면서 "여기서 시세조종행위 등 사회통념상 부정하다고 인정되는 수단이나 기교 등을 사용한 자로서 그 금융투자상품의 거래와 관련하여 입은 손해를 배상할 책임을 지는 부정거래행위자에는, 그 금융투자상품의 거래에 관여한 발행인이나 판매인뿐 아니라, 발행인과 스와프계약 등 그 금융투자상품과 연계된 다른 금융투자상품을 거래하여 권리행사나 조건성취와 관련하여 투자자와 대립되는 이해관계를 가지게 된 자도 포함된다고 해석된다"고 판시한 것도 위와 같은 관점을 반영한 것으로 보인다.

그러나, 정상적인 델타헤지거래를 하는 경우라 하더라도 상환기준일에 헤지거래로 인하여 헤지거래 대상 상장주식의 주가가 상환기준가격 밑으로 하락할 가능성이 있으면 ELS 헤지거래자는 그러한 헤지거래를 하지 말아야 한다는 것이 절대적으로 합리적인 규범인지는 의문이 있다.

앞서 살펴본 바와 같이, ELS 투자자는 ELS 헤지거래자의 델타헤지거래에 따라 상환기준일에 기초자산의 대량매도가 이루어질 수 있고 이로 인해 상환조건이 성취되지 못하는 결과가 있을 수 있다는 점을 사전에 고지받으며, ELS 헤지거래자가 델타헤지거래로 기초자산을 매입하는 과정에서 주가가 부양되는 효과에 따른 이익을 향유하기도 한다(델타헤지거래가 기초자산의 주가가 상환기준가격을 상회하게 된 것에 일정한 기여를 하였다고 볼 수도 있다).

따라서, ELS 자체가 델타헤지를 통한 헤지거래가 가능하다는 것을 전제로 만들어진 금융투자상품인 만큼, 헤지거래가 델타헤지의 원리에 의해 정당하게 이루어진 것이라면 그로 인해 상환조건이 성취되지 못하는 결과가 발생하더라도 투자자의 입장에서도 이를 ELS 상품의 특성으로서 이해할 필요가 있다.72)

이러한 관점에서, 델타헤지의 원리에서 벗어난 비정상적인 헤지거래가 아닌 정상적인 헤지거래가 이루어진 경우에는 그것이 헤지거래 대상 상장주식의 주가가 상환기준가격 부근에서 등락을 반복하고 있는 상황에서 이루어진 것이라는 이유만으로 ELS 헤지거래자의 주관적 의도를 악의적으로 추정하여 이를 사기적 부정거래행위나 시세조종행위로 평가하는 것은 문제가 있다고 본다.73)

따라서, 도이치은행군 사건에서 헤지사가 델타헤지의 원리를 벗어난 비정상적인 헤지거래를 하였다는 다른 사정이 없는 이상 헤지사의 델타헤지거래를 자본시장법상 사기적 부정거래행위, 시세조종행위에 해당한다고 본 대법원 판결의 결론은 다소 동의하기 어렵다.

물론, 델타헤지의 원리가 투자자의 입장에서 간단히 이해될 수 있는 것은 아니라는 점을 고려해 ELS 시장에서의 투자자의 신뢰를 확보하여 시장 전체를 보호하고자 하는 정책적 관점에서 상환조건성취를 방해할 여지가 있는 형태의 헤지거래를 금지하는 것은 별도로 고려해볼 수 있는 것이며, 그에 따라 실제로 마련된 것이 금융위원회 및 금융감독원의 "ELS 발행 및 운영관련 제도개선방안", 한국거래소의 "주가연계증권(ELS) 헤지거래 가이드라인"이다.

V. 결 론

금융위원회 및 금융감독원이 2009. 9. 10. "ELS 발행 및 운영관련 제도개선

---

72) BNP파리바군 사건의 대법원 판결(대법원 2016. 3. 10. 선고 2013다7264 판결)이 "헤지거래로 인하여 기초자산의 시세에 영향을 주었더라도 파생상품의 계약 조건에 영향을 줄 목적으로 인위적으로 가격을 조작하는 등 거래의 공정성이 훼손되었다고 볼만한 특별한 사정이 없는 한 이를 시세조종행위라고 할 수는 없다"고 판시한 것도 이러한 관점에서 이해할 수 있다.

73) 더욱이, 헤지사는 별도의 파생상품계약에 따라 ELS 발행사와 맺고 있는 계약관계는 별론으로 하고 ELS 투자자와 직접적인 계약관계를 맺고 있지 않다. 따라서, 헤지사가 ELS 투자자에게 직접적으로 대상판결이 말하는 투자자보호의무를 부담한다고 보기도 어려운 측면이 있다.

방안"을 발표하고, 한국거래소에서 2009. 9. 21. "주가연계증권(ELS) 헤지거래 가이드라인"을 제정·시행함에 따라 상환기준일 종가에 영향을 미치는 헤지거래가 사실상 금지되기 시작하였고, ELS 발행시장의 주류가 국내지수형 및 해외지수형, 원금보장형 상품으로 재편되면서, 2009년 이후에는 대상 판결의 사안과 같이 ELS 헤지거래가 원인으로 지목된 대량의 투자자 손실 사태는 찾아보기 힘들게 되었다.

그럼에도 불구하고, 대상 판결은 금융투자업자가 파생금융상품 등에 대한 헤지거래를 함에 있어서 외형상 헤지거래라 하더라도 그 내용이 정상적인 헤지거래의 범위를 넘어 시장가격을 왜곡함으로써 파생금융상품 조건의 성취를 방해하는 경우, 조건성취를 의제하여 투자자를 보호하는 강력한 민사적 제재가 이루어질 수 있음을 보여주는 실례라는 점에서 중요한 의미가 있다.

● 참고문헌

[단행본]

김학석·김정수, 자본시장법상 부정거래행위, (서울파이낸스앤로그룹, 2015)

임재연, 자본시장법, 2016년판(박영사, 2016)

집필대표 김용담, 주석 민법 민법총칙(3), 제4판(한국사법행정학회, 2010. 8.)

[논문 등]

김경호, "ELS헤지수단으로서의 장내개별주식옵션 활성화 필요성 검토", 파생상품 리서치 제1권 제2호(한국거래서 파생상품연구센터, 2012)

김주영, "헤지거래기법을 이용한 투기거래와 이에 대한 법적 규제", 증권법연구 제12권 제3호(한국증권법학회, 2011)

나승철, "주가연계증권(ELS)에 있어서 발행사와 투자자 사이의 이해상충", 기업법연구 제24권 제4호(한국기업법학회, 2012. 11.)

나지수, "주가연계증권(ELS) 델타헤지거래 관련분쟁의 분석 — 델타헤지거래의 정당성, 적법성 여부를 판단한 대법원 판례 분석을 중심으로 —", 서강대학교 석사학위 논문(2015)

맹수석, "ELS투자에 있어서 증권회사의 고객보호의무", 선진상사법률연구 제72호(법무부, 2015. 10.)

박준영·현종석, "거래비용을 고려하여 주가연계증권을 헤지할 때 발생하는 비용과 위험의 상쇄효과에 대한 시뮬레이션연구 — 조기상환구조상품을 중심으로 —", 선물연구 제17권 제2호(한국파생상품학회, 2009. 5.)

성희활. "자본시장법상 연계 불공정거래의 규제현황과 개선방향", 금융법연구 제6권 제2호(한국금융법학회, 2009)

이숭희, "ELS분쟁의 현황과 법적 쟁점", YGBL 제2권 제2호(연세대학교 법학연구원, 2010)

이효섭·김지태, "한국 ELS/DLS 시장의 건전한 성장을 위한 방안", (자본시장연구원, 2013. 3.)

한국거래소 시장감시위원회, 2009 주가연계증권(ELS) 기초주식 감리백서, (2009. 11.)

법무법인 한누리, "ELS 상환방해 첫 소송제기", 2009, 8, 10.자 보도자료

자본시장법상 무인가 금융투자업

임재연, 한지윤

[요　지]

「자본시장과 금융투자업에 관한 법률」(이하 "자본시장법"이라 한다)이 금융투자상품의 개념을 정의함에 있어서 포괄주의를 도입함에 따라 금융투자상품 개념을 전제로 하는 무인가 금융투자업에 관한 처벌규정의 범죄구성요건이 다소 불명확하게 되었다.

대상판결은 자본시장법상 금융투자상품의 거래에 해당하는지 여부의 판단기준을 제시하고, 나아가 적법한 파생상품거래와 형법상 도박을 구별하는 일응의 기준을 제시하였다는 점에 의의가 있다.

다만 대상판결에 따르더라도, 적법한 파생상품거래인지 아니면 도박에 해당하는지 여부는 사안에 따라 구체적·개별적으로 판단될 수밖에 없다고 보인다. 대상판결의 사안에서는 피고인의 행위를 도박으로 볼 만한 특별한 정황이 있으나, 그러한 정황이 분명하게 드러나지 않는 사안에는 대상판결의 기준을 적용하더라도 금융투자상품인지 여부가 여전히 모호하다 할 수 있다.

한편, 대상 판결의 취지와 같이 이 사건에서 피고인이 한 거래가 일종의 게임 내지 도박에 불과하다면 형법상 "도박공간개설죄"의 성립이 가능할 것으로 보이고, 회원과의 거래과정에서 환전의 요소가 개입되었다면 "외국환거래법위반죄"의 성립 여부가 문제될 수 있는데, 이 두 가지 혐의에 대하여는 공소사실에는 포함되지 않았다.

[주제어]
• 금융투자상품
• 증권
• 선물
• 선도
• 옵션
• 스왑
• FX마진거래
• 무인가 금융투자업

대상판결 : 대법원 2015. 9. 10. 선고 2012도9660 판결
[공2015하, 1547]

[사실의 개요]

1. 피고인은 '에프엑스렌트'라는 상호로 사설 에프엑스마진거래(Foreign Exchange Margin Trading, 이하 "FX마진거래"라 한다)[1]사이트(www.fxrent.com)를 운영하였다.

2. FX마진거래의 기본거래단위는 '1랏(미화 10만 달러)'으로 위 거래를 하기 위해서는 거래금액의 5%에 상당하는 금액을 거래증거금으로 납입해야 한다.

3. 피고인은 개인이 선물회사를 통하여 FX마진거래 등을 할 경우 거액의 증거금을 예탁해야 하고 상당한 수수료를 납부해야 한다는 점에 착안하여, 피고인이 금융투자업자에게 기본 예탁금을 예탁하여 계좌를 개설한 후, 소액투자자들을 피고인이 운영하는 온라인 사이트의 회원으로 모집하여 그들로 하여금 피고인이 개설한 계좌를 통하여 FX마진거래를 하게 하고 거래마다 이른바 '사용료'조로 소정의 수수료를 받기로 마음먹었다.

4. 이에 따라 피고인은 금융투자업자에게 자신의 명의로 계좌를 개설하고, 당해 계좌를 이용하여 영국파운드화(이하 "GBP"라 한다)/호주달러(이하 "AUD"라 한다)에 대하여 여러 건의 매수와 매도 계약을 체결한 다음, 1랏을 0.1랏, 0.2랏 등 작은 단위로 쪼개어, 회원들에게 위 피고인 명의의 계좌를 통해 FX마진거래를 하게 하고 렌트비 명목으로 10만 원씩을 받았다.

---

1) FX마진거래는 'Forex'라고 불리는 국제외환시장(Foreign Exchange Market)에서 개인이 직접 외국의 통화(외환)를 거래하는 것으로, 장외해외통화선물거래를 말한다. FX마진거래시장은 현재 세계에서 가장 자금의 흐름이 많은 금융시장으로, 그 규모가 전 세계 주식시장 일일 거래량의 약 100배를 상회한다. 일반적인 환전은 자국 화폐와 외국 화폐를 교환하는 것이지만, FX마진거래는 '기준통화/상대통화'가 한 쌍으로 묶여서 거래되며, 환차익을 통한 수익을 발생시키는 금융 거래이다. FX마진거래는 미국 달러화와 유로화 등 8개국 통화의 조합으로 이루어진다. FX마진거래에서 매수는 기본통화를 매수하고 동시에 상대통화를 매도하는 것을, 매도는 기본통화를 매도하고 상대통화를 매수하는 것을 의미한다. 예를 들어, EUR/USD를 매수한다면 기준통화인 EUR을 매수하고 상대통화인 USD를 매도한다는 것이며, AUD/CAD를 매도한다면 기준통화인 AUD를 매도하고 상대통화인 CAD를 매수한다는 것을 의미한다[기획재정부, 시사경제용어사전, (2010. 11.)].

5. 구체적으로, 피고인은 회원에게 자신이 미리 확보한 FX마진거래 포지션 중 한 가지를 선택하게 한 후, 환율 변동으로 10만 원의 이익이 나거나 10만 원의 손실이 나는 것을 각 상한과 하한으로 설정하여 위 상한 또는 하한에 이르면 자동적으로 거래가 종료되도록 하였고, 이익이 발생하는 경우에는 회원으로부터 받은 10만 원에 발생한 이익에서 10%를 공제하고 남은 나머지인 9만 원을 더하여 총 19만 원을 회원에게 지급하고, 손실이 발생하는 경우 회원으로부터 받은 10만 원을 손실에 충당하고 회원에게는 아무런 금원을 지급하지 아니하였다.

6. 결과적으로, 피고인이 확보한 FX마진 매도/매수 계약에서 이익이 발생하면, 피고인은 그 이익의 10%를 수수료조로 징수하고, 손실이 발생하면 회원이 납입한 돈으로 그 손실을 충당하므로, 어떤 경우에도 피고인은 손실을 부담하지 않는다.

7. 한편, 피고인은 인가를 받지 않고 금융투자업을 영위하였다는 내용으로 기소되었다.

[소송의 경과]

공소사실의 요지는, 피고인은 자신이 구매한 금융투자상품(FX마진거래)을 쪼개어 회원들에게 다시 매도한 행위는 자본시장법 제5조 제1항 제2호의 옵션거래에 해당하고, 피고인이 이익을 얻을 목적에서 개인인 회원들을 상대로 옵션거래를 반복한 것은 금융투자업 인가없이 투자매매업을 영위한 것이라고 주장하였다. 이에 대하여 피고인은 자신이 회원들과 한 거래에 관하여 기초자산이나 지수가 존재하지 않고, 위 거래는 기초자산이나 이를 기초로 하는 지수 등에 의하여 산출된 금전 등을 수수하는 거래를 성립시킬 수 있는 권리를 부여하는 것도 아니어서, 이는 자본시장법에 규정된 파생상품에 해당하지 않는다고 주장하면서, 자신은 FX마진거래를 통하여 발생하는 손실 내지 이익을 얻을 권리를 회원에게 임대한 것이라는 것이다.

원심은, 피고인이 한 거래는 자본시장법 제5조 제1항 제2호의 파생상품인 옵션의 거래에 해당한다고 판단하였고, 피고인이 금융투자업인가를 받지 아니하고 위와 같은 거래를 한 이상 무인가 금융투자업 영위로 인한 자본시장법위반의 죄책을 진다고 판단하였다.[2]

---

2) 서울북부지방법원 2012. 7. 18. 선고 2012노68 판결.

그러나 대법원은 대상판결에서, 피고인이 한 거래는 10만 원 이하의 소액을 걸고 단시간 내에 환율이 오를 것인지 아니면 내릴 것인지를 맞추는 일종의 게임 내지 도박에 불과할 뿐이어서 피고인의 행위는 자본시장법의 인가대상이 아니라는 이유로 원심판결을 파기환송하였다.

[대상 판결의 요지]

죄형법정주의 원칙상 형벌법규의 해석은 엄격하여야 하고, 명문의 형벌법규의 의미를 피고인에게 불리한 방향으로 지나치게 확장해석하거나 유추해석하는 것은 허용될 수 없다. 한편 자본시장법이 인가를 받지 아니하고 금융투자업(투자자문업과 투자일임업은 제외함)을 영위한 자를 처벌하고 있는 것은 부적격 금융투자업자의 난립을 막아 그와 거래하는 일반 투자자를 보호하고 금융투자업의 건전한 육성을 통해 국민경제의 발전에 기여할 수 있도록 하는 데 목적이 있다. 따라서 어떤 거래가 구 자본시장법의 규율을 받는 금융투자상품의 거래에 해당하는지는 거래 구조가 기업에 자금을 조달하거나 경제활동에 수반하는 다양한 위험을 회피 또는 분산할 수 있는 순기능을 할 수 있는 것인지 아니면 그러한 순기능을 전혀 할 수 없고 오로지 투기 목적으로만 사용될 수밖에 없는 것인지, 거래의 내용과 목적 등에 비추어 볼 때 거래를 새로운 금융투자상품으로 발전·육성시킬 필요가 있는 것인지, 거래 참여자들을 투자자로서 보호할 필요는 있는 것인지, 특히 투기성이 강한 거래라면 투자자의 이익을 제대로 보호하고 건전한 거래질서를 유지할 수 있는 적절한 규제방법이 마련되어 있는지 등을 종합적으로 고려하여 신중하게 판단하여야 한다.

그런데, ① 이 사건 거래는 고객이 1회에 지불하는 돈이 10만 원 이하의 소액일 뿐만 아니라 거래 시간도 길어야 몇 시간에 불과한 것이어서, 그 속성상 투기 목적으로만 이용될 수 있을 뿐이고 환율 변동의 위험을 회피하는 경제적 수단으로는 사용될 수 없는 구조인 점, ② 이러한 거래 구조와 이 사건 참여자들의 의사 등에 비추어 볼 때 위 거래는 투자자 보호라든지 금융투자업의 육성·발전과는 하등의 관계가 없어 보이는 점, ③ 위 거래에서 피고인이 고객에게 지급하기로 한 돈, 즉 렌트 사용료에다가 다시 렌트 사용료의 90%를 더한 돈은 '사전에 미리 약정한 돈'에 불과하지, 구 자본시장법 제5조 제1항 제1호나 제2호의 '기초자산의 가격이나 지수 등에 의하여 산출된 금전'이라고 할 수 없는 점, ④

일반적으로 옵션 매수인은 기초자산의 가격이 유리하게 움직이면 권리를 행사
하여 가격 변동에 따른 이익을 실현하고, 반대로 기초자산의 가격이 불리하게
변동하면 권리행사를 포기하게 되므로, 구 자본시장법 제5조 제1항 제2호의 옵
션거래에서 옵션 매수인의 이익은 무제한인 반면 손실은 프리미엄(옵션거래에서
옵션 매수인이 사거나 팔 수 있는 권리를 취득하는 대가로 옵션 매도인에게 지불하는
것)으로 한정되는 특징이 나타나는데, 이 사건 거래는 고객이 렌트 사용료의
90%의 이익을 얻거나 아니면 렌트 사용료 상당의 손실을 입는 구조로서 앞서
본 일반적인 옵션거래의 손익구조에 부합하지 않을 뿐만 아니라, 위 거래에서
고객이 입을 수 있는 손실은 고객이 얻을 수 있는 이익을 상회한다는 점에서 위
렌트 사용료를 프리미엄이라고 볼 수 없는 점, ⑤ 또한 위 거래는 단시간 내에
종료되는 것으로 구 자본시장법 제5조 제1항 제1호에서 말하는 '장래'의 특정
시점에 인도할 것을 약정한 것이라고도 볼 수 없는 점 등을 종합하면, 이 사건
거래는 10만 원 이하의 소액을 걸고 단시간 내에 환율이 오를 것인지 아니면 내
릴 것인지를 맞추는 일종의 게임 내지 도박에 불과할 뿐, 구 자본시장법 제5조
제1항 제1호나 제2호의 파생상품에 해당한다고는 볼 수 없다. 그리고 위 거래가
같은 법 제5조 제1항 제3호의 파생상품이나 제4조의 증권에 해당하지 않음은
그 문언상 분명하다.

그런데도 원심은 그 판시와 같은 이유로 피고인과 고객 사이의 거래가 구
자본시장법 제5조 제1항 제2호의 파생상품에 해당한다고 보고 이 사건 공소사
실을 유죄로 인정하였으니, 이러한 원심의 판단에는 무인가 금융투자업 영위로
인한 자본시장법위반죄에 관한 법리를 오해하여 판결에 영향을 미친 위법이 있
고, 이를 지적하는 취지의 상고이유의 주장은 이유 있다.

[연　구]

I. 서　설

누구든지 금융투자업인가를 받지 않고는 금융투자업(투자자문업 및 투자일임
업은 제외)을 영위할 수 없고(자본시장법 제11조), 금융투자업 등록을 하지 않고는

투자자문업 및 투자일임업을 영위할 수 없다(같은 법 제17조). 만약 이를 위반하여 무인가·무등록 영업행위를 하는 경우에는 형사처벌의 대상이 된다(같은 법 제44조).

한편, 자본시장법은 금융투자상품의 개념을 정의함에 있어서 구 증권거래법3)과는 달리 포괄주의를 도입하여, '투자성(원본손실 가능성)'을 갖는 모든 금융상품을 포괄하여 '금융투자상품'으로 정의하였다. 그 결과 증권규제가 필요한 새로운 금융상품이 시장에 등장하는 경우 규제의 공백을 피하고 투자자를 두텁게 보호할 수 있게 되었으나, 자본시장법상 형사처벌에 있어서는(예컨대, 무인가 금융투자업 영위로 인한 자본시장법위반죄 등) 형사구성요건이 확장되고 불명확하게 되는 문제가 발생하였다.

대상판결과 유사한 사안에서 대법원은 "피고인의 거래가 자본시장법상 금융투자상품에는 해당하지만 피고인의 행위는 금융투자업에 해당하지 아니한다"라는 이유로 무죄를 선고하였으나,4) 위 판결에서 자본시장법의 적용대상에 대한 명확한 기준을 제시하지 아니한 관계로, 자본시장법 적용대상의 기준에 대하여 논란의 여지가 있었다.

대상판결에서 대법원은 적법한 파생상품거래와 형법상 도박을 구별하는 일응의 기준을 제시하였는데, 이는 자본시장법상의 처벌규정을 적용함에 있어서 금융투자상품 및 금융투자업 규정을 엄격히 해석함으로써, 자본시장법에 내재된 위헌적 요소(형사구성요건의 불명확성)를 제거하고자 하는 시도로 보인다.

Ⅱ. 자본시장법상 금융투자상품과 금융투자업

1. 금융투자상품

가. 포괄주의 개념 도입

구 증권거래법은 유가증권의 개념과 범위에 관하여 명칭 또는 근거법령을 기초로 한정적으로 열거하는 방식을 취하였다. 따라서 증권규제가 필요한 새로

---

3) 2007. 8. 3. 법률 제8635호 자본시장과 금융투자업에 관한 법률 부칙 제2조로 폐지된 것. 이하에서는 "구 증권거래법"이라고 한다.
4) 대법원 2013. 11. 28. 선고 2012도4230 판결.

운 금융상품이 시장에 등장하여도 법령에 유가증권으로 규정되지 않는 한 규제
대상에 포함되지 않았다. 이러한 규제의 공백으로 인하여 투자자 보호에 미흡
하였고, 한편으로는 법적 예측가능성의 결여로 인하여 시장수요에 따른 새로운
상품의 개발도 곤란하였다. 자본시장법은 이러한 문제를 해결하기 위하여 금융
투자상품의 개념과 범위에 관하여 해당 금융상품의 기능적인 속성을 기초로 포
괄적으로 정의하는 포괄주의를 도입하였다.[5]

나. 단계적 규정 방식

자본시장법은 금융투자상품의 개념을 규정함에 있어서 먼저 금융투자상품
의 기능과 위험을 기초로 일반적으로 정의하고, 다음으로 상품별로 구체적인
개념을 규정하고, 마지막으로 제외되는 상품을 명시적으로 규정함으로써 단계
적인 규정을 두고 있다.

(1) 일반적 정의

자본시장법은 금융투자상품을, (i) 이익을 얻거나 손실을 회피할 목적으로,
(ii) 현재 또는 장래의 특정 시점에 (iii) 금전, 그 밖의 재산적 가치가 있는 것
("금전등")을 지급하기로 약정함으로써 취득하는 권리로서, (iv) 투자성이 있는
것이라고 정의하고 있다(자본시장법 제3조 제1항 본문). 즉, 금융투자상품은 "이익
을 얻거나 손실을 회피할 목적"과 "현재 또는 장래의 특정 시점에 금전, 그 밖
의 재산적 가치가 있는 것을 지급하기로 약정하는 것"을 요소로 한다.

증권은 주로 이익을 얻는 것을 목적으로 하고, 파생상품은 손실을 회피하
는 것을 목적으로 한다. 이것은 증권 및 파생상품의 거래목적을 포괄하는 금융
투자상품의 중요한 특징으로서, 바로 '투자의 목적'에 관한 요건이라고 할 수 있
다.[6]

(2) 투 자 성

금융투자상품에서의 투자성이란 "그 권리를 취득하기 위하여 지급하였거
나 지급하여야 할 금전등의 총액이 그 권리로부터 회수하였거나 회수할 수 있
는 금전등의 총액을 초과하게 될 위험"으로 정의되는데, 이것은 '취득원본'(지급

5) 임재연, 자본시장법, 2016년판(박영사, 2016), 24면.
6) 한국증권법학회, 자본시장법 주석서(Ⅰ), 개정판(박영사, 2015), 11면.

금액)이 '처분원본'(수취금액)보다 높은 '원본손실위험'을 의미한다.[7][8] 투자성 요건은 자본시장법이 포괄주의방식으로 금융투자상품의 개념을 정의함에 따라, 원본보장형 예금과 보험상품은 자본시장법의 적용대상에서 제외시키기 위한 것이다.

다. 증권과 파생상품
(1) 증 권

자본시장법은 증권에 관하여 "내국인 또는 외국인이 발행한 금융투자상품으로서 투자자가 취득과 동시에 지급한 금전 등 외에 어떠한 명목으로든지 추가로 지급의무를 부담하지 아니하는 것"이라고 정의하고 있다(자본시장법 제4조 제1항). 즉, 증권이 되기 위해서는 '추가지급의무 부존재'의 요건을 충족해야 하는데, 여기서 '추가지급의무 부존재'의 의미는 취득대가 이외에 추가적인 손실부담위험이 없어야 함을 의미한다. 즉, 손실가능한도가 투자원본까지인 것만 증권으로 보고, 원본을 넘어서까지 추가지급의무를 부담(즉, 손실을 부담)하는 경우에는 파생상품으로 분류하겠다는 취지로 볼 수 있다.[9] 그리고 자본시장법은 투

---

7) 김정수, 자본시장법원론, 제1판(서울파이낸스앤로그룹, 2011), 49면. 다만, 투자계약증권과 같이 특정 사업의 결과에 따라 손익이 결정되는 것도 금융투자상품이므로, 금융투자상품 자체가 유통성을 전제로 하는 것은 아니다[변제호 외 5인, 자본시장법, 제2판(지원출판사, 2015), 85면].

8) 투자성기준에 의하여 금융투자상품과 비금융투자상품(예금 및 보험상품)의 구별기준을 명확하게 되고, 또한 이러한 포괄적인 개념정의에 의하여 시장수요를 충족시킬 수 있는 다양한 금융상품의 개발과 적용범위의 확대를 통한 투자자 보호 목적의 달성이 가능하게 된다. 미국 증권법은 전형적인 유형의 증권이 아닌 추상적 개념의 증권인 투자계약(investment contract)에 관하여 이익의 기대, 즉 이익을 얻기 위한 목적을 개념요소의 하나로 보고, 자본시장법과 같은 원본손실위험은 개념요소로 보지 않는다. 그리고 원본손실가능성은 주로 유통성을 전제로 하는 시장가격의 변동에 따른 시장위험을 의미하고, 발행인의 도산과 같은 신용위험은 원본손실위험에 해당하지 않는다. 신용위험도 투자성의 요소로 보면 은행이나 보험회사도 도산할 가능성은 항상 있으므로 모든 예금, 일반 채권도 금융투자상품에 해당하는 결과가 되기 때문이다. 따라서 자본시장법은 "발행인 또는 거래상대방이 파산 또는 채무조정, 그 밖에 이에 준하는 사유로 인하여 당초 지급하기로 약정한 금전등을 지급할 수 없게 됨에 따라 투자자, 그 밖의 고객이 되돌려 받을 수 없는 금액"을 회수금액에 포함한다. 반면 발행인이 국가이므로 사실상 발행인의 도산위험이 없는 국채는 만기까지 보유하는 경우에는 신용위험이 없지만, 금리와 같은 시장상황의 변동에 따라 국채의 시가가 변동하기 때문에 만기 이전의 매매 과정에서 손실을 입게 되는 시장위험은 있으므로 투자성이 인정된다(임재연, 전게서, 27면).

9) 변제호 외 5인, 전게서, 88면.

자자가 기초자산에 대한 매매를 성립시킬 수 있는 권리를 행사하게 됨으로써 부담하게 되는 지급의무를 추가지급의무에서 배제한다.[10]

자본시장법은 증권을 증권에 표시되는 권리의 종류에 따라 채무증권, 지분증권, 수익증권, 투자계약증권, 파생결합증권, 증권예탁증권 등으로 구분하여 규정하고 있으며(자본시장법 제4조 제2항) 그 외에 다른 유형의 증권은 인정되지 않는다.[11] 자본시장법은 특히 지분증권, 채무증권, 수익증권에 대하여는 각각 "그 밖에 이와 유사한 것"을 포함하도록 규정하여 자본시장법상 금융투자상품의 포괄성의 특성을 반영하고 있다.[12]

(2) 파생상품

파생상품(derivatives)은 기초자산(underlying asset)의 가격을 기초로 손익이 결정되는 금융상품을 말하며 해당 금융투자상품의 유통 가능성, 계약당사자, 발행사유 등을 고려하여 증권으로 규제하는 것이 타당한 것으로서 대통령령이 정하는 금융투자상품은 제외된다(자본시장법 제5조 제1항 단서). 금융투자상품 중 파생상품은 손실을 피하는 것이 주된 목적이다.

자본시장법상 파생상품의 기초자산은 파생결합증권의 기초자산과 동일한데, 다음과 같다(자본시장법 제4조 제10항).

1. 금융투자상품
2. 통화(외국통화 포함)
3. 일반상품(농산물·축산물·수산물·임산물·광산물·에너지에 속하는 물품 및 이 물품을 원료로 하여 제조하거나 가공한 물품, 그 밖에 이와 유사한 것)
4. 신용위험(당사자 또는 제3자의 신용등급의 변동, 파산 또는 채무재조정 등으로 인한 신용의 변동)
5. 그 밖에 자연적·환경적·경제적 현상 등에 속하는 위험으로서 합리적이고 적정한 방법에 의하여 가격·이자율·지표·단위의 산출이나 평가가 가능한 것

---

10) 한국증권법학회, 전게서, 17면.
11) 변제호 외 5인, 전게서, 88면. 자본시장법에서는 경우에 따라서 동일한 규제 틀을 적용하기 위하여 새로운 증권의 종류를 창설하고 있기도 하지만 이는 기본적으로 6가지 증권의 개념에 드는 것이라고 한다.
12) 한국증권법학회, 전게서, 18면.

2. 금융투자업

자본시장법은 금융투자업에 대하여 이익을 얻을 목적으로 계속적이거나 반복적인 방법으로 행하는 행위임을 전제로, 투자매매업, 투자중개업, 집합투자업, 투자자문업, 투자일임법, 신탁업 등으로 구분함으로써(자본시장법 제6조 제1항), 기능별 규제체제를 채택하고 있다.[13] 자본시장법은 각 금융기능별로 투자자가 노출되는 위험의 크기에 따라 인가제와 등록제를 구분하여 적용하고 있는데, 고객과 직접적인 채권채무관계를 가지거나(투자매매업), 고객의 자산을 수탁하는 금융투자업(투자중개업, 집합투자업, 신탁업)에 대해서는 인가제를 택하고 있으며, 고객의 자산을 수탁하지 않는 투자자문업, 투자일임업에 대해서는 등록제를 채택하고 있다.[14]

여기서 투자매매업이란 누구의 명의로 하든지 자기의 계산으로 금융투자상품의 매도·매수, 증권의 발행·인수 또는 그 중개나 청약의 권유, 청약, 청약의 승낙을 영업으로 하는 것을 말한다(자본시장법 제6조 제2항).[15] 투자매매업은 자기의 계산으로 매매가 이루어진다는 점에서 투자중개업과 구별된다.[16] "투자매매업자를 상대방으로 하거나 투자중개업자를 통하여 금융투자상품을 매매하는 경우"는 투자매매업에 포함되지 아니하므로(자본시장법 제7조 제6항 제2호), 일반투자자나 기관투자자가 자기의 계산으로 계속적·반복적으로 금융투자상품을 매매하더라도 투자매매업자를 상대방으로 하거나 투자중개업자를 통하여 금융투자상품을 매매하는 경우에는 투자매매업에 해당하지 않는다.[17]

한편, 자본시장법상 투자중개업이란 "누구의 명의로 하든지 타인의 계산으로 금융투자상품의 매도·매수, 그 중개나 청약의 권유·청약·청약의 승낙 또는 증권의 발행·인수에 대한 청약의 권유·청약·청약의 승낙을 영업으로 하는 것"을 말한다(자본시장법 제6조 제3항). 투자중개업은 구 증권거래법상 증권회사의 위탁매매업, 중개업, 대리업, 매매위탁의 중개·주선·대리업, 모집·매출의 주선업, 선물거래법상 선물회사의 선물거래업, 종금사의 중개업, 간접투자자산운용

---

13) 여기서는 이 사건과 관련이 있는 투자매매업과 투자중개업에 관하여서만 설명한다.

14) 변제호 외 5인, 전게서, 108면.

15) 김건식·정순섭, 자본시장법, 제3판(두성사, 2013), 116면.

16) 한국증권법학회, 전게서, 35면.

17) 김정수, 전게서, 95면.

법상의 간접투자증권의 판매업 등이 이에 해당된다.[18]

Ⅲ. FX마진거래에 대한 규제

1. FX마진거래의 구조

FX마진거래(Forex Trading)란, 장외에서 증거금(margin) 또는 레버리지를 이용해 외환딜러회사와 소매고객 간에 이루어지는 차액결제 현물환거래를 의미한다. 외국환거래법령상 선물환거래는 거래일 후 결제일이 3영업일 이후인 거래를 의미하므로 본건과 같은 거래는 현물환거래에 해당한다.[19]

FX마진거래는 유로(EUR)/달러(USD) 등 이종 통화간의 환율변동에 따라 손익이 결정되도록 설계된 일종의 환차익 거래이다. 구체적으로, 투자자는 특정통화를 매수하는 동시에 특정 통화를 매도하게 되며, 매수한 통화의 가치변동에 따라 손익이 결정된다. 예컨대, 투자자가 EUR/USD 매수 거래를 하였다면, EUR을 매수하고 USD를 매도하는 거래가 동시에 이루어지는 것으로, 유로화에 대한 미국 달러의 가치가 떨어지면 수익이 발생하고, 미달러의 가치가 상승하면 손실이 발생한다.[20]

2. 장외소매외환거래의 규제 현황

국내 장외소매외환거래는 2005년 1월 구 선물거래법에 '유사해외선물거래'로서 도입되었다. FX마진거래는 성질상 장외파생상품이나 외환투자상품에 해당하나, 도입 당시 미국과 일본 등에서는 주로 선물회사들이 장외소매외환거래의 매매 및 중개업무를 취급하고 있었기 때문에, 우리나라에서도 선물회사에게 같은 업무를 허용해 주기 위하여 장외소매외환거래를 장내거래인 선물거래로 간주하여 취급하였다.[21] 따라서, 2009. 2. 자본시장법이 시행되기 전까지는 선물

---

18) 한국증권법학회, 전게서, 35면.
19) [외국환거래규정 제1-2조] 11. "선물환거래"라 함은 대외지급수단의 매매계약일의 제3영업일 이후 장래의 약정한 시기에 거래당사자간에 매매계약시 미리 약정한 환율에 의하여 대외지급수단을 매매하고 그 대금을 결제하는 거래로서 「자본시장과 금융투자업에 관한 법률」에 따른 파생상품시장 또는 해외파생상품시장에서 이루어지는 거래를 제외한 거래를 말한다.
20) 금융감독원, "외환선물(주)에 대한 영업 일부정지 등 제재조치", 보도자료(2009. 9. 23.).
21) 상게논문, 92면.

회사들이 국내 투자자들의 위탁매매를 중개하였다.

한편, 2009. 2. 4. 시행된 자본시장법 제5조 제2항 제2호는 "해외 파생상품시장(파생상품시장과 유사한 시장으로서 해외에 있는 시장과 대통령령으로 정하는 해외 파생상품거래가 이루어지는 시장을 말한다)에서 거래되는 파생상품"을 장내파생상품의 일종으로 규정하는데, '대통령령으로 정하는 해외파생상품거래'에는 "미국선물협회의 규정에 따라 장외에서 이루어지는 외국환거래", "일본의 상품거래소법에 따라 장외에서 이루어지는 외국환거래"가 포함된다(자본시장법 시행령 제5조 제3호, 제4호).

미국선물협회 또는 일본의 상품거래소법에 따라 장외에서 이루어지는 외국환거래는 해외파생상품거래로서 자본시장법에 의해 장내파생상품을 대상으로 하는 투자매매업·투자중개업을 인가받은 금융투자회사만이 할 수 있다.

3. FX마진거래의 절차

FX마진거래에 관하여서는 자율규제기관인 한국금융투자협회가 정한 '금융투자회사의 영업 및 업무에 관한 규정'(이하 "영업규정"이라 한다)에서 구체적으로 정하고 있다. 영업규정에 의하면, 거래대상은 원화를 제외한 이종통화로 제한되며,[22] 거래 단위는 기준통화(base currency)의 100,000단위, 투자자는 거래시 금융투자회사에 거래단위당 10,000달러(거래대금의 약 5%) 이상을 위탁증거금으로 예탁해야 하며, 예탁자산평가액이 유지증거금(위탁증거금의 50%에 상당하는 금액 이상) 수준에 미달하는 경우 금융투자업자는 투자자의 미결제약정을 소멸시키는 거래를 할 수 있다(금융투자업자의 영업 및 업무에 관한 규정 제3-29조).[23][24]

---

22) 그간 금융감독당국이, FX마진거래에서 발생하는 과도한 투기거래를 억제하기 위해 증거금 비율을 인상하고, 높은 거래비용을 낮추기 위해 금융투자업자들에게 복수호가 제공의무를 부담하는 등 제도 개선을 추진하였음에도 강화된 규제조치들이 뚜렷한 효과를 보이지 못하고 있는 근본적인 원인을 여기에서 찾는 견해도 있다. 즉, 투자자들에게 익숙하지 않은 외국통화조합 거래만이 허용되기 때문에 투자자들은 환헤지 또는 환전 목적보다는 투기 목적의 거래에 치중할 수밖에 없고, 중개를 거치므로 직접 매매의 경우에서보다 거래비용이 증가할 수밖에 없다는 것이다(박철호, 전게 주 35)의 논문, 6면).

23) 금융투자회사의 영업 및 업무에 관한 규정 제3-29조(거래방법)
   ① 유사해외통화선물거래 대상은 원화를 제외한 이종통화로 한다.
   ② 유사해외통화선물거래의 거래단위는 기준통화의 100,000단위로 한다.
   ③ 금융투자회사는 유사해외통화선물거래시 투자자로부터 거래단위당 미화 1만 달러 이상을 위탁증거금으로 예탁받아야 하며, 이 경우 위탁증거금은 법 제74조 제1항에 따른

4. FX마진거래 관련 불법업체의 대두 및 이에 대한 규제

FX마진거래는 소액의 증거금만으로 환변동성이 높은 국가의 통화에 손쉽게 투자할 수 있다는 이점 등으로 일본 미국 등에서 개인투자자에게 큰 인기를 끌었고, 2009년 들어 국내에서의 거래규모가 증가하고 개인투자자의 편중현상이 심화되었는데, 이후 개인투자자들이 통화변동성에 대한 충분한 정보없이 단타매매 위주로 투자가 이루어지고 개인투자자 대부분이 손실을 입게 되면서 문제가 되었다.25)

또한, 개인투자자가 금융투자업자를 거치지 않은 채 인터넷 사이트 등을 통하여 해외 선물업자와 직접 거래하거나, 사설업체가 고수익을 보장하며 투자자금을 유치하는 방법으로 유사수신 행위를 하는 사례가 계속적으로 발생하여 문제가 되어 왔다.26)27) 현행 영업규정에 의하면 개인투자자가 FX마진거래를 하기 위해서는 (i) 거래규모의 10%에 해당하는 금액, 즉, 10,000달러 이상의 증거금을 위탁해야 하고(거래규모가 최소 100,000달러 이상이 되어야 하므로, 개인투자자는 결국 10,000달러 이상의 위탁증거금을 위탁해야 한다), 그 외에도 위탁증거금의 5%, 즉, 최소 5,000달러 이상의 증거금을 유지해야 하는 부담이 있으며, (ii) 국

예치·신탁 또는 금융투자업규정 제4-39조 제1항 제1호 각 목 이외의 용도로 사용할 수 없다.

④ 금융투자회사는 투자자의 예탁자산평가액이 회사가 정한 유지증거금에 미달하는 경우 투자자의 미결제약정을 소멸시키는 거래를 할 수 있다. 이 경우 유지증거금은 위탁증거금의 100분의 50 이상의 미화이어야 한다.

⑤ 금융투자회사는 투자자가 유사해외통화선물거래를 하고자 하는 경우 금융투자회사의 명의와 투자자의 계산으로 유사해외통화선물거래를 하도록 하여야 한다.

⑥ 금융투자회사는 투자자의 계좌별로 동일한 유사해외통화선물 종목에 대하여 매도와 매수의 약정수량 중 대등한 수량을 상계한 것으로 보아 소멸시켜야 한다.

24) 종전에는 위탁증거금은 거래금액의 5%(5,000달러), 유지증거금은 위탁증거금의 3% 이상을 요건으로 하였으나, 증거금 인상을 통해 투기성을 완화하고, 업계의 과도한 고객 유치를 금지하여 시장의 건전성을 강화하기 위하여, 2011. 12. 19. 위탁증거금은 거래금액의 10%(10,000달러), 유지증거금은 위탁증거금의 5% 이상을 요건으로 하도록 개정되었다[금융감독원, "장내옵션시장, ELW 시장 및 FX마진시장 건전화방안", 보도자료(2011. 12. 1.)].

25) 금융감독원, "FX마진거래 실태분석 및 제도개선 추진", 보도자료(2009. 7. 16.).

26) 금융감독원, "140개 유사수신 혐의업체, 수사기관 통보", 보도자료(2015. 6. 22.).

27) 금융감독원, "국내 투자중개업자를 통하지 않은 FX마진거래 등 불법외환거래 조사결과 및 향후 계획", 보도자료(2013. 12. 13.).

내의 금융투자업자 및 해외의 FDM에게 각각 수수료를 지급해야 하므로 수수료를 이중으로 부담해야 하는데,[28] 사설 FX마진거래 중개업체들은 증거금 및 수수료 부담이 적다는 점을 부각하여 개인투자자들을 현혹하여 왔다.

금융감독당국은 위와 같은 자본시장법상의 인가 및 등록절차를 거치지 않은 사설 FX마진거래 중개업체들에 대하여 "FX 거래를 권유·알선하는 행위는 무인가·무등록 금융투자업에 해당하여 처벌대상"이라는 입장을 고수하여 왔다.[29][30]

Ⅳ. 대상판결의 검토

1. 기존 관련 판례 개관

가. 구 증권거래법상 무허가 영업 판결

대법원은, 피고인이 무허가 인수업무 영위로 인한 구 증권거래법위반죄로 기소된 사안에서, "증권거래법에서 증권업을 허가제로 하고 있는 이유도 일반투자자를 보호하고 국민경제의 발전에 기여하기 위하여 증권업자의 인적, 물적, 재산적 요건을 심사하고 재무건전성과 건전한 영업질서의 준수 여부를 감독하기 위한 것인바, 영리의 목적과 동종의 행위를 반복하는지 여부 외에 위 영업형태에 따라 증권발행 여부, 판매단에 참가하거나 증권인수 여부, 주문에 응하기 위하여 증권의 재고를 유지하는지 여부, 상대방의 청약을 유인하는지 여부, 스스로 매매업자나 시장조성자로 광고하는지 여부, 부수적으로 투자자문을 제공하는지 여부, 타인의 돈이나 증권을 취급하거나 타인을 위하여 증권거래를 수행하는지 여부, 지속적인 고객을 확보하는지 여부, 타인을 위하여 거래에 참가

---

28) 현행 제도는 투자자는 중개회사의 역할을 담당하는 국내의 금융투자회사에 위탁계좌를 설치하고, 위 금융투자회사를 거쳐 FDM을 통하여 거래를 체결하여야 하기 때문에, 금융투자회사와 FDM에게 사실상 이중의 거래비용을 지불해야 한다. 투자자들이 중개회사를 거치지 않고 국내외 소매외환딜러회사와 직접 거래를 할 수 있다면, 거래단계가 단순화되어 거래비용이 현재보다 상당 수준 감소할 여지가 있으나, 현행 자본시장법령에 의하면 장외소매외환거래가 장내 파생상품으로 분류되고 있어 금융회사들이 소매외환매매업을 영위할 수 없다[박철호, 앞의 주 58)의 논문, 94면].

29) 금융감독원, "무인가·무등록 금융투자업 점검결과 및 향후 감독방안", 보도자료(2010. 12. 28.).

30) 금융감독원, 전게 주 45)의 보도자료(2013. 12. 13.).

하는지 여부 등의 제반 사정을 종합적으로 고려하여 판단하여야 한다"는 전제 아래, "유가증권의 매매영업에 있어서는 영리목적으로 불특정 일반고객을 상대로 하는 반복적인 영업행위가 그 요건이라 할 것이고 유가증권의 인수영업에 있어서는 유가증권의 발행회사와 인수회사와의 관계상 일반고객을 상대로 할 수 없어 영리목적으로 인적 물적 시설을 갖추고 시장조성자로서 반복적인 인수행위가 있으면 인수업에 해당한다"고 판시하면서, 제반 사정에 비추어 피고인의 행위는 허가를 받지 아니하고 유가증권의 매매영업 및 유가증권의 인수영업을 한 것에 해당한다고 판단하여, 피고인에 대하여 유죄를 인정하였다.31)

나아가 대법원은, 회계법인이 해외전환사채 발행과 관련하여 용역계약을 체결한 후 직접 투자자를 유치하고 모집금액의 일정비율을 수수료로 취득한 사안에서도, 앞서 본 대법원 판결에서와 동일한 법리를 적용하여 피고인이 수행한 행위는 유가증권 모집의 주선으로서 증권업 영업에 해당한다고 판단하여, 피고인에 대하여 유죄를 인정하였다.32)

이상에서와 같이 구 증권거래법상 무인가 영업과 관련한 판결은 주로 구 증권거래법의 규제를 받는 영업행위의 기준을 제시하는 취지였다.

나. 자본시장법 시행 후의 판결

대상판결 외의 판례(소위 '쥬마르사건'의 판결)의 입장은, 거래대상이 자본시장법에서 정한 금융투자상품에 해당하더라도 거래방식이 금융투자업에 해당하지 않는다면 무인가 금융투자업 영위로 인한 자본시장법위반이 성립하지 않는다는 것이다.33)

---

31) 대법원 2002. 6. 11. 선고 2000도357 판결.

32) 대법원 2006. 4. 27. 선고 2003도135 판결.

33) 대법원 2013. 11. 28. 선고 2012도4230 판결(소위 '쥬마르사건' 판결): "피고인은 주식회사 하나대투증권에 선물거래 계좌를 개설한 뒤 이른바 홈트레이딩 시스템(Home Trading System, 이하 "HTS"라 한다)을 통하여 실제 거래시세정보를 제공받고, 프로그램 개발업자로부터 위 거래시세정보가 실시간으로 연동되고 증권회사의 HTS와 유사한 화면을 제공하는 사설 HTS 프로그램을 매수하여 ○○○를 개설한 뒤, 그 사이트의 회원들이 위 HTS 프로그램을 내려받을 수 있도록 설치하였다. ○○○의 운영 방식은 회원들이 가입하여 피고인의 계좌로 돈을 입금하면 피고인은 그들이 선택한 적용비율로 환산한 전자화폐를 적립시켜 주고, 회원들은 사설 HTS를 통하여 코스피200 지수 또는 유럽통화 지수의 변동에 따라 위 전자화폐로 선물거래를 하며, 피고인은 회원들이 거래할 때마다 수수료를 공제하고, 회원들이 전자화폐의 환전을 요구하면 원래의 적용비율에 따라 현금으로

이 판결은 죄형법정주의를 도입하여 자본시장법의 적용범위를 제한한 최초의 판결로써 그 의미를 가진다. 그러나, 위 판결은 무인가 금융투자업이 문제되는 경우에 있어서, 취급되는 거래를 자본시장법상의 금융투자상품으로 인정하는 기준에 관하여 자세히 설시하지 아니하였기 때문에, 어떠한 근거에서 금융투자상품으로 인정된 것인지 명확하지 않았다. 이에 피고인이 취급한 상품이 애초부터 금융투자상품에 해당하지 않는다는 비판도 있었다.[34]

한편, 최근의 또 다른 판례는, 자신이 개설한 선물거래계좌를 대여하여 실제의 선물거래를 하게 한 경우는 무인가 금융투자업 영위로 보고, 가상선물거

환산하여 송금해 주며, 거래 결과 회원들에게 시세 차익이 발생하면 피고인의 손실이 되지만 회원들에게 손실이 발생하면 피고인의 이익이 되는 구조이다. 회원들이 위와 같이 ○○○에 가입하여 거래하는 이유는, 증권회사에 선물거래계좌를 개설하기 위해서는 위탁증거금 등 일정한 금액을 납부하여야 하지만, ○○○에서는 고액의 위탁증거금 등을 납부하지 않더라도 선물거래를 할 수 있기 때문이다. 한편 피고인이 ○○○에 게시한 이용약관 제12조 제1항에서는 사이트에서 제공하는 서비스의 내용으로 파생상품투자 관련 연습 서비스(제1호), 파생상품투자 관련 정보제공 서비스(제2호), 파생상품투자 관련 전문가 발굴 및 전략 서비스(제3호) 등을 들고 있다. 위와 같은 사실관계를 앞서 본 법 규정에 비추어 살펴보면, ○○○에서 회원들이 거래한 대상이 자본시장법에서 정한 금융투자상품에 해당한다고 볼 수는 있으나, 자본시장법에서 정한 투자매매업의 행위 태양은 매도·매수, 발행·인수, 그 청약의 권유, 청약, 청약의 승낙(이하 "매도·매수 등"이라 한다)을 영업으로 하는 것인데, 피고인은 ○○○를 개설, 운영하면서 회원들로 하여금 한국거래소가 개설한 실제 시장에서 이루어지는 선물거래를 할 수 있게 한 것이 아니라 단지 회원들이 그 선물지수를 기준으로 모의 투자를 할 수 있는 서비스를 제공하고 그 거래 결과에 따라 환전을 해 준 것에 불과하므로, 피고인이 회원들을 상대로 직접 매도·매수 등의 행위를 하였다고 볼 수는 없다. 나아가 ○○○와 같은 불법 금융투자 사이트를 운영하는 사람들이 회원들에게 투자금 편취, 전산오류를 빙자한 이익실현기회 박탈 등의 피해를 입히고 있어 처벌할 필요성이 있다고 하더라도, 그러한 사이트를 개설하여 운영하는 행위를 자본시장법 제444조 제1호, 제11조에서 정한 무인가 금융투자업 영위에 의한 자본시장법 위반죄로 처벌하는 것은 형벌법규의 확장해석 또는 유추해석으로서 죄형법정주의에 반하므로 허용될 수 없다. 그런데도 원심은 그 판시와 같은 이유만으로 피고인이 금융위원회로부터 금융투자업인가를 받지 아니하고 투자매매업을 영업으로 함으로써 금융투자업을 영위하였다고 섣불리 단정하였으니, 이러한 원심의 판단에는 구 자본시장법 제444조 제1호, 제11조에서 정한 무인가 금융투자업 영위에 관한 법리를 오해한 위법이 있다. 이 점을 지적하는 상고이유 주장은 이유 있다"(파기환송 후 무인가 영업행위의 점에 대해서는 무죄, 유사시설 개설 및 유사시설 이용 매매거래의 점에 대해서는 유죄가 선고되었다). 대법원은 2013. 11. 28. 쟁점이 동일한 3건의 판결을 선고하였다(대법원 2013. 11. 28. 선고 2012도4230 판결, 대법원 2013. 11. 28. 선고 2013도10467 판결, 대법원 2013. 11. 27. 선고 2012도14725 판결).

34) 최승재, "최근 파생상품관련 주요 판례에 대한 소고", 상사판례연구 제28호 제3권(재단법인 한국상사판례학회, 2015), 70면.

래를 하게 한 경우에는 무인가 금융투자업 영위에는 해당하지 않지만, 거래소
허가를 받지 아니하고 금융투자상품시장을 개설·운영한 행위로 본다.[35]

2. 대상판결의 쟁점별 검토

가. 대상판결의 원심과 상고심 판결의 기본적 차이점

피고인이 한 거래에 대하여, 제1심 법원은 자본시장법 제5조 제1항 제2호에
해당하는 옵션거래에 해당한다고 판단하였고, 원심은 자본시장법 제5조 제1항
제1호에 규정된 선도거래에 해당한다고 판시하였다. 그러나 대법원은 피고인이
한 거래는 10만 원 이하의 소액을 걸고 단시간 내에 환율이 오를 것인지 아니면
내릴 것인지를 맞추는 일종의 게임 내지 도박에 불과할 뿐이어서 피고인의 행
위는 자본시장법의 인가대상이 아니라는 이유로 원심판결을 파기환송하였다.

나. 파생상품에 해당하는지 여부에 대한 대상 판결의 판단

자본시장법은 파생상품을 구성하는 기본 구성요소를 상품의 경제적 구조
에 따라 선도(forwards, 제1호), 옵션(options, 제2호), 스왑(swaps, 제3호)으로 구분하
고, 각각 유형이 가진 거래구조와 특징을 추상화하여 일반적 개념을 정의하고
있다.[36]

대상판결은 아래와 같이 본건 FX마진거래가 파생상품의 성격을 일부 갖추
고 있지만 일부 개념요소를 흠결하므로 파생상품에 해당하지 않는다고 판시하
였다.

(1) 기초자산이나 지수의 존재 여부

원심은 영국파운드화와 호주달러를 기초자산으로 인정하였으나, 대상 판결

---

35) 대법원 2015. 4. 23. 선고 2015도1233 판결: "피고인 등이 회원들에게 위탁증거금이 예치
된 증권계좌를 이용하여 거래소와 코스피200 선물 등을 매도·매수하도록 중개한 후 일
정비율의 수수료를 지급받고, 그 거래에 따른 최종적인 이익 및 손실이 회원에게 귀속하도
록 한 행위는 금융투자업인가를 받지 아니하고 타인의 계산으로 금융투자상품의 매도·매
수의 중개를 영업으로 하는 '투자중개업'을 영위한 것으로 보아야 하고, 회원들에게 이 사
건 사설 사이트에서 장내파생상품인 코스피200 지수와 연계하여 가상선물거래를 하도록
하고 그 거래결과에 따라 회원들과 손익을 청산한 행위는 거래소허가를 받지 아니하고
금융투자상품시장을 개설·운영한 것으로 보아야 한다." 같은 취지로 대법원 2013. 2. 15.
선고 2012도12829 판결, 대법원 2013. 7. 25. 선고 2013도1592 판결, 대법원 2013. 11. 28.
선고 2013도10467 판결이 있다.
36) 김정수, 전게서, 80면.

은 "③ 위 거래에서 피고인이 고객에게 지급하기로 한 돈, 즉 렌트 사용료에다가 다시 렌트 사용료의 90%를 더한 돈은 '사전에 미리 약정한 돈'에 불과하지, 구 자본시장법 제5조 제1항 제1호나 제2호의 '기초자산의 가격이나 지수 등에 의하여 산출된 금전'이라고 할 수 없는 점"이라고 판시함으로써 기초자산이나 지수의 존재를 부인하였다. 그러나 피고인이 고객에게 지급하는 렌트 사용료의 90%도 결국은 환율변동의 방향에 따라 결정되므로, 이 부분 판시의 타당성은 의문이다.[37] 다만, 아래와 같은 이유로 파생상품에 해당하지 않기 때문에 결론에는 영향이 없다.

(2) 자본시장법 제5조 제1항 제1호(선도) 해당 여부

선도란 "기초자산이나 기초자산의 가격, 이자율, 지표, 단위 또는 이를 기초로 하는 지수등에 의하여 산출된 금전등을 장래의 특정 시점에 인도할 것을 약정하는 계약"으로서, 일정한 대상을 매매(인도)하는 계약을 체결하면서 그 대상의 인도와 대금의 수령시점을 장래의 특정 시점으로 정해 두는 이행기가 장래인 매매(인도)계약을 의미하며,[38] 이러한 계약상의 권리가 파생상품 '선도'로 규정된다. 선도거래는 계약체결과 이행이 계약체결 당일 이루어지는 현물거래(spot trading)와 달리 이행기가 계약체결시로부터 일정 기간 경과 후인 거래이다.[39] 즉, 현물거래와 선도거래는 이행기에서 차이가 있을 뿐 계약의 다른 요소는 다르지 않다.

대상 판결은 "③ 〈앞에서 인용하였으므로 생략함〉, ⑤ 또한 위 거래는 단시간 내에 종료되는 것으로 구 자본시장법 제5조 제1항 제1호에서 말하는 '장래'의 특정 시점에 인도할 것을 약정한 것이라고도 볼 수 없는 점"을 이유로 본건 거래가 자본시장법상 선도거래에 해당하지 않는다고 판시하였다.

선도거래에서 장래의 특정 시점이 반드시 구체적으로 정해져야만 하는지에 관한 선례가 존재하지 않으나, 선도거래는 기초자산 가격의 예측치를 바탕

---

37) 同旨: 정순섭, "자본시장법상 금융투자상품 개념의 판단구조와 외환증거금거래", 한국상사판례학회 2016년 춘계공동학술대회 발표자료, 13면.

38) 한국증권법학회, 전게서, 29면.

39) 사실 일본식 용어인 선도거래(先渡去來)와 선물거래(先物去來)라는 용어는 거래의 실질에 부합하지 않고 어찌 보면 후도거래(後渡去來), 후물거래(後物去來)라고 부르는 것이 맞지만, 업계에서 널리 통용되고 관련 하위 규정에서도 사용되므로 본서에서도 그대로 사용한다. 발행일자를 실제의 발행일자보다 후일로 하는 수표를 선일자수표(先日字手票)로 부르는 것도 같은 문제가 있는 용어이다(임재연, 전게서 58면 각주 76).

으로 장래의 특정 시점에 미리 약정한 가격으로 기초자산을 인도 또는 인수하기로 약정하고 미리 약정한 가격과 그 특정 시점의 실제 가격의 차액 상당의 이익을 얻거나 손실을 회피하는 구조이므로, 적어도 장래의 시점(즉, 이행기)만큼은 미리 구체적으로 정해져 있어야 할 것이다.[40] '장래'의 개념에 대하여 법령에서 따로 정한 바가 없고 판례에서도 이에 관한 기준을 제시한 바가 없지만, 대상판결에서 취급된 거래는 아무리 길어도 몇 시간 내에 종료되는 것으로서 '장래'의 특정 시점에 인도할 것을 약정한 것이라고 볼 수도 없다. 이상의 점에 비추어 본건 거래가 선도거래에 해당하지 않는다고 본 대상 판결은 타당하다.

(3) 자본시장법 제5조 제1항 제2호(옵션) 해당 여부

옵션이란 "당사자 어느 한쪽의 의사표시에 의하여 기초자산이나 기초자산의 가격, 이자율, 지표, 단위 또는 이를 기초로 하는 지수 등에 의하여 산출된 금전등을 수수하는 거래를 성립시킬 수 있는 권리를 부여하는 것을 약정하는 계약"을 의미하며,[41] 이러한 계약상의 권리가 파생상품 '옵션'으로 규정된다.

대상 판결은 위 ③ 판시 외에도, "④ 일반적으로 옵션 매수인은 기초자산의 가격이 유리하게 움직이면 권리를 행사하여 가격 변동에 따른 이익을 실현하고, 반대로 기초자산의 가격이 불리하게 변동하면 권리행사를 포기하게 되므로, 구 자본시장법 제5조 제1항 제2호의 옵션거래에서 옵션 매수인의 이익은 무제한인 반면 손실은 프리미엄(옵션거래에서 옵션 매수인이 사거나 팔 수 있는 권리를 취득하는 대가로 옵션 매도인에게 지불하는 것)으로 한정되는 특징이 나타나는데, 이 사건 거래는 고객이 렌트 사용료의 90%의 이익을 얻거나 아니면 렌트 사용료 상당의 손실을 입는 구조로서 앞서 본 일반적인 옵션거래의 손익구조에 부합하지 않을 뿐만 아니라, 위 거래에서 고객이 입을 수 있는 손실은 고객이 얻을 수 있는 이익을 상회한다는 점에서 위 렌트 사용료를 프리미엄이라고 볼 수 없는 점"을 이유로 본건 거래가 옵션에 해당하지 않는다고 판시하였다.

옵션거래는 거래의 성립 여부 자체가 장래의 일정 시점에 결정된다는 점에

---

40) 참고로, 외환거래에 있어서는 결제일이 거래일로부터 2영업일 뒤에 도래하는 외환거래를 선물환으로 분류하고, 증권시장에서의 결제로 소위 T+2 결제이므로, 자본시장법상 선도거래의 '장래의 시점'의 해석에 있어서도 이를 일응의 기준으로 볼 수 있다. 이 점에서도 대상판결의 거래는 당일 종결되므로 선도거래에 해당하기 어렵다.

41) 한국증권법학회, 전게서, 29면.

서 거래 자체가 이미 성립하고 이행기만 장래의 일정 시점으로 정하는 선도거래와 차이가 있다. 즉, 선도거래는 거래 자체가 이미 성립하고 이행기만 장래의 일정 시점으로 정하는 것인데, 옵션거래는 거래의 성립 여부 자체가 장래의 일정 시점에 결정된다는 점에서 다르다.

그런데 이 사건 거래의 경우, 고객이 렌트 사용료를 지급하고 포지션을 선택하는 순간 이미 거래가 성립되고, 다만 환율의 변동 여부에 따라 그 거래의 내용(19만 원을 지급받을지 아니면 전혀 받지 못할지)과 이행기가 결정된다. 즉, 옵션의 핵심은 당사자 어느 한쪽이 일방적인 의사표시에 의하여 거래를 성립시킬 수 있다는 것에 있는데, 이 사건에서 취급된 거래의 경우, 환율 변동이라는 외부적 요인에 의하여 손익발생이 결정되므로, 대상판결의 거래가 옵션거래에도 해당하지 않는다고 본 대상 판결은 타당하다.

(4) 자본시장법 제5조 제1항 제3호(스왑) 해당 여부

스왑이란 "장래의 일정기간 동안 미리 정한 가격으로 기초자산이나 기초자산의 가격, 이자율, 지표, 단위 또는 이를 기초로 하는 지수 등에 의하여 산출된 금전등을 교환할 것을 약정하는 계약"을 의미하며,[42] 이러한 계약상의 권리가 파생상품 '스왑'으로 규정된다.[43]

선도거래가 만기일에 선도가격과 기초자산의 교환을 통하여 단 한 번의 현금흐름을 발생시키는데 비하여, 스왑은 여러 기간에 걸쳐 현금흐름의 교환을 발생시키기 때문에, 스왑은 만기가 서로 다른 여러 선도거래가 결합된 것으로 해석할 수 있다. 반면 스왑이 계약의 체결시점과 이행시점이 다르다는 점, 매입자와 매도자 모두가 미래의 상황에 관계없이 계약을 이행해야 할 의무를 진다

---

[42] 한국증권법학회, 전게서, 31면.
[43] 대법원은 "국제금융거래에서 스왑거래라 함은 이른바 신종 파생금융상품의 하나로 외국환 거래에 있어서 환거래의 당사자가 미래의 이자율 또는 환율변동에서 오는 위험을 회피하기 위하여 채권이나 채무를 서로 교환하는 거래"라고 판시하면서, 그 목적에 관하여 "스왑거래를 통하여 고객의 입장에서는 미래의 이자율이나 환율의 변동으로 인하여 입을 수 있는 불측의 손해를 방지할 수 있고, 은행의 입장에서는 고객의 위험을 인수하게 되지만 이자율 변동, 환율변동 등 제반 여건의 변화를 사전에 고려하여 계약조건을 정하고 은행 스스로도 위험을 방어하기 위한 수단으로 다시 다른 은행들과 2차 커버거래를 하거나 자체적으로 위험분산 대책을 강구하게 되는데, 국내에는 이러한 스왑거래에 따르는 외국환은행들의 위험을 흡수할 수 있는 금융시장의 여건이 형성되는 단계에 있어 주로 해외의 은행들과 커버거래를 하게 되며, 이러한 스왑거래과정을 통하여 은행은 일정한 이윤을 얻게 된다"고 판시한 바 있다(대법원 1997. 6. 13. 선고 95누15476 판결 참조).

는 점은 선도거래와 동일하다.[44)]

이 사건에서 회원들이 미래의 특정 기간에 교환할 가격을 미리 정해두지 않았다는 점에서 취급된 거래가 스왑에 해당한다고 볼 여지가 없으므로, "위 거래가 같은 법 제5조 제1항 제3호의 파생상품이나 제4조의 증권에 해당하지 않음은 그 문언상 분명하다"라고 판시한 대상 판결은 타당하다.

(5) 자본시장법상 도박죄 적용 배제 문제

대상 판결은 ①부터 ⑤까지를 종합하여 보면, "이 사건 거래는 10만 원 이하의 소액을 걸고 단시간 내에 환율이 오를 것인지 아니면 내릴 것인지를 맞추는 일종의 게임 내지 도박에 불과할 뿐 …"이라고 판시하였다.

파생상품은 금리나 환율의 변동과 같은 장래의 우연한 사건의 결과에 따라 그 지급의무의 존재와 방향이 결정되며, 대부분 차액지급 방식을 통하여 결제된다. 파생상품의 기초를 이루는 기초자산 중 일부, 특히 환율이나 금리 등은 그 자체로 변동성을 가지고 있으며 많은 경우 예측이 불가능하다.[45)] 형법상 도박죄에 있어서의 도박이란 "재물을 걸고 우연한 승부에 의하여 재물의 득실을 결정하는 행위"를 말한다.[46)] 즉, '우연한 승부'에 의하여 '재물의 득실이 결정되는 경우' 도박에 해당될 여지가 있다. 우연한 승부에서의 우연성은 객관적인 불확실성을 의미하는 것이 아니라 당사자가 확실하게 예견하거나 자유로이 통제할 수 없는 사정에 의존하는 것을 의미하므로, 금융투자상품거래에 있어서도 우연성이 인정될 수 있다.[47)] 예컨대, 고정금리 대 변동금리의 금리스왑의 경우에는 금리의 변동상황을 확실히 예견할 수는 없으므로 우연성을 띠게 된다.[48)] '재물의 득실을 다투는 것'과 관련하여, 재물의 득실을 다툰다고 함은 참가자들이 재물에 관하여 상호 득실을 다투는 것을 의미하므로 일방만이 위험을 부담

---

44) 김정수, 전게서, 84면.

45) 정순섭, "금융거래와 도박규제", 증권법연구 7권(한국증권법학회, 2006. 12.), 177면.

46) 이재상, 형법각론, (박영사, 2006), 644면. 한편, 파생상품은 그 기초자산의 변동결과를 객관적으로 예측할 수 없고, 만일 객관적으로 예측이 가능하다면 파생상품의 거래가 활성화될 수 없을 것이고, 이 점에서 파생상품은 기초자산의 가치변동을 예측할 수 없기 때문에 존재할 수 있다고 볼 수 있다. 이와 같이 도박과 파생상품은 우연성과 예측불가능성에 있어서 유사하고, 실제로 장외파생상품을 도박과 동일시하는 경제학자들도 많다고 한다.

47) 한국증권법학회, 전게서, 66면.

48) 정순섭, 전게논문, 189면.

하거나 상호 득실의 관계에 있지 아니한 경우에는 이 요건을 결한 것이 되지만, 파생상품거래는 일방 당사자의 손실이 상대방의 이익으로 연결되므로, 상호 득실을 다투는 성격이 매우 강하다는 점에서 이 부분 역시 문제될 수 있다.[49]

　이처럼 파생상품과 도박은 구조적 유사성을 가지고 있고, 이로 인하여 파생상품거래가 도박으로 판단될 가능성이 있다.[50] 이에 자본시장법은 제10조 제2항에서 "금융투자업자가 금융투자업을 영위하는 경우에는 형법 제246조를 적용하지 아니한다"라고 규정함으로써 자본시장법상 금융투자업자가 금융투자업을 영위하는 경우에는 도박죄의 적용을 배제하고 있다.[51][52]

　한편, 현행 규정상 적용이 배제되는 규정은 형법 제246조(도박, 상습도박)이므로 형법 제247조(도박장소·공간 개설)는 여전히 적용되는지에 관하여 논란의 여지가 있다.[53] 그리고 금융투자업 미인가 혹은 미등록자가 금융투자업을 영위할 경우 도박죄로 처벌하기 어려울 것이라는 견해가 있지만,[54] 대법원은 금융투자상품이 아닌 가상선물거래를 중개한 부분에 대하여 도박공간개설죄의 성립을 인정하는 취지로 판시한 바 있는데, 현행 규정상 도박공간개설죄의 적용은 면제되지 아니하므로 타당한 결론이다.[55] 다만, 대상 판결의 경우, 형법상 도박

---

49) 한국증권법학회, 전게서, 66면.

50) 실제로 일본에서는 도박죄의 가능성을 의식해서 선물금리계약과 선물환계약의 거래가 장기간 금지된 사실이 있었다. 김홍기, "파생상품과 도박규제", 비교사법 제14권 제1호(한국비교사법학회, 2007. 3.), 533면.

51) 금융투자업 미인가 혹은 미등록자가 금융투자업을 영위할 경우에도 도박죄를 적용할 것인지 문제되는데, 자본시장법이 도박죄의 적용을 배제한 취지와 편면적 도박을 처벌하지 않는 판례에 따를 경우 도박죄로 처벌하기 어려울 것이라는 견해가 있다(한국증권법학회, 전게서, 67면).

52) 장외파생상품거래에 도박죄 규정의 적용을 배제하는 것은 선진제국의 공통된 입법례이다. CEA의 거래소집중원칙상 장외파생상품거래도 선물거래에 해당하면 무효로 되므로, 대부분의 장외파생상품에 대한 CEA의 규제를 면제하기 위하여 2000년 제정된 미국의 상품선물현대화법(Commodity Futures Modernization Act of 2000: CFMA)도 적용대상스왑계약(covered swap agreement)에 대하여 주제정법상 도박죄 규정의 적용을 배제하였고, 일본 金融商品去來法도 금융상품거래업자 또는 은행 등의 금융기관이 중개, 주선 또는 대리하는 장외파생상품거래에 대하여 상습도박 및 도박장개장을 규정한 일본 刑法 제186조의 적용을 배제한다(金商法 202조②)[임재연, 전게서, 81면].

53) 일본 金融商品去來法과 같이 형법 제247조도 명문으로 적용을 배제하는 것이 바람직하다. 이 경우에는 "거래소가 파생상품시장을 개설하는 경우에는 형법 제247조를 적용하지 아니한다"고 규정해야 할 것이다.

54) 한국증권법학회, 전게서, 67면.

55) 대법원 2015. 4. 23. 선고 2015도1233 판결: "원심판결 이유에 의하면, 원심이 이 사건 사

공간개설죄는 공소사실에는 포함되지 않았다.

V. 결   론

자본시장법이 금융투자상품의 개념을 정의함에 있어서 포괄주의를 도입함에 따라 금융투자상품 개념을 전제로 하는 무인가 금융투자업에 관한 처벌규정의 범죄구성요건이 다소 불명확하게 되었다.

대상판결에서 대법원은 거래의 내용과 목적 등에 비추어 볼 때 거래를 새로운 금융투자상품으로 발전·육성시킬 필요가 있는 것인지, 거래 참여자들을 투자자로서 보호할 필요는 있는 것인지, 특히 투기성이 강한 거래라면 투자자의 이익을 제대로 보호하고 건전한 거래질서를 유지할 수 있는 적절한 규제방법이 마련되어 있는지 등을 종합적으로 고려하여 신중하게 판단하여야 한다는 기준을 제시하면서, 제반 사정에 비추어 보면 이 사건 거래는 일종의 게임 내지 도박에 불과할 뿐, 구 자본시장법상 파생상품에 해당하지 않는다고 판시하였다.

대상판결은 자본시장법상 금융투자상품의 거래에 해당하는지 여부의 판단 기준을 제시하고, 나아가 적법한 파생상품거래와 형법상 도박을 구별하는 일응의 기준을 제시하였다는 점에 의의가 있다.

다만, 대상판결에 따르더라도, 적법한 파생상품거래인지 아니면 도박에 해당하는지 여부는 사안에 따라 구체적·개별적으로 판단될 수밖에 없다고 보인다. 대상판결의 사안에서는 피고인의 행위를 도박으로 볼 만한 특별한 정황이 있으나, 그러한 정황이 분명하게 드러나지 않는 사안에는 대상판결의 기준을 적용하더라도 금융투자상품인지 여부가 여전히 모호하다 할 수 있다.

한편, 대상 판결의 취지와 같이 이 사건에서 피고인이 한 거래가 일종의 게임 내지 도박에 불과하다면 형법상 도박공간개설죄의 성립이 가능할 것으로 보이나 이 부분은 공소사실에는 포함되지 않았다. 또한, 본건 거래에 피고인과 회

설 사이트에서 실제 선물거래를 중개한 부분에 대해서까지 도박공간개설죄를 적용한 것이 아닌지 의문이 없지 아니하나, 도박공간개설로 인하여 취득한 수익 13,632,906,825원을 추징의 대상으로 삼고 있는 점 등 기록에 비추어 살펴보면, 도박공간개설죄는 가상선물거래로 인한 부분에 대해서만 인정한 것으로 봄이 상당하므로, 이 부분 상고이유 주장은 이유 없다"(가상선물거래의 경우에는 무인가 금융투자업 영위로 보지 않고, 거래소허가를 받지 아니하고 금융투자상품시장을 개설·운영한 것으로 본 판례이다).

원들 간에 환전거래가 성립하는지 여부에 관하여 논란의 여지가 있지만 만일 환전거래가 성립한다면 피고인은 외국환거래법 제3조 제1항 제16호 가목의 외국환업무(환전)를 하면서도 외국환거래법 제8조 제1항이 요구하는 등록을 하지 않았으므로 "외국환거래법위반죄"가 성립할 수 있는데, 이 부분도 검사가 기소하지 않았다.

● 참고문헌

[단행본]
김건식·정순섭, 자본시장법, 제3판(두성사, 2013)
김정수, 자본시장법원론, 제1판(서울파이낸스앤로그룹, 2011)
변제호 외 5인, 자본시장법, 제2판(지원출판사, 2015)
임재연, 자본시장법, 2016년판(박영사, 2016)
한국증권법학회, 자본시장법 주석서(I), 개정판(박영사, 2015)
박철호, FX마진거래제도 개선방안(자본시장연구원, 2010. 7.)

[논문]
김홍기, "파생상품과 도박규제", 비교사법 제14권 제1호(한국비교사법학회, 2007. 3.)
박임출, "FX마진거래 규제의 법적 과제", 한국상사판례연구 제24권 제4호(한국상사판례
　　　학회, 2011. 12.)
박철호, "장외소매외환거래 제도개선에 관한 연구", 한국증권학회지 제40권 제1호(한국
　　　증권학회, 2011. 2.)
───, "FX마진거래 규제 선진화 방안", 조사연구 Review, (금융감독원, 2011)
정순섭, "금융거래와 도박규제", 증권법연구 7권(한국증권법학회, 2006. 12.)
정순섭, "자본시장법상 금융투자상품 정의의 판단구조", 한국상사판례학회 2016년 춘계
　　　공동학술대회 발표자료집(2016)
최승재, "최근 파생상품관련 주요 판례에 대한 소고", 상사판례연구 제28호 제3권(한국
　　　상사판례학회, 2015)

[보도자료]
금융감독원, "FX마진거래 실태분석 및 제도개선 추진", 보도자료(2009. 7. 16.)
금융감독원, "외환선물(주)에 대한 영업 일부정지 등 제재조치", 보도자료(2009. 9. 23.)
금융감독원, "FX마진 등의 불법거래 실태점검 및 투자자 유의사항", 보도자료(2010. 9. 3.)
금융감독원, "무인가·무등록 금융투자업 점검결과 및 향후 감독방안", 보도자료(2010.
　　　12. 28.)
금융감독원, "장내옵션시장, ELW 시장 및 FX마진시장 건전화방안", 보도자료(2011. 12. 1.)
금융감독원, "국내 투자중개업자를 통하지 않은 FX마진거래 등 불법외환거래 조사결과
　　　및 향후 계획", 보도자료(2013. 12. 13.)
금융감독원, "140개 유사수신 혐의업체, 수사기관 통보", 보도자료(2015. 6. 22.)

보험자의 착오에 의해 잘못 표시된 보험약관 조항의 해석

윤용섭, 김수진

[요 지]

문제된 재해사망특약약관에서 재해는 우발적인 외래의 사고를 전제로 하고,[1] 고의로 목숨을 끊는 자살은 재해에 해당하지 않아 약관이 정한 범주에는 포함되지 않는 것으로 해석된다. 그런데 관행적으로 보험사들이 재해사망보험의 약관을 작성하면서 생명보험의 약관 내용을 그대로 편입해왔고, 그 과정에서 재해사망보험 약관에 '피보험자가 고의로 자살한 경우에는 보험금 지급사유가 발생하더라도 보험금 지급책임을 면하도록 하되, 계약의 책임개시일부터 2년이 경과된 후에는 그 면책을 허용하지 않고 피보험자가 고의로 자살한 경우에도 보험금을 지급하도록 하는 규정(소위 자살면책제한조항)'이 그대로 삽입되는 경우가 발생하였다.

그 동안 보험사들은 재해사망보험약관에 자살면책제한조항이 있음에도 불구하고, 자살이 재해가 아니므로 위 자살면책제한조항은 잘못 표시된 것으로서 무효라는 이유로 자살면책제한조항의 효력을 부인하며 보험금을 지급하지 않았고, 보험사들의 보험금 지급의무에 대하여 하급심 판결들이 각기 상이한 판단을 하여 혼란은 가중되었다.

대상판결은 재해사망특약약관에서 명시된 자살면책제한조항에 대하여, 평균적인 고객의 이해가능성을 기준으로 살펴보았을 때, 고의에 의한 자살 또는 자해는 원칙적으로 우발성이 결여되어 보험사고인 재해에 해당하지 않지만, 예외적으로 단서에서 정하는 요건(자살면책제한조항)에 해당하면 이를 보험사고에

1) 국어사전은 재해란 재앙으로 말미암아 받는 피해로서 지진, 태풍, 홍수, 가뭄, 해일, 화재, 전염병 따위에 의하여 받게 되는 피해를 의미한다고 한다.

포함시켜 보험금 지급사유로 본다는 의미로 해석해야 한다고 판시하였다.

[주제어]
- 재해사망
- 보험약관
- 자살면책제한조항
- 재해사망보험금

대상판결 : 대법원 2016. 5. 12. 선고 2015다243347 판결
[공2016상, 758]

[사안의 개요]

1. 망인은 2004. 8. 16. 피고(보험회사)와, 피보험자를 망인으로, 사망 시 수익자를 상속인으로 각 정하여 무배당 00베스트플랜CI보험계약(이하 "이 사건 주계약"이라 한다)을 체결하였고, 이 사건 주계약을 체결하면서 추가적으로 재해사망특약에도 함께 가입하였다.

2. 이 사건 주계약약관 제21조는 피보험자가 보험기간 중 사망하거나 장해등급분류표 중 제1급의 장해상태가 되었을 때에는 보험가입금액에 가산보험금을 더한 금액의 사망보험금(보험가입금액의 100% + 가산보험금)을 지급하는 것으로 규정하고 있고, 이 사건 재해사망특약약관 제9조는 "피보험자가 보험기간 중 재해분류표에서 정하는 재해를 직접적인 원인으로 사망하거나 장해분류표 중 제1급의 장해상태가 되었을 때"에는 추가로 5,000만 원의 재해사망보험금을 지급하는 것으로 규정하고 있다.

3. 한편, 이 사건 재해사망특약약관 제11조 제1항은 이 사건 주계약약관 제23조 제1항과 동일하게 "회사는 다음 중 어느 한 가지의 경우에 의하여 보험금 지급사유가 발생한 때에는 보험금을 드리지 아니하거나 보험료의 납입을 면제하지 아니함과 동시에 이 계약을 해지할 수 있습니다"라고 하면서, 제1호에서 "피보험자가 고의로 자신을 해친 경우. 그러나 피보험자가 정신질환상태에서 자신을 해친 경우와 계약의 책임개시일(부활계약의 경우에는 부활청약일)부터 2년이 경과된 후에 자살하거나 자신을 해침으로써 장해등급분류표 중 제1급의 장해상태가 되었을 때에는 그러하지 아니합니다"라고 하여 자살면책제한조항을 규정하고 있다.

이 사건 주계약약관

제21조 [보험금의 종류 및 지급사유]
회사는 피보험자에게 다음 사항 중 어느 한 가지의 경우에 해당되는 사유가 발생한 때에는 수익자에게 약정한 보험금(별표 1. 보험금 지급기준표 참조)을 지급합니다.
1. 피보험자가 보험기간(종신) 중 사망하거나 장해등급분류표 중 제1급의 장해상태가 되었을 때: 사망보험금 지급

제23조 [보험금을 지급하지 아니하는 보험사고]
① 회사는 다음 중 어느 한 가지의 경우에 의하여 보험금 지급사유가 발생한 때에는 보험금을 드리지 아니하거나 보험료의 납입을 면제하지 아니함과 동시에 이 계약을 해지할 수 있습니다.
1. 피보험자가 고의로 자신을 해친 경우
　그러나 피보험자가 정신질환 상태에서 자신을 해친 경우와 책임개시일(부활계약의 경우에는 부활청약일)부터 2년이 경과된 후에 자살하거나 자신을 해침으로써 장해등급분류표 중 제1급의 장해상태가 되었을 경우에는 그러하지 아니합니다.

이 사건 재해사망특약약관

제9조(보험금의 종류 및 지급사유)
회사는 이 특약의 보험기간 중 피보험자에게 다음 사항 중 어느 한 가지의 경우에 해당되는 사유가 발생한 때에는 보험수익자(이하 "수익자"라고 합니다)에게 약정한 보험금(별표 1. '보험금 지급기준표' 참조)을 지급합니다.
1. 보험기간 중 재해분류표에서 정하는 재해(별표 2. 참조, 이하 "재해"라 합니다)를 직접적 원인으로 사망하였을 때

제11조(보험금을 지급하지 아니하는 보험사고)
① 회사는 다음 중 어느 한 가지의 경우에 의하여 보험금 지급사유가 발생한 때에는 보험금을 드리지 아니하거나 보험료의 납입을 면제하지 아니함과 동시에 이 계약을 해지할 수 있습니다.
1. 피보험자가 고의로 자신을 해친 경우
　그러나 피보험자가 정신질환 상태에서 자신을 해친 경우와 계약의 책임개시일(부활계약의 경우에는 부활청약일)부터 2년이 경과된 후에 자살하거나 자신을 해침으로써 장해등급분류표 중 제1급의 장해상태가 되었을 경우에는 그러하지 아니합니다.

〈별표 2〉

재해분류표

재해라 함은 우발적인 외래의 사고(다만, 질병 또는 체질적 요인이 있는 자로서 경미한 외부 요인에 의하여 발병하거나 또는 그 증상이 더욱 악화되었을 때에는 그 경미한 외부 요인은 우발적인 외래의 사고로 보지 아니함)로서 다음 분류표에 따른 사고를 말한다.

* 이 분류는 제4차 개정 한국표준질병사인분류(통계청 고시 제2002-1호, 2003. 1. 1시 행)중 "질병이환 및 사망의 외인"에 의한 것임.

분 류 항 목	분 류 번 호
1. 운수사고에서 다친 보행인	V01 - V09
2. 운수사고에서 다친 자전거 탑승자	V10 - V19
3. 운수사고에서 다친 모터싸이클 탑승자	V20 - V29
4. 운수사고에서 다친 삼륜자동차량의 탑승자	V30 - V39
5. 운수사고에서 다친 승용차 탑승자	V40 - V49
6. 운수사고에서 다친 픽업 트럭 또는 밴 탑승자	V50 - V59
7. 운수사고에서 다친 대형화물차 탑승자	V60 - V69
8. 운수사고에서 다친 버스 탑승자	V70 - V79
9. 기타 육상운수 사고(철도사고 포함)	V80 - V89
10. 수상운수 사고	V90 - V94
11. 항공 및 우주운수 사고	V95 - V97
12. 기 타 및 상세불명의 운수 사고	V98 - V99
13. 추락	W00 - W19
14. 무생물성 기계적 힘에 노출	W20 - W49
15. 생물성 기계적 힘에 노출	W50 - W64
16. 불의의 익수	W65 - W74
17. 기타 불의의 호흡 위험	W75 - W84
18. 전류, 방사선 및 극순환 기온 및 압력에 노출	W85 - W99
19. 연기, 불 및 화염에 노출	X00 - X09
20. 열 및 가열된 물질과의 접촉	X10 - X19
21. 유독성 동물 및 식물과 접촉	X20 - X29
22. 자연의 힘에 노출	X30 - X39
23. 유독물질에 의한 불의의 중독 및 노출	X40 - X49
24. 기타 및 상세불명의 요인에 불의의 노출	X58 - X59
25. 가해	X85 - X09
26. 의도 미확인 사건	Y10 - Y34
27. 법적개입 및 전쟁행위	Y35 - Y36
28. 치료시 부작용을 일으키는 약물, 약제 및 생물학 물질	Y40 - Y59
29. 외과적 및 내과적 치료중 환자의 재난	Y60 - Y69
30. 진단 및 치료에 이용되는 의료장치에 의한 부작용	Y70 - Y82
31. 처치 당시에는 재난의 언급이 없었으나, 환자에게 이상반응이나 후에 합병증을 일으키게 한 외과적 및 내과적 처치	Y83 - Y84
32. 전염병 예방법 제2조제1항제1호에 규정한 전염병	

※ 제외사항
- "약물 및 의약품에 의한 불의의 중독"중 외용약 또는 약물접촉에 의한 알레르기 피부염(L23.3)
- "기타 고체 및 액체물질, 가스 및 증기에 의한 불의의 중독"중 한국표준질병사인분류상 A00～R99에 분류가 가능한 것
- "외과적 및 내과적 치료중 환자의 재난"중 진료기관의 고의 또는 과실이 없는 사고
- "자연 및 환경요인에 의한 불의의 사고"중 급격한 액체손실로 인한 탈수
- "익수, 질식 및 이물에 의한 불의의 사고"중 질병에 의한 호흡장해 및 삼킴장해
- "기타 불의의 사고"중 과로 및 격렬한 운동으로 인한 사고
- "법적 개입"중 처형(Y35.5)

4. 망인은 이 사건 주계약 및 재해사망특약 체결 8년 후인 2012. 2. 21.경 선로에 누워있던 상태로 화물열차에 역과되어 후두부 파열 및 하반신 절단으로 인한 과다출혈로 사망하였는데, 수사기관은 망인이 신병을 비관해 자살한 것으로 판단하고 변사사건을 종결하였다.

5. 망인의 상속인인 원고들은 망인의 사망 후인 2012. 8. 10. 피고에게 이 사건 재해사망특약까지 적용한 사망보험금을 청구하였으나, 피고는 이 사건 사고는 이 사건 주계약약관에서 정한 보험금지급사유(사망)에는 해당하지만, 이

사건 재해사망특약약관에서 정한 보험사유(재해를 직접적인 원인으로 사망하였을 때)에는 해당하지 않는다고 보아 이 사건 재해사망특약에 기한 사망보험금을 지급하지 않았다.

[소송의 경과]

1. 제1심[2]은, 이 사건 재해사망특약약관의 자살면책제한조항은, 고의로 자살한 경우에는 보험금을 지급하지 않으나 다만 정신질환상태에서 자신을 해쳤거나 고의로 자살을 한 경우더라도 책임개시일로부터 2년이 지난 후 자살한 경우에는 보험금을 지급한 것으로 해석해야 한다고 하면서 원고들의 청구를 인용하였다.

2. 반면 원심[3]은, 평균적인 고객으로서는 자살이 이 사건 재해사망특약에 의하여 보험사고로 처리되지 않는다는 점을 알고 있으므로, 재해사망특약약관의 자살면책제한조항이 잘못된 표시에 불과하다고 합리적으로 해석할 수 있는 이상 약관의 규제에 관한 법률 제5조 제2항에서 정한 작성자 불이익 원칙은 적용될 여지가 없다고 하면서, 1심 판결을 취소하고 원고들의 청구를 기각하였다.

3. 그러나, 대법원은 평균적인 고객의 이해가능성을 기준으로 살펴보면, 피보험자가 정신질환상태에서 자신을 해친 경우와 책임개시일부터 2년이 경과된 후에 자살하거나 자신을 해침으로써 제1급의 장해상태가 되었을 경우에 해당하면 이를 보험사고에 포함시켜 보험금 지급사유로 본다는 취지로 이해할 여지가 충분하다고 하면서, 원심판결을 파기환송하였다.

[판결의 요지 – 파기환송]

보험약관은 신의성실의 원칙에 따라 해당 약관의 목적과 취지를 고려하여 공정하고 합리적으로 해석하되, 개개 계약 당사자가 기도한 목적이나 의사를 참작하지 않고 평균적 고객의 이해가능성을 기준으로 보험단체 전체의 이해관계를 고려하여 객관적·획일적으로 해석하여야 하며, 위와 같은 해석을 거친 후에도 약관조항이 객관적으로 다의적으로 해석되고 그 각각의 해석이 합리성이 있는 등 해당 약관의 뜻이 명백하지 아니한 경우에는 고객에게 유리하게 해석

---

2) 서울중앙지방법원 2014가단37628 사건.
3) 서울중앙지방법원 2015나14876 사건.

하여야 한다(대법원 2007. 9. 6. 선고 2006다55005 판결; 대법원 2009. 5. 28. 선고 2008다81633 판결).

엄연히 존재하는 특정 약관조항에 대하여 약관의 규제에 관한 법률에 의하여 그 효력을 부인하는 것이 아니라 단순히 약관해석에 의하여 이를 적용대상이 없는 무의미한 규정이라고 하기 위하여는 평균적인 고객의 이해가능성을 기준으로 할 때에도 그 조항이 적용대상이 없는 무의미한 조항임이 명백하여야 한다. 평균적인 고객의 이해가능성을 기준으로 살펴보면 이 사건 면책조항은 고의에 의한 자살 또는 자해는 원칙적으로 우발성이 결여되어 이 사건 재해사망특약약관 제9조가 정한 보험사고인 재해에 해당하지 않지만, 예외적으로 단서에서 정하는 요건, 즉 피보험자가 정신질환상태에서 자신을 해친 경우와 책임개시일부터 2년이 경과된 후에 자살하거나 자신을 해침으로써 제1급의 장해상태가 되었을 경우에 해당하면 이를 보험사고에 포함시켜 보험금 지급사유로 본다는 취지로 이해할 여지가 충분하고 이것이 약관 해석에 관한 작성자 불이익의 원칙에도 부합한다.4)

[연   구]

Ⅰ. 서   설

고의의 자살의 경우 상법 제659조 제1항,5) 제732조의 2, 제739조의 규정에 따라 보험자는 당연히 보험금 지급의무를 면한다. 따라서 그 내용을 약관에 정해 놓았더라도, 이는 당연한 내용을 확인한 것에 불과하다. 다만, 대법원은 보험사기를 방지할 정도의 기간이 경과한 후의 자살에 대하여 보험금을 지급하기로 하는 자살면책제한의 보험약관은 강행법규나 사회질서에 위배되는 것이 아니라

---

4) 대상판결 이후 선고된 대법원 2016. 5. 26. 선고 2016다205656(본소), 205664(반소) 판결, 대법원 2016. 6. 23. 선고 2015다254392(본소), 254408(반소) 판결, 대법원 2016. 6. 23. 선고 2016다208341 판결 등도 대상판결과 동일하게 보험자에게 재해사망보험금 지급의무가 존재한다고 판단하였다.

5) 보험사고가 보험계약자 또는 피보험자나 보험수익자의 고의 또는 중대한 과실로 인하여 생긴 때에는 보험자는 보험금액을 지급할 책임이 없다.

고 보고 있다.[6]

　이 사건은 보험자가 생명보험표준약관상의 자살면책제한조항을 재해사망특약에도 그대로 반영하여 약관을 작성한 후 피보험자와 계약을 체결한 사안인데, 위 재해사망특약에 가입한 피보험자가 자살한 경우에도 보험자가 잘못 표시된 약관 조항에 따라 재해사망보험금을 지급할 책임이 있는지가 문제되었다.

　제1심과 대상판결은 보험자가 재해사망특약약관의 자살면책제한조항에 의해 재해사망보험금을 지급할 책임이 있다고 판단하였고, 원심은 보험금을 지급할 책임이 없다고 판단하였다. 대상판결 이전에도 대법원[7] 및 다수의 하급심들에서 재해사망보험의 자살면책제한조항 적용 여부에 대하여 판단이 엇갈리고 있었다.

　대상판결은 '재해사망특약약관에 명시된 자살면책제한조항'에 대한 첫 대법원 판결로서, 향후 하급심 판결들의 결과에 큰 영향을 줄 것으로 예상되고 있는바, 이를 소개하고 관련 법리를 살펴보고자 한다.

---

6) ① 피보험자의 자살이 보험금 수령을 목적으로 한 것인지 여부를 중시하여 보장개시일부터 근접한 일정한 기간 내에는 보험금 수취 목적의 자살이 발생할 가능성이 상대적으로 높은 반면 어느 정도의 기간이 지난 뒤에는 그러한 위험성이 상대적으로 낮아진다는 점을 고려하여 그 기준시를 2년으로 정하고 위 기간 경과 후에는 자살의 경우에도 일률적으로 보험금을 지급하도록 정하고 있는 점, ② 보험금 수령을 목적으로 하지 않은 자살에 대하여는 보험보호의 대상으로 인정하여 보험수익자를 보호할 필요성이 있고 유족의 생활보장을 위해서도 필요한 경우가 있는 점, ③ 자살이 보험금 수령을 목적으로 한 자살인지 여부를 입증한다는 것이 사실상 어려우므로 정책적인 판단 아래 기간을 2년으로 설정하여 위 기간 내의 자살은 일률적으로 보험자가 면책되는 것으로 하고, 그 이후의 자살은 보험자가 보험금 지급의무를 부담하는 것으로 정한 것인 점 등을 고려하면 이 사건 자살 면책제한조항과 같이 보험사기를 방지할 정도의 기간이 경과된 후의 자살일 경우 보험금을 지급하기로 당사자가 합의한다고 해서 이를 강행법규나 선량한 풍속 기타 사회질서에 위반된다고 보기 어렵고, 위와 같은 약관 조항은 사적 자치의 원칙상 유효하다고 볼 것이다(대법원 2009. 9. 24. 선고 2009다45351 판결 참조).

7) 자살면책제한조항을 주계약약관에서 명시하고 이를 재해사망특약약관에서 준용한 사건에 대한 대법원 판결들이 있었는데, 이 사건은 주계약과 재해사망특약약관에서 각각 명시적으로 자살면책제한조항을 두고 있는 경우이다. 위 언급한 대법원 판결들에 대해서는 아래에서 자세히 살펴보기로 한다.

Ⅱ. 재해사망보험약관의 자살면책제한조항 적용에 대한 판결

1. 대상판결 이전 대법원 판결들의 동향

사건번호	약관유형	자살면책 제한조항	자살시 재해사망 보험금 지급의무
대법원 2006다55005	주계약 교통재해사망, 특약 일반재해사망	주계약약관 명시, 특약약 관에서 주계약약관 준용	인정
대법원 2008다81633	주계약 일반사망, 특약 재해 사망	주계약약관 명시, 특약약 관에서 주계약약관 준용	부정
대법원 2009다45351	주계약(공제계약) 재해사망	주계약약관 명시	인정
	주계약 일반사망, 특약 재해 사망	주계약약관 명시, 특약약 관에서 주계약약관 준용	부정
대법원 2010다45777	주계약 일반사망 및 재해사 망, 특약없음	주계약약관 명시	부정

가. 대법원 2007. 9. 6. 선고 2006다55005 판결

이 사건은 교통사고로 인한 사망을 보험사고로 하는 주계약에 부가하여 일반의 재해로 인한 사망을 보험사고로 하는 일반재해사망특약이 체결되었는데, 일반재해사망특약약관에서 "이 특약에 정하지 아니한 사항에 대하여는 주계약약관의 규정을 따릅니다"는 규정을 두고 있는 사안이다.

대법원은 이 사건에서, "평균적인 고객의 이해가능성을 염두에 두고 위 조항을 살펴보면, 위 조항은 고의에 의한 자살 또는 자해행위는 원칙적으로 우발성이 결여되어 이 사건 주계약 또는 재해보장특약이 정한 보험사고(교통재해 등 또는 재해)에 해당하지 아니하지만, 예외적으로 위 제14조 제1항 제1호 단서에서 정하는 요건, 즉 피보험자가 정신질환상태에서 자신을 해치거나 계약의 책임일로부터 2년이 경과한 후에 자살하거나 자신을 해침으로써 사망 또는 고도의 장해상태가 되었을 경우에 해당하면 특별히 보험사고에 포함시켜 보험금 지급사유로 본다는 취지라고 이해할 여지도 충분하고, 여기에 원래 '고의에 의한 자살 또는 자해행위'에 대하여는 위 제14조 제1항 제1호 본문의 규정이 아니더라도 상법 조항(제659조 제1항, 제732조의 2, 제739조 참조)에 의하여 보험자가 면책되게 되어 있어서 위 제14조 제1항 제1호 중 보험계약 당사자 간의 별도의 합의로서 의미가 있는 부분은 면책사유를 규정한 본문 부분이 아니라 부책사유를 정한 단서 부분이라는 점을 보태어 보면, 이러한 해석론이 보다 합리적이라 할 것이고, 또한 앞서 본 약관 해석에 있어서의 작성자 불이익의 원칙에도 부합하는 것이라 할 수 있다"고 하여 자살의 경우에도 보험사는 재해사망보험금 지급의무가 있다고 판시하였다.

나. 대법원 2009. 5. 28. 선고 2008다81633 판결
이 사건은 피보험자의 사망 등을 보험사고로 하는 주계약의 약관에서 자살면책제한조항을 두고 있고, 재해사망특약과 재해보장특약의 약관에서는 "주된 보험계약의 약관을 준용한다"는 취지의 규정을 두고 있는 사안이다.
대법원은 이 사건에서 평균적인 고객으로서는 특약의 약관에서 정한 재해에 해당하지 않는 자살은 이 사건 각 특약에 의하여 보험사고로 처리되지 않는다는 점은 기본으로 전제하고 있던 사항이라고 하면서, "이 사건 주계약 준용규정은, 어디까지나 그 문언상으로도 특약에서 정하지 아니한 사항에 대하여 주계약약관을 준용한다는 것이므로 특약에서 정한 사항은 주계약약관을 준용할 수 없음은 명백하고, 이 사건 각 특약이 정하지 아니한 사항에 한하여 이 사건 각 특약의 본래의 취지 및 목적 등에 반하지 아니하는 한도 내에서 이 사건 주된 보험계약의 약관 조항들을 준용하는 취지라고 해석된다. 따라서 이러한 해석에 비추어 보면, 이 사건 주계약약관에서 정한 자살면책제한규정은 자살이 이 사건 주된 보험계약에서 정한 보험사고에 포함될 수 있음을 전제로 하여 그 면책 및 그 제한을 다룬 것이므로, 보험사고가 재해를 원인으로 한 사망 등으로 제한되어 있어 자살이 보험사고에 포함되지 아니하는 이 사건 각 특약에는 해당될 여지가 없어 준용되지 않는다고 보는 것이 합리적이고, 그와 같이 합리적으로 해석할 수 있는 이상 위 준용규정의 해석에 관하여 약관의 규제에 관한 법률 제5조 제2항에 정한 작성자 불이익의 원칙은 적용될 여지가 없다"고 판단하여 보험회사에 보험금 지급의무가 없다고 판단하였다.
나아가 대법원은 위 가.의 대법원 2007. 9. 6. 선고 2006다55005 판결에 대하여, "이 사건과는 달리 주된 보험계약이 '재해'의 범주에 속할 수 있는 '교통재해' 등을 보험사고로 정하고 있고, 특약은 그 교통재해가 포함될 수 있는 "재해"를 보험사고로 정하고 있는 관계로, 전자에 관하여 보험사고의 범위를 확장한 규정이 후자에 관하여도 준용될 수 있다고 봄이 합리적인 보험 약관에 관한

것으로서 이 사건과는 사안이 다르므로, 이 사건에 원용하기에 적절하지 않다"
고 하여 가.에서 설시한 대법원 판결과 사안이 다름을 전제로 한 후, 위 대법원
판결을 인용한 원심을 파기하였다.

다. 대법원 2009. 9. 24. 선고 2009다45351 판결
이 사건은 공제인과 공제계약을, 보험자와 보험계약을 각 체결하였는데,
공제계약은 재해사망을 보장하면서 자살면책제한조항을 명시적으로 규정하고
있었고, 보험계약은 일반사망을 보장하는 주계약에 부가하여 가입한 재해사망
특약의 약관에서 주계약약관의 자살면책제한조항을 준용하는 취지의 규정을 두
고 있던 사안이다.
대법원은 ① 공제계약에 대해서는 대법원 2006다55005 판결을 인용하며,
고의에 의한 자살 또는 자해행위는 원칙적으로 우발성이 결여되어 공제계약에
서 정한 재해에 해당하지 아니하지만 예외적으로 피공제자가 정신질환상태에서
자신을 해친 경우와 계약의 책임개시일로부터 1년이 경과한 후에 자살하거나
자신을 해친 경우에 해당하면 특별히 보험사고에 포함하여 공제금 지급사유로
본다는 취지라고 봄이 상당하다고 하여 공제금 지급의무를 인정하였으나, ②
보험계약에 대해서는 재해사망특약에서 특약으로 정하지 아니한 사항에 대하여
주계약약관을 준용하도록 되어 있는데, 특약에서 정하지 아니한 사항에 대하여
특약의 본래의 취지 및 목적 등에 반하지 아니하는 한도 내에서 주계약약관 조
항을 준용하려는 취지로 이해해야 하므로 주계약약관에서 정한 자살면책제한조
항은 자살이 보험사고에 포함되지 아니하는 재해사망특약에는 적용될 여지가
없다고 하면서, 피고 보험회사에 대하여 원고의 청구를 인용한 원심을 파기환
송하였다.

라. 대법원 2010. 11. 25. 선고 2010다45777 판결[8]
이 사건은 공제계약에서 피공제자가 교통재해 또는 일반재해로 1급 및 2급
의 신체장해가 되었을 때는 장해연금과 유족위로금을 지급하도록 되어 있고,

---

8) 재해로 인한 사고만을 보험사고로 하면서 자살면책제한조항을 둔 약관에 대하여 대법원
2014. 4. 30. 선고 2014다201735 판결도 위 판결과 같은 태도를 취한 원심판결에 대한 상
고를 심리불속행으로 기각하였다.

재해 외의 원인으로 인한 사망 또는 1급 장해에 대해서는 유족위로금을 지급하기로 되어 있는데, 자살이나 자해로 인한 1급 장해를 원칙적으로 공제급여에서 제외하면서도 자살 등이 계약일로부터 1년이 경과한 후에 발생한 때는 그 면책을 제한하고 있는 규정을 두고 있는 사안이다.

대법원은 이 사건에서, "이 사건 면책제한조항은 자살 또는 자해가 계약의 책임개시일로부터 상당기간이 경과한 후 이루어진 경우에는 그 자살 또는 자해에 공제금을 취득하려는 부정한 동기나 목적이 있는지 여부를 판정하기 어렵다는 점을 고려하여 그 면책의 예외를 인정한 것으로서, 이 사건 면책조항에 의하여 줄어든 '재해 외의 원인으로 인한 공제사고의 객관적 범위'를 다시 일부 확장시키는 규정이라고 해석될 뿐 '재해로 인한 공제사고의 객관적 범위'까지 확장하기 위하여 둔 규정이라고는 볼 수 없다. 이 사건 면책조항 및 면책제한조항은, 재해에 해당하지 아니하는 원인으로 사망하거나 1급장해가 발생한 때에는 재해를 원인으로 하는 장해연금이 아니라 유족위로금이 그 공제금으로 지급되어야 하는데, 계약의 책임개시일로부터 1년 이내에 피공제자가 자살 또는 자해를 하여 위와 같은 공제사고가 발생한 경우라면 피고가 유족위로금 지급책임을 면하지만 그 후의 자살 또는 자해로 인한 경우라면 그 지급책임을 면하지 못한다는 취지로 해석함이 자연스럽고 합리적이다"라고 하여 장해연금의 지급의무를 부정하였다.

위에서 본 바와 같이, 대법원 2008다81633 판결은 대법원 2006다55005 판결에 대하여 교통재해(재해의 특정 종류)에서 보험사고의 범위를 확장한 것을 일반재해(전부)에서도 그대로 준용한 것으로 보는 것이 합리적이라고 하였는데, 이 사건은 역으로 범위가 훨씬 넓은 '재해 외의 원인'에서 보험사고의 범위를 확장한 사안이므로, 그 범위의 확장을 '재해로 인한 것'에도 그대로 인정하는 것이 더욱 자연스러운 일임에도 불구하고 이 사건 대법원 판결이 그 적용을 부정하였으므로, 위 대법원 판결은 실질적으로 대법원 2006다55005 판결(재해사망보험금 지급의무를 인정한 판결)을 파기한 것이라는 견해가 있다.[9)]

---

9) 양창수, "자살면책제한조항에 의한 보험사고의 확장", 법률신문 2015. 10. 19(월).

2. 하급심 판결들의 태도

위에서 본 바와 같이, 주계약과 재해사망특약이 별도로 존재하고 재해사망
특약약관에서 주계약약관을 준용하는 규정을 둔 경우나 주계약약관에서 일반사

사건번호	약관유형	자살면책제한조항	자살시 재해사망보험금 지급의무
서울중앙지법 2014가단5229682	일반사망 /재해사망	주계약약관과 특약약관에서 각 규정	인정
서울중앙지법 2014가합570801	일반사망 /재해사망	주계약약관과 특약약관에서 각 규정	인정
서울중앙지법 2014가단5307742	일반사망 /재해사망	주계약약관과 특약약관에서 각 규정	인정
서울중앙지법 2014가합570818	일반사망 /재해사망	주계약약관과 특약약관에서 각 규정	인정
서울중앙지법 2014가합585766	일반사망 /재해사망	주계약약관과 특약약관에서 각 규정	인정
서울중앙지법 2015가단5036511	일반사망 /재해사망	주계약약관과 특약약관에서 각 규정	인정
서울고법 2014나2043055	일반사망 /재해사망	주계약약관과 특약약관에서 각 규정	인정
서울고법 2009나12223	일반사망 /재해사망	주계약약관과 특약약관에서 각 규정	인정
수원지법 2014가단533254	일반사망 /재해사망	주계약약관과 특약약관에서 각 규정	인정
부산지법 2014가단252807	일반사망 /재해사망	주계약약관과 특약약관에서 각 규정	부정
서울고법(춘천) 2015나767	일반사망 /재해사망	주계약약관과 특약약관에서 각 규정	부정
부산고법(창원) 2015나21526[10]	일반사망 /재해사망	주계약약관과 특약약관에서 각 규정	부정
서울중앙 2015나14876 (대상판결 원심)	일반사망 /재해사망	주계약약관과 특약약관에서 각 규정	부정

---

10) 위 판결은 대상판결 이후 상고심 판결이 선고되었는데 상고심에서 파기환송되었다[대법
원 2015다354592(본소), 254408(반소) 판결].

망과 재해사망을 모두 보장하면서 자살면책제한조항을 둔 경우에 대하여는 대법원 판결이 존재하지만, 주계약과 재해사망특약이 별도로 존재하면서 그 각각의 약관에 모두 자살면책제한조항이 있는 경우에 대한 대법원 판결은 존재하지 않았다.

이와 관련하여 하급심에서는 대상판결과 같이 '주계약과 재해사망특약약관 모두에 자살면책제한조항이 있는 경우 보험자에게 재해사망보험금 지급의무가 존재하는지 여부'에 대하여 각기 다른 판단을 하였고, 대상판결의 원심은 보험사에게 재해사망보험금 지급의무가 없다고 판단하였다.

Ⅲ. 보험약관의 해석과 관련된 쟁점

1. 약관 해석의 기준

가. 서   설

약관은 당사자 간의 자유로운 의사의 합치에 의해서가 아니라 일방 당사자에 의해 작성되고 규율되는 것이기 때문에, 소비자의 피해를 막고 건전한 거래질서를 확립하기 위해 그 해석에 대하여도 일반적인 법률행위와는 다른 기준이 적용된다.

특히 보험약관은 그 내용이 복잡하고 난해하게 구성되어 있고, 보험계약자는 보험자에 비하여 보험계약의 기술적, 법률적 지식의 측면에서 불리한 처지에 있는바, 보험자를 보호하고 보험을 건전하게 관리 유지하기 위하여 우리나라는 보험약관에 대하여 ① 입법적 통제(상법 제638조의 3, 제663조, 약관규제법 제3조 내지 제14조), ② 행정적 통제(보험업법 제5조, 제131조), ③ 공정거래위원회에 의한 통제(약관규제법 제19조), ④ 사법적 통제 등 다양한 방법으로 규제하고 있다.[11]

이 사건에서는 보험약관의 해석이 주된 쟁점이 되었는데, 약관 해석의 기본원칙으로 '개별 약정 우선의 원칙', '신의성실의 원칙', '객관적(통일적) 해석 원칙', '작성자 불이익의 원칙'이 있다.

---

11) 맹수석, "보험약관의 법적 쟁점과 최근 대법원 판례의 검토", 법학연구 제27권 제1호(충남대학교 법학연구소, 2016), 140-141면.

나. 개별약정 우선의 원칙

(1) 일 반 론

보통보험약관을 포함한 이른바 일반거래약관이 계약의 내용으로 되어 계약당사자에게 구속력을 갖게 되는 근거는 그 자체가 법규범 또는 법규범적 성질을 갖기 때문은 아니며 계약당사자가 이를 계약의 내용으로 하기로 하는 명시적 또는 묵시적 합의를 하였기 때문이다(대법원 1986. 10. 14. 선고 84다카122 판결).

대법원은 ① 근저당권설정계약서는 처분문서이므로 특별한 사정이 없는 한 그 계약 문언대로 해석하여야 함이 원칙이나, 그 근저당권설정계약서가 금융기관 등에서 일률적으로 일반거래약관의 형태로 부동문자로 인쇄하여 두고 사용하는 계약서인 경우에 그 계약 조항에서 피담보채무의 범위를 기존의 채무나 장래에 부담하게 될 모든 채무도 포괄적으로 포함하는 것으로 기재하였다고 하더라도, 당해 근저당권설정계약의 체결 경위나 거래 관행, 각 채무액과 그 근저당권의 채권최고액과의 관계, 다른 채무액에 대한 별도의 담보 확보 여부 등 여러 사정에 비추어 인쇄된 계약 문언대로 피담보채무의 범위를 해석하면 오히려 일반 거래 관례에 어긋난다고 보여지고 당사자의 의사는 특정한 계속적 거래나 일정한 종류의 거래로 인하여 발생하는 채무만을 그 근저당권의 피담보채무로 약정한 취지라고 해석하는 것이 합리적인 때에는, 그 계약서의 포괄적 기재는 부동문자로 인쇄된 일반거래약관의 예문에 불과하므로 그에 구속되지 말고 구체적인 당사자의 의사를 밝혀 그 피담보채무의 범위를 확정하여야 한다(대법원 1997. 9. 26. 선고 97다22768 판결)고 하거나 ② 금융기관의 여신거래기본약관에서 금융사정의 변화 등을 이유로 사업자에게 일방적 이율 변경권을 부여하는 규정을 두고 있으나, 개별약정서에서는 약정 당시 정해진 이율은 당해 거래기간 동안 일방 당사자가 임의로 변경하지 않는다는 조항이 있는 경우, 위 약관조항과 약정서의 내용은 서로 상충된다 할 것이고, 약관의 규제에 관한 법률 제4조의 개별약정우선의 원칙 및 위 약정서에서 정한 개별약정 우선적용 조항에 따라 개별약정은 약관조항에 우선하므로 대출 이후 당해 거래기간이 지나기 전에 금융기관이 한 일방적 이율 인상은 그 효력이 없다(대법원 2001. 3. 9. 선고 2000다67235 판결)고 판시하여 약관과 다른 당사자의 의사의 합치가 존재할 경우 이를 약관에 우선하고 있다.

(2) 오표시 무해의 원칙

오표시 무해의 원칙(誤表示 無害의 原則, falsa demonstratio non nocet)이란 당사자들의 현실적 의사가 일치하는 경우에는 그러한 실체적 의사와 상이한 의사(오표시)가 아니라 당사자들의 현실적 의사에 따라 그 의사표시가 해석되어야 한다는 것을 의미한다.[12] 따라서 당사자 사이에 의사가 일치하는 경우에는 표의자가 의사를 잘못 표시하였다고 하더라도 그 잘못된 의사표시는 아무런 효력을 갖지 않게 된다.

대법원 역시 "부동산의 매매계약에 있어 쌍방당사자가 모두 특정의 갑 토지를 계약의 목적물로 삼았으나 그 목적물의 지번 등에 관하여 착오를 일으켜 계약을 체결함에 있어서는 계약서상 그 목적물을 갑 토지와는 별개인 을 토지로 표시하였다 하여도 갑 토지에 관하여 이를 매매의 목적물로 한다는 쌍방당사자의 의사합치가 있는 이상 위 매매계약은 갑 토지에 관하여 성립한 것으로 보아야 한다(대법원 1993. 10. 26. 선고 93다2629 판결)"고 판시하여 오표시 무해의 원칙을 인정하고 있다.

오표시 무해의 원칙에 의하면 표의자가 잘못 표시하였더라도 상대방이 표의자가 의욕한 대로 표시를 이해하였다면 의욕된 바에 따른 계약의 효력을 부여하게 된다. 오표시 무해의 원칙은 약관에 특유한 해석 원칙은 아니나, 법률행위의 해석 원칙 중 하나로서 개별 약정 우선의 원칙과 유사한 개념이므로, 약관을 해석하는데 있어서도 적용될 수 있는 개념이다.

다. 객관적 해석의 원칙

보험약관은 보험계약자에 따라 다르게 해석되어서는 안된다는 원칙을 말하는데, 약관은 다수의 거래를 획일적으로 처리하기 위해 작성된 것이므로 그 특성상 개별의 사정을 고려함이 없이 평균인을 기준으로 해석되어야 하며, 대법원 역시 "약관의 해석은, 신의성실의 원칙에 따라 당해 약관의 목적과 취지를 고려하여 공정하고 합리적으로 해석하되, 개개 계약 당사자가 기도한 목적이나 의사를 참작함이 없이 평균적 고객의 이해가능성을 기준으로 보험단체 전체의 이해관계를 고려하여 객관적, 획일적으로 해석하여야 하며, 위와 같은 해석을 거친 후에도 약관 조항이 객관적으로 다의적으로 해석되고 그 각각의 해석이

---

12) 엄동섭, "법률행위 해석에 관한 연구", 서울대학교 박사학위논문(1992), 152면.

합리성이 있는 등 당해 약관의 뜻이 명백하지 아니한 경우에는 고객에게 유리하게 해석하여야 한다(대법원 2009. 5. 28. 선고 2008다81633 판결 참조)"고 판시하고 있다.

라. 작성자 불이익의 원칙

통설과 판례[13]는 작성자 불이익의 원칙을 일반적 계약해석과는 구별되는 약관 특유의 해석원칙으로 이해하는데,[14] 일반계약에 있어서는 양 당사자는 계약내용에 대하여 동등하게 책임을 부담하고 계약내용의 명료성을 기할 의무를 부담하지만, 약관은 일방적으로 형성된 계약조항이므로 약관작성자가 조항의 명확성을 기할 책임을 부담하고 그로 인한 불이익 역시 작성자가 부담하여야 하기 때문이다.[15]

작성자 불이익 원칙과 다른 해석원칙과 관계에 대하여 ① 일반적으로 약관의 불명확성은 객관적 해석에 의하여 해결될 수 있을 것이나, 객관적 해석을 거치고도 불명확성이 해결되지 않는 때에는 작성자 불이익의 원칙이 보충적으로 적용된다는 견해, ② 작성자 불이익 원칙이 다른 해석원칙을 갈음하여 해석의 여지가 존재하는 때에는 항상 약관사용자의 상대방에게 유리하게 해석되어야 한다는 견해가 존재한다.[16] 이에 대하여 대법원은 "객관적, 획일적으로 해석을 거친 후에도 약관 조항이 객관적으로 다의적으로 해석되고 그 각각의 해석이 합리성이 있는 등 당해 약관의 뜻이 명백하지 아니한 경우에는 고객에게 유리하게 해석하여야 한다(대법원 2009. 5. 28. 선고 2008다81633 판결 참조)"고 하여 작성자 불이익 원칙의 보충성을 인정하였다.

---

13) 대법원 1991. 12. 24. 선고 90다카23899 판결; 대법원 1996. 6. 25. 선고 96다12009 판결; 대법원 1998. 10. 23. 선고 98다20752 판결 등.

14) 김진우, "약관의 해석에 관한 일고찰─객관적 해석과 작성자 불이익의 원칙의 유럽법과의 비교를 통한 검토", 재산법연구 제28권 제3호(한국재산법학회, 2011. 11.), 192면.

15) 권오승, "보통거래약관의 해석─대법원 1981. 11. 24. 선고 80다320, 321 판결, 법원공보 672호(1982. 1. 15.)", 법률신문 1982. 11. 8(월), 11면.
이에 대하여 작성자 불이익 원칙은 약관의 특유한 해석방법이 아니라 '의심스러울 때는 작성자에게 불리하게'라는 일반적인 해석원칙을 약관에 적용한 것에 불과하다는 이설도 존재한다(김진우, 전게논문, 193면).

16) 김진우, 전게논문, 195-196면.

마. 소   결

보험 약관의 해석에 있어서, 기본적으로 개별약정이 있으면 위 개별약정이 약관에 우선하게 되고, 개별약정에 이르지 않았더라도 보험자가 약관에 오표시를 하였고 이에 대하여 상대방도 오표시임을 인식하고 있었음이 합리적으로 해석된다면 오표시 무해의 원칙에 의하여 당사자의 의사가 우선하게 된다.

그러나 위와 같은 당사자의 의사의 합치가 존재하지 않을 경우에는 거래에 참여하는 일반 평균인의 이해능력과 언어관행을 기준으로 보험약관을 해석하여야 하고, 그럼에도 불구하고 보험 약관이 다의적으로 해석될 경우에는 약관을 작성자에게 불리하고 보험계약자에게 유리하게 해석해야 한다.

즉, 존재하는 약관의 문언과 다른 당사자의 의사가 존재할 경우에는 개별약정 우선의 원칙 내지 오표시 무효의 원칙이 적용되고, 약관 문언 자체를 해석할 경우에는 객관적 해석의 원칙이 우선 적용되며, 그럼에도 불구하고 다의적으로 해석될 경우에는 작성자 불이익의 원칙에 따라 해석되어야 하는 것이다.

2. 대상판결의 타당성

가. 대상판결과 원심 판결의 차이점

원심은, ① 이 사건 주계약과 이 사건 재해사망특약의 명칭, 목적 및 취지, 각 관련 약관 규정의 내용과 표현 등을 평균적인 고객의 이해가능성을 기준으로 하여 살펴보더라도, 이 사건 주계약과 이 사건 재해사망특약이 각각 규정하고 있는 보험사고 및 보험금에 관한 차이는 알 수 있어서, 자살 등을 포함하여 피보험자의 사망을 폭넓게 보험사고로 보는 이 사건 주계약만으로는 소정의 사망보험금밖에 지급받을 수 없으나, 이 사건 재해사망특약에 가입할 경우에는 재해를 원인으로 사망이 발생할 경우 별도의 재해사망보험금이 추가로 지급된다는 점을 알 수 있고, ② 그럼에도 불구하고 이 사건 재해사망특약의 범위를 재해가 아닌 자살에까지 확장하는 것은 보험계약자에게 기대하지 않은 이익을 주는 반면 보험단체 전체의 이익을 해하고 보험자에게 예상하지 못한 무리한 부담을 지우게 되며, ③ 이 사건 재해사망특약약관의 자살면책제한조항이 잘못된 표시에 불과하다고 합리적으로 해석할 수 있는 이상 작성자 불이익 원칙은 적용될 여지가 없다고 판단하였다.

즉, 결과적으로 원심은 이 사건 재해사망특약약관상 자살면책제한조항이 잘못된 표시라는 점을 전제로 보험계약자 역시 이를 알 수 있었다고 하면서 자살면책제한조항의 적용 자체를 배제하였는바, 오표시 무해의 원칙을 적용한 것으로 보여진다(다만, 원심은 약관의 객관적 해석에 의하여 그 결론을 도출한 것처럼 설시하였다).

그러나 대상판결은, ① 약관해석에 의하여 무의미한 규정이라고 하기 위해서는 평균적인 고객의 이해가능성을 기준으로 할 때에도 그 조항이 무의미한 조항임이 명백해야 하는데, ② 오히려 평균적인 고객의 이해가능성 측면에서 보면 자살면책제한조항은 보험사고인 재해에 해당하지 않지만, 예외적으로 단서에서 정하는 요건에 해당하면 이를 보험사고에 포함시켜 보험금 지급사유로 본다는 취지로 이해할 여지가 충분하고, ③ '정신질환상태에서 자신을 해친 경우'와 '2년이 경과한 후에 자살한 경우'가 나란히 규정되어 있는데, 전자가 재해사망보험금 지급사유임은 대법원의 확고한 입장이므로(대법원 2006. 3. 10. 선고 2005다49713 판결), 후자 역시 그러한 것이라고 보는 것이 일반적인 관념에 부합하며, ④ 당사자간 합의가 의미있는 부분은 면책사유를 규정한 본문이 아니라 부책사유를 규정한 단서이므로 보험금 지급의무가 있다고 보는 것이 합리적이며, 이 역시 작성자 불이익 원칙에도 부합한다고 판단하였다.

나. 대상판결의 검토

원심의 경우, 객관적 해석의 원칙에 따라 '평균적인 고객의 이해가능성'을 기준으로 판단한 것처럼 설시를 하였지만, 결국 보험자가 잘못된 표시를 하였고, 피보험자가 이를 인식하였을 가능성이 있음을 근거로 이 사건 재해사망특약에서 자살면책제한조항이 적용될 여지가 없다고 판단한 것으로 여겨진다. 즉, 원심은 오표시 무해의 원칙에 의하여 판단한 것으로 보이는데, '상대방의 인식가능성'만을 이유로 명시적으로 규정되어 있는 자살면책제한조항의 적용을 곧바로 배제한 것은 지나친 처사로 생각된다.

한편 대상판결은 이 사건 재해사망특약약관의 자살면책제한조항을 평균적인 고객의 입장에서 합리적으로 해석하였을 때, 예외적으로 고의에 의한 자살까지 포함하여 면책을 제한하는 조항으로 볼 여지가 충분하고 이것이 작성자 불이익의 원칙에도 부합한다고 하여 약관의 객관적 해석에 따라 결론을 도출하였다.

보험계약자가 재해사망특약약관의 자살면책제한조항이 잘못 표시된 것이라고 인식하였을 것으로 보기는 어려우므로 위 약관 조항의 존재에도 불구하고 이와 다른 개별약정이 존재한다거나 이것이 무효의 오표시에 해당한다고 보기는 어려울 것이다. 그렇다면 객관적 해석의 원칙에 따라 약관 문언을 해석해야 할 것인데, 재해사망특약약관에 자살면책제한조항이 있다면, 일반 보험계약자로서는 그것이 재해사망특약에 정해진 내용이더라도 일정한 조건 하에서는 자살의 경우에도 사망보험금을 지급한다는 취지의 규정이라고 해석할 것으로 보이므로, 결국 객관적 해석의 원칙에 의하면 재해사망특약약관의 자살면책제한조항은 유효한 것으로 여겨진다. 나아가 재해사망특약약관의 자살면책제한조항이 다의적으로 해석될 수 있다고 전제하더라도, 작성자 불이익 원칙에 따르면 역시 같은 결론이 도출된다.

개별 약정 우선의 원칙이나 오표시 무해의 원칙은 약관의 문언에 반하는 당사자의 의사를 인정하는 것이므로 그 적용은 엄격하게 이루어져야 하고, 의사의 합치가 존재한다고 보기 어려운 경우에는 객관적 해석의 원칙과 작성자 불이익의 원칙에 따라야 할 것이다. 따라서 약관해석에 있어서의 원칙 적용의 논리적인 순서나 보험계약자의 인식내용에 비추어 볼 때 대상판결이 타당하다고 여겨진다.

다. 대상판결과 대법원 2008다81633 판결, 대법원 2009다45351 판결[17])의 차
　　이점

대상판결과 대법원 2008다81633 판결, 대법원 2009다45351 판결은 모두 보험계약자가 사망 등을 보험사고로 하는 주계약과 재해사망특약을 모두 가입한 사안인데, 대상판결은 보험사의 자살보험금 지급의무를 인정하였고, 대법원 2008다81633 판결과 대법원 2009다45351 판결은 부정하였다.

대상판결과 나머지 두 판결은 재해사망특약약관에서 자살면책제한조항을 직접 규정하고 있는지, 위 조항을 준용하였는지 여부에서 차이가 있는데, 재해사망특약약관에서 자살면책제한조항을 명시한 경우와 준용한 경우에 결론이 차이가 발생하는 것이 합리적인 것인지가 문제될 수 있다. 그러나 준용은 "어떤

---

17) 대법원 2009다45351 판결 중 피고 보험회사에 대해 판시한 부분에 대하여만 논의하도록
　　한다.

사항에 관한 규정을 그와 유사하지만 본질적으로 다른 사항에 적용하는 일"을 의미하는 것인바, 재해사망특약에 준용될 수 있는 사항에 대해서만 주계약을 준용하는 것으로 해석하는 것이 합리적이고, 자살면책제한조항은 그 특성상 재해사망특약에 적용될 수 없는 것이므로 위와 같은 차이로 인해 결론을 달리 하는 것은 타당하다고 생각한다.18)

Ⅳ. 보 론19)

1. 소멸시효 관련 쟁점

대상판결로 선고됨으로써 재해사망보험특약약관에 자살면책제한조항이 존재하면 이를 근거로 재해사망보험금을 받을 수 있게 되었으나, 현재 진행 중인 대다수의 자살보험금 사건의 경우 소멸시효 쟁점이 포함되어 있어 그 결론의 귀추가 주목된다.

이에 대하여 감독당국은 대상판결 이후 보험수익자가 보험금을 청구하고 감독당국이 지급하도록 지도하였음에도 지급하지 않고 미루다가 뒤늦게 소멸시효 완성을 주장하는 것은 부당하다고 하면서, 이 경우는 회사의 귀책사유로 지급하지 않은 것이므로 소멸시효 완성 여부와 상관없이 보험금을 지급하여야 한다는 입장을 표명하고 있기도 하다.

따라서 재해사망특약약관의 자살면책제한조항과 관련하여, ① 재해사망금의 소멸시효 기산점이 언제인지(소멸시효가 완성되었는지), ② 보험회사가 소멸시효 완성을 주장하는 것이 신의칙에 반하는 것인지가 쟁점이 된다.

2. 재해사망특약약관의 자살면책제한조항으로 인한 재해사망보험금의 기산점

보험금청구권의 소멸시효에 관하여 규정하고 있는 상법 제662조는 시효기간에 대해서만 정하고 있어 기산점에 대하여 학설이 나뉘나 통설은 보험사고가

---

18) 대법원 2008다81633 판결과 대법원 2009다45351 판결 모두 '주계약 준용규정은 특약의 본래 취지 및 목적 등에 반하지 아니하는 한도에서 주계약약관을 준용하는 취지'라고 판단하였다.

19) 자세한 것은 맹주한, 보험금 "청구권의 소멸시효 관련 판례 분석", 제53회 보험판례연구회 발표자료(2016) 참조.

발생한 때부터 소멸시효가 진행한다고 보고 있고, 판례는 기본적으로는 소멸시
효가 보험사고가 발생한 때부터 진행한다고 해석하면서도, "객관적으로 보아
보험사고가 발생한 사실을 확인할 수 없는 특별한 사정이 있는" 경우 예외를
인정하고 있다(대법원 1993. 7. 13. 선고 92다39822 판결 등).

이와 관련하여 자살보험금 청구권의 소멸시효 기산점을 대법원 판결 선고
시점으로 볼 수 있는지가 문제되는데, ① 대법원 2010. 9. 9. 선고 2008다15865
판결은 대법원이 재임용거부처분의 처분성을 인정하지 않다가 판례의 변경으로
처분성을 인정하게 된 것이 법률상의 장애가 되지 않는다고 판단하였는데, 위
와 같은 대법원 판례의 입장을 유추적용하면 이 사안에 있어서도 하급심에서
판결이 엇갈렸다는 사정만으로 대법원 판결이 선고되기까지 법률상의 장애사유
가 존재하였다고 할 수 없고, ② 보험수익자가 재해사망특약의 해석과 관련한
대법원 확정판결시까지 객관적 확인가능성이 없었던 때로 볼 수 있는지와 관련
하여, 이 경우에도 여전히 자살에 의한 사망이라는 보험사고가 객관적으로 발
생한 사실은 명백하므로 장애사유가 있다고 볼 수 없을 것이다.

3. 보험회사가 소멸시효 완성을 주장하는 것이 신의칙에 반하는지 여부

나아가 소멸시효 주장이 신의칙에 반하여 권리남용에 해당하는지가 문제
되는데, 판례는 ① 채무자가 시효 완성 전에 채권자의 권리행사나 시효중단을
불가능 또는 현저히 곤란하게 하였거나, 그러한 조치가 불필요하다고 믿는 행
동을 하였거나, ② 객관적으로 채권자가 권리를 행사할 수 없는 장애사유가 있
었거나, ③ 또는 일단 시효완성 후에 채무자가 시효를 원용하지 아니할 것 같은
태도를 보여 권리자로 하여금 그와 같이 신뢰하게 하였거나, ④ 채권자보호의
필요성이 크고, 같은 조건의 다른 채권자가 채무의 변제를 수령하는 등의 사정
이 있어 채무이행의 거절을 인정함이 현저히 부당하거나 불공평하게 되는 등의
특별한 사정이 있는 경우에는 채무자가 소멸시효의 완성을 주장하는 것이 신의
성실의 원칙에 반하여 권리남용으로서 허용될 수 없다(대법원 1994. 12. 29. 선고
93다27604 판결; 대법원 1997. 12. 12. 선고 95다29895 판결 등)고 판시하고 있다.

다수의 하급심 판결들은 보험회사의 소멸시효 항변을 권리남용에 해당한
다고 하면서 배척하였고, 감독당국도 보험사들이 고의로 지급하여야 할 보험금
을 지급하지 않았고 보험수익자들은 보험사들의 조치를 신뢰하고 아무 권리보

전 조치를 취하지 않은 것이어서 권리남용에 해당한다고 보고 있다. 그러나 보험사들이 적극적으로 보험수익자들의 권리행사를 방해하였고 보험수익자가 신뢰를 가졌는지가 명확하지 않고, 객관적 권리행사의 기대가능성이 없다고 보기 어려워서, 이를 권리남용이라고 볼 수 있을지 상당한 의문이 든다.

V. 대상판결의 의의

대상판결이 선고되기 전까지, 주계약약관과 재해사망특약약관에 모두 자살면책제한조항이 있는데 보험계약자가 사망한 경우, 보험회사가 재해사망특약약관의 자살면책제한조항에 따라 재해사망보험금을 지급해야 하는 것인지에 대하여 커다란 논란이 있었는데, 대상판결은 위 사안에 대한 최초의 대법원 판결로서 약관해석의 하나의 기준을 제공하였다.

그러나 재해사망특약약관에 명시되어 있는 재해사망의 종류 및 의의에 비추어 볼 때, 위 약관의 자살면책제한조항은 잘못된 표시로서 무효라고 해석할 수 있는 여지가 있음은 부인하기 어렵다.

그리고 대상판결에도 불구하고 여전히 재해사망보험금 지급과 관련하여 소멸시효 쟁점이 문제로 대두되어 재해사망특약약관의 자살면책제한조항과 관련된 다툼은 여전히 진행 중이다.

● 참고문헌

김진우, "약관의 해석에 관한 일고찰― 객관적 해석과 작성자 불이익의 원칙의 유럽법과
　　　　의 비교를 통한 검토", 재산법연구 제28권 제3호(한국재산법학회, 2011. 11.)

맹수석, "보험약관의 법적 쟁점과 최근 대법원 판례의 검토," 법학연구 제27권 제1호(충
　　　　남대학교 법학연구소, 2016)

맹주한, "보험금 청구권의 소멸시효 관련 판례 분석", 제53회 보험판례연구회 발표자료
　　　　(2016)

양진태, "잘못 표시된 보험약관의 해석과 적용", 한국보험학회지 제106집(한국보험학회,
　　　　2016. 4)

엄동섭, "법률행위 해석에 관한 연구", 서울대학교 박사학위논문(1992)

권오승, "보통거래약관의 해석-대법원 1981년 11월 24일 선고 80다320, 321 판결 법원공
　　　　보 672호(1982. 1. 15.)", 법률신문 1982. 11. 8(월)

양창수, "자살면책제한조항에 의한 보험사고의 확장", 법률신문 2015. 10. 19(월)

행정소송법 제12조 전문의 '법률상 이익'의 확장 및 그 한계

오정한, 유병수

[요 지]

행정소송법 제12조 전문의 '법률상 이익', 즉 원고적격과 관련하여 통설과 판례는 법률상 보호 이익설을 취하고 있다. 즉, 법률에 의하여 보호되는 이익이 있어야 항고소송을 제기할 원고적격이 있다는 것인데, 판례는 그 구체적인 개념의 범위를 사안마다 다소 다르게 보는 듯하다.

대상판결은 법률상 이익의 유무를 판단함에 있어서 헌법상 기본권 개념을 차용하여 기존 판결에 비하여 법률상 이익의 인정 범위를 확장하였다. 이는 법률상 이익의 범위를 점차 확장하려는 법원의 최근 경향을 반영한 것으로 보인다.

이 평석에서는 대상판결 및 그 1심과 원심 판결의 구체적 판시 내용을 중심으로 법률상 이익의 확장 경향에 대하여 먼저 살펴보고, 이와 관련된 대상판결의 의의에 관하여 살펴보고자 한다.

[주제어]
• 법률상 이익
• 원고적격
• 당해 처분의 근거 법규
• 관련 법규
• 개별적·직접적·구체적 이익

대상판결 : 대법원 2015. 7. 23. 선고 2012두19496,19502(병합)
판결 [공2015하, 1249]

[사실의 개요]

1. 학교법인 A학원(이하 "A학원"이라 한다)은 A대학교 등의 학교를 설치하여 운영하는 법인이다. 교육부장관은 1992년경 A대학교에서 발생한 학내 분규가 장기화되고 A학원의 이사로 재직 중이던 김○○가 부정입학 및 그에 관한 금품 수수 등의 혐의로 구속되자 1993. 6. 4. A학원 이사 전원(9명)에 대한 이사취임 승인을 취소함과 동시에 임시이사들을 선임하였다. A학원은 그 후 계속하여 학교법인 정상화에 난항을 겪어 임시이사들에 의하여 운영되어 왔다.

2. 한편, 교육부장관 소속의 사학분쟁조정위원회(이하 아래에서는 "조정위원회"라고만 한다)는 2010. 4. 29. A학원 정상화심의결과 A학원의 이사 추천권 배분 비율을 '종전이사 : 학교구성원 : 관할청 = 5 : 2 : 2'로 하기로 하였다. 그러나, 종전이사 측은 조정위원회가 판단하기에 이사로 선임되는 것이 적절한 것으로 보이는 이사 후보자를 4명밖에 추천하지 못하였다. 그러자 조정위원회는 2010. 8. 9. 위 심의 내용을 다소 변경하여 위 추천권 배분 비율을 전제로 하되, A학원 내의 심한 대립 상황 등을 감안하고 조정위원회의 결정에 대한 현장 반응 검토, 대학 정상화의 진정한 의미 검토 및 사회적 정서나 교육적·도덕적 문제에 대한 고려를 위하여 일단 이사 추천권 배분비율을 '종전이사 : 학교구성원 : 관할청 = 4 : 2 : 2'로 하여 이사 8인(甲, 乙, 丙, 丁, 戊, 己, 庚, 辛)을 선임하고 임시이사 1인(壬)을 선임하는 내용의 단계적 정상화를 실시하기로 결정하였다.

3. 그 후 조정위원회가 선임하도록 의결한 이사 중 丙이 이사 취임을 거부하자 교육과학기술부장관(현 교육부장관, 이하 편의상 교육과학기술부장관, 교육부장관을 구분하지 아니하고 "교육부장관"이라 한다)은 2010. 8. 30. 일단 이사 7인(甲, 乙, 丁, 戊, 己, 庚, 辛)과 임시이사 1인(壬)을 선임하였고, 2011. 1. 10. 丙 대신 癸를 A학원의 이사로 선임하였다(이하 위 각 이사 및 임시이사 선임처분을 통틀어 "이 사건 처분"이라 한다).

[소송의 경과]

1. A대학교 총장, A학원 개방이사추천위원회, A대학교 교수협의회, 전국대학노동조합 A대학교지부, A대학교 총학생회, A대학교 총동문회는 교육부장관을 상대로 2010. 8. 30. 甲, 乙, 丁, 戊, 己, 庚, 辛을 A학원의 이사로, 壬을 임시이사로 각 선임한 처분의 취소를 구하였고, A대학교 총장을 제외한 나머지 원고들은 위 청구 외에 교육부장관을 상대로 2011. 1. 10. 癸를 A학원의 이사로 선임한 처분에 대해서도 취소를 구하였다.

2. 제1심[1]은 원고 A학원 개방이사추천위원회의 소는 A학원 개방이사추천이사회가 독자적인 당사자 능력이 인정되지 않는다는 이유로 각하하고, 나머지 원고들의 소는 법률상 이익이 없다는 이유로 각하하였다.

3. 항소심인 원심[2]은 항소를 제기한 모든 원고들[3]에 대한 법률상 이익을 부정하였다(원심은 명시적으로 판시하지는 않았지만, 원고 A학원 개방이사추천위원회의 독자적인 당사자 능력을 인정한 것으로 보인다).

[판결의 요지 - 파기환송]

[1] 행정처분의 직접 상대방이 아닌 제3자라 하더라도 당해 행정처분으로 법률상 보호되는 이익을 침해당한 경우에는 취소소송을 제기하여 당부의 판단을 받을 자격이 있다. 여기에서 말하는 법률상 보호되는 이익은 당해 처분의 근거 법규 및 관련 법규에 의하여 보호되는 개별적·직접적·구체적 이익이 있는 경우를 말하고, 공익보호의 결과로 국민 일반이 공통적으로 가지는 일반적·간접적·추상적 이익과 같이 사실적·경제적 이해관계를 갖는 데 불과한 경우는 여기에 포함되지 아니한다. 또 당해 처분의 근거 법규 및 관련 법규에 의하여 보호되는 법률상 이익은 당해 처분의 근거 법규의 명문 규정에 의하여 보호받는 법률상 이익, 당해 처분의 근거 법규에 의하여 보호되지는 아니하나 당해 처분의 행정목적을 달성하기 위한 일련의 단계적인 관련 처분들의 근거 법규에 의하여 명시적으로 보호받는 법률상 이익, 당해 처분의 근거 법규 또는 관련 법규에서 명시적으로 당해 이익을 보호하는 명문의 규정이 없더라도 근거 법규

---

1) 서울행정법원 2011. 10. 21. 선고 2010구합44085, 2011구합11891(병합) 판결.
2) 서울고등법원 2012. 7. 11. 선고 2011누40402, 2011누40419(병합) 판결.
3) 원고 A대학교 총장은 항소를 취하하였다.

및 관련 법규의 합리적 해석상 그 법규에서 행정청을 제약하는 이유가 순수한 공익의 보호만이 아닌 개별적·직접적·구체적 이익을 보호하는 취지가 포함되어 있다고 해석되는 경우까지를 말한다.

　[2] 교육부장관이 조정위원회의 심의를 거쳐 A대학교를 설치·운영하는 A학원의 이사 8인과 임시이사 1인을 선임한 데 대하여 A대학교 교수협의회와 총학생회 등이 이사선임처분의 취소를 구하는 소송을 제기한 사안에서, 임시이사 제도의 취지, 교직원·학생 등의 학교운영에 참여할 기회를 부여하기 위한 개방이사 제도에 관한 법령의 규정 내용과 입법 취지 등을 종합하여 보면, 구 사립학교법(2011. 4. 12. 법률 제10580호로 개정되기 전의 것)과 구 사립학교법 시행령(2011. 6. 9. 대통령령 제22971호로 개정되기 전의 것) 및 A학원 정관 규정은 헌법 제31조 제4항에 정한 교육의 자주성과 대학의 자율성에 근거한 A대학교 교수협의회와 총학생회의 학교운영참여권을 구체화하여 이를 보호하고 있다고 해석되므로, A대학교 교수협의회와 총학생회는 이사선임처분을 다툴 법률상 이익을 가지지만, 고등교육법령은 교육받을 권리나 학문의 자유를 실현하는 수단으로서 학생회와 교수회와는 달리 학교의 직원으로 구성된 노동조합의 성립을 예정하고 있지 아니하고, 노동조합은 근로자가 주체가 되어 자주적으로 단결하여 근로조건의 유지·개선 기타 근로자의 경제적·사회적 지위의 향상을 도모하기 위하여 조직된 단체인 점 등을 고려할 때, 학교의 직원으로 구성된 노동조합이 교육받을 권리나 학문의 자유를 실현하는 수단으로서 직접 기능한다고 볼 수는 없으므로, 개방이사에 관한 구 사립학교법과 구 사립학교법 시행령 및 A학원 정관 규정이 학교직원들로 구성된 전국대학노동조합 A대학교지부의 법률상 이익까지 보호하고 있는 것으로 해석할 수는 없다.

[연　구]

Ⅰ. 쟁점의 정리

　행정소송법 제12조 전문은 "취소소송은 처분 등의 취소를 구할 법률상 이익이 있는 자가 제기할 수 있다"고 규정하고 있다. 여기서의 '법률상 이익'이 항고소송에서의 원고적격을 의미한다는 점에 대해서는 별다른 이견이 없다.

한편, 행정처분 등의 직접 상대방에게 그 처분 등의 취소를 구할 수 있는 원고 적격이 있다는 점에 대해서는 이론이 없으나, 행정처분 등의 직접 상대방이 아닌 제3자에 대하여는, 어느 범위까지 원고적격을 인정할 것인지가 문제된다. 행정소송법 제12조 전문의 법률상 이익과 관련하여 ① 권리구제설, ② 법률상 보호 이익설, ③ 보호할 가치 있는 이익 구제설, ④ 적법성 보장설 등의 견해가 존재하는데, '권리구제설'은 권리 침해를 받은 자만이 원고가 될 수 있다는 견해이고, '법률상 보호 이익설'은 권리뿐만 아니라 법률에 의하여 보호되는 이익을 침해받은 자도 원고적격이 있다는 견해이며, '보호할 가치 있는 이익 구제설'은 법률상 보호되고 있지는 않더라도 보호할 가치가 있는 이익을 침해받은 자도 원고적격이 있다는 견해이고, '적법성 보장설'은 개인의 이익침해 여부와는 관계 없이 처분의 위법성을 주장하는 모든 자에 대하여 원고적격을 인정하여야 한다는 견해이다.[4] 통설과 대법원 판례는 법률상 보호 이익설의 입장을 취하고 있다.

그런데, 법률상 보호 이익설에 따르더라도 '법률에 의하여 보호되는 이익'의 개념, 즉 보호규범(사익보호성을 인식할 수 있는 근거규범[5])의 범위 설정 정도에 대해 원고적격의 인정 범위가 달라질 수 있는데[보호규범을 좁게 파악하여 당해 처분의 근거 법규에 한정하는 경우, 처분의 근거 법규뿐만 아니라 관계 법규, 이에 헌법규정(자유권 등 구체적 기본권)이나 일반법질서나 절차규정까지도 추가하는 경우가 있다고 하는데, 법률상 보호 이익설을 지지하는 견해들은 상당수가 보호규범을 넓게 파악하고 있는 것으로 보인다[6]], 대법원은 보호규범의 범위를 점차 확대하는 경향에 있다.

이와 같은 경향은 특히 환경소송의 영역을 중심으로 발전되어 온 것으로 보인다. 단적인 예로 대법원은 공유수면매립면허처분 등에 대하여 처분의 상대방이 아닌 제3자가 처분의 적법성을 다툰 사안에서의 법률상 이익을 "당해 처분의 근거 법규 및 관련 법규에 의하여 보호되는 개별적·직접적·구체적 이익

---

4) 서울고등법원 재판실무개선위원회, 행정소송실무편람 제2판(서울고등법원 재판실무개선위원회, 2002), 108면.

5) 이상천, "법률상 이익 개념의 한계", 외법논집 제34권 제1호(한국외국어대학교 법학연구소, 2010), 237면.

6) 최선웅, "행정소송에서의 원고적격: 기존 4개 학설의 의의를 중심으로", 행정법연구 제22호(행정법이론실무학회, 2008. 12.), 35면.

이 있는 경우"로 판시하고 있는데(대법원 2006. 3. 16. 선고 2006두330 전원합의체 판결), 이는 법률상 이익에 관하여 "당해 처분의 근거 법률에 의하여 보호되는 직접적이고 구체적인 이익"으로 보고 있던 이전 판결(대법원 1999. 12. 7. 선고 97누12556 판결; 대법원 1999. 10. 12. 선고 99두6026 판결 등)에 비해 그 의미를 확장한 것으로 볼 수 있다.[7]

이 사건에서 제1심, 원심과 대상판결은 보호규범의 범위를 점점 확장하였는데, 그 결과 대상판결은 제1심 및 원심과는 달리 일부 원고들에게 원고적격을 인정하였다. 이하에서는 대상 판결의 사안을 중심으로 법률상 이익의 확장 및 그 의의에 대하여 살펴보도록 하겠다.

Ⅱ. 처분 등의 직접 상대방이 아닌 제3자의 원고적격에 대한 법원의 접근 방식

1. 처분 등의 직접 상대방이 취소소송을 제기하는 것과 다른 관점에서 접근할 필요성

행정소송법 제1조는 "이 법은 행정소송절차를 통하여 행정청의 위법한 처분 그 밖에 공권력의 행사·불행사 등으로 인한 국민의 권리 또는 이익의 침해를 구제하고, 공법상의 권리관계 또는 법적용에 관한 다툼을 적정하게 해결함을 목적으로 한다"고 규정하고 있다. 한편, 행정소송법 제12조 전문은 "처분 등의 취소를 구할 법률상 이익이 있는 자"에게 원고적격을 인정하고 있다. 지극히 당연한 것이지만, 위 두 조문의 해석상 처분 그 밖에 공권력의 행사·불행사 등으로 권리 등을 침해당하여 그 처분 등에 대한 취소를 구할 법률상 이익이 있다면, 처분의 직접 상대방이 아니라도 취소소송(항고소송)을 제기할 수 있다.

그런데, 처분 등의 직접 상대방이 그 취소를 구하는 경우와 처분의 직접 상대방이 아닌 제3자가 그 취소를 구하는 경우에 대해서는 다른 관점에서의 접근이 필요해 보인다. 왜냐하면, 행정청으로부터 처분 등이 있을 경우 그 상대방은 이를 기초로 법률관계를 형성하게 되는데, 제3자에 의하여 그 처분 등이 취소될 경우 처분의 상대방으로서는 이미 형성하여 둔 법률관계의 기반을 잃게 되기 때문이다(물론 처분 등이 이루어지는 과정에서 처분 등의 상대방의 위법행위 등이 게

7) 같은 취지로 박정훈, 행정법연구 2 — 행정소송의 구조와 기능, (박영사, 2006), 215면.

재되었다면 상대방의 신뢰는 보호가치가 없을 것이다).

이러한 관점에서 접근할 때, 처분 등의 직접 상대방이 취소를 구하는 경우에 비하여 처분 등의 직접 상대방이 아닌 제3자가 그 취소를 구하는 경우에서는 법률상 이익의 인정범위를 신중하게 판단할 필요가 있을 것이다.

반면, 처분의 직접 상대방이 아닌 제3자의 원고적격 인정에 지나치게 소극적인 입장을 취할 경우 국민의 권리 또는 이익 침해에 대한 구제라는 행정소송의 근본 목적을 달성하기 어렵게 된다는 문제가 발생한다.

결국, 제3자의 원고적격 인정범위는 순수 법논리적으로 결정할 문제라기보다는 이념적, 정책적인 판단이 개입될 수밖에 없는 문제가 될 것이다.

2. 처분 등의 직접 상대방이 아닌 제3자가 그 취소 등을 구할 법률상 이익의 범위에 관한 대법원 판결의 동향

가. 대법원 판시 내용의 3가지 유형

대법원이 항고소송에서 처분 등의 직접 상대방이 아닌 제3자의 법률상 이익을 판단하는 경우 구체적 판시 이유 부분에 설시하는 문구는 다음 세 가지 유형으로 나눌 수 있다.

• 1유형: 법률상 이익의 개념을 "당해 행정처분의 근거 법률에 의하여 보호되는 직접적이고 구체적인 이익"으로 판시하는 유형

• 2유형: 법률상 이익의 개념을 "당해 처분의 근거 법규 또는 관련 법규에 의하여 보호되는 개별적·직접적·구체적 이익"으로 판시하는 유형

• 3유형: 법률상 이익의 개념을 "당해 처분의 근거 법규 또는 관련 법규에 의하여 보호되는 개별적·직접적·구체적 이익"으로 판시하면서 그 구체적 개념에 대하여 "당해 처분의 근거 법규의 명문 규정에 의하여 보호받는 법률상 이익, 당해 처분의 근거 법규에 의하여 보호되지는 아니하나 당해 처분의 행정목적을 달성하기 위한 일련의 단계적인 관련 처분들의 근거 법규에 의하여 명시적으로 보호받는 법률상 이익, 당해 처분의 근거 법규 또는 관련 법규에서 명시적으로 당해 이익을 보호하는 명문의 규정이 없더라도 근거 법규 및 관련 법규의 합리적 해석상 그 법규에서 행정청을 제약하는 이유가 순수한 공익의 보호만이 아닌 개별적·직접적·구체적 이익을 보호하는 취지가 포함되어 있다고 해석되는 경우"로 정의하는 유형

나. 종래의 판시 유형과 새로운 유형의 등장

대법원은 부작위위법확인소송(대법원 1999. 12. 7. 선고 97누17568 판결) 등의 경우에는 법률상 이익을 판단하는 과정에서 구체적인 법률의 규정 외에 '조리'를 고려하는 듯한 태도를 보인 경우도 있었지만, 처분 등의 직접 상대방이 아닌 제3자가 처분 등의 취소를 구하는 경우에 있어서 기본적으로 1유형을 채택하고 있었던 것으로 보인다.

1유형은 그 판시 문구 자체(당해 행정처분의 '근거 법률'에 의하여 보호되는 직접적이고 구체적인 이익)를 보더라도 2유형이나 3유형에 비하여 법률상 이익의 인정 범위를 좁게 해석할 수밖에 없는 것으로 보이는데, 사견으로는, 종래 대법원은 처분 등의 직접 상대방이 아닌 제3자에 의하여 그 처분 등이 취소될 경우 처분 등의 상대방이 형성한 법률관계의 기초가 깨진다는 점을 고려하여 원고적격을 인정함에 있어서 처분 등의 직접 상대방이 소를 제기한 경우보다 다소 엄격하게 해석하려 한 것으로 보인다.

그런데, 대법원은 2004. 8. 16. 선고 2003두2175 판결에서 행정처분의 직접 상대방이 아닌 제3자가 취소소송을 제기한 경우 법률상 이익의 판단 기준에 관하여, "여기에서 말하는 법률상 보호되는 이익이라 함은 당해 처분의 근거법규 및 관련법규에 의하여 보호되는 개별적·직접적·구체적 이익이 있는 경우를 말하고, 다만 공익보호의 결과로 국민 일반이 공통적으로 가지는 일반적·간접적·추상적 이익과 같이 사실적·경제적 이해관계를 가지는데 불과한 경우는 여기에 포함되지 아니한다고 할 것이며, 또 당해 처분의 근거법규 및 관련법규에 의하여 보호되는 법률상 이익이라 함은 당해 처분의 근거법규(근거법규가 다른 법규를 인용함으로 인하여 근거법규가 된 경우까지를 아울러 포함한다)의 명문규정에 의하여 보호받는 법률상 이익, 당해 처분의 근거법규에 의하여 보호되지는 아니하나 당해 처분의 행정목적을 달성하기 위한 일련의 단계적인 관련처분들의 근거법규(이하 "관련법규"라 한다)에 의하여 명시적으로 보호받는 법률상 이익, 당해 처분의 근거법규 또는 관련법규에서 명시적으로 당해 이익을 보호하는 명문의 규정이 없더라도 근거법규 및 관련법규의 합리적 해석상 그 법규에서 행정청을 제약하는 이유가 순수한 공익의 보호만이 아닌 개별적·직접적·구체적 이익을 보호하는 취지가 포함되어 있다고 해석되는 경우까지를 말한다"고 판시하였고(3유형), 그 후 대법원은 2유형이나 3유형에 해당하는 판시를 종종 보이고 있다.

다. 판시 유형별 분석

대법원이 제3자의 법률상 이익에 대하여 판단한 사안에 관하여 위의 유형별로 분류를 해보자면 아래와 같다.

유형	사건번호	법률상 이익 판단 기준
1유형	대법원 1999. 10. 12. 선고 99두6026 판결	처분의 근거 법률인 구 자동차운수사업법 및 같은 법 시행령, 시행규칙을 기준으로 판단하여 법률상 이익을 인정함.
	대법원 1999. 12. 7. 선고 97두12556 판결	처분의 근거 법률인 구 건축법을 기준으로 판단하여 법률상 이익을 인정함.
	대법원 2002. 8. 23. 선고 2002추61 판결	원고가 중앙해양안전심판재결의 이해관계인임을 주장하며 그 재결의 취소를 구하는 소를 제기하였지만, 처분의 근거 법률인 해양사고의조사및심판에관한법률을 기준으로 판단하여 법률상 이익을 부정함.
	대법원 2006. 7. 28. 선고 2004두6716 판결	처분의 근거 법률인 구 오수·분뇨 및 축산폐수의 처리에 관한 법률 및 같은 법 시행령을 기준으로 판단하여 법률상 이익을 인정함
	대법원 2010. 5. 13. 선고 2009두19168 판결	처분의 근거 법률인 구 임대주택법을 기준으로 법률상 이익을 인정함.
2유형	대법원 2005. 5. 12. 선고 2004두14229 판결	구 폐기물처리시설촉진및주변지역지원등에관한법률 및 같은 법 시행령뿐만 아니라 환경영향평가법도 해당 처분의 근거 법규라 보고 법률상 이익의 판단 기준으로 삼아 법률상 이익을 인정하는 취지로 원심을 파기함.
	대법원 2006. 3. 16. 선고 2006두330 전원합의체 판결	구 공유수면매립법, 구 농촌근대화촉진법, 구 환경보전법 및 같은 법 시행령의 각 규정의 해석을 통해 법률상 이익(주민 개개인의 환경상 이익)이 도출될 수 있음을 인정함. 단, 환경영향평가지역 밖의 주민에 대해서는 환경상 이익 침해나 침해 우려를 입증해야 법률상 이익을 인정할 수 있다고 보면서, 원고들의 경우 그 입증이 되지 않았다는 이유로 법률상 이익을 부정함. 한편, 헌법상 환경권에 기초하여 법률상 이익을 인정해야 한다는 원고들의 주장은 배척됨.
	대법원 2006. 12. 22. 선고 2006두14001 판결	처분의 근거 법규인 중소기업창업지원법, 산업집적활성화 및 공장설립에 관한 법률 외 구 환경정책기본법 및 같은 법 시행령, 국토의 계획

		및 이용에 관한 법률도 관련 법규로 보아 이에 따라 법률상 이익을 도출함.
	대법원 2008. 3. 27. 선고 2007두23811 판결	처분의 근거 법규인 구 담배사업법, 같은 법 시행령 및 시행규칙에 명시적으로 개별적·직접적·구체적 이익을 보호하는 규정은 없었으나, 해석을 통해 법률상 이익을 도출함.
	대법원 2010. 4. 15. 선고 2007두16127 판결	처분의 근거 법규인 구 산업집적 활성화 및 공장설립에 관한 법률 외 국토의 계획 및 이용에 관한 법률 및 같은 법 시행령도 관련 법규로 보고 그 해석을 통해 법률상 이익을 도출함.
3유형	대법원 2004. 8. 16. 선고 2003두2175 판결	처분의 직접 근거 법규인 구 도시계획법 및 구 도시교통정비촉진법에 의해서만 법률상 이익 유무를 판단하여 법률상 이익을 부정하였고, 원고들이 주장한 구 환경영향평가법은 관련 법규에 해당하지 않는다고 판단함.
	대법원 2013. 9. 12. 선고 2011두33044 판결	처분의 직접 근거 법규인 사립학교법상 명시적으로 원고의 법률상 이익이 인정된다고 볼 수 없는 사안에서 규정의 해석을 통해 법률상 이익을 도출함.

한편, 위 내용에서 보다시피, 2유형에서도 처분의 직접 근거 법규나 관련 법규 그 자체가 아니라 근거 법규나 관련 법규의 개별 규정의 해석을 통해 법률상 이익을 도출해 낸 판결들이 있다는 점에서 2유형과 3유형은 실질적으로 큰 차이가 없는 것으로도 볼 수 있다.

그럼에도 불구하고 이 글에서 2유형과 3유형을 별도로 분류한 것은, 이 사건과 관련하여 원심은 2유형을 채택하면서도 원고들의 법률상 이익을 부정하였지만, 이와 달리 대상판결은 3유형을 채택하면서 헌법상 기본권까지 개입시켜 적극적으로 원고들의 법률상 이익을 도출하였기 때문이다(단, 대상판결은 헌법상 기본권을 보호규범에 바로 포섭한 것이 아니라 관련 법규를 포섭함에 있어서 헌법상 기본권의 개념을 연결고리로 사용한 것으로 보인다). 사견으로는, 대상판결이 3유형의 판시를 제3자의 법률상 이익의 범위를 기존에 비하여 더욱 확장하는데 이용한 것으로 보이는데, 이는 기존의 2유형을 채택한 판결들과는 유의미한 차이가 있다고 생각하여 3유형을 2유형과 별개의 유형으로 분류하였다.

1, 2, 3유형의 분류는 다소 작위적인 것으로 볼 수도 있겠지만, 이 사건의 제1심과 원심, 대상판결은 원고들의 법률상 이익을 판단함에 있어서 각각 1, 2,

3유형의 판시를 채택하였고, 이러한 분류는 이 사건에서, 제1심과 원심, 대상판결을 거치며 법률상 이익의 인정 근거가 점차 확장된 것을 이해하는데 도움이 될 것으로 생각된다.

아래에서는 제1심과 원심, 대상판결 순으로 각 판결이 법률상 이익을 판단한 기준을 구체적으로 살펴보도록 하겠다.

Ⅲ. 이 사건에 대한 심급별 판시 내용의 분석

이 사건의 핵심은 A대학교 교수협의회, 총학생회, 전국노동조합 A대학교지부[8]가 교육부장관의 A학원 이사 및 임시이사 선임 처분(이 사건 처분)을 다툴 법률상 이익이 있는지 여부이다.

1. 제1심

제1심은 법률상 이익에 관한 판단의 전제로 "행정소송법 제12조에서 말하는 '법률상 이익'이란 당해 행정처분의 근거 법률에 의하여 보호되는 직접적이고 구체적인 이익을 말하고, 당해 행정처분과 관련하여 간접적이거나 사실적·경제적 이해관계를 가지는 데 불과한 경우는 여기에 포함되지 않으나, 행정처분의 직접 상대방이 아닌 제3자라고 하더라도 당해 행정처분으로 인하여 법률상 보호되는 이익을 침해당한 경우에는 취소소송을 제기하여 그 당부의 판단을 받을 자격이 있다(2010. 5. 13. 선고 2009두19168 판결)"라고 판시하며 제1유형을 채택하였다.

제1심은 이 사건 처분은 교육부(피고)가 임시이사 운영체제인 A학원을 정상화하여 정이사 운영체제로 전환하는 처분이라고 보면서, 이 사건 처분의 근거 법률인 사립학교법 및 그 시행령 중 이와 관련된 규정은 시행령 제9조의 6 제3항(조정위원회는 심의에 필요하다고 인정하는 때에는 해당 학교법인 및 학교의 임직원, 그 밖의 이해관계인 등으로부터 의견을 청취할 수 있다)밖에 없다고 보았다. 또한, 위 시행령 규정은 이 사건 처분의 절차 중 일부에 관한 것일 뿐만 아니라

---

8) A학원 개방이사추천위원회가 독자적인 실체를 가지는 사단으로서 당사자능력을 가지는지 여부는 행정소송법 제12조 전문의 법률상 이익과는 무관한 부분이므로 논의 범위에서 제외하였다. 한편, A대학교 총장은 항소를, A대학교 총동문회는 상고를 각각 취하하였다.

임의규정에 불과하므로 이를 근거로 원고들의 법률상 이익이 도출된다고 볼 수 없다고 판단하였다.

즉, 제1심은 처분의 근거 법률(사립학교법 및 같은 법 시행령)에서 직접적으로 제3자의 직접적·구체적 이익을 보호하는 규정이 존재하지 않는다면 제3자의 법률상 이익이 인정될 수 없다고 본 것으로 제1유형의 판시 문언에 그대로 부합하는 판단을 한 것으로 보인다.

2. 원   심

항소심인 원심은 법률상 이익에 관한 판단의 전제로 "행정소송법 제12조에서의 법률상 이익이란 당해 처분의 근거 법규 또는 관련 법규에 의하여 보호되는 개별적·직접적·구체적 이익이 있는 경우를 말하고, 공익보호의 결과로 국민 일반이 공통적으로 가지는 일반적·간접적·추상적 이익이 생기는 경우는 포함되지 않는다(대법원 2006. 3. 16. 선고 2006두330 전원합의체 판결)"라고 판시하며 제2유형을 채택하였다.

한편, 원심은 사립학교법 시행령 제9조의 6 제3항이 이해관계인의 의견 청취 절차를 규정하고 있다고 하더라도 이는 임의적 절차에 불과하여 이를 거치지 않더라도 절차상 어떠한 위법이 있는 것이 아니기 때문에 위 규정이 '의견진술권'과 같은 개별적·직접적·구체적 이익을 보호하는 규정이 아니라고 판단하였고, 사립학교법 제25조 제1항이 각호에 규정된 경우에 있어서의 이해관계인의 임시이사선임청구권을 규정하고 있으며 이로 인하여 원고들에게 임시이사해임청구권이 발생하는 것이라고 하더라도 이미 선행처분으로 임시이사가 해임된 상태에서 다시 이사선임처분이 이루어지는 이 사안의 경우 원고들의 임시이사해임청구권이 침해되는 것이라고 볼 수 없다고 보았다.

또한, 원심은 교육기본법이 학생에게 학습권(제3조), 교원에게 교육의 자주성과 전문성(제5조 제1항), 교직원, 학생, 학부모 및 지역 주민에게 학교운영 참여권(법 제5조 제2항), 학교의 공공성(제9조 제2항)을 보장하고 있다고 하더라도, 이는 '학교법인'의 운영이 아닌 '학교'의 운영과 학문의 자유에 관한 것이므로, 학교법인을 운영하는 이사 선임에 관한 이 사건 처분으로 인하여 원고들의 위와 같은 권리나 이익이 침해되는 것이라고 볼 수 있는 것은 아니라고 보았다(즉, 원심은 학교법인의 운영과 학교의 운영을 별개의 것으로 본 것으로 판단된다). 그 밖에 원고들은 헌법에 근거한 법률상 이익(재판청구권)도 주장한 것으로 보이는데, 원심은 이에 대하여는 명시적인 판단을 하지 않았다.

결국 원심은 이 사건 처분의 근거 법규인 사립학교법 및 그 시행령과 관련 법규인 교육기본법이 이사선임에 관한 원고들의 구체적인 법률상 이익을 보호하고 있는 것은 아니라고 보았고, 그 규정들의 해석에 의해서도 그것이 도출될 수는 없다고 본 것이다.

3. 대상판결

대상판결은 법률상 이익에 관한 판단의 전제로 "여기에서 말하는 법률상 보호되는 이익은 당해 처분의 근거 법규 및 관련 법규에 의하여 보호되는 개별적·직접적·구체적 이익이 있는 경우를 말하고, 공익보호의 결과로 국민 일반이 공통적으로 가지는 일반적·간접적·추상적 이익과 같이 사실적·경제적 이해관계를 갖는 데 불과한 경우는 여기에 포함되지 아니한다. 또 당해 처분의 근거 법규 및 관련 법규에 의하여 보호되는 법률상 이익은 당해 처분의 근거 법규의 명문 규정에 의하여 보호받는 법률상 이익, 당해 처분의 근거 법규에 의하여 보호되지는 아니하나 당해 처분의 행정목적을 달성하기 위한 일련의 단계적인 관련 처분들의 근거 법규에 의하여 명시적으로 보호받는 법률상 이익, 당해 처분의 근거 법규 또는 관련 법규에서 명시적으로 당해 이익을 보호하는 명문의 규정이 없더라도 근거 법규 및 관련 법규의 합리적 해석상 그 법규에서 행정청을 제약하는 이유가 순수한 공익의 보호만이 아닌 개별적·직접적·구체적 이익을 보호하는 취지가 포함되어 있다고 해석되는 경우까지를 말한다(대법원 2013. 9. 12. 선고 2011두33044 판결)"라고 판시하며 제3유형을 채택하였다.

대상판결은 구체적인 판단 과정에 있어서, 학교법인의 이사회가 제 기능을 하지 못할 그 경우 그 피해는 학교법인 그 자체뿐만 아니라 학생, 교직원, 학부모 등 학교의 구성원 모두에게도 돌아가게 되고, 궁극적으로 학생들의 교육받을 권리가 침해당하게 되므로, 구 사립학교법(2011. 4. 12. 법률 제10580호로 개정되기 전의 것)이 임시이사제도에 관한 내용(제25조 제1항은 이해관계인의 임시이사선임청구권을 규정하고 있고, 같은 법 제25조의 3은 임시이사가 선임된 학교의 정상화절차에 관하여 규정하고 있음)을 규정하고 있는 것은 학생들의 교육받을 권리가 침해되는 것을 방지하기 위한 취지(헌법재판소 2009. 4. 30. 선고 2005헌바101 전원재판부 결정)라고 판시하였다.

또한, 대상판결은, 구 사립학교법 제14조, 구 사립학교법 시행령(2011. 6. 9. 대통령령 제22971호로 개정되기 전의 것), A학원 정관에 따를 때, A학원은, 교원, 직원, 학생 중 각각 구성단위를 대표할 수 있는 자로 구성되는 대학평의원회가 그 위원을 추천할 수 있는 개방이사추천위원회가 추천한 인사들로 그 정원의 1/4 에 해당하는 이사를 선임해야 하는데, 사적자치를 누리는 민법상 재단법인의 일종인 학교법인이 위와 같이 구 사립학교법 및 같은 법 시행령, 학교법인의 정관으로 이사선임권을 제약받고 있는 것은 교직원, 학생 등의 학교운영에 참여할 권리를 보장하기 위한 것이라고 보았다(헌법재판소 2013. 11. 28. 선고 2007헌마1189 전원재판부 결정 참조). 그리고, 대학의 자율성은 법률이 정하는 바에 의하여 보장된다는 헌법 제31조 제4항의 해석상 교원뿐만 아니라 대학의 구성원인 직원과 학생도 대학자치의 주체가 될 수 있는데(헌법재판소 2006. 4. 27. 선고 2005헌마1047 전원재판부 결정 참조), 위 구 사립학교법 및 같은 법 시행령은 같은 취지에서 규정된 것이라고 보았다.

더 나아가 대상판결은, 구 고등교육법(2011. 7. 21. 법률 제10866호로 개정되기 전의 것) 제6조가 학교의 장에게 학칙 제정 또는 개정에 관한 권한을 부여하고 있고, 같은 법 제19조가 사립학교의 조직에 관한 기본적 사항을 학교법인의 정관 및 학칙으로 정하도록 하고 있는 점, 그에 따라 학칙에 정하여야 할 사항을 규정하고 있는 구 고등교육법시행령(2012. 1. 6. 대통령령 제23485호로 개정되기 전의 것) 제4조 제1항이 학생회(제10호)와 대학평의원회 및 교수회(제16호)를 학칙에 규정할 사항으로 정하고 있는 것 또한 원고들의 법률상 이익을 인정할 근거로 보았다.

4. 종합적 검토

이 사건에 관하여 제1심, 원심, 대상판결은 행정소송법 제12조의 법률상 이익(원고적격)에 관한 논의를 펼치기 위한 전제로서 1, 2, 3유형의 기존 대법원 판결을 각각 원용하며 법률상 이익의 인정 근거를 점점 더 확대해 가며 판단한 경향을 보였다.

먼저 제1심은 이 사건 처분의 직접적인 근거 법률인 사립학교법(제25조 제1항, 제1조) 및 그 시행령(제9조의 6)에 관한 해석만을 토대로 판단하였고, 위 법률 및 시행령이 원고들의 법률상 이익을 보호하는 것으로 볼 수는 없다고 판단하였다.

한편, 원심은 사립학교법(제25조 제1항) 및 동법 시행령(제9조의 6) 외에 헌법 및 교육기본법(제3조, 제5조, 제9조)까지도 관련 법규로서 판단 범주에 포섭하였으나, 해당 규정들에 의하여 이 사건 처분의 취소를 구할 원고들의 법률상 이익이 도출될 수는 없다고 보았다.

그런데, 대상판결은 이 사건 처분의 근거 법규인 사립학교법 및 동법 시행령 외에, 교육기본법(제5조), 고등교육법(제6조, 제19조), 동법 시행령(제4조), A학원 정관에 대해서도, 이러한 규정들이 헌법 제31조 제4항의 이념을 구체화하는 규정이라는 전제 하에 관련 법규에 포섭하였고, 각 규정들간의 연결고리를 만들어 가면서 원고 A대학교 교수협의회, A대학교 총학생회의 법률상 이익을 도출해 내었다.

즉, 대상판결은 이 사건 처분의 근거 법규인 사립학교법 제25조에서 조정위원회의 심의를 거쳐 임시이사를 선임하도록 하는 것이 교육권침해를 방지하는데 그 의의가 있다고 보면서, 헌법 제31조 제4항이 보장하고 있는 교육의 자주성을 연결고리로 교육기본법을 관련 법규에 포섭하였고, 같은 법 제5조 제2항이 규정하고 있는 교직원 및 학생의 학교에 대한 운영참여권을, (구)사립학교법 제14조 제3항이 규정하고 있는 개방이사추천위원회의 이사 추천권, 같은 조 제4항이 규정하고 있는 대학평의원회의 개방이사추천위원회 위원 추천권, 같은 법 제26조의 2 제2항, 같은 법 시행령 제10조의 6 제1항 및 제3항에 규정된 대학평의원회의 구성에 관한 기준(교원, 직원 및 학생), 대학평의원회의 구체적 구성 및 운영에 관하여 규정하고 있는 A학원의 정관과 연결시키면서, 사립학교법령과 A학원의 정관이 개방이사의 선임에 관한 규정을 둔 취지를 교원, 직원, 학생의 학교운영 참여권 보장에 있다고 보았다. 또한, 헌법 제31조 제4항이 규정한 대학의 자율성 또한 직원 및 학생도 대학평의원회 구성 주체가 된다는 (구)사립학교법령의 근거로 해석하였다. 대상판결은 여기서 더 나아가 (구)고등교육법 제6조 및 제19조에서 학칙에 대한 근거를 두고, 같은 법 시행령 제10조에서 학생회나 교수회를 학칙에 기재해야 할 사항으로 규정하고 있다는 점을 근거로 (구)고등교육법령이 학생회, 교수회의 법률상 이익을 보호하기 위한 것으로 해석하였다.

앞서 3유형으로 분류한 대법원 2013. 9. 12. 선고 2011두33044 판결은 "당
해 처분의 근거 법규 또는 관련 법규에서 명시적으로 당해 이익을 보호하는 명
문의 규정이 없더라도 근거 법규 및 관련 법규의 합리적 해석상 그 법규에서 행
정청을 제약하는 이유가 순수한 공익의 보호만이 아닌 개별적·직접적·구체적
이익을 보호하는 취지가 포함되어 있다고 해석되는 경우"에도 법률상 이익이
있다고 보았는데, 이 사건에서 대상판결은 이러한 일련의 판단을 거쳐, 이 사건
처분의 근거 법규인 사립학교법 및 같은 법 시행령 또는 관련 법규인 교육기본
법, 고등교육법 및 같은 법 시행령에 명시적으로 교수협의회나 총학생회의 이
익을 보호하는 명문의 규정이 없더라도, 근거 법규 및 관련 법규의 합리적 해석
상 그 법규에서 행정청을 제약(개방이사추천위원회의 이사 추천권)하는 이유가 학
교 운영의 민주성, 투명성, 공공성이라는 순수한 공익의 보호만이 아닌 개별적·
직접적·구체적 이익으로서 구성원의 학교 운영참여권을 보호하는 취지가 있다
고 해석한 것으로 보인다.

Ⅳ. 헌법상 기본권이 그 자체로 법률상 이익을 인정할 수 있는 근거가 될 수 있는지에 대한 검토

1. 행정소송법 제12조 전문의 '법률상 이익'의 의미에 대한 견해 중 통설
과 판례는 법률상 보호 이익설을 취하고 있는데, 법률상 보호 이익설을 주장
하는 학자들 중 상당수는 보호규범의 범위에 처분의 직접적인 근거 법규와 관
련 법규 외에 헌법상 기본권까지 포함해야 한다는 입장을 취하고 있는 것으로
보인다.

2. 한편, 보호할 가치 있는 이익 구제설을 지지하는 견해에서는 법률상 보
호 이익설에 대하여 다음과 같은 비판을 한다.

"법률상 이익의 문언상 의미상 '법률'은 의회가 헌법에 근거하여 입법하는
구체적 규범을 의미하는 것으로 헌법은 여기에서의 '법률'에 포함될 수는 없으
므로, 이를 포함하는 것은 법률상 보호 이익설과 보호할 가치 있는 이익 구제설
이 사실상 다를 바 없어지는 결론이 된다. 또한, 법률상 보호 이익설의 본래적
의미에 집중할 경우 개별 법률에서 사익보호성의 근거를 찾아야 하는데, 의회
입법 과정이나 절차에 비추어 볼 때 입법 과정에서 해당 법률의 사익보호성까

지 검토하여 입법이 이루어지는 것을 기대하기 어렵고, 결국은 법원의 사후적인 해석을 통해 해당 법률에서 사익보호성을 끌어내야 하는데 거기에는 한계가 있을 수밖에 없으므로, 결과적으로 법률상 보호 이익설에 따를 때 국민의 권익을 충분히 보장할 수 없게 된다."[9)

즉, 이는 법률상 보호 이익설에 따르면 헌법상 기본권 개념을 법률상 이익을 인정할 수 있는 근거에 포함시킬 수 없으므로, 보호할 가치 있는 이익 구제설이 타당하다는 의미일 것인데, 결국 보호규범의 범위에 헌법상 기본권 개념을 포함시켜야 한다는 취지에서는 법률상 보호 이익설을 취하는 입장 중 다수의 견해와 동일하다.

3. 다만, 대법원은 기본권 그 자체로부터 법률상 이익을 인정할 수 있다는 견해에 대해서는 부정적인 입장인 것으로 보인다. 앞서 언급한 대법원 2006. 3. 16. 선고 2006두330 전원합의체 판결은 헌법상 환경권에 기초하여 법률상 이익을 인정해야 한다는 원고들의 주장을 배척한 바 있다[다만, 대법원 2012. 6. 28. 선고 2010두2005 판결은 법인인 수녀원은 쾌적한 환경에서 생활할 수 있는 이익을 향수할 주체가 아니고, 위 수녀원이 처분으로 인하여 재산적 피해를 받거나 받을 우려가 있다는 점을 증명하지 못하였다는 이유로 원고적격을 부정하였는데, 위 판결은 재산권과 같은 구체적 기본권이 침해될 경우 근거 법규와 관련 법규의 규정 취지와 무관하게 원고적격을 인정할 수 있는 것으로 해석될 가능성도 있어 보이지만(이렇게 해석할 경우, 대법원이 "법률에 의하여 구체화되어야 하는 추상적 기본권이 침해된 경우에는 원고적격을 인정할 수 없지만, 구체적 기본권이 침해된 경우에는 원고적격을 인정할 수 있다"는 견해[10)를 취한 것으로 볼 여지가 있다), 아직까지 대법원이 기본권 침해를 이유로 직접 원고적격을 인정한 사례는 없는 것으로 보인다].

대상 판결 역시 헌법상 학생들의 교육받을 권리와 교수들의 학문의 자유로부터 직접 법률상 이익을 인정한 것이 아니고 이러한 권리를 구체화한 관련 법규를 근거로 법률상 이익을 인정한 것으로 보인다.

4. 법률상 보호 이익설의 본래의 의미에 비추어 볼 때, 기본권으로부터 직접 법률상 이익을 인정할 수 없을 것이라는 위 비판 자체는 타당하다 생각한다. 대법원 역시 행정소송법 제12조의 '법률상 이익'이라는 문구의 한계상 기본권으

---

9) 이상천, 전게논문, 245-248면.
10) 박균성, 행정법론(상), 제11판(박영사, 2012), 1064면.

로부터 직접 법률상 이익을 인정하는 데는 소극적인 자세를 취하고 있는 것이 아닌가 한다. 사견으로도 행정소송법 제12조의 법문상 기본권으로부터 직접 법률상 이익을 인정하기는 어렵다고 생각한다.

다만, 이미 오래 전부터 원고적격의 확대과 관련된 행정소송법 개정에 대한 논의가 있어 왔고, 최근의 개정안 제12조는 원고적격을 확대할 수 있는 방향으로 마련된 것으로 보인다. 행정소송법 제12조 개정안의 의미에 대해서는 항을 바꾸어 살펴보도록 하겠다.

V. 개정안 제12조의 의의 및 그 해석 방향에 대한 검토

1. 법무부는 2013. 3. 행정소송법 개정안에 대하여 입법예고하였다.[11] 개정안 제12조 전문은 "취소소송은 처분등의 취소를 구할 법적 이익이 있는 자가 제기할 수 있다"고 규정하고 있다. 즉, 기존의 '법률상 이익'이라는 문구를 '법적 이익'으로 개정한 것이다.

먼저 이와 같은 개정이 구체적으로 어떠한 차이를 가져올 수 있는지를 살펴보겠다.

2. 앞서 살펴본 바와 같이, 현행법 제12조의 법률상 이익에서 '법률'은 문언 해석상 국회입법을 통해 제정되는 법률로 해석함이 타당해 보인다. 그렇다면, 법률상 이익의 개념에 헌법상 기본권을 직접 끌어들이는 것은 문언 해석상으로는 다소 무리한 것으로 생각된다.[12]

행정소송법 개정안 마련 과정에서, 다수의 견해는 '법률상 이익'의 개념은 협소하여 오늘날의 복잡한 행정현실에서 국민의 권익을 충분하게 보호할 수 없을 뿐만 아니라, 근거 법률 이외에도 헌법, 관련 법률, 판례법, 관습법 등에서 보호하는 이익도 고려되어야 하며, 판례 역시 근거 법률뿐만 아니라 관련 법률에서 보호하는 이익을 원고적격에 포함시키고 있는 점을 반영하여 원고적격을 '법적 이익'으로 변경할 것을 주장하였다고 하고, 반면 반대 견해는 현행 '법률상 이익'의 개념은 불확정개념으로서 충분하게 확대해석의 여지가 있고, 판례의 추세가 원고적격을 점진적으로 확대하는 방향에 있으며, '법적 이익'이라는 표

---

11) 2014. 6. 이에 대한 법제처의 심사가 이루어졌으나, 그 후속 절차는 진행되지 않고 있다.
12) 같은 취지로 이상천, 전게논문, 245-248면.

현도 법원의 해석을 통하여 보충되어야 한다는 이유로 현행규정을 존치하자는 입장을 취하였다고 한다.13) 즉, 행정소송법 개정 작업에 관여한 다수의 실무자 및 학자들이 헌법에 의하여 보호되는 이익, 즉 헌법상 기본권을 원고적격을 이끌어 낼 근거로 삼기 위해서는 행정소송법 제12조 전문의 '법률상 이익'을 '법적 이익'으로 개정할 필요가 있다고 보았고, 그 결과 행정소송법 제12조 전문의 '법률상 이익'이 '법적 이익'으로 개정되는 것으로 귀결되었다는 것이다.

이는 역으로 생각할 때, 다수의 실무자와 학자들은 (헌법상 기본권을 법률상 이익의 개념에 포섭해야 한다고 주장하면서도) 현행 행정소송법 제12조 전문으로는 헌법상 기본권을 직접적인 근거로 하여 원고적격을 이끌어 내기는 어렵다고 판단하고 있었던 것으로 볼 수 있다.

즉, 다수의 견해에 따를 때, 개정안과 같이 '법적 이익'으로 원고적격 유무를 판단한다면, 헌법상 기본권을 직접적인 근거로 하여 원고적격을 도출할 수 있게 될 것으로 보인다.

3. 한편, 개정안이 적용될 경우 항고소송에서의 원고가 기본권 침해를 주장하기만 하면 바로 원고적격이 인정될 수 있을 것인지가 문제될 수 있다.

대법원의 기존 태도는 근거 법규 및 관련 법규의 해석을 통해 사익보호성이 도출될 경우 원고적격을 인정하는 것이었다. 그런데, 기본권 자체를 통해 사익보호성을 도출해 낼 경우 처분의 근거 법규나 관련 법규에 해당 기본권 보호의 취지가 내재되어 있는지(즉, 근거 법규와 관련 법규와 해당 기본권 사이의 견련성이 존재하는지)를 별도로 요구할 필요는 없을 것이다(요구한다면 결국 개정 전과 달라질 바가 없기 때문이다).

그렇다면, 기본권 침해를 주장만 하면 모두 원고적격이 인정될 수 있을까? 예컨대, 처분의 근거 법규나 관련 법규상으로는 제3자가 주장하는 기본권에 대한 보호의 취지를 도출할 수 없음에도, 제3자가 기본권의 침해를 주장하며 처분의 취소를 구하는 경우에도 무조건 원고적격이 인정될 것인가? 그렇다고 보기는 어려울 것이다. 개정안의 '법적 이익'의 개념에 기본권이 포함될 수 있다고 하더라도 처분 등과 기본권 침해 사이의 견련성은 여전히 필요할 것이기 때문에, 처분 등이 직접 그 기본권을 침해할 우려가 없는 경우까지 원고적격을 인정

---

13) 정하중, "행정소송법 개정 논의경과", 행정소송법 개정안 공청회 자료집(법무부, 2012), 7면.

하기는 어려울 것이다.

행정소송법 제12조의 문구가 '법적 이익'으로 개정된 이후, 향후 위와 같은 사안에서 법원이 원고적격을 구체적으로 어떠한 방식을 통해 인정할 것인지는 현재로서는 알 수 없는 것이지만, 대법원은 환경영향평가 대상지역 밖의 주민들이 처분으로 인하여 환경상 이익을 침해당하였음을 주장하며 처분의 취소를 구할 경우 원고적격을 인정하는 방식과 유사한 방식으로 원고적격 유무를 판단할 수도 있을 것으로 생각된다.

즉, 대법원은 환경영향평가 대상지역 밖의 주민은 해당 처분으로 인하여 그 처분 전과 비교하여 수인한도를 넘는 환경피해를 받거나 받을 우려가 있다는 점을 입증함으로써 원고적격을 인정받을 수 있다고 판시하고 있는데(대법원 2006. 3. 16. 선고 2006두330 판결 등 참조), 처분의 근거 법규와 관련 법규의 해석상 처분의 취소를 구하는 제3자의 기본권 보호 취지를 인정할 수 없는 경우에는, 제3자가 해당 처분으로 인하여 그 기본권의 침해를 당하였거나 당할 우려가 있다는 점을 입증함으로써 원고적격을 인정받을 수도 있지 않을까 한다(미국의 연방대법원은 Massachusetts v. Environmental Protection Agency Case에서 원고가 ① 구체적이고 개별적이고 실제적 또는 임박한 피해, ② 피해와 피고 행위 사이의 인과 관계, ③ 승소판결이 피해를 구제할 수 있다는 개연성을 증명할 경우 원고적격을 인정할 수 있다고 보았다고 하는데,[14] 이는 일응 위 방식과 유사한 면이 있다. 대법원은 환경영향평가 대상지역 밖의 주민들의 원고적격을 인정하는 방식을 구성함에 있어서 위 Massachusetts v. Environmental Protection Agency Case를 참고하였을 수도 있을 것으로 추측된다).

Ⅵ. 대상판결의 평석

1. 대상판결의 판시 취지에 찬성한다.
2. 현행 행정소송법은 항고소송의 원고적격을 처분 등의 취소를 구할 '법률상 이익'이 있는 자에게 인정하고 있다.

'법률상 이익'의 개념에 대하여 개별 법률의 차원을 넘어 기본권과 헌법을 포함한 법질서 전체에서 정당화될 수 있는 이익으로 해석하는 것이 학설상 다

14) 김경수, "법인에게 환경상 이익의 침해를 이유로 한 행정소송을 제기할 원고적격이 인정될 수 있는지 여부", 대법원판례해설 제91호(2012 상반기)(법원도서관, 2011).

수설이었으나, 실무상 법원은 '법률상' 이익이라고 하는 문구의 제한을 받아 헌법상 기본권이나 전체 법질서를 근거로 하여 원고적격을 판단하지 아니하고 구체적인 '법률'이나 지방자치단체의 조례나 규칙 등까지도 판단의 근거로 인용하여 왔다.[15] 즉, 기존 실무상 법원은 행정소송법 제12조의 '법률상 이익'을 현행 법률 또는 그 하위 규범에 근거하여 해석하여 온 것으로 보인다.

3. 앞서 언급한 바와 같이, 대상판결 외에 대법원 2004. 8. 16. 선고 2003두2175 판결과 대법원 2013. 9. 12. 선고 2011두33044 판결도 3유형을 채택한 바 있다.

그런데, 대법원 2004. 8. 16. 선고 2003두2175 판결은 구체적인 판단에 있어서 해당 처분의 직접적인 근거 법률 이외 다른 법규에 대해서는 관련 법규에 해당하지 않는다고 판단하였고, 대법원 2013. 9. 12. 선고 2011두33044 판결 역시 당해 처분의 직접적인 근거 법률 그 자체에 대한 해석만으로 법률상 이익을 끌어냈을 뿐이다.

그리고, 대법원 2006. 3. 16. 선고 2006두330 전원합의체 판결(2유형)은 헌법상 환경권에 기초하여 법률상 이익을 인정해야 한다는 원고들의 주장에 대해서는 배척한 바 있다.

기존 대법원 판례들은 당해 처분의 직접적인 근거 법규가 아닌 관련 법규에 의하여 보호되는 개별적·구체적 이익이나, 그에 대한 합리적 해석상 도출되는 개별적·구체적 이익도 행정소송법 제12조 전문의 법률상 이익으로 인정하면서도, 여기서 특정 법규가 처분의 관련 법규에 포섭되는 기준이 무엇인지에 대해서는 구체적으로 언급을 하지 않았다.

그런데, 대상 판결의 경우 헌법상 교육의 자주성을 매개체로 하여 교직원 및 학생의 학교 운영참여권에 대하여 규정한 교육기본법을 관련 법규에 포섭하였고, 헌법상 교육받을 권리를 근거로 학칙에서 학생회 및 교수회를 규정하도록 하고 있는 고등교육법령을 학생회나 교수회의 법률상 이익을 보호하기 위한 규정으로 해석하였다. 즉, 헌법상 기본권이나 기본이념 등에 의하여 처분의 직접적 근거 법규와 연결되는 법규를 관련 법규로 본 것이다.

헌법상 기본권에 관한 규정은 개념 자체가 광범위하므로, 이를 매개체로

---

15) 박정훈, "원고적격·의무이행소송·화해권고결정", 행정소송법 개정안 공청회 자료집(법무부, 2012), 18면.

하여 어떤 법규정을 법률상 이익의 인정근거인 '관련 법규'로 끌어들인다면, 해당 법규정에 대하여 처분의 직접적인 근거 법률과의 관련성을 쉽게 인정할 수 있게 될 것이고, 이 경우 항고소송에서 제3자의 법률상 이익을 긍정할 수 있는 범위가 크게 확대될 수 있을 것이다.

기존 판례상으로도 "당해 처분의 근거 법규 또는 관련 법규에서 명시적으로 당해 이익을 보호하는 명문의 규정이 없더라도 근거 법규 및 관련 법규의 합리적 해석상 그 법규에서 행정청을 제약하는 이유가 순수한 공익의 보호만이 아닌 개별적·직접적·구체적 이익을 보호하는 취지가 포함되어 있다고 해석되는 경우"까지 법률상 이익을 인정할 수 있는 것이지만, 대상판결과 같이 근거 법규 및 관련 법규를 통한 법률상 이익의 해석 과정에 헌법상 기본권까지 개입시킬 경우 법률상 이익과 당해 처분의 직접적인 근거 법규와의 견련성을 약화시킬 수 있어서 법률상 이익의 인정범위를 더욱 확장할 수 있다.

대상판결은 헌법상 기본권 그 자체만으로 원고들의 법률상 이익을 긍정한 것은 아니지만, 헌법상 기본권을 매개로 관련 법규의 범위를 확장함으로써 사실상 헌법상 기본권을 근거로 법률상 이익을 인정할 여지를 만들었다(실제로 대상판결은 헌법상 기본권에 해당하는 학생의 교육받을 권리와 교수의 학문적 자유를 매개로 하여 '학생회'와 '교수회'에 관한 사항을 학칙으로 정하도록 규정하고 있는 교육기본법 시행령 규정을 원고들의 법률상 이익을 인정할 관련 법규에 포섭시켰다).

대법원은 헌법상 기본권 그 자체를 직접적인 근거로 하여 법률상 이익을 인정하는 것에 관해서는 부정적인 태도를 견지해 온 것으로 보인다. 그렇기 때문에 행정소송법 개정안은, 헌법상 기본권 개념을 직접적인 근거로 하여 원고적격을 인정할 수 있도록 하기 위하여 '법률상 이익'을 '법적 이익'이라는 문구로 변경한 것이다(이 경우 소송실무상 관련 법규를 찾고, 해당 법규에서 사익보호성을 도출할 수 있는지를 해석하는 작업을 대폭 간이화할 수 있을 것이다).

대상판결은 헌법상 기본권 내지 헌법상 원리를 통해 처분의 관련 법규를 확장하였고, 이를 통해 헌법상 기본권을 직접적인 근거로 하지 않고서도 상당 부분 원고적격을 확장하는 결과를 이끌어 낸 것으로 보인다. 이는 원고적격의 확장에 관한 요청을 지속적으로 수용해온 대법원의 그간의 방향에도 부합하는 것이고, 원고적격의 확장에 관하여 행정소송법 개정이 수년간 논의되어 오던 상황에도 부합하는 결론으로 보인다.

대법원이 구체적 법규로부터 개별적·직접적·구체적 이익이 도출되지 아니하는 경우 원고적격(법률상 이익)을 인정하는데 소극적인 태도를 취해 왔던 것은, 행정소송법 제12조 전단의 법문(법률상 이익)상의 제한 때문이었던 것으로 보인다. 그런데, 대상판결은 헌법상 기본권이나 헌법상 원리를 법률상 이익을 인정할 직접적인 근거로 채용하지는 아니하였지만, 이를 관련 법규를 확장하는 매개로 사용함으로써 실질적으로는 헌법상 기본권이나 헌법상 원리를 법률상 이익을 인정할 직접적 근거로 채용한 것에 가까운 결과를 도출하였다. 즉, 이는 원고적격 인정에 관한 기존 태도에 비하여 한 걸음 더 나아간 것으로 볼 수 있다.

4. 한편, 대상판결이 원심과 달리 원고 A대학교 교수협의회와 원고 A대학교 총학생회의 법률상 이익을 인정한 것은 이들에게 학교법인의 운영에 참여할 권리를 인정하였기 때문이다.

민법상 재단법인의 일종인 학교법인과 학교법인 소유의 영조물인 학교는 별개의 존재라는 점에서, 대상판결에 대해서는 학교법인의 운영과 학교의 운영을 구별하지 아니한 채 학교운영에 관한 규정들과 학교법인의 운영에 관한 규정들을 뒤섞어 판단함으로써 위 원고들의 법률상 이익을 인정한 것이라는 비판이 있을 수도 있다(원심은 이러한 입장이었던 것으로 보인다).

그러나, 학교법인의 목적과 의의는 그 소유 영조물인 학교의 운영에 있는 것이다. 따라서, 학교법인의 운영과 학교의 운영을 완전히 별개로 보아야 한다는 주장에 대해서는, 오히려 '그러한 주장은 학교 구성원의 학교법인 운영에의 참여를 차단하자는 것으로 학교법인의 공공성 및 사립학교법 등 교육 관련 법령의 기본적인 취지에 어긋나는 것일 뿐만 아니라, 학교법인의 운영이 정상적으로 이루어지지 않을 경우 그 피해는 학교의 구성원들에게 돌아가게 된다는 점을 도외시한 것'이라는 비판이 가능할 것이다.

따라서, 대상판결이 원고들의 학교운영 참여권을 직접 인정하는 근거로 삼은 교육기본법 제5조 제2항 역시 학교법인 운영 참여에 관한 것과 관련성이 있는 규정으로 봄이 타당할 것이다.

한편, 학교법인 이사회 구성에 관한 사립학교법 제14조, 제26조의 2, 사립학교법 시행령 제10조의 6이 교원, 직원, 학생들의 의사를 반영하여 구성하는 대학평의원회가 개방이사추천위원회 위원의 1/2를 추천하고, 학교법인의 이사 중 1/4은 개방이사추천위원회에서 추천한 인사 중 선임하도록 규정하고 있는 것은, 학교법인의 이사회 구성에 있어서 교원이나 학생의 의사도 일정 부분 반영되도록 하는 취지일 것이다. 따라서, 이 규정들을 통해 교원이나 학생 개개인은 이 사건 처분에 관한 법률상 이익을 인정받을 수 있을 것인데, 교원들과 학생들이 각각 자주적인 의사결정을 통해 구성한 단체인 교수회 및 학생회가 관련 법규(교육기본법 시행령)에 근거를 두고 있는 단체인 이상 원고 A대학교 교수협의회와 원고 A대학교 총학생회에 대하여 원고적격을 인정한 대상판결의 결론은 타당하다.

5. 행정소송법 개정안과 같이 행정소송법 개정이 이루어진다면 헌법상 기본권을 직접 근거로 하여 원고적격이 더욱 넓게 인정될 수도 있을 것이지만, 대상판결은 관련 법규의 범위를 헌법상 기본권과 헌법상 원리를 통해 확장함으로써 행정소송법의 개정 전에 원고적격을 보다 더 넓게 인정하였다는 점에서 의의가 있다.

● 참고문헌

[단행본]

서울고등법원 재판실무개선위원회, 행정소송실무편람, 제2판(서울고등법원 재판실무개
　　선위원회, 2002)

박정훈, 행정법연구 2 ― 행정소송의 구조와 기능, (박영사, 2006)

박균성, 행정법론(상), 제11판(박영사, 2012)

[논문]

이상천, "법률상 이익 개념의 한계", 외법논집 제34권 제1호, (한국외국어대학교 법학연
　　구소, 2010)

최선웅, "행정소송에서의 원고적격: 기존 4개 학설의 의의를 중심으로", 행정법연구 제
　　22호(행정법이론실무학회, 2008. 12.)

김경수, "법인에게 환경상 이익의 침해를 이유로 한 행정소송을 제기할 원고적격이 인
　　정될 수 있는지 여부", 대법원판례해설 제91호(2012 상반기)(법원도서관, 2011)

박정훈, "원고적격·의무이행소송·화해권고결정", 행정소송법 개정안 공청회 자료집(법
　　무부, 2012)

정하중, "행정소송법 개정 논의경과", 행정소송법 개정안 공청회 자료집(법무부, 2012)

소급입법에 의한 공무원연금 급여제한처분의 한계

곽상현, 양선미

[요 지]

공무원연금법상 급여제한처분 관련 규정에 관한 헌법재판소의 헌법불합치결정이 있었다. 그런데 위 결정에서 정한 시한이 만료되어 법률의 공백이 있는 상황에서 공무원의 퇴직급여의 일부 감액 사유가 발생하였고, 그 이후 개정법률의 입법이 이루어진 후에 그에 기한 행정청의 급여제한처분이 내려진 사안이 있었다. 그 후 개정법률의 소급적용을 허용하는 취지의 부칙규정이 위헌이라는 헌법재판소의 결정이 있었는데, 대법원은 위 급여제한처분이 적법하다고 판단하였다.

이와 관련하여 대법원의 판단이 기존의 헌법불합치결정 및 이후의 위헌결정과의 관계에서 정당한 것인지, 소급입법에 관한 기존의 판례 법리 및 헌법재판소의 입장과 모순되는 것은 아닌지 검토할 가치가 있다.

또한 대법원의 판단에는 퇴직연금수급권의 계속적 급부로서의 성격 및 이행기의 도래 여부 등이 고려되었는데, 그렇다면 제한되는 권리의 종류에 따라 법률불소급원칙의 적용 양상이 달라지는 것인지, 그리고 그 적용의 예외의 한계는 어디까지인지에 대한 검토의 초석을 마련하는 것이 이 평석[1]의 목적이다.

[주제어]
- 소급입법
- 법률불소급원칙
- 신뢰보호
- 위헌결정의 효력
- 퇴직연금수급권
- 계속적 급부

---

1) 이 평석은 행정판례연구 제20-2집에 게재된 논문을 일부 수정, 보완한 것이다.

대상판결 : 대법원 2014. 4. 24. 선고 2013두26552 판결
[공2014상, 1142]

[사실의 개요]

1. 원고는 교육과학기술부 소속 국립중앙과학관에서 국가공무원으로 재직하다가 2009. 4. 30. 명예퇴직한 자로서, 2009. 8. 11. 광주지방법원 2009고단1488 폭력행위등처벌에관한법률위반등 사건에서 2009. 4. 29. 09:30.경 피해자를 쇠정으로 협박하고 약 2주간의 상해를 입힌 공소사실로 징역 6월에 집행유예 2년의 판결을 선고받았고, 2009. 8. 19. 위 판결이 확정되었다.

2. 한편 헌법재판소는 2007. 3. 29. 구 공무원연금법(2009. 12. 31. 법률 제9905호로 개정되기 전의 것, 이하 "구 공무원연금법" 또는 "구법"이라 한다) 제64조 제1항 제1호[2]에 대한 위헌소원 사건에서 "공무원연금법 제64조 제1항 제1호(1995. 12. 29. 법률 제5117호로 개정된 이후의 것)는 헌법에 합치되지 아니한다. 위 법률 조항은 2008. 12. 31.을 시한으로 입법자가 개정할 때까지 그 효력을 지속한다"라는 헌법불합치결정(헌법재판소 2007. 3. 29.자 2005헌바33 결정, 이하 "이 사건 헌법불합치결정"이라 한다)을 하였다.

그런데 이 사건 헌법불합치결정에서 정한 입법시간이 경과하도록 해당 조항에 대한 개선입법이 이루어지지 않았고, 피고(공무원연금공단)는 원고에게 구 공무원연금법 제64조 제1항 제1호의 급여제한규정을 적용하지 않고 2009. 5.부터 같은 해 12.까지에 해당하는 퇴직연금 16,504,000원 및 퇴직수당 53,418,960원을 전액 지급하였다.

3. 이 사건 헌법불합치결정에 따라 구 공무원연금법이 2009. 12. 31. 법률 제9905호로 개정(이하 "개정 공무원연금법" 또는 "신법"이라 한다)되었고, 개정 공

---

2) 구 공무원연금법 제64조(형벌 등에 따른 급여의 제한)
① 공무원 또는 공무원이었던 자가 다음 각 호의 1에 해당하는 경우에는 대통령령이 정하는 바에 의하여 퇴직급여 및 퇴직수당의 일부를 감액하여 지급한다. 이 경우 퇴직급여액은 이미 납부한 기여금의 총액에 민법의 규정에 의한 이자를 가산한 금액 이하로 감액할 수 없다.
1. 재직 중의 사유로 금고 이상의 형을 받은 경우

무원연금법 제64조 제1항 제1호3)는 기존의 규정에서 '직무와 관련이 없는 과실로 인한 경우 및 소속상관의 정당한 직무상의 명령에 따르다가 과실로 인한 경우'는 급여 제한 사유에서 제외하였다. 한편 개정 공무원연금법 부칙 제1조는 "이 법은 공포한 날이 속하는 달의 다음달 1일부터 시행한다. 다만, 제64조의 개정규정은 2009. 1. 1.부터 적용한다"고 규정하고 있었고, 부칙 제7조 제1항은 "이 법 시행 전에 지급사유가 발생한 급여의 지급은 종전의 규정에 따른다. 다만, 제47조 제2항의 개정규정은 이 법 시행 전에 급여의 사유가 발생한 자에 대하여도 적용하고, 제64조의 개정규정은 2009. 1. 1. 전의 퇴직연금·조기퇴직연금수급자가 2009. 1. 1. 이후에 받는 퇴직연금·조기퇴직연금 및 2009. 1. 1. 이후에 지급의 사유가 발생한 퇴직급여 및 퇴직수당의 지급에 대하여도 적용한다"고 규정되어 있다.

　　이에 피고는 개정 공무원연금법 제64조 제1항 제1호 및 부칙 규정에 의거하여 2010. 1. 29. 원고에 대하여 2009. 5.부터 2009. 12.까지 전액 지급하였던 퇴직연금 중 2분의 1에 해당하는 8,252,000원, 퇴직수당 중 2분의 1에 해당하는 26,709,480원의 환수처분(이하 "이 사건 환수처분"이라 한다) 및 2010. 1.부터 퇴직연금을 2분의 1로 감액하여 지급한다는 내용의 급여제한처분(이하 "이 사건 처분"이라 한다)을 하였고, 원고는 2010. 8. 30. 이 사건 처분의 취소를 구하는 소를 제기하였다.

　　4. 원고는 제1심 소송계속 중 개정 공무원연금법 제64조 제1항 제1호, 부칙 제1조 단서 및 부칙 제7조 제1항에 대하여 위헌법률심판제청신청을 하였으나 서울행정법원으로부터 기각 결정을 받고 2011. 2. 16. 헌법재판소 2011헌바36호로 헌법소원 심판을 청구하였다. 위 사건에서 헌법재판소는 2013. 8. 29. 개정 공무원연금법 제64조 제1항 제1호에 대하여는 합헌결정을, 부칙 제1조 단서 및 부칙 제7조 제1항 단서 후단(이하 통칭하여 "이 사건 부칙단서"라 한다)에 대하여는

---

3) 개정 공무원연금법 제64조(형벌 등에 따른 급여의 제한)
　① 공무원 또는 공무원이었던 자가 다음 각 호의 어느 하나에 해당하는 경우에는 대통령령이 정하는 바에 의하여 퇴직급여 및 퇴직수당의 일부를 감액하여 지급한다. 이 경우 퇴직급여액은 이미 납부한 기여금의 총액에 민법의 규정에 의한 이자를 가산한 금액 이하로 감액할 수 없다.
　1. 재직 중의 사유로 금고 이상의 형을 받은 경우(직무와 관련이 없는 과실로 인한 경우 및 소속상관의 정당한 직무상의 명령에 따르다가 과실로 인한 경우는 제외한다)

위헌결정(이하 "이 사건 위헌결정"이라 한다)을 하였다.

5. 피고는 이 사건 위헌결정이 선고된 후 2013. 11. 5. 이 사건 환수처분을 취소하고 환수하였던 30,835,480원에 이자를 가산하여 원고에게 반환하였다.

[시간의 순서에 따른 사실관계]

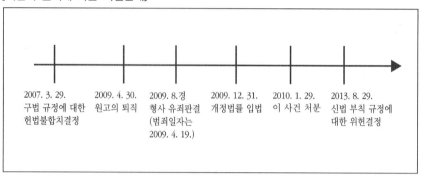

2007. 3. 29.
구법 규정에 대한
헌법불합치결정

2009. 4. 30.
원고의 퇴직

2009. 8.경
형사 유죄판결
(범죄일자는
2009. 4. 19.)

2009. 12. 31.
개정법률 입법

2010. 1. 29.
이 사건 처분

2013. 8. 29.
신법 부칙 규정에
대한 위헌결정

[소송의 경과]

제1심 판결은 이 사건 위헌결정이 있기 전에 선고되었는데, 제1심은 어떠한 법률조항에 대하여 헌법재판소가 헌법불합치결정을 하여 그 법률조항을 합헌적으로 개정 또는 폐지하는 임무를 입법자의 형성 재량에 맡긴 이상, 그 개선입법의 소급적용 여부와 소급적용의 범위는 원칙적으로 입법자의 재량에 달렸다고 보아, 구법 제64조의 규정을 소급적으로 적용하도록 한 이 사건 부칙단서가 소급입법에 의한 재산권박탈에 해당한다고 보기 어렵다는 이유 등으로 이 사건 처분이 적법하다고 판단하였다.[4]

원심은 이 사건 소 중 이미 직권 취소된 이 사건 환수처분의 취소청구 부분은 소의 이익이 없어 부적법하다고 하여 각하하였다. 다음으로 원심은 위헌결정의 효력은 위헌제청을 한 당해사건에 대하여는 소급적으로 적용되므로 신법 제64조의 소급적용을 규정한 이 사건 부칙단서가 위헌으로 돌아간 이상, 이 사건에는 "개정 법 시행 전에 지급사유가 발생한 급여의 지급은 종전의 규정에 따른다"고 규정한 신법 부칙 제7조 제1항 본문이 적용될 수 있을 뿐이라고 전제하고, 위 부칙 조항 본문의 '종전의 규정'이란 퇴직연금의 경우 그 지급사유가 발생한 때인 공무원의 퇴직일 당시에 적용되는 규정을 의미하는데, 원고의 퇴

---

4) 서울행정법원 2011. 1. 6. 선고 2010구합34217 판결.

직일인 2009. 4. 30. 당시는 구 공무원연금법 제64조 제1항 제1호가 이 사건 헌법불합치결정에 따라 2009. 1. 1.부터 효력을 상실한 상태이면서 개정 공무원연금법 제64조 제1항 제1호가 시행되기 전이므로, 원고의 퇴직연금에 관하여는 구법 및 신법 제64조 제1항 제1호의 급여제한규정이 적용될 수 없으므로, 이 사건 처분은 법률의 근거가 없는 것으로서 위법하다고 판단하여, 제1심 판결을 취소하고 원고의 청구를 인용하였다.5)

그러나 대법원은 원심 판결을 파기하고 이를 서울고등법원으로 환송하였다.

[판결의 요지 - 파기환송]

[1] 행정처분은 근거 법령이 개정된 경우에도 경과규정에서 달리 정함이 없는 한 처분 당시 시행되는 법령과 그에 정한 기준에 의하는 것이 원칙이다. 개정 법령이 기존의 사실 또는 법률관계를 적용대상으로 하면서 국민의 재산권과 관련하여 종전보다 불리한 법률효과를 규정하고 있는 경우에도 그러한 사실 또는 법률관계가 개정 법령이 시행되기 이전에 이미 완성 또는 종결된 것이 아니라면 개정 법령을 적용하는 것이 헌법상 금지되는 소급입법에 의한 재산권 침해라고 할 수는 없다. 다만 개정 전 법령의 존속에 대한 국민의 신뢰가 개정 법령의 적용에 관한 공익상의 요구보다 더 보호가치가 있다고 인정되는 경우에 그러한 국민의 신뢰를 보호하기 위하여 적용이 제한될 수 있는 여지가 있을 따름이다.

법령불소급의 원칙은 법령의 효력발생 전에 완성된 요건 사실에 대하여 당해 법령을 적용할 수 없다는 의미일 뿐, 계속 중인 사실이나 그 이후에 발생한 요건 사실에 대한 법령적용까지를 제한하는 것은 아니다.

[2] 공무원연금법에 의한 퇴직연금수급권은 기초가 되는 퇴직이라는 급여의 사유가 발생함으로써 성립하지만, 내용은 급부의무자의 일회성 이행행위에 의하여 만족되는 것이 아니고 일정기간 계속적으로 이행기가 도래하는 계속적 급부를 목적으로 하는 것이다.

[3] 공무원연금공단이 공무원으로 재직하다가 명예퇴직한 후 재직 중의 범죄사실로 징역형의 집행유예를 선고받고 확정된 甲에게 헌법재판소의 헌법불합치결정에 따라 개정된 공무원연금법 시행 직후 퇴직연금 급여제한처분을 하였

5) 서울고등법원 2013. 11. 22. 선고 2011누5157 판결.

고, 위 처분에 대한 취소소송 계속 중 다시 헌법재판소가 신법의 시행일 및 경과조치에 관한 부칙 규정에 대하여 위헌결정을 한 사안에서, 위 처분은 퇴직연금수급권의 기초가 되는 급여의 사유가 이미 발생한 후에 그 퇴직연금수급권을 대상으로 하지만, 이미 발생하여 이행기에 도달한 퇴직연금수급권의 내용을 변경함이 없이 장래 이행기가 도래하는 퇴직연금수급권의 내용만을 변경하는 것에 불과하여, 이미 완성 또는 종료된 과거 사실 또는 법률관계에 새로운 법률을 소급적으로 적용하여 과거를 법적으로 새로이 평가하는 것이 아니므로 소급입법에 의한 재산권 침해가 될 수 없고, 위 헌법불합치 결정에 따라 개선입법이 이루어질 것을 충분히 예상할 수 있으므로 개선입법 후 비로소 이행기가 도래하는 퇴직연금수급권에 대해서까지 급여제한처분이 없으리라는 신뢰가 합리적이고 정당한 것이라고 보기 어려워 甲의 신뢰보호를 위하여 신법의 적용을 제한할 여지가 없음에도, 신법 시행 전에 지급사유가 발생한 퇴직연금수급권에 관해서는 신법 시행 이후에 이행기가 도래하는 부분의 급여에 대하여도 지급을 제한할 수 없다고 보아 위 처분이 위법하다고 본 원심판결에 법리오해의 위법이 있다.

[연 구]

I. 문제의 제기

대상판결은 법률불소급원칙의 관점, 그리고 신뢰보호의 원칙이라는 2단계로 이 사건 처분의 적법성 여부를 판단하였다. 그런데 법률불소급원칙과 관련하여 이 사건 위헌결정(헌법재판소 2013. 8. 29.자 2010헌바36 결정)은 소급입법금지원칙에 위배된다는 이유로 이 사건 부칙조항이 위헌이라고 판단한 반면, 대상판결은 동일한 원칙에 기하여 마치 이 사건 부칙조항이 유효한 것처럼 급여제한 관련 규정을 적용한 이 사건 처분이 적법하다고 판단하였다. 이에 동일한 원칙에 대하여 헌법재판소와 대법원의 판단 사이에 모순이 있는 것은 아닌지 문제된다.

또한 대상판결은 법률불소급의 원칙을 적용함에 있어 주로 퇴직연금수급권의 계속적 급부로서의 성격 등을 고려하였는데, 그렇다면 법률불소급의 원칙 내지 소급입법금지원칙과 관련하여 제한되는 권리 또는 재산권의 종류에 따라 위 원칙의 적용 양상이 달라지는 것인지 검토해 볼 수 있다.

이 평석에서는 법률불소급의 원칙에 대하여 먼저 개관한 뒤, 위 쟁점을 순차로 검토하고 대상판결의 의미를 살펴보고자 한다.

Ⅱ. 법률불소급원칙의 의의 및 내용

1. 법률불소급원칙 내지 소급입법금지원칙의 의의

법률불소급원칙은 그 법률의 효력발생 전에 완성된 요건사실에 대하여 당해 법률을 소급하여 적용할 수 없다는 원칙을 의미하고(대법원 2007. 10. 11. 선고 2005두5390 판결 참조), 우리 헌법은 소급입법 내지 법률의 소급적용에 의한 형사처벌, 참정권의 제한 또는 재산권의 박탈을 명시적으로 금지하고 있다(대한민국 헌법 제13조 제1항 및 제2항[6]).

2. 독일 및 미국에서의 논의

가. 독일의 경우

독일연방헌법재판소는 수익적 법률을 제외한 부담적 법규에 한정하여 소급법률의 허용가능성을 다루어 왔고, 1960. 5. 13. 제2부 결정에서 처음으로 법률이 사후에 개정되어 완성된 과거에 속한 구성요건에 관한 진정소급효와 아직 완성되지 아니한 사실이나 법률관계에 관한 부진정소급효를 명시적으로 구분하였다.[7] 우리 판례의 해석과 마찬가지로 독일의 경우에도 진정소급효는 원칙적으로 허용되지 않는 데에 반하여 부진정소급효는 원칙적으로 허용된다는 점에서 개념상 구별의 실익이 있다.

---

6) 대한민국헌법 제13조
① 모든 국민은 행위시의 법률에 의하여 범죄를 구성하지 아니하는 행위로 소추되지 아니하며, 동일한 범죄에 대하여 거듭 처벌받지 아니한다.
② 모든 국민은 소급입법에 의하여 참정권의 제한을 받거나 재산권을 박탈당하지 아니한다.
7) 김승환, "독일과 한국의 헌법판례에 비추어 보는 법률불소급의 원칙", 헌법학연구 제13권 제3호(한국헌법학회, 2007. 9.), 319-322면.

독일 연방헌법재판소의 판례에 의하면, 진정소급효가 예외적으로 허용되는 예외사유에는 5가지가 있는데, 첫째 당사자가 과거의 법적 상황에서 이미 새로운 규정의 입법을 예견할 수 있었을 경우, 둘째 당사자의 신뢰가 아주 경미한 손해이기 때문에 그 신뢰를 보호할 가치가 적은 경우, 셋째 당해 법적 상태가 불확실하거나 혼란스러워서 특정한 법적 상태에 대한 신뢰근거가 존재하지 않는 경우, 넷째 당해 법령의 규정이 위헌이 되어 무효인 경우, 다섯째 법적 안정성 원칙 및 신뢰보호원칙과의 형량시 새로운 법률에 의해 실현하고자 하는 공공복리의 불가피한 사유가 더 우월한 경우이다.[8]

나. 미국의 경우

미국법에서 소급입법(Retroactive Law)금지원칙의 근거는 미국헌법 Section 9, Article 1, Clause 3의 사후입법규정(Ex posto facto clause)을 들고 있다.[9] 영국은 로마 시민법대전(Corpus Juris Civilis)의 "법과 관습을 선언하는 법전은 장래의 거래에 대하여 적용되어야 하고 과거의 또는 현재 재판 계속 중인 거래에 대하여 적용되도록 명문으로 규정되어 있지 않은 한 과거사실에 대하여 원용될 수 없다"는 규정을 보편적으로 받아들였고, 위 영국법을 계수한 미국법에서도 소급입법에 관한 논의는 동일한 차원에서 진행되었다. 그러다가 점차 소급입법의 개념은 비록 제정일로부터 장래에 효력을 미치는 법률이라고 하더라도 법제정일 이전에 형성된 기득권(vested right)을 박탈하는 법률을 금지하는 원칙까지도 포함하는 것으로 발전되었다. 즉, 미국법 초기에는 소급입법의 의미가 법제정시보다 시간상 앞선 '행위'에 적용되는 법률에 관한 것이라는 좁은 개념만 있었다면, 위 원칙은 점차 법제정시보다 앞서 부여 또는 형성된 '권리'에 신법이 적용되는 경우까지 포함하는 넓은 개념으로 논의가 발전한 것이다.[10]

3. 국내 판례의 형성

대법원은 일찍이 "이미 과거에 행해진 국민의 행위에 대하여 사후에 새로

---

8) 이부하, "헌법상 소급효금지의 원칙과 예외: 독일 연방헌법재판소 판례를 분석하며", 세계헌법연구 제17권 제1호(국제헌법학회, 2011), 6-10면.

9) 형사법의 경우 적법절차원칙(Due Process)이 또한 근거가 된다[황우여, "소급입법에 관한 소고", 행정판례연구 Ⅱ(한국행정판례연구회, 1996), 73면].

10) 상게논문, 73-74면.

운 공법상의 의무를 부과하거나 과거보다 가중된 의무를 규정하는 법률은 현존
법 질서에 대한 국민의 신뢰를 파괴하고, 현재의 행위에 대한 장래의 법적 효과
를 예견할 수 없게 하여 국민의 법적 지위에 불안을 초래케 한다는 점에서 법적
안정성과 예견가능성을 저해하게 되므로 법치국가 질서를 기존으로 하는 우리
헌법의 해석상 원칙적으로 금지된다고 할 것이고(헌법 제12조 제2항 참조), 국민
의 납세의무와 조세법률주의를 규정한 헌법 제36조 및 제95조를 위와 같은 법
치국가적 요청에 비추어 고찰한다면 국민에게 새로운 납세의무를 규정하는 세
법의 조항은 그 공포시행 이후에 과세요건이 발생하거나 충족되는 경우에 한하
여 적용될 수 있으며, 국가의 과세권은 납세의무자인 국민이 과세요건을 실현
하는 행위 당시의 세법규정에 의해 예상할 수 있었던 법적효과보다 불리한 처
분을 할 수 없음이 원칙이라 할 것이다"라고 천명하면서도, "다만 이러한 원칙
에 대하여는 납세의무자의 신뢰가 합리적 근거를 결여하여 이를 보호할 가치가
없는 경우, 그보다 중한 조세공평의 원칙을 실현하기 위하여 불가피한 경우 또
는 공공복리를 위하여 간절한 필요가 있는 경우에 한하여 법률로써 그 예외를
설정할 수 있다 할 것이나, 그런 경우에도 그 예외를 규정한 세법조항이 국민의
납세의무를 가중시키는 것이라면 제한적으로 엄격히 해석하여야 할 것이다. 조
세의무를 감경하는 세법조항에 대하여는 조세공평의 원칙에 어긋나지 않는 한
소급효가 허용됨이 명백하고, 과세단위가 시간적으로 정해지는 조세에 있어서
과세표준기간인 과세연도 진행 중에 세율인상 등 납세의무를 가중하는 세법의
제정이 있는 경우에는 이미 충족되지 아니한 과세요건을 대상으로 하는, 강학
상 이른바 부진정소급효의 경우이므로 그 과세연도 개시시에 소급적용이 허용
되는바(대법원 1964. 12. 15. 선고 64누93 판결 및 1970. 3. 24. 선고 70누19 판결 참조),
이것은 재정경제정책의 필요에 수시 대처할 수 있는 입법자의 판단을 존중하여
야 한다는 점에서 정당성을 갖는 것이다"라고 판시하여 부진정소급효는 원칙적
으로 허용되는 것임을 명시적으로 밝힌 바 있다(대법원 1983. 4. 26. 선고 81누423
판결).

한편 헌법재판소는 1987. 3. 17.자 88헌마1 결정에서 "과거의 사실관계 또
는 법률관계를 규율하기 위한 소급입법의 양태에는 과거에 완성된 사실 또는
법률관계를 규율의 대상으로 하는 이른바 소급효의 입법과 이미 과거에 시작하
였으나 아직 완성되지 아니하고 진행과정에 있는 사실 또는 법률관계를 규율의

대상으로 하는 이른바 부진정소급효의 입법을 상정할 수 있을 것이다"라고 하여 진정소급입법과 부진정소급입법을 개념적으로 구분하고, "전자의 경우에는 입법권자의 입법형성권보다도 당사자가 구법질서에서 기대했던 신뢰보호의 견지에서 그리고 법적 안정성을 도모하기 위해 특단의 사정이 없는 한 구법에 의하여 이미 얻은 자격 또는 권리를 입법을 하는 마당에 그대로 존중할 의무가 있다고 할 것이나, 후자의 경우에는 구법질서에 대하여 기대했던 당사자의 신뢰보호보다는 광범위한 입법권자의 입법형성권을 경시해서는 안될 일이므로 특단의 사정이 없는 한 새 입법을 하면서 구법관계 내지 구법상의 기대이익을 존중하여야 할 의무는 발생하지 않는다고 할 것이다"라고 함으로써, 진정소급효는 원칙적으로 허용되지 않으나 부진정소급효는 원칙적으로 허용되는 것임을 명시적으로 밝혔다.

그 후 헌법재판소는 1996. 2. 16.자 96헌가2 결정은 예외적으로 진정소급입법이 허용되는 특단의 사정이 있는 경우에 관하여 보다 구체적으로 설시하였는데,[11] 이러한 경우로는 "일반적으로 국민이 소급입법을 예상할 수 있었거나, 법적 상태가 불확실하고 혼란스러웠거나 하여 보호할 만한 신뢰의 이익이 적은 경우와 소급입법에 의한 당사자의 손실이 없거나 아주 경미한 경우, 그리고 신뢰보호의 요청에 우선하는 심히 중대한 공익상의 사유가 소급입법을 정당화하는 경우"가 있다. 결국 진정소급입법이 허용되는 경우는 구법에 의하여 보장된 국민의 법적 지위에 대한 신뢰가 보호할만한 가치가 없거나 지극히 적은 경우와 구법에 의한 법적 상태를 요구하는 국민의 신뢰보호이익에 비하여 소급입법

---

11) 다만 이 결정에서도 진정소급입법이 허용된다는 판단은 내려지지 않았다. 헌법재판소는 '친일반민족행위자 재산의 국가귀속에 관한 특별법 제3조 제1항 본문 등의 위헌소헌 사건'에 이르러서야 진정소급입법금지원칙의 예외를 인정하였고, 위 사건이 현재까지 진정소급입법이 예외적으로 허용된 유일한 사례이다.
위 결정에서 5인의 재판관은 "위 조항이 진정소급입법에 해당하지만, 친일재산의 취득 경위에 내포된 민족배반적 성격, 대한민국임시정부의 법통계승을 선언한 헌법 전문 등에 비추어 친일반민족행위자측으로서는 친일재산의 소급적 박탈을 충분히 예상할 수 있었고, 친일재산 환수 문제는 그 시대적 배경에 비추어 역사적으로 매우 이례적인 공동체적 과업이므로 소급입법의 합헌성을 인정한다고 하더라도 이를 계기로 진정소급입법이 빈번하게 발생할 것이라는 우려는 불식될 수 있다. 따라서 이 사건 귀속조항은 진정소급입법에 해당하나 헌법 제13조 제2항에 반하지 않는다"는 이유를 들었다(헌법재판소 2011. 3. 11.자 2007헌바141 등 결정).

을 통하여 달성하려는 공익이 매우 중대하여 현저히 우선하는 예외적인 경우로 대별된다. 이때 그러한 '공익적 필요'가 존재하는지 여부는 부진정소급입법의 경우에 적용되는 신뢰보호원칙상 비교형량되는 단순한 공익상의 사유보다 훨씬 엄격한 조건으로 심사되어야 할 것이다.[12]

그 이후로 대법원은 "소급효는 이미 과거에 완성된 사실관계를 규율의 대상으로 하는 이른바 진정소급효와 과거에 시작하였으나 완성되지 아니하고 진행과정에 있는 사실관계를 규율대상으로 하는 이른바 부진정소급효를 상정할 수 있다"고 하여 진정소급효와 부진정소급효의 개념에 대하여 헌법재판소와 일치한 표현을 사용하여 판시하였고(대법원 1989. 7. 11. 선고 87누1123), 대상판결 역시 같은 표현을 사용하고 있다.

결국 우리 법원은 법률불소급의 원칙 내지 소급입법금지원칙을 적용함에 있어서는 독일연방헌법재판소와 마찬가지로 신뢰보호, 법적 안정성, 예견가능성, 공익과의 비교형량 등의 기준에서 그 정당성을 판단하되, 사실 또는 법률관계의 완성 또는 종결 여부에 따라 진정소급효와 부진정소급효로 나누어 위 기준의 적용 정도를 달리하고 있는 입장으로 이해된다.

4. 진정소급효와 부진정소급효의 구분 기준

독일과 우리나라의 소급입법금지원칙에 대한 심사에 있어 가장 중요한 첫 발판은 진정소급효와 부진정소급효의 구분이다. 둘 중 어느 것에 해당하느냐에 따라 원칙적으로 허용되느냐 또는 원칙적으로 금지되느냐가 갈리기 때문이다. 판례에 의하면 사실 또는 법률관계의 완성 또는 종결 여부가 진정소급효와 부진정소급효의 구분 기준이 되는데, 구체적인 사안에 따라서 사실 또는 법률관계의 완결성에 대한 해석 내지 의견은 달라질 수 있으므로 경우에 따라서는 그 구분이 자의적인 것이 될 위험성이 있다.

예를 들어, 친일반민족행위자 재산의 국가귀속에 관한 특별법 제2조 등 위헌소원 사건(헌법재판소 2011. 3. 31.자 2008헌바141 등 결정)을 살펴보면, 이 사건에

---

12) 헌법재판소는 위 결정에서 "또한 진정소급입법을 헌법적으로 정당화할 수 있는 이러한 예외사유가 존재하는 여부는 특별법과 같이 신체의 자유에 대한 제한과 직결되는 등 중요한 기본권에 대한 침해를 유발하는 입법에 있어서는 더욱 엄격한 기준으로 판단하여야 할 것이다"라는 심사기준도 아울러 제시하였다(위 헌법재판소 1996. 2. 16.자 96헌가2 결정).

서는 이 사건 귀속조항에 의하여 위 특별법 시행일인 2005. 12. 19.자로 취득원
인행위시에 소급하여 친일반민족행위자 소유의 토지가 국가로 귀속된 것이 문
제되었는데, 다수의견은 이 사건 귀속조항은 진정소급입법에 해당하지만 친일
반민족행위자 측으로서는 친일재산의 소급적 박탈을 충분히 예상할 수 있었다
는 이유로 이 사건 귀속조항이 헌법 제13조 제2항에 반하지 않는다고 판단한
반면, 재판관 목영준은 헌법전문 및 반역죄에 관한 형벌규정 등에 비추어 볼 때
친일재산에는 취득 당시 반사회적 가치 내지 범죄성이 내재하고 있었고 과거사
청산절차를 밟지 못한 우리나라에서는 그 반사회성 및 범죄성이 현재까지도 지
속되고 있다고 보이므로 이 사건 귀속조항에 의한 친일재산의 국가귀속은 현재
진행중인 사실관계 또는 법률관계에 작용하는 부진정소급입법이라는 별개의견
을 제시한 바 있다. 위 사례만 살펴보더라도 진정소급입법과 부진정소급입법의
경계가 항상 명확하다고 보기는 어렵다.

　　이와 관련하여, 헌법재판소는 "소급입법을 진정·부진정으로 나누는 척도
는 개념상으로는 쉽게 구분되나 사실상 질적 구분이 아닌 양적 구분으로, 단순
히 법기술적 차원으로 이루어질 가능성이 있으므로 이와 같은 구분의 기분에
관하여 이견이 있을 수 있다"고 판시하면서, 사실 또는 법률관계가 이미 완성되
었는지 여부 외에도 '최종적인 평가가 내려진 사태에 대한 새로운 법적 평가가
있었는지 여부'를 진정·부진정소급입법의 추가적인 구분 기준으로 제시한 바
있다(헌법재판소 1995. 10. 26.자 94헌바12 결정).[13] 또한 독일에서도 연방헌법재판
소의 진정·부진정소급효의 구분 방법은 예견할 수 없는 것으로서 법적 안정성
에 반하므로 폐기되어야 한다는 주장이 제기되기도 하였다.[14]

　　그러나 위와 같은 진정·부진정소급효의 구분에 있어서의 문제점 및 그에
관한 논의에도 불구하고 독일에서나 우리나라에서나 헌법재판소 및 대법원의
입장이 변경되지는 않았고, 소급입법금지원칙에 관하여는 진정·부진정소급효
의 이분적 구조에서 심사하는 종래의 태도가 그대로 유지되고 있다. 이러한 구
조 하에서는 진정·부진정소급입법의 구분에 관하여 되도록 일관된 기준을 유

---

13) 최호동·정주백, "진정소급입법 금지원칙의 예외: 친일재산귀속법상 귀속조항에 관한 헌
　　재의 합헌판단에 대한 비판", 충남대학교 법학연구 제24권 제1호(충남대학교 법학연구
　　소, 2013), 163-164면.
14) 이부하, 전게논문, 70면.

지하고, 진정소급입법이 예외적으로 허용되는 경우를 엄격히 해석하여야만 소급입법금지원칙이 형해화되지 않고 법적 안정성과 신뢰보호를 기초로 하는 법치국가의 원리가 준수될 수 있을 것이다.

Ⅲ. 법률불소급원칙이 당해 사안에 일관되게 적용되었는지 여부

1. 문제의 소재

개정 공무원연금법이 이 사건 원고에게 적용되는지 여부는 결국 개정법의 부칙조항에 의하여 일차적으로 결정되는 것인데, 이 사건 위헌결정은 이 사건 부칙조항(신법 부칙 제1조 제1항 및 제7조 제1항 단서 후단)이 소급입법금지원칙에 위반된다고 판단하였으므로, 그렇다면 원고가 퇴직하고 재직 중의 행위로 형사유죄판결을 받은 것이 신법의 시행(2009. 12. 31.) 이전이었던 이 사건에 대하여는 신법이 적용될 수 없다는 결론에 이를 수 있다. 반면 대상판결의 경우 이 사건 부칙조항의 효력에 관하여 직접적으로 판단하지는 아니하였지만, 신법 발표 이전 퇴직한 자에 대하여 신법 제64조 제1항 제1호가 적용되는 것은 법률불소급원칙에 반하지 아니한다고 판단하였다. 그렇다면 헌법재판소와 대법원이 동일한 원칙을 적용하면서 다른 결론에 이른 모순이 있는 것이 아닌지 의문이 있을 수 있다.

2. 이 사건 위헌결정과 대상판결의 차이점

개정 공무원연금법 제64조 제1항 제1호가 소급적용됨으로써 원고는 2009. 1.부터 2009. 12.까지의 기간 동안에 기지급받은 퇴직연금의 일부에 대하여 환수처분을 받고, 2010. 1.부터는 지급되는 퇴직연금에 대하여는 감액 지급을 내용으로 하는 이 사건 처분을 받았다. 위 2개의 처분 중에서 피고 공무원연금공단이 소송심의 진행 중인 2013. 11. 5. 환수처분을 직권취소함으로써 이 부분 소는 각하되었고, 대상판결의 본안에서는 이 사건 처분의 법률불소급원칙의 위반 여부만이 쟁점이 되었다.

반면 헌법재판소가 이 사건 위헌결정을 내릴 당시에는 위 환수처분이 직권취소되지 않은 상황이었고, 이에 이 사건 위헌결정에서 법률불소급원칙에 따른 심리를 할 때에는 환수처분의 시점부터 고려가 되었다. 이에 따라 대상판결과

이 사건 위헌결정은 피고의 처분에 대하여 신법을 적용하는 것이 진정소급효에 해당하는지 아니면 부진정소급효에 해당하는지 그 출발점부터 다르게 되었다. 즉, 대상판결은 이 사건 처분의 대상인 2010. 1.부터 지급되는 퇴직연금수급권은 장래 이행기가 도래하는 것이므로 이미 완성 또는 종료된 사실 또는 법률관계에 대한 진정소급효가 아닌 부진정소급효에 해당한다고 보았고, 이 사건 위헌결정은 환수처분의 대상이 2009. 1.부터 2009. 12.까지 이행기가 도래하여 이미 지급 및 수령이 완료된 부분에 대한 것이므로 진정소급입법에 해당한다고 판단한 것이다. 진정소급효와 부진정소급효는 원칙적으로 허용되는지 여부와 그 심사기준이 달라지므로, 대상판결과 이 사건 위헌결정의 결론이 달라진 것은 서로 모순되는 것이 아니라 각기 다른 처분을 심사대상으로 삼아 그 처분의 시기에 관한 판단이 달라짐에 따른 당연한 결과라고 볼 수 있다.

3. 헌법재판소와 대법원의 법률불소급원칙의 해석 내지 적용 면에서의 모순 여부

만약 환수처분이 직권취소되지 않았더라면 대상판결은 본안에서 환수처분에 관하여 어떻게 판단하였을 것인가. 대상판결 역시 이 사건 위헌결정과 마찬가지로, 환수처분에 대하여 이미 완성된 사실 또는 법률관계에 해당한다고 보아 진정소급효의 관점에서 그 처분의 위법성 여부를 판단하였을 것으로 보인다.

한편 이 사건에서는 신법 제64조 제1항 제1호의 적용에 따라 환수처분 외에도 이 사건 처분(급여제한처분)이 함께 내려졌고 원고는 위 2개 처분을 모두 다투는 대상판결의 소송 계속 중에 관련 규정에 대한 위헌법률심판제청신청 및 헌법소원 심판청구를 하였는데, 이 사건 위헌결정은 환수처분에 관하여만 판단하고 이 사건 처분에 관하여는 판단을 생략하였다. 그렇다면 헌법재판소가 이 사건 처분에 관하여만 판단하였더라면 다른 결론에 이르렀을 것인가. 이에 대한 답은 부정적이다. 즉, 이 사건 위헌결정이 이 사건 처분에 관하여 심사하였더라면 대상판결과 마찬가지의 결론을 내렸을 것으로 보인다.

이는 헌법재판소의 과거 결정례에 비추어 알 수 있다. 헌법재판소는 구 공무원연금법(2007. 12. 14. 법률 제8694호로 일부 개정된 것) 제47조 제2항[15] 및 부칙

---

15) 구 공무원연금법 제47조(퇴직연금 또는 조기퇴직연금의 지급정지)
　② 퇴직연금 또는 조기퇴직연금 수급자가 연금 외의 소득세법 제19조 제2항의 규정에

제2항 단서 중 "법 제47조 제2항" 부분에 대한 헌법소원 사건(헌법재판소 2008. 2. 28.자 2005헌마872 결정)에서 공무원연금법상의 각종 급여는 기본적으로 모두 사회보장적 급여로서의 성격을 가짐과 동시에 공로보상 내지 후불임금으로서의 성격도 함께 가지는데, 퇴직연금수급권의 경우에는 직업공무원제도나 사회보험 원리에 입각한 사회보장적 급여로서의 성격이 강하므로 그 구체적인 급여의 내용, 기여금의 액수 등을 형성하는 데에 있어서 일반적인 재산권에 비하여 입법 자에게 상대적으로 보다 폭넓은 재량이 헌법상 허용된다고 볼 수 있다고 전제하고, 기존의 퇴직연금 수급자에 대하여도 소득심사제를 적용하도록 하는 심판 대상조항은 이미 발생하여 이행기에 도달한 퇴직연금수급권의 내용을 변경함이 없이 이 사건 심판대상조항 시행 이후의 법률관계, 다시 말해 장래 이행기가 도 래하는 퇴직연금수급권의 내용을 변경함에 불과하므로, 이미 종료된 과거의 사 실관계 또는 법률관계에 새로운 법률이 소급적으로 적용되어 과거를 법적으로 새로이 평가하는 진정소급입법에 해당하지 않고, 따라서 소급입법에 대한 재산 권 침해는 문제될 여지가 없다고 판단한 바 있다.

이는 대상판결의 판시 내용과 같은 것으로서 퇴직연금수급권이 해당 공무 원의 퇴직으로 이미 발생하였다고 하더라도 그것만으로 바로 개정법률의 적용 이 진정소급효에 해당하는 것은 아니고, 퇴직연금수급권의 내용상 그 이행기의 도래 여부에 따라 진정소급효인지 부진정소급효인지가 구분된다는 것이다.[16] 그러므로 이 사건 위헌결정이 이 사건 처분에 관하여 심사하였더라면 대상판결 과 동일한 결론에 이르렀을 것으로 보이고, 이 사건 위헌결정이 환수처분에 대 하여만 판시한 것은 환수처분만으로도 충분히 이 사건 부칙조항의 위헌성 여부

의한 사업소득금액(대통령령이 정하는 사업소득금액을 제외한다) 또는 같은 법 제20조 제2항의 규정에 의한 근로소득금액이 있고, 각 소득금액 또는 이를 합산한 소득금액의 월평균금액(이하 "소득월액"이라 한다)이 전년도 평균임금월액을 초과한 때에는 퇴직연 금 또는 조기퇴직연금에서 다음의 금액을 지급정지한다. 이 경우 지급정지액은 퇴직연금 또는 조기퇴직연금의 2분의 1을 초과할 수 없다.
(표 생략)

16) 또는 퇴직연금 지급사유의 발생은 기본적 채권의 발생으로 보고, 그 발생한 퇴직연금의 각 이행기가 도래한 것을 지분적 채권이 발생한 것으로 보는 견해도 가능하다. 이 경우 기본적 채권만으로는 구체적인 권리가 발생하지 않고 각별로 이행기가 도래하는 개별 퇴직연금의 지분적 채권이 발생하여야만 구체적으로 권리가 발생한 것으로 해석되어, 퇴 직연금 수급사유가 발생하였더라도 개별 퇴직연금의 지분적 채권이 발생하기 전까지는 부진정소급효로 취급될 것이다.

를 판단할 수 있었기 때문이라고 생각된다. 결론적으로 대법원과 헌법재판소는 법률불소급원칙을 적용함에 있어 상호 모순되는 입장을 보이고 있지 않고 위 원칙에 관하여 동일한 태도를 견지하고 있다.

다만 부칙 규정의 문언적 해석과 관련하여 대상판결에 다소간의 아쉬움이 남는다. 대상판결은 당해 사건으로서 이 사건 위헌결정의 소급효가 미치는데, 그렇다면 대상판결의 원심이 판시한 바와 같이 이 사건 위헌결정의 소급효에 의하여 신법 부칙 제1조 단서 및 제7조 제1항 단서는 적용되지 않고 부칙 제1조 본문 및 제7조 제1항 본문만이 적용될 수 있다. 위 부칙 제7조 제1항 본문은 "이 법 시행 전에 지급사유가 발생한 급여의 지급은 종전의 규정에 따른다"고 규정하고 있는데, 원심은 퇴직연금수급권의 지급사유는 공무원이 퇴직한 때에 발생한 것으로 보아 그 당시 시행되던 종전의 규정, 즉 급여제한에 관한 규정이 없는 법률을 적용하여야 하는 것으로 판단하였다. 이는 부칙 등 관련 규정의 문언적 해석이라는 측면에서는 일관되고 명확한 논리에 해당한다. 반면 대상판결은 일정기간 계속적으로 이행기가 도래하는 계속적 급부라는 연금수급권의 특성상 신법이 발효된 이후에 이행기가 도래하는 퇴직연금의 경우 아직 '지급사유'가 발생한 것이 아니므로 신법을 적용하더라도 소급입법에 따른 재산권 침해가 문제되지 않는 것으로 판단하였다. 결국 대상판결은 부칙 규정에 대하여 명시적인 판단을 하지는 않았지만, 결국 위 '지급사유'가 '퇴직'이라는 사실의 발생 외에 '이행기의 도래'까지도 포함하는 개념인 것으로 해석한 것으로 볼 수 있다. 대상판결이 부칙 규정의 구체적인 해석에 대하여까지 설시하였더라면 법 적용에 있어 논리적 공백 내지 의문점을 남겨두지 않았으리라는 점에서 다소 아쉬움이 있다.

Ⅳ. 제한되는 권리의 종류 및 내용에 따른 법률불소급원칙의 적용 양상

1. 문제의 소재

대상판결은 퇴직연금수급권의 계속적 급부로서의 성격 및 이행기 등에 비추어 신법의 적용이 법률불소급원칙에 위반하는 것인지를 판단하였는데, 그렇다면 제한되는 권리의 종류 및 내용에 따라 법률불소급원칙 내지 소급입법금지원칙의 적용 양상이 달라지는 것인지 문제된다.

2. 형벌불소급원칙과의 비교

형벌불소급원칙은 헌법 제13조 제1항 및 헌법 제12조 제1항의 죄형법정주의와 적법절차원칙을 아울러 그 근거로 하고 있다.[17]

이러한 형벌불소급원칙에 대하여는 죄형법정주의의 원칙상 절대적인 소급효 금지가 관철된다는 견해도 있으나,[18] 헌법재판소는 '5·18 민주화운동 등에 관한 특별법 제2조[19]에 관한 위헌제청사건'에서 이 사건 법률조항에 대한 위헌 여부를 판단하기 위하여는 먼저 이 사건 법률조항이 이미 종료된 사실관계에 관련된 것인지(이른바 진정소급효), 아니면 현재 진행 중인 사실관계에 관련된 것인지(이른바 부진정소급효)를 밝혀야 할 것이라고 판시함으로써 형벌규정에 대하여도 재산권에 관한 소급입법금지원칙과 동일한 심사기준이 적용됨을 분명히 하였다(헌법재판소 1996. 2. 10.자 96헌가2 등 결정).

그러나 위 결정의 경우 과거사가 청산되지 않은 상황에서 권위주의 시대의 반인권국가범죄에 관한 특별법에 대하여는 과거의 헌정유린을 바로 잡기 위하여 소급입법금지원칙이 적용되지 않아야 한다는 특수한 차원에서 논의가 이루어지고 있고,[20] 위 결정의 사안은 형벌조항에 관한 것일 뿐만 아니라 그 적용대상이 매우 제한적인 처분적 법률에 해당한다는 점에서 다수를 수범대상으로 하는 대상판결의 공무원연금법 관련 규정과는 구별된다고 할 것이다.[21]

---

17) 김동률, "체제범죄의 형법적 청산에 있어 형벌불소급원칙의 극복원리, 형사정책 제25권 제2호(한국형사정책학회, 2013), 166면.
   상계논문 제166면에 의하면, 독일기본법 제103조 Ⅱ 역시 "어떤 행위는 오로지 그 처벌가능성이 행위 이전에 법적으로 규정되어 있을 때에만 처벌될 수 있다"고 규정하고 있다.

18) 이부하, 전게논문, 19면.

19) 5·18 민주화운동 등에 관한 특별법 제2조(공소시효의 정지)
   ① 1979년 12월 12일과 1980년 5월 18일을 전후하여 발생한 헌정질서파괴범죄의공소시효등에관한특별법 제2조의 헌정질서파괴범죄행위에 대하여 국가의 소추권행사에 장애사유가 존재한 기간은 공소시효의 진행이 정지된 것으로 본다.
   ② 제1항에서 "국가의 소추권행사에 장애사유가 존재한 기간"이라 함은 당해 범죄행위의 종료일부터 1993년 2월 24일까지의 기간을 말한다.

20) 윤상민, "형사제재와 소급효금지의 원칙", 법학연구 제38권(한국법학회, 2010), 202면.

21) 김성수, "공무원연금 급여환수처분 및 급여제한처분의 소급효와 관련된 법적 쟁점: 대법원 2014. 4. 24. 선고 2013두26552 판결에 대한 평석", 법학연구 제25권 제2호(연세대학교 법학연구원, 2015), 309면.

따라서 형벌법규에 대하여 재산권과 동일한 심사기준이 적용되더라도 국가공권력 남용의 제한과 죄형법정주의의 원칙 등을 고려할 때 실제로 위 심사기준을 적용함에 있어서는 실질적으로 보다 엄격한 심사가 이루어져야 하고, 실무상으로도 형벌법규에 적용되는 해당 원칙의 내용은 보다 엄격한 것이라고 봄이 타당하다.

3. 퇴직연금수급권의 특수성

1960년에 도입된 공무원연금과 군인연금, 1975년 도입된 사립학교교직원연금은 제도가 성숙함에 따라 연금재정 문제에 직면하게 되었다. 1988년 도입된 국민연금 역시 재정의 재계산 과정에서 연금급여 및 보험료 수준의 조정과 관련하여 제도 가입자들의 심각한 저항에 부딪치고 있다.[22]

공무원연금제도는 공무원을 대상으로 퇴직 또는 사망과 공무로 인한 부상·질병·장애에 대하여 적절한 급여를 실시함으로써 공무원 및 그 유족의 생활안정과 복리향상에 기여하는 데에 그 목적이 있는 것으로서(공무원연금법 제1조) 위와 같은 사유의 사회적 위험이 발생한 때에 국가의 책임 아래 보험기술을 통하여 공무원의 구제를 도모하는 사회보험제도의 일종이다(헌법재판소 2003. 9. 25.자 2001헌마93 등 결정).

군인과 선거에 의하여 취임하는 공무원을 제외한 국가공무원법 및 지방공무원법에 의한 모든 공무원 등은 법률에 의하여 당연히 공무원연금에 가입되는데, 그 급여의 종류와 내용, 기여금의 액수 및 징수방법은 법률로 정하여져 있어 당사자가 선택할 수 없고, 그 각종 급여에 소요되는 비용 중 일부를 국가 또는 지방자치단체가 부담함으로써 급부와 반대급부의 균형의 원칙이 유지되지 못하며, 보험료라고 볼 수 있는 공무원의 기여금 납부가 법률에 의하여 강제되는 특성을 가지고 있다(헌법재판소 1988. 12. 24.자 96헌바73 결정). 이러한 측면에서 공적연금수급권은 민법상의 채권채무 관계와는 차이가 있는 공법적인 성격을 갖는다. 또한 공적연금수급권의 내용은 절대적인 것이 아니라 입법자가 당시의 사회경제적 상황과 필요에 의하여 조정할 수 있는 것으로 이해된다.[23]

---

22) 최재식, "공적연금의 재정문제와 기대권 조정", 사회법연구 제3호(한국사회법학회, 2004), 97면.

23) 상계논문, 104-105면.

특히 헌법재판소는 공무원연금법상 퇴직공무원의 퇴직연금·퇴직일시금·퇴직수당수급권은 모두 사회보장 수급권으로서의 성격과 아울러 재산권으로서의 성격을 가지고 있는데, 그 중 퇴직일시금 및 퇴직수당의 경우 기업의 퇴직금에 해당하는 것으로서 그 수급권은 상대적으로 후불임금 내지 재산권적 성격을 많이 띠고, 이에 비하여 퇴직연금수급권의 경우 직업공무원제도나 사회보험원리에 입각한 사회보장적 급여로서의 성격이 강하므로 그 구체적인 급여의 내용, 기여금의 액수 등을 형성하는 데에 있어 일반적인 재산권에 비하여 입법자에게 상대적으로 폭넓은 재량이 헌법상 허용되는 것임을 확인한 바 있다(헌법재판소 2000. 3. 30.자 99헌바53 등 결정; 헌법재판소 2008. 2. 28.자 2005헌마872 결정).[24]

또한 헌법재판소는 징집대상자의 범위를 변경한 개정 병역법에 대한 위헌소원 사건에서 "우리 헌법상 국방의 의무는 우리 국민의 자격을 유지하고 있는 이상 지속적으로 부담하는 것이고, 입법자는 이러한 국방의무의 내용을 법률로써 구체적으로 형성할 수 있다"는 점을 전제로 입법자가 새로운 입법을 하면서 그 시점 이후의 징집대상자의 범위를 정하는 것은 그 입법 당시를 기준으로 하여 국민들 중 군복무에 적합한 사람을 선정하는 것일 뿐이고, 과거에 시작되거나 완성된 사실관계 등을 규율대상으로 하는 것은 아니므로 이는 부진정소급입법으로서 원칙적으로 허용되는 것이라고 하여 개정 병역법 규정이 합헌이라고 결정하였는데(헌법재판소 2002. 11. 28.자 2002헌바45 결정), 이에 비추어 보면 재산권 외의 권리의 경우에도 법률불소급원칙을 적용함에 있어 '입법자에게 광범위한 입법형성권 내지 재량권을 인정할 정책적 필요성'이 상당히 고려되고 있음을 알 수 있다.

대상판결의 논리가 기존의 결정들[25]에서 보여지는 헌법재판소의 논리와 일치하고 있다는 점에서 대상판결 역시 법률불소급원칙을 적용함에 있어 인격권이 아닌 재산권, 재산권 중에서도 공적연금, 공적연금 중에서도 보다 폭넓은 입법재량이 인정되는 퇴직연금수급권이라는 특성을 고려한 것으로 이해된다. 결국 헌법재판소와 대법원에 의하면, 개정 법률에 의하여 제한되는 재산권의

---

24) 헌법재판소 2008. 2. 28.자 2005헌바872 결정; 헌법재판소 2005. 6. 30.자 2004헌바42 결정; 헌법재판소 2003. 9. 25.자 2001헌마93 등 결정 등은 계속적 급부를 목적으로 하는 퇴직연금수급권의 특성과 함께 공적연금 중에서도 입법자에게 폭넓은 재량이 인정되는 공무원 퇴직연금수급권의 특성을 아울러 설시하여 왔다.

25) 위의 주 24)에서 언급된 결정들을 말한다.

종류, 내용 및 특성에 따라 입법자에게 인정되는 입법 재량의 범위가 달라지는 것으로 이해되고, 개별 재산권의 종류 및 내용이 입법자에게 보다 넓은 재량권이 인정되는 정책적 사항에 해당할 경우 이는 직·간접적으로 법률불소급원칙의 적용 양상에도 영향을 주고 있는 것으로 보인다.

공적연금의 경우 국가재정이나 사회경제적 상황에 따라 정책적으로 변화를 줄 필요성이 많고, 현재의 고령화 추세에 비추어 보면 향후 그 변화의 필요성이 더욱 커질 공산이 크다. 기존의 연금수급자들이 재정부담의 주요 요인이 되는 공적연금의 특성상 소급입법을 하지 않고서는 제도개혁의 효과가 적어 소급입법이 불가피한 측면이 있다는 점에서 적어도 장래에 이행기가 도래하는 연금 부분에 대하여는 입법자의 정책적 결단에 따른 법률 개정과 그 소급적용이 부진정소급효에 해당한다는 기존의 헌법재판소와 대법원의 입장이 유지될 것으로 전망되고, 신뢰보호의 원칙과 관련해서도 일반 국민이 사회경제적 상황 변화에 따라 이러한 입법을 예견할 수 있었다고 인정될 가능성이 높은 것으로 사료된다.

V. 결   론

대상판결은 헌법재판소와 대법원이 오랜 기간 동안 발전·구체화시켜온 법률불소급원칙 내지 소급입법금지원칙의 심사원칙을 존중하여, 진정·부진정소급효의 개념과 기본 법리를 다시 한번 확인하였다. 결국 부진정소급입법은 그러한 입법을 하여야 할 합리적인 공익적 필요가 존재하고 그에 비하여 당사자의 보호가치 있는 정당한 신뢰가 훼손되지 않는 한 허용될 수 있는 것이다.

대상판결은 일정기간 동안 이행기가 도래하는 퇴직연금수급권의 특성을 고려하여 신법 시행 후에 이행기가 도래하고 구체적인 지급사유가 발생하는 급여 부분에 대하여는 신법을 적용하여 급여제한처분을 하더라도 이는 부진정소급효에 해당하고 그러한 처분은 적법하다고 판단하였는데, 이러한 대상판결의 입장은 기존의 소급입법에 관한 법리나 퇴직연금수급권의 특성 등에 비추어 타당한 것으로 평가된다.

● 참고문헌

김승환, "독일과 한국의 헌법판례에 비추어 보는 법률불소급의 원칙", 헌법학연구 제13 권 제3호(한국헌법학회, 2007. 9.)

이부하, "헌법상 소급효금지의 원칙과 예외: 독일 연방헌법재판소 판례를 분석하며", 세 계헌법연구 제17권 제1호(국제헌법학회, 2011)

황우여, "소급입법에 관한 소고", 행정판례연구 Ⅱ(한국행정판례연구회, 1996)

최호동·정주백, "진정소급입법 금지원칙의 예외: 친일재산귀속법상 귀속조항에 관한 헌 재의 합헌판단에 대한 비판", 충남대학교 법학연구 제24권 제1호(충남대학교 법학연구소, 2013)

김동률, "체제범죄의 형법적 청산에 있어 형벌불소급원칙의 극복원리, 형사정책 제25권 제2호(한국형사정책학회, 2013)

김성수, "공무원연금 급여환수처분 및 급여제한처분의 소급효와 관련된 법적 쟁점: 대법 원 2014. 4. 24. 선고 2013두26552 판결에 대한 평석", 법학연구 제25권 제2호 (연세대학교 법학연구원, 2015)

윤상민, "형사제재와 소급효금지의 원칙", 법학연구 제38권(한국법학회, 2010)

최재식, "공적연금의 재정문제와 기대권 조정", 사회법연구 제3호(한국사회법학회, 2004)

비트코인의 세법적 취급에 관한 검토

유럽사법재판소 2015. 10. 22. 선고 C-264/14 Skatteverket vs. David
Hedqvist 판결을 중심으로

[요 지]

유럽사법재판소는 일정한 대가를 받고 비트코인과 전통적 통화를 교환하는 행위에 대하여, 유럽연합 부가가치세 지침의 '유상의 서비스 제공'에 해당하여 부가가치세 부과 대상이 되지만, 비트코인이 순수한 지급수단으로서 통화와 유사한 기능을 수행하고 있다는 점을 고려할 때, 위와 같은 교환 행위는 위 지침 제135조 (1) (e)의 면세 조항에 해당한다고 판결하였다.

이 사건 판결은 비트코인의 법적 성격이나 취급에 관하여 일반론이나 본질에 관한 판단을 내린 것이라고 보기는 어렵고 단지 부가가치세의 영역에 한정하여 비트코인을 전통적 통화와 같게 취급해야 한다고 보았을 뿐이다. 그렇지만 이 사건 판결이 현실적인 측면에서 비트코인이 사실상 통화와 유사하게 취급될 수 있는 여건을 만들었다는 점을 부정할 수 없다.

우리나라의 경우 온라인 게임의 게임머니의 세법상 취급에 관한 판결이 있기는 하지만, 만약 비트코인의 법률상 취급이 문제될 경우 위 판결이 유의미하게 참고되기는 어려운 측면도 있다. 뿐만 아니라 비트코인의 법적 성질, 부가가치세법상의 취급, 사법적 구조의 해명 등 해결해야 할 문제들이 산적해 있다.

이 평석에서는 이 사건 판결의 정확한 내용과 의의를 살펴보고 장차 국내에서 비트코인과 관련된 문제가 발생할 때 현행법 하에서 해결되어야 할 쟁점들이 무엇인지 간단히 조망해 보기로 한다.

[주제어]

- 비트코인
- 가상통화
- 부가가치세
- 유럽사법재판소

대상판결 : 유럽사법재판소 2015. 10. 22. 선고 C-264/14
Skatteverket vs. David Hedqvist 판결[EU:C:2015:718]

[사실의 개요]

1. 사건의 당사자인 David Hedqvist는 회사(이하 "이 사건 회사"라 한다)를 설립하여 비트코인과 스웨덴 크로나[1] 사이의 교환 서비스를 제공하는 사업을 하고자 하였다.

2. David Hedqvist가 이 사건 회사를 통해 제공하려고 하였던 서비스의 개요는 아래와 같다.

- 서비스는 이 사건 회사의 웹사이트를 통해 제공된다.

- 서비스의 주요 내용은 스웨덴 크로나를 비트코인으로 혹은 비트코인을 스웨덴 크로나로 교환하는 것이다.

- 이 사건 회사는 개인이나 회사 혹은 국제적 거래 사이트로부터 직접 비트코인을 구입하고, 구입한 비트코인은 보관하거나 웹사이트를 통해 판매한다.

- 이 사건 회사는 회사의 웹사이트를 통하여 주문을 한 고객(회사 혹은 개인)에게 비트코인을 판매한다.

- 이 사건 회사가 제시한 가격(교환 비율)을 고객이 수용하고 결제를 마치면, 고객이 지정한 계좌(지갑 address)로 비트코인을 자동으로 발송한다.

- 이 사건 회사가 판매하는 비트코인은 이 사건 회사가 교환 사이트에서 직접 구입한 것일 수도 있고, 혹은 이 사건 회사가 이미 보유하고 있던 것일 수도 있다.

- 이 사건 회사가 고객에게 제시하는 가격은 특정 교환 사이트의 현재 가격을 기초로 일정 비율의 금액을 가산한 것이다. 구입 가격과 판매 가격의 차이가 이 사건 회사의 수익이다.

- 이 사건 회사는 교환 거래에 관하여 그 외에 다른 수수료는 부과하지 않는다.

- 역방향의 거래, 즉 비트코인을 스웨덴 크로나로 교환하는 경우도 위와 같

---

1) 스웨덴의 법정 통화.

은 방식으로 이루어진다.

3. David Hedqvist는 이 사건 회사를 통한 위와 같은 서비스 제공을 시작하기에 앞서, 비트코인 가상화폐의 구입과 판매에 부가가치세가 납부되어야 하는지 여부를 확인(확정)하기 위하여 Skatterättsnämnd(Revenue Law Commission)[2]의 사전적 결정을 청구하였다.

[소송의 경과]

1. David Hedqvist의 청구에 대하여, Revenue Law Commission은 2013. 10. 14.자 결정을 통해 David Hedqvist가 제공하려는 서비스는 유상의 교환 거래 서비스에 해당하지만 그 교환 서비스는 부가가치세법의 제3장 9단락 소정의 면세 대상거래라고 보았다.

2. Skatteverket(Swedish tax authority)[3]은 위 Revenue Law Commission의 결정에 불복하여 Hedqvist의 요청과 관련된 서비스는 스웨덴 부가가치세법 3장 9단락 소정의 면제 대상에 포함되지 않는다고 주장하며 Högsta förvaltnings-domstol (Supreme Administrative Court)[4]에 항소를 제기하였다.

3. 스웨덴 Supreme Administrative Court는, 매입 가격과 판매가격의 차이에 해당하는 금액의 지급에 대한 대가로 가상 통화를 전통적 통화로 혹은 그 역으로의 교환하는 거래는 유상 서비스의 제공에 해당할 수 있는데 그러한 경우에 그 거래들이 '부가가치세의 공통 체계에 관한 2006. 11. 28.자 유럽연합 이사회 지침 2006/112/EC'(이하 "부가가치세 지침"이라 한다) 제135조 (1)에 규정된 금융 서비스에 대한 면세 조항 중 하나에 해당하는지, 더 구체적으로는 당해 조항의 (d), (f)에 해당하는지의 문제가 발생한다고 보았다.

4. Supreme Administrative Court는 부가가치세 지침의 해석상 위와 같은 의문이 있으므로 절차를 중단하고 아래의 두 쟁점에 대하여 유럽사법재판소(Court of Justice of European Union)에 선결적 평결(Preliminary ruling)을 요청하기로 결정하였다.

① 부가가치세 지침 제2조 (1)의 해석상, 가상 화폐를 전통적 화폐로 혹은

---

2) 소득법제위원회. 스웨덴의 세법 해석을 담당하는 기관.
3) 스웨덴 국세청.
4) 최고 행정법원, 스웨덴에서 행정사건에 관한 최종심을 담당하는 대법원.

그 역으로 교환하는 형태의 거래로서 교환 비율이 정해지면 공급자에 의하여 일정한 대가가 부가되는 유상 거래는 유상의 서비스 제공에 해당하는가?

② 만약 그렇다면, 부가가치세 지침 제135조 (1)은 위와 같은 교환거래에 대한 부가가치세를 면제하는 것으로 해석되어야 하는가?

[판결의 요지]

부가가치세 지침 제2조 (1) (c)의 해석상, 매입 가격과 판매 가격의 차액에 상당하는 금액을 대가로 하여 전통적 통화를 비트코인으로 혹은 그 역으로 교환하는 거래는 유상의 서비스 제공에 해당한다고 해석되어야 한다.

부가가치세 지침 제135조 (1) (e)의 해석상, 위와 같은 서비스의 제공에 대하여 부가가치세가 면제되어야 하는 것으로 해석되어야 한다.

부가가치세 지침 제135조 (1) (d)와 (f)의 해석상, 위와 같은 서비스의 제공은 (d), (f) 조항의 면세 범위에는 해당하지 않는 것으로 해석되어야 한다.

[연 구]

I. 서   설

이 사건 판결이 선고되었던 당시의 비트코인 관련 언론기사들을 보면, 이 사건 판결로서 비트코인이 화폐로 인정받았고 그 영향으로 비트코인 시세가 급등하고 있다는 기사들이 많았다. 예컨대 "가상통화 비트코인이 결국 화폐로 인정받았다"는 취지의 기사,[5] "유럽연합이 비트코인을 화폐로 규정한 것이 비트코인 가격 급등에 영향을 미쳤다"는 취지의 기사,[6] "비트코인 열풍이 다시 부는 이유의 가장 큰 이유는 유럽연합의 화폐 규정이고, 이로 인해 비트코인은 유럽연합에서 화폐로서의 지위를 가지게 되었다"는 취지의 기사[7] 등을 들 수 있다.

---

5) 이투데이, 2015. 10. 23(금), "논란 많던 비트코인, 결국 화폐로 인정 … 유럽 면세 결정."
6) 서울경제, 2015. 11. 8(일), "돌아온 비트코인 … 중국 수요 늘고 EU 화폐 규정에 급등세"; 대한금융신문 2015. 11. 6. "유럽에서 화폐로 인정받은 비트코인 시세 2배 급등."
7) 미디어잇, 2015. 11. 6(금), "EU 화폐규정 소식에 비트코인 거래가 60만원 돌파."

실제로 비트코인 거래 가격은 2013년 1,038.2달러까지 상승하였으나 2014년 말 대형 비트코인 최대 거래소인 마인트곡스가 석연치 않은 이유로 파산하면서 가격이 폭락하였는데, 2015년 9월 최저점을 찍었다가(비트코인 당 약 250달러) 10월 이후 2배 이상 폭등하여 2015. 11. 가격이 500달러를 넘어서기도 하였다. 현재(2016. 7.)에도 비트코인 가격은 650달러 선에 이르고 있다.

물론, 오로지 이 사건 판결로 인해서 비트코인 가격이 급등한 것이라고 보기는 어렵고 비트코인의 가치 상승에는 여러 가지 요인들이 복합적으로 작용하고 있는 것이겠지만, 시장에서 이 사건 판결이 매우 상징적인 것으로 받아들여졌다는 점은 부정하기 어려울 것이다.

이처럼 이 사건 판결에 대하여 비트코인을 (사실상) 화폐로 인정하였다는 식으로 상징적 의미부여를 하는 경우가 많았는데, 과연 그러한지는 보다 심층적인 검토가 필요하다. 즉, 이 사건 판결의 구체적 내용을 분석하여 이 사건 판결이 갖는 정확한 법률적인 함의가 무엇인지 분석하는 것이 이 평석의 1차적 과제이다.

아울러 우리나라도 비록 그 규모가 크지는 않지만 몇몇 비트코인 거래소들이 존재하고 점차 비트코인의 거래가 활발해지고 있으며, 비트코인을 결재수단으로서 인정하는 업체들이 증가하고 있다. 따라서 우리나라에서도 이 사건과 동일한 문제들이 발생할 수 있는바, 우리나라의 현행의 법체계 하에서 이 문제를 어떻게 접근하고 해결할 수 있을지 검토가 필요하다.

이 평석에서는 이해를 돕기 위해 먼저 비트코인의 개요에 대해서 설명하고, 유럽사법재판소가 이 사건을 판단하게 된 이유에 대해서 간단히 살펴본 다음, 이 사건 판결의 정확한 내용 및 그 의의에 대해서 검토해 보고자 한다. 아울러 국내의 유사 사례를 살펴보고, 장차 비트코인과 관련된 분쟁이 발생할 때 현행법 하에서 해결되어야 할 쟁점들이 무엇인지 간단히 조망해 보기로 한다.

Ⅱ. 비트코인의 개요

1. 기본 구조

잘 알려져 있는 바와 같이, 비트코인은 나카모토 사토시(Nakamoto Satoshi)[8]

---

8) 나카모토 사토시는 가명으로서, 누구인지 정확하게 알려져 있지 않다. 개인이 아닌 특정

가 고안한 가상화폐 체계로서, 지폐나 동전과 달리 물리적인 형태가 없고 네트워크 시스템 안에서만 존재하는 디지털 가상화폐이다.

비트코인은 중앙은행과 같은 발행기관이 없는 탈집중화된 통화라는 점에 특색이 있다. 비트코인 이용자는 비트코인 거래에 참여하기 위해서 무료의 오픈소스 소프트웨어를 다운받아야 한다. 비트코인의 발행 또는 거래는 수많은 사용자로 구성된 글로벌 P2P(peer to peer) 네트워크로 행해지고, 제3의 중개기관은 필요하지 않다.

비트코인의 실체는 디지털 서명의 연쇄적인 흐름으로 설명될 수 있다. 발행기관이나 중앙의 관리자가 없음에도 불구하고 모든 거래가 '블록체인'으로 불리는 분산형 공개장부에 기록됨으로써 동일한 비트코인의 이중사용을 방지하고 거래 역사를 검증할 수 있다. 블록체인은 비트코인을 사용하는 이용자의 컴퓨터에 분산되어 있기 때문에 해킹이 사실상 불가능하고, 이러한 구조 덕분에 중앙서버나 중앙통제기관이 필요하지 않다.

비트코인은 전통적 화폐를 가지고 거래소[9]에서 구매할 수 있고, 상품이나 용역의 제공 대가로서 취득할 수도 있으며, "채굴" 절차를 통해서도 취득할 수 있다. 즉, 고도의 수학적 암호를 풀고[10] 일정 수량의 비트코인을 취득할 수 있다. 그러나 갈수록 수학적 암호를 푸는 데에 필요한 계산이 늘어나기 때문에 고성능 컴퓨터로도 상당한 시간(수년 이상)이 걸린다. 최근에는 수퍼컴퓨터 수백대를 갖춘 전문 채굴기업도 등장하고 있고, 여러 사람이 클라우드 컴퓨팅 형태로 컴퓨터의 연산 능력을 공유하여 비트코인을 채굴하고 기여도에 따라 채굴한 비

단체라는 설도 있다.

9) 비트코인 거래소는 각국의 제도나 규제의 범위 한도 내에서 자유롭게 설립되고 있다. 국내의 대표적인 거래소인 '코빗'과 '빗썸'은 통신판매업으로 신고하고 개설되어 있다. 참고로 일본의 경우 마운트곡스 파산 사태 이후 규제를 강화하는 추세에 있고, 가상통화 거래소를 개설하기 위해서 금융청에 등록하도록 하는 법안을 추진 중이라고 한다.

10) 보통 비트코인의 채굴에 대하여 '수학 문제를 푼다', '수학적 암호를 푼다'라는 표현을 쓰는데, 엄밀히 말하면 이는 수사적인 비유적 표현이다. 채굴은 개발자에 의하여 미리 프로그램되어 있는 방식에 따라 이루어지며 실제 메커니즘을 간단히 설명하자면 아래와 같다. 비트코인 네트워크 서버는 일정 시간 간격으로 새로운 블록(암호화된 해시)을 내어 주고, 채굴자(miner)는 컴퓨터의 CPU 또는 GPU, 혹은 하드웨어적으로 제작된 전문 채굴기 등을 이용하여 네트워크 상에서 무한 반복하여 암호를 풀기(맞추기) 위한 값들을 대입하다가 암호를 풀면(맞추면) 그 대가로 비트코인을 얻게 된다. 이 과정에서 가장 먼저 암호를 풀고(맞추고) 블록 생성에 성공하는 채굴자에게 일정 수량의 비트코인이 주어진다.

트코인을 나누어 갖는 방법도 등장하고 있다.

비트코인의 채굴은 시간이 지남에 따라 줄어들도록 설계되어 있고, 최대 2,100만 비트코인까지만 채굴되도록 제한되어 있다. 채굴에 필요한 장비와 전기료 등을 고려하면 채굴 작업은 그다지 경제적이지 않다고 알려져 있다. 현재의 예상으로는 2040년경 채굴이 사실상 끝날 것으로 보고 있다. 이러한 방식은 금이나 은과 같은 귀금속의 채굴 형태와 유사하기 때문에 비트코인의 '채굴'이라는 용어가 사용되고 있다. 이처럼 비트코인은 통화량의 총 한도가 정해져 있다는 점에서 각국의 중앙은행의 화폐와 다르고, 오히려 금이나 은과 같은 실물기반의 화폐와 유사한 성격을 갖는다.

비트코인 이용자들은 모두 암호화된 '지갑'(wallet)을 갖게 된다. 지갑은 공개키와 암호키 한 쌍을 가지고 있고, 공개키는 주소 역할을 하며, 암호키는 거래 승인시 전자서명에 이용된다. 이용자들은 지갑을 통해 마치 인터넷뱅킹으로 계좌이체를 하듯이 비트코인을 주고받을 수 있는데, 사실 지갑에는 잔액 등의 정보가 없고 오로지 키의 데이터가 있을 뿐이다. 거래 정보는 앞서 설명한 블록체인에 기록되는 것이고, 블록체인은 최초 채굴자의 주소부터 현재 소유자의 주소까지 모든 거래 역사에 관한 암호화 기록을 가지고 있다.

비트코인은 고유의 단위를 가지고 있는바, 이는 비트코인이 교환의 매개체로서 속성을 가질 수 있게 한다는 점에서 사실상 화폐로서 기능한다는 의미가된다. 달러, 유로 등 서로 다른 통화의 교환비율이 거래소에서 결정되듯이, 비트코인의 가격 역시 공개된 비트코인 거래소에서 결정된다. 참고로 비트코인은 소수점 8자리까지 나눠질 수 있는데, 세부적 단위는 아래와 같다.

- 1 BTC = 1 bitcoin = 1 비트코인
- 0.01 BTC = 1 cBTC = 1 centi bitcoin (bitcent) = 1 센티비트코인
- 0.001 BTC = 1 mBTC = 1 milli bitcoin (mbit 또는 milli bit) = 1 밀리비트코인
- 0.000001 BTC = 1 μ BTC = 1 micro bitcoin (ubit 또는 micro bit) = 1 마이크로비트코인
- 0.00000001 BTC = 1 satoshi = 1 사토시

2. 장점과 단점

위와 같은 특성을 가지는 비트코인은, ① 인터넷 연결만으로 편리하게 지급 및 이체를 할 수 있다는 장점, ② 중개기관이 없어서 이체시 수수료 등 거래비용이 훨씬 저렴하다는 장점, ③ 이용자의 식별번호만 있으면 이용 가능하기 때문에 높은 익명성을 가진다는 장점, ④ 발행 총액이 정해져 있기 때문에 인플레이션의 영향을 받을 가능성이 적다는 장점이 있다고 평가된다.[11]

그러나 비트코인은 ① 가격 변동폭이 너무 크다는 단점, ② 비트코인 자체에 대한 위조나 이중지급은 사실상 불가능하다고 하더라도 거래소 및 지갑의 보안 등에서 여전히 문제점이 보고되고 있어서 보안상의 문제가 있다는 단점, ③ 투기적 성향이 크고 아직 비트코인을 받는 곳이 적어서 미성숙한 통화라는 단점, ④ 공급량이 한정되어 있다 보니 공급 탄력성이 부족하고 투기적 수단으로 이용하려는 요인이 커진다는 단점, ⑤ 익명성 때문에 돈세탁과 탈세, 범죄에 악용될 우려가 높다는 단점이 있다고 평가되고 있다.[12]

3. 가상화폐의 유형 및 비트코인의 성격

한편, 비트코인 외에도 린든달러(Linden Dollar),[13] 게임머니 등 다양한 가상화폐들이 존재하고, 그 중 비트코인은 '양방향형 가상화폐 체계'(Virtual currency schemes with bidirectional flow)에 해당한다. 참고로 유럽중앙은행의 2012. 10. 보고서 'Virtual Currency Scheme'에 따르면, 가상화폐를 다음과 같이 3가지로 분류할 수 있다고 한다.[14]

---

11) 김홍기, "최근 디지털 가상화폐 거래의 법적 쟁점과 운용방안 — 비트코인 거래를 위주로 —", 증권법연구 제15권 제3호(한국증권법학회, 2014) 387-388면.

12) 상게논문, 388-392면.

13) 3차원 온라인 가상세계인 세컨드라이프(www.secondlife.com) 안에서 사용하는 전용 통화. 온라인 가상공간에서 집이나 땅을 사거나 쇼핑을 하기 위해선 린든달러가 필요하다. 린든달러는 세컨드라이프의 공식 환전소나 각종 경매 사이트를 통해 현실에서 통용되는 달러와 교환할 수 있다. 한경 경제용어사전(http://dic.hankyung.com/) 린든달러 항목 참조. 조금 더 자세한 내용은 김태오, "가상화폐의 이용현황과 시사점: Bitcoin과 Linden Dollar를 중심으로", 지급결제와 정보기술 제53호(금융결제원 2013. 7.), 50-53면 참조.

14) 본문의 그림은 보고서 15면에 있는 것을 캡쳐한 것이다.

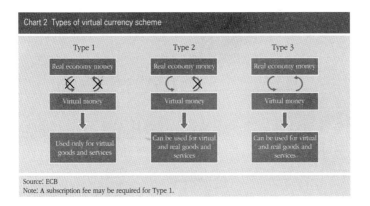

Type 1은 '폐쇄형 가상화폐 체계'(Closed virtual currency schemes)이다. 이는 현실경제와 거의 관련이 없고 흔히 게임 내 체계(in-game only scheme)로 불린다. 사용자들은 소정의 등록비를 내고 온라인에서의 활동에 따라 가상 화폐를 획득할 수 있다. 가상화폐는 오직 가상 세계 안에서 가상의 재화나 서비스 구입을 위하여 사용할 수 있고, 외부 세계에서는 거래될 수 없다. 유럽중앙은행은 그 예로서 블리자드사의 게임인 World of Warcraft의 Gold를 들 수 있다고 한다.

Type 2는 '일방향형 가상화폐 체계'(Virtual currency schemes with unidirectional flow)이다. 현실의 통화로 일정한 교환율에 따라 가상화폐를 구입할 수 있지만 다시 현실의 통화로 교환될 수는 없다. 이 유형의 가상화폐로 가상의 재화나 서비스를 구입할 수 있고, 현실의 재화와 서비스를 구입할 수 있도록 허용되는 경우도 있다. 유럽중앙은행은 그 예로서 페이스북의 크레딧, 닌텐도 포인트를 들 수 있다고 한다.

Type 3은 '양방향형 가상화폐 체계'(Virtual currency schemes with bidirectional flow)이다. 이용자는 통화와의 교환 비율에 따라 가상의 화폐를 살 수도 있고 팔 수도 있다. 이용자는 가상화폐를 이용하여 가상의 재화와 서비스는 물론 현실의 재화와 서비스를 구입할 수도 있다. 비트코인이 이 유형의 대표적인 경우에 해당한다. 비트코인 이외에 린든달러(Linden Dollar) 역시 이 유형에 해당한다.

4. 비트코인의 법적 성격 및 규제

비트코인은 새롭게 등장한 생소한 수단이고 복잡한 기술적 토대를 가지고 있기 때문에, 그 법적 성격을 어떻게 이해할 것인지, 어떠한 제도나 법령에 근거하여 어떻게 규제할 것인지 등이 매우 어렵고도 중요한 문제로 떠오르게 된다.

이 문제는 기본적으로 비트코인이 금전이나 화폐에 해당하는지, 유가증권 또는 증권에 해당하는지, 혹은 상품, 복합적 상품, 금융상품 중에서 무엇에 해당하는지 여부에 달려 있는데, 비트코인은 기존의 법률들이 상정하는 어떠한 개념에도 정확하게 일치하지 않는다는 점에서 어려움이 있다.[15]

비트코인이 금전이나 화폐에 해당하는지 여부에 대해서는 아래의 Ⅵ. 1.항에서 다루기로 한다. 비트코인이 유가증권 또는 증권인지 여부에 대하여는, 비트코인은 그 자체가 교환의 매개물이고 별도의 권리나 청구권이 화체되어 있지 않으므로, 유가증권의 속성인 '권리의 화체'와 '증권의 소지'라는 요소를 결여하고 있는바 유가증권이나 증권과는 차이가 있고, 다만 비트코인을 기초자산으로 하는 선물, 옵션 등의 파생상품거래에 대해서는 파생상품법규의 적용대상이 된다고 볼 수 있다.[16]

상품(commodoty)은 매매의 대상이 될 수 있는 유·무형의 모든 재산을 가리키고, 실질적인 내재적 가치를 가지는 것을 말하는데, 비트코인은 금을 모델로 설계된 것으로서 실물자산인 금과 매우 비슷하다. 그러나 비트코인은 교환의 매개로서의 기능만을 가지고 별도의 내재가치가 없으므로 일반적 상품과는 차이가 있다.[17]

금융투자상품이란 이익을 얻거나 손실을 회피할 목적으로 현재 또는 장래의 특정 시점에 금전, 그 밖의 재산적 가치가 있는 것을 지급하기로 약정함으로써 취득하는 권리로서 그 권리를 취득하기 위하여 지급하였거나 지급하여야 할 금전 등의 총액이 그 권리로부터 회수하였거나 회수할 수 있는 금전 등의 총액을 초과하게 될 위험이 있는 것을 말한다(자본시장법 제3조 제1항 본문). 비트코인은 지급수단의 일종이고 금융투자상품과 같이 약정에 의하여 성립하는 권리라고 보기는 어려우므로 비트코인을 증권·파생상품과 같은 금융투자상품으로 보기는 곤란하다. 다만 비트코인을 기초자산으로 하는 파생상품이나 비트코인에

---

15) 김홍기, 전게논문, 393면.
16) 김홍기, 전게논문, 395면.
17) 김홍기, 전게논문, 395면.

투자하는 펀드 등에 대해서는 자본시장법이 적용될 수 있을 것이다.[18]

이처럼 비트코인은 종래의 개념으로 포섭하기 어려운 새로운 유형의 수단이고, 해석론, 입법 혹은 정책적 결정을 통해서 법적 성격의 판단 및 법령 적용, 규제 방향에 대한 기본 틀을 확립해 나아갈 필요가 있다. 그러나 우리나라의 경우 아직까지는 비트코인에 대한 규제정책적인 방침을 마련하지 않고 있다.[19] 미국, 유럽연합, 중국, 일본 등 주요 국가에서 어떤 형태로든 비트코인의 법적 취급이나 규제에 관한 정책방향을 설정하고 논의를 거쳐 수정해 나가고 있는 것과는 대조적이다.[20]

이 평석의 주된 목적은 이 사건 판결의 정확한 의미와 그 의의를 살펴보는 데에 있으므로 비트코인의 법적 성격이나 규제 방향에 대한 모든 쟁점을 포괄하여 서술하는 것은 적절치 않은바, 이 사건 판결에 대한 분석과 연관되는 범위 내에서 아래의 Ⅵ. 1.항에서는 비트코인이 금전이나 화폐에 해당하는지 여부에 대해서 다루고, 아래의 Ⅵ. 2.항에서는 세법상, 특히 부가가치세법상의 취급에 대해서 다루고, Ⅵ. 3.항에서는 부가적으로 비트코인의 사법상 거래 구조를 어떻게 이해해야 할 것인지에 대하여 간략히 다루기로 한다.

Ⅲ. 유럽사법재판소가 이 사건을 판단하게 된 이유[21]

이 사건 판결에 관한 본격적인 논의에 앞서, 스웨덴 Supreme Administrative Court가 스웨덴의 부가가치세법에 따라 재판을 진행하다가 유럽사법재판소에 유럽연합의 부가가치세 지침의 해석에 대한 선결적 평결을 요청하게 된 이

---

18) 김홍기, 전게논문, 396면.

19) 정승영, "가상화폐의 세법상 분류와 과세 — 비트코인 사례를 중심으로 — ", 조세학술논집 제31집 제1호(한국국제조세협회, 2015) 88면에 따르면, 우리나라 정부 기타 관계 기관(기획재정부, 금융위원회, 한국은행, 금융감독원)에서는 비트코인에 대해서 기본적인 평가와 대응책으로 별도의 규제수단을 고려하지 않는다는 기초적인 방향들만 제시하고 있을 뿐이라고 한다.

20) 해외 각국의 규제 및 운영 현황에 관하여서는, 김홍기, 전게논문, 398-404면, 홍도현·김병일, "가상통화에 대한 과세문제 — 비트코인을 중심으로 — ", 조세연구 제15권 제1집(한국조세연구포럼, 2015. 4.), 121-131면; 정승영, 전게논문, 103-112면 참조.

21) 본 항의 내용은 김익현, "잠재적 결함이 있는 이식형 의료기기 관련 제조물책임에 대한 유럽사법재판소의 판단 — 유럽사법재판소 2015. 3. 5. 선고 joined cases C-503/13, C-504/13 Boston Scientific Medizintechnik 판결을 중심으로 — ", 저스티스 제152호(한국법학원, 2016. 2.), 143-145면의 내용을 이 평석의 내용에 맞게 일부 수정한 것이다.

유에 대해서 간단히 소개하고자 한다.

유럽연합 법은 일차적 연원인 조약, 이차적 연원인 규칙, 지침, 결정 등으로 구성된다. 그 중에서 지침(Directive)은 효력이나 구속력의 측면에서 독특한 점이 있다. 유럽연합 기능조약(Treaty on the Functioning of the European Union, 이하 "TFEU"라 한다) 제288조는 지침에 대하여 "지침은 이를 통하여 달성하려는 결과에 관하여 당해 지침이 발령된 회원국에 대하여 구속력이 있다. 그러나 그 결과를 달성하기 위한 형식과 방법은 회원국 국내기관이 결정한다"라고 규정하고 있다. 즉, 지침의 수범자는 회원국 국민이 아니라 회원국이고, 회원국이 지침을 국내화하는 법적 조치를 하여야 회원국 국민에게 효력이 미치게 된다. 이러한 특징 때문에, 지침은 특정 영역에 대한 회원국들의 법률을 조화시키거나 회원국들의 법률에 일정한 통일된 방향성을 가진 변경을 유도하기 위한 수단으로 흔히 사용된다.[22]

유럽연합이 추구하는 공동체적 통합에 있어서 경제통합은 가장 중요한 부분의 하나라고 할 수 있고, 경제통합을 위해서는 각 회원국의 조세원칙이 어느 정도 통합되는 것이 필수적이다. 유럽연합 공동의 부가가치세 체계를 정립하기 위한 방편으로 1967. 4. 11. 부가가치세에 관한 회원국의 법규정들의 조화를 위한 이사회의 첫 번째 지침(67/227/EWG)[FIRST COUNCIL DIRECTIVE of 11 April 1967 on the harmonisation of legislation of Member States concerning turnover taxes (67/227/EEC)]이 제정된 이후, 현재의 유럽 부가가치세 체계의 근간을 세웠다고 평가되고 있는 이른바 제6차 지침[부가가치세에 관한 회원국 법규정의 조화를 위한 이사회의 제6차 지침](77/388/EWG)[SIXTH COUNCIL DIRECTIVE of 17 May 1977 on the harmonization of the laws of the Member States relating to turnover taxes ─ Common system of value added tax: uniform basis of assessment (77/388/EEC)]을 거쳐 수많은 개정 작업 후 현재의 부가가치세 지침에 이르고 있다. 회원국들은 지침에서 정한 바에 따라 정해진 기간 내에 지침의 내용을 자국법에 반영하여야 할 의무를 부담하고, 이에 따라 회원국들은 부가가치세 지침의 내용이 반영된 부가가치세법을 시행하고 있다.

이처럼 부가가치세 지침에 따른 각 회원국의 부가가치세법이 마련되어 있

---

22) Paul Craig, Gráinne de Búrca, EU Law: Text, Cases, and Materials, Oxford University Press, 6th edition, 2015, 108면 참조.

으므로 회원국 법원에 부가가치세 관련 사건이 제기될 경우 먼저 회원국의 부가가치세법이 적용되어야 하지만, 부가가치세 지침 역시 회원국 법원의 소송 절차에서 중요한 의미를 가진다. 유럽연합 지침의 규범적 효력과 관련하여 논의되는 원칙들[23] 중 '조화로운 해석의 원칙'에 따라, 회원국 법원은 자신의 권한 범위 내에서 최대한 지침의 문언과 목적에 맞게 국내법 조항을 해석하고 적용할 의무가 있다.[24] 따라서, 회원국 법원의 소송 절차에서 회원국의 부가가치세법에 흠결이 있거나 해석상 불분명한 점이 있는 경우 일종의 상위법과 유사한 지위를 가지는 부가가치세 지침의 규정이나 해석론이 중요한 의미를 가지게 되고, 실질적인 규범력을 가지게 된다.

한편, 회원국 법원이 국내법 조항을 해석·적용함에 있어서 지침의 문언이나 목적을 참조할 때, 지침의 문언이나 목적 관련 해석에 있어서도 여전히 의문점이 있다면, 유럽사법재판소에 선결적 평결을 요청할 수 있다.

유럽사법재판소는 유럽연합 조약(Treaty on European Union, 이하 "TEU"라 한다) 제19조, TFEU 제251-281조 및 사법재판소 절차규칙(Rules of Procedure of the Court of Justice)에서 정한 사건들에 관하여 관할권을 가진다. 선결적 평결 사건은 유럽사법재판소가 관할권을 갖는 사건 중의 하나로서, 이에 관하여서는 TFEU 제267조, 사법재판소 절차규정 제93-118조에 상세히 규정되어 있다. TFEU 제267조에 의하면 유럽사법재판소는 조약들(TEU와 TFEU)[25]의 해석 및 유럽연합 기구와 기타 기관의 행위의 유효성과 해석에 대하여 의문이 제기되고 그에 관한 결정이 판결을 위해 필요한 경우, 즉 재판의 전제가 된 경우 선결적 평결을 한다. 선결적 평결 제도는 유럽연합이라는 법공동체에서 통일적인 유럽연합법의 지배를 가능하게 하는 중추적인 역할을 하고 있다.

---

23) 공동체법 우위의 원칙, 조화로운 해석의 원칙, 직접효 원칙 등. 공동체법 우위의 원칙이란, 유럽연합 법과 회원국 법이 충돌하는 경우 회원국 법의 적용은 배제되고 유럽연합법이 우선한다는 원칙이다. 조화로운 해석의 원칙이란, 회원국 법원은 지침의 문언과 목적에 맞게 국내법 조항을 해석하고 적용해야 한다는 원칙이다. 직접효 원칙이란, 회원국 법원에서 유럽연합 법을 직접 재판규범으로 주장할 수 있는지, 사인 간의 소송에서 다른 사인을 상대로 유럽연합 법을 근거로 한 청구를 할 수 있는지 등에 관한 것이다.

24) 유럽사법재판소 C-14/83 Von Colson and Kamann v Land Nordrhein- Westfalen; 유럽사법재판소 C-106/89 Marleasing v Comercial Internacional de Alimentación; 유럽사법재판소 C-397/01 Pfeiffer and Others.

25) TFEU 제1조 및 TEU 1조는 TFEU와 TEU를 조약들(Treaties)로 정의하고 있다. 보통 이 둘을 합하여 "리스본 조약"으로 통칭한다.

지침은 일반적으로 유럽연합 이사회 및 유럽 의회가 제정·채택하는 것으로서 유럽연합 기구의 행위에 해당하고, 회원국 법원에서의 소송 절차에서 조화로운 해석의 원칙 등에 따라 지침의 유효성이나 해석이 재판의 전제가 된 경우 회원국 법원은 유럽사법재판소에 선결적 평결을 요청할 수 있다.

이 사건에서도, 스웨덴 최고 행정법원은 부가가치세 지침에 부합하는 국내법이 제정되어 있기는 하나 당해 사건에서 문제가 된 특수한 쟁점에 대하여 해석론적 의문이 있다고 보고 유럽사법재판소에 부가가치세 지침의 관련 조항에 대한 선결적 평결을 요청한 것이다.

이 사건의 경우 판결에 앞서 2015. 7. 16. 법률자문관의 의견이 제출되었고, 2015. 7. 17. 심리기일을 진행한 후 2015. 10. 22. 판결이 선고되었다. 참고로 법률자문관의 의견은 재판 과정에서 매우 중요한 역할을 하고, 재판관들은 법률자문관의 의견을 비중 있게 참고하며, 법률자문관의 의견은 판결문과 함께 판결집에 공표된다.[26] 유럽사법재판소는 이 사건의 판결에 있어서 법률자문관의 의견과 대체로 같은 입장을 취하였다. 다음 항에서 그 주요 내용을 상술한다.

Ⅳ. 유럽사법재판소의 판단 내용

1. 관련 법조항

이 사건의 판단에 전제가 되는 관련 법령들의 내용은 아래 같다.

• 부가가치세 지침 제2조
1. 다음의 거래에 대해서는 부가가치세가 부과된다.
(a) 회원국 역내에서 과세자(taxable person)에 의한 유상의 재화 공급
(c) 회원국 역내에서 과세자(taxable person)에 의한 유상의 서비스 공급
• 부가가치세 지침 제14조
(1) 재화의 공급이란 유형자산을 소유자로서 처분할 수 있는 권리를 이전하는 것을 의미한다.
• 부가가치세 지침 제24조
(1) 서비스의 공급이란 재화의 공급에 해당하지 않는 모든 거래를 의미한다.

---

26) Koen Lenaerts/Ignace Maselis/Kathleen Gutman, EU procedural Law, Oxford University Press, 1st Edition, 2014, 2면.

• 부가가치세 지침 제135조

(1) 회원국은 다음 거래에 대해서는 부가가치세를 면제해야 한다.

(d) 당좌예금계좌(deposit and current account), 지급(payments), 송금(transfers), 부채(debts), 수표(cheques) 및 기타 양도성 증권(negotiable instruments)에 관한 거래[양도(negotiations) 포함], 단 추심(debt collection) 제외

(e) 통화, 법정 통화로 사용되는 은행 지폐 및 주화에 대한 거래[양도(negotiations) 포함], 단 법정 통화로 사용되지 않는 수집품으로서의 금, 은 혹은 다른 주화, 은행 지폐 혹은 고전(古錢, coins of numismatic interest)은 제외

(f) 회사(companies)나 단체(associations)의 지분(shares)이나 수익(interest), 채무증서(debentures) 및 기타 증권(securities, 단 제15조 (2)에 언급된 documents establishing title to goods, and the rights or securities 제외)에 관한 거래[양도(negotiations) 포함, 관리(management)나 보관(safekeeping)은 제외]

• 스웨덴 국내법 — 부가가치세에 대한 법률(1994:200)[mervärdesskattelagen (1994:200)]

제1장 단락 1

자국 내에서의 과세자(taxable person)에 의한 재화와 서비스의 공급에 대해서 부가가치세를 부과한다.

제3장 단락 23 (1)

법정 통화로 사용되는 은행 지폐 및 주화(단 법정 통화로 사용되지 않는 수집품으로서의 금, 은 혹은 다른 주화, 은행 지폐 혹은 고전은 제외)에 대해서는 부가가치세를 면제한다.

제3장 단락 9

은행과 금융 서비스, 증권을 포함하는 거래, 그리고 이와 유사한 거래에 대해서 면세한다. 은행과 금융 서비스에는 공증 활동, 추심 혹은 보관시설의 임대차나 외상매출채권 매입(factoring)에 관련된 행정적 서비스는 포함되지 않는다.

2. 쟁점의 평면

이 사건에서 문제된 행위는 비트코인의 단순한 송금행위가 아니라 대가를 받고 비트코인을 스웨덴 크로나로 (혹은 그 역방향으로) 교환해 주는 행위였다.

통상적으로 법정 통화 자체의 송금은 과세 대상 행위가 아니라고 이해되고 있다. 즉, 금전은 단지 재화와 서비스 급부에 자금을 조달하기 위한 기술적 수단에 불과하기 때문에 금전이 유체물로서 거래되는 예외적인 경우를 제외하고는 부가가치세법 상의 재화로 보기 어렵다는 것이다.[27]

---

27) 김정길, 부가가치세법의 이론과 실제, 개정판(㈜영화조세통람, 2007), 162면; 임승순, 조세법, (박영사, 2014), 925면.

이 사건의 법률자문관 역시 이 점과 관련하여, 법정 통화의 송금은 부가가치세의 목적상 부과 대상 행위가 될 수 없고, 부가가치세는 상품 소비의 마지막 단계에 붙는 세금이기 때문에 법정 통화의 송금은 오로지 과세된 거래에 대한 대가일 뿐이라고 언급하고 있다. 법정 통화는 상품처럼 사용되거나 소비되지 않고 지급 수단 외의 다른 실제적인 목적이 없다는 것이다.

만약 이 사건에서의 주된 쟁점이 비트코인의 단순한 송금 혹은 비트코인을 지불 수단으로 이용한 지급을 법정 통화의 송금이나 지급과 동일하게 보아 부가가치세를 면제할 것인지 여부였다면, 비트코인의 법적 성질에 대한 좀 더 본질론적인 검토 및 판단이 가능했을지도 모른다. 그러나 이 사건의 주된 쟁점은 대가를 받고 비트코인을 스웨덴 크로나로 (혹은 그 역방향으로) 교환해 주는 행위였기 때문에, 이 사건의 경우 비트코인의 본질론에 대한 논의보다는(물론 그러한 부분의 논의 역시 상당부분 이루어졌다) 부가가치세 지침의 관련 규정의 해석론이 주된 쟁점이 되었다.

3. 쟁점별 판단

가. '유상의 서비스 공급'에 해당 여부

먼저, 유럽사법재판소는 비트코인과 전통적 통화 모두 지급 수단 외의 다른 목적을 가지지 않으므로 부가가치세 지침 제14조가 말하는 '유형 자산'에 해당할 수 없다고 밝혔다. 그 결과, 유럽사법재판소는 이 사건에서 문제되는 교환 행위는 부가가치세 지침 제2조 (a)의 '재화의 공급'에 해당될 수 없고 부가가치세 지침 제2조 (c)의 '서비스의 공급'에 해당한다고 보았다.

다음으로, 유럽사법재판소는 이 사건 행위는 유상의 서비스 제공에 해당한다고 판단하였다. 유럽사법재판소의 판례 이론상, 제공된 서비스와 수취된 대가 사이에 직접적인 연결이 있는 경우에만 유상의 서비스 제공으로 인정될 수 있고,[28] 그러한 직접적인 연결은 서비스 제공자와 수령자 사이에 법적인 관련성이 있고 그 관련성에 따라 서비스 제공자가 받은 보수가 수령자에게 제공된 서비스에 대한 대가로 주어진 실제적인 대가를 구성하면서 상호간의 작용이 있을

---

28) 유럽사법재판소 Joined cases C-53/09, C-55/09 Commissioners for Her Majesty's Revenue and Customs v Loyalty Management UK Ltd (C-53/09) and Baxi Group Ltd (C-55/09); 유럽사법재판소 C-283/12 Serebryannay vek EOOD v Direktor na Direktsia.

경우 성립된다고 보고 있다.[29] 또한 그 보수가 커미션 혹은 특정의 요금을 지급하는 형태인지 여부는 유상성의 판단과 관련이 없다고 보고 있다.[30]

유럽사법재판소는 이 사건에서 문제된 교환행위의 경우 이 사건 회사와 고객이 상호적으로 일정 금액을 송금하고 비트코인을 받거나 비트코인을 지급하고 일정 금액을 받는 것이므로 이 사건 회사와 고객 사이에 쌍무적인 법적 관련성이 있다는 점은 명백하고, 이 사건 회사가 교환 비율의 계산에 있어서 부가하는 약간의 마진이 바로 보수에 해당한다고 보았다.

유럽사법재판소는 따라서 이 사건에서 문제된 교환행위는 유상의 서비스 제공에 해당하고 부가가치세 지침 제2조 (c)에 따라 부가가치세 부과 대상의 거래라고 보았다.

나. 면세 조항의 적용 여부
(1) 검토의 전제
부가가치세 지침 제2조의 부가가치세 부과 대상 행위라고 하더라도 부가가치세 지침 제135조에 따라 일정한 경우 부가가치세가 면제될 수 있고, 유럽사법재판소는 이 사건의 경우 부가가치세 지침 제135조의 면세 사유, 특히 제135조 (1)의 (d), (e), (f) 면세 사유에 해당될 수 있는지 여부를 판단하였다.

유럽사법재판소는 논의의 전제로서, 종전의 판례 이론을 인용하면서 부가가치세 지침 제135조의 면세 조항은 모든 유상의 재화와 서비스 제공에 대하여 부가가치세를 부가한다는 원칙에 대한 예외이기 때문에 엄격하게 해석되어야 한다는 것이 확립된 판례 원칙이라고 밝히고,[31] 그럼에도 불구하고 위 조항의 해석은 면세 조항이 추구하는 목적에 부합하고 조세중립성 원칙을 준수하도록 이루어져야 하며, 엄격해석의 원칙이라는 것도 면세의 효과를 박탈하기 위한 방법으로 해석되어야 한다는 의미가 아니라고[32] 강조하였다.

---

29) 유럽사법재판소 C-151/13 Le Rayon d'Or SARL v Ministre de l'Économie et des Finances.

30) 유럽사법재판소 C-172/96 Commissioners of Customs & Excise v First National Bank of Chicago.

31) 유럽사법재판소 C-453/03 ABNA and Others; 유럽사법재판소 C-259/11 DTZ Zadelhoff vof v Staatssecretaris van Financiën.

32) 유럽사법재판소 C-461/08 Don Bosco Onroerend Goed BV v Staatssecretaris van Financiën; 유럽사법재판소 C-259/11 DTZ Zadelhoff vof v Staatssecretaris van Financiën; 유럽사법재판소 C-326/11 J.J. Komen en Zonen Beheer Heerhugowaard BV v Staatssecre-

그리고 유럽사법재판소는 부가가치세 지침 제135조 (1) (d)-(f)에 규정된 면세 조항들의 목적은 과세 금액과 부가세 공제 금액의 결정과 관련된 어려움을 완화하기 위한 것이라는 점이 판례 이론상 명백하다는 점도 강조하였다.[33] 또한 위 조항 하에서 부가가치세가 면제되는 거래는 성질상 금융 거래들인데, 반드시 은행이나 금융기관에 의한 금융거래로 한정되는 것은 아니라는 점도 언급하였다.[34]

(2) 부가가치세 지침 제135조 (1) (d) 조항 해당 여부

유럽사법재판소는 이 사건 교환행위가 부가가치세 지침 제135조 (1) (d)의 면세 조항에 해당할 수 없다고 판단하였다.

유럽사법재판소는 위 조항의 문언상 당좌예금계좌(deposit and current account), 지급(payments), 송금(transfers), 부채(debts), 수표(cheques) 및 기타 양도성 증권(negotiable instruments)에 관한 거래에 대하여 부가가치세가 면제되는데, 위 조항에서 언급된 거래들은 송금과 유사한 방식으로 작동하는 서비스와 관련된 것이고, 통화 자체를 포함하는 거래를 의미하지 않는다고 보았다. 법률자문관 역시 위 조항은 오로지 통화의 파생상품에 관한 것일 뿐 통화 자체에 대한 것이 아니고 통화 자체의 거래에는 특수 조항인 부가가치세 지침 제135조 (1) (e)가 적용된다고 보아 같은 입장을 취했다. 이 사건에서 문제되는 거래에서 교환되는 것은 비트코인에 대한 권리가 아니라 비트코인 그 자체이다. 비트코인은 위 조항에서 언급된 당좌예금계좌도 아니고 부채, 수표, 양도성 증권과 달리 경제 주체 사이에서 직접적인 지급 수단이 된다는 점에서 차이가 있다는 것이다.

(3) 부가가치세 지침 제135조 (1) (f) 조항 해당 여부

유럽사법재판소는 이 사건 교환행위가 부가가치세 지침 제135조 (1) (f)의 면세 조항에도 해당될 수 없다고 보았다.

위 조항의 문언상 회사(companies)나 단체(associations)의 지분(shares)이나 수

---

taris van Financiën.

33) 유럽사법재판소 C-455/05 Velvet & Steel Immobilien und Handels GmbH v Finanzamt Hamburg-Eimsbüttel; 유럽사법재판소 Joined cases C-231/07, 232/07 Tiercé Ladbroke SA (C-231/07) and Derby SA (C-232/07) v Belgian State.

34) 유럽사법재판소 C-455/05 Velvet & Steel Immobilien und Handels GmbH v Finanzamt Hamburg-Eimsbüttel; 유럽사법재판소 C-461/12 Granton Advertising BV v Inspecteur van de Belastingdienst Haaglanden/kantoor Den Haag.

익(interest), 채무증서(debentures) 및 기타 증권에 관한 거래[양도(negotiations) 포함, 관리(management)나 보관(safekeeping)은 제외]에 관하여 부가가치세가 면제되는데, 위 조항의 내용은 법인의 재산권, 특정 채무자에 대한 금전상의 청구 및 관련 권리들에 관한 것으로, 비트코인과 스웨덴 크로나 모두 이에 해당하지 않는다고 보았다.

(4) 부가가치세 지침 제135조 (1) (e) 조항 해당 여부

유럽사법재판소는 이 사건 교환행위가 부가가치세 지침 제135조 (1) (e)의 면세 조항에 해당한다고 봄으로써, 결론적으로 이 사건 교환행위에 부가가치세가 부과될 수 없다고 판단하였다.

위 조항은 통화, 법정 통화로 사용되는 은행 지폐 및 주화에 관한 거래에 대해서 부가가치세가 면제된다고 규정하고 있다. 이 사건의 경우 스웨덴의 법정 통화인 크로나와 법정통화가 아닌 비트코인 사이의 교환 거래가 문제되는데, 위 조항의 해석과 관련하여 교환에 관련된 지급수단 둘 다 모두 법정통화이여야 하는가 하는 문제가 발생한다.

한편, 유럽연합의 지침을 포함한 모든 법령은 모든 회원국 언어로 각각 작성되어 공표되는데, 그 과정에서 각 회원국의 언어상의 차이 때문에 미묘한 불일치들이 발생하기도 한다. 위 조항의 경우도 그러한 불일치가 발생하고 있다.

법률자문관은 자신의 의견서에서 위 조항의 언어별 불일치에 대해서 조금 상세한 설명을 하고 있다. ① 먼저, 영어 버전 원문의 문언인 'currency, bank notes and coins used as legal tender'라는 표현을 보면 '법정통화로 사용되는'이라는 수식어가 '은행 지폐와 주화'만을 수식하는지, 아니면 '통화'까지 함께 수식하는지 불분명하다. 법률자문관은 단수형으로 currency가 언급되어 있다는 점에서 영어 버전의 해석상으로는 이 사건과 같이 한 쪽 당사자만 법정통화와 관련된 교환에 대해서도 위 조항의 적용이 가능할 수 있다고 보았다. ② 독일어 버전의 경우 복수형으로 currencies ... which are legal tender라고 언급되어 있다는 점에서 교환에서의 지급수단 둘 다 법정통화일 것이 요구되는 것으로 해석될 여지가 있다는 것이 법률자문관의 의견이다. ③ 핀란드어 버전의 경우 법정통화일 것이 요구되지 않고 은행 지폐와 주화일 것을 요구하고 있는바, 법률자문관이 보기에는 이러한 규정 하에서는 비현금 형태의 모든 통화, 심지어 비트코인과 같은 가상통화도 위 규정의 거래에 포함될 수 있다고 보았다. ④ 이탈

리아어 버전의 경우 '지급 수단과 관련된 거래는 부가세 면제'라고 규정하고 있기 때문에 지급 수단이 과연 법정 통화이어야 하는지의 문제가 발생하게 된다고 보았다.

이처럼 여러 언어 버전에 따라 미묘한 불일치가 존재하는 경우 모든 회원국 언어의 관점에서 통일적으로 해석되고 적용되어야 한다는 점이 판례상의 원칙이다.[35] 유럽사법재판소는 위 조항의 경우 이러한 언어적인 불일치가 있는 상황에서 오로지 문언적 해석만으로 의미를 결정하는 것은 불가능하고 부가가치세 지침의 목적, 그리고 그것이 사용되는 맥락의 관점에서 해석되어야 한다는 점을 강조하였다. 이러한 관점에서 이 사건의 경우 부가가치세 지침 제135조 (1) (d), (e), (f)의 면세 규정은 과세 금액과 부가세 금액의 결정과 관련된 어려움을 완화하기 위한 것이라는 점을 고려하여 이 사건에 (e) 조항의 면세 규정이 적용될 수 있는지를 판단하였다.

참고로, 법률자문관은 부가가치세 지침 제135조 (1) (e)의 목적에 대하여서는 유럽사법재판소에서 판단된 적이 없다고 하면서, 자신의 견해로는 그 목적은 순수 지급수단 사이의 전환을 방해하지 않는 것이라고 보았다. 유럽 단일시장의 관점에서 보았을 때 국경을 넘은 서비스에서 통화의 교환이 필요한 이상 교환 서비스에 부가세를 부과하는 것은 국내 시장에서의 서비스 공급에 비하여 국경을 넘은 서비스의 가격을 더 증가시키게 된다는 것이다. 이는 유럽 연합 내에서 사용되는 통화에 한정되지 않고, 전 세계의 모든 통화가 면세의 범위에 포함된다고 보았다. 즉 위 조항의 목적은 지급의 원활한 흐름을 위해 통화의 전환을 가능한 한 제약이 없도록 보장하는 것이라고 보았다.

법률자문관은, 비트코인이 법적 통화로서의 지위를 가지지는 않지만, 순수한 지급수단으로서 법정 통화와 교환되는 경우 위와 같은 목적을 고려할 때 부가세를 면제하는 것이 타당하다고 보았다. 나아가, 평등 취급 원칙상 유사한 거래에 대해서는 유사하게 과세하여야 하고, 이러한 관점에서 법정 통화 사이의 교환과 비트코인과 법정통화 사이의 교환에 차별적 취급을 정당화할 만한 중요한 차이점이 있지 않다고 보았다. 비트코인이나 법정 통화 모두 거래에서 지급

---

35) 유럽사법재판소 C-455/05 Velvet & Steel Immobilien und Handels GmbH v Finanzamt Hamburg-Eimsbüttel; 유럽사법재판소 C-189/11 European Commission v Kingdom of Spain.

수단의 기능을 한다는 점에서 동일하기 때문이다. 법률자문관은 아울러 비트코인이 안정적 가치가 없고 사기에 취약하다는 특성을 가졌다는 점은 규제법의 영역에서 고려될 요소일 뿐이지 부가가치세법에서 고려될 문제는 아니라고 보았다.

유럽사법재판소 역시, 법정 통화가 아닌 통화를 포함하는 거래의 경우 당해 통화가 거래 당사자들에게 법정 통화의 대안으로 받아들여지고 지급수단 외의 다른 목적이 없는 한 금융거래에 해당한다고 보고, 전통적 통화의 교환 사례이든 가상통화를 포함한 교환 사례이든 부가가치세 지침 제135조 (1) (e) 목적의 관점에서는 동일하다고 보았다. 따라서 위 조항을 오로지 전통적 통화 사이의 거래만을 포함하는 것으로 해석하는 것은 위 조항의 효용을 상실시키는 것이 된다고 보았다.

4. 이 사건 판결의 의의

유럽사법재판소는 위와 같이 이 사건에서 문제된 교환행위가 부가가치세 지침 제2조 (c)의 유상의 서비스 공급에 해당하여 부가가치세 부과 대상에 해당하지만 부가가치세 지침 제135조 (1) (e)의 면세 규정의 해석상 비트코인은 통화에 해당하므로 위 면세규정이 적용된다고 판단하였다.

판결 내용을 통해 확인할 수 있는 바와 같이, 이 사건 판결은 비트코인 거래소를 통해 약간의 대가를 전제로 비트코인을 전통적 화폐로 혹은 그 역방향으로 교환하는 행위에 국한하여 그러한 서비스 제공에 대해 부가가치세가 면제된다고 판단한 사안이다.

물론, 판결 이유 부분에서 비트코인은 증권이나 채권 등에 해당하지 않고 전통적 통화와 마찬가지로 오로지 지급 수단으로서의 기능만 가진다고 설시함으로써 비트코인의 성질론에 대한 일응의 입장을 밝히고 비트코인도 통화로 취급될 수 있을 가능성을 열었지만, 엄밀히 말하면 부가가치세 지침의 목적론적 해석상 지침 제135조 (1) (e)의 '통화'에 비트코인이 포함되는 것으로 보아야 한다는 것이 판결 내용이다. 즉, 부가가치세의 영역에 한정하여 비트코인을 전통적 통화와 같게 취급해야 한다고 보았을 뿐이다.

법률자문관 역시 비트코인은 파생상품이나 증권 등에 해당하지 않고 순수한 지급수단이며 비트코인 자체의 송금은 과세대상 행위에 해당하지 않는다고 하였지만,36) 결국 비트코인이 전통적 통화와 동일한 기능을 수행하기 때문에 부가가치세 지침의 목적론적 해석상 비트코인을 통화와 동등하게 취급해야 한다고 보았을 뿐이다.

즉, 이 사건 판결이 '비트코인을 화폐로 인정했다'거나 '통화로 결정했다'고 보기는 어렵다. 화폐나 통화로 인정한다는 문제는 후술하는 바와 같이 여러 법영역에 걸친 문제이고 매우 어려운 문제이다. 물론, 부가가치세의 영역에서 비트코인을 통화와 동일하게 취급한다는 점만으로도 그 효과에 비추어 볼 때 현실적으로는 유럽연합 내에서 비트코인이 사실상 통화로서 이용되고 거래되는 데에 있어서 제약이 상당부분 사라졌다는 것을 부정할 수는 없다.

V. 국내의 사례

1. 게임머니의 세법상 취급 관련 판결

국내에서는 비트코인의 법적 취급에 대하여서는 논의가 많지 않은 편이고, 법원에서 사건화되어 판례가 나온 경우도 없다. 다만, 가상화폐의 일종이라고 할 수 있는 게임머니의 세법상 취급에 대하여서는 대법원 판결(대법원 2012. 4. 13. 선고 2011두30281 판결)이 존재한다.

2. 판례의 사안 및 판결 요지

위 판례의 사안은 다음과 같다. 원고는 온라인게임 '리니지'에 필요한 사이버 화폐인 게임머니를 게임제공업체나 다른 게임이용자로부터 매수한 다음 이를 다른 게임이용자에게 현금을 받고 매도하는 거래를 계속·반복적으로 하였다. 세무당국은 원고가 게임머니를 판매함으로써 재화를 공급하였고 이로 인하여 소득을 얻었다는 이유로 부가가치세 및 종합소득세를 부과하는 처분을 하였다. 원고는 위 처분에 불복하여 소송을 제기하였다.

제1심 및 제2심은 부가가치세가 부과되는 거래의 대상인 '재화'에는 재산적 가치가 있는 유체물뿐만 아니라 동력, 열, 기타 관리할 수 있는 자연력 및 권리 등으로서 재산적 가치가 있는 유체물 이외의 모든 무체물을 포함한다는 전제에

---

36) 다만 이 사건 판결의 이유에는 비트코인 자체의 송금이 과세대상 행위가 아니라는 내용은 언급되어 있지 않다.

서, 게임머니는 거래의 객체로 사용될 수 있어 재산적 가치가 있는 무체재산권으로 봄이 상당하므로 '재화'에 해당한다고 보았고, 대법원 역시 동일한 입장을 취하였다. 그 결과 원고의 게임머니 매도거래는 재화의 공급에 해당하고, 원고는 부가가치를 창출해 낼 수 있는 정도의 사업형태를 갖추고 계속적이고 반복적인 의사로 재화인 게임머니를 게임이용자에게 공급하였다고 봄이 상당하므로 부가가치세 부과 처분은 정당하다고 보았다. 아울러 원고의 위와 같은 게임머니 거래에서 발생한 소득은 사업소득에 해당한다고 보고 종합소득세 부과 처분 역시 정당하다고 보았다.

3. 게임아이템의 법적 성격과 관련한 검토

위 사건에서 문제된 '리지니'의 게임머니는 앞서 소개한 가상화폐의 분류상 Type 3에는 해당할 수 없고, Type 1 혹은 Type 2에 해당할 수 있다. 통상 게임머니는 게임 내에서 게임아이템을 구입하기 위한 용도로만 사용되고, 게임 밖에서는 지급수단으로 사용될 수 없다. 그런 이유로, 통상적으로 게임머니는 게임 아이템과 동종의 것으로 취급하여 논의되어 온 것으로 보인다.

위 판결은 게임아이템이 재화에 해당한다는 점을 주된 논거로 하고 있는 바, 이와 관련하여 게임아이템의 (사법상) 법적 성질에 대해서 좀 더 정확하게 검토해 보지 않을 수 없다.

게임아이템의 법적 성질에 관하여서는, 민법상 '물건'으로 보거나 혹은 물건으로 보지 않더라도 매매할 수 있는 권리로 보는 견해,[37] 게임아이템은 물건으로서 소유권의 대상이 되지만 소유권은 게임회사가 가지게 되어 게임이용자는 그 이용권만을 가진다는 견해,[38] 게임아이템의 거래 객체는 아이템을 취득할 수 있는 자격이고 그 거래대금은 일종의 권리금에 해당한다는 견해[39] 등 다양한 견해들이 존재하지만, 게임아이템을 민법상 물건으로 보기는 어렵다는 견해가 유력한 것으로 보인다.

---

37) 임건면, "온라인 게임 이용 약관의 법적 문제", 법학논문집 제29집 제2호(중앙대학교 법학연구소, 2005), 17면.

38) 정해상, "인터넷 게임아이템 거래에 관한 법리", 중앙법학 제5집 제3호(중앙법학회, 2003), 266-267면.

39) 윤웅기, "MMORPG 게임아이템 현금거래에 대한 법정책적 고찰", (게임문화연구회, 2005), 34-35면.

게임 아이템은 게임제공자의 서버에 있는 프로그램이고, 물리적으로는 그 코드가 서버의 저장장치에 전자기장의 변화 흔적으로만 존재할 뿐이다. 이용자들은 그 프로그램이 작동하여 게임상 구현되는 기능을 게임 프로그램 내에서 이용할 뿐이다. 따라서 아이템 자체를 민법상의 물권의 객체가 되는 물건으로 볼 수 없다. 또한 게임아이템은 서버 내에서만 이용 가능하고 이용자가 마음대로 그것을 파기하거나 변형을 가할 수 없으므로, 관리가능성이 있다고 보기 어려운바 관리할 수 있는 자연력이라고도 볼 수 없다.[40] 그렇게 볼 경우 게임 이용자는 게임 아이템에 대한 물권적 소유권을 보유하는 것이 아니라, 게임 서비스를 이용하면서 아이템을 이용할 권리만을 보유한다고 보는 것이 타당하다. 그 결과 아이템의 거래는 아이템 이용권의 거래가 될 것이다.[41]

위 판결의 입장은, 게임머니가 재산적 가치가 있는 무체재산권으로서 재화에 해당한다는 것이다. 물론 부가가치세법의 관점에서 재화의 범위는 사법상의 물건의 범위와 다르다. 하지만 게임 아이템 거래가 사법상으로 아이템 이용권의 거래라는 점을 고려하더라도, 아이템 이용권은 부가가치세법의 재화 개념에서 말하는 재산적 가치가 있는 권리에 해당한다고 충분히 볼 수 있다.

4. 비트코인 관련 논의에의 적용 및 참고의 어려움

그런데 게임머니의 경우 게임 밖에서는 지급수단으로 사용될 수 없기 때문에 앞서 소개한 Type 1 혹은 Type 2의 가상화폐에 해당될 수 있을 뿐이고, 그러한 측면에서 Type 3의 가상화폐에 해당하는 비트코인과는 본질적인 차이가 있다.

유럽사법재판소가 밝힌 것처럼 비트코인은 거래의 객체라고 보기 어렵고 순수한 지급수단의 성격을 가진다. 게임머니는 명칭에서 화폐의 인상을 주는 '머니'라는 말이 사용되었을 뿐 사실상 화폐와는 거리가 멀고 게임아이템과 더 가깝다. 그에 반하여 비트코인의 지급, 교환은 순수 금융거래적 성격이 더 클 것이다. 따라서 비트코인의 교환 거래에 관하여 위 판결의 입장이 그대로 적용

---

40) 같은 취지로, 장재옥, "온라인 아이템 현금거래의 법률관계", 중앙법학 제9집 제2호(중앙법학회, 2007), 400-403면.
41) 같은 취지로, 조명연·권오현, "게임아이템의 거래가 부가가치세법상 과세거래에 해당되는지 여부─서울행정법원 2009. 8. 28. 선고 2009구합4418 평석─", 조세법연구 제17권 제3호(한국세법학회, 2011), 302-304면.

된다고 보기 어렵고 중요하게 참고될 수 있다고 보기도 어렵다.

따라서, 만약 국내에서 비트코인의 거래가 문제된다면 국내법의 체계 하에서 비트코인의 본질론, 즉 법적 성질과 법적 취급에 대하여 심층적인 분석 및 해석론의 정립, 혹은 입법론적 고려까지 나아가지 않을 수 없다고 보인다. 이 평석의 목적상 그러한 모든 문제를 다 다루는 것은 적절치 않지만, 다음 항에서 개론적으로나마 다루어 보기로 한다.

Ⅵ. 현행법 하에서 해결되어야 할 쟁점들

1. 비트코인을 통한 지급 혹은 송금에 대한 부가가치세 부과 문제 — 비트코인의 법적 성격

앞서 언급한 것과 같이, 화폐처럼 지급수단이 되는 것의 인도 또는 양도는 과세되는 거래로 보기 어렵다. 따라서 비트코인을 지급수단으로서 송금하거나 혹은 단순히 송금만 하는 거래에 대해서 부가가치세가 부과되는지의 문제에 대해서는 비트코인이 화폐와 같은 지급수단으로 인정될 수 있는지가 문제된다. 이와 관련하여 비트코인의 법적 성격을 화폐로 볼 수 있는가 하는 문제가 먼저 발생한다.

물론, 우리나라에서는 화폐의 발행권을 한국은행만이 가지며, 한국은행이 발행한 한국은행권과 주화는 대한민국 내의 유일한 법정 통화로서 강제통용력을 가진다(한국은행법 제47조–제53조). 따라서 비트코인이 아무리 통화로서의 성격을 강하게 가진다고 하더라도, 일단 법적으로 한국은행권과 같은 지위를 인정받는 것은 불가능하다.

한편, 법률상 강제통용력은 없으나 거래상 실제로 금전으로서 유통되는 것을 자유화폐라고 한다. 법정 통화로 지급하는 경우 그 변제는 채무의 내용에 좇은 것이 되어 금전의 수령을 거절할 수 없는 등의 효과가 있는 것에 반하여 자유화폐로 지급할 경우 강제통용력이 없으므로 채권자가 수령을 거절할 수 있다는 등의 차이점이 있다.[42] 물론 이때 채권자가 수령한 경우 자유화폐라고 하더라도 당사자의 반대 표시가 없는 이상 보통의 변제인데 이를 두고 대물변제로

---

42) 편집대표 곽윤직, 민법주해 [Ⅷ], (박영사 1995), 163면.

보는 견해와 대물변제가 아니라고 보는 견해로 나뉜다.[43]

　　비트코인이 순수한 지급 수단으로서 통화와 기능상 유사성이 크다는 점을 고려할 때 비트코인이 거래상 실제로 금전으로서 유통되는 자유화폐에 해당하는지 논의될 수 있을 것이다. 금전의 법적 정의가 상대적이고, 금전 개념은 물건으로서의 금전뿐만 아니라 가치로서의 금전개념을 포함한다는 점을 감안하면[44] 비트코인 역시 자유화폐에 해당할 수 있다고 볼 여지가 없지 않다. 비트코인은 유형적 실체가 없고 거래에 있어서도 가치척도 및 교환수단으로서 화폐와 동일한 기능을 수행하며 법정화폐가 아닌 것들 중에서 비트코인만큼 실제 금전과 거의 동일한 방식으로 활발하게 유통되는 것은 유래를 찾아보기 힘들 정도이다.

　　물론, 통화의 발행권이나 강제통용력에 관한 법리, 사법상 통화 내지 금전에 관한 법리들은 부가가치세법에서의 지급수단 여부 검토와 반드시 직결된다고 할 수는 없다. 부가가치세법의 영역에서는 다른 법 영역에서의 논의와 무관하게 부가가치세법 자체의 목적 하에서 비트코인의 취급에 대해 논의할 수 있다. 그럼에도 불구하고 비트코인이 사법상 자유화폐로 기능할 수 있다는 측면은 부가가치세법의 관점에서의 취급에서 중요한 요소가 될 수 있을 것이다. 유럽사법재판소의 접근 방법과 같이 부가가치세 면제의 취지를 고려하는 목적론적 해석 및 (수평적) 조세 평등주의의 관점에서 보더라도 마찬가지이다.

　　즉, 비트코인은 순수한 지급수단으로서의 기능을 가지면서 자유화폐로 인정할 수 있을 정도로 화폐와 유사한 실질을 가지기 때문에, 비트코인을 지급수단으로서 송금하거나 혹은 단순히 송금만 하는 경우는 부가가치세 과세 대상 거래라고 보기 어렵다고 생각된다. 법정화폐인 금전을 지급수단으로 송금하거나 혹은 단순히 금전을 송금만 하는 경우와 비교해 볼 때, 이와 거의 완전히 동일한 의미와 동일한 방식으로 이루어지는 비트코인 송금의 경우 조세평등주의의 관점에서 보더라도 위와 같은 결론이 도출될 수 있을 것이다. 설사 비트코인의 법적 성질에 관하여 다른 입장을 취하여 비트코인을 화폐로 인정하지 않고 가령 새로운 유형의 자산으로 이해한다고 하더라도 마찬가지 결론이 유지될 수

---

43) 상게서, 163면.
44) 최수정, "민법상 금전의 개념과 금전채권의 특질", 비교사법 제10권 제1호(한국비교사법학회, 2003), 4-7면.

있다. 화폐가 아닌 어음, 수표와 같은 유가증권도 그 자체로 소비의 대상이 아니라 교환수단에 불과하므로 그것이 유통되더라도 부가가치세 과세 대상이 아니라고 이해되는 것과 마찬가지이다. 어느 모로 보더라도 비트코인이 기능이나 역할의 측면에서 순수한 교환수단의 성격을 가진다는 점은 부정하기 어렵기 때문이다.

참고로, 이 부분에 관한 국내의 논의로서 '비트코인 등 가상통화를 보유하는 사업자가 재화를 공급받고 그 대가를 송금할 목적으로 비트코인을 공급자에게 이전하는 경우에는 부가가치세가 포함된 비트코인을 지급하여야 하고, 단순히 송금수단으로서 비트코인을 이전하는 경우에는 과세표준에 해당하는 대가가 없으므로 부가가치세는 과세되지 않아야 한다'라고 보는 견해가 있다.[45]

2. 법정 통화와 비트코인 사이의 교환에 대한 부가가치세 부과 문제 — 면세 조항의 적용 여부

한편, 앞서 설명한 비트코인의 구조상, 현 시점에서 비트코인의 이용을 위해서는 사실상 거래소를 통하여 전통적 통화와 교환하는 과정을 거치는 것이 필수적이다. 아직은 비트코인이 전통적 통화처럼 널리 쓰이는 것이 아니므로 일상적인 거래를 통해 비트코인을 획득하기가 어렵고, 개인의 입장에서 채굴을 통해 충분한 수량의 비트코인을 얻는 것은 매우 어렵기 때문이다. 따라서 비트코인의 이용자 입장에서는 거래소를 통해 비트코인을 교환하는 것에 제약 요인들이 적어야 하고, 대표적인 제약 사항으로서 부가가치세의 부과 여부가 핵심적인 사항이 된다.

앞서 살펴본 것처럼 비트코인 자체의 송금에 대해 본질상 과세할 수 없다고 본다. 그러나 비트코인과 전통적 통화 사이의 교환거래는 아래에서 보는 바와 같이 재화의 공급에 해당하기는 어렵더라도 최소한 용역의 공급에 해당함을 부정하기 어렵다고 생각된다.

부가가치세법 제2조 제1호는 재산 가치가 있는 물건 및 권리를 '재화'로 규정하고 있고, 부가가치세법 시행령 제2조는 위 '물건'에 관하여 상품, 제품, 원료, 기계, 건물 등 모든 유체물과 전기, 가스, 열 등 관리할 수 있는 자연력을 물건으로 정의하고 있으며(제1항) 위 '권리'에 관하여서는 광업권, 특허권, 저작권

---

45) 홍도현·김병일, 전게논문, 135면.

등 제1항에 따른 물건 외에 재산적 가치가 있는 모든 것이라고 정의하고 있다(제2항). 비트코인은 유체물이 아님은 물론이고, 그 실체가 네트워크상에 분산되어 저장된 암호화 코드의 연속이라는 점에서 볼 때 관리가능한 자연력도 아니다. 비트코인은 오로지 지급수단으로서의 기능만 가지는 것으로서 통화와 유사한 것이므로 광업권, 특허권, 저작권 등 재산적 가치가 있는 '권리'에 해당한다고 보기도 어렵다.

한편, 부가가치세법 제9조 제1항은 재화의 공급에 관하여 '계약상 또는 법률상의 모든 원인에 따라 재화를 인도하거나 양도하는 것'이라고 규정하고 있고 부가가치세법 시행령 제18조 제1항 제3호는 재화의 공급의 한 유형으로서 '재화의 인도 대가로서 다른 재화를 인도받거나 용역을 제공받은 교환계약에 따라 재화를 인도하거나 양도하는 것'을 들고 있다. 비트코인과 전통적 통화의 교환거래는 위 제3호의 유형으로서 재화의 공급에 해당한다고 볼 여지도 있으나, 위 제3호에서 교환계약을 재화의 공급의 한 유형으로 든 것은 '재화를 인도하거나 양도하는 것'의 원인으로서 '계약상 또는 법률상의 모든 원인'이 가능하고 구체적으로 부가가치세법 시행령 제18조 제1항 제1호에서의 매매계약, 제2호에서의 가공계약뿐만 아니라 교환계약 역시 계약상의 원인이 될 수 있다는 점을 밝히기 위함이다. 즉, 위 조항은 거래의 주된 내용이 특정 재화의 공급인 경우가 전제된 상황에서 그 법률적 원인으로 교환계약도 있을 수 있다는 것을 의미하는 것이고, 거래의 주된 내용이 통화의 교환이라는 서비스의 제공인 경우까지 포섭하는 조항이라고 보기는 어렵다.

생각건대, 비트코인과 전통적 통화 사이의 교환거래는 일정한 수수료를 받고 환전과 유사한 교환 서비스라는 역무를 제공하는 것이라는 측면에서 보면, 이때 주고받는 비트코인과 전통적 통화는 부가가치세법 제14조 제1항 제1호[46]에서 말하는 '부수 재화 및 부수 용역의 공급'으로 볼 수 있다. 예컨대 외국환 환전업은 기본적으로 용역의 제공으로 파악하고 그 용역의 내용으로서 통화를 주고 받는 것은 부수된 재화 혹은 용역의 공급으로 보아 별도로 구분된 재화나

---

46) 부가가치세법 제14조(부수 재화 및 부수 용역의 공급) ① 주된 재화 또는 용역의 공급에 부수되어 공급되는 것으로서 다음 각 호의 어느 하나에 해당하는 재화 또는 용역의 공급은 주된 재화 또는 용역의 공급에 포함되는 것으로 본다.
　　1. 해당 대가가 주된 재화 또는 용역의 공급에 대한 대가에 통상적으로 포함되어 공급되는 재화 또는 용역

용역의 공급으로 취급하지 않는 것과 마찬가지라고 할 것이다.

이처럼 비트코인은 그 자체로서 재화에 해당한다고 보기 힘들 뿐만 아니라, 가사 비트코인을 재화로 이해한다고 하더라도 이 사건에서 문제되는 비트코인과 전통적 통화의 교환 거래는 환전과 유사한 서비스의 제공이 그 주된 본질이라고 할 것이고 이때 비트코인을 이전하는 것은 교환 거래에 부수되는 것으로서 별도로 재화나 용역의 공급으로 볼 것은 아니라고 해석할 수 있을 것으로 보인다.

나아가, 부가가치세법 제2조 제2호는 용역에 관하여 '재화 외에 재산 가치가 있는 모든 역무와 그 밖의 행위를 말한다'라고 규정하고 있으며, 부가가치세법 시행령 제3조 제1항은 금융·보험업을 포함하여 14개의 사업에 해당하는 역무를 예시하면서 '그 밖의 행위'도 포함하여 정의함으로써 포괄적 형태로 정의 규정을 두고 있다. 비트코인과 전통적 통화 사이의 교환거래는 관점에 따라서 금융업의 역무에 해당할 수 있고, 그렇게 보지 않더라도 재산 가치가 있는 역무에 해당한다는 점을 부인하기 어려운바, 이에 대해서는 용역의 공급, 특히 수수료의 수수가 있으므로 유상의 용역의 공급에 해당한다고 보인다.

결국, 현행법상 전통적 통화와 비트코인을 교환하는 거래가 부가가치세 면제의 대상이 되기 위해서는 부가가치세법 제26조에서 정한 면세 항목에 해당되어야 하고, 부가가치세법 제26조의 체계상 명백하듯이, 제1항 제11호 금융보험용역 이외의 다른 항목들에 해당할 가능성은 매우 낮다. 따라서, 면세의 대상이 되기 위해서는 부가가치세법 제26조 제1항 제11호, 동법 시행령 제40조의 금융·보험용역에 해당되어야 한다고 볼 수 있다. 이는 전항에서 검토한, 비트코인이 자유화폐 정도로 인정될 수 있는지 여부의 쟁점과는 별개의 문제이다.

유럽연합의 부가가치세 지침 제135조 (e)의 경우 '통화, 법정 통화로 사용되는 은행 지폐 및 주화에 대한 거래'라는 형식으로 상대적으로 포괄적인 형태를 띠고 있는 반면, 우리나라의 부가가치세법 시행령 제40조 제1항은 '은행법에 따른 은행업무 및 부수업무로서 다음 각 목의 용역'(제1호), '자본시장과 금융투자업에 관한 법률에 따른 다음 각 목의 사업'(제2호), '외국환거래법에 따른 환전업'(제4호)과 같이 관련 법률들의 체계에 의한 제한이 있고 면세되는 행위에 대해서도 구체적으로 정해 두는 형식을 취하고 있다. 비트코인이 사실상 통화와 동일한 기능을 하고 있다고 하더라도, 위 조항의 문언 및 관련 법률들의 체계상 비트코인 교환 거래가 위 면세 항목에 해당하기가 매우 어려울 것으로 생각된다.

예컨대, 비트코인 교환 거래가 외국환거래법에 따른 환전업인지 검토해 본다고 할 경우, 비트코인이 과연 외국환거래법 제3조 제1항[47]이 말하는 '외국'의 '통화' 혹은 '지급수단'에 해당하는지 자체가 매우 판단하기 쉽지 않은 문제이다. 뿐만 아니라 비트코인 거래소가 과연 외국환업무취급기관으로서 감독과 규제를 받아야 하는 것인지도 어려운 문제이다.

이 점에 관한 국내의 논의로서, '가상화폐는 세법 및 기타 통화와 관련된 법률들의 체계적 제한과 법문언의 의미에 따른 제한으로 인하여 법정통화로 새로이 인정되지 않는 한 세법상의 통화 또는 외화로 볼 여지가 사라지게 된다'라고 보고 비트코인을 신종의 무형자산으로 보는 것이 타당하다는 견해가 있다.[48]

또한, 비트코인 등 가상통화는 재산가치를 표상하는 지급수단이라고 할 수는 있지만 증서는 아니고, 외국환거래법상 지급수단에도 해당하지 아니하므로 사업자가 비트코인 등 가상통화를 공급하는 경우에는 부가가치세가 과세되어야 할 것이라고 보는 견해도 있다.[49]

---

47) 외국환거래법 제3조(정의) ① 이 법에서 사용하는 용어의 뜻은 다음과 같다.
  1. "내국통화"란 대한민국의 법정통화인 원화(貨)를 말한다.
  2. "외국통화"란 내국통화 외의 통화를 말한다.
  3. "지급수단"이란 다음 각 목의 어느 하나에 해당하는 것을 말한다.
    가. 정부지폐·은행권·주화·수표·우편환·신용장
    나. 대통령령으로 정하는 환어음, 약속어음, 그 밖의 지급지시
    다. 증표, 플라스틱카드 또는 그 밖의 물건에 전자 또는 자기적 방법으로 재산적 가치가 입력되어 불특정 다수인 간에 지급을 위하여 통화를 갈음하여 사용할 수 있는 것으로서 대통령령으로 정하는 것
  4. "대외지급수단"이란 외국통화, 외국통화로 표시된 지급수단, 그 밖에 표시통화에 관계없이 외국에서 사용할 수 있는 지급수단을 말한다.
  외국환거래법 시행령 제3조(지급수단) ① 법 제3조 제1항 제3호 나목에서 "대통령령으로 정하는 환어음, 약속어음, 그 밖의 지급지시"란 증권에 해당하지 아니하는 환어음, 약속어음, 우편 또는 전신에 의한 지급지시와 그 밖에 지급을 받을 수 있는 내용이 표시된 것으로서 기획재정부장관이 인정하는 것을 말한다.
  ② 법 제3조 제1항 제3호 다목에서 "대통령령으로 정하는 것"이란 대금을 미리 받고 발행하는 선불카드와 그 밖에 이와 유사한 것으로서 기획재정부장관이 인정하는 것을 말한다.
48) 정승영, 전게논문, 117면,
49) 홍도현·김병일, 전게논문, 134-135면.

이러한 점들을 고려해 볼 때, 국내의 여건상 이 사건 판결과 같은 취지의 법적 해결을 위해서는 입법론적인 접근이 불가피하다고 보인다.

3. 비트코인 거래의 사법적 구조

부가가치세의 문제뿐만 아니라, 비트코인 거래의 사법적 구조를 어떻게 이해할 것인가 역시 매우 어려운 문제에 속한다.

전통적인 금전에 대해서는 다음과 같이 이해하는 것이 일반적이다. 즉, 물건으로서의 금전의 경우 기본적으로 다른 물건과 마찬가지로 취급되고, 다만 금전의 가치적 성격 때문에 물권변동의 일반원칙과는 달리 금전의 경우 소유와 점유가 일치하고 금전의 점유가 그 소유의 권원이 되며 금전에 대해서는 간접점유도 성립할 수 없고 물권적 반환청구권 역시 인정되지 않는다는 것이 통설이라고 한다.[50] 가치로서의 금전의 경우 추상적인 가치인 청구권으로서의 금전 형태가 실제 거래에서 중요한 역할을 하고 있으며, 이를 소위 기장금전이라고 부른다.[51] 기장금전의 대표적인 예로 계좌이체를 들 수 있는데, 이 경우 금전 자체가 이전되는 것이 아니라 예금을 기초로 하여 은행 등 중개기관에 대한 청구권이 이전되는 것이다.

그러나 비트코인의 경우 위와 같은 이해방식이 적용되기 어렵다. 비트코인이 작동방식 상으로는 마치 계좌이체와 유사해 보일 수 있지만, 앞서 설명한 것과 같이 비트코인의 경우 중앙의 통제 기관이나 중개기관이 존재하지 않고 모든 거래의 역사가 블록체인 형태로 저장되어 네트워크 상의 수많은 PC에 분산저장된다. 즉, 비트코인의 보유자로 인정받는 자라고 하더라도, 특정의 누군가에 대하여 비트코인의 청구권을 보유하고 있다고 보기 어렵게 된다. 비트코인의 소유자는 네트워크 상의 수많은 PC에서 현재의 보유자로 기록되어 있고 이 기록이 진실된 것으로 간주되고 있을 뿐이다. 마찬가지로 비트코인을 양도한 경우 역시 비트코인의 청구권을 이전했다고 보기 어렵게 된다. 네트워크 상의 수많은 PC에서 당해 거래 내역이 기록되어 있고 이 기록이 진실된 것으로 간주되고 있을 뿐이다.

그렇다고 해서 비트코인의 보유나 거래를 '물건'의 경우와 동일하게 볼

---

50) 최수정, 전게논문, 11-12면.
51) 최수정, 전게논문, 7면.

수도 없다. 비트코인은 유체물이 아님은 물론이고, 그 실체가 네트워크상에 분산되어 저장된 암호화 코드의 연속이라는 점에서 볼 때 관리가능한 자연력도 아니다. 이용자의 지갑에 보유한 비트코인과 관련된 정보가 저장되는 것도 아니다.

이처럼, 비트코인의 보유나 거래에 대해서는 종전의 이해방식으로는 그 법적 구조를 설명하기가 쉽지 않다. 물론, 비트코인 지급의 원인이 되는 법률관계에 있어서는 비트코인 지급 채무에 대해서 '특정 수량의 비트코인을 이전하기 위한 전자서명 등 일련의 행위를 할 채무'라고 이해하는 방식도 생각해 볼 수 있을 것이다. 그러나 비트코인은 사실상 통화와 동일한 방식으로 작동하고 비트코인 지급을 청구할 채권의 양상은 종류채권 혹은 심지어 금전채권과 매우 유사함에도 불구하고 이를 특정한 행위를 요구할 채권으로 이해하는 것은 많은 무리가 있다고 하겠다.

비트코인의 구조와 정확히 맞아 떨어지면서 동시에 비트코인의 통화와 같은 기능 역시 함께 반영할 수 있는 사법적 구조 설명은 현재로서는 발견되지 않는 것 같다. 이 부분은 당장 비트코인의 거래나 과세 문제에 있어서 결정적인 장애로 작용하는 것은 아니지만, 본질론의 차원에서 반드시 해결될 필요가 있는 문제이다.

Ⅶ. 결   론

이 사건 판결은 양방향 흐름을 가진 가상화폐인 비트코인이 부가가치세의 영역에서 화폐와 유사하게 취급되어야 한다는 점, 구체적으로는 비트코인과 전통적 통화 사이의 교환거래에 대해서 부가가치세 지침의 면세 규정의 해석상 부가가치세가 면제되어야 한다고 결정한 판결이다.

이처럼 이 사건 판결은 비트코인의 법적 성격이나 취급에 대해서 일반론적이고 본질론적인 판단을 내린 것이라고 보기는 어렵지만, 현실적인 측면에서 비트코인이 사실상 통화와 유사하게 취급될 수 있는 여건을 만들었다는 점을 부정할 수 없다. 특히 비트코인을 이용하기 위해서는 거래소를 통한 교환을 거치는 것이 사실상 필수적이라는 현재의 여건에 비추어 보더라도 이 사건 판결이 가지는 의의는 크다.

이 사건 판결이 있기 전부터 유럽연합의 여러 회원국들은 물론이고 미국, 중국, 일본 등 주요 국가에서 비트코인이라는 가상통화에 대한 법적 취급에 관한 정립이 필요함을 인식하고 가이드라인 등 공식 입장의 발표나 입법작업 등 조치들을 취하고 있다. 그에 비하여 우리나라의 경우 소수의 학문적 연구만이 있을 뿐 정책적 차원에서의 조치나 관심은 전무한 실정이다. 당장 국내에서도 이 사건과 동일한 사례가 충분히 발생할 수 있지만 그 문제를 어떻게 해결해야 할 것인지에 관한 제도적, 실무적 대비가 부족하다고 느껴진다.

비단 비트코인에 한정할 것이 아니라, 향후 다양한 형태의 가상화폐가 현실에서 유의미한 영향력을 발휘할 수 있고 종전의 틀로 설명하기 어려운 다양한 형태의 금융 체계들이 출현할 수 있다. 이러한 문제들에 대하여 법적 공백상태가 발생하지 않도록 신속한 대비가 필요하다고 하겠다.

● 참고문헌

[단행본]

김정길, 부가가치세법의 이론과 실제, 개정판(㈜영화조세통람, 2007)

임승순, 조세법, (박영사, 2014)

편집대표 곽윤직, 민법주해 [Ⅷ], (박영사, 1995)

[논문]

김태오, "가상화폐의 이용현황과 시사점: Bitcoin과 Linden Dollar를 중심으로", 지급결제
　　　와 정보기술 제53호(금융결제원, 2013. 7.)

김홍기, "최근 디지털 가상화폐 거래의 법적 쟁점과 운용방안 ― 비트코인 거래를 위주
　　　로 ―", 증권법연구 제15권 제3호(한국증권법학회, 2014)

윤웅기, "MMORPG 게임아이템 현금거래에 대한 법정책적 고찰", (게임문화연구회,
　　　2005)

임건면, "온라인 게임 이용 약관의 법적 문제", 법학논문집 제29집 제2호(중앙대학교 법
　　　학연구소, 2005)

장재옥, "온라인 아이템 현금거래의 법률관계". 중앙법학 제9집 제2호(중앙법학회 2007)

정승영, "가상화폐의 세법상 분류와 과세 ― 비트코인 사례를 중심으로 ―", 조세학술논
　　　집 제31집 제1호(한국국제조세협회, 2015)

정해상, "인터넷 게임아이템 거래에 관한 법리", 중앙법학 제5집 제3호(중앙법학회,
　　　2003)

조명연·권오현, "게임아이템의 거래가 부가가치세법상 과세거래에 해당되는지 여부 ―
　　　서울행정법원 2009. 8. 28. 선고 2009구합4418 평석 ―", 조세법연구 제17권 제3
　　　호(한국세법학회, 2011)

최수정, "민법상 금전의 개념과 금전채권의 특질", 비교사법 제10권 제1호(한국비교사법
　　　학회, 2003)

홍도현·김병일, "가상통화에 대한 과세문제 ― 비트코인을 중심으로 ― ", 조세연구 제15
　　　권 제1집(한국조세연구포럼, 2015. 4.)

김익현, "잠재적 결함이 있는 이식형 의료기기 관련 제조물책임에 대한 유럽사법재판소
　　　의 판단 ― 유럽사법재판소 2015. 3. 5. 선고 joined cases C-503/13, C-504/13
　　　Boston Scientific Medizintechnik 판결을 중심으로 ―", 저스티스 제152호(한국
　　　법학원, 2016. 2.)

European Central Bank, 2012. 10. 'Virtual Currency Scheme'

Koen Lenaerts/Ignace Maselis/Kathleen Gutman, EU procedural Law, Oxford University
　　　Press, 1st Edition, 2014

Paul Craig, Gráinne de Búrca, EU Law: Text, Cases, and Materials, Oxford University
　　　Press, 6th edition, 2015

기업구조조정촉진법에 따른 구조조정절차에서의 채권단의 권한과 책임

김철만, 양재준

[요 지]

　재무상태의 악화가 일시적인 유동성 위기에 불과하거나 채무 재조정을 통한 재기 가능성이 존재하는 경우, 해당 회사에 대한 재기를 위해 필요한 절차와 제도를 마련하는 것은 사회경제적으로 필요한데, 소위 IMF 사태를 겪으면서 채무자의 재기를 위해 마련되고 정비된 대표적인 제도가 기업구조조정촉진법이다.

　그런데 채무자의 재기를 위해서는 채권자 등 수 많은 이해관계는 물론 채권자 상호간에 있어서도 여러 다양한 경제적, 법적 관계에 변동을 가져올 수밖에 없고, 채무자의 재무구조 개선을 통한 재기가 성공적으로 이루어지지 못하는 경우에는 채무자를 둘러싼 이해관계들을 어떻게 정리할 것인지를 둘러싸고 분쟁이 벌어질 수 있으며, 특히 이해관계자들 상호간의 분쟁이 초래될 수 있다.

　실제, 국내 중견 건설회사의 기업구조조정촉진법에 따른 재무구조 개선 작업이 실패로 돌아가 회생절차가 개시되자, 건설회사의 채권자들인 하도급업체들이 건설회사의 채권자들인 채권금융기관들을 상대로 실질적으로는 자신들의 건설회사에 대한 채권을 변제받기 위한 소송을 제기한 사례가 있었다. 이 사례에서 대상판결은 해당 건설회사의 구조조정 절차에 자금관리단을 파견하였던 채권금융기관들의 법적인 지위에 대해 판단하면서, 구조조정작업에서 발생한 불법행위에 대한 채권금융기관들의 법적인 책임 발생 여부에 관하여 일응의 판단 기준을 제시하였다.

　이에 이 평석에서는 대상판결이 제시한 기업구조조정촉진법상 채권금융기관들의 권한과 의무 및 그에 따른 지위에 대한 내용을 바탕으로, 채권금융기관들의 다른 채권자들에 대한 법률적인 책임 부담 가능성에 관하여 살펴보고자 한다.

[주제어]
- 기업구조조정촉진법(기촉법)
- 기업구조조정
- 워크아웃
- 채권금융기관협의회
- 채권단
- 자금관리단

대상판결 : 서울중앙지방법원 2014. 9. 19. 선고 2013가합28662 판결(확정)

[사실의 개요]

1. 피고들을 비롯한 A건설 주식회사(이하 "A건설"이라 한다)의 채권금융기관들은 2010. 7. 5. 채권금융기관협의회(이하 "채권단"이라 한다)를 구성하고, 피고 주식회사 B은행(이하 "B은행"이라 한다)이 주채권은행이 되어 구 기업구조조정촉진법(2010. 5. 17. 법률 제10303호로 개정되기 전의 것, 이하 "기촉법"이라 한다)에 따라 A건설에 관한 채권금융기관 공동관리절차(이하 "워크아웃"이라 한다)를 개시하기로 의결하였다.

2. 채권단은 2010. 9. 29. A건설, 그 대주주 및 특수관계인과의 사이에 A건설의 경영정상화계획 이행을 위한 특별약정(이하 "경영정상화 약정"이라 한다)을 체결하면서, A건설의 자금에 대한 효율적인 관리를 위하여 피고 B은행 등 채권금융기관의 직원으로 구성된 자금관리단을 파견하기로 하였다. 이에 따라 피고 B은행은 자금관리단 단장으로 甲, 부단장으로 乙, 丙을, 피고 주식회사 C은행은 자금관리단 부단장으로 丁을 파견하였다.

3. 채권단은 위 경영정상화 약정에 따라 2010. 9. 30.경 A건설에 1차로 신규자금 1,200억 원을 대출하여 주었으나, 이후에도 A건설의 자금부족 상황이 계속되자 2011. 8. 1.경 2차로 974억 원을 추가로 대출하여 주었다.

4. 그럼에도 불구하고 A건설은 계속 운용자금 부족 상황에서 벗어나지 못하였고, 결국 A건설은 2012. 6. 26. 서울중앙지방법원에 회생절차개시신청을 하여 2012. 7. 3. 위 법원에서 회생절차개시결정이 내려짐에 따라 A건설에 대한 워크아웃은 중단되었다.

5. 한편, 원고들은 A건설과 하도급계약을 체결한 하수급업체(하도급거래의 공정화에 관한 법률상 수급사업자)들로서, A건설은 자금부족 문제를 해결하기 위하여 워크아웃 기간 중인 2011. 7.경 이후부터 원고들을 비롯한 하수급업체들에게 발주자로부터 직접 지급받은 하도급 공사대금을 위 법률상 원사업자인 A건설에 반환해 줄 것(이하 "직불금 리턴"이라 한다)을 요구하였다. 이에 원고들은 발

주자로부터 직접 지급받은 돈을 A건설에게 반환하였고, A건설은 이에 대한 대가로 원고들에게 외상매출채권[1]을 원인으로 하는 전자어음을 발행하였다. 원고들은 위 전자어음을 피고 B은행 등 금융기관에 담보로 제공하고 대출을 받았는데, 이는 이후 외상매출채권의 만기가 도래하면 A건설이 위 금융기관에 이를 결제함으로써 원고들의 차용금이 상환되는 구조의 대출이었다.

6. 그러나 A건설은 회생절차개시신청 당시 위 외상매출채권 중 일부만 결제하고 나머지는 결제하지 않았는데, 원고들이 직불금 리턴을 하여 A건설로부터 지급받지 못한 금원은 모두 약 42억 원에 이르렀다.

[소송의 경과]

1. 원고들은 다음과 같이 A건설의 불법행위를 주장하였다.

가. A건설은 자신들의 우월적 지위를 사용하여 원고들에게 리턴을 요구하였고, 이에 원고들은 A건설에게 직불금을 리턴할 수밖에 없었는데, 이러한 직불금 리턴은 하도급거래 공정화에 관한 법률, 건설산업기본법, 독점규제 및 공정거래에 관한 법률에 반하는 불법행위이다.

나. 또한 A건설의 대표이사와 전략기획팀장 및 재무팀장은 원고들을 비롯한 하수급업체들로부터 직불금을 리턴받아 A건설의 운영자금에 사용하기로 공모한 후, 사실은 하수급업체들로부터 리턴을 받더라도 그 리턴받은 공사대금을 장래에 지급할 수 있는 의사나 능력이 없음에도 불구하고 원고들에게 "하도급 공사대금 리턴에 관하여 채권단과 협의가 있었다. 공사대금 리턴은 A건설 본사의 방침이며 채권단의 방침이다. 리턴을 해 주면 틀림없이 갚겠다"고 말하여 원고들을 기망하고 이에 속은 원고들로부터 직불금을 리턴받아 이를 편취한 것이다.

2. 원고들은 다음과 같이 피고들의 불법행위를 주장하였다.

가. A건설의 워크아웃 기간 동안 채권단이 A건설의 경영권 및 자금관리권을 가지고 있었고, 주채권은행과 차순위 채권은행인 피고들은 A건설에 소속직원을 자금관리단으로 파견하여 A건설의 경영자들과 함께 A건설의 구체적인 경

---

1) 원고들이 실제 A건설에 대한 매출채권을 취득한 것은 아니지만, A건설에게 리턴한 직불금을 일정 기간 뒤에 변제받기 위해 A건설에 대한 허상의 매출채권을 취득한 것처럼 외관을 갖추어 둔 것이다.

영 및 자금관리 업무를 하였으므로, 피고들은 직불금 리턴행위에 대하여 민법 제760조 제1항의 공동불법행위자로서 책임을 진다.

나. 또한 피고들 및 피고들이 파견한 자금관리단은 A건설의 임직원들이 부족한 운영자금을 마련하기 위해서 A건설에 위와 같은 불법적인 리턴행위를 하도록 교사하였거나, 위 리턴행위 사실을 잘 알면서도 이러한 불법행위를 그대로 방치하였거나, 리턴행위에 도움을 주지 않아야 할 주의의무에 위반하여 A건설의 불법행위를 방조하였으므로, 피고들은 A건설 및 A건설의 임직원들과 연대하여 민법 제760조 제3항, 제1항에 따라 교사 또는 부작위에 의한 방조, 과실에 의한 방조의 공동불법행위자로서 책임을 진다.

다. 만약 피고들이 워크아웃 당시 A건설을 직접 경영한 것으로 볼 수 없다고 하더라도, A건설의 임직원들은 자금의 수입과 지출에 관한 A건설의 업무일체에 관하여 피고들이 파견한 자금관리단의 감독을 받았으므로 피고들에게는 A건설에 대하여 민법 제756조 제1항의 사용자, 또는 민법 제756조 제2항의 감독자로서, 사용자책임을 진다.

3. 법원은, 8차례의 변론기일을 진행하면서 원고들의 증거신청을 모두 채택하고 A건설 및 피고 B은행의 직원들에 대한 증인신문절차를 진행하는 등 소제기일로부터 1년 5개월여의 심리를 거쳐 판결을 선고하였는데, 원고들의 피고들에 대한 청구를 모두 기각하였고, 이에 대해 원고들이 항소하지 않아 대상판결은 확정되었다.

[판결의 요지]

"A건설이 원고들 등으로부터 하도급대금을 리턴받으면서 결국 그 돈을 반환하지 않은 행위는 불법행위에 해당하지만, A건설에 대한 워크아웃을 진행하던 금융기관인 피고들은 A건설에 대해 추상적이고 일반적인 지도·감독 의무만을 부담하므로 그러한 불법행위에 직접 관여하지 않는 한 A건설에 자금관리단을 파견했다는 사실만으로는 피고 은행들에게 A건설의 불법행위에 따른 손해배상책임이 인정되지 않는다."

이와 같이 대상판결은 A건설의 불법행위를 정면으로 인정하였으나, 그 논리적인 측면에서 논란이 있을 수 있고,2) (구체적인 사실관계에 따라 다르겠지만)

---

2) 대표적으로 〈하도급법 등 위반 여부〉에 대해서, "법령에 직접적으로 반하거나 우회적인

대상판결에서 문제된 직불금 리턴의 경우 이를 불법행위로 단정할 수 있을지 의문이다.3) 다만, 이 부분 쟁점에 대해서는 이 평석의 주제와 직접적인 관련이 없으므로, 이 평석에서는 이에 대한 구체적인 분석은 하지 않고, 자금관리단을 파견한 채권단의 권한과 책임에 대해서만 논의를 이어가기로 한다.

[연 구]

I. 서 론

일반적으로 기업구조조정이란, 재무적 곤경에 처했으나 경제적으로는 회생 가능성이 있는 기업을 대상으로 채권단과 채무자 기업이 협력하여 재무구조와 사업구조를 조정함으로써, 기업회생과 채권회수 증대를 꾀하는 일련의 과정을 뜻한다.4)

재무구조가 악화되어 유동성 위기를 맞거나 나아가 도산 가능성이 높아져 정상적인 경영이 어려운 회사에 대해서 재무구조 개선을 통한 경영정상화를 가능하게 하는 현행 제도적 장치(법률)로는 "기촉법"과 "채무자회생 및 파산에 관

방법으로 그 적용을 피하는 행위로 보기는 어렵다"면서도, "입법취지에 반한다"는 이유만으로 불법행위임을 인정하였는데, 직·간접적인 법령 위반 사실이 없음에도 불구하고 입법취지에 반한다는 사정만으로 불법행위가 성립될 수 있다는 판단에 대하여는 다른 견해가 있을 수 있고, 실제 형사 고소사건에서 검찰은 A건설 및 그 임직원들에 대해 불기소처분을 내렸다.

3) A건설의 1차 직불금 리턴 요청이 있었음에도 원고들 등 하도급업체들이 응하지 않아 A건설의 2차 요청 후에 비로소 최초 직불금 리턴이 이루어진 점, 전체 하수급업체 중 직불금 리턴에 응한 업체는 약 1/4에 불과하였고 하수급업체들은 자유롭게 직불금 리턴을 개시하였다가 중단할 수 있었던 점, 실제 원고들을 제외한 나머지 업체들은 직불금 리턴을 자유롭게 중단하였던 점, 원고들 역시 A건설의 자금사정이 악화되자 직불금 리턴을 중단한 점, 원고들은 A건설에 대한 채권단의 추가 자금지원이 없었다면 직불금 리턴에 응하지 않았을 것이라고 인정한 점, 기촉법상 워크아웃에 있어서 채권단의 추가 자금지원 여부는 채권단 스스로도 의사결정이 이루어지기 전까지 알 수 없는 사정이라는 점, 그럼에도 불구하고 결정되지 않은 채권단의 추가자금 지원 여부에 관하여 단순한 예상에 지나지 않은 취지의 언급을 두고 A건설의 변제능력에 대한 기망적인 요소로 단정해 버린 점 등, 항소심이 진행되었을 경우 대상판결과 달리 판단될 가능성이 높은 사정들이 다수 존재한다.

4) 금융감독원, "우리나라 및 주요 선진국의 기업구조조정제도", (금융감독원, 2008), 1면.

한 법률"(이하 "채무자회생법"이라 한다)이 마련되어 있고, 이와 별개로 주채권자들인 금융기관들과의 소위 "자율협약"[5]이라는 용어로 지칭되는 개별협약[6]에 따른 재무구조 개선 방법이 존재한다.

이와 같은 기업구조조정은 일시적으로 재무구조가 악화된 기업의 경영정상화 과정에서 발생하는 사회적 비용보다 기업구조조정을 통한 경영정상화 이후에 기대되는 사회적 이익이 더 크다는 이유에 기초하고 있다.

따라서 기업구조조정은 기업재산을 해체·청산함이 없이 이를 기초로 하여 사업을 계속할 경우의 가치, 즉 소위 "계속기업가치"가 청산되는 경우 이해관계인의 변제재원이 되는 모든 개별자산을 분리하여 처분할 때의 가액을 합계한 금액을 의미하는 소위 "청산가치"보다 크다는 판단이 내려지는 경우에 그 정당성이 인정될 수 있다.

II. 기업구조조정촉진법의 주요 내용

1. 기업구조조정촉진법상 기업구조조정의 의의

기촉법[7]에 의한 기업구조조정은 일명 "워크아웃"으로도 불리는데, 워크아웃은 외환위기 이후 급격히 증가한 부실기업의 신속한 처리를 위해 도입된 제도로서, 기본적으로 채권금융기관간 협약에 의해 운영되는 사적 기업회생제도를 의미한다. 그러나 이와 같이 법제화되기 전의 워크아웃은 기본적으로 사적 기업회생절차의 성질을 갖기 때문에, 채권금융기관들 사이에 자율적인 만장일치의 합의가 사실상 어렵고, 무임승차를 통한 채권금융기관 사이의 이기주의, 기업부실의 조기인지 및 부실기업의 신속한 처리를 위한 사전·사후 관리체계

---

5) 구체적으로, 채권은행협약, 대주단 협약, 중소기업 Fast Track 등이 있다.

6) 다만, 이 또한 은행업감독규정 등에 그 근거 규정이 마련되어 있어, 엄밀한 의미의 자율적 협약이라고 보기 어려운 측면도 있다.

7) 한편, 기촉법과 비교되는 법제로, "기업 활력 제고를 위한 특별법"(이하 "기업활력법"이라 한다)이 있다. 기업활력법은 기촉법에 따른 부실징후기업과 채무자회생법에 따른 회생신청 기업 및 파산신청 기업 등을 제외한 회사를 대상으로 적용되는데, 심한 경쟁 속에서 과잉공급 상태에 있는 기업 사업의 전반에 대한 재편을 지원(등록면허세 경감과 채무면제시 자산평가손의 손금 산입 등 세제 혜택을 비롯하여, 장기 및 저리의 대규모융자와 같은 금융지원, 현물출자와 주식병합 및 조직재편의 회사법상 요건 완화, 기업결합시 결합심사신고창구단일화 지원 등)함으로써, 기업경쟁력을 강화하고 산업구조를 고도화하기 위하여 특례를 제공하는 내용의 한시법이다.

에 있어 미흡한 한계가 있었다.

2. 기업구조조정촉진법상 기업구조조정의 연혁

이에 따라 상시적 구조조정시스템 정착을 위한 채권금융기관간 시장규칙을 명확히 정립하고, 채권금융기관 중심의 관리체제 강화를 통한 기업구조조정의 신속성과 효율성을 제고하기 위하여, 1997년 경제위기 이후에 대기업에 대한 워크아웃에 사용되었던 구 기업구조조정협약을 법제화함으로써 기촉법이 탄생하게 되었다.

구체적으로 1998년 외환위기를 맞으면서 약 210개의 금융기관들이 기업구조조정협약(워크아웃 협약)을 체결하여 구조조정을 시작하였고, 이러한 실무를 바탕으로 2001년 1차 기촉법이 법제화되어 2005년까지 시행되었다. 이후 재시행(재입법)의 논의가 계속되던 중 2011년까지 시행되는 것을 내용으로 하는 2007년 2차 기촉법이 제정되었고, 2011년 상반기 건설사 PF의 부실과 저축은행 영업정지 사태 등의 사태가 벌어지게 됨에 따라 2013년까지 시행되는 것을 내용으로 하는 2011년 3차 기촉법이 제정되었다. 이후 기촉법의 연장에 관한 논의 끝에 2014. 1. 1. 4차 기촉법이 제정되어 시행되었으나 기촉법의 효력기한인 2015. 12. 31.이 경과할 때까지 새로운 기촉법에 대한 입법이 이루어지지 않아 잠시 공백상태에 있었으나 2018. 6. 30.까지 효력을 갖는 새로운 기촉법(5차)이 2016. 3. 18. 제정되어 현재 시행 중에 있다. 대상판결의 사안에서 기초가 되는 법은 2, 3차 기촉법으로, 현재 시행중인 5차 기촉법과는 그 적용대상이나 절차가 다른 면이 있으나, 일응 그 판결의 취지는 여전히 현재의 워크아웃절차에서도 유효한 것으로 판단된다.[8]

3. 기업구조조정촉진법상 워크아웃의 개요

신용위험평가 결과를 통보받은 대상기업(기촉법 제2조 제5호, 제5조. 이하 "부실징후기업"이라 한다)은 주채권은행[9]에게 관리절차의 개시를 신청할 수 있고,

---

8) 이하에서는 이 사건 당시 적용되던 제3차 기촉법을 기준으로 그 주요 내용을 설명하기로 하며(이하에서 제시하는 조문은 구 기촉법의 조문을 기초로 한다), 이와 관련한 내용은 2016. 3. 18. 제정되어 현재 시행 중인 신 기촉법에서도 유지되고 있으므로 현재의 기촉법에서도 여전히 유효하다.

9) 채권금융기관 중 은행업을 규칙적·조직적으로 영위하는 금융기관을 말한다(기촉법 제2

주채권은행이 관리절차의 개시 여부를 결정하기 위한 채권금융기관협의회를 소
집하는 절차를 거쳐, 워크아웃절차가 개시된다.

　제1차 협의회에서는 통상적으로 채권행사의 유예 개시일부터 1개월을 초
과하지 아니하는 범위(자산 부채의 실사가 필요한 경우 3개월)에서 채권행사의 유
예기간을 정하는데, 이와 같은 채권행사의 유예기간은 1회에 한정하여 1개월의
범위에서 연장될 수 있다(기촉법 제6조).

　채권단의 논의 결과, 대상기업의 회생가능성이 인정된 경우 기업개선계획
마련이 추진되며, 채권단은 부실징후기업과 사이에 채권행사 유예기간 내에 의
결을 거쳐 기업개선계획의 이행을 위한 약정인 "경영정상화계획"(소위 '기업개선
계획' 또는 '워크아웃플랜')을 마련하여 확정하게 되고(기촉법 제8조), 이와 같은 경
영정상화계획의 이행을 위한 약정에는 기촉법 제8조 제2항에서 규정하고 있는
사항들이 포함되어야 한다.[10]

　이후 채권단과 대상기업 사이에는 경영정상화계획 이행을 위한 약정(MOU)
이 체결되는데, 경영정상화계획 이행을 위한 약정의 일반적 내용으로는, ① 채
권행사 유예기간,[11] ② 기존채권의 조정, ③ 신규자금의 지원, ④ 계열사간 보
증채무 해소, ⑤ 기존사업 등의 조정 등의 내용이 포함된다.

　이후 경영정상화계획의 실행 및 사후관리가 이루어지는데, 주채권은행은

조 제2호).

10) 1. 매출액·영업이익 등 당해 기업의 경영 목표수준
　2. 제1호에 따른 목표수준을 달성하기 위하여 필요한 당해 기업의 인원·조직 및 임금의
　조정 등의 구조조정 계획과 신주의 발행, 자본의 감소 등의 재무구조 개선 계획 등을 포
　함한 구체적인 이행계획. 이 경우 그 이행기간은 1년 이내의 기간으로 하되, 협의회의 의
　결로 연장할 수 있다.
　3. 제1호에 따른 목표수준을 달성하지 못할 경우 총인건비의 조정 등 당해 기업이 추가
　적으로 추진할 이행계획
　4. 제2호 및 제3호에 따른 사항과 관련하여 당해 기업의 노동조합 또는 주주 등 이해관
　계인의 동의가 필요한 사항에 대한 동의서
　5. 당해 기업의 경영정상화에 필요한 유동성을 지원하기 위하여 수립되는 채권재조정
　및 신용공여 계획
　6. 제3자 매각, 경영위탁 등을 통하여 경영을 정상화할 경우 그 구체적인 계획
　7. 그 밖에 기업의 경영정상화를 위하여 필요한 사항으로서 대통령령으로 정하는 사항.
11) 통상 3-5년 정도로 유예기간 중에는 대출금 상환이 없도록 하고(변제기의 유예), 기존채
　권의 조정 방법으로는 대출금에 대한 금리를 재조정하게 되며, 워크아웃기업에 대한 신
　규자금 지원은 구조조정 추진과정에서 일시적인 유동성 부족자금을 지원하거나 영업활
　동에 수반되는 원자재 구입자금 등을 위하여 지원하게 된다.

경영정상화계획 이행을 위한 약정의 이행실적을 분기별로 점검하여 그 점검결과를 기초로 대상기업의 기업구조조정 지속 여부 및 경영정상화 가능성을 정기적으로 평가·점검하여 채권단에 보고하여야 한다(기촉법 제9조).

한편, 제1기 기촉법 제정 당시에는 기존경영자의 경영권보장 여부에 대하여 아무런 규정을 두고 있지 않아, 기업개선절차가 개시되더라도 그로 인해 경영권이 즉시 교체되는 결과가 자동적으로 초래되는 것이 아니고, 원칙적으로 기존경영자가 계속하여 경영권을 행사할 수 있었다. 다만 기존경영자에 대한 감독을 위하여 자금관리인 제도를 두어 채권단의 의결을 통해 선임되는 자금관리인이 회사의 자금집행을 통제하도록 하였다.[12] 제2기 기촉법 역시 자금관리인 제도를 유지하였으나,[13] 제3기 기촉법에서부터는 경영정상화계획의 이행을 위한 신규 신용공여의 적절한 집행은 그 당사자인 협의회와 대상기업의 자율적인 협의를 통해 해결하는 것이 타당하다는 이유에서 해당 규정을 삭제하였고, 그 결과 당사자간의 합의인 자금관리약정에 따라 자금관리단이 운영되고 있으며, 통상 자금관리약정은 "경영·재무·자금(입출금 통제)·주요 사업현황에 대한 관리"를 비롯하여 "약정사항의 이행점검" 등을 내용으로 한다.

이러한 일련의 과정을 모두 계획대로 진행하여 마치는 경우, 재무구조가 개선된 대상기업에 대한 워크아웃은 종료된다.

Ⅲ. 기업구조조정촉진법상 채권단의 법적 지위

1. 기업구조조정촉진법상 채권단의 법적 지위를 살펴보기 위한 출발점

기촉법상 채권단은 대상기업을 지정하고 대상기업의 경영정상화를 위해 경영정상화계획을 체결하는 등 대상기업의 워크아웃을 개시하는 것은 물론 중단할 수 있는 광범위한 권한을 보유한다. 그러나 채권단은 일반 상거래채권자

---

12) 제1기 기촉법 제13조 (채권금융기관 공동관리) ③ 협의회는 채권보전을 위하여 필요하다고 판단되는 경우 당해 기업으로 하여금 자금관리 등 주요업무의 집행에 대하여 제1항의 규정에 의한 공동관리절차가 개시되는 날부터 협의회가 지정하는 자(이하 "자금관리인"이라 한다)의 승인을 얻도록 요구할 수 있으며, 당해 기업이 정당한 사유 없이 이에 응하지 아니하거나 자금관리인의 승인 없이 업무를 수행한 경우에는 제14조의 규정에 불구하고 당해 기업에 대한 채권행사의 유예나 공동관리절차를 중단할 수 있다.
13) 제2기 기촉법 제8조 제3항.

들과 달리 대상기업에 대한 채권행사가 제한되고 재무적으로 부실한 대상기업에게 막대한 규모의 신규 신용공여를 제공해야 하는 의무를 부담하는데, 이러한 채권단이 대상기업과의 관계에서 어떠한 법적인 지위를 갖는지에 대한 구체적이고 명시적인 규정은 존재하지 않는다.

　그런데 워크아웃은 채권자들 간의 권리에 상응하는 공평한 손실분담을 통해 대상기업의 경영을 정상화시키는 것이고, 이와 같은 워크아웃의 관행을 법제화한 것이 기촉법의 내용이며, 그 성공을 통해 결과적으로 대상기업은 물론 그 주주들의 이익도 채권자들에 비해 상대적으로 더 많이 보호될 수 있다. 특히 채권자들 중에서는 채권금융기관만이 손실분담의 전면에 서서 기업의 경영을 정상화시키는 것이기 때문에, 자율성에 기반을 두고 채권금융기관과 채무자의 권리를 최대한 균형 있게 보호하기 위한 유연한 법 해석과 적용을 하는 것이 매우 중요하다.[14)]

　따라서, 기촉법상 채권단의 법적 지위는 워크아웃의 취지와 기촉법에서 정하고 있는 채권단의 권한과 의무, 역할에 관한 규정들을 바탕으로 살펴보아야 한다.

2. 기업구조조정촉진법상 워크아웃이란, 금융기관의 원활한 채권회수를 추구하면서도 채무자인 대상기업에게 재건을 위한 여러 혜택을 부여하는 제도이다.

　기촉법상 워크아웃은 외부로부터의 자금지원 또는 별도의 차입이 없이는 채무 상환이 어려운 부실징후기업(대상기업)의 재무구조 개선을 위하여, 대상기업의 금융기관에 대한 채무의 변제를 유예하고, 채무의 내용을 조정하며, 금융기관으로 구성된 채권단으로부터 신규 대출이나 지급 보증을 제공받게 하는 것을 주된 내용으로 한다(그 결과 채권단을 제외한 대상기업의 다른 채권자들은 자금을 지원받는 대상기업으로부터 자신들의 채권을 변제받거나 대상기업과 영업을 지속할 수 있게 된다는 혜택을 간접적으로 누릴 수 있게 된다).

　대상판결 역시, (원고들은 워크아웃에 대해 채권단이 대상기업의 모든 것을 장악하고 대상기업으로부터 자신들의 채권을 회수하기 위한 것이라고 주장하였으나) "워크

---

14) 정규상, "기업구조조정촉진법의 실무상 주요 쟁점", BFL 제34호(서울대학교 금융법센터, 2009), 34면.

아웃은 외부로부터의 자금지원 또는 별도의 차입이 없이는 금융기관으로부터의 차입금 상환이 어려운 부실징후기업(기촉법 제2조 제5호)의 회생을 위하여, 대상기업의 금융기관에 대한 채무 변제를 유예하고, 채무액을 조정하며(금리를 조정하거나 원금 자체를 감면한다), 금융기관으로 구성된 채권단으로부터 신규대출, 지급 보증을 받게 하는 등 대상기업에게 여러 혜택을 부여하는 제도이다"라고 판시하였다.

3. 채무자회생법상 회생절차와 비교하여, 기업구조조정촉진법상 워크아웃은 채권행사 및 대상기업의 경영권 측면에서 중대한 차이점이 존재한다.

가. 해외 입법례

미국의 경우, 연방파산법 제11장은 절차선택과 관련한 불필요한 논란을 종식시키고, 기업회생을 촉진시키기 위하여 구 연방파산법 제10장과 제11장의 절차를 통합하여, 법원이 예외적으로 관리인의 선임을 명하는 경우가 아닌 한 회생절차개시에 의하여 채무자가 DIP(Debtor-in-Possession)라는 자격으로 도산재단을 계속 경영하도록 규정하였다.[15] 한편, 채권금융기관의 자율적인 기업구조조정을 지원하기 위한 별도의 법률이나 중재기관은 미국에 존재하지 않는다. 따라서 부실기업이 발생하면 채권자와 채무자 간의 사적 합의에 따른 개별 약정을 체결하여 재무구조 개선을 추진하며, 경영진 교체 문제 역시 경영정상화 약정의 일부를 구성하게 된다.[16]

일본의 경우, 공적 기업구조조정제도 중 법원이 관여하는 회생절차는 크게 회사갱생법과 민사재생법에 따른 절차로 나누어 볼 수 있는데, 민사재생절차는 원칙적으로 DIP제도를 따르고 있고, 회사갱생절차는 원칙적으로 제3자 관재인 제도를 따르고 있으나, 조기에 회사갱생의 신청을 주저하게 된다는 문제점이 제기되어 오던 중 동경지방법원은 2009. 1.부터 회사갱생절차에서도 민사재생절차에서의 DIP제도를 본받아 원칙적으로 기존 경영자를 관재인으로 선임하는 절차를 운용하고 있다. 다만, 기존 경영자의 관재인 선임을 위해서는 기존 경영

---

15) 이상균, "도산법상 회생절차에 있어서 우리나라와 미국의 경영주체 비교", 재판자료 제127집(도산법실무연구)(법원도서관, 2013), 9면.

16) 금융감독원 신용감독국, "우리나라 및 주요 선진국의 기업구조조정제도", (금융감독원, 2008), 253-255면.

자에게 부정행위와 같은 위법한 경영책임의 문제가 없어야 하고, 주요 채권자가 기존 경영자의 경영관여에 반대하지 않아야 하며, 기존 경영자의 경영관여에 의하여 갱생절차의 적정한 수행이 저해되는 등의 사정이 없어야 한다.[17]

나. 일반론적 검토

워크아웃은 회생절차에 비해 공개된 분석자료나 통계가 적어 경영권 유지가 어떻게 진행되고 있는지 구체적으로 파악하는 데에 상당한 애로가 있으나, 실무적으로는 워크아웃 개시시에 채권금융기관협의회는 대주주로부터 일정한 상황(가령, 채권단이 제시한 경영목표를 달성하지 못한 경우, 자구계획으로 회사자산 일정시기 매각달성목표를 이행하지 못한 경우, 그 밖에 경영정상화약정서에서 정하는 바를 이행하지 못한 경우 등)이 발생할 경우 경영권을 포기하겠다는 취지의 각서 및 이를 위한 주식담보제공, (무상감자 등을 위한) 주주총회 위임장 등을 미리 제출받고, 주채권은행이 대상기업의 운영자금지출내용을 통제할 자금관리인을 대상기업에 파견하여 자금지출을 감시하는 것이 일반적이다. 한편, 일부 사례의 경우 경영권교체를 하지 않더라도 채권금융기관협의회의에서 경영진 추천위원회를 두고 이사를 추천하는 방식으로 경영에 관여하는 경우도 있다.[18]

그러나 기촉법상 워크아웃은 기본적으로 채권행사와 관련하여 해당 채권이 금융기관의 채권인지 비금융기관채권(소위 상거래채권)인지에 따라 달리 취급되고, 경영권과 관련하여 기존의 대주주 및 경영권이 유지되며, 자금조달과 관련하여 신규 신용공여가 추가로 지원된다는 점에서 중대한 차이가 있다.

대상판결 역시 "이러한 워크아웃은 회생절차와는 다른 차이를 보이고 있는데, 첫째 주관은행이 채권단을 소집하는 시점에서 협약가입 금융기관의 채권행사가 금지되고, 둘째 워크아웃이 시행되더라도 원칙적으로 기존 경영진은 경영권을 그대로 행사하며, 셋째 워크아웃 개시 이후에 필요한 자금을 제공한다는 것이 그것이다"라고 판시하였다.

특히, 경영권의 측면에 있어서, 기촉법에 따른 워크아웃절차는 채무자회생

---

17) 최효종·김남성, "기업구조조정촉진법과 회생절차", BFL 제64호(서울대학교 금융법센터, 2014), 33-34면.
18) 최효종, "기업구조조정절차에서의 경영권과 지배구조(최근의 실무를 바탕으로)", 도산법연구 제5권 제2호(도산법연구회, 2014), 54면.

법에 따른 회생절차와 차이를 보인다. 우선, 채무자회생법에 따른 회생절차에서는 제3자든 기존 대표이사든 법원에 의해 엄격한 관리 및 통제를 받는 관리인이라는 기관이 존재하고, 관리인은 회생회사의 대표자나 기관이 아니라 회생회사와 그 채권자 및 주주로 구성되는 소외 이해관계인 단체의 관리자인 일종의 공적수탁자로서[19] 회생회사를 대신하여 직접 회생회사의 법률관계에 있어 권리의무의 주체가 되는 반면, 기촉법상 워크아웃 절차에서는 여전히 대상기업이 권리의무의 주체가 되고 대상기업을 대표하고 의사를 결정하는 것은 여전히 대상기업의 대표이사와 이사회에 의해 이루어지며, 관계 법령에 따라 주주총회 역시 개최 및 기능을 유지하게 되고, 채권단은 대상기업 외부의 별도 법률주체로서 대상기업과의 별도 약정을 통해 대상기업의 일반재산이 불필요하게 산일되지 않도록 관리 및 감시하는 역할을 수행하게 될 뿐이다. 또한, 회생절차에서는 신규 자금유치 및 재무구조 개선을 위해 대주주에 대한 감자가 이루어지기 마련이지만, 기본적으로 워크아웃절차에서는 재무구조 개선 작업이 원만하게 진행될 수 있거나 정상적으로 마무리되면 기존 경영진 내지 대주주의 영향력 등 대상기업에 대한 지배력은 여전히 유지된다.

　　대상판결 역시 "경영권과 관련하여 워크아웃이 개시되더라도 대상기업의 주식 소유 현황은 대규모의 출자전환이 이루어지는 예외적인 경우를 제외하고는 그대로 유지되는 결과, 대상기업의 대표이사 등을 선임하는 권한 등 경영권은 대상기업의 대주주에게 그대로 유지되게 된다"고 판시하였다.

　　다만, 기촉법은 워크아웃의 실무를 법제화한 것으로 구조조정을 위한 채권금융기관의 권한과 의무 및 절차에 관한 기본적인 내용만을 정하고 있기 때문에, 그 외의 내용에 대해서는 채권금융기관과 대상기업 사이의 자율적인 협약에 따를 수 있는 것이라는 특성상, 워크아웃의 구체적인 모습에 따라 대상기업에 대한 경영권의 귀속과 관련하여서는 다양한 경우들이 존재할 수 있다.[20]

---

19) 대법원 1988. 10. 11. 선고 87다카1559 판결; 대법원 1988. 8. 9. 선고 86다카1858 판결; 대법원 1974. 6. 25. 선고 73다692 판결 등.

20) 2013년도 STX그룹의 경우를 예로 들면서, "기촉법상 워크아웃에서 자본감소 및 출자전환으로 경영권을 상실하는지 여부는 채권금융기관들의 결정에 좌우되어 경영권 보장 여부가 불투명하다"는 견해[임치용, "한국의 워크아웃제도 ─ 회생절차와의 비교", 도산법연구 제4권 제2호(도산법연구회, 2014), 25-26면] 역시 기촉법에 따른 워크아웃에서 대상기업의 경영권이 어떻게 정해지는지는 다양한 모습이 있을 수 있다는 사정에 기초한 평가로 볼 수 있다.

2013년 금융감독원의 "채권금융기관 워크아웃 기업현황"에 의하면, 기촉법상 워크아웃 신청 기업은 2009년 이후 2013. 6.까지 금호아시아나그룹을 위시로 하여 52개의 대기업과 68개의 중소기업 등 총 120개에 이르고, 그 중 95개 기업(약 80%)의 최대주주가 그대로 유지되었으며, 경영진의 경우도 기존 임원진이 그대로 유지되고 있었다고 하는데,21) 이러한 사정들을 통해 기촉법상 워크아웃에서는 대체로 기존경영자와 대주주의 경영권이 유지되고 있음을 확인할 수 있다.

4. 기업구조조정촉진법상 워크아웃에서 부여되는 채권단의 권한 및 자금관리단 파견은 채권단의 채권을 보전하기 위한 것이다.

가. 채권단의 권한

기촉법상 워크아웃에서 마련되는 경영정상화계획에는 대상기업의 경영현황을 파악하고, 중대한 자금집행 등에 대해서는 사전 승인권한이나 자금관리단 파견에 관한 규정을 두기 마련이며, 경영정상화계획을 제대로 이행하지 않거나 대상기업의 자금을 불법적으로 외부 유출하거나 자산상태의 중대한 변화를 초래하는 경우 경영진의 교체 및 경영권을 포기하겠다는 각서를 제출받는다.

그러나 이와 같은 채권단의 권한은 채권단 자신이 대상기업에 대하여 보유하고 있는 기존 채권과 신규 신용공여에 따른 신규 채권의 보전을 위해 대상기업의 일반재산이 불필요하게 산일되지 않도록 하기 위한 것일 뿐이고, 워크아웃 절차에서 대상기업의 경영은 대상기업의 업무에 전문성을 갖추고 있는 대상기업의 대주주와 기존 경영진에 의해 이루어지는 것이므로, 채권단의 이러한 권한은 대상기업의 업무 전반을 확인하고 그에 관한 구체적인 의사결정에 관여하는 것이 아니라, 단순히 대상기업의 신규 채무부담 또는 자금지출거래가 진성거래인지 여부를 확인하는 수준에서 최소한도로 행사되어야 하는 것이다. 그리고 이와 같은 채권단의 권한은 어디까지나 그 행사 여부가 채권단에게 귀속되어 있는 권한일 뿐이지 채권단의 대상기업에 대한 의무가 아니다.

나. 자금관리단의 파견

기촉법에 의한 워크아웃이 개시되는 경우, 기존 경영진이 바로 교체되는

---

21) 김기식, "워크아웃 제도를 점검한다 Ⅰ, Ⅱ", http://www.dramk.kr, 2013. 10. 6. 및 8.

것은 아니고 원칙적으로는 기존 경영자가 계속하여 경영을 하게 된다. 다만, 대상 기업과 개별적인 약정을 통해 자금관리인을 파견하여 회사의 자금집행을 엄격하게 통제 및 관리한다.[22] 즉, 경영권 귀속에 관한 직접적인 징표인 최대주주의 감자 여부, 이사회 구성 등과 별개로 기촉법에 따른 대부분의 워크아웃에 있어서는 자금관리단의 파견이 이루어진다.

물론 채권단과 대상기업 사이에 체결되는 자금관리단 파견에 관한 구체적인 약정의 내용에 따라, 자금관리단의 권한과 의무 및 지위에 대한 다양한 모습이 존재할 수 있지만, 자금관리단의 파견은 기본적으로 "대상기업의 자금"에 대해 채권단의 관리와 감독이 이루어지기 위한 것이다.

이와 같은 자금관리단의 시초는 과거 기촉법 시행 전 이루어지던 워크아웃에서 채권단을 대표하여 워크아웃기업에 상주하면서 채권단 및 운영위원회, 주채권은행의 지시와 감독을 받으며 기업개선약정의 이행을 독려하고 자금관리 및 내부 회계제도 관행의 건전화를 도모하는 역할을 수행해 오던 "경영관리단"에서 비롯되었는데, 워크아웃 시행초기에 경상경비지출에 대한 지나친 통제 등으로 경영의 효율성을 떨어뜨린다는 불만이 제기되자 기업개선약정 이행실적이 양호한 기업에 대해서는 통제가 점차 줄어갔고 기촉법 하에서는 "자금관리단"으로 명칭이 변경된 것이라고 한다.[23]

그러나 자금관리단이 파견된다는 사정만으로 대상기업의 경영권이 채권단에게 이전되는 것이 아니고, 자금관리단의 주 업무는 대상기업이 경영정상화를 위한 약정내용을 잘 이행하고 있는가를 확인하고 그 이행을 독려하는 것으로서, 실무에서는 주로 재무적인 사항에 대한 관리가 대부분을 차지한다. 이처럼 자금관리단의 대상기업 재무사항에 대한 관여는 채권단의 채권회수를 위해 필요한 사항이므로 정당화될 수 있고, 대상기업 일반 경영사항에 대하여는 채권회수율을 높이는 것과 연관이 있는 한도 내에서 정당하다고 볼 수 있다.[24]

---

22) 구회근·오세용, "기촉법 상시화에 대한 비판적 검토 및 회생절차 개선방안 모색", 한국금융학회 춘계 공동정책심포지엄 주제발표문(2011), 21면.

23) 오수근, "워크아웃(기업개선작업)에 관한 연구", 상사법연구 제24권 제4호(한국상사법학회, 2006, 128면.

24) 한재철, "기업구조조정촉진법상 기업구조조정에 있어서 주채권은행의 역할", 경성법학 제12호(경성대학교 법학연구소, 2003), 195면.

다. 자금관리단 파견의 취지와 자금관리단의 권한

위와 같은 채권단의 권한 행사 일환으로 이루어지는 자금관리단 파견은, 채권단이 기촉법상 워크아웃 개시 전에 보유하던 채권을 재조정해 주고 신규 신용공여까지 제공하면서 진행되는 경영정상화계획의 이행을 점검하기 위해 마련된 것으로서, 기업구조조정 대상기업의 도덕적 해이를 통제하여 채권단의 기존 대여금과 신규 대여금이 본래 지원의 목적대로 사용되도록 하기 위한 것이다.

즉, 자금관리단 파견은 채권단이 채무초과의 대상기업에게 변제기가 도래한 채권의 회수를 유예해 주는 것에서 그치지 않고 나아가 새로이 돈을 추가로 빌려주면서(채권재조정과 신규 신용공여), 대상기업이 변제기를 유예받지 않았으면 채권단의 채권을 변제하였어야 하지만 변제기가 유예됨으로써 당장의 지출을 면한 자금은 물론, 무엇보다 새로이 지원받은 돈을 (경영정상화 계획에서 약정한 바에 따라) 허투루 사용하지 않고 올바르게 이용하는지를 감시·관리하기 위한 것이다.[25]

이외에도 대상기업의 非금융기관에 대한 채무는 지급이 유예되지 않지만, 대상기업의 금융기관에 대한 채무는 지급이 유예된다는 점(기촉법 제6조 제2항, 제10조) 역시 채권단의 자금관리단 파견에 대한 이유가 된다.

이처럼 대상기업의 사실상 유일한 현금성 자산이 되는 "협의회 금융기관들이 출연한 신규 신용공여"가 과연 올바르게 지출되는지를 확인하고 대주주나 기존 경영진의 사적 유용(즉, moral hazard)을 방지하기 위하여, 당시 기촉법 및 경영정상화 계획에 따라 파견되는 것이 바로 자금관리단으로서, 이러한 자금관리단은 그 목적과 역할에 따라 대상기업의 자금 지출이나 채무 부담행위가 진성거래에 기초한 것인지 여부를 확인하고 감시하는 것에 그칠 뿐, 실제 대상기업의 구체적인 경영권 행사와 관련하여 대표이사를 조종하거나 이사회에서의 의사결정을 지시하는 등의 역할을 하거나 그와 같은 권한을 보유하는 것이 아니다.

이와 관련하여, 대상판결 역시, '채권단이 대상기업에 대하여 보유하는 권한의 의미'에 대해서는, "채권단은 자신의 채권보전을 위하여 대상기업에 대한

---

25) 가령, 허위거래를 빙자하여 돈이 유출 또는 착복되지 않는지(진성거래 여부) 등을 확인하기 위한 것이다.

여러 가지 권한을 가지게 된다. 그러나 이러한 채권단의 권한은 채권단의 채권보전을 위한 범위 내에서 최소한도로 행사되어야 하고, 이를 넘어서 대상기업의 영업활동 등 자금 지출과 무관한 업무에까지 대상기업 경영권을 본질적으로 침해하는 방식으로 행사하는 것은 지나친 개입으로서 워크아웃제도의 취지에 반한다"고 판시하였고, '자금관리단 파견의 의미 및 그 역할'에 대해서는, "채권단은 채권보전을 위하여 자금관리단을 파견할 수 있으나, 이러한 자금관리단은 채권단의 채권보전을 위하여 파견되는 것으로서, 채권단이 그 변제기를 유예해 줌으로써 당장의 지출을 면한 자금과 채권단이 새롭게 대출해 준 신규자금이 방만하게 사용되지 않도록 이에 대한 감시를 하게 된다. 구체적으로 자금관리단은 자금의 지출이나 채무부담행위의 원인이 허위거래가 아닌지를 확인한 후, 이를 승인하는 업무를 하게 되는데, 이러한 자금관리단은 전문경영인이 아닌 은행원들로 구성되어 있을 뿐이고, 자금관리단이 파견되더라도 자금관리단이 대상기업의 새로운 경영자가 되는 것은 아니며, 그 파견 목적상 자금관리단의 업무는 자금의 지출이나 채무의 부담에 관한 업무에 집중될 수밖에 없다"라고 판시하였다.

Ⅳ. 채권단의 불법행위책임 여부

1. 상정 가능한 채권단의 불법행위책임의 종류

만일, 대상기업이 불법행위를 저지르는 경우에 자금관리단을 파견한 채권단이 대상기업과 함께 불법행위 관련 계획을 세우거나 제안하는 등으로 대상기업의 불법행위에 관여한 사실이 있다면, 채권단 역시 대상기업과 함께 작위에 의한 공동불법행위책임을 부담하게 될 수 있다.

이와 달리 대상기업이 불법행위를 저지르는 경우에 자금관리단을 파견한 채권단이 대상기업의 불법행위에 관여한 사실이 없다면, 채권단에게 대상기업이 불법행위를 저지르지 않도록 관리해야 하거나 대상기업의 불법행위를 저지해야 할 의무가 존재하는지(즉, 과실에 의한 부작위(방조)의 공동불법행위책임이 인정될 수 있는지), 나아가 대상기업의 불법행위가 이루어지는 과정에서 자금관리단을 파견한 채권단이 관여하지 않은 경우에도 채권단에게 민법 제756조에 따른 사용자책임이 인정될 수 있는지(즉, 대상기업의 사용자 지위가 인정되는지)가 문제될 수 있다.

2. 채권단의 작위에 의한 공동불법행위책임 가능성

독점규제 및 공정거래에 관한 법률에 의해 금지되는 담합이나 차입금을 변제할 수 없음에도 불구하고 사채를 발행하는 주식회사의 사정을 알면서도 일반투자자들을 상대로 사채의 구매를 권유하는 등으로 해당 사채의 공모절차를 진행한 증권회사의 경우와 같이, 어느 법인의 불법행위에 대해 외부의 제3자가 불법행위를 공모하거나 공동으로 가공한 사실이 있는 경우 그 제3자 역시 공동불법행위 책임을 부담할 수 있는 것이므로,[26] 채권단이 대상기업의 불법행위를 공모하는 등 적극적인 관여행위를 하거나 또는 대상기업의 경영권을 이전받거나 장악하면서 직접 불법행위의 의사를 결정하거나 구체적인 역할을 담당하는 경우에는 채권단의 (공동)불법행위가 성립할 수 있다.

그러나 대상판결의 사안의 경우는 A건설의 대주주 및 기존 경영진으로 구성된 이사회가 유지되는 등 A건설의 경영권이 채권단에게 이전되지 않았을 뿐만 아니라 불법행위에 대한 공동가공 또는 공모의 사실도 없었으므로 공동불법행위책임은 인정되기 어렵다. 대상판결 역시 "피고들이 A건설의 채권단이라는 사실 또는 자금관리단을 파견하였다는 사실만으로, 피고들이 A건설의 경영권 전반을 실질적으로 행사함으로써 리턴행위에 대해서 A건설과 객관적인 공동행위를 하였다고 볼 수 없다"고 판시하여 채권단의 작위에 의한 공동불법행위책임을 부정하였다.

다만, 대상판결은, "피고들이 이 사건 리턴행위와 관련해서 객관적 공동행위를 하였다고 인정되기 위해서는 A건설이 원고들에게 리턴을 요구하고 그 대가로 외상매출채권을 원인으로 전자어음을 발행한 일련의 행위를 피고들이 사전 승인하였다거나, 자금관리단장이 참석한 이사회에서 이에 대한 안건이 논의되었고 채권단이 이러한 안건에 대하여 어떠한 수정도 요청하지 않았다는 등의 사실이 인정되어야 한다"고도 추가적인 설시를 하였으나, 이와 같은 설시 부분은 후술하는 바와 같이 채권단에게 대상기업의 불법행위를 방지할 작위의무 또

---

26) 서울중앙지방법원 2014. 11. 4. 선고 2013나49885 판결(개인정보 침해와 관련하여, 직접 개인정보를 침해하는 A회사 외에 그러한 사정을 알면서도 A회사와 별도 약정을 체결하여 개인정보 침해행위를 영업에 활용하였던 B회사에게도 공동불법행위책임을 인정하였던 사안으로, 현재 대법원에서 상고심이 계속 중이다).

는 불법행위에 도움을 주지 않아야 할 주의의무가 있다고 볼 수 없다는 대상판결의 판시 내용과도 모순되는 것이어서, 동의하기 어렵다.

3. 채권단의 과실에 의한 부작위 방조의 공동불법행위책임 가능성

과실에 의한 부작위 방조의 공동불법행위책임이 인정되기 위해서는 방조자에게 불법행위에 도움을 주지 않아야 할 주의의무가 있음을 전제로 하여 이 의무를 위반해야 하고, 방조자에게 공동불법행위자로서의 책임을 지우기 위해서는 방조행위와 피방조자의 불법행위 사이에 상당인과관계도 인정되어야 한다.[27]

구체적으로, 판례는 금원을 차입하여 주금납입을 가장하려는 차용자(불법행위자)가 주금이 납입될 계좌에 미리 예약이체 설정을 해 둠으로써 대여자를 상대로 차용금을 편취한 불법행위에서 금원 이체를 처리하였던 은행 직원,[28] 시행사가 허위·과장 광고로 분양한 불법행위에서 자금관리 대리사무계약을 체결하고 수분양자들로부터 수납한 분양대금을 관리하는 신탁회사,[29] 전자금융거래를 매개로 이루어진 거래가 불법행위인 경우 접근매체를 양도할 당시 그러한 불법행위가 이루어지게 되거나 그 불법행위를 용이하게 한다는 점을 예견하지 못한 접근매체의 명의자[30]에 대해서는 과실에 의한 방조의 불법행위책임을 부정하였던 반면, 시행사가 허위·과장 광고로 분양한 불법행위에서의 시공사,[31] 시행사가 불법 공사를 시행하여 수분양자들에게 분양부동산을 인도한 불법행위에 있어서의 시공사,[32] 유사수신행위를 통한 투자금 편취행위의 불법행위에 대한 투자 위험성을 간과한 채 투자를 적극 권유한 투자매개자,[33] 투자자를 위법하게 모집하는 불법행위에 대해 지점 내에 사무실을 제공하면서 증권회사 내부의 직위로 오인할 만한 '실장'이라는 직함을 사용하도록 방치한 지점장[34]에 대

---

27) 대법원 2007. 6. 14. 선고 2006다78336 판결; 대법원 2000. 4. 11. 선고 99다41749판결; 대법원 1998. 12. 23. 선고 98다31264 판결.
28) 대법원 2012. 11. 15. 선고 2010다92346 판결.
29) 대법원 2014. 1. 29. 선고 2011다107627 판결.
30) 대법원 2014. 12. 24. 선고 2013다98222 판결.
31) 대법원 2014. 4. 10. 선고 2011다82438, 82445, 82452 판결.
32) 대법원 2012. 6. 14. 선고 2012다15060, 15077 판결.
33) 대법원 2007. 6. 14. 선고 2005다32999 판결.
34) 대법원 2007. 5. 10. 선고 2005다55299 판결.

해서는 과실에 의한 방조의 불법행위책임을 인정하고 있다.

그러나 채권단은 대상기업의 업무를 대신 수행하거나 시행사와 시공사의 관계에서처럼 대상기업과 함께 대상기업의 영업을 영위하거나 대상기업의 영업으로 영리를 추구하거나 대상기업 또는 대상기업의 이해관계자(제3자)와의 관계에서 대상기업을 관리·감독해야 하거나 그들을 위하여 어떠한 업무를 처리해야 하는 법률상 또는 계약상 의무를 부담하지 않고, 기본적으로 대상기업의 채권자일 뿐이다. 자금관리단 파견 역시 채권단 자신의 채권을 보전하기 위한 것일 뿐, 대상기업의 업무활동을 대신하거나 대상기업의 이해관계자들의 이익을 보호하기 위한 것이 아니므로, 채권단이 워크아웃절차에서 보유하게 되는 권한은 대상기업 또는 대상기업의 이해관계자들이 아닌 채권단의 이익을 위하여 행사되는 것이다. 그러므로 채권단은 대상기업의 타인에 대한 불법행위를 알게 되었다고 하더라도, 그러한 불법행위에 도움을 주지 않아야 할 주의의무가 있다고 보기 어렵다. 뿐만 아니라 채권단의 지위 또는 존재와 대상기업의 불법행위 사이에는 어떠한 상당인과관계도 존재하지 않으므로, 채권단에게 과실에 의한 방조의 공동불법행위책임이 인정될 수는 없다.

대상판결 역시, '채권단에게 과실 또는 부작위의 방조에 의한 공동불법행위책임이 인정되는지 여부'와 관련하여, "과실의 내용은 불법행위에 도움을 주지 않아야 할 주의의무가 있음을 전제로 한다(대법원 2009. 5. 14. 선고 2009다2545 판결 등) ⋯ (중략) ⋯ . 채권단에게 A건설이 원고들에 대하여 불법행위를 하는 것을 방지할 작위의무가 있다거나 A건설의 불법행위에 도움을 주지 않아야 할 주의의무가 있다고 볼 수 없다. 채권단은 기본적으로 A건설의 채권자일 뿐이고, 워크아웃 도중이라고 하더라도 피고들에게 A건설의 구체적인 영업행위를 조사 확인하고 A건설이 불법행위를 하고 있다고 판단되면 불법행위 피해자의 이익을 위하여 이러한 불법행위를 방지하여야 할 의무가 있다고 할 수는 없기 때문이다. 자금관리단은 채권보전을 위하여 A건설로부터 행사 가능한 여러 '권한'을 부여받을 뿐, 이러한 권한을 반드시 행사하여야 한다거나 채권단이 아닌 다른 일반채권자들의 이익을 위하여 이를 행사하여야 하는 '의무'가 있다고 할 수 없다"고 판시하여, 채권단에게 대상기업의 불법행위를 저지해야 하는 작위의무를 부정하였다.

4. 채권단의 사용자책임 가능성

사용관계란 실질적인 지위·감독관계를 뜻하는 것으로서, 단지 추상적, 일반적 지도 감독의무가 있음에 불과한 경우에는 사용자 내지 감독자로 볼 수 없다. 구체적으로, '마을회'에 의하여 설립된 '유아원'에 운영비를 보조하고 교사의 추천과 근무지 조정을 해 왔다고 하더라도 그와 같은 관여행위는 법에 의한 사업진행의 일환으로 또는 부조적인 지원행위에 불과하다는 이유로 '군(郡)'의 사용자로서의 지위가 부정되었고,35) 새마을금고법 소정의 연합회의 지도·감독의무는 추상적·일반적 지도·감독의무이므로 새마을금고나 그 직원을 구체적·실질적으로 지휘·감독하고 있다고 할 수 없다는 이유로 '연합회'의 사용자로서의 지위 역시 부정되었다.36)

앞서 본 채권단의 지위나 자금관리단 파견의 목적, 위 판례의 취지 등에 비추어 보면, 채권단에게 대상기업에 대한 지도·감독 권한을 넘어 의무가 있다고 하더라도, 구체적으로 대상기업의 개별 경영에 일일이 관여하는 것이 아니어서 추상적·일반적 지도·감독의무에 불과하므로, 채권단에게 대상기업의 직원을 구체적·실질적으로 지휘·감독하는 사용자로서의 지위가 인정될 수는 없다.

대상판결 역시 "단지 추상적, 일반적 지도 감독의무가 있음에 불과한 경우에는 사용자 내지 감독자로서 손해배상책임을 진다고 할 수 없다(대법원 1998. 1. 23. 선고 97다39490 판결 등)…(중략)…피고들 또는 자금관리단은 A건설의 불법행위에 대해 그 사용자 또는 그에 갈음한 감독자로서 손해배상책임을 진다고 할 수 없다"고 판시하여, 사용자로서의 지위를 부정하였다.

5. 워크아웃 절차에서 이루어진 실제 경영권 관련 사례들 및 채권단의 책임

워크아웃의 경우 전술한 바와 같이 경영권 보장 여부와 관련한 명시적인 법규정이 없다. 그런데 2008년 미국발 금융위기 이전에 워크아웃이 진행된 대표적인 사례인 SK네트웍스, 팬텍, 하이닉스, 현대건설 사례의 경우를 보면, SK네트웍스와 팬텍의 경우는 기존 경영자의 경영권이 유지되었고, 하이닉스와 현대건설의 경우는 채권단이 기존 대표이사를 사퇴시킨 데 비해, 금융위기 이후

---

35) 대법원 1991. 2. 12. 선고 90다11370 판결.
36) 대법원 1998. 1. 23. 선고 97다39490 판결.

최근 워크아웃이 개시되어 현재까지 절차가 진행 중인 금호산업, 금호타이어, 진흥기업(효성그룹 계열사) 등의 경우는 경영권이 유지된 사례로 평가된다. 한편, 대한전선의 경우에는 워크아웃 진행 중에 최대주주가 스스로 경영권을 포기하였으며, 워크아웃보다 강도가 약한 자율협약을 현재까지 계속 진행 중인 STX, STX조선해양, STX중공업의 경우 노조를 비롯한 회사 구성원들이 기존 대주주의 경영권 박탈에 이의를 제기하였음에도 불구하고 채권단이 경영진 교체를 강행하였다.

이러한 여러 경우들을 살펴보면, 워크아웃에서 채권단은 워크아웃 개시를 전후하여 대상기업의 최대주주에게 추가 출자, 계열사의 추가 담보나 추가 연대보증 제공 등 새로운 의무이행을 요구하고(이른바 '고통분담'), 최대주주가 이를 이행하면 기존 경영자의 경영권을 그대로 유지시켜 주고, 그렇지 못한 경우에는 경영권을 박탈하는 경향이 있는 것으로 보인다.[37)]

그러나 이와 같이 최대주주의 추가 출자 또는 추가 담보 등이 제공되는 경우에도, 최대주주의 대상기업에 대한 지배력은 변동이 없고, 워크아웃절차에서의 경영정상화약정 및 추가 출자 등의 약정은 기촉법에 따라 채권단으로부터 채권행사의 유예나 신규 신용공여와 같은 혜택을 제공받기 위한 사인간의 "합의"로서, 그로 인해 경영권의 이전이 이루어지는 것이 아니다. 그리고 채권단에 의해 대표이사 등 이사회 구성이 달라지더라도 대상기업을 대표하고 그 의사를 결정하는 것은 여전히 대상기업의 변경된 새로운 대표이사 및 이사회이다. 따라서 워크아웃에서 채권단이 대상기업의 경영권에 관여하게 되는 경우들에 있어서도, 그러한 사정만으로 채권단에게 대상기업의 불법행위와 관련한 책임을 부담한다고 볼 수는 없고, 여기서 더 나아가 채권단이 대표이사 등을 통해서 불법행위에 관여하는 정도까지 이르는 경우에 해당하여야 불법행위책임을 부담하게 될 수 있을 것이다.

V. 결   론

결국 대상판결의 요지는 대상기업의 경영권이 이전되지 않은 채 자금관리단이 파견된 경우에 있어서 대상기업의 불법행위가 발생하더라도 채권단에게

---

37) 최효종·김남성, 전게논문, 37-38면.

사용자책임 또는 과실 및 부작위의 방조에 의한 공동불법행위책임은 성립하기 어렵다는 취지로 이해할 수 있다. 다만, 기촉법에서 정한 것 이외의 사항에 대해서는 대상기업과 채권단 사이의 자율적인 합의와 운영에 따라 다양한 모습이 존재할 수 있다는 기촉법의 워크아웃 특성상, 워크아웃의 다양하고 구체적인 사실관계에 따라 대상판결의 결론과 다른 결론이 도출될 수도 있다는 점 또한 명심해야 할 것이다.

이처럼 대상판결은 기촉법상 일반적인 기업구조조정 절차에 있어서 대상 기업의 불법행위와 관련한 채권금융기관의 책임 여부가 문제되는 경우, 채권금융기관의 지위에 그 책임의 종류에 대한 판단 기준을 제시하였다는 점에서 그 의미가 크다.

한시법으로 시행되던 중 2016. 1. 1. 효력기간의 일몰로 기촉법의 상시화 여부 논란 등 재입법 여부를 둘러싼 여러 논의 끝에, 신 기촉법이 지난 2016. 2. 15. 제도적 장점, 구조조정 수단의 다양성 유지 필요성 등이 인정되어 2018. 6. 30.까지를 기한으로 하는 한시법으로 재입법되었다.[38] 따라서 대상판결의 내용은 기촉법 하에서 이루어지는 워크아웃에 있어서 채권단의 법적 지위와 권한 및 책임에 대해 유의미한 논의를 제공하고 채권금융기관들에게 워크아웃 업무에 있어 일종의 가이드라인으로도 활용될 수 있을 것으로 보인다.

한편, 기업구조조정제도에서 이루어지는 경영자를 감독하고 그 업무에 대한 통제를 하는 방식에는, 크게 기존 경영자를 제3의 관리자로 대체하는 방법, 기존의 경영자를 그대로 두되 제3자가 감독하는 방법, 기존 경영자에게 완전히 맡기는 방법이 있을 수 있는데, 이들 방법은 각자 장단점을 갖고 있으므로, 구조조정제도를 법제화하고 상설화하기 위해서는 그 전제조건으로 채무자회생법과 같이 워크아웃 진행 기간 중의 경영권 유지여부 및 그 필요조건 등에 관한 구체적 내용을 기촉법 또는 적어도 금융기관 자체 가이드라인 정도에라도 포함시켜 절차투명성을 제고하여야 할 필요가 있을 것으로 본다는 견해도 있다.[39]

---

38) 구 기촉법과 비교하여, ① 〈참여 범위〉에 있어서 채권자의 범위를 과거 채권금융기관에서 "모든 금융" 채권자로, 대상기업의 범위를 신용공여액 500억 원 이상 기업에서 "모든 기업"으로 확대하고, ② 〈위헌성 논란〉과 관련하여 반대채권자 권리를 보호 및 강화하고 신규 신용공여 지원결정의 자율성을 제고하며, 소액 채권자 역시 의견을 제시하고 특수한 경우 별도 의결 요건을 부여하는 등의 특징이 있다.

39) 최효종, 전게논문, 71면.

그러나 기촉법상 워크아웃의 본질이 자율적인 합의에 의한 구조조정이고 구체적인 기업구조조정의 경우에 따라 적절한 방안이 다양할 수 있는데 이를 법제화하지 않음으로써 유연하게 기능할 수 있다는 점에서 기촉법상 워크아웃이 채무자회생법과 다른 기업구조조정 제도이자 수단으로 활용될 수 있는 측면 또한 존중할 필요성이 있다 할 것이므로, 기촉법에 워크아웃 진행 기간 중의 경영권에 관한 사항을 명시할 것인지 여부는 보다 신중한 접근이 필요하다고 본다.

● 참고문헌

구회근·오세용, "기촉법 상시화에 대한 비판적 검토 및 회생절차 개선방안 모색", 한국
　　　금융학회 춘계 공동정책심포지엄 주제발표문(2011)

금융감독원, "우리나라 및 주요 선진국의 기업구조조정제도", (금융감독원, 2008)

금융감독원 신용감독국, "우리나라 및 주요 선진국의 기업구조조정제도", (금융감독원,
　　　2008)

오수근, "워크아웃(기업개선작업)에 관한 연구", 상사법연구 제24권 제4호(한국상사법학
　　　회, 2006)

이상균, "도산법상 회생절차에 있어서 우리나라와 미국의 경영주체 비교", 재판자료 제
　　　127집(도산법실무연구)(법원도서관, 2013)

임치용, "한국의 워크아웃제도 ─ 회생절차와의 비교", 도산법연구 제4권 제2호(도산법연
　　　구회, 2014)

정규상, "기업구조조정촉진법의 실무상 주요 쟁점", BFL 제34호(서울대학교 금융법센터,
　　　2009)

최효종, "기업구조조정절차에서의 경영권과 지배구조(최근의 실무를 바탕으로)", 도산법
　　　연구 제5권 제2호(도산법연구회, 2014)

최효종·김남성, "기업구조조정촉진법과 회생절차", BFL 제64호(서울대학교 금융법센터,
　　　2014)

한재철, "기업구조조정촉진법상 기업구조조정에 있어서 주채권은행의 역할", 경성법학
　　　제12호(경성대학교 법학연구소, 2003)

회생절차에서의 유치권자의 지위

김선경, 황인용

[요　지]

　　현행 회생절차에서 유치권은 질권, 저당권 등과 함께 회생담보권으로 인정
되고 있다. 그러나 유치권은 질권, 저당권 등 다른 담보물권과는 달리 민사집행
절차상 담보권자에게 우선변제권이 인정되지 않고, 인수주의가 채택되어 있는
등 고유한 특성을 지니고 있으며, 이로 인하여 회생절차에서 유치권의 취급에
대해서는 여러 가지 의문점들이 제기되고 있으나, 아직까지 이 점을 상세히 다
룬 문헌을 찾아보기 어렵다.

　　대상판결은 회생절차에서 유치권자의 법적 지위 등에 관하여 판시하고 있
는 보기 드문 상급심 판결로서, 대상판결이 다루고 있는 법적 쟁점이 많지는 않
으나 향후 회생절차에서의 유치권의 취급이라는 연구 과제를 제시할 수 있었다
는 점에서 그 의의가 있다고 하겠다.

　　이 평석에서는 대상판결의 사실관계 등을 기초로 회생절차에서의 유치권
의 취급에 관한 다양한 의문점들을 제시하고, 그에 대한 일본의 논의를 소개하
면서 필자의 개인적인 견해를 간략히 제시하고자 한다.

[주제어]
- 회생
- 회생담보권
- 유치권
- 일본 도산절차에서의 유치권
- 담보권소멸 허가제도
- 유치권 존속 규정

대상판결 : 대법원 2014. 12. 24. 선고 2012다94186 판결
[공2015상, 186]

[사실의 개요]

원고는 2008. 7. 11. S사와 천안시 소재 공장에 대한 신설공사(이하 "신설공사"라 한다) 및 증설공사(이하 "증설공사"라 한다)를 총 공사대금 11,292,000,000원에 완성하는 내용의 계약(이하 "이 사건 공사계약"이라 한다)을 체결하였다.

원고가 이 사건 공사계약에 따른 증설공사를 완공하고 신설공사를 진행하던 중 S사는 2009. 1. 9. 서울중앙지방법원에 회생절차개시신청을 하였다. 그러자 원고는 2009. 1. 23.경 S사에게 "기성 부분에 대한 공사 기성금이 지급되지 아니하여 공사를 잠정 중단하고 공사현장에 대한 유치권을 행사하고자 한다"는 취지의 통지를 하였다. 그리고 위 법원은 2009. 2. 6. S사에 대하여 회생절차개시결정을 하였다(회생절차개시결정 이후의 S사를 "회생채무자"라 한다).

그 후 원고는 2009. 2. 17.경 회생채무자의 관리인에게 채무자 회생 및 파산에 관한 법률(이하 "채무자회생법"이라 한다) 제119조 제1항에 따라 이 사건 공사계약의 이행 여부에 대한 확답을 최고하였고, 관리인은 2009. 3. 19. 원고에게 이 사건 공사계약을 해제한다는 내용의 통지서를 발송하였다.

원고는 회생채무자에 대하여 공사대금 11,387,200,000원을 가지고 있다고 주장하면서 회생법원에 위 공사대금채권을 주위적으로는 유치권에 기한 회생담보권으로, 예비적으로는 회생채권으로 신고하였다. 이에 대하여 관리인은 원고가 신고한 회생담보권 전부를 부인하고, 회생채권으로 10,397,200,000원만을 시인하였다.

[소송의 경과]

1. 원고는 이 사건 공사계약에 따라 신설공사 일부와 증설공사 전부를 완성하여 위 공사대금 합계 11,166,595,000원의 채권을 가지고 있고, 유치권자로서 공사 목적물인 이 사건 공장을 점유하고 있다. 따라서 위 공사대금 11,166,595,000원에 관하여 주위적으로 회생담보권의 확정을, 예비적으로 회생

채권의 확정을 구하였다.

2. 이에 대하여 피고는, ① '원고는 회생채무자가 2009. 1. 9. 회생절차개시신청을 하자 곧바로 이 사건 공장 신설공사를 중단하고 인력 및 장비를 모두 철수하였으며 이후 이 사건 공장을 점유한 바 없으므로 회생절차개시결정 당시 이 사건 공장을 점유하지 못한 상태였다. 뿐만 아니라 회생담보권으로 인정되기 위한 유치권의 점유는 회생절차개시결정 이후에도 유지되어야 하는데 원고는 회생채무자 관리인들의 시부인표가 제출된 2009. 4. 16. 무렵 이미 이 사건 공장에 대한 점유를 상실하였다'는 주장과 함께 ② '회생채무자는 회생절차개시신청 후 2009. 1. 12. 회생법원으로부터 "2009. 1. 12. 15:00 이전의 원인으로 생긴 일체의 금전채무에 관하여 그 변제 또는 담보제공을 하여서는 아니 된다"는 내용의 보전처분결정을 받아 변제기가 유예되었고, 이후 회생채권자들에 대한 변제가 금지되었으므로 회생절차개시결정 당시 이 사건 공사계약의 공사대금채권은 변제기가 도래하지 아니하였다. 그러므로 원고 주장의 유치권은 변제기도래의 요건도 충족하지 못하였다'는 취지의 주장을 하였다.

3. 조사확정재판의 재판부는 원고가 증설공사를 완공하고 신설공사 중 80%를 완성하여 공사대금채권 10,397,200,000원을 가지고 있으나, 유치권자로서 공사 목적물을 점유하고 있다는 점을 인정하기 부족하다는 이유로 "1. 원고의 회생채무자에 대한 회생담보권 11,387,200,000원은 존재하지 아니함을 확정한다. 2. 원고의 회생채무자에 대한 회생채권 990,000,000원은 존재하지 아니함을 확정한다"는 결정[1]을 하였다.

4. 그러나, 원심[2]은 아래와 같은 취지로 조사확정재판과는 달리 회생담보권의 존재를 인정하는 취지의 판결을 하였다.

가. 채무자회생법은 '회생절차개시 당시 채무자의 재산상에 존재하는 담보권 등에 의하여 담보되는 회생채권 등'을 회생담보권으로 하고 있다. … 중략 … 이와 같이 회생담보권은 회생절차개시 당시를 기준으로 그 존부가 결정되는 것이므로 이후 담보 목적물의 멸실 등에 의하여 실체법상의 담보권이 소멸한다고 하더라도 회생절차상의 회생담보권까지 당연히 소멸하는 것은 아니다.

---

1) 서울중앙지방법원 2009. 10. 1.자 2009회확450 결정.
2) 서울고등법원 2012. 9. 13. 선고 2011나92611 판결. 제1심 판결은 서울중앙지방법원 2011. 9. 9. 선고 2009가합127272 판결이다.

따라서 원고가 이 사건 공장에 관한 유치권자로서 회생담보권을 갖는지 여부는 회생절차개시결정 당시를 기준으로 판단하면 족하고 특별한 사정이 없는 한 이후 유치권을 상실하였는지 여부를 고려할 필요는 없다고 할 것이다.

나. 원고는 적어도 회생절차개시결정 당시까지는 이 사건 공장에 대한 종전의 점유를 계속 유지하고 있었다고 봄이 상당하다.

다. S사는 이미 회생절차개시결정 전부터 원고에 대한 이 사건 공사계약의 기성금 지급을 연체하고 있었고, 한편 2009. 1. 13.경까지의 기성고 상당액은 11,166,595,000원으로 감정되므로 위 금액 상당의 공사대금채권은 회생절차개시결정 당시 그 변제기가 도래한 상태였다고 할 것이다. 그리고 2009. 1. 12. 회생채무자의 변제를 금지하는 회생법원의 보전처분결정이 있었다고 하여 채무의 이행기 도래의 효과가 생기는 것을 막지는 못하므로 보전처분결정이 있었음을 이유로 하는 피고의 주장은 이유 없다.

[판결의 요지 - 상고기각]

[1] 구 채무자회생법 제141조 제1항 본문은 "회생채권이나 회생절차개시 전의 원인으로 생긴 채무자 외의 자에 대한 재산상의 청구권으로서 회생절차개시 당시 채무자의 재산상에 존재하는 유치권, 질권, 저당권, 양도담보권, 가등기담보권, 전세권 또는 우선특권으로 담보된 범위의 것은 회생담보권으로 한다"고 규정하고 있다. 따라서 회생담보권으로 인정되기 위해서는 회생절차개시 당시 채무자의 재산상에 유치권 등의 담보권이 존재하면 충분하고, 그 후에 담보목적물의 멸실 등으로 실체법상의 담보권이 소멸한다고 하더라도 회생절차상 회생담보권으로 존속하는 데 영향이 없다.

[2] 원고는 적어도 회생절차개시결정일인 2009. 2. 6.까지는 이 사건 공장에 대한 점유를 상실하지 않고 계속 유지하고 있었다고 봄이 상당하다.

[연 구]

Ⅰ. 들어가며

　　대상판결은 회생절차에서의 유치권에 관하여 판시한 보기 드문 대법원 판결이다.[3] 대상판결은 기본적으로 채무자의 회생절차개시결정 당시 존재하던 담보권이 그 후 사정변경 등으로 인하여 소멸한 경우, 해당 담보권을 보유하고 있던 채권자(회생담보권자)의 권리에 관한 것으로서 대상판결이 회생절차에서의 유치권에 관한 다양한 법리를 다루고 있는 것은 아니다. 그러나 판결문상 확인되는 사건의 경위 등을 살펴보면서 회생절차에서의 유치권의 취급에 관한 여러 가지 의문점들을 제기할 수 있는바, 대상판결은 그러한 의문점들을 해소해 나가는 좋은 출발점이 되고 있다.

　　무엇보다도 유치권의 특유한 속성[저당권 등 다른 담보물권과의 순위를 정하기 어렵다는 점, 저당권 등 다른 담보물권들과는 달리 경제적 가치(파산적 청산을 하는 경우 유치권자가 기대할 수 있는 채권회수율)를 산정하는 것이 쉽지 않다는 점 등]에 비추어 볼 때, 유치권자가 회생절차에서 어떻게 취급되어야 하는지에 대해서는 여러 가지 의문점이 제기된다.

　　실제로 최근 자주 발생하고 있는 건설회사 등의 회생절차에서 회생채무자의 채권자들이 유치권을 행사하는 사례가 적지 않은데, 회생절차에서 유치권자를 어떻게 취급하여야 하는지, 회생절차상 유치권과 관련하여 발생할 수 있는 분쟁에는 어떤 것들이 있는지 등에 대해서 언급하고 있는 국내 문헌은 많지 않은 것이 현실이다.

　　이러한 점을 바탕으로 이번 평석에서는 대상판결을 통하여 도출되는 회생절차에서의 유치권의 취급에 관한 의문점들을 정리하고 그에 대한 견해를 밝히고자 한다. 이와 관련하여 우리나라와 유사한 유치권 법리가 존재하고, 회생절차와 비슷한 구조를 가진 재건형 도산절차(회사갱생절차, 민사재생절차)를 보유하

---

3) 대법원 종합법률정보 사이트를 통하여 확인해 보면, 회생절차에서의 유치권에 관하여 직접적인 언급을 하고 있는 판결은 대상판결과 상사유치권 배제특약의 효력을 다룬 대법원 2012. 9. 27. 선고 2012다37176 판결 정도가 발견된다.

고 있는 일본의 논의를 적극적으로 살펴보겠다.

Ⅱ. 회생절차상 유치권자의 지위에 관한 종래의 논의

1. 우리나라의 논의

가. 도산절차에서 담보권자의 지위 일반[4]

채권자가 담보권을 취득하는 이유 중 하나는 채무자의 채무불이행, 도산 등의 위험으로부터 보호를 받기 위함이다. 이러한 담보 제도의 특성상 채무자에 대한 도산절차가 진행되더라도 담보권자의 권리는 그렇지 않은 권리에 비하여 강력히 보호되고 있다.

다만, 법률의 규정에 의하여 다수 이해관계인들의 권리관계를 일률적으로 규율·조정하는 도산절차의 취지상 회생, 파산 등의 도산절차에서도 담보권자의 권리가 제약을 받는 측면이 있다. 이러한 제약은 채권자들의 희생을 바탕으로 채무자의 지속적인 경영(생존)을 추구하는 회생절차에서 상대적으로 강하게 나타나고, 채무자의 보유 자산을 현금화하여 각 채권자들의 실체법상 권리에 따라 이를 배당하는 청산절차인 파산절차에서 약하게 나타난다.

현행법상 인정되는 도산절차에서의 담보권자의 지위에 관하여 간단히 요약해 보면, ① 회생절차의 경우, 담보권에 의하여 담보되는 채권은 회생담보권으로 취급되어 일반적으로 담보권이 존재하지 않는 채권(회생채권)에 비하여 높은 변제율이 보장되고 신속히 변제된다. 반면, 회생담보권자의 경우에도 일반 회생채권과 마찬가지로 회생절차개시결정 이후 채무자의 재산에 관하여 강제집행을 하거나 담보권을 행사하는 것이 전면적으로 금지되고, 회생계획인가의 결정이 있는 경우 (채권 전액의 만족을 얻지 못하더라도) 해당 담보권이 소멸하는 등 상당한 제약을 받게 된다. ② 회생절차와는 달리 파산절차(개인회생절차 또한 그러하다)에서는 담보권자에게 별제권이라는 권리를 부여하여 담보권자들이 파산절차의 진행에도 불구하고 보유하고 있는 담보권을 실행시켜 채권의 우선적인 만족을 얻을 수 있도록 하고 있다.

---

4) 이 부분의 논의는 김재형, "도산절차에서 담보권자의 지위", 인권과 정의 제356호(대한 변호사협회, 2006. 4.)를 참고하였다.

나. 논의의 출발점 ─ 회생담보권과 청산가치보장의 원칙

채무자회생법 제243조 제1항 제4호[5]는 청산가치보장의 원칙을 규정하고 있다. 청산가치보장의 원칙이란 대체로 회생계획에 의하여 변제받을 금액이 채무자가 파산적 청산을 하는 경우 배당받을 수 있는 금액(청산가치)보다 작아서는 안 된다는 원칙이라고 이해되고 있다.

청산가치보장의 원칙과 관련하여 회생담보권의 경우, ① 동일한 담보목적물에 순위를 달리하는 수개의 담보권이 존재하거나, ② 담보목적물의 청산가치에 의하여 100% 변제 가능한 부분과 담보목적물의 청산가치에 의해서는 변제가 불가능한 부분이 함께 존재하는 경우 등의 사안에서 다수의 담보물권을 어떻게 취급할 것인지가 문제된다. 전자는 회생담보권의 인정 여부에 관한 논의이고, 후자는 인정된 회생담보권의 변제 방법에 관한 논의라고 할 수 있다.

위 ①의 쟁점과 관련하여 채무자회생법 제141조 제4항은 "회생담보권자는 그 채권액 중 담보권의 목적의 가액(선순위의 담보권이 있는 때에는 그 담보권으로 담보된 채권액을 담보권의 목적의 가액으로부터 공제한 금액을 말한다. 이하 이 조에서 같다)을 초과하는 부분에 관하여는 회생채권자로서 회생절차에 참가할 수 있다"고 규정하고 있다.[6]

즉, 동일한 담보목적물에 순위를 달리하는 수개의 담보권이 존재하는 경우, 해당 규정에 의해 후순위 담보권자의 경우 해당 담보권의 목적의 가액에 따라 보유채권 중 일부(또는 전부)가 회생담보권으로 인정되지 않을 수 있다.[7]

---

5) 제243조 [회생계획인가의 요건] ① 법원은 다음의 요건을 구비하고 있는 경우에 한하여 회생계획인가의 결정을 할 수 있다.
4. 회생계획에 의한 변제방법이 채무자의 사업을 청산할 때 각 채권자에게 변제하는 것보다 불리하지 아니하게 변제하는 내용일 것. 다만, 채권자가 동의한 경우에는 그러하지 아니하다.

6) 해당 규정에 관하여 대법원 2012. 11. 15. 선고 2011다67897 판결은 "회생채권조사확정재판에 대한 이의의 소에서 '원고가 주장하는 회생담보권 채권액이 담보목적물의 가액에서 선순위 담보권의 채권액을 공제한 금액을 초과하지 않는다는 사실'은 회생담보권 발생의 요건사실 중 하나로서 원고가 이를 주장·증명하여야 한다"고 판시하였다.

7) 이 부분에 관하여 일본 현행 회사갱생법 제정 과정에서의 논의를 간단히 소개하면 다음과 같다(東京地裁會社更生實務研究會, 會社更生의 實務 新版 下, (金融財政事情研究會, 2014), 221면 이하 참조).
채무자 소유의 하나의 목적물에 복수의 저당권이 설정되어 있는 경우, 처리방법에 관하여 종래 일본에서는 (1) 후순위담보권에 대한 갱생담보권 확정절차에서 인정된 담보권의 목적인 재산의 가액에서 선순위 담보권의 피담보채권의 액을 공제한 액을 후순위 담보

유치권과 저당권의 관계처럼 법률에 의해 담보물권 간의 순위를 정하기 어려운 경우에는 어떻게 취급해야 하는지가 문제될 수 있는데, 이에 대하여 현실적으로는 경매실무상 담보목적물의 매수인이 유치권자의 채권을 공제한 나머지 부분만을 담보가치로 파악하고 있으므로 유치권자가 저당권 등 다른 담보권들보다 우선시되고 있는 것으로 볼 여지가 있다. 이와 같이 현실적으로 유치권에 우선변제권이 인정되지 않는다고 하더라도 경매실무상으로는 매수인이 유치권자의 채권을 공제한 나머지만을 담보가치로 파악하고 있는 이상, 유치권자가 담보권자보다 우선한다고 볼 수 있다. 그렇지 않다면 하나의 물건에 그 담보가치를 초과하는 담보권이 복수로 성립할 수 있다는 결론에 이를 수 있는데, 그러한 결과를 용인한다면 일반 채권자에게 현저히 불리한 결과가 발생하는 문제가 있다.

② 담보목적물의 청산가치에 의하여 100% 변제 가능한 부분과 담보목적물의 청산가치에 의해서는 변제가 불가능한 부분이 함께 존재하는 경우의 처리방법 또한 여러 가지 어려움이 존재하는 영역이다. 이와 관련하여 구 회사정리법 하에서의 실무는 담보목적물의 가액만큼 회생담보권으로 확정된 이상 회생담보권자는 담보목적물을 처분할 경우, 목적물 가액만큼 전액 변제를 받을 수 있다는 가정 아래 담보목적물의 청산가치에 의하여 100% 변제가능한 부분과 그렇지 않은 부분을 구별함이 없이 회생담보권에 대한 변제방법을 일률적으로 정하

권의 담보액으로 한다는 견해(안분설)와 (2) 후순위 담보권에 대한 갱생담보권 확정절차에서 인정된 담보권의 목적인 재산의 가액에서 선순위 담보권의 확정된 갱생담보권의 액을 공제한 액을 후순위 담보권의 담보액으로 하는 견해의 대립이 있었다(우선설).
현행 회사갱생법의 입법 과정에서도 어느 설이 타당한지에 대해서는 의견이 나뉘었는데, 갱생담보권의 일반적인 취급과 관련하여 갱생담보권 범위는 갱생절차개시 당시에 고정되므로 후순위 담보권과 관련된 피담보채권이 갱생담보권으로 취급되어야 할 범위는 갱생절차개시결정 당시 담보권에 의해 실질적으로 담보되어 있었다고 보이는 범위로 한정되어 상위 담보권자의 절차상 움직임 등에 의해 변동되는 것은 타당하지 않다는 이론적인 이유 및 우선설의 견해를 채택하면 선순위 담보권과 관련된 갱생담보권이 확정되지 않은 사안의 취급에 대해서도 별도로 합리적인 취급을 규정해야 하지만 그렇게 되면 규율이 복잡해질 우려가 있다는 점 등이 고려되어 위의 안분설의 견해에 따라 법제가 정비되었다.
그에 따라 일본의 현행 회사갱생법은 갱생담보권의 정의에 관하여 갱생절차개시 당시 갱생회사의 재산과 관련하여 존재하는 담보권의 피담보채권 중 당해 담보권에 의해 담보된 범위의 것이라는 점을 명확히 함으로써(회사갱생법 제2조 제10항), 담보권의 피담보채권 중 담보권에 의해 실질적으로 담보되어 있던 범위의 것이 갱생담보권으로 취급된다는 것을 명시하고 있다.

는 것이 일반적이었다.[8]

　　그러나 위와 같은 처리 방법에 대해서는, 실제로 담보목적물의 처분 결과 모든 담보채권을 변제할 수 없게 되는 사안의 경우, 채무자의 회생절차가 진행되지 않았더라면 원금의 전액 회수가 불가능하였을 후순위 담보채권자들이 원금을 전액 회수하게 됨으로써 불측의 이익을 얻게 되고, 반대로 일반 회생채권자들은 그만큼의 손해를 입게 된다는 문제가 발생한다. 즉, 채무자에 대하여 회생절차가 진행되지 않은 경우에 있어서도 담보권자의 순위에 따라 실질적인 채권 회수액에 커다란 차이가 존재하게 되고 특히 후순위 담보권자(예를 들어 후순위 근저당권자)의 경우 담보목적물의 가액(채권최고액)만큼 채권 회수를 못하게 되는 경우가 일반적인데 담보권의 순위나 담보물의 실질적인 가치를 불문하고 일률적인 회생계획을 설정한다면 당사자들 사이의 실질적인 평등을 해하게 된다는 비판이 가능한 것이다.

　　현재 서울중앙지방법원의 실무 또한 청산가치보장의 원칙 등을 준수하기 위하여 청산가치에 의해 회생담보권이 변제되는 비율에 따라 그 변제방법에 차등을 둘 수밖에 없다는 입장인 것으로 보인다.[9] 실무에서는 ① 회생담보권으로 인정된 금액 전부를 회생담보권 변제방법에 따라 변제하는 방안, ② 회생담보권으로 인정된 금액과 청산가치 배당액의 중간 금액을 회생담보권 변제방법에 따라 변제하고, 나머지 금액은 회생채권과 동일한 조건으로 변제하는 방안, ③ 회생담보권 중 청산가치를 초과하는 부분 전부를 회생채권과 동일한 조건으로 변제하는 방안 중 하나가 이용되고 있다.[10]

　　그런데 위 ①의 방안은 종래 회사정리법 시절의 처리 방안과 동일한 것으로 보이고, ②의 방안은 어떠한 근거로 이러한 방안이 정당성을 가질 수 있는 것인지 의문이다. 이론적으로 ③의 방안이 가장 이상적이라고 생각되지만 회생담보권 중 청산가치를 초과하는 부분을 언제, 어느 시점에서 가려낼 수 있는지,

---

8) 서울중앙지방법원 파산부 실무연구회, 회생사건실무(상) 제4판(박영사, 2015), 653면.
9) 일본의 회사갱생절차에서는 갱생담보권자(우리나라의 회생담보권자)의 경우, 별제권(회사갱생절차에서 별제권이 인정되지 않는 것이지만, 담보물건에 대한 매각이 진행되는 경우를 상정한 표현인 것으로 보인다)의 실행을 통해 얻을 것이라고 예상되는 만족과의 비교를 통하여 청산가치보장의 원칙이 지켜지고 있는지가 검토된다고 한다[伊藤眞, 會社更生法, (有斐閣, 2012), 631면 참조].
10) 서울중앙지방법원 파산부 실무연구회, 전게서, 654면.

이러한 ③의 방안을 회생계획상 어떻게 반영할 수 있는 것인지 가늠하기 어렵다. 그러한 관계로 청산가치에 의해 회생담보권이 변제되는 비율이 달라지는 경우에 따라 변제방법에 차등을 두게 되는 경우, 담보권의 종류에 따라 청산가치에 의하여 회생담보권이 변제되는 비율을 어떻게 계산할 수 있을 것인지 등에 관하여 다양한 의견이 제기될 여지가 있다.[11]

특히 이번 평석을 통하여 주로 검토할 유치권의 경우, 청산가치보장의 원칙 등과 관련하여 회생절차에서 유치권자의 지위를 어떻게 정하는 것이 타당한 것인지에 관한 의문점이 제기되는 이유도 유치권이 저당권 등 일반적인 담보물권에 비하여 다양한 특색을 가지고 있고, 저당권 등 다른 담보물권과의 우열 관계를 정하는 것이 쉽지 않기 때문이다.

다. 회생절차상 유치권자의 취급
(1) 일반론 및 관련 규정

채무자회생법 제141조 제1항은 회생절차개시 당시 채무자의 재산상에 존재하는 유치권에 의하여 담보된 범위의 채권은 회생담보권임을 명시적으로 규정하고 있다.[12]

그런데, 유치권의 경우 그 권리의 본질이 유치의 권능을 부여하는 것에 있고, 여타의 담보권들과는 달리 실체법상 우선변제권을 인정하고 있지 않는 등 실체법상 일반적인 담보권들과는 다른 특성들이 있어서 회생절차에서 유치권자를 어떻게 취급해야 하는 것인지가 문제된다.[13] 그러나 현재까지 회생절차에서

---

11) 회생담보권자의 경우 담보목적물에 의해 피담보채권이 담보되고 있다는 점에서 법적 이익의 동질성이 인정되지만, 구체적으로 살펴보면 회생담보권자가 가지는 담보목적물에 따라 회생담보권자에게 주어지는 청산가치가 다른 경우가 많다는 점에서 상이한 청산가치에 따라 회생담보권자별로 변제율, 변제시기 등을 달리하는 것은 평등의 원칙에 위배되는 것이 아니라고 해석된다(서울중앙지방법원 파산부 실무연구회, 전게서, 611면 참조). 대법원 2008. 6. 17.자 2005그147 결정은 "청산가치는 담보목적물의 종류, 담보권의 순위 등에 따라서 달라질 수밖에 없으므로 정리계획안에 담보목적물의 청산가치가 정리담보권액을 상회하는 정리담보권자에게는 정리담보권액 전부를 변제하고, 그렇지 못한 정리담보권자에게는 정리담보권액의 일부를 감면하는 등의 내용을 정하였다고 하여 그 정리계획안이 평등의 원칙을 위반하였다고 볼 수 없다"고 판시하였다.
12) 항을 달리하여 살펴보는 것처럼 일본의 회사갱생절차에서는 상사유치권의 경우에만 갱생담보권으로 인정되고(민사유치권은 갱생담보권이 아님, 회사갱생법 제2조 제10호), 상사유치권의 경우 채무자에게 별도의 소멸청구권이 부여된다(회사갱생법 제29조 제1항).
13) 또한 민사집행법 제91조 제5항은 "매수인은 유치권자에게 그 유치권으로 담보하는 채권

유치권자를 어떻게 취급해야 하는 것인지에 관하여 이를 상세히 검토하고 있는 문헌을 찾기 어렵다.14)

　유치권에 관한 민법의 규정들 중 회생절차와 관련하여 검토의 여지가 있는 것들은 대체로 다음과 같다.

제320조(유치권의 내용) ① 타인의 물건 또는 유가증권을 점유한 자는 그 물건이나 유가증권에 관하여 생긴 채권이 변제기에 있는 경우에는 변제를 받을 때까지 그 물건 또는 유가증권을 유치할 권리가 있다.

② 전항의 규정은 그 점유가 불법행위로 인한 경우에 적용하지 아니한다.

제321조(유치권의 불가분성) 유치권자는 채권전부의 변제를 받을 때까지 유치물 전부에 대하여 그 권리를 행사할 수 있다.

제322조(경매, 간이변제충당) ① 유치권자는 채권의 변제를 받기 위하여 유치물을 경매할 수 있다.

② 정당한 이유있는 때에는 유치권자는 감정인의 평가에 의하여 유치물로 직접 변제에 충당할 것을 법원에 청구할 수 있다. 이 경우에는 유치권자는 미리 채무자에게 통지하여야 한다.

제323조(과실수취권) ① 유치권자는 유치물의 과실을 수취하여 다른 채권보다 먼저 그 채권의 변제에 충당할 수 있다. 그러나 과실이 금전이 아닌 때에는 경매하여야 한다.

② 과실은 먼저 채권의 이자에 충당하고 그 잉여가 있으면 원본에 충당한다.

제324조(유치권자의 선관의무) ① 유치권자는 선량한 관리자의 주의로 유치물을 점유하여야 한다.

② 유치권자는 채무자의 승낙없이 유치물의 사용, 대여 또는 담보제공을 하지 못한다. 그러나 유치물의 보존에 필요한 사용은 그러하지 아니하다.

③ 유치권자가 전2항의 규정에 위반한 때에는 채무자는 유치권의 소멸을 청구할 수 있다.

제327조(타담보제공과 유치권소멸) 채무자는 상당한 담보를 제공하고 유치권의 소멸을 청구할 수 있다.

제328조(점유상실과 유치권소멸) 유치권은 점유의 상실로 인하여 소멸한다.

을 변제할 책임이 있다"고 규정함으로써 사실상 인수주의를 취하고 있다.

14) 실제로 회생절차에서 유치권이 문제되고 있는 경우는 많이 있었을 것으로 보이나, 실무적으로 회생계획상 유치권에 대한 처리 방안을 규정하는 것이 쉽지 않은 관계로 법원의 관리감독 하에 관리인과 유치권자가 협의를 거쳐 유치권자의 채권 중 일부 또는 상당 부분을 우선 변제하고 유치권을 말소하는 형태의 합의를 하고 있는 것으로 파악되고 있다.

(2) 회생절차상 유치권자의 취급에 관한 의문점

회생절차에서의 유치권의 취급과 관련하여 떠오르는 의문점들로는 ① 회생절차에서 유치권자의 경매권, 과실수취권이 인정되는지(민법 제322조, 제323조), ② 채무자가 상당한 담보를 제공하고 유치권의 소멸을 청구할 수 있는지(민법 제327조), ③ 유치권자가 회생절차개시결정 이후 점유를 상실하는 경우 회생담보권은 어떻게 취급되는지(대상판결의 쟁점), ④ 동일한 목적재산에 유치권과 저당권 등 성질을 달리하는 별개의 담보물권이 존재하는 경우 변제방법을 어떻게 정할 것인지 등이 있다.

이 중, ①의 경우, 유치권자가 회생담보권자로 취급되는 이상, 회생담보권자의 경매신청, 회생계획을 벗어난 채권만족 등이 금지되는 우리나라의 회생절차에서는 유치권자의 경매권이나 과실수취권이 인정되기 어려울 것이다. 나머지 ② 내지 ④의 의문점에 대해서는 항을 달리하여 상세히 살펴보도록 하겠다.

2. 일본에서의 논의

가. 유치권의 연혁 및 실체법상 취급 등[15]

일본의 유치권 제도는 대체로 우리나라와 동일한데, 민사유치권과 상사유치권이라는 연혁을 달리하는 두 가지 유치권이 존재한다. 전자는 로마법의 악의의 항변에서 유래한 것인데 비해, 후자는 중세 이탈리아의 상관습에서 유래한 것이다.

두 가지 모두 채권의 변제를 받을 때까지 목적물을 유치할 수 있고, 그것이 변제를 촉구하는 사실상의 작용으로서 기능하므로 유치권은 담보물권으로서의 지위를 가지고 있다고 해석된다. 민사유치권이 그 연혁으로 인하여 물건과 채권 사이의 견련성이 요구되는데 비해(일본 민법 제295조), 상사유치권은 약정담보의 취득이 곤란한 경우에도 채권자가 거래 과정에서 채무자의 재산을 점유했을 때 이것을 담보로 할 수 있다는 관념에서 출발하여 견련성 없이도 성립할 수 있도록 발전했다.

서구에서는 종래 상사유치권의 우선변제권을 인정한 입법례가 존재하였다고 하나, 일본에서는 민사·상사 쌍방의 유치권 모두 우선변제권은 없다는 해석

---

15) 佐藤鉄男 "倒産手続における留置権 ― 商事留置手形を中心に", 法学教室 第390号(法学教室, 2013) 참조.

이 정착되어 실체법상 반영되었다.

일본에서는 도산절차상 유치권자의 취급에 관하여 다양한 논의들이 전개되고 있는데, 일본의 도산절차상 유치권 문제를 어렵게 한 것은 일본의 도산법이 채택한 유치권에 대한 특수한 처우 방식에 연원한다고 해석되고 있다.

나. 파산절차에서의 유치권

일본의 파산절차에서도 우리나라와 마찬가지로 담보물권자에게 별제권이라는 강한 권리를 부여하고 있다(일본 파산법 제65조 제1항). 별제권은 담보물권자가 파산절차에 따르지 않고 스스로의 담보물권을 행사할 수 있는 권리를 의미한다.

절차상의 실질적인 문제는 그 별제권으로 취급되는 담보권의 범위인데, 일본의 파산법은 이 점에 대해 파산절차개시 시에 파산재단에 속하는 재산과 관련하여 '특별선취특권, 질권 또는 저당권을 가진 자'라고만 규정하고 있고(일본 파산법 제2조 제9항), 유치권의 경우 파산법 제66조에서 별도로 규정하고 있다.

파산법 제66조는 유치권에 대해 3가지를 규정한다. 첫 번째로 상법 또는 회사법 규정에 따른 유치권 즉 이른바 상사유치권은 파산재단에 대해서는 특별선취특권으로 간주한다고 규정하고 있다(일본 파산법 제66조 제1항). 두 번째로 상사유치권은 다른 특별선취특권에 뒤쳐진다고 규정되어 있다(동조 제2항). 그리고 세 번째로 제1항에 규정하는 것을 제외한 다른 유치권은 파산재단에 대해서는 그 효력을 상실한다고 규정하고 있다(동조 제3항).

즉, 일본의 파산절차에서 민사유치권은 실효되어 버리는 반면, 상사유치권은 특별선취특권으로서 우선변제권이 인정되는 것이다. 또한 일본의 파산절차에서는 상사유치권과 관련하여 당해 목적재산을 파산재단으로 회복시키기 위해 상당액의 금전을 제공하여 이를 소멸시키는 제도도 마련되어 있다(일본 파산법 제192조).

이처럼 청산형 도산절차인 파산절차에서 상사유치권의 우선변제권이 인정된다는 것은 일본과 우리 법제의 가장 큰 차이점으로서 일본 도산절차에서 유치권의 취급 방법에 관하여 검토함에 있어서 이 점을 유의할 필요가 있다.

다. 민사재생절차에서의 유치권

일본의 민사재생절차의 담보권자에 대한 취급은 담보권에 별제권을 부여하고, 담보권자의 경우 재생절차에 따르지 않고 해당 권리를 행사할 수 있다는 점에서(민사재생법 제53조) 파산법과 유사하다고 평가된다.

일본의 민사재생절차는 일본의 재건형 도산절차의 기본적인 절차로서 민사재생절차에서의 유치권에 관한 문제점을 검토하고 있는 다수의 문헌들이 발견된다. 그러나 민사재생절차는 담보권자에게 별제권을 부여하고 있다는 점에서 우리나라의 회생절차와는 큰 차이가 있으므로 이 평석에서는 민사재생절차에서의 유치권의 취급에 관한 논의는 생략하기로 한다.

라. 회사갱생절차에서의 유치권

일본의 회사갱생절차는 민사재생절차와 함께 재건형 도산절차로 분류되는데, 민사재생절차와 사이에 몇 가지 중요한 차이가 있다. 그 중 가장 큰 차이점 중 하나가 담보권자도 회사갱생절차의 구속을 받는 갱생담보권으로 취급하고 있다는 점이다.

즉, 우리나라의 회생절차와 마찬가지로 일본의 회사갱생절차에서는 담보권자도 갱생절차개시결정에 따라 본연의 권리행사가 금지되고, 갱생계획에 의해 권리가 강제적으로 변경되며, 파산법, 민사재생법과는 달리 별제권이 인정되지 않는다.

회사갱생절차에서의 상사유치권자는 특별선취특권, 질권, 저당권과 같은 지위를 갖게 되고 갱생담보권으로 취급된다(회사갱생법 제2조 제10항). 이에 비해 민사유치권과 관련해서는 별도의 규정이 없다. 이런 측면에서 일본의 회사갱생절차에서의 상사유치권은 우리 회생절차에서의 유치권과 가장 흡사한 법적 지위를 지니고 있다.

반면 민사유치권은 갱생담보권의 기초가 되지 않으므로 회사갱생절차에 참가하기 위해 이를 신고하는 의미도 없고, 면책의 대상에서도 제외된다. 민사유치권의 취급에 대해서는 ① 피담보채권의 갱생채권으로서의 신고가 이루어지면 갱생계획의 규정에 따라 변경된 채권에 관하여 민사유치권이 존속하게 된다고 해석하는 견해,[16] ② 상사유치권과의 균형이나 회사갱생법 제204조 제1항의

---

16) 갱생계획 인가결정 확정 후 민사유치권의 효력에 대해 이를 실효시키는 규정이 존재하

"담보권"이라는 문언을 중시해 민사유치권도 소멸된다는 견해의 대립이 있다.

Ⅲ. 회생절차상 유치권자의 지위에 관한 쟁점의 검토

1. 유치권자가 회생절차개시결정 이후 목적물에 대한 점유를 상실하는 경우 유치권자의 지위

회생절차개시결정 당시 채무자의 재산에 대하여 담보권을 보유하고 있던 채권자가 개시결정 이후 사정 변경으로 인하여 담보권을 상실하게 되는 경우, 해당 채권자의 법률상 지위(특히 회생담보권의 평가)가 어떻게 되는지에 관한 의문이 있을 수 있다.

회생담보권자 중 유치권자의 경우에는 (대상판결의 사안과 같이) 회생절차개시결정 이후 목적물에 대한 점유를 상실하게 되어 유치권이 소멸하는 경우를 어떻게 취급해야 할 것이냐의 문제이다.

이와 관련하여 채무자회생법 제141조 제1항은 "회생절차개시 당시 채무자의 재산상에 존재하는 유치권·질권·저당권 … 중략 … 으로 담보된 범위의 것은 회생담보권으로 한다"고 규정하고 있으나, 개시결정 이후 담보권이 소멸하는 경우에 대해서는 명시적인 규정을 두고 있지 않다.

이 부분 쟁점에 대하여 학계 등에서 심도 깊은 연구가 진행된 적은 없는 것 같으나, 생각해 보면 ① 대상판결의 입장과 마찬가지로 회생절차개시결정 당시 담보권이 존재하기만 하였더라면 그 이후 담보권이 소멸하였다고 하더라도 채무자의 회생절차에서 회생담보권자로서의 지위를 유지한다는 견해(이하 "견해 A"라 한다), ② 회생계획이 인가되는 등 특정 회생담보권자에 대한 채무변제방안이 확정되는 순간까지는 담보권을 유지해야 한다는 견해(이하 "견해 B"라 한다)가 있을 수 있다.

견해 A의 근거로는 회생담보권은 실체법에 의한 담보권 자체를 의미하는 것이 아니라 담보권에 의하여 담보되는 채권으로서 회생절차상의 권리라는 점, 채무자회생법 제141조 제1항의 해석상 회생절차개시 당시에만 담보권이 존재한다면 회생담보권으로 인정된다는 점, 채무자회생법상 채무자의 재산가액의 평

지 않는다는 점(일본 파산법 제66조 제3항) 등을 이유로 당연히 실효되는 것은 아니라고 보는 판례로 동경지방재판소 2005. 6. 10. 판결(판례타임즈 1212호, 127면)이 있다.

가 등을 회생절차개시 당시를 기준으로 하고 있는 부분도 같은 맥락에서 이해할 수 있다는 점, 회생담보권자의 경우 회생절차개시결정 당시부터 담보권자로서의 일체의 권한을 행사할 수 없게 되므로 그와 대응시켜 보면 회생절차개시결정 당시 담보권을 보유하고 있기만 하였으면 회생담보권자로 인정하는 것이 타당하고, 그 이후까지 담보권을 유지해야 할 의무를 부과하는 것은 담보권자의 권리 제한 시점에 비하여 과도한 의무를 부과하는 것이라는 점 등을 들 수 있다.

반면, 견해 B의 근거로는 회생계획은 인가가 있은 때로부터 효력이 생기는 것이고(채무자회생법 제246조), 통상 회생계획상 담보권이 소멸하는 것으로 규정하고 있으므로 최소한 회생절차에서 담보권 소멸의 효과가 발생할 때까지는 해당 담보권이 유효하게 존속해야 한다는 점, 회생계획이 인가된 이후에도 담보물의 가치가 줄어드는 등의 사정이 있어 회생계획안 변경절차가 진행되는 경우, 회생담보권자의 변제 비율이 줄어드는 경우가 있다는 점, 회생담보권자 중 특히 유치권자의 경우, 채무자가 회생절차에 돌입하지 않는 경우에도 유치권의 유지(점유 계속)를 위하여 상당한 노력과 비용을 들여야만 했던 입장인데, 채무자가 회생절차에 돌입하였다는 우연한 사정으로 인하여 목적물에 대한 점유를 보존해야 할 의무를 면제하는 것은 해당 채권자에게 불측의 이득을 제공하는 셈이 되어 부당하다는 점 등을 들 수 있다.

아무래도 채무자회생법 제141조 제1항이 명문으로 "회생절차개시 당시 채무자의 재산상에 존재하는"이라고 규정하고 있는 이상, 견해 A가 보다 법문에 충실한 해석이라고 판단되고, 대상판결 또한 이러한 관점에서 선고된 것으로 보인다.

2. 채무자가 상사유치권의 소멸을 청구할 수 있는지 여부

가. 종래의 논의

만약 유치권자가 회생채무자의 갱생을 위하여 반드시 활용되어야 하는 부동산 등의 재산에 관하여 유치권을 행사하는 경우, 회생채무자의 갱생가능성에 중대한 의문이 제기될 수 있다.

이러한 경우, 회생채무자로서는 성공적인 회생절차의 이행을 위하여 상당한 비용을 들여서라도 어떻게든 해당 재산에 대한 실질적인 처분권한을 확보해

야 할 필요성이 발생하게 되는데, 채무자회생법상 회생절차개시결정이 내려지
더라도 (회생계획 인가결정으로 인하여 담보물권이 소멸하지 않는 이상) 회생채무자
가 강제적으로 해당 재산의 점유권을 획득할 수 없다.

　이러한 경우, 회생채무자가 민법 제327조가 규정하고 있는 유치권소멸 청
구를 할 수 있는지에 대하여 국내에서는 민법 제327조에 따라 민사유치권의 경
우 채무자가 유치권자에게 상당한 담보를 제공하고 유치권의 소멸을 청구할 수
있다는 점에 대하여 특별히 이견이 없는 것으로 보이고,[17] 다만, 상사유치권의
경우 이러한 청구권을 인정할 수 있는지 여부에 대하여 견해의 대립이 있다.[18]

나. 유치권 소멸에 관한 일본의 제도
(1) 갱생절차개시 전 상사유치권 소멸청구[19]
가) 제도의 개요

　일본 회사갱생법상 개시 전 회사의 재산에 대해 상법 또는 회사법의 규정
에 의한 유치권이 있는 경우에 당해 재산이 개시 전 회사의 사업의 계속에 불가
결한 것인 경우에는 개시 전 회사(보전관리인이 선임된 경우에는 보전관리인)는 갱
생절차개시의 신청에 대해 결정이 내려질 때까지 유치권자에 대해 당해 유치권
의 소멸을 청구할 수 있다(일본 회사갱생법 제29조 제1항).

　이러한 상사유치권 소멸청구제도는 갱생절차 및 파산절차에 존재하며 재생
절차에는 존재하지 않는데, 파산절차에서의 상사유치권소멸청구는 파산절차개
시 후 파산관재인의 권한인 것인데 비해(일본 파산법 제192조 제1항) 갱생절차에서
는 갱생절차개시신청으로부터 그에 대한 결정이 내려질 때까지의 기간 동안, 즉
갱생절차개시 전 단계의 개시 전 회사 또는 보전관리인의 권한으로 인정된다.

　상사유치권 소멸청구가 기능하는 장면으로는 창고업자나 운송업자의 상사
유치권에 의해 유치된 상품이나 반제품 등을 사업계속을 위해 이용하는 경우
등을 전형적인 예로 들 수 있다.[20]

---

17) 이 경우에도 회생절차에서 상당한 가치를 어떻게 산정할 것인지 등을 둘러싸고 이해관
　계인들 사이에서 상당한 협의가 진행되어야 할 것으로 보인다.
18) 긍정하는 견해: 김재형, 전게논문, 부정하는 견해: 임채홍·백창훈 집필대표, 회사정리법
　(상), 제2판(한국사법행정학회, 2002), 567면.
19) 이 부분의 논의는 伊藤眞, 전게서, 74면 이하를 참고하였다.
20) 참고로 회사갱생절차와 같은 재생형 절차인 민사재생절차에서는 절차개시 후 단계에서

일본의 도산절차에서는 파산, 민사재생, 회사갱생절차 각 절차의 개시 후에 담보권소멸허가제도가 존재하고 있고(파산법 제186조, 민사재생법 제148조, 회사갱생법 제104조), 상사유치권이 해당 제도의 대상이 된다는 점에 대하여 의문이 없다(회사갱생절차에 대해서는 항을 달리하여 간략히 소개하겠다). 이처럼 갱생절차에서 상사유치권 소멸청구의 적용범위가 절차개시 전 단계에 한정되는 것은 절차개시 후에는 담보권소멸허가로 대응하면 충분하다고 생각되기 때문이다.

상사유치권 소멸청구에 근거해 유치권자에 대한 목적재산의 가액에 상당하는 금전의 상환이 이루어지고 상사유치권이 소멸되면, 여전히 피담보채권의 잔액이 존재하는 경우라 하더라도 이것은 갱생채권이 되고 갱생담보권으로는 다루어지지 않는다고 해석된다.

나) 청구절차 등

상사유치권 소멸청구를 할 때는 목적재산의 가액에 상당하는 금전을 상환해야만 한다(회사갱생법 제29조 제2항).[21]

담보권소멸허가와 달리 회사갱생절차개시 전 회사 또는 보전관리인에 의한 상사유치권 소멸청구는 재판상의 신청이 아니라 실체법상 형성권의 행사라고 해석되고, 다만 해당 형성권 행사가 회사갱생절차개시 전 회사의 재산의 유지 또는 증식에 중대한 영향을 미친다는 점에서 소멸청구 및 가액에 상당하는 금전의 상환에 대해서는 법원의 허가를 필요로 한다(동조 제3항).

법원의 허가를 얻어 상사유치권 소멸청구 및 가액상당액의 상환이 이루어진 경우에는 소멸청구를 한 때 또는 상환을 한 때 중 더 늦은 시점을 기준으로 상사유치권 소멸의 효과가 발생한다(동조 제4항). 법원의 허가는 상사유치권의 소멸을 위한 요건이다.

___

는 담보권소멸허가(민사재생법 제148조 이하)에 의해 그 필요성을 만족시킬 수 있으나 절차개시 전 단계에서는 이에 대응할 수단이 존재하지 않는다. 그 이유로는 회사갱생절차와 비교해 민사재생절차의 경우에는 절차개시신청으로부터 그에 대한 결정이 내려질 때까지의 기간이 짧아 상사유치권 소멸청구제도를 둘 필요성이 적다는 점이 제시되고 있다.

21) 이와 관련하여 일본에서는 목적재산의 가액이 유치권의 피담보채권액을 초과하는 경우에는 갱생절차개시 전이므로 피담보채권액을 상환해 목적물을 환취하거나 상환금지 보전처분의 대상이라면 그 일부해제를 요구하면 되므로(회사갱생법 제28조 제2항), 상사유치권 소멸청구 제도를 이용할 이유가 없다고 여겨진다. 즉, 상사유치권 소멸청구 제도가 이용되는 것은 상사유치권의 피담보채권액이 목적물의 가액을 초과하는 경우에 한정되는 것이다.

상환금액이 가액상당액인지 여부에 대해 다툼이 발생한 경우에는 회사갱생절차개시 전 회사 등과 유치권자 사이의 목적물반환청구소송에서 판단이 내려진다.[22] 상환금액이 가액상당액에 미달하는 경우에는 원고의 신청이 있고 상당하다고 인정되는 경우에는 수소법원은 상당하는 기간 내에 부족액을 상환할 것을 조건으로 유치권자에 대해 당해 재산을 반환하도록 명할 수 있다(동조 제5항). 원고의 신청은 상당하다고 인정되는 액수에 부족한 일정액을 추가 상환하는 것을 내용으로 하는 것이다.

법원은 상환금 교부가 허용되는 경우 이외의 경우에는 납부된 금전에 대해 배당표에 근거해 피신청담보권자에 대한 배당을 실시해야 한다(회사갱생법 제110조 제1항). 일본 민사집행법 제85조 및 제88조에서 제92조까지의 규정은 배당절차에 대해 준용한다(동조 제3항). 배당의 실시에 대해서는 상환금 교부의 경우와 마찬가지로 민사집행규칙 제12조, 제59조(제1항 後段을 제외), 제60조 및 제61조의 규정을 준용한다(회사갱생규칙 제28조 제1항).

(2) 담보권소멸 허가제도[23]

가) 제도의 개요

일본의 회사갱생절차에서 특정재산에 관한 담보권은 갱생담보권의 기초가 되고 그 실행권능이 제한되며 갱생담보권은 갱생계획에 의해 갱생회사재산 전체의 가치로부터 만족을 얻는 권리라고 해석된다.

그런데, 해당 담보권을 갱생계획에 의해서만 변경 또는 소멸된다고 규정한다면 담보권 자체는 갱생절차 내내 기능하지 못하게 되고 이른바 휴면상태의 담보권이 된다. 회사갱생법상 담보권소멸허가제도는 이 휴면상태에 놓인 담보권을 조기에 소멸시키고, 갱생채무자의 갱생을 도모하는 것이 주된 목적이다.

나) 기본적인 요건과 절차

회사갱생법상 담보권소멸허가를 위한 기본적 요건은 갱생회사 사업의 갱생을 위해 필요하다고 인정되는 경우인데(회사갱생법 제104조 제1항), 여기서 말

---

22) 일본에서는 상사유치권자가 소멸청구의 요건 자체, 예를 들어 당해 재산의 사업계속에서의 불가결성을 다투는 것도 허용되고, 시간의 경과에 따른 가치하락이 심각하다고 생각되는 상사유치권자와 개시 전 회사가 화해해 목적물을 개시 전 회사에 반환하고 개시 전 회사는 법원이 정하는 상당한 가격을 지급하겠다는 의사를 밝혀 허가의 신청을 하는 것도 허용된다고 해석된다.

23) 伊藤眞, 전게서, 526면 이하.

하는 필요성은 담보권의 존재 자체를 소멸시킬 필요를 가리킨다. 구체적으로는 갱생절차에서 담보권소멸허가가 인정될 수 있는 것은 사업의 양도나 유휴자산의 처분에서 담보권의 존재 자체가 방해가 되는 경우 등이다.

회사갱생절차상 담보권소멸허가제도는 관재인에 의한 담보권소멸허가신청(회사갱생법 제104조, 회사갱생규칙 제2조), 목적물의 가액에 이의가 있는 담보권자에 의한 가액결정의 청구(동법 제105조, 회사갱생규칙 제27조), 법원에 의한 가액의 결정(동법 제106조), 가액에 상당하는 금전의 납부 등(동법 제108조) 및 납부된 금전의 취급[24] 등(동법 제109조-제112조)으로 이루어진다.

다. 검   토

상사유치권의 경우에도 회생절차의 정상적인 진행을 위하여 상사유치권을 소멸시킬 필요가 있는 경우는 상당히 있을 것이다.

우리 회생절차에서는 민사유치권과 상사유치권이 동일하게 취급되고 있는데, 민사유치권과 상사유치권은 그 연혁, 성립 요건 등에 있어서 엄연한 차이가 존재하고, 상사유치권에도 민법 제327조가 적용된다는 명시적인 규정이 존재하지 않는 이상, 현행법상 상사유치권 소멸청구제도가 인정된다고 단정하기는 어렵다고 생각한다.

물론 관련 분쟁에서 법원이 상사유치권에도 민법 제327조가 적용된다는 해석을 할 가능성을 부정하기 어렵지만, 안정적인 제도의 운영을 위해서 이 부분은 입법적으로 해결되어야 할 것이다.[25] 입법 과정에서 전항에서 언급한 일본

---

24) 납부된 금전의 취급에 관하여, 갱생절차에서 담보권소멸허가제도는 당해 재산상 담보권을 소멸시킨다는 점에서는 재생절차의 그것과 공통되지만 대상이 되는 담보권에 별제권의 지위가 보장되는 재생절차에서는 배당 등(민사재생법 제153조)에 의해 납부된 금전을 담보권자에게 교부하는 데 비해 갱생담보권에 대한 상환이 금지된 갱생절차에서는(회사갱생법 제47조 제1항) 납부된 금전을 갱생회사에 유보, 즉 관재인에게 교부하는 것이 원칙이라는 점이다. 따라서 법원은 갱생계획인가의 결정이 내려진 경우에는 관재인에게 납부된 금전에 상당하는 액수의 금전을 교부해야만 한다. 교부된 금전의 용도는 갱생계획안에서 정해지게 되는데 구체적으로 어떠한 용도를 정할 것인지는 갱생담보권자의 권리의 변경을 고려하면서 담보권이 존속하는 갱생담보권자와 담보권소멸허가제도에 의해 피신청담보권을 소멸시킨 갱생담보권자 사이의 평등원칙에 따라 판단하고 있다.

25) 이와 관련하여 서울중앙지방법원 파산부 실무연구회, 전게서, 424면에서는 현행법상 유치권인 회생담보권을 변제하지 아니하고는 채무자의 회생에 현저한 지장을 초래할 우려가 있는 경우에는 채무자회생법 제141조 제2항, 제131조 단서, 제132조 제2항에 따라 조기 변제 후 유치된 물건을 회수하는 방법을 검토할 수 있을 것이라고 하고 있다.

의 제도가 참고가 될 수 있을 것으로 보인다.

3. 회생계획상 유치권자를 어떻게 처우할 것인지(특히, 동일한 목적재산에 저당권 등 별개의 담보물권이 존재하는 경우)

가. 유치권의 가치 산정의 문제

회생담보권과 관련하여 청산가치보장의 원칙이 지켜지기 위해서는 청산가치에 의하여 회생담보권이 변제되는 비율이 어느 정도인지가 산정되어야 하고, 기본적으로 유치권 또한 마찬가지이다.

그런데, 유치권의 경우 실체법상 우선변제권이 주어지지 않고, 민사집행법상 인수주의를 채택하고 있는 관계로 우선변제권이 부여되는 근저당권 등 여타의 담보권과는 달리 실제로 유치권자가 어느 정도의 채권 회수를 할 수 있는 것인지를 산정하는 것이 쉽지 않다. 즉 유치권의 가치는 유치권이라는 담보물권에게 주어지는 법적 효력에 의해 판가름되는 것이 아니라 경매절차 등에서 유치권자의 협상 능력 등에 의해 결정되는 것으로서 유치권의 정확한 청산가치를 산정하는 것은 실질적으로 불가능에 가깝다고 보아도 무방할 것이다.

이러한 관계로 유치권자와 채무자 사이에서 원활한 합의가 진행되지 않는 경우, 회생계획상 유치권을 어떻게 취급해야 하는 것인지에 대하여 논란의 여지가 있다. 특히, 해당 목적물상 다른 담보물권(근저당권자)이 설정되어 있지 않다면 유치권이 설정된 목적물의 가치만큼 유치권자가 채권을 회수할 수 있을 것이라고 전제하더라도 특별한 문제가 없겠으나, 실제로 채무자가 회생절차개시결정을 받을 정도로 자금 사정이 좋지 않은 상황에서 유치권의 대상이 되는 목적물에 별도의 담보권이 설정되어 있지 않을 가능성은 매우 희박하고, 이 경우 담보권자들 사이의 권리 관계를 적절히 조절하는 것이 매우 곤란해질 것이다.

다른 관점에서 보자면 이 부분 쟁점은 유치권이라는 담보물권의 가치 평가를 할 수 있느냐의 문제라고 할 수도 있겠다. 근저당권의 예를 들어 보자면 100원의 채권을 보유하고 있는 채권자가 시가 200원 상당인 채무자의 부동산에 채

현행법 하에서 채무자가 유치권이 행사된 재산을 활용할 수 있는 유일한 방법이라고 생각되지만, 해당 제도는 유치권자가 주장하는 피담보채권액이 목적물의 가액을 초과하는 경우, 회생채무자에게 지나친 부담이 된다는 한계가 있으므로 채권의 조기변제의 방법보다는 제도적으로 소멸을 청구할 수 있도록 하는 것이 보다 적절한 것으로 판단된다.

권최고액을 150원으로 하는 근저당권을 보유하고 있는 경우, 해당 근저당권의 가치는 실제로 임의경매 절차가 진행되는 경우, 근저당권자가 회수할 수 있는 채권의 액수와 유사한 금액이 될 것이다. 그런데, 만약 채무자에 대하여 최우선 변제권이 있는 임금 채권 100원을 보유하고 있는 채권자가 존재한다면, 해당 부동산이 200원에 팔린다고 하더라도 채권자는 매각대금 200원에서 임금채권자의 권리 100원을 차감한 100원만을 변제받을 수 있을 것이고, 이 경우 근저당권의 가치는 100원이라고 평가하는 것이 일응 타당할 것이다.

그런데, 유치권의 경우, 우선변제권이 인정되지 않고, 실제로는 유치권자가 해당 목적물에 대한 점유를 지속하면서, 채무자로 하여금 목적물을 사용하지 못하도록 하는 방법으로 불편을 야기하여 어떻게든 채무자로 하여금 채무를 변제하도록 하는 일종의 간접적인 강제력을 보유하고 있는 것이어서, 유치권자가 향후 (청산절차에서) 어느 정도의 채권 회수를 하게 될 것인지를 가늠하는 것이 매우 어렵다. 이러한 관계로 실무상으로는 저당권 등 일반 담보권에 비하여 유치권의 우월적 지위를 실질적으로 인정하면서 일단 유치권이 인정되기만 한다면 유치물의 청산가치와 유치권자의 채권금액 중 적은 금액이 회생담보권으로 인정하고 있는 것으로 보인다.

이에 대하여 민법 제327조가 규정하고 있는 유치권의 소멸을 청구할 수 있는 '상당한 담보'의 가치가 유치권의 가치라는 견해라고 주장해 볼 여지가 있으나 실무상 상당한 담보는 실질적으로 유치권자의 피담보채권 전액을 변제할 수 있는 수준의 담보를 의미하는 것으로서, 모든 경우에 있어서 해당 유치권의 가치가 피담보채권 전액에 육박한다고 판단할 수 있는 것인지도 의문이 있다. 또한, 이러한 경우, 동일한 목적물상에 존재하는 저당권자들에게는 어느 정도 수준의 변제를 할 것인지도 문제이다.

또한, 일반적으로 유사한 조건에서 유치권자가 채권을 회수하는 사례를 분석하여 유치권의 가치를 추론해 내는 감정을 해보는 방안도 생각할 수 있겠지만, 유사 사례 분석이 가능한지도 의문일뿐더러 개별 채무자의 자금사정, 해당 목적물에 결부된 권리관계 등이 제각각인 사안에서 과연 이러한 감정이 가능한 것인지도 의문이다.

대상판결의 원심의 경우, 회생절차개시결정 당시 이 사건 공장의 가치가 약 8,865,395,000원이었다는 점을 들어 원고의 회생담보권이 8,865,395,000원이라고 판단하였고, 대상판결의 상고기각 판결에 의해 원심이 확정되었다. 그렇다면 피고는 실제로 회생계획에 따라 원고에게 회생담보권을 변제해야 할 의무를 부담하게 되는데, 상세한 사안을 알기 어려우나, 추측하건대 원고의 유치권을 부인하였던 피고의 회생계획에는 유치권으로 담보되는 회생담보권의 변제 방법에 관한 내용이 존재하지 않았을 것이므로 아마도 다른 회생담보권자에 대한 변제방법과 유사하게 변제하는 형태로 처리되었을 것이다.

나. 일본에서의 논의

(1) 일 반 론

앞서 정리하였듯이 일본에서는 상사유치권도 갱생담보권의 기초가 되지만, 상사유치권의 본질이 유치적 권능이며 갱생절차에서는 파산절차에서와는 달리 우선변제권이 인정되지 않기 때문에(파산법 제66조 제1항 참조), 우리나라에서와 동일한 문제가 있을 수 있다.

일본의 경우 도산절차에서의 상사유치권의 취급에 관한 다수의 연구 결과들이 집적되어 있으나, 동일한 목적물에 대하여 저당권과 유치권이 공존하는 경우, 갱생담보권의 처리 방법에 관한 법령, 판결례, 명확한 실무 지침 등은 발견되지 않는다.

생각해보건대, 일본에서도 기본적으로 갱생채무자는 갱생절차의 진행을 위하여 갱생담보권자들의 동의를 얻어야 하는 입장이므로, 절차 진행 과정에서 유치권자 등 갱생담보권자와 회생채무자와의 합의를 통하여 유치권이 취급되고 있는 것으로 보인다.

다만, 이러한 사안의 처리와 관련하여 참고할만한 문헌들이 몇 가지 발견되어 간략히 소개해 보겠다.

(2) 伊藤眞 교수의 설명[26]

伊藤眞 교수는 상사유치권의 경우 갱생담보권으로서의 순위, 즉 다른 갱생담보권과의 순위를 어떻게 해석할 것인가라는 문제가 있다는 점을 언급하고 있다.

다만, 구체적인 처리 방법에 관한 명확한 의견은 밝히지 아니한 채, 일본의 집행절차상으로는 부동산에 대해 인수주의를 취하고 있다는 점(일본 민사집행법

---

26) 伊藤眞, 전게서, 200면 이하.

제59조 제1항), 동산에 대해서는 점유자가 인도를 거부하는 한 강제집행이 불가능하다는 점 등을 감안하였을 때, 상사유치권이 사실상 최우선적으로 상환되고 있으므로 갱생절차상으로도 최우선적으로 다뤄야 한다는 견해가 있을 수 있다고만 설명하고 있다.

(3) 일본 파산절차에서의 상사유치권의 취급[27]

앞서 정리하였듯이 일본의 파산절차에서는 특이하게도 상사유치권에 대한 우선변제권을 인정하고 있다. 우리나라의 법제도와 큰 차이를 보이는 부분이지만, 상사유치권에 대하여 우선변제권이 인정되는 경우, 상사유치권의 순위가 어떻게 인정되고 있는지를 살펴보는 것은 우리 회생절차상 유치권의 지위(특히 다른 담보물권에 대한 우열 관계)를 검토함에 있어서 참고가 될 수 있을 것이다.

상사유치권이 전환된 특별선취특권과 저당권의 우열관계에 관하여 일본에서도 부동산을 경매하면 민사집행법 제59조 제4항에 따라 유치권은 매수인에게 인수되기 때문에(인수주의) 상사유치권이 성립하는 경우에는 건물청부업자가 미지급 청부대금 채권에 대하여 사실상 최우선 순위로 변제를 받게 되어 토지저당권자는 채권의 충분한 회수가 어려워진다는 결과가 발생하고 있다. 이러한 점을 고려하여 하급심 재판례 중에는 부동산 유치권의 비성립을 역설하는 것도 종종 발견된다(동경지방재판소 1999. 11. 7. 판결[28]).

그러나 현재 토지소유자가 건설업자를 통하여 건물을 준공한 다음, 이를 매매하는 것이 일반적인 일본의 부동산 거래 실태라는 것을 감안해 보면 원칙적으로 상사유치권의 성립을 널리 인정하고 건설업자의 보호를 도모함과 동시에 선행하는 저당권자의 보호는 대항요건의 선후로 처리할 필요성을 부정할 수 없다는 것이 유력한 견해이다.[29] 이러한 유력설은 (파산절차뿐만 아니라) 일반적인 민사집행절차에서도 유치권에 선행하는 저당권이 있는 경우에 상호관계에 대해서는 유치권은 매각에 따라 소멸하고, 그 대신 그 순위에 따라 경매절차에서 우선변제를 받는 것이 타당하다는 의견을 제시하고 있다.

이러한 해석에 대해서는 민사집행법 제59조 제4항의 문리에 반한다거나 부동산에 관한 권리에 대해 등기와 점유의 선후에 따라 그 우열관계를 결정하는

---

27) 伊藤眞·松下淳一 編, Jurist, 倒産判例百選, 第5版(有斐閣, 2013), 110면 이하.
28) 판례타임즈 1042호, 231면.
29) 伊藤眞·松下淳一 編, 전게서, 110면 이하의 집필자인 出口雅久 교수의 견해이기도 하다.

것은 타당치 못하다는 비판이 있다. 이에 대해서 유력한 다수의 견해들은 파산법은 상사유치권이 특별선취특권으로 전환된 저당권 등과 우선변제권을 다투는 경우를 예정하고 있어 그러한 경우에는 대항요건인 등기와 점유의 취득시기의 선후를 기준으로 우열을 결정하는 것 외에는 방법이 없고, 통상적인 경매절차에서도 같은 기준으로 우열을 결정할 수 있다는 의견을 제시하고 있다.

파산절차에 있어서 일본의 견해들 중에서는 상사유치권이 전환된 특별선취특권과 저당권의 우열에 대해서는 특별선취특권이 언제나 저당권에 열후한 것이라는 견해나 언제나 저당권에 우선한다는 견해도 존재하고 있으나, 일반적으로는 파산절차상 파산법 제66조 제1항이 그 우열에 대해 어떠한 규정도 하고 있지 않은 이상 일반원칙에 따라 대항문제로 처리하는 것이 상당할 것이라는 의견이 지배적이다.

伊藤眞·松下淳一 編, Jurist, 倒産判例百選, 第5版에 소개되고 있는 東京高等裁判所 平成 10. 11. 27. 결정은 "기본적으로 일본의 파산절차에서는 상사유치권에서 전환된 특별선취특권과 저당권의 우열관계는 공시제도와 대항요건의 구비에 따라 권리보호와 거래안정을 조화시킨다는 담보물권의 법리에 따라 해결해야 하는 것으로서 특별선취특권으로 전환되기 전의 상사유치권이 성립한 때와 저당권 설정 등기가 경유된 때의 선후에 따라 결정해야 한다"고 판시하였다.

위 판결의 결론에 대하여 出口雅久 교수는 "유치권자가 법이 정한 요건에 따라 토지에 대해 상사유치권을 주장하는 것 자체에는 아무런 문제도 없으며 단지 기존 저당권 등 다른 권리와 조정하지 않은 채 실질적, 최우선적으로 가치 파악을 하는 불합리가 문제가 된다. 저당권자 입장에서는 토지 저당권 설정시에는 예측할 수 없는 사후적인 공사대금 미지급이라는 사정에 의해 (불측의 유치권이 성립되어) 당초부터 파악되었던 담보가치가 큰 폭으로 하락하고 사정에 따라서는 가치가 없어진다는 결론은 확실히 승복하기 어려울 것이다. 이렇게 생각해 보면 상사유치권의 성립은 긍정하면서 기존 저당권과의 우열 판단 기준을 해석에 따라 세움으로써 경합하는 복수의 권리 상호 간의 질서를 세우는 노력이 역시 필요할 것이다. 또한 2002. 3. 담보집행법제의 개정에 관한 요강 중간시안에서는 유치권의 우선변제권을 부여하고, 목적부동산의 경매시에 소제주의를 취할 것, 동시에 부동산 상사유치권을 부정하는 것이 검토되었으나 개정은 보류되었다"고 설명하고 있다.

다. 검   토

이 부분 논의에 대한 의견을 정리해 보면 다음과 같다.

(1) 담보물권자가 채무자에 대한 회생절차가 진행되었다는 우연한 사정으로 인하여 회생절차가 진행되지 않은 경우에 비하여 채권회수율이 높아질 수는 없다고 생각한다. 즉, 회생담보권자의 회생담보권자로서의 채권회수율은 각 담보목적물의 가치를 초과할 수 없는 것이고, 그렇지 않다면 다른 담보물권자나 일반 회생채권자와의 형평성에 문제가 초래된다.

(2) 그렇다면, 동일한 목적물에 유치권자와 저당권자가 동시에 존재하는 경우, 유치권자와 저당권자가 회생담보권자로서 회수할 수 있는 채권의 가액은 해당 목적물의 시가를 넘어설 수 없다.

이 점과 관련하여 통상적인 경매절차에서 담보목적물에 유치권이 존재하는 경우, 담보목적물의 매매가액이 현저하게 저하되어 1순위 근저당권자라고 하더라도 피담보채권액 전액의 만족을 얻지 못하는 경우가 많을 것이라는 점을 고려할 필요가 있다.

(3) 실무적으로는 회생담보권자와 회생채무자 사이의 협의를 통하여 유치권자와 근저당권자의 변제비율을 적절히 조정하는 것이 필요하다. 그러나 협의가 이루어지지 않는 경우에는 우리나라의 민사집행절차나 파산절차에서 유치권자에 대한 인수주의를 취하고 있는 이상, 유치권자가 (그 성립시기를 불문하고) 저당권자에 비하여 높은 변제를 받을 수밖에 없을 것으로 생각한다. 회생절차에서는 인가결정에 의하여 회생담보권으로 인정된 채권에 관한 담보권이 모두 소멸하게 되므로 유치권자가 저당권자에 비하여 무조건적으로 우선적인 변제를 받아야 한다는 결론에는 의문의 여지가 있을 수 있다. 그러나 현재의 법리를 동원하여 회생절차에서 유치권자와 저당권자의 우열관계를 정치하게 정하는 것이 불가능한 이상, 유치권에 대한 인수주의를 근거로 유치권이 우위에 있다고 해석하는 것이 유일한 방법이 아닐까 생각한다.

(4) 전항에서 정리한 出口雅久 교수의 주장처럼 이러한 결론은 저당권자에게 불측의 손해를 가져다 줄 수 있는 것으로서 저당권자에게 심히 부당하다는 느낌을 지우기 어렵다. 하지만 이러한 문제는 회생절차뿐만 아니라 일반 민사절차에서도 나타날 수 있는 것으로서 저당권자 등은 건물 소유주로 하여금 공사업자와 공사계약을 체결할 당시 담보권 포기 각서 등을 작성해 두도록 하는

등의 선제적인 조치를 취함으로써 담보물의 가치를 온전히 보전하는 방안을 모색해 볼 필요가 있겠다.

장기적으로는 역시 채무자회생법의 개정 등을 통하여 회생절차 내에서 회생담보권으로 포섭되는 유치권자의 지위에 대하여 보다 구체적인 규정을 두거나 회생절차에서의 유치권자의 지위에 관한 최소한의 가이드라인이 마련되는 것도 바람직할 것으로 생각한다.

4. 기타 회생절차에서의 유치권의 취급에 관한 몇 가지 의문점

가. 회생계획상 미확정 유치권에 관한 처리 방법이 존재하지 않는 경우, 추후 확정된 유치권을 어떻게 취급해야 할 것인지

대상판결의 사안에서와 같이 회생채무자와 채권자(유치권자) 사이에서 회생담보권의 존재 여부에 관하여 첨예한 다툼이 진행되는 경우, 회생계획상 미확정채권이 확정되는 경우의 취급 방법에 관하여 구체적인 규정을 두지 않는 것이 일반적이고, 통상 동종의 회생채권(회생담보권)과 동일하게 변제한다는 등의 일반규정을 두고 있다.

그런데, 유치권과 같이 채권(또는 담보권)이 고유의 특성을 가지고 있어서 동종의 회생채권(회생담보권)이 있다고 인정되기 어려운 경우 어떻게 처리해야 하는 것일까?

유치권의 경우, 담보목적물상에 다른 담보물권이 존재하지 않는다면 여타의 회생담보권과 마찬가지의 변제를 하더라도 특별한 문제가 없을 것이다. 그러나 만약 동일한 담보목적물상에 저당권 등 다른 담보물권이 존재하고 있는 경우, 인가 결정 이후에 확정된 유치권(회생담보권)의 취급 방법에 대하여 분쟁의 소지가 있다.

이는 결국, 전항에서 상술한 회생절차에서의 유치권의 취급과 동일한 맥락에서 이해될 수 있을 것이다. 현실적으로는 인수주의를 택하고 있는 이상 별도의 규정이 없더라도 유치권자가 해당 목적물의 선순위 담보물권자라는 전제에서 변제를 해야 할 것으로 보이는데, 이 경우 이미 동일한 목적물상의 (후순위) 저당권자에게 변제를 해 버렸다면 어떻게 취급해야 할까? 이 경우 유치권자에게도 저당권자와 동일한 수준의 변제를 할 수밖에 없겠지만 이 경우 일반 회생채권자들이 상대적인 피해를 입게 될 가능성이 있다.

즉, 이러한 경우, 만약 유치권자와 다른 회생담보권자들에게 변제한 변제액의 합이 담보물의 담보가치를 초과하는 경우, 후순위 담보권자(후순위 저당권자 등)가 부당이득을 취한 것이라고 평가될 수 있다. 이 경우, 채무자와 후순위 담보권자 사이에서 회생담보권부존재확인 및 부당이득반환청구소송이 제기될 수도 있을 것이다. 이러한 소송이 가능한지 여부에 대해서는 다툼의 여지가 있을 수 있는데, 채무자회생법 제255조 제1항 제2호에 의하여 확정된 회생담보권자 표의 경우 확정판결과 동일한 효력이 인정되고 있으나, 해당 효력은 회생절차 내부에서의 불가쟁의 효력에 불과한 것이므로(대법원 2005. 6. 10. 선고 2005다15482 판결), 채무자가 절차 밖에서 별도의 부당이득반환청구의 소를 제기하는 것은 가능할 것으로 보인다.

회생절차의 안정적인 수행을 위해서는 어떻게든 회생계획 작성 단계에서 미확정 권리가 확정되는 경우 어떻게 취급할 것인지, 특히 미확정 회생담보권이 확정되는 경우, 후순위 담보권자에 대한 지급을 어떻게 처리할 것인지 등을 상세히 규정해 두는 것이 필요해 보인다. 앞에서 언급한 후순위 담보권자의 부당이득을 막기 위해서는 후순위 담보권자에 대한 변제금액을 선순위 담보권자의 담보권 확정 소송이 확정될 때까지 임치해 두는 등의 방법을 생각해 볼 수 있을 것이다.

나. 회생계획상 유치권에 대한 존속 규정을 둘 수 있을 것인지

회생계획이 인가되면 회생계획이나 법에서 인정되는 권리를 제외하고 채무자의 재산상에 있던 모든 담보권은 소멸한다(채무자회생법 제251조 본문). 그러나 실무에서는 대부분의 경우 담보권의 존속조항을 두면서, 해당 담보목적물이 처분될 경우에는 그 처분대금으로 회생담보권을 변제하는 내용의 혼합형으로 규정하는 경우가 많다.[30]

이러한 담보권 존속조항을 두는 것은 인가결정 후, 회생채무자가 회생절차를 정상적으로 종결시키지 못하게 되는 경우, 담보권자가 파산적 청산의 경우에 비하여 채권을 회수하지 못하게 되는 경우가 발생할 수 있기 때문으로서 이는 회생담보권자로 하여금 회생계획에 동의하도록 하기 위한 협상의 산물이라고도 할 수 있겠다.

---

30) 서울중앙지방법원 파산부 실무연구회, 전게서, 657면 이하.

실무상 그 사례를 들어보지 못하였지만 유치권의 경우에도 이러한 담보권 존속조항 규정을 두는 것이 현행법에 반하거나 불가능하지는 않다고 생각된다. 다만, 이 경우 유치권자가 회생절차개시결정이나 인가 결정 이후에도 지속적으로 담보목적물을 점유하는 등 유치권이 소멸되지 않도록 조치를 취하고 있어야 할 것이다.

구체적인 방법은 유치권자와 회생채무자 사이의 협의를 통하여 정리될 수 있을 것이라고 생각되는데, (1) 담보목적물이 제3자에게 매각되는 경우, 매각대금 중 일정 부분을 유치권자에게 변제할 것, (2) 이 경유 유치권자는 유치권의 행사를 포기할 것 등을 기본적인 내용으로 하는 유효한 합의에 기반하여 구체적인 세부 내용이 정해져야 할 것이다. 즉, 유치권자에 대해서는 유치권자가 점유를 풀고 채무자에게 담보물을 이전하는 경우 사실상 회생담보권으로서의 변제가 완료되어야 할 것으로 생각된다.

Ⅳ. 결   론

이상과 같이 대상판결에서 도출되는 의문점들을 바탕으로 회생절차상 유치권자의 취급에 관한 쟁점들을 정리하고, 일본의 논의와 개인적인 의견을 정리해 보았다. 앞서 상세히 정리해 보았지만, 상당 부분의 쟁점들은 단정적인 결론을 내리기가 쉽지 않은 측면이 있고, 향후 입법과제에 해당하는 것이 아닌가 하는 생각이 들기도 한다.

적극적인 입법 활동, 실무적인 개선 움직임이 시행되기 위해서는 현실의 사례에 대한 보다 심도 깊은 연구가 우선되어야 할 것으로 보인다. 분명히 현 시점에도 전국의 회생법원에는 회생절차의 유치권의 취급에 관한 다양한 사례들이 논의되고 있을 것이다. 다양한 경로로 이러한 논의들이 공유되어 회생절차에서의 유치권의 취급에 관한 보다 선진적이고 정치한 논의가 이어져 나가길 기대해 본다.

● 참고문헌

[국내문헌]
[단행본]
서울중앙지방법원 파산부 실무연구회, 회생사건실무(상), 제4판(박영사, 2015)
서울중앙지방법원 파산부 실무연구회, 회생사건실무(하), 제4판(박영사, 2015)
서울중앙지방법원 파산부 실무연구회, 법인파산실무, 제4판(박영사, 2015)
오수근 외 3인, 도산법, (한국사법행정학회, 2012)
오수근, 도산법의 이해, (이화여자대학교출판부, 2008)

[논문]
강동윤, "저당권과 관련한 유치권의 효력", 경북대학교 박사학위논문(2012)
김재형, "도산절차에서 담보권자의 지위", 인권과 정의 제356호(대한변호사협회, 2006. 4.)

[일본문헌]
[단행본]
伊藤眞, 會社更生法, (有斐閣, 2012)
伊藤眞, 破産法·民事再生法, 第3版(有斐閣, 2014)
伊藤眞·松下淳一 編, Jurist, 倒産判例百選, 第5版(有斐閣, 2013)
加藤哲夫, 破産法, 第6版(弘文堂, 2012)
東京地裁會社更生實務研究會, 會社更生の實務 新版 上, (金融財政事情研究會, 2014)
東京地裁會社更生實務研究會, 會社更生の實務 新版 下, (金融財政事情研究會, 2014)
園尾隆司·多比羅誠, 倒産法の判例·實務·改正提言, (弘文堂, 2014)
山本克己 외 2인 編, 新基本法 コンメンタール, 民事再生法, (日本評論社, 2015)
權田修一 編, 改正破産法의 實務 Q&A, (中央經濟社, 2004)

[논문]
伊藤眞, "集合債權讓渡担保と事業再生型倒産処理手続再考 ― 会社更生手続との関係を中心として", 曹時 第61卷 第9号(大學図書, 2009)
佐藤鉄男, "倒産手続における留置権 ― 商事留置手形を中心に", 法学教室 第390号(法学教室, 2013)
中島弘雅, "商事留置権の扱い ― 最高裁平成23年12月15日第1小法廷判決を契機として", 倒産法の判例·實務·改正提言, (弘文堂, 2014)
谷口安平, "保全処分の 種類と効果", 金商 第719号(金商, 1985)

도산국제사법과 도산법정지법(倒産法庭地法)의 원칙

이형근, 김시내

[요 지]

1990년대에 들어서며 국제도산이 점진적으로 늘어나자 유엔국제상거래법위원회(UNCITRAL)는 서로 다른 관할에서 발생하는 제반 문제를 통일적이고 효율적으로 규율할 방안을 고민하게 되었고, 그 결과로 1997년 5월 30일 국제도산에 관한 모델법(UNCITRAL Model Law on Cross-Border Insolvency, 이하 '모델법'이라 한다)이 채택되기에 이르렀다. 모델법이 채택된 지 20년에 가까운 시간이 지났음에도 이를 채택한 국가는 40여 개국에 불과하고 모델법만으로 해결할 수 없는 수많은 국제도산의 법적 쟁점들이 현실적으로 대두되고 있음에도 특히 국내에서는 그에 대한 활발한 논의를 찾기 어렵다. 이처럼 현실적으로 문제가 대두되고 있음에도 모델법에서도 규율하지 않고 있고, 국내에서 활발히 논의되지 않고 있는 주제 중 하나가 도산국제사법의 문제이다.

계약관계에 있는 두 당사자가 계약을 체결하면서 준거법을 지정하면 특별한 사정이 없는 한 계약의 실체적인 사항에 대하여 지정된 준거법을 적용하는 것은 당사자 자치(party autonomy)의 원칙상 당연하다. 그런데 계약 당사자 중 일방에 대해 도산절차가 개시되면, 도산절차가 추구하는 공익적인 목적을 달성하기 위하여 도산절차가 개시된 국가의 법(이하 '도산법정지법'이라 한다)을 적용하여야 할 당위성과 위 당사자 자치가 충돌하는 문제가 발생한다. 물론, 계약에서 당사자들이 합의한 준거법과 도산법정지법이 동일하다면 그 법의 테두리 안에서 모순, 저촉되는 부분을 어느 정도는 해결할 수 있을 것이다. 그러나 계약상의 준거법과 도산법정지법이 일치하지 않고, 어느 법을 적용하느냐에 따라 법적인 결론이 달라지는 경우 과연 어떤 법을 적용하여야 할지가 문제될 수 있다.

도산절차를 통해 이루고자 하는 채무자 회사의 갱생, 채무자 재산의 산일

방지, 채권자 평등 등의 가치를 고려하면 계약 당사자 일방에 대해 도산절차가 개시되는 경우 도산법정지법을 일률적으로 적용하는 것이 타당하다고 볼 수도 있다. 그러나 이는 당사자 자치를 지나치게 제한하는 문제가 있고, 당사자 쌍방에 대하여 복수의 국가에서 도산절차가 개시되는 경우를 가정하면 절차의 통일적인 해결이 곤란해지는 문제가 발생할 수 있다. 그렇다고 당사자 자치만을 존중하여 도산법정지법이 아닌, 당사자들이 정한 국가의 법을 준거법으로 한다면 도산절차가 개시된 국가의 법이 도산절차를 통해 이루고자 하는 여러 목적들을 달성하기가 어려워질 수 있고, 절차의 안정성 또한 해칠 우려가 있다.

　이와 같은 양 측면을 고려한 절충안으로는 ① 도산사건의 실체법적 사항 중 도산전형적인 법률효과 또는 도산법에 특유한 효력만이 도산법정지법의 규율을 받는다는 견해와 ② 도산법에 규정된 실체적 사항과 이러한 실체적 사항에 불가분적으로 결합된 사항은 도산법정지법에 따른다는 견해가 제시되고 있으며, 판례는 분명하지는 않지만 전자를 따르고 있는 것으로 보인다. 생각건대 도산전형적인 법률효과 또는 도산법에 특유한 효력이라고 하여 구체적인 사안에 있어 반드시 당사자 자치보다 우월한 이익이라고 단정하기는 어렵다는 점에서 첫 번째 견해에 대한 의문이 제기될 수 있다. 두 번째 견해의 경우, 절차와 실체가 항상 뚜렷하게 구별되지도 않을뿐더러 실체적 사항과 불가분적으로 결합된 사항이라 하면 도산법정지법을 적용하는 범위가 불분명하게 되거나 지나치게 확대될 우려가 있다. 이와 같은 점을 고려하면 도산국제사법의 문제는 장기적으로는 판례의 축적 및 입법을 통하여 규율하는 것이 바람직하지만, 입법 등을 통하여 명확한 법적인 기준이 제시되기 전까지는 도산전형적인 법률효과만이 도산법정지법의 규율을 받는다고 보는 견해에 따르는 것이 보다 타당하여 보인다.

　한편, 도산전형적인 효과에 해당하는 경우 당초 계약에 적용되어야 할 준거법에 관한 당사자의 합의가 수정되는 것이 불가피한데, 관련 분쟁의 관할이 도산 절차가 개시된 국가 이외의 국가의 법원에 속한다면 위와 같은 준거법의 수정을 관철할 수 없다는 점에서 도산법정지법의 원칙에는 한계가 있다. 그러므로 도산법정지법에 따른 통일적인 규율을 위해서는 모델법의 수정 또는 국제도산에 관한 여타의 협력을 통한 도산국제사법의 통일적 규율이 절실하다.

[주제어]

- 국제도산
- 국제사법
- 도산국제사법
- 도산저촉법
- 도산법정지법
- 도산전형적 법률효과

대상판결 : 대법원 2015. 5. 28. 선고 2012다104526, 104533(병합) 판결 [공2015하, 843] 및 2015. 1. 29. 선고 2012다108764 판결 [공2015상, 293]

[사실의 개요]

1. 대법원 2015. 5. 28. 선고 2012다104526, 104533(병합) 판결

2007. 8. 14. 원고(주식회사 삼선로직스)와 피고(진양해운 주식회사)는 ㈜오리엔트조선이 건조 중인 제1선박에 대해 인도기간 2009. 12. 1.부터 2010. 2. 29.까지, 용선료 1일 18,700달러(미화, 이하 같다), 용선기간 5년으로 하는 제1 정기용선계약을, 제2선박에 대해 인도기간 2010. 3. 1.부터 2010. 6. 30.까지, 용선료 1일 18,400달러, 용선기간 5년으로 하는 제2 정기용선계약을, 제3선박에 대해 인도기간 2009. 8. 1.부터 2009. 12. 31.까지, 용선료 1일 21,500달러로 하는 제3 정기용선계약을 각 체결하였다(이하 제1, 2, 3 정기용선계약을 합하여 "이 사건 정기용선계약"이라 한다). 위 각 정기용선계약의 준거법은 잉글랜드·웨일스법(이하 "영국법"이라 한다), 계약 대상 선박의 국적은 파나마로 정하고 있었다.

2009. 3. 6. 정기용선자인 원고에 대한 회생절차가 개시되었는데, 회생절차 개시 당시 계약대상 선박들은 아직 건조 중이었다. 원고에 대한 회생절차가 개시된 후인 2009. 7. 15., 원고의 관리인은 채무자 회생 및 파산에 관한 법률(이하 "채무자회생법"이라 한다) 제119조 제1항에 따라 이 사건 용선계약을 해지하였다. 원고의 관리인이 위와 같이 쌍방미이행 쌍무계약임을 이유로 이 사건 정기용선계약들을 해지하자 피고는 2009. 7. 29. 원고의 이 사건 정기용선계약들의 해지로 인해 장래의 용선료 수입 상당의 손해(102,189,720달러)가 발생하였다고 주장하면서 그 손해원금만을 회생채권으로 신고하였다. 원고의 관리인은 채무부존재를 이유로 이를 전부 부인하였고, 피고가 원고를 상대로 회생채권조사확정재판을 신청하자 법원은 피고의 원고에 대한 회생채권이 24,187,113달러임을 확정한다는 결정을 하였다. 그 후 2011. 5. 18. 원고에 대한 회생절차가 종결되었다.

2. 대법원 2015. 1. 29. 선고 2012다108764 판결

원고(주식회사 한진해운)는 선우상선 주식회사와 사이에 ① 2008. 12. 12. 오

그나 호(MV. Ogna), ② 2007. 8. 10. 스타 오브 니폰 호(MV. Star of Nippon)에 관하여 각 용선계약을 체결하였다(이하 "이 사건 각 용선계약"이라 한다).

이후 선우상선이 이 사건 각 용선계약을 위반하여 원고에게 용선료를 지급하지 않자, 원고는 위 각 용선계약상 중재조항에 따라 런던해사중재협회(LMAA)에 중재를 신청하였고, 그 결과 ① 오그나 호 용선계약에 관하여는 2010. 3. 18. '선우상선은 원고에게 97,736.52달러의 용선료와 지연이자 등을 지급하라'는 취지의 중재판정이, ② 니폰 호 용선계약에 관하여는 2010. 3. 29. '선우상선은 원고에게 428,369.46달러의 용선료와 지연이자 등을 지급하라'는 취지의 중재판정이 각각 내려졌다. 이에 원고는 선우상선을 상대로 이 사건 각 중재판정에 기한 강제집행의 허가를 구하는 집행판결 청구의 소를 제기하여 전부 인용의 승소판결을 받았고, 이 집행판결은 그대로 확정되었다.

원고는 2010. 3. 31.[1] 위 집행판결 정본을 근거로, 선우상선이 제3채무자인 피고(주식회사 삼선로직스)에 대하여 가지고 있는 금전채권(이하 "피압류채권"이라 한다)을 가압류하였다. 이후 피압류채권에 대한 압류 및 추심명령을 받은 원고는 2011. 1. 14. 제3채무자인 피고를 상대로 추심을 위한 소를 제기하였다.[2]

한편, 선우상선은 피고에 대하여 개시된 회생절차에서 피고와 사이에 체결된 남런 호(MV. Namrun)를 비롯한 9개 선박에 관한 용선계약상 미지급 용선료 및 손해배상금을 회생채권으로 신고하였고, 선우상선의 피고에 대한 회생채권은 회생채권조사확정재판을 거쳐 24,675,898달러로 확정되었다. 이와는 별개로, 피고와 선우상선 사이의 위 남런 호에 대한 용선계약 외에 진싱 호(MV. Jin Xing), 스파 라이라 호(MV. Spar Lyra) 등에 대한 각 용선계약에 따라 선우상선은 피고에 대하여 합계 18,891,346.14달러를 지급할 채무가 있는 것으로 확정되었다. 이에 피고는 2010. 2. 12. 법원의 허가를 얻어 선우상선의 회생채권 중 금전변제 대상액에 해당하는 금액에 대한 기한의 이익을 포기하고, 2010. 2. 17.과 2. 22. 내용증명으로 '피고의 선우상선에 대한 위 용선계약상 채권을 자동채권으로 하여 위 선우상선의 피고에 대한 회생채권을 수동채권으로 대등액에서 상계한

---

1) 피고는 2009. 2. 6. 회생절차개시를 신청하여 2009. 3. 6. 회생절차개시결정을 받았고, 2010. 2. 5. 회생계획안을 인가받았으며, 2011. 5. 18. 회생절차가 종료되었다. 따라서 이 사건은 회생절차 중에 있는 제3채무자에 대해 회생계획이 인가된 후 회생절차가 종료하기 전에 발생한 사건이다.

2) 서울중앙지방법원 2011가합4761 사건.

다'는 취지의 의사표시를 하였다.

위 피압류채권(제3채무자의 상계의 수동채권)과 제3채무자의 채무자에 대한 채권(제3채무자의 상계의 자동채권)은 각 서로 다른 정기용선계약에서 발생한 채권으로, 각 정기용선계약은 준거법을 영국법으로 정하고 있었다.

[소송의 경과]

1. 대법원 2015. 5. 28. 선고 2012다104526, 104533(병합) 판결

2011. 2. 23. 법원은 피고의 원고에 대한 회생채권은 24,187,113달러임을 확정한다는 취지의 결정을 하였고,3) 원고와 피고 쌍방 모두 이의하였다.

이후 이 사건의 제1심4)에서 원고는 용선계약 대상 선박의 건조를 위한 자금조달이 원활하지 아니하여 건조계약이 해지되었고 위 해지가 정당하다는 영국 중재판정까지 있었으므로 대상 선박의 최종 인도기한까지 원고에게 선박을 인도할 수 없었을 것이며, 따라서 원고의 해지로 인하여 피고가 어떠한 손해를 입었다고 보기는 어렵다고 주장하였다. 그러나 법원은 계약의 해지일인 2009. 7. 15.부터 선박의 최종인도기한까지 잔여기간이 약 7월과 11월이 남아 있었고, 해지 당시 각 선박의 공정 정도, 피고의 자금조달방식 등에 비추어 볼 때 위 해지일을 기준으로 피고가 원고에게 선박의 최종인도기한까지 각 선박을 인도할 수 없었다고 단정하기 어려우므로 손해배상책임이 인정될 수 있다고 판단하였다. 그리고 손해배상의 범위는 각 용선계약에서 정한 용선료에서 해지 무렵 시장 용선료를 공제한 금액에 용선일수를 곱하여 산정하는 것이 상당하다고 판단하였다. 이에 대하여 원고는 악천후 등 통상 휴항기간에 해당하는 용선료와 중간이자, 사업위험분도 공제해야 한다는 주장을 하였으나, 법원은 정기용선계약의 경우 선주의 귀책사유가 없는 한 악천후 등 통상 휴항기간에 해당하는 용선료와 사업위험분을 공제해야 할 이유가 없는 것으로 보이고, 피고가 회생계획안에 따라 10년간 전체금액의 34%만 분할 변제받게 되는 점 등을 감안하면 중간이자를 공제해야 할 이유도 없는 것으로 보인다고 판단하였다.

이처럼 제1심이 위 서울중앙지방법원의 2011. 2. 23.자 회생채권조사확정재

---

3) 서울중앙지방법원 2010회확256 회생채권조사확정 재판.
4) 서울중앙지방법원 2011가합27030, 28408(병합) 사건.

판을 인가하자 원·피고 쌍방 모두 항소하였으나, 원심5)은 원고와 피고의 항소를 모두 기각하였으며, 이후 원고만 상고하였는데, 이 또한 기각되었다.

2. 대법원 2015. 1. 29. 선고 2012다108764 판결

제1심은 피고가 2010. 2. 12. 법원의 허가를 얻어 이 사건 회생채권액에 해당하는 채무에 대한 기한의 이익을 포기하고, 피고의 선우상선에 대한 미지급 용선료 및 손해배상금 채권을 자동채권으로 하여 선우상선의 피고에 대한 회생채권을 수동채권으로 대등액에서 상계하는 내용의 의사표시를 하여 그 무렵 선우상선에게 위 의사표시가 도달하였고, 원고의 선우상선을 상대로 한 가압류, 압류 및 추심명령의 결정은 피고의 위 상계 의사표시가 선우상선에게 도달된 이후인 2010. 3. 31. 및 2010. 9. 30. 피고에게 각 송달되었는데, 이 사건 회생채권 중 원고가 금전으로 추심할 수 있는 채권인 8,389,805.32달러는 피고의 선우상선에 대한 자동채권인 위 18,891,346.14달러와 대등액에서 피고의 위 상계의 사표시에 의하여 이 사건 가압류 및 압류 및 추심명령이 피고에게 도달하기 이전에 모두 소멸하였다고 판단하여 원고의 청구를 기각하였다. 제1심에서 원고는, 피고와 선우상선 사이에 체결된 남런 호를 비롯한 각 선박에 대한 용선계약의 준거법은 영국법이므로 위 각 용선계약상 채권을 자동채권 및 수동채권으로 한 상계가 이루어지기 위하여는 영국법 중 보통법에 의한 상계의 요건이 충족되어야 한다는 주장도 하였으나, 제1심은 '도산법정지법의 원칙'에 따라 피고에 대한 회생절차가 국내에서 채무자회생법에 따라 진행되었고, 이 사건 회생채권에 대한 상계 역시 채무자회생법 제131조에 따라 법원의 허가를 얻어서 한 것이므로 유효하다고 판단하였다.

이에 원고는 항소하였는데, 원심6)은 "섭외적 상계의 요건은 원칙적으로 채권 자체의 준거법에 의해 판단할 것이므로 이 사건 상계의 요건은 영국 보통법에 따라 그 충족 여부를 판단하여야 한다. 그리고 피고에 대한 회생절차가 국내에서 채무자회생법에 따라 진행된 이상, '도산법정지법의 원칙'에 따라 이 사건 회생채권에 대한 상계의 절차 및 효과에 관하여는 국내법이 적용되므로, 상계의 요건에 관하여는 영국 보통법상의 요건을 충족하는 이외에 추가로 채무자회생법 제131조에 따라 법원의 허가를 얻어야 한다"라고 판시하였다. 결국 원심

---

5) 서울고등법원 2011나83778, 83785(병합) 사건.
6) 서울고등법원 2012나23490 판결.

은 제1심이 유효하다고 인정한 2010. 2.경의 상계는 확정 요건을 갖춘 미지급용선료 채권 상당액 4,562,448.15달러의 범위 내에서만 효력이 있고, 사법적 확정 요건을 갖추지 못한 조기반선에 따른 손해배상채권은 상계가 허용되지 않는다고 하였다. 다만 피고는 2011. 12. 15. 제1심에서 원고에게 미지급 용선료 및 손해배상금 합계 18,891,346.14달러를 자동채권으로, 이 사건 회생채권을 수동채권으로 하여 예비적 상계의 항변도 하였는데, 위 상계 시점에는 피고의 자동채권 전부가 확정이 되었으며 상계적상에 있었으므로, 이 시점에서 선우상선의 수동채권은 위 상계로 인하여 상계적상시에 소급하여 전부 소멸하였다고 판단하고, 2012. 10. 19. 항소를 기각하였다(제3채무자의 상계항변을 받아들여 항소기각).

원고는 상고하였으나 대법원은 이를 기각하였다.

[판결의 요지]
[대법원 2015. 5. 28. 선고 2012다104526,104533(병합) 판결 ― 상고기각]
[1] 외국적 요소가 있는 계약을 체결한 당사자에 대한 회생절차가 개시된 경우, ① 계약이 쌍방미이행 쌍무계약에 해당하여 관리인이 이행 또는 해제·해지를 선택할 수 있는지, 그리고 ② 계약의 해제·해지로 인하여 발생한 손해배상채권이 회생채권인지는 도산법정지법인 채무자회생법에 따라 판단되어야 하지만, ③ 계약의 해제·해지로 인한 손해배상의 범위에 관한 문제는 계약 자체의 효력과 관련된 실체법적 사항으로서 도산전형적인 법률효과에 해당하지 아니하므로 국제사법에 따라 정해지는 계약의 준거법이 적용된다.

[2] 영국법상 향후 발생할 손해를 일정 시점을 기준으로 일시금(一時金)으로 지급하기 위한 장래손해(future loss)의 현가 산정은, 정당한 배상액을 정하기 위한 배상액의 조정으로 과잉배상 내지 과소배상을 방지하기 위한 것이므로, 이러한 배상액 산정에서 중간이자를 공제하지 않더라도 과잉배상이 되지 않는 경우[7]에는 반드시 중간이자를 공제하여 손해액을 할인하여야 하는 것은 아니다.

---

7) 이 사건에서 법원은 피고가 채무자회생법 제118조 제1호, 제3호에서 회생절차개시 전의 원인으로 생긴 재산상의 청구권뿐만 아니라, 회생절차 개시 후의 이자, 불이행으로 인한 손해배상금도 회생채권에 포함시키고 있으므로, 피고는 이 사건 정기용선계약해지로 인한 손해배상채권의 원금뿐만 아니라 그 지연손해금에 대하여도 회생채권자로서 권리를 행사할 수 있었음에도 이를 회생채권으로 신고하지 아니한 점에서도 과잉배상이 되지 않는 사정이 있다고 판단하였다.

[대법원 2015. 1. 29. 선고 2012다108764 판결 — 상고기각]

[1] 영국 보통법상 상계 제도는 보통법상 상계(legal set-off, 법률상 상계라고도 한다)와 형평법상 상계(equitable set-off)가 있는데, 그 중 보통법상 상계는 양 채권 사이의 견련관계를 요구하지 않는 등 형평법상 상계와 비교하여 상계의 요건을 완화하고 있지만 소송상 항변권으로만 행사할 수 있어 절차법적인 성격을 가진다고 해석된다. 그러나 영국 보통법상 상계 역시 상계권의 행사에 의하여 양 채권이 대등액에서 소멸한다는 점에서는 실체법적인 성격도 아울러 가진다고 할 것이므로 상계의 요건과 효과에 관하여 준거법으로 적용될 수 있다.

[2] 상계제도의 목적 및 기능, 채무자의 채권이 압류된 경우 관련 당사자들의 이익 상황 등에 비추어 보면, 민사집행법에 의하여 채권압류명령 또는 채권가압류명령(이하 채권압류명령의 경우만을 두고 논의하기로 한다)을 받은 제3채무자가 압류채무자에 대한 반대채권을 가지고 있는 경우에, 가압류의 효력 발생 당시에 대립하는 양 채권이 모두 변제기가 도래하였거나, 그 당시 반대채권(자동채권)의 변제기가 도래하지 아니한 때에는 그것이 피가압류채권(수동채권)의 변제기와 동시에 또는 그보다 먼저 도래하면, 상계로써 가압류채권자에게 대항할 수 있다.

[3] 외국적 요소가 있는 채권들 사이에서의 상계의 요건과 효과에 관한 법률관계가 상계의 준거법에 따라 해석·적용된다고 하더라도, 채권자가 대한민국의 민사집행법에 의하여 가압류명령 또는 채권압류명령 및 추심명령을 받아 채권집행을 한 경우에, 채권가압류명령 또는 채권압류명령을 받은 제3채무자가 채무자에 대하여 반대채권을 가지고 상계로써 가압류채권자 또는 압류채권자에게 대항할 수 있는지는 집행절차인 채권가압류나 채권압류의 효력과 관련된 문제이므로, 특별한 사정이 없는 한 대한민국의 민사집행법 등에 의하여 판단함이 원칙이고 상계의 준거법에 의할 것은 아니다.

[연 구]

I. 쟁점의 정리

검토 대상판결들은 쟁점이 비교적 단순한 편이며 결과에 있어서도 하급심과 상급심의 판단이 갈리지도 않았다. 그럼에도 불구하고 대상판결들은, 기존에 국내에서는 거의 다루어지지 않던 도산국제사법에 관한 쟁점에 관하여 검토한 판결이라는 점에서 주목할 만하다. 물론 대법원 2012다108764 판결의 경우 대법원의 판결만 놓고 보면 도산국제사법, 그 중에서도 준거법의 판단에 관한 도산저촉법의 문제가 직접적으로 다루어진 것은 아니었다. 그러나 사안 자체는 분명 도산저촉법이 문제될 여지가 있는 경우였고, 실제로 이 사건의 하급심에서는 도산저촉법에 관한 판단도 하였으므로, 도산저촉법에 관하여 다루면서 이 두 판례는 모두 거론할 만한 가치가 있다.

도산국제사법 또는 도산저촉법이란 일반적으로 섭외적 요소가 있는 도산 사건이 발생하였을 때 국제재판관할권을 가지고 있는 법원이 어느 국가의 법을 기초로 하여 재판을 할 것인지, 즉 준거법 선택의 기준에 관한 규정을 의미한다. EU도산규칙(EU Insolvency Regulation, Council Regulation (EC) No 1346/2000 of 29 May 2000 on Insolvency Proceedings)이나 독일 도산법(Insolvenzordnung)에서는 이와 같은 도산국제사법 규정[8]을 두고 있다. 그러나 국제도산에 관한 모델법 (UNCITRAL Model Law on Cross-Border Insolvency)은 이와 같은 규정을 두지 않았으며,[9] 모델법에 따라 입법을 한 우리나라의 채무자회생법 또한 도산저촉법 규정을 두지 않았다. 따라서 문제되는 사안에 대하여 원칙적으로 적용될 준거법과

---

8) 2000. 5. 29.에 제정된 EU도산규칙은 제4조 제1항에서 도산법정지법의 원칙을 천명하면서, 같은 조 제2항에서 도산법정지법이 적용되는 경우를 상세하게 열거하고 있다. 또한 제5조 내지 제15조까지 이러한 원칙에 대한 예외를 규정하고 있다. 독일 도산법은 제11편에서 국제도산에 관하여 규정하고 있는데, 그 중 제1장 일반조항에서 도산법정지법의 원칙(제335조)을 선언하고, 이하에서 EU도산규칙과 유사하게 도산저촉법에 관한 규정들을 마련하고 있다.

9) 그러나 UNCITRAL에서 2005. 8.에 발간한 '도산법에 관한 입법지침(Legislative Guide on Insolvency Law)'에서는 도산법정지법 원칙과 예외에 대해 비교적 상세하게 설명을 하고 있으며, 권고조항으로 원칙과 예외에 관한 규정들을 두고 있다.

당사자 중 일방에 대한 도산법정지법이 다른 경우에 발생하는 준거법결정의 문제는 전적으로 법원의 해석에 맡겨져 있으며, 판례를 통한 기준 확립이 반드시 요구되는 상황이다. 물론, EU도산규칙이나 독일 도산법과 같이 도산국제사법 규정들을 두고 있는 경우라고 하더라도 이를 구체적인 사안에 적용함에 있어서는 판례를 통한 구체화가 필요한 경우가 많을 것이다.

이와 같은 문제의식을 토대로 대상판결들을 국제사법적인 관점에서 분석하여 향후 이와 유사하게 도산절차에 적용될 법과 계약에서 정한 준거법 사이에 충돌이 발생하였을 경우 어떤 기준으로 준거법을 정하는 것이 사적자치와 법적 안정성 및 도산법이 추구하는 목적을 조화롭게 달성할 수 있는지를 살펴보기로 한다.

따라서 이하에서는 ① 도산저촉법이 쟁점이 되는 사건의 유형을 살펴보고, ② 준거법을 정하기 위한 구체적인 방법론을 검토한 후 ③ 그러한 방법론에 따라 대상판결들을 분석해 보기로 한다. 특히 준거법을 정하기 위한 구체적인 방법론으로 절차법과 실체법의 구별에 관한 기준 및 도산법정지법 원칙의 적용과 한계를 검토한다.

Ⅱ. 도산저촉법이 문제되는 사건의 유형 ― 논의의 대상

다수의 국가에 적극 또는 소극 재산을 가지고 있거나 국제적인 영업활동을 영위하는 개인이나 기업에 대하여 도산절차가 개시되면 순수하게 국내 재산과 국내 채무자만 문제되는 도산절차에서는 발생하지 않는 다양한 문제들이 발생할 수 있다.[10]

---

10) 예컨대 석광현, "채무자회생 및 파산에 관한 법률(이른바 통합도산법)에 따른 국제도산법의 개관", 민사소송 제10권 제2호(한국민사소송법학회, 2006)에서는 ① 외국도산절차의 개시에 개별집행을 금지하는 효력이 있는 경우 그 효력이 한국 내에 있는 재산에도 미치는지, ② 외국도산절차에 의하여 외국의 채무자가 한국 내 재산에 대한 관리처분권을 잃고 외국법원에 의하여 선임된 외국도산절차의 관재인이 관리처분권을 취득하는지, ③ 외국의 관재인이 국내 소송에서 당사자적격을 가지는지, ④ 파산재단의 범위에 한국 소재 재산도 포함되는지 또는 회생절차의 경우 회생절차에 따르는 재산의 범위에 한국 내 재산도 포함되는지, ⑤ 파산재단의 범위에 한국 소재 재산도 포함되는지 또는 회생절차의 경우 회생절차에 따르는 재산의 범위에 한국 내 재산도 포함되는지, ⑥ 우리나라의 도산법원 또는 도산관재인과 외국의 도산법원 또는 도산관재인과의 공조, ⑦ 동일 채무자에 대하여 복수의 국가에서 병행하는 도산절차간의 조정 및 ⑧ 도산국제사법(또는 도

그 중에서도 도산저촉법에 관한 문제, 즉 준거법의 결정에 관하여는, 절차만이 문제되는 경우 '절차는 법정지법에 따른다(forum regit processum)'는 법정지법원칙(lex fori principle)에 따라 법정지법을 적용하게 되며, 같은 맥락에서 도산절차에 관한 문제는 해당 절차가 개시된 국가의 법을 적용하는 것이 원칙이다.

그러나 예컨대 상계와 같이 절차와 실체의 성격을 모두 가지고 있거나 쌍방미이행 쌍무계약의 해제권과 같이 실체적인 사항이지만 도산법에서 이에 관한 특별규정을 두고 있는 경우 법정지법과 해당 사건의 실체에 적용될 준거법이 다르면 어느 법을 적용해야 할지가 문제될 수 있다.[11]

이와 같은 문제는 외국 회사와 계약을 체결한 경우에만 발생하는 문제는 아니다. 국내 회사들 사이에 발생한 사건이라고 하더라도 예컨대 도산절차의 채무자와 채권자가 계약을 체결하면서 준거법을 외국법으로 선택한 경우[12] 동일한 문제가 발생할 수 있기 때문이다. 우리나라에서 개시된 도산절차의 이해관계인이 외국인이거나 대상 재산이 외국에 있는 등으로 섭외적인 요소가 있어서 우리나라의 국제사법을 적용한 결과 준거법이 외국법으로 결정되는 경우도 마찬가지이다.

나아가 외국에서 도산절차가 개시된 후 국내에서 그러한 채무자와 분쟁이 발생하는 경우[13]에도 위와 동일하게 준거법이 문제될 수 있으나, 이 경우에는 국내 도산법이 아닌 외국 도산법과의 충돌이 문제되므로 여기서는 검토하지 않는다.

산저촉법)의 문제 등을 들고 있다.

11) 이처럼 도산의 실체법적 측면에 대해 도산법정지법이 적용되는 근거를 국제적 강행법규로 설명하는 경우도 있다고 한다. 석광현, 국제사법 해설, (박영사, 2013), 142면 각주 8) 참조.

12) 국내 선주와 용선자 사이의 용선계약이나 선박보험계약, 각종 해상운송계약의 경우 관련 계약 당사자가 모두 내국인인 경우에도 준거법을 영국법으로 지정하는 경우가 종종 있다.

13) 물론 외국의 도산절차에 대해 우리나라에서 승인 및 지원결정을 받은 경우라면 그 범위에서 외국의 도산절차에 관한 법이 우리나라에서도 효력이 있고, 이 경우 동일한 문제가 발생할 여지가 있다.

Ⅲ. 구체적인 방법론

1. 절차법과 실체법의 구별 문제

법정지법 적용을 위해서는 절차법과 실체법의 구별이 문제된다. 통상적으로 실체법은 권리·의무의 발생·변경·소멸·내용·성질·종류 등을 규율하는 법으로서 재판내용의 기준이 되는 법이고, 절차법은 권리·의무를 실현하는 절차·방식에 관한 법으로서, 권리를 어떻게 주장할 것이고 절차를 어떻게 진행하며 어떻게 사실인정의 자료를 수집하고 어떠한 방식으로 재판할 것인가를 규율하는 법이라고 한다.[14] 그러나 실무에 있어 절차와 실체의 구별이 그리 간단한 것만은 아니다. 예컨대 상계는 실체법으로 분류되고 있지만 소송절차 중에 행사한 상계항변의 효력과 관련하여 기판력, 실기한 공격방어방법의 각하 등 여러 가지의 민사소송법적(절차법적)인 문제가 제기되며, 판결금에 대한 이자나 손해액의 산정방식과 같이 우리나라에서는 실체에 관한 것으로 분류되는 것들도 다른 나라에서는 절차에 관한 것으로 취급하는 경우가 있다.

이처럼 동일 또는 유사한 제도라도 이를 절차법으로 분류할지 또는 실체법으로 분류할지는 나라마다 차이가 있으므로 어느 국가의 법을 기준으로 양자를 분류할 것인지를 결정할 필요가 있다. 그런데 어느 국가의 법을 기준으로 절차법과 실체법을 구분할 것인지에 관하여는 명시적인 판례나 지배적인 통설이 존재하지는 않고, (i) 절차법과 실체법의 구분 문제 역시 국제사법에서의 법률관계 성질 결정의 문제와 유사한 것이므로, (실체에 적용될) 준거법을 기준으로 결정하여야 한다는 견해, (ii) 준거법이 외국법이라도 절차법과 실체법의 구별은 법을 적용하여 판단하는 법원이 익숙한 기준을 적용하는 것이 타당하며 법적용의 통일성을 기할 수 있다는 점에서, (통상적으로 절차를 규율하는 준거법인) 법정지법을 기준으로 하여야 한다는 견해 등이 있는 것으로 보인다.[15]

생각건대 준거법인 외국법을 실체에 적용하는 것과 별도로 절차법과 실체법을 어떻게 구별하는지에 관한 외국법실무를 파악하는 것이 쉬운 것은 아니며,

---

14) 이시윤, 민사소송법, (박영사, 2009); 이헌묵, "법정지법 적용에 있어서 절차와 실체의 구분", 민사소송 제16권 제2호(한국민사소송법학회, 2012).

15) 석광현, 전게서, 29면 이하; 이헌묵, 전게논문 참조.

외국법이 이를 명확하게 구별하지 않는 경우 결국 법정지법의 기준에 따라 판단할 수밖에 없을 것이므로, 법정지법에 따라 이를 구별하는 것이 실천적으로는 보다 타당해 보인다. 이에 관하여 법원이 명시적인 기준을 제시한 판례는 아니지만, 소송촉진법 제3조 제1항에서 정하는 지연손해금의 적용여부가 다투어졌던 대법원 2011. 1. 27. 선고 2009다10249 판결 등을 보면 법원 또한 대체로 법정지법에 근거하여 직관적으로 절차와 실체를 구별하고 있는 것으로 보인다.

2. 도산법정지법의 원칙 및 적용범위

문제가 절차에 관한 것이라면 도산법정지법의 원칙(lex fori concursus)에 따라 해당 절차가 개시된 국가의 법이 규율하는 바를 따른다는 점에 대해서는 의문이 없다.16)17) 보다 구체적으로, 도산절차에서의 국제도산관할, 도산절차의 개시, 관재인의 선임·권한·의무, 도산채권의 신고·확정·배당 등 도산절차의 진행과 종료, 외국도산절차의 승인 등이 원칙적으로 도산법정지법의 적용을 받는 것으로 이해된다.18)19)

그러나 각국의 도산법은 일반적으로 절차적인 규정 외에 실체에 관한 사항들도 규정하고 있으므로, 여기에서 더 나아가 실체에 대해서도 도산법정지법 원칙이 관철될 수 있는지가 문제된다. 이에 대해 ① 도산사건의 모든 실체법적 사항이 아닌, 그 중 도산절차의 개시 또는 도산절차에 속하는, 즉 도산절차에

---

16) 채무자회생법은 이를 명확하게 규정하고 있지 않으나, EU도산규칙은 제4조 제1항에서 "Save as otherwise provided in this Regulation, the law applicable to insolvency proceedings and their effects shall be that of the Member State within the territory of which such proceedings are opened"라고 하여 위 원칙을 명시하고 있다. 독일 도산법 또한 제335조에서 "Das Insolvenzverfahren und seine Wirkungen unterliegen, soweit nichts anderes bestimmt ist, dem Recht des Staats, in dem das Verfahren eröffnet worden ist"라고 하여 이와 유사한 규정을 두고 있다.

17) 김명수, "미국 연방파산법상 부인권의 준거법 선택 기준 ― 미국연방법원의 해석론을 중심으로", 법과 정책연구 제12권 제3호(한국법정책학회, 2012) 참조.

18) 외국에서 도산절차가 개시된 경우라도 그 외국도산절차가 우리나라에서 승인되면 외국도산절차는 우리나라에서도 일정한 효력을 갖게 되므로, 그 범위 내에서 우리 법원이 우리 채무자회생법 규정을 매개로 외국 도산절차의 효과를 인정하는 경우가 생길 수 있다.

19) EU도산규칙의 경우 이와 같이 도산법정지법이 적용되는 범위를 구체적으로 나열하고 있으며, UNCITRAL의 도산법에 관한 입법지침(UNCITRAL Legislative Guide on Insolvency Law, 이하 "UNCITRAL 입법지침"이라 한다)에서도 원칙적으로 도산법정지법 적용을 천명하면서 도산법정지법이 적용되어야 하는 사항들을 구체적으로 열거하고 있다.

내재하는 구성요건에 의하여 발생하고, 나아가 도산절차의 목적에 봉사하는 도산전형적인 법률효과 또는 도산법에 특유한 효력만이 도산법정지법의 규율을 받는다는 견해(석광현)와 ② 도산법에 규정된 실체적 사항과 이러한 실체적 사항과 불가분적으로 결합된 사항은 도산법정지법에 따른다는 견해(이헌묵)가 보인다. 두 견해를 비교하여 보면, 도산법에 규정된 실체적인 사항 외에 이와 불가분적으로 결합된 사항까지 도산법정지법을 적용해야 한다고 보는 후자의 견해가 훨씬 포괄적으로 도산법의 적용을 인정하고 있는 것으로 보이는데, 법원의 입장은 명확하지는 않지만 일응 전자의 견해를 따르고 있는 것으로 보인다.

생각건대 국제도산절차에는 다수의 이해관계인이 존재하고, 절차는 도산절차가 개시된 국가의 법원에 의하여 진행되므로 다수의 이해관계인에 대한 형평 및 법적 안정성 등을 고려하면 도산절차는 통일적으로 도산법정지법에 따라 진행할 필요성이 상대적으로 높은 것은 사실이다. 이는 국제도산에서는 당사자이익, 거래이익, 질서이익과 같은 국제사법의 연결원칙보다 도산채무자 재산의 극대화, 채권자평등의 원칙과 국제도산절차에서의 법적 안정성의 보장 등과 같은 이익들이 더욱 강조되기 때문이기도 하다.

이러한 점에 비추어 보면 도산법정지법이 규율하고 있는 모든 실체적인 사항뿐 아니라 이와 결합된 사항까지도 도산법정지법을 적용해야 한다는 견해가 보다 타당해 보이기도 한다. 그러나 절차가 아닌 실체에 관한 규율에 있어서 도산법정지법주의를 확대 적용하는 경우 당사자 자치를 해하는 것은 물론, 해외 채권자들과의 관계에서 분쟁의 실체에 관하여 합의된 준거법이 있는 경우 상대방의 신뢰를 지나치게 해할 우려도 있다는 점에서, 실체적인 사항에 대하여 도산법정지법을 광범하게 수정, 적용하는 것은 바람직하지 않아 보인다.

한편, 도산전형적인 법률효과 또는 도산법에 특유한 효력만이 도산법정지법의 규율을 받는다는 견해는, 도산법에서 실체법에 관한 규정을 두는 이유가 도산절차를 통해 추구하는 여러 목적, 예컨대 변제 가능한 도산채무자 재원의 극대화나 채권자평등, 채무조정을 통한 회생채무자의 갱생 등에 있다는 점에서는 일견 수긍할 만하다. 그러나 도산전형적인 효과라고 하여 반드시 도산법정지법이 적용되어야만 도산절차가 실효성을 거둘 수 있다고 볼 것도 아니고, 개별 사건마다 다르겠지만 경우에 따라서는 도산절차를 통해 달성하고자 하는 목적의 실현은 미미한 반면 개별 당사자들의 이익을 지나치게 해치는 경우도 분명 발생할 가능성이 있다. 또한 다양한 법률관계에서 과연 어디까지가 도산전형적인 효과인지를 확인하는 것도 쉽지 않을 수 있다.

따라서 장기적으로는 UNCITRAL 입법지침에 따라 채무자회생법에서 도산법정지법주의 및 그에 대한 예외를 도산저촉법 규정으로 마련해 두는 것이 바람직할 것이다.[20] 하지만 단시간 내에 입법이 이루어지기는 쉽지 않을 것이므로, 우선은 도산전형적인 효과에 해당하는 경우에 한하여 도산법정지법을 적용하되, 구체적인 사안마다 지속적으로 판례를 통하여 구체적인 적용 기준을 확립해 나가는 것이 필요하다.

3. 도산법정지법 원칙의 적용에 관한 실무상의 한계 — 분쟁관할이 외국에 있는 경우

가. 문제의 소재

조사확정재판이나 부인권 소송이 도산법정지법의 국가에서 제기되는 경우와 같이 도산절차와 그에 부수 내지 파생하는 분쟁의 관할이 동일한 경우에는 앞에서 살펴본 도산저촉법의 기준에 따르면 될 것이다. 그러나 국제도산의 특성상 도산절차에 부수하는 분쟁이 도산 절차가 개시된 국가가 아닌 다른 국가에서 계속되는 경우에도 이와 같은 원칙을 관철할 수 있는지가 문제된다. 이와 관련하여 도산법정지법의 도산실체에 관한 규정과 당사자가 합의한 준거법의 규정이 충돌하는 경우에 관하여 모델법을 채용한 영국 및 우리나라의 사례를 각각 소개한다.

---

20) 이와 관련하여 UNCITRAL 입법지침의 권고안 31은 도산절차의 개시, 수행, 행정 및 결과의 모든 국면과 그 효과에 있어서 도산법정지법이 적용되어야 하며, 구체적인 예로 (a) 도산절차의 적용을 받는 채권자의 결정, (b) 도산절차가 개시될 수 있는 시점과 개시될 수 있는 절차의 종류, 절차의 개시를 신청할 수 있는 당사자 및 신청 당사자에 따라 절차 개시의 기준이 달라지는지 여부, (c) 도산 재단(insolvency estate)의 구성 및 범위, (d) 도산 재단의 보호와 보전, (e) 자산의 사용 또는 처분, (f) 계획안의 제출, 승인, 확정 및 실행, (g) 일정한 당사자에게 해가 될 수 있는 거래의 부인, (h) 계약의 취급, (i) 상계, (j) 담보채권자의 취급, (k) 채무자의 권리와 의무, (l) 도산대표자의 의무와 기능, (m) 채권자와 채권자위원회의 기능, (n) 채권의 취급, (o) 채권의 순위, (p) 도산절차에 관한 비용, (q) 금전의 배당, (r) 절차의 종결, (s) 면책을 들고 있다. 이는 EU도산규칙 규정상 도산법정지법주의가 원칙적으로 적용되는 사항들에 대한 예시보다 규정 범위가 다소 넓은 것이다.

나. 영국의 Fibria Celulose S/A v. Pan Ocean Co., Ltd and another [2014] EWHC2124(Ch) 판결

우리나라에 본점을 두고 주로 벌크선을 운영하는 해운회사인 팬오션 주식회사(이하 "팬오션"이라 한다)는 2011. 8. 31.경 세계 최대의 펄프 생산회사인 브라질의 Fibria Celulose S/A(Fibria)와 정기운송계약(Contract of Affreightment, 이하 "COA"라 한다)을 체결하였다. COA의 준거법은 영국법, 분쟁관할은 런던해사중재협회(LMAA) 중재로 지정되어 있었으며, 당사자가 기한 내에 변제를 못하거나 관리인이 선임되거나 청산 또는 재건을 위한 절차를 신청하는 경우 등에는 서면에 의한 통지로 계약을 즉시 해지할 수 있다는 도산해지조항[21])이 포함되어

---

21) 영어로 된 원문은 다음과 같다:

28. TERMINATION FOR DEFAULT

28.1 A Party (the "non-defaulting Party") shall be entitled to terminate this Contract with immediate effect upon notice in writing to the other Party (the "defaulting Party") if any of the following events shall occur:

[(a)~(c) 생략]

(d) a defaulting Party becomes unable (or reasonably appears to the non-defaulting Party to become unable) to pay its debts as they fall due;

(e) any formal declaration of bankruptcy or any formal statement to the effect that a defaulting Party is insolvent or likely to become insolvent is made by that defaulting party or by its directors or, in any proceedings, by a lawyer acting for that defaulting Party; or

(f) an administrator is appointed (whether by a court or otherwise) in respect of a defaulting Party otherwise than for the purpose of a reconstruction or amalgamation without insolvency previously approved by the non-defaulting Party (which approval shall not be unreasonably withheld). Whilst any application to appoint an administrator is pending or following the giving or filing of an adminstration notice the defaulting party must (to the extent that it may lawfully do so and it would not be in breach of any contractual restriction by which it is then bound) continue to carry on its business without disruption; or

(g) a provisional liquidator is appointed in respect of a defaulting Party or a winding up order is made in relation to a defaulting Party; or

(h) a resolution is passed, an administration notice is given or filed, an application or petition to a court is made or presented or any other step is taken by or on behalf of a defaulting Party for or with a view to the winding up of a defaulting Party or for the appointment of a provisional liquidator or administrator in respect of a defaulting party otherwise than for the purpose of a reconstruction or amalgamation without insolvency previously approved by the non-defaulting Party (which approval shall not be unreasonably withheld);

(i) an administration notice is given or filed, an application or petition to a court is made or presented or any other step is taken by a creditor of a defaulting Party for the

있었다.

팬오션은 현금 유동성 악화로 2013. 6. 7. 서울중앙지방법원에 회생절차개시신청을 하였고, 같은 달 17. 회생절차개시결정을 받았으며 위 절차는 모델법에 따라 입법한 영국의 2006년 국제도산에 관한 규정(Cross-Border Insolvency Regulations 2006, 'CBIR')에 따라 영국 내에서 승인되었다.

한편, Fibria는 2013. 6. 12. 팬오션의 회생절차개시신청 등을 이유로 COA상 도산해지조항에 근거하여 계약을 해지한다는 서면통지를 하였다. 이에 대해 팬오션은 한국의 채무자회생법상 COA의 도산해지조항은 무효임을 주장하였고, 팬오션의 관리인은 채무자회생법 제119조 제1항에 근거하여 COA의 이행을 선택하였다.

Fibria는 2013. 8. 15. CBIR 제20조 제6항 또는 영국법원의 2013. 6. 25.자 승인결정에 근거하여 팬오션을 상대로 Fibria의 계약해지가 유효하다는 확인을 구하는 중재신청을 개시하기 위한 허가를 신청하였다. 한편 팬오션의 관리인은 CBIR 제21조에 근거하여 2014. 2. 10. Fibria의 도산해지조항에 근거한 COA의 해지를 금지하거나 그 밖에 적당한 구제 및 Fibria의 위 중재절차개시를 위한 허가신청의 기각을 구하는 신청을 영국 법원에 하였다(Fibria 사건).

국제도산의 관점에서 Fibria 사건은 흥미로운 주제들을 상당히 많이 다루고 있지만, 이 논문의 주제에 국한하여 보면 팬오션의 관리인은 이 사건에서 한국 채무자회생법의 직접적인 적용을 주장하는 대신, 영국법인 CBIR 제21조는 영국 법원이 외국 도산절차의 승인을 받은 관리인에게 적당한 구제를 할 수 있다고 규정하고 있고, 한국 도산절차에는 채무자회생법이 적용되는 결과 도산해지조항은 무효가 되므로, 이와 같이 한국 도산절차에서 관리인에게 허용되는 구제에 대해서는 영국 법원이 동일한 구제를 영국에서도 명할 수 있다고 주장하였다. 반면 Fibria는 COA의 준거법이 영국법이기 때문에 채무자회생법상 도산해지조항의 유효여부는 Fibria가 COA 제28.1조에 따른 해지가 유효한지를 판단하

winding up of that defaulting Party or the appointment of a provisional liquidator or administrator in respect of that defaulting Party unless the proposed winding up, appointment of a provisional liquidator or an administrator is being contested in good faith with the aim to have any application or petition dismissed or withdrawn within 90 days of being presented or within 90 days of the administration notice being filed or given or other steps or actions being taken to ensure that no administration will take place and (in either such case) the Party carries on its business without disruption.

는 것과 아무런 상관이 없다고 주장하였다.

이에 대하여 영국법원은 CBIR 제21조를 해석하면서, 모델법을 입법할 당시의 자료에 의하면 "적절한 구제"의 범위는 승인국법이 승인국 내의 도산절차에서 허용하는 범위의 '적절한 구제'에 국한되어야 하며, 설령 그렇지 않다고 하더라도 이 사건에서 COA는 한국 당사자와 브라질 당사자가 계약을 체결하면서 영국법을 준거법으로 지정하였고, COA상 Fibria가 계약을 해지할 권리가 있는지는 계약의 실체에 관한 사항으로 당사자가 지정한 준거법을 적용하는 것이 정당해 보이며, 영국법상 COA 제28.1조에 나와 있는 도산해지조항은 유효하므로 팬오션의 관리인의 신청을 기각한다고 하였다.

다. 대법원 2009. 4. 23. 선고 2006다28782 판결

이는 구 회사정리법상의 판례로, 대법원은 "외국의 도산법이 외국에서 정리절차가 개시된 회사의 채권과 그 회사의 채권자가 그 회사에 갖고 있는 채권과의 상계를 금지·제한하고 있고, 나아가 그 회사의 채권자가 그 외국의 정리절차에 참가하고 있다 하더라도, 그 회사의 채권이 대한민국 법원에 재판상 청구할 수 있는 것이라면, 그 회사의 채권자가 그 회사의 자신에 대한 채권을 수동채권으로 하여 상계하는 데는 그 외국의 도산법이 규정하는 상계의 금지·제한의 효력을 받지 않는다"고 판시하였다.

이 판결에 대해서는 국제사법상 상계의 준거법을 판단했어야 한다는 지적이 있다. 반면 독일 도산법에 따른 상계금지의 효력이 우리나라에 미치려면 외국도산절차가 우리나라에서 승인되어야 하는데 속지주의를 취한 구 회사정리법 하에서는 독일도산절차가 우리나라에서 승인될 수 없었으므로 결과적으로 대법원 판결의 결론이 틀렸다고 보기는 어렵다는 의견이 있다.[22]

그러나 속지주의를 취한 구 회사정리법 대신 보편주의를 취한 현 채무자회생법 하에서도 외국도산절차가 우리나라에서 승인되지 않은 이상 별도의 법규정이나 국제예양의 법리 등에 근거한 확립된 판례 없이 당사자 중 일방에 대해 외국에서 도산절차가 개시되었다는 이유로 개시국법에 당사자가 합의한 준거법 또는 국제사법에 따라 결정된 준거법보다 우월한 효력을 인정하기는 어렵다고 생각된다.

---

22) 석광현, 국제사법과 국제소송 제5권, (박영사, 2012), 506면 각주 18).

라. 소   결

이와 같은 판결과 그에 대한 국내 논의를 고려하면 결국 도산저촉법에 관한 논의가 유효하게 적용될 수 있는 범위는 국내에서 도산절차가 개시되고 이로부터 파생되는 분쟁 또한 국내 법원에 관할이 있어서 국내에서 판단을 받는 경우, 그리고 외국에서 한국 도산절차를 승인받고 승인국이 적극적으로 해당 분쟁에 적용될 실체적 준거법에 앞서 개시국법에 따른 법효과의 적용을 고려하는 극히 예외적인 경우 등에 한정될 것으로 보인다.

그런데 외국도산절차의 승인에 관하여 규율하는 모델법을 수용하고 있는 국가가 전세계적으로 약 40여개국에 불과한 반면, 우리나라와 거래가 활발한 중국 등의 경우 아직까지도 외국도산절차의 승인에 관하여 부정적인 입장을 취하고 있고, 앞서 검토한 영국의 Fibria 판결과 같이 외국도산절차를 승인받은 경우라고 하더라도 도산전형적 효과에 대한 개시국법상의 실체적 효과의 적용에 소극적인 점을 고려하면, 사실상 도산저촉법의 논의가 유효한 것은 국내에서 도산절차가 개시된 후 파생하는 분쟁 또한 한국 법원에 제기된 경우에 국한될 가능성이 높다.

4. 대상판결들에 대한 검토

대상판결들 중 중 첫 번째 판결은 위와 같은 실체법적 사항 중 쌍방미이행 쌍무계약에서 관리인이 이행이 아닌 해제를 선택한 경우 손해배상책임의 성립 여부 및 손해배상의 범위에 적용될 준거법을 다루고 있고, 두 번째 판결은 피압류채권의 제3채무자에 대한 회생절차가 진행 중인 경우 관리인이 채무자에 대한 채권을 자동채권으로 하여 상계하는 경우 상계의 가능성에 대한 준거법 문제를 다루고 있다. 두 번째 판결의 경우 대법원은 도산법정지법 원칙을 전면에 부각시키지는 않았지만, 이 소송의 변론 과정에서는 이 쟁점이 다루어졌으므로 함께 소개한다.

가. 대법원 2012다104626, 104533(병합) 판결 — 쌍방미이행 쌍무계약의 경우

이 사건에서 다법원은 채무자회생법 제119조가 쌍방미이행 쌍무계약의 경우 관리인이 해지할 수 있도록 정하고 있는 것은 채무자회생법이 특별히 정하고 있는 실체법적인 효과이며 도산전형적인 효과에 해당한다고 보았다.[23] 따라서 대상 계약이 쌍방미이행 쌍무계약에 해당하여 관리인이 이행 또는 해제·해지를 선택할 수 있는지 여부 그리고 계약의 해제·해지로 인하여 발생한 손해배상채권이 회생채권인지 여부를 도산법정지법인 채무자회생법에 따라 판단하였다.

한편, 손해배상의 범위에 관하여 대법원은 계약 자체의 효력과 관련된 실체법적 사항으로서 도산전형적인 법률효과에 해당하지 아니하므로 국제사법에 따라 정해지는 계약의 준거법이 적용된다고 하였다. 이 사건의 경우 대상 계약은 준거법을 영국법으로 정하고 있었으므로 특별한 사정이 없는 손해배상의 범위는 영국법에 따라 판단해야 하는데, 다만 채권자가 대상 계약의 해지로 인한 손해배상채권의 원금뿐만 아니라 그 지연손해금에 대해서도 회생채권자로서 권리를 행사할 수 있었음에도 이를 신고하지 아니하여 중간이자를 공제하지 않는다 하더라도 과잉배상이 된다고 볼 수 없으므로 반드시 중간이자를 공제하여야 하는 것은 아니라고 보았다. 원고 삼선로직스는 휴항기간 및 사업위험분의 공제, 선박의 약정 인도기일에 인도될 가능성이 낮다는 주장 등도 하였는데, 모두 받아들여지지 않았다.

참고로, 쌍방미이행 쌍무계약에 따른 해지의 준거법이 문제된 사안으로는 이외에도 2011. 5. 26. 선고 2010가합16910 사건이 있다. 해당 사건에서는 외국회사와 정기용선계약을 체결한 우리나라 회사의 회생절차개시결정이 있어 우리나라 회사가 회생절차개시결정의 결과 채무를 이행할 수 없게 된 경우 외국회사가 그 계약불이행을 이유로 계약의 준거법인 영국법에 따라 계약을 해지하고 손해배상을 청구할 수 있는지가 문제되었다.

이에 대해 서울중앙지방법원 2010. 1. 11.자 2009회확562호 결정에서 법원은 "우리 법에 의하면 미이행쌍무계약의 운명은 관리인의 이행 또는 해지 선택권 행사에 관한 재량에 따르게 되어 있고, 그 계약상대방은 관리인이 계약의 이행을 선택하거나 계약의 해지권이 포기된 것으로 간주되기까지는 임의로 변제

---

23) 임치용, "해운회사의 회생절차 개시와 국제사법의 주요쟁점 — 회생담보권의 범위, 상계 및 쌍방미이행쌍무계약의 준거법, 국제중재절차, 외국관리인의 지위를 중심으로", 한국국제사법학회·한국해법학회 공동학술대회 자료집(2015), 17면; 석광현, 국제민사소송법, (박영사, 2012), 481면.

를 하는 등 계약을 이행하거나 관리인에게 계약의 이행을 청구할 수 없으므로 계약상대방은 (계약해지권 자체가 개시 전에 발생한 경우를 제외하고는) 회생절차 개시 후에는 관리인이 이행 또는 해지를 선택할 때까지는 채무불이행을 이유로 계약을 해지하거나, 그 선택 시까지 계약불이행을 이유로 손해배상을 구할 수 없다"고 하였다. 한편, "채무자에 대한 회생절차개시결정 전에 채무자가 영국법 상 이행거절에 해당하는 일련의 행위를 하였다면 외국회사는 회생절차개시결정 이 내려지기 전에 정기용선계약을 해지할 수 있는 해지권을 이미 취득하였으므로 채무자의 회생절차개시결정 이후라도 해지권을 행사하고 손해배상을 청구할 수 있어야 할 것"이라는 주장도 있었으나 이 사건에서 법원은 채무자의 이행거절이 없다는 이유로 이를 배척하였고, 대상 사건은 제1심에서 확정되었다.

나. 대법원 2012다108764 판결 ─ 상계의 경우

대상판결은 피고가 상계항변으로 주장하는 자동채권과 수동채권이 모두 영국법을 준거법으로 한 정기용선계약에서 발생하였고, 상계는 원칙적으로 채권 자체의 준거법에 의하여야 한다고 보았다. 영국법상 상계에는 보통법상의 상계(legal set-off)와 형평법상의 상계(equitable set-off)가 있는데, 이 사안에 적용될 보통법상의 상계의 경우 소송상 항변권으로만 행사할 수 있어 절차법적인 성격을 갖는다고 해석되는 것이 문제였다.[24] 법원은 이 점에 관하여는 비록 영국 보통법상의 상계가 절차법적인 성격을 갖는다고 하더라도 양 채권이 대등액에서 소멸한다는 점에서는 실체법적인 성격도 가지므로 상계의 요건과 효과에 관하여 준거법으로 적용될 수 있다고 보았다.

다만 이 사건에서 상계가 문제된 상황은 채권자가 우리 민사집행법에 의하여 가압류명령 또는 채권압류명령 및 추심명령을 받아 채권집행을 한 경우 이러한 명령을 받은 제3채무자가 채무자에 대한 반대채권을 가지고 상계로써 가압류채권자 또는 압류채권자에 대항하는 경우였다. 대법원은 이처럼 집행절차상 상계가 문제가 되는 경우에는 다시 법정지법으로 돌아가 우리 법이 적용되어야 한다고 보고, 대법원 2011다45521호 전원합의체 판결의 법리에 비추어 보

---

24) 절차는 법정지법에 따라야 한다는 원칙은 국제적으로 통용되는 원칙으로, 우리 대법원 판례 역시 이를 인정하고 있다(대법원 1997. 5. 9. 선고 95다34385 판결 등). 따라서 영국법이 준거법이라고 하더라도 적용되는 영국법은 실체법에 한하며, 절차법은 적용이 배제되는 것이 원칙이다.

면 2010. 3. 31. 이 사건 가압류 당시 이 사건 자동채권의 변제기는 도래한 반면 이 사건 수동채권은 회생계획에 따라 변제되는 회생채권에 해당하므로 제3채무자인 피고는 상계로써 가압류채권자인 원고에게 대항할 수 있다는 취지로 판단하여, 이 사건 수동채권은 피고의 2011. 12. 15.자 상계로써 모두 소멸하였다고 보았다.

이 사건의 변론 과정에서 피고는 수동채권의 준거법이 영국법이라고 하더라도 일단 도산절차가 개시된 이상 상계의 요건이나 방법 그리고 그 효과는 한국법이 적용되고, 그 채권의 성립 또는 유효성 등에 관하여만 영국법이 적용되어야 할 것이라고 하였는데, 법원이 이 내용을 명시적으로 받아들이지는 않았다. 아마도 이 사건에서는 문제된 상계에 보다 직접적으로 적용되는 법이 채무자회생법이 아닌 민사집행법이라고 판단한 결과로 보인다.[25]

Ⅳ. 판결의 평석

대상판결들 중 첫 번째 판결의 경우, 법원이 도산저촉법에 관한 검토 결과 일정한 사안에 대해서는 도산법정지법이 아닌 계약의 준거법에 따른 규율이 필요하다고 본 결론에 대해서는 찬성하지만, 결론에 이르게 된 과정에 동의하기는 어렵다.

두 번째 판결에서 법원은 영국법상의 상계는 절차법적인 성격과 더불어 실체법적인 성격도 아울러 가진다고 할 것이어서 준거법인 영국법이 적용될 수 있다고 판단하였다. 다만 법원은 가압류명령 또는 채권압류명령을 제3채무자가 압류채무자에 대한 반대채권을 가지고 있는 경우에 상계로써 가압류채권자 또

[25] 참고로, 이 사건에서 원고와 피고는 각각 "전문가 의견서"를 제출하였는데, 피고의 요청으로 전문가 의견서를 작성하였던 이헌묵 교수는 당시 전문가의견서를 바탕으로 한 이헌문, 전게논문, 59면 이하에서, (i) 도산절차에서는 다수의 이해관계인에 대한 통일적인 처리가 필요하므로 실체적 사항과 이러한 실체적 사항과 불가분적으로 연결된 사항에 대하여도 도산법정지법 원칙이 적용되어야 하는데, (ii) 채무자회생법은 도산절차에서의 상계의 요건만 규정하고 상계의 방법이나 효과에 관한 규정을 두고 있지 않지만 도산절차를 통일적으로 진행해야 한다는 도산법정지법 원칙에 충실하다면 상계의 요건뿐만 아니라 상계의 방법이나 효과 또한 도산법정지법인 한국법이 적용되어야 하며, (iii) 따라서 수동채권의 준거법이 영국법이라 하더라도 일단 도산절차가 개시된 이상 상계의 요건이나 방법 그리고 그 효과는 한국법이 적용되고, 그 채권의 성립 또는 유효성 등에 관하여만 영국법이 적용되어야 한다고 하였다.

는 압류채권자에게 대항할 수 있는지는 집행절차인 채권가압류나 채권압류의 효력과 관련된 문제여서 대한민국의 민사집행법 등에 의하여 판단함이 원칙이고, 상계의 준거법에 의할 것은 아니라고 하며 도산전형적 효과로서 상계의 준거법 문제는 비켜갔다.

첫 번째 판결은 외국적 요소가 있는 계약의 일방 당사자에 대해 회생절차가 개시된 경우 도산법정지법이 적용되는 도산전형적인 법률효과에 해당하는 사항과 그렇지 않은 사항을 명시적으로 제시하였다는 점에서 의의가 있다. 이를 보면 최소한 채무자회생법에서 규정하고 있는 실체에 관한 사항들에 대해서는 준거법이 외국법이라도 도산법정지법이 적용된다고 볼 가능성이 높다.

아쉬운 점은 이 사건에서 손해의 범위에 관하여는 영국법이 적용된다고 판단하고서도 결국 영국법에 따른 장래 현가 산정을 검토하면서 이에 대한 영국법 입장이 어떠한지에 대하여 명시적으로 언급하지 않은 채 원고가 채무자 회생법상 청구할 수 있는 금액보다 작은 금액을 청구하여 과잉배상이 될 가능성이 없으므로 장래 현가 산정을 하지 않더라도 문제될 가능성이 없다는 식으로 판단을 하였다는 점이다. 따라서 위 판단이 영국법 또는 관련 판례에 따른 것인지, 아니면 영국법 취지만을 채용한 후 법원이 조리에 따라 판단한 것인지는 명확하지 않다.[26]

두 번째 판결은 계약의 일방 당사자에 대해 회생절차가 개시된 경우라면 상계와 같은 실체적 사항에 대해서도 도산법정지법이 적용된다는 것인지에 대해 명확히 판단하지 않았다. 그럼에도 불구하고 채권자가 대한민국의 민사집행법에 의하여 가압류명령 또는 채권압류명령 및 추심명령을 받아 채권집행을 한 경우에, 채권가압류명령 또는 채권압류명령을 받은 제3채무자가 채무자에 대한 반대채권을 가지고 상계로써 가압류채권자 또는 압류채권자에 대항할 수 있는지는 집행절차인 채권가압류나 채권압류의 효력과 관련 문제이므로 특별한 사

---

26) 대법원 2000. 6. 9. 선고 98다35037 판결: "소송과정에서 적용될 외국법규에 흠결이 있거나 그 존재에 관한 자료가 제출되지 아니하여 그 내용의 확인이 불가능한 경우 법원으로서는 법원에 관한 민사상의 대원칙에 따라 외국관습법에 의하여야 할 것이고, 외국관습법도 그 내용의 확인이 불가능하면 조리에 의하여 재판할 수밖에 없는바, 그러한 조리의 내용은 가능하면 원래 적용되어야 할 외국법에 의한 해결과 가장 가까운 해결방법을 취하기 위해서 그 외국법의 전체계적인 질서에 의해 보충 유추되어야 하고, 그러한 의미에서 그 외국법과 가장 유사하다고 생각되는 법이 조리의 내용으로 유추될 수도 있을 것이다."

정이 없는 한 대한민국의 민사집행법 등에 의하여 판단함이 원칙이고 상계의 준거법에 의할 것은 아니라고 밝힌 점에서는 실무적으로 의미가 있는 판결로 생각된다.

그러나 상계를 어느 단계(절차)에서 행사하였느냐에 따라 실체법적인 성질을 모두 잃는 것인지는 다소 의문이다.

대상판결들은 모두 한국 회생절차와 한국 분쟁만을 전제로 하여 판단이 이루어졌다. 그러나 대상 판례 모두 계약상 분쟁해결절차를 영국중재로 규정하고 있었다는 점에서 영국에서 병행사건이 개시되었다면 서로 모순 저촉되는 결론이 불가피하였을 수 있다. 이는 단기간에 해결할 수 있는 문제는 아닐 것이나 향후에도 반복적으로 발생할 수밖에 없는 문제라는 점에서 지속적인 논의와 해결방안의 모색이 필요해 보인다.

● 참고문헌

[단행본]

이시윤, 민사소송법, (박영사, 2009)

석광현, 국제민사소송법, (박영사, 2012)

석광현, 국제사법과 국제소송 제5권, (박영사, 2012)

석광현, 국제사법해설, (박영사, 2013)

서울중앙지방법원 파산부 실무연구회, 회생사건실무, (박영사, 2014)

[논문]

석광현, "채무자회생 및 파산에 관한 법률(이른바 통합도산법)에 따른 국제도산법의 개관", 민사소송 제10권 제2호(한국민사소송법학회, 2006)

정석종, "회생절차에서의 선박금융에 대한 취급 — BBCHP를 중심으로", 도산법연구 제2권 제2호(도산법연구회, 2011. 11.)

김명수, "미국 연방파산법상 부인권의 준거법 선택 기준 — 미국연방법원의 해석론을 중심으로", 법과 정책연구 제12권 제3호(한국법정책학회, 2012)

김영주, "채무자회생법상 국제도산절차의 효력에 관한 입법적 과제", 법과 정책연구 제12권 제3호(한국법정책학회, 2012)

임치용, "미국 연방파산법 제15장의 국제파산제도 — 한국과의 비교를 중심으로", 민사판례연구제35호(민사판례연구회, 2013)

_____, "해운회사의 회생절차 개시와 국제사법의 주요쟁점 — 회생담보권의 범위, 상계 및 쌍방미이행쌍무계약의 준거법, 국제중재절차, 외국관리인의 지위를 중심으로", 한국국제사법학회·한국해법학회 공동학술대회 자료집(2015)

이헌묵, "법정지법 적용에 있어서 절차와 실체의 구분", 민사소송 제16권 제2호(한국민사소송법학회, 2012)

_____, "영국법상 상계제도와 영국법이 적용되는 채권의 상계와 관련된 국내법상의 문제", 저스티스 제142호(한국법학원, 2014. 6.)

유책배우자의 이혼청구

김은진, 권성국

[요 지]

　대법원은 유책배우자의 이혼청구를 원칙적으로 부정하면서도 그것을 인용할 예외적인 경우를 상정하고, 극히 드물기는 하지만 유책배우자의 이혼청구를 인용하여 왔다. 대상판결은 그 연장선상에서 유책배우자의 이혼청구가 인정되는 예외사유를 조금 더 확대한 것으로, 혼인과 가족제도에 관한 사회적 보호의 필요성을 고려하면서도 유책주의의 예외를 확대하여 유책주의라는 규범적 요청과 파탄주의라는 사실적 요소를 절충한 입장이라고 평가할 수 있다.

　그러나 대상판결의 반대의견이 적절히 지적하고 있는 것과 같이, 다수의견이 판시하고 있는 이유들은 유책배우자의 이혼청구를 원칙적으로 허용하지 아니하는 종래의 대법원판례를 변경할 수 없는 합리적이고 필연적인 이유라고는 보기 어려우므로, 대상판결의 다수의견에 찬동하기 어렵다. 부부공동생활관계가 파탄되어 객관적으로 회복할 수 없을 정도에 이르고 당사자가 합의에 의한 이혼에 실패하여 재판상 이혼을 구하는 단계에까지 간 이상 설령 유책배우자의 이혼청구라고 하더라도 그것을 인용하여 이미 외형뿐인 혼인관계를 실체에 부합하게 해소하고, 그러한 혼인해소에 따른 책임의 경중을 참고하여 재산분할 등을 함으로써 각자 새로운 혼인과 가족관계를 영위할 수 있는 길을 열어주는 것이 국가의 역할이다.

　나아가 유책배우자의 이혼청구권을 인정할지 여부는 궁극적으로 입법정책의 문제이므로, 외국의 이혼법제 발전의 추세에 맞추어 파탄주의적 입장에서 재판상 이혼원인을 새로이 정하는 방향으로 민법 제840조를 개정함이 바람직하다.

[주제어]

- 유책배우자의 이혼청구
- 유책주의
- 파탄주의
- 민법 제840조 제6호

대상판결 : 대법원 2015. 9. 15. 선고 2013므568 전원합의체 판결 [공2015하,1601]

[사실의 개요]

원고와 피고는 1976. 3. 9. 혼인신고를 마친 법률상 부부로서 그 사이에 성년인 자녀 3명을 두었고, 혼인생활 중 원고의 늦은 귀가, 잦은 음주, 외박 등으로 인하여 잦은 다툼이 있었다.

원고는 1996년경 A를 만나 교제하면서 A의 집을 왕래하였고, A와 사이에 미성년의 딸을 두었다. 피고가 원고와 A의 관계를 알게 되면서 원고와 피고 사이의 갈등이 깊어지자, 원고는 1999. 12.경 직장에서 명예퇴직을 하고 피고와 더 이상 함께 지낼 수 없다는 생각에 2000. 1.경 집을 나와 A와 동거를 하였다.

피고는 별거를 시작한 후 상당한 기간이 지나도록 혼인관계를 회복하기 위한 별다른 노력은 하지 않았고, 명절이나 제사 등의 원고 집안 행사에 참여하거나 원고의 친척들과 교류하지 않았다.

피고는 원고가 집을 나간 후 혼자서 세 자녀를 양육하였는데, 원고는 피고와 별거 중에도 자녀들의 학비를 부담하고, 직업이 없는 피고에게 생활비 명목으로 월 100만 원 정도를 지급하였다.

원고는 당뇨와 고혈압의 질환이 있고 합병증으로 인하여 신장장애 2급의 장애인으로 등록되어 있는 등 건강이 좋지 않은데, 2011년 말경 피고와 자녀들에게 신장이식에 관한 이야기를 하였다가 거절당한 후 피고와의 혼인관계를 정리해야겠다는 생각을 하게 되면서 2012. 1.경부터 피고에게 생활비를 지급하지 않고 있다.

원고는 A의 도움을 받아 집에서 복막투석을 받고 있는 등 A의 개호와 협력이 없이는 생활하기 곤란한 상황에 처해 있고, A와 동거하면서 그 사이에 태어난 미성년의 딸을 양육하고 있다. 피고도 원심 변론종결 당시 만 63세가 넘는 고령으로서 위암 수술을 받고 갑상선 약을 복용하고 있는 등 건강이 좋지 않다.

원고는 이혼을 강력히 원하고 있는 반면, 피고는 원고가 돌아올 것이라는 믿음이 있고 미혼인 두 자녀 때문이라도 원고의 이혼 청구에 동의할 수 없다는 의사를 밝히고 있다.

[소송의 경과]

원고는 피고를 상대로 재판상 이혼을 청구하였다. 이에 대하여 제1심은 "원고가 혼인생활의 파탄에 대하여 주된 책임이 있는 유책배우자이고, 혼인관계의 여러 사정을 두루 고려하여 보아도 피고가 혼인을 계속할 의사가 없음이 객관적으로 명백함에도 오기나 보복적 감정에서 이혼에 응하지 아니하고 있다고 볼 특별한 사정이 있는 경우에 해당한다고 할 수 없으므로, 유책배우자인 원고는 그 혼인파탄을 사유로 하여 이혼을 청구할 수 없다"는 요지의 이유를 들어 원고의 청구를 기각하였다.[1]

원고가 제1심 판결에 불복하여 항소하였으나 원심 역시 제1심의 판단을 그대로 인용하자,[2] 원고가 대법원에 상고하였다.

대법원은 이 사건을 전원합의체에 회부하여 심리하였고, 한 차례 공개 변론을 열었다.

[판결의 요지 – 상고기각]

[다수의견] (가) 이혼에 관하여 파탄주의를 채택하고 있는 여러 나라의 이혼법제는 우리나라와 달리 재판상 이혼만을 인정하고 있을 뿐 협의상 이혼을 인정하지 아니하고 있다. 우리나라에서는 유책배우자라 하더라도 상대방 배우자와 협의를 통하여 이혼을 할 수 있는 길이 열려 있다. 이는 유책배우자라도 진솔한 마음과 충분한 보상으로 상대방을 설득함으로써 이혼할 수 있는 방도가 있음을 뜻하므로, 유책배우자의 행복추구권을 위하여 재판상 이혼원인에 있어서까지 파탄주의를 도입하여야 할 필연적인 이유가 있는 것은 아니다.

우리나라에는 파탄주의의 한계나 기준, 그리고 이혼 후 상대방에 대한 부양적 책임 등에 관해 아무런 법률 조항을 두고 있지 아니하다. 따라서 유책배우자의 상대방을 보호할 입법적인 조치가 마련되어 있지 아니한 현 단계에서 파탄주의를 취하여 유책배우자의 이혼청구를 널리 인정하는 경우 유책배우자의 행복을 위해 상대방이 일방적으로 희생되는 결과가 될 위험이 크다.

---

1) 대구가정법원 2012. 8. 22. 선고 2011드단29651 판결.
2) 대구가정법원 2013. 1. 11. 선고 2012르754 판결.

　유책배우자의 이혼청구를 허용하지 아니하고 있는 데에는 중혼관계에 처하게 된 법률상 배우자의 축출이혼을 방지하려는 의도도 있는데, 여러 나라에서 간통죄를 폐지하는 대신 중혼에 대한 처벌규정을 두고 있는 것에 비추어 보면 이에 대한 아무런 대책없이 파탄주의를 도입한다면 법률이 금지하는 중혼을 결과적으로 인정하게 될 위험이 있다.

　가족과 혼인생활에 관한 우리 사회의 가치관이 크게 변화하였고 여성의 사회 진출이 대폭 증가하였더라도 우리 사회가 취업, 임금, 자녀양육 등 사회경제의 모든 영역에서 양성평등이 실현되었다고 보기에는 아직 미흡한 것이 현실이다. 그리고 우리나라에서 이혼율이 급증하고 이혼에 대한 국민의 인식이 크게 변화한 것이 사실이더라도 이는 역설적으로 혼인과 가정생활에 대한 보호의 필요성이 그만큼 커졌다는 방증이고, 유책배우자의 이혼청구로 인하여 극심한 정신적 고통을 받거나 생계유지가 곤란한 경우가 엄연히 존재하는 현실을 외면해서도 아니 될 것이다.

　(나) 이상의 논의를 종합하여 볼 때, 민법 제840조 제6호 이혼사유에 관하여 유책배우자의 이혼청구를 원칙적으로 허용하지 아니하는 종래의 대법원판례를 변경하는 것이 옳다는 주장은 아직은 받아들이기 어렵다.

　유책배우자의 이혼청구를 허용하지 아니하는 것은 혼인제도가 요구하는 도덕성에 배치되고 신의성실의 원칙에 반하는 결과를 방지하려는 데 있으므로, 혼인제도가 추구하는 이상과 신의성실의 원칙에 비추어 보더라도 책임이 반드시 이혼청구를 배척해야 할 정도로 남아 있지 아니한 경우에는 그러한 배우자의 이혼청구는 혼인과 가족제도를 형해화할 우려가 없고 사회의 도덕관·윤리관에도 반하지 아니하므로 허용될 수 있다.

　그리하여 상대방 배우자도 혼인을 계속할 의사가 없어 일방의 의사에 따른 이혼 내지 축출이혼의 염려가 없는 경우는 물론, 나아가 이혼을 청구하는 배우자의 유책성을 상쇄할 정도로 상대방 배우자 및 자녀에 대한 보호와 배려가 이루어진 경우, 세월의 경과에 따라 혼인파탄 당시 현저하였던 유책배우자의 유책성과 상대방 배우자가 받은 정신적 고통이 점차 약화되어 쌍방의 책임의 경중을 엄밀히 따지는 것이 더 이상 무의미할 정도가 된 경우 등과 같이 혼인생활의 파탄에 대한 유책성이 이혼청구를 배척해야 할 정도로 남아 있지 아니한 특별한 사정이 있는 경우에는 예외적으로 유책배우자의 이혼청구를 허용할 수 있다.

유책배우자의 이혼청구를 예외적으로 허용할 수 있는지 판단할 때에는, 유책배우자 책임의 태양·정도, 상대방 배우자의 혼인계속의사 및 유책배우자에 대한 감정, 당사자의 연령, 혼인생활의 기간과 혼인 후의 구체적인 생활관계, 별거기간, 부부간의 별거 후에 형성된 생활관계, 혼인생활의 파탄 후 여러 사정의 변경 여부, 이혼이 인정될 경우의 상대방 배우자의 정신적·사회적·경제적 상태와 생활보장의 정도, 미성년 자녀의 양육·교육·복지의 상황, 그 밖의 혼인관계의 여러 사정을 두루 고려하여야 한다.

[대법관 6인의 반대의견] (가) 이혼에 대한 사회 일반의 인식, 사회·경제적 환경의 변화와 아울러 이혼 법제 및 실무의 변화 등을 함께 종합하여 볼 때, 유책배우자의 이혼청구라는 이유만으로 민법 제840조 제6호 이혼사유에 의한 재판상 이혼청구를 제한하여야 할 필요는 상당히 감소하였다.

상대방 배우자의 혼인계속의사는 부부공동생활관계가 파탄되고 객관적으로 회복할 수 없을 정도에 이르렀는지 등을 판단할 때에 참작하여야 하는 중요한 요소라 할 수 있다. 그렇지만 그러한 의사를 참작하였음에도 부부공동생활관계가 객관적으로 회복할 수 없을 정도로 파탄되었다고 인정되는 경우에, 다시 상대방 배우자의 주관적인 의사만을 가지고 형식에 불과한 혼인관계를 해소하는 이혼청구가 불허되어야 한다고 단정하는 것은 불합리하며, 협의가 이루어지지 아니할 때의 혼인해소 절차를 규정한 재판상 이혼제도의 취지에도 부합하지 아니한다.

간통죄는 과거의 간통행위 자체에 대한 형사적인 제재인 반면 혼인파탄에 따른 이혼은 혼인의 실체가 소멸함에 따른 장래의 혼인 법률관계의 해소로서 제도의 목적과 법적 효과가 다르므로, 간통을 한 유책배우자에 대한 형사적 제재가 없어졌다고 하더라도, 민사상의 불법행위에 해당하는 간통행위로 인한 손해배상책임을 강화하는 것은 별론으로 하고, 혼인의 실체가 소멸한 법률관계를 달리 처우하여야 할 필요는 없다.

(나) 위와 같은 여러 사정들을 종합하여 보면, 혼인관계가 파탄되었음에도 유책배우자가 이혼을 청구하고 상대방이 이를 거부한다는 사정만으로 일률적으로 이혼청구를 배척하는 것은 더 이상 이혼을 둘러싼 갈등 해소에 적절하고 합리적인 해결 방안이라고 보기 어렵다.

　　부부공동생활관계가 회복할 수 없을 정도로 파탄된 경우에는 원칙적으로 제6호 이혼사유에 해당하지만, 이혼으로 인하여 파탄에 책임 없는 상대방 배우자가 정신적·사회적·경제적으로 심히 가혹한 상태에 놓이는 경우, 부모의 이혼이 자녀의 양육·교육·복지를 심각하게 해치는 경우, 혼인기간 중에 고의로 장기간 부양의무 및 양육의무를 저버린 경우, 이혼에 대비하여 책임재산을 은닉하는 등 재산분할, 위자료의 이행을 의도적으로 회피하여 상대방 배우자를 곤궁에 빠뜨리는 경우 등과 같이, 유책배우자의 이혼청구를 인용한다면 상대방 배우자나 자녀의 이익을 심각하게 해치는 결과를 가져와 정의·공평의 관념에 현저히 반하는 객관적인 사정이 있는 경우에는 헌법이 보장하는 혼인과 가족제도를 형해화할 우려가 있으므로, 그와 같은 객관적인 사정이 부존재하는 경우에 한하여 제6호 이혼사유가 있다고 해석하는 것이 혼인을 제도적으로 보장한 헌법 정신에 부합한다.

　　그리고 혼인파탄에 책임이 없는 배우자에 대하여 재판상 이혼을 허용할 경우에도, 혼인관계 파탄으로 입은 정신적 고통에 대한 위자료의 액수를 정할 때에 주된 책임이 있는 배우자의 유책성을 충분히 반영함으로써 혼인 해소에 대한 책임을 지우고 상대방 배우자에게 실질적인 손해 배상이 이루어질 수 있도록 하며, 재산분할의 비율·액수를 정할 때에도 혼인 중에 이룩한 재산관계의 청산뿐 아니라 부양적 요소를 충분히 반영하여 상대방 배우자가 이혼 후에도 혼인 중에 못지않은 생활을 보장받을 수 있도록 함으로써, 이혼청구 배우자의 귀책사유와 상대방 배우자를 위한 보호 및 배려 사이에 균형과 조화를 도모하여야 한다.

[연　구]

Ⅰ. 쟁점의 정리

　　부부는 협의에 의하여 이혼할 수 있고(민법 제834조), 부부의 일방은 법률에 정한 사유가 있는 경우에는 가정법원에 이혼을 청구할 수 있다(민법 제840조). 민법 제840조는 제1호 내지 제5호에서 재판상 이혼원인이 되는 이혼사유를 "배우자에 부정한 행위가 있었을 때"와 같이 구체적·개별적으로 열거하고 있는 외에, 제6호에서 "기타 혼인을 계속하기 어려운 중대한 사유가 있을 때"(이하 "제6호 이혼사유"라 한다)를 이혼사유로 규정하고 있다.[3] 그리고 제6호 이혼사유의 의미에 관하여 대법원 판례는 "혼인의 본질에 상응하는 부부공동생활관계가 회복할 수 없을 정도로 파탄되고, 혼인생활의 계속을 강제하는 것이 일방 배우자에게 참을 수 없는 고통이 되는 경우를 말한다"고 해석하여 왔다.[4]

그런데 대법원은 재판상 이혼원인과 관련하여 일찍부터 민법 제840조 제1호 내지 제5호의 이혼사유가 있는 것으로 인정되는 경우라 할지라도 전체적으로 보아 그 이혼사유를 일으킨 배우자보다도 상대방 배우자에게 혼인파탄의 주된 책임이 있는 경우에는 그 상대방 배우자는 그러한 이혼사유를 들어 이혼청구를 할 수 없다고 하였다.[5] 또한 제6호 이혼사유에 관하여도 혼인생활의 파탄에 주된 책임이 있는 배우자는 그 파탄을 사유로 하여 이혼을 청구할 수 없는 것이 원칙임을 확인하여 왔다.[6]

---

3) 민법 제840조 제1호 내지 제6호에서 열거하고 있는 각 이혼사유들의 관계와 관련하여, 각 호의 이혼사유는 독립적·병렬적이어서 각기 별개의 소송물을 이루고, 다른 이혼사유의 해석에도 서로 영향을 미치지 않는다는 견해(절대적 독립설)와 제1호 내지 제5호는 제6호의 예시규정으로, 제1호 내지 제5호에 해당하는 것처럼 보일 때에도 제6호, 즉 "혼인을 계속하기 어려운 중대한 사유"에 해당하는지를 다시 살펴보아야 하고, 이들 전체가 하나의 소송물을 이룬다고 보는 견해(단순예시설) 및 제1호 내지 제5호의 사유가 있으면 그 자체로 혼인을 계속하기 어려운 중대한 사유가 있다고 보아야 하고, 혼인을 계속하기 어려운 중대한 사유인지 여부를 다시 심사할 수 없다는 견해(독립예시설)가 대립되어 있다. 판례는 "각 호가 규정한 이혼사유마다 재판상 이혼청구를 할 수 있는 것이므로 법원은 원고가 주장한 이혼사유에 관하여만 심판하여야 하며 원고가 주장하지 아니한 이혼사유에 관하여는 심판을 할 필요가 없고 그 사유에 의하여 이혼을 명하여서는" 아니 된다거나(대법원 1963. 1. 31. 선고 62다812 판결 참조), "각 호 사유마다 각 별개의 독립된 이혼사유를 구성하는 것이고, 원고가 이혼청구를 구하면서 위 각 호 소정의 수개의 사유를 주장하는 경우 법원은 그 중 어느 하나를 받아들여 원고의 청구를 인용할 수 있"으며 제1호 내지 제5호의 이혼사유를 먼저 판단한 다음 그것이 인정되지 아니할 때 비로소 제6호의 이혼사유를 최종적으로 판단할 수 있는 것은 아니라고 하며(대법원 2000. 9. 5. 선고 99므1886 판결 참조), 대체로 절대적 독립설을 취하고 있다. 이에 대한 자세한 내용은 편집대표 윤진수, 주해친족법 제1권, 초판(박영사, 2015), 443-447면 참조.

4) 대법원 1991. 7. 9. 선고 90므1067 판결; 대법원 2007. 12. 14. 선고 2007므1690 판결; 대법원 2009. 12. 24. 선고 2009므2130 판결 등.

5) 대법원 1993. 4. 23. 선고 92므1078 판결 등.

6) 대법원 1965. 9. 21. 선고 65므37 판결; 대법원 1971. 3. 23. 선고 71므41 판결; 대법원 1987. 4. 14. 선고 86므28 판결; 대법원 1990. 4. 27. 선고 90므95 판결; 대법원 1993. 3. 9. 선고 92므990 판결 등.

그러나 전세계적인 입법의 경향, 민법의 개정을 통한 양성 평등의 제도적 보장, 여성의 사회적 진출 확대와 이혼에 대한 일반의 인식 변화 등을 근거로 제6호 이혼사유의 해석에 있어서 유책배우자의 이혼청구라 하더라도 이를 허용하여야 한다는 주장이 학계를 중심으로 지속적으로 제기되어 왔고, 실제로 하급심에서는 유책배우자의 이혼청구를 폭넓게 인용하는 경향의 판결이 잇따라 선고되어 왔다. 특히 2015. 2. 헌법재판소가 간통행위를 처벌하는 형법 제241조에 대하여 위헌결정을 함에 따라,[7] 대법원의 판례 변경 가능성에 관하여 법조계를 넘어 전 사회적인 관심이 집중되었다.

즉, 대법원이 대상판결에서 혼인생활의 파탄에 주된 책임이 있는 배우자는 그 파탄을 사유로 하여 이혼을 청구할 수 없다고 보았던 종전 대법원의 판례를 변경하여, 부부공동생활관계가 회복할 수 없을 정도로 파탄되었고 그 혼인생활의 계속을 강제하는 것이 일방 배우자에게 참을 수 없는 고통이 되는 경우에는 그러한 혼인생활 파탄에 주된 책임이 있는 배우자(유책배우자)에게도 이혼청구권을 인정할 것인지가 쟁점이 되었다.

Ⅱ. 유책배우자의 이혼청구권에 관한 일반론

1. 재판상 이혼에 있어서 유책주의와 파탄주의

이혼제도에 관한 각국의 입법례를 살펴보면, 배우자 중 어느 일방이 동거·부양·협조·정조 등 혼인에 따른 의무에 위반되는 행위를 한 때와 같이 이혼사유가 명백한 경우에 그 상대방에게만 재판상의 이혼청구권을 인정하는 이른바 유책주의(有責主意)와 부부 당사자의 책임 유무를 묻지 아니하고 혼인의 목적을 달성할 수 없는 사실, 즉 혼인을 도저히 계속할 수 없는 객관적 사정인 파탄을 이유로 하여 이혼을 허용하는 이른바 파탄주의(破綻主意)로 대별할 수 있다.

유책주의는 ① 배우자의 일방에게 혼인의무의 위반이 있을 경우에 한하여 이혼을 인정하고, ② 혼인의무 위반의 내용인 유책사유가 구체적으로 법률에 규정되어 있으며, ③ 책임 없는 배우자만이 이혼을 청구할 수 있고(따라서 유책배우자의 이혼청구는 배척된다), ④ 책임 없는 배우자는 이혼과 동시에 이혼 피해

---

7) 헌법재판소 2015. 2. 26.자 2009헌바17 결정.

자의 지위에서 혼인 파탄의 유책배우자에 대해 손해배상을 청구할 수 있다는 것을 주된 내용으로 하고 있다. 반면 순수한 의미의 파탄주의는 ① 혼인의 파탄이라는 추상적·일반조항적 기준을 이혼원인으로 규정하고, ② 혼인파탄에 대한 책임이 있는 배우자라 하더라도 이혼청구를 할 수 있으며, ③ 유책배우자에 대한 손해배상청구는 원칙적으로 인정되지 않는 것을 주된 내용으로 한다.

2. 외국의 입법례[8]

미국은 1969년 캘리포니아 주를 시작으로 이혼사유에 무책조항을 추가한 이래 1985년 사우스다코타 주에서 마지막으로 그와 같은 태도를 취함으로써 결국 모든 주에서 파탄주의 이혼원인을 채택하게 되었다. 현재 미국에서는 유책주의 이혼원인만을 인정하는 주는 한 주도 없고, 유책주의와 파탄주의를 복합적인 이혼원인으로 하거나 파탄주의만을 유일한 이혼원인으로 삼고 있다.

영국은 1969년 개정 이혼법(Divorce Reform Act 1969)에서 '돌이킬 수 없는 혼인의 파탄'을 유일한 이혼사유로 규정함으로써 파탄주의 이혼을 도입한 이래 현행 이혼법(1973년 혼인관계법, Matrimonial Causes Act 1973)에서도 그러한 태도를 견지하고 있으나, 혼인파탄을 입증하기 위해서는 그를 추정할 수 있는 5개의 개별 이혼사유를 입증하여야 한다고 규정함으로써 사실상 유책주의와 파탄주의를 혼합한 과도기적 형태를 띠고 있다.

독일은 1976년의 혼인 및 친족법 개정법률(Erstes Gesetz zur Reform des Ehe- und Familienrechts)에 따라 이혼관련 조항을 민법전에 규정하면서 혼인의 파탄을 유일한 이혼사유로 규정함으로써 종래의 유책주의를 버리고 파탄주의를 채택하였다.

프랑스는 1975년 이혼법 개정으로 '상호동의에 의한 이혼, 공동생활의 파탄에 의한 이혼, 유책이혼'의 세 가지 이혼 유형을 규정함으로써 종래의 유책주의 이혼에 더하여 파탄주의를 도입한 이래, 현행 이혼법에서도 '상호동의에 의한 이혼'과 '상호동의 없는 이혼(파탄승낙이혼, 파탄이혼, 유책이혼)'의 유형을 인정하고 있다.

일본의 경우, 이혼의 종류로 협의상 이혼과 재판상 이혼의 두 가지를 두고

---

8) 이하 재판상 이혼에 관한 외국의 입법례는 이선미, "유책배우자의 이혼청구권", 사법 제10호(사법연구지원재단, 2009), 51-53면을 요약하여 기술하였다.

있으며, 재판상 이혼의 사유로서 ① 배우자의 부정행위가 있는 때, ② 배우자에게서 악의로 유기된 때, ③ 배우자의 생사가 3년 이상 명백하지 않을 때, ④ 배우자가 강도의 정신병에 걸리고, 회복 전망이 없을 때, ⑤ 그 외 혼인을 계속하기 어려운 중대한 사유가 있는 때 등의 다섯 가지를 규정하고 있다. 판례는 종래에는 "혼인파탄에 있어서 전적으로 또는 주된 원인을 초래한 당사자의 이혼청구는 신의성실의 원칙상 허용할 수 없다"고 하여 유책배우자의 이혼청구를 받아들이지 않는 입장이었으나, 1987년 최고재판소의 판례변경으로 "부부의 별거기간이 양 당사자의 연령 및 동거기간과의 대비에서 상당히 장기간에 미치고 그 사이에 미성숙자가 없는 경우에는 상대방 배우자가 이혼에 의하여 정신적·사회적·경제적으로 극히 가혹한 상황에 처해지는 등 이혼청구가 현저히 사회정의에 반한다고 할 수 있는 것과 같은 특단의 사정이 인정되지 않는 한 유책배우자로부터의 이혼청구라는 한 가지 일을 가지고 이혼이 허용되지 않는다고 할 수 없다"라고 하여, 유책배우자의 이혼청구를 허용하였고,[9] 이러한 태도는 그 후의 하급심 판결에서도 계속해서 이어지고 있다.

3. 우리나라에서의 논의

유책배우자의 이혼청구를 인정할 것인가 하는 점은 기본적으로 입법정책의 문제이다. 우리나라 민법에는 유책배우자의 이혼청구를 배제하는 명문의 규정이 없으나, 판례와 학설상으로는 계속하여 논란이 되어 왔다.

가. 학설의 태도[10]

민법 제정 직후에는 유책배우자의 이혼청구를 허용하는 것은 혼인의 도의성과 사회통념에 반하고 축출이혼이 될 우려가 있으며 신의칙에 반하고 권리남용에 해당하므로 일반적으로 허용될 수 없다는 견해(소극설)가 유력하였다.

이에 대하여 유책배우자의 이혼청구는 원칙적으로 허용되지 않지만, 예외적으로 일정한 사정이 있으면 허용할 수 있다는 견해(제한적 소극설)가 유력해졌다. 그리고 그와 같은 예외적인 사정으로는 ① 유책행위와 혼인파탄 사이에 인과관계가 없는 경우, ② 이혼을 청구하는 일방의 유책성이 타방과 같거나 그보

---

9) 최고재판소 소화62년 9월 2일 대법정 판결(민집 41권 6호, 1423면).

10) 이하의 학설 소개는 편집대표 윤진수, 전게서, 487-489면을 요약하여 기술하였다.

다 약한 경우, ③ 유책행위 후 장기간 별거 등으로 혼인이 완전히 파탄된 경우, ④ 쌍방의 이혼의사가 일치한 경우, ⑤ 쌍방이 자녀, 위자료 등 이혼효과에 대하여 완전하고 적정한 합의에 이른 경우, ⑥ 일방의 유책행위로 혼인이 파탄된 후 타방이 별도의 중대한 이혼사유를 제공한 경우 등이 제시되었다. 1990년 민법의 개정으로 재산분할청구권이 신설되어 이혼 당사자, 특히 무책배우자의 보호가 강화된 이후에는 위 제한적 소극설이 통설이 되었다.

최근에는 이미 혼인생활이 파탄되어 명목만 남은 경우에 별거가 당사자의 연령, 동거기간 등에 비추어 상당히 장기간 계속되고 있는지, 미성년의 자녀가 있는지, 상대방이 이혼으로 정신적·사회적·경제적으로 극히 가혹한 상태에 놓이는지 등을 고려하여, 현저히 사회정의에 반하지 아니하는 한 이혼을 허용하여야 한다는 견해(제한적 적극설)도 유력해지고 있다.

나. 판례의 변천

대법원은 1965. 9. 21. 선고 65므37 판결에서 유책배우자의 이혼청구를 기각한 이래 1980년대 중반까지 "우리 법제가 이혼에 관하여 유책주의를 채택하고 있고, 혼인관계를 파탄에 이르게 한 것이 당사자 일방의 귀책사유에 기인하는 경우 그 사유를 저지른 당사자가 혼인을 계속할 수 없는 중대한 사유가 있다 하여 이를 재판상 이혼원인으로 주장할 수 있다면 혼인을 고의로 파기한 불법을 행한 자에게 이혼청구권을 인정하는 결과가 되므로 유책배우자가 민법 제840조 제1호 내지 제5호의 각 사유를 들어 이혼을 청구한 경우는 물론이고, 제6호의 사유를 들어 이혼을 청구하는 것도 허용되지 아니한다"고 판시하여, 유책배우자의 이혼청구를 엄격하게 불허하였다.[11]

그 후 대법원은 1987. 4. 14. 선고 86므23 판결에 이르러 그 동안 유책배우자의 이혼청구를 엄격하게 불허하던 입장을 다소 바꾸어, 유책배우자의 이혼청구가 예외적으로 허용될 수 있는 가능성을 인정하였다. 즉, 대법원은 위 판결에서 "혼인의 파탄에 관하여 유책배우자는 그 파탄을 원인으로 이혼을 청구할 수 없는바, 이는 혼인의 파탄을 자초한 자에게 재판상 이혼청구권을 인정하는 것은 혼인제도가 요구하고 있는 도덕성에 근본적으로 배치되고 배우자 일방의 의사에 의한 이혼 내지는 축출이혼을 시인하는 부당한 결과가 되므로 혼인의 파

---

11) 대법원 1971. 3. 23. 선고 70므41 판결; 대법원 1983. 3. 22. 선고 82므57 판결 등.

탄에도 불구하고 이혼을 희망하지 않고 있는 상대배우자의 의사에 반하여 이혼을 할 수 없도록 하려는 것일 뿐, 상대배우자에게도 그 혼인을 계속할 의사가 없음이 객관적으로 명백한 경우에까지 파탄된 혼인의 계속을 강제하려는 취지는 아니다. 그러므로 유책자의 이혼제기에 대하여 상대배우자도 이혼의 반소를 제기하거나 오기나 보복적 감정에서 표면적으로는 이혼에 불응하고 있기는 하나 실제에 있어서는 혼인의 계속과는 도저히 양립할 수 없는 행위를 하는 등 그 이혼의 의사가 객관적으로 명백한 경우에는 비록 혼인의 파탄에 관하여 전적인 책임이 있는 배우자의 이혼청구라 할지라도 이를 인용함이 상당하다. 그러한 경우에까지 이혼을 거부하여 혼인의 계속을 강제하는 것은 쌍방이 더 이상 계속할 의사가 없는 혼인관계가 형식상 지속되고 있음을 빌미로 하여 유책배우자를 사적으로 보복하는 것을 도와주는 것에 지나지 아니하여 이를 시인할 수 없다"고 판시하였고, 이는 그 이후 유책배우자의 이혼청구권에 관한 대법원의 원칙적인 태도로 유지되어 왔다.

비록 대법원이 위와 같이 유책배우자의 이혼청구를 인용할 예외적인 경우를 상정하고 있기는 하지만, 실제로 대법원이 유책배우자의 이혼청구를 인용하여 이혼을 선고한 경우는 극히 드물다. 1982. 9. 28. 이후 선고된 유책배우자의 이혼청구 사건에 관한 대법원의 판례 전체 171건 중 이혼청구가 인용된 사건은 모두 44건인데, 대부분은 유책배우자의 상대방에 의한 본소나 반소가 인용되어 결과적으로 이혼이 인용된 경우이거나 쌍방의 책임이 인정되어 이혼이 인용된 경우이고, '상대방이 오기나 보복적 감정에서 표면적으로는 이혼에 불응하고 있기는 하나 실제에 있어서는 혼인의 계속과는 도저히 양립할 수 없는 행위를 하는 등 그 이혼의 의사가 객관적으로 명백한 경우'에 해당한다고 보아 유책배우자의 이혼청구를 인용한 사건은 단 9건에 불과하다.[12]

한편, 대법원은 2009. 12. 24. 선고 2009므2130 판결과 2010. 6. 24. 선고 2010므1256 판결에서, 원고와 피고의 혼인관계가 파탄에 이르게 된 데에는 원고의 책임과 피고의 책임이 경합하였다고 할 것인 점, 원고와 피고 사이의 부부 공동생활 관계의 해소 상태가 장기화되면서, 원고의 유책성도 세월의 경과에 따라 상당 정도 약화되고, 원고가 처한 상황에 비추어 그에 대한 사회적 인식이나 법적 평가도 달라질 수밖에 없으므로, 현 상황에 이르러 원고와 피고의 이혼

---

12) 박복순 외 2인, 이혼법제 개선방안 연구, 한국여성정책연구원(2012), 83-85면.

여부를 판단하는 기준으로 파탄에 이르게 된 데 대한 책임의 경중을 엄밀히 따지는 것의 법적·사회적 의의(意義)는 현저히 감쇄(減殺)되고, 쌍방의 책임의 경중에 관하여 단정적인 판단을 내리는 것 역시 곤란한 상황에 이르렀다고 보이는 점, 원고와의 이혼을 거절하는 피고의 혼인계속의사는 일반적으로 이혼 여부를 판단함에 있어서 반드시 참작하여야 하는 요소이기는 하지만, 원고와 피고가 처한 현 상황에 비추어 이는 혼인의 실체를 상실한 외형상의 법률혼관계만을 계속 유지하려는 것에 다름 아니라고 보이고, 피고의 혼인계속의사에 따라 현재와 같은 파탄 상황을 유지하게 되면, 특히 원고에게 참을 수 없는 고통을 계속 주는 결과를 가져올 것으로 보이는 점 등을 들어 유책배우자인 원고의 이혼청구를 인용함으로써, 기존 유책주의의 입장을 조금 더 완화한 예가 있다.

Ⅲ. 대상판결의 분석

1. 다수의견에 대한 비판적 검토

대상판결의 다수의견은 기존 대법원의 유책주의 원칙을 재확인함과 더불어 유책배우자의 이혼청구가 예외적으로 허용되는 경우를 조금 더 넓게 인정하였다. 즉, 기존 대법원이 인정하고 있던 예외사유로서 '상대방 배우자도 혼인을 계속할 의사가 없어 일방의 의사에 따른 이혼 내지 축출이혼의 염려가 없는 경우'에 더하여, 이혼을 청구하는 배우자의 유책성을 상쇄할 정도로 상대방 배우자 및 자녀에 대한 보호와 배려가 이루어진 경우, 세월의 경과에 따라 혼인파탄 당시 현저하였던 유책배우자의 유책성과 상대방 배우자가 받은 정신적 고통이 점차 약화되어 쌍방의 책임의 경중을 엄밀히 따지는 것이 더 이상 무의미할 정도가 된 경우 등과 같이 '혼인생활의 파탄에 대한 유책성이 이혼청구를 배척해야 할 정도로 남아 있지 아니한 특별한 사정이 있는 경우'를 유책배우자의 이혼청구가 허용되는 예외적인 경우로 추가한 것이다. 이는 기본적으로 유책주의를 유지함으로써 헌법재판소의 간통죄 위헌판결 후 혼인과 가족제도에 관한 사회적 보호의 필요성을 고려하면서도 경직된 유책주의의 예외를 일부 확대하여 유책주의라는 규범적 요청과 파탄주의라는 사실적 요소를 절충한 입장이라고 평가할 수 있다.

그러나 다수의견이 제6호 이혼사유에 관하여 유책배우자의 이혼청구를 원칙적으로 허용하지 아니하는 종래의 대법원판례를 유지하여야 할 근거로 든 네 가지 이유가 과연 유책배우자의 이혼청구를 원칙적으로 불허하여야 할 합리적이고 필연적인 근거가 될 수 있을지에 대해서는 의문이 있다. 아래에서는 다수의견이 제시한 각 이유의 요지와 그에 대한 반론을 제기한다.

가. 협의상 이혼제도의 존재

다수의견은, 우리나라는 파탄주의를 채택하고 있는 여러 나라와 달리 협의상 이혼제도를 인정하고 있어 유책배우자라도 상대방을 설득함으로써 이혼할 수 있는 방도가 있으므로 재판상 이혼원인에 있어서까지 파탄주의를 도입할 필연적인 이유가 없다고 하였다.

그러나 현실적으로 재판상 이혼은 당사자가 협의에 의한 이혼 합의에 이르지 못했거나, 당사자에 대한 적대적 감정이 극심하여 처음부터 협의 이혼의 가능성이 전혀 없는 경우에 혼인 해소를 위한 최후적 방법으로 이용하는 제도이다. 따라서 재판상 이혼을 청구하는 단계에 이른 당사자들에게 협의상 이혼제도는 실질적으로 무용한 절차에 지나지 않는 것인데, 그 제도의 존재를 이유로 재판상 이혼사유의 범위를 제한하는 것이 과연 타당한지 의문이다.

나아가, 혼인관계 파탄에 책임이 있는 배우자의 상대방에 대한 설득은 결국 일정 부분 경제적 반대급부를 제공하는 방식으로 이루어질 수밖에 없다. 따라서 경제적 능력이 충분한 사람은 협의에 의한 이혼에 이르기가 상대적으로 수월한 반면, 경제적 능력이 없는 사람은 협의에 의한 이혼에 이르기가 매우 곤란하거나 불가능한 경우가 많을 것이다. 이는 결국 유책배우자의 경제력의 차이에 따라 이혼가능성이 달라지게 되는 불합리한 결과를 초래하는 것이다. 이혼제도에 있어서 이와 같은 경제력 차이에 따른 불평등을 해소하는 측면에서도 유책배우자의 재판상 이혼청구를 허용함이 타당하다.

나. 파탄주의의 한계나 기준 및 상대방 보호에 관한 입법적 조치의 미비

다수의견은, 파탄주의 입법례를 취하는 나라들이 이른바 '가혹조항'을 두어 파탄주의의 한계를 구체적이고 상세하게 규정하고 상대방에 대한 부양적 책임을 지우는 제도를 마련하고 있음에 반하여 우리나라에는 그와 같은 입법적 조치가 마련되어 있지 않으므로, 현단계에서 파탄주의를 취하는 경우 유책배우자의 행복을 위해 상대방이 일방적으로 희생되는 결과가 될 위험이 크다고 하였다.

그러나 현행법하에서도 혼인관계 파탄으로 입은 정신적 고통에 대한 위자료의 액수를 정할 때에 주된 책임이 있는 배우자의 유책성을 충분히 반영함으로써 혼인 해소에 대한 책임을 지우고 상대방 배우자에게 실질적인 손해 배상이 이루어질 수 있도록 하고,[13] 재산분할의 비율·액수를 정할 때에도 혼인 중에 이룩한 재산관계의 청산뿐 아니라 부양적 요소를 충분히 반영하여 상대방 배우자가 이혼 후에도 혼인 중에 못지않은 생활을 보장받을 수 있도록 함으로써, 이혼청구 배우자의 귀책사유와 상대방 배우자를 위한 보호 및 배려 사이에 균형과 조화를 도모하는 것이 가능하다.

나아가, 재판상 이혼제도의 실무 운영에 있어서 유책배우자의 이혼청구를 인용하는 것이 상대방 배우자의 일방적인 희생을 초래하거나 자녀의 이익을 심각하게 해치는 결과를 가져오는 경우 등에는 이혼을 허용하지 않음으로써 상대방 배우자 등을 보호하는 것도 얼마든지 가능하므로, 파탄주의를 취하기 위해서 반드시 법률적·제도적 보완이 선행되어야 한다고 볼 수도 없다.

다. 중혼[14]을 결과적으로 인정하게 될 위험

다수의견은 대법원판례가 유책배우자의 이혼청구를 허용하지 아니하고 있는 데에는 중혼관계에 처하게 된 법률상 배우자의 축출이혼을 방지하려는 의도도 있는데, 우리나라는 중혼을 금지하면서도 이를 처벌하는 형벌규정을 두고 있지 않고 사실상 중혼에 대한 형벌조항으로 기능하던 간통죄도 폐지된 상황에서 파탄주의를 도입하면 법률이 금지하는 중혼을 결과적으로 인정하게 될 위험이 있다고 한다.

그러나 유책배우자의 이혼청구를 허용하지 않는 것이 중혼의 예방이라는

---

13) 다만 위자료 지급을 명하는 절차와 관련하여, 유책배우자의 본소 이혼청구에 대하여 상대방이 반소로 위자료청구를 하였다면 별 문제가 없겠으나, 그렇지 아니한 경우에는 이혼소송 종료 후 또는 이혼소송과 병행하여 상대방이 별도로 위자료청구소송을 하여야 하는 문제가 있는바, 현재 제도하에서는 법원이 석명권을 행사하여 상대방에게 위자료청구를 할 것인지 여부를 묻거나, 그렇지 않으면 재산분할에서 원고의 유책성을 참작하여 분할비율을 정하는 방법이 있을 것이다. 상계논문, 84면.

14) 민법은 중혼을 금지하고 있으므로, 다수의견에서 말하는 중혼이라 함은 '사실상의 중혼관계'의 의미로 해석할 수 있다.

효과로 이어진다고 볼 아무런 근거가 없을 뿐만 아니라, 그로 인하여 이미 형성된 중혼상태가 해소되는 것도 아니다. 중혼상태에 있는 유책배우자의 이혼을 허용하지 않는 것은 오히려 이미 형성된 중혼이라는 불법적 상태를 계속적으로 용인하거나 방치하는 결과를 초래할 수도 있다.

간통행위나 중혼으로 인한 손해배상규정을 마련하여 중혼을 금지하는 법률의 실효성을 제고하는 것은 별론으로 하고, 이미 파탄에 이른 혼인관계의 실질을 법률적으로 정리하는 것을 거부하여 외형뿐인 혼인관계가 계속되도록 하는 것은 중혼상태에 있는 유책배우자에 대한 사적인 보복을 국가가 허용하는 것에 지나지 않는다.

라. 미흡한 양성평등 수준과 혼인과 가정생활에 대한 보호의 필요성

다수의견은 유책주의를 유지하여야 하는 또 다른 이유로 우리 사회가 취업, 임금, 자녀양육 등 사회경제의 모든 영역에서 양성평등이 실현되었다고 보기에는 아직 미흡한 것이 현실이고, 우리나라에서 이혼율이 급증하고 이혼에 대한 국민의 인식이 크게 변화한 것은 역설적으로 혼인과 가정생활에 대한 보호의 필요성이 그만큼 커졌다는 방증이라고 할 수 있으며, 유책배우자의 이혼청구로 인하여 극심한 정신적 고통을 받거나 생계유지가 곤란한 경우가 엄연히 존재하는 현실을 외면해서도 아니 된다는 점을 들고 있다.

그러나 다수의견이 제시한 위와 같은 논거는 유책배우자가 남성인 경우에만 타당한 논리이다. 현실적으로는 이혼을 청구하는 유책배우자가 여성인 사건도 많고, 앞으로는 그 비중이 더욱 증가할 가능성도 엿보이므로, 다수의견의 위와 같은 논리는 그러한 경우에 유책배우자의 이혼청구권을 부정하는 논거가 될 수 없는 한계가 있다. 특히 유책배우자인 여성이 경제적 능력조차 충분하지 못할 경우에는 상대방 배우자로부터 이혼을 거부당하면서 형식상 혼인상태를 강요당하게 되는 더욱 가혹한 결과가 초래될 수도 있다.

한편, 재판 과정에서 부부가 서로 상대방의 유책사유를 부각시키기 위하여 혼인생활 과정에서 발생한 여러 갈등을 다시 들추어 내고(통상 그 과정에서 내밀한 사생활의 영역이나 가족 및 친인척들에 대한 사항까지 언급되는 경우가 많다), 이혼 후 금전청산을 대비하여 서로의 재산에 대하여 보전처분을 신청하는 등의 일련의 과정을 통해 당사자들의 감정이 극도로 악화되어 돌이킬 수 없게 되는 경우가 일반적이다. 그렇기 때문에 유책배우자의 이혼청구를 기각한다고 하여도 그 혼인생활이 정상적인 혼인생활로 돌아가리라 기대하기는 극히 어렵다. 즉, 혼인과 가정생활에 대한 보호는 외형뿐인 혼인과 가정생활을 단지 외적으로만 보호하여 준다고 하여 보호되는 것이 아니고, 오히려 유책주의 하의 재판과정에서 혼인과 가정생활에 대한 회복가능성은 더욱 심각하게 상실되는 것이 현실이다.

나아가, 유책배우자의 이혼청구로 인하여 상대방이 극심한 정신적 고통을 받거나 생계유지가 곤란한 경우 등에는 예외적으로 이혼을 허용하지 않음으로써 상대방 배우자 등을 보호하는 것도 얼마든지 가능하다. 따라서 위와 같은 경우가 발생할 수 있다는 사정은 유책배우자의 이혼청구를 원칙적으로 금지할 필연적인 이유가 될 수 없다. 구체적으로, 반대의견이 제시한 것과 같이 '이혼으로 인하여 파탄에 책임 없는 상대방 배우자가 정신적·사회적·경제적으로 심히 가혹한 상태에 놓이는 경우'와 '유책배우자의 이혼청구를 인용한다면 상대방 배우자나 자녀의 이익을 심각하게 해치는 결과를 가져와 정의·공평의 관념에 현저히 반하는 객관적인 사정이 있는 경우'(예를 들어, 부모의 이혼이 자녀의 양육·교육·복지를 심각하게 해치는 경우, 혼인기간 중에 고의로 장기간 부양의무 및 양육의무를 저버린 경우, 이혼에 대비하여 책임재산을 은닉하는 등 재산분할, 위자료의 이행을 의도적으로 회피하여 상대방 배우자를 곤궁에 빠뜨리는 경우 등)에는 헌법이 보장하는 혼인과 가족제도를 형해화할 우려가 있으므로, 그와 같은 객관적인 사정이 부존재하는 경우에 한하여 제6호 이혼사유가 있다고 해석함으로써 다수의견이 지적한 '혼인과 가정생활에 대한 보호'를 얼마든지 도모할 수 있다.

2. 소　결

민법 제815조 제1호가 혼인무효의 사유로 규정하는 '당사자 간에 혼인의 합의가 없는 때'란 당사자 사이에 사회관념상 부부라고 인정되는 정신적·육체적 결합을 생기게 할 의사의 합치가 없는 경우를 의미하므로, 당사자 일방에게만 그와 같은 참다운 부부관계의 설정을 바라는 효과의사가 있고 상대방에게는 그러한 의사가 결여되었다면 그 혼인은 당사자 간에 혼인의 합의가 없는 것이어서 무효라고 보아야 한다.[15] 그리고 이와 같이 일방의 의사에 따라 혼인이 성

---

15) 대법원 2010. 6. 10. 선고 2010므574 판결 등.

립될 수 없는 것과 마찬가지로, 일방의 의사에 따라 혼인이 유지될 수도 없다고
봄이 타당하다. 유책배우자의 이혼청구라는 이유로 이혼을 부정하고 일방 당사
자의 의사에만 근거하여 실체가 소멸한 혼인관계를 법률적으로 인정하는 것은
기본적으로 민법 제815조 제1호에 반한다.

부부공동생활관계가 파탄되고 객관적으로 회복할 수 없을 정도에 이르렀
고, 당사자가 합의에 의한 이혼에 실패하여 재판상 이혼을 구하는 단계에까지
이르렀다면, 국가는 이미 외형뿐인 혼인관계를 실체가 부합하게 해소하고, 그
러한 혼인해소에 따른 책임의 경중을 참고하여 재산분할 등을 함으로써 각자
새로운 혼인과 가족관계를 영위할 수 있는 길을 열어주는 것이 개인의 자유와
행복을 실질적으로 보장함과 동시에 혼인과 가정생활을 건강하게 보호하는 길
이다.

다만, 경제적 이익 분배만으로 도저히 해소할 수 없을 가혹한 상황이 초래
되어, 허울뿐인 혼인이라도 존속시키는 것이 필요하다고 판단되는 매우 예외적
인 상황에 한해서는 이혼을 받아들이지 않을 수 있고, 그것이 개인의 자유로운
의사에 따른 결정이 중요시되는 가족법상 제도에 관하여 사법권이 개입할 수
있는 최대한의 영역이라고 봄이 타당하다. 이러한 이유에서 대상판결의 다수의
견에는 찬동할 수 없고, 이를 지적하는 반대의견이 타당하다고 본다.

3. 대상판결 선고 후 하급심의 동향

대상판결이 선고된 이후, 다수의견이 판시한 예외사유가 존재하는 것으로
보아 유책배우자의 이혼청구를 받아들이는 하급심 판결들이 잇달아 선고되고
있다.

가장 먼저, 서울가정법원은 법률상 부부인 원고와 피고가 약 25년간 별거
하면서 사실상 일체의 교류를 단절하고 있고, 원고는 다른 여성과 25년간 중혼
적 사실혼 관계를 유지하면서 혼외자를 출산하였는데, 원고가 피고를 상대로
이혼을 청구한 사안에서, 원고와 피고가 원고의 귀책사유로 본격적으로 별거에
이르게 되었다고 하더라도, 25년 이상 장기간의 별거생활이 지속되면서 혼인의
실체가 완전히 해소되고 갑과 을이 각자 독립적인 생활관계를 갖기에 이른 점,
원고와 피고의 부부공동생활 관계의 해소 상태가 장기화되면서 원고의 유책성
도 세월의 경과에 따라 상당 정도 약화되고 그에 대한 사회적 인식이나 법적 평

가도 달라질 수밖에 없으므로, 현 상황에 이르러 원고와 피고의 이혼 여부를 판단하는 기준으로서 파탄에 이르게 된 책임의 경중을 엄밀히 따지는 것은 법적·사회적 의의가 현저히 감쇄(減殺)되었다고 보이는 점 등을 종합하면, 원고와 피고의 혼인에는 민법 제840조 제6호의 '혼인을 계속하기 어려운 중대한 사유가 있을 때'라는 이혼원인이 존재한다고 판단하여, 유책배우자인 원고의 이혼청구를 인용하였다.16)

또, 서울고등법원은 원고와 피고가 법률상 부부로서 두 명의 자녀를 두었는데, 원고가 집을 나가 병과 동거하며 그 사이에 두 명의 자녀를 두었고, 피고와는 생활비 등 금전 지급을 위한 경우를 제외하고는 서로 별다른 연락 없이 지내다가, 원고가 피고를 상대로 이혼을 청구하고, 피고는 원고를 상대로 예비적 반소로 재산분할 등을 청구한 사안에서, 원고와 피고의 혼인생활은 약 15년간의 별거로 혼인의 실체가 완전히 해소되고 각자 독립적인 생활관계를 갖기에 이른 점, 원고와 피고는 별거기간 중 서로 관계 회복을 위하여 아무런 노력을 하지 아니한 점, 원고가 피고와 그 사이의 자녀들에게 생활비, 양육비, 결혼 비용 등을 지속적으로 지급하여 별거기간 동안 경제적 부양의무를 소홀히 하지 아니한 점 등을 종합하면, 원고와 피고의 혼인에는 민법 제840조 제6호의 '혼인을 계속하기 어려운 중대한 사유가 있을 때'라는 이혼원인이 존재한다고 판단하여, 원고의 이혼청구를 인용하였다.17)

대상판결이 유책배우자의 이혼청구가 허용되는 예외적인 사유를 조금 더 확대함에 따라 향후 하급심에서는 유책배우자의 이혼청구를 인용하는 경향이 더욱 짙어질 것으로 보인다.

IV. 입 법 론

유책배우자의 이혼청구를 인정할 것인가 하는 점은 기본적으로 입법정책의 문제이고, 유책주의와 파탄주의 중 어느 입장을 취하는지에 따라 재판상 이혼원인의 구성은 완전히 다른 모습을 갖출 수밖에 없다. 대상판결의 반대의견과 같이 재판상 이혼사유에 있어서 파탄주의를 도입함을 전제로, 이상의 논의

16) 서울가정법원 2015. 10. 23. 선고 2014르2496 판결.
17) 서울고등법원 2016. 3. 8. 선고 2015르717, 724 판결.

를 정리하여 재판상 이혼원인을 규정하고 있는 민법 제840조의 입법론을 제시해 보고자 한다.

1. 이혼사유의 일원화

유책배우자의 이혼청구권을 인정하는 것으로 입법의 방향을 정할 경우, 재판상 이혼의 원인으로는 '혼인관계의 파탄'만을 규정하는 것이 타당할 것이다.[18] 현행 민법 제840조 제1호 내지 제4호의 이혼사유는 기본적으로 유책주의적 입장에서 이혼원인을 규정하고 있는 것으로 보이나, 유책배우자의 이혼청구를 인정하는 이상 이를 개별 이혼사유로 규정할 필요가 없을 것이다. 다만, 전형적인 파탄 이혼사유인 제5호의 '배우자의 생사가 3년이상 분명하지 아니한 때'는 혼인관계의 파탄을 추정하게 하는 사유로 존속시킴이 타당해 보인다.[19]

2. 혼인파탄 추정기간의 신설

재판상 이혼의 원인으로 '혼인관계의 파탄'만을 규정하는 경우, 부부 쌍방이 장기간 별거함으로써 외형적으로도 혼인관계가 파탄되었음이 명백함에도 불구하고 다시 소송과정에서 혼인관계의 파탄사실을 구체적으로 주장·입증하도록 하는 것은 당사자와 법원 모두에게 지나친 비효율을 초래할 수 있다. 따라서 일정기간 동안의 별거사실이 인정되는 경우 혼인관계의 파탄을 추정함으로써 이혼을 구하는 당사자의 입증 부담을 줄이고, 법원 역시 사적 영역에 대한 개입의 정도를 최소화함이 타당하다.

외국의 경우를 살펴보면, 독일의 경우 3년, 프랑스가 2년, 영국이 5년, 일본의 민법개정요강이 5년을 혼인관계 파탄을 추정하게 하는 별거기간으로 정하고 있다. 우리나라의 경우에도 독일의 경우와 같이 3년 동안 별거한 사실이 인정될 경우, 혼인관계가 파탄된 것으로 추정하는 것이 적절할 것으로 보인다.[20]

---

18) 이선미, "유책배우자의 이혼청구 ─ 현황 및 입법론을 중심으로 ─", 서울대학교 석사학위논문(2010), 114면도 같은 취지이다.

19) 상게학위논문, 114면은 제5호의 이혼사유 역시 삭제됨이 타당하다는 입장이다.

20) 한국여성정책연구원이 2012년 일반 국민과 전문가(서울가정법원 판사와 법무부 법무관)들을 상대로 '가정불화를 이유로 한 별거가 어느 만큼일 때 더 이상 부부관계를 회복할 전망이 없다고 생각하는지'에 대한 설문조사를 실시한 결과, 응답 기간의 평균치가 일반 국민의 경우 2.5년, 전문가의 경우 3.3년 정도로 나타났다. 박복순 외 2인, 전게서, 191-192면.

3. 자녀와 상대방 보호를 위한 가혹조항의 신설

대상판결의 다수의견이 지적한 것과 같이, 혼인관계의 파탄만을 이혼원인으로 규정할 경우 혼인관계 파탄에 책임이 없으면서도 일방적으로 이혼을 당하게 되는 상대방 배우자나 자녀들에게 지나치게 가혹한 결과가 초래될 가능성이 있다. 파탄주의를 취하고 있는 외국의 여러 입법례와 마찬가지로, 이러한 경우에는 예외적으로 유책배우자의 이혼청구를 불허함으로써 상대방 배우자와 자녀의 보호를 도모하는 이른바 '가혹조항'을 두어, 파탄주의의 한계를 규정함이 타당하다. 물론 대상판결의 반대의견과 같이 법원이 구체적인 사건에서 해석을 통해서 상대방 배우자 및 자녀의 보호를 도모하는 것도 가능할 것이나, 미리 그와 같은 사유를 법률에 예시함으로써 수범자인 국민의 예측가능성을 높이고, 법원이 유책배우자의 이혼청구를 인용할지 여부를 결정함에 있어서 일응의 판단기준으로 삼도록 함이 더욱 바람직할 것이다.

구체적인 내용은 대상판결의 반대의견이 적절하게 예시하고 있는 것과 같이, 부부공동생활관계가 회복할 수 없을 정도로 파탄된 경우에는 원칙적으로 이혼사유에 해당하는 것으로 보되, 이혼으로 인하여 파탄에 책임 없는 상대방 배우자가 정신적·사회적·경제적으로 심히 가혹한 상태에 놓이는 경우, 부모의 이혼이 자녀의 양육·교육·복지를 심각하게 해치는 경우, 혼인기간 중에 고의로 장기간 부양의무 및 양육의무를 저버린 경우, 이혼에 대비하여 책임재산을 은닉하는 등 재산분할, 위자료의 이행을 의도적으로 회피하여 상대방 배우자를 곤궁에 빠뜨리는 경우 등과 같이, 유책배우자의 이혼청구를 인용한다면 상대방 배우자나 자녀의 이익을 심각하게 해치는 결과를 가져오는 경우에는 혼인관계의 파탄이 인정되는 경우에도 이혼청구를 인용하지 않는 것으로 정하면 충분할 것으로 보인다.

향후 이와 같은 내용의 가혹조항이 신설될 경우, 재판상 이혼사건의 실무에 있어서는 그러한 가혹조항에서 열거하는 각 사유에 해당하는 사정이 있는지 여부가 가장 핵심적인 쟁점이 되어 공방이 이루어질 것으로 예상된다.

4. 입법안의 예시

이상의 논의를 종합하여, 민법 제840조의 입법안을 아래와 같이 제시하여 본다.

민법 제840조 (재판상 이혼)

① 부부의 일방은 혼인관계가 회복할 수 없을 정도로 파탄된 경우에 가정법원에 이혼을 청구할 수 있다.

② 부부가 3년 이상 계속하여 별거한 경우에는 혼인관계가 회복할 수 없을 정도로 파탄된 것으로 본다. 배우자의 생사가 3년 이상 분명하지 아니한 때에도 이와 같다.

③ 가정법원은 다음 각호의 어느 하나에 해당하는 경우에는 부부 일방의 이혼청구를 받아들이지 않을 수 있다.

1. 이혼으로 인하여 파탄에 책임 없는 상대방 배우자가 정신적·사회적·경제적으로 심히 가혹한 상태에 놓이는 경우

2. 부모의 이혼이 자녀의 양육·교육·복지를 심각하게 해치는 경우

3. 혼인기간 중에 고의로 장기간 부양의무 및 양육의무를 저버린 경우

4. 이혼에 대비하여 책임재산을 은닉하는 등 재산분할, 위자료의 이행을 의도적으로 회피하여 상대방 배우자를 곤궁에 빠뜨리는 경우

5. 그 밖에 이혼으로 인하여 상대방 배우자나 자녀의 이익을 심각하게 해치는 경우

V. 대상판결 선고 이후 유책배우자의 재판상 이혼청구상 유의할 점

대상판결의 선고 이후 재판상 이혼소송의 실무에서 유의해야 할 점들을 몇 가지 살펴본다.

우선, 이혼을 청구하는 유책배우자의 입장에서는 대상판결이 설시한 예외적인 경우, 즉 '상대방 배우자도 혼인을 계속할 의사가 없어 일방의 의사에 따른 이혼 내지 축출이혼의 염려가 없는 경우'이거나 '혼인생활의 파탄에 대한 유책성이 이혼청구를 배척해야 할 정도로 남아 있지 아니한 특별한 사정이 있는 경우'에 해당함을 적극적으로 주장·입증해야 할 것이다.

그러나 구체적인 사건에 있어서 유책배우자의 이혼청구가 받아들여질 지에 대해서 당사자나 소송대리인이 예측하기란 여전히 어려운 일이다. 또한 대상판결을 통해 새로이 인정된 예외사유, 즉 '혼인생활의 파탄에 대한 유책성이 이혼청구를 배척해야 할 정도로 남아있지 아니한 특별한 사정'이 있는지 여부에 대한 판단은 개별 사안별로 다를 것임은 물론, 동일한 사안에 대해서도 재판부별로 다른 결론에 이를 가능성이 언제나 존재한다.

　　따라서 이혼을 청구하는 유책배우자로서는 재판상 이혼을 청구하기 이전에 조정절차를 통하여 이혼을 신청하는 것이 오히려 효과적일 것이다.21) 즉, 대상판결에 의하여 유책배우자의 이혼청구가 인정되는 예외적인 경우로 설시된 사정이 본인에게 존재한다는 점을 주장·입증하기 이전에 상대방 배우자에게 양보할 수 있는 최대한의 조건을 제시함으로써 조기에 이혼이라는 목적을 달성하는 편이 소송경제적 관점에서 당사자나 소송대리인 모두에게 유리할 것이다.

　　반대로, 이혼청구를 당한 유책배우자의 상대방으로서는 유책배우자의 이혼청구를 가급적 소송절차 내로 유도하는 것이 이혼 청구 저지에 보다 유리할 것이다. 그리고 소송절차 내에서는 입증책임 분배의 원칙상 대상판결이 설시한 것과 같은 예외적인 사정이 존재한다는 점에 대해 이혼을 청구하는 유책배우자가 입증책임을 부담한다고 볼 것이지만, 상대방으로서도 그와 같은 사정이 존재하지 않는다는 주장을 적극적으로 개진해야 할 것이다.

　　나아가, 대상판결의 반대의견이 설시한 '유책배우자의 이혼청구를 인용한다면 상대방 배우자나 자녀의 이익을 심각하게 해치는 결과를 가져와 정의·공평의 관념에 현저히 반하는 객관적인 사정이 있는 경우'에 해당하는지 여부도 소송 실무에 있어서 적지 않은 의미를 가질 것으로 예상된다. 즉, 설령 다수의견에 따라 유책배우자의 이혼청구가 인용될 수 있는 경우에 해당한다고 하더라도, 그 이혼으로 인하여 파탄에 책임 없는 상대방 배우자가 정신적·사회적·경제적으로 심히 가혹한 상태에 놓이는 경우나 부모의 이혼이 자녀의 양육·교육·복지를 심각하게 해치는 경우 또는 혼인기간 중에 고의로 장기간 부양의무 및 양육의무를 저버린 경우이거나 이혼에 대비하여 책임재산을 은닉하는 등 재산분할, 위자료의 이행을 의도적으로 회피하여 상대방 배우자를 곤궁에 빠뜨리는 경우 등에 해당한다고 볼 사정이 현출된다면, 법원으로서는 대상판결에도 불구하고 유책배우자의 이혼청구를 선뜻 인용하지 못할 것으로 예상할 수 있다.

　　이와 같이 반대의견이 유책배우자의 이혼청구를 허용함을 전제로 하여 그 청구를 인용할 수 없는 예외적인 사유로 판시한 각 사정들은, 법원이 향후 유책배우자의 이혼청구를 받아들일지 여부를 결정함에 있어 사실상의 판단기준으로 작용할 가능성을 배제할 수 없다. 그러므로 이혼을 청구당한 유책배우자의 상

---

21) 박순덕, "[박변호사에게 듣는 가사소송] 유책배우자의 이혼청구 관련", 대한변협신문 2016. 3. 21(월), 9면도 같은 취지이다.

대방으로서는 반대의견이 설시한 예외적인 사유들, 즉 '유책배우자의 이혼청구를 인용한다면 상대방 배우자나 자녀의 이익을 심각하게 해치는 결과를 가져와 정의·공평의 관념에 현저히 반하는 객관적인 사정'이 있다는 사정을 적극적으로 주장·입증하여, 유책배우자의 이혼청구가 인용되는 것을 저지할 수 있을 것이다.

Ⅵ. 결   론

이 평석을 통하여 유책배우자의 이혼청구권에 관한 외국의 입법례, 국내의 학설과 판례의 경향 등을 살펴보았다. 대법원은 유책배우자의 이혼청구를 원칙적으로 부정하면서도, 그것을 인용할 예외적인 경우를 상정하고, 극히 드물기는 하지만 유책배우자의 이혼청구를 인용하여 왔다. 대상판결은 그 연장선상에서 유책배우자의 이혼청구가 인정되는 예외사유를 조금 더 확대하였다는 점에서 의미가 있다. 이와 같은 대상판결은 혼인과 가족제도에 관한 사회적 보호의 필요성을 고려하면서도 유책주의의 예외를 확대하여 유책주의라는 규범적 요청과 파탄주의라는 사실적 요소를 절충한 입장이라고 평가할 수 있다.

그러나 반대의견이 적절히 지적하고 있는 것과 같이, 다수의견이 판시하고 있는 이유들은 유책배우자의 이혼청구를 원칙적으로 허용하지 아니하는 종래의 대법원 판례를 변경할 수 없는 합리적이고 필연적인 이유라고는 보기 어려우므로, 대상판결의 다수의견에 찬동하기 어렵다. 부부공동생활관계가 파탄되어 객관적으로 회복할 수 없을 정도에 이르고, 당사자가 합의에 의한 이혼에 실패하여 재판상 이혼을 구하는 단계에까지 간 이상, 설령 유책배우자의 이혼청구라고 하더라도 그것을 인용하여 이미 외형뿐인 혼인관계를 실체가 부합하게 해소하고, 그러한 혼인해소에 따른 책임의 경중을 참고하여 재산분할 등을 함으로써 각자 새로운 혼인과 가족관계를 영위할 수 있는 길을 열어주는 것이 국가의 역할이다.

나아가 유책배우자의 이혼청구권을 인정할지 여부는 궁극적으로 입법정책의 문제이므로, 외국의 이혼법제 발전의 추세에 맞추어 파탄주의적 입장에서 재판상 이혼원인을 새로이 정하는 방향으로 민법 제840조를 개정함이 바람직하다.

● 참고문헌

[단행본]

편집대표 윤진수, 주해친족법 제1권, 초판(박영사, 2015)

박복순 외 2인, 이혼법제 개선방안 연구, 한국여성정책연구원(2012)

[논문]

이선미, "유책배우자의 이혼청구 ― 현황 및 입법론을 중심으로 ―", 서울대학교 석사학
        위논문(2010)

_____, "유책배우자의 이혼청구권", 사법 제10호(사법연구지원재단, 2009)

박순덕, "[박변호사에게 듣는 가사소송] 유책배우자의 이혼청구 관련", 대한변협신문
        2016. 3. 21(월)

LBO와 배임죄

변현철, 박영윤

[요 지]

법원은 기업 인수 대금의 조달을 피인수회사의 자산 및 신용에 의존하는 차입매수(Leveraged Buy-Out, LBO) 거래 중 담보제공형 LBO에 대해 형사상 배임죄의 성립을 인정해 왔다. 이러한 태도는 법원이 상법상의 절차가 준수되는 한 합병형 및 자산인출형 LBO는 비교적 쉽게 용인하는 입장을 보인 것과는 구별된다. 최근 선고된 대법원 2015. 3. 12. 선고 2012도9148 판결(온세통신 사건)은 인수회사의 인수대금 중 자기자본 비중이 높고 거래 전체로 보아 피인수회사의 경영을 개선하려는 동기, 목적이 인정되는 경우 배임의 고의가 부정될 수 있다고 하여 제한적으로 담보제공형 LBO를 허용한 첫 번째 사례로서 의미가 있다.

그럼에도 배임죄를 통해 LBO를 규율하려는 대법원의 태도가 근본적으로 변경되지는 않은 것으로 판단된다. 이러한 태도는 타인을 위해 회사 재산에 담보권을 설정하는 행위가 재산 상실의 위험을 초래하는 배임행위에 해당한다는 법리에 기초하고 있다. 그러나 LBO에 따른 담보 부담이 현실화되는 경우에도 이는 이사, 지배주주, 제3자에게 회사 자원이 유출되는 일반적 경우와 달리 출자의 환급에 해당하여 주주 청구권의 감소를 수반하게 된다. 이러한 이유로 이 경우의 담보제공이 반대급부 없는 위험 부담에 해당한다는 판례 법리에 근본적 의문이 제기된다.

[주제어]
• LBO
• 차입매수
• 담보제공형 LBO

- 합병형 LBO
- 자산인출형 MBO
- M&A
- 인수합병
- 배임

대상판결 : 대법원 2015. 3. 12. 선고 2012도9148 판결

[사실의 개요]

1. 피고인은 GPS 단말기, DMB 등을 제조, 판매하는 코스닥 등록업체 유비스타의 대표이사로서 2006. 2.경 유비스타의 사업분야를 확장하기 위하여 당시 법정관리 중이던 초고속인터넷 사업자 온세통신의 인수를 추진하였다. 유비스타는 우선협상자로 선정된 후 실사를 거쳐 2006. 5. 23. 온세통신 신주 및 회사채를 1,400억 원에 인수하기로 하였다

2. 피고인은 온세통신 인수대금을 마련하기 위하여, 국내투자펀드 등 금융기관 차입 및 유상증자를 통해 1,983억 원을 조달하였다. 이를 위해 피고인은 금융기관들에게 유비스타가 온세통신 경영권을 확보하면 온세통신이 보유한 매출채권, 예금, 분당 사옥 등 재산에 담보권을 설정해 주기로 약정하였다.

3. 유비스타는 2006. 8. 위와 같이 조달한 자금으로 정리계획안에 따라 발행된 신주 1,420만 주 전부의 신주인수권부사채를 인수함으로써 온세통신을 지배하게 되었다. 피고인은 온세통신의 대표이사로 취임한 후 금융기관들에게 약정된 담보권을 설정해 주었다.

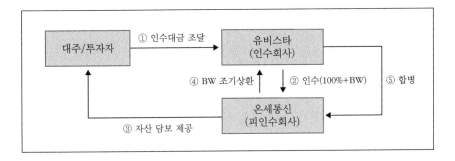

4. 피고인은 유비스타가 인수한 온세통신 발행 신주인수권부사채를 조기에 상환하기 위해 2006. 9. 27. 온세통신이 우리은행으로부터 장기대출금 834억 원을 대출받기로 하는 내용의 대출계약을 체결하였다. 이러한 대출계약에서 온세통신 소유의 부동산 등이 담보로 제공되었다. 온세통신은 우리은행으로부터 대

출받은 장기대출금 834억 원으로 유비스타에게 신주인수권부사채 834억 원을 전액 조기 상환하였다

5. 온세통신은 2006. 12. 22. 골든브릿지 자산운용과 사이에 자기 소유 분당 사옥을 900억 원에 매도하되, 위 분당사옥을 위 매수인으로부터 임차하여 사용하기로 하는 내용의 sales & leaseback 계약을 체결하였다. 그 후 온세통신은 2006. 12. 27. 위 분당사옥의 매도대금 900억 원으로 위 제4항의 우리은행에 대한 장기대출금 834억 원 및 이에 대한 이자를 모두 변제하였다.

이러한 과정을 거치며 2006. 6. 30. 약 435%에 이르던 온세통신의 부채비율은 2006. 9. 30.경에는 약 150%, 2006. 12. 31.경에는 약 54%로 감소하였다.

6. 피고인은 2006. 11. 30. 제3의 투자자에게 피고인 소유 유비스타 주식 4,054,588주 전부를 약 265억 원에 양도한 후 대표이사직에서 사임하였다.

7. 유비스타는 2007. 11. 9. 온세통신을 흡수합병하였다. 이후 합병법인은 유비스타가 인수대금 마련을 위해 각 금융기관들에 부담했던 차입금을 전부 상환하였다.

[판결의 요지 - 상고기각]

원심은 ① 유비스타가 온세통신을 인수하는 과정에서 유비스타의 내부에 유보되어 있던 자금 및 유상증자, 전환사채 발행 등에 의하여 자체적으로 마련한 자금도 상당 정도 투입[1]하였으므로 인수자가 피인수회사에 아무런 반대급부를 제공하지 않고 임의로 피인수회사의 재산을 담보로 제공하게 한 경우와는 근본적으로 차이가 있는 점, ② 유비스타가 온세통신의 구주를 전부 소각하고 신주를 100% 취득하여 온세통신의 1인 주주가 됨으로써 유비스타와 온세통신의 경제적인 이해관계가 일치하게 된 점, ③ 유비스타는 온세통신 인수의 우선 협상대상자로 지정받은 후 2006. 5. 23. 온세통신과 이 사건 투자계약을 체결할 당시부터 온세통신과 합병을 전제로 인수계약을 논의하였고, 2006. 10. 2.경 합병 예정을 대외적으로 공시한 후 2007. 11. 12.경 온세통신을 흡수합병함으로써 법률적으로도 합일하여 동일한 인격체가 되었으며, 이러한 인수·합병의 실질이나 절차에 하자가 있다는 점을 기록상 찾아 볼 수 없고, 위 합병의 효과에 의하여 인수자인 유비스타와 피인수자인 온세통신의 재산은 혼연일체가 되어 합병

---

1) 유비스타가 출연한 자금은 온세통신 신주인수대금의 약 46%를 차지하였다고 한다.

전에 이루어진 온세통신의 자산 담보제공으로 인한 부담 내지 손해는 유비스타의 그것으로 귀결된 점, ④ 유비스타가 인수한 온세통신 발행의 신주인수권부사채 834억 상당을 온세통신이 분당 사옥 등을 담보로 제공하고 대출받은 장기대출금으로 조기상환함에 따라 온세통신의 부채비율이 현저히 감소하여 재무구조가 개선되고 3년간 이자비용인 약 125억 1,000만원을 절감할 수 있게 되는 등 신주인수권부사채의 조기상환이 인수과정에서 전체적으로 온세통신에게 손해가 되었다고 보기 어렵고 위 조기상환은 경영자의 자율적 경영판단의 영역에 속하는 것으로 보이는 점, ⑤ 유비스타는 온세통신 인수 당시 온세통신에 비하여 자산의 규모는 작지만 부채비율은 온세통신의 363%에 비하여 낮은 양호한 상태였고, 골드만삭스로부터 150억 원을 투자받아 기존의 통신기기 제조·판매업 외에 무선인터넷전화, 인터넷 티브이 사업을 계획하고 있어서 온세통신을 인수할 경영상 필요가 있었으며, 실제로 온세통신 인수 후 온세통신 건물에 200억 원 상당의 설비투자를 한 점, 유비스타는 이 사건 투자계약 체결 시 온세통신의 기존 근로자들의 고용보장을 약정하였고 실제로 온세통신 인수 후 기존 근로자들의 고용관계를 그대로 유지한 점, ⑥ 피고인이 온세통신 인수절차 진행 중 자신이 보유하던 유비스타 지분(7.78%) 전부를 S에게 매각하고 그 과정에서 시세차익을 취득하기는 하였으나 피고인의 지분 매각은 유비스타의 소수주주인 골드만삭스의 요청에 따라 어쩔 수 없이 이루어진 것으로 보이는 점(골드만삭스는 온세통신 인수에 반대하면서 당초 투자약정에 따라 풋옵션을 행사하여 유비스타에게 자신이 보유한 유비스타 지분의 인수를 청구하였고, 피고인이 S에 대하여 유비스타 대신 위 골드만삭스 지분을 인수할 것을 요청하였음. 이에 대해 S측은 피고인에게 골드만삭스 지분 외에 유비스타의 경영권을 포함한 피고인의 지분도 함께 양수해야겠다고 요구하였고, 피고인은 달리 상황을 수습할 방법이 없어 자신의 유비스타 지분을 S에게 매각하였음) 등을 종합하면, 피고인이 온세통신의 인수자금 또는 유비스타 운영자금을 조달하면서 이 부분 공소사실 기재와 같이 업무상 임무에 위배하여 온세통신의 부동산 등 자산을 담보로 제공하거나 신주인수권부사채를 조기상환함으로써 유비스타로 하여금 이득을 취하게 하고 온세통신에게 손해를 가하였다고 볼 수 없을 뿐만 아니라, 피고인에게 유비스타에 이익을 주고 온세통신에 손해를 가하려는 의사, 즉 배임의 범의가 있었다고 볼 수도 없다고 보아, 이 부분 공소사실을 무죄로 판단하였다.

　　원심판결 이유를 앞서 본 법리와 기록에 비추어 살펴보면, 원심이 설시한 이유 중 다소 미흡한 부분이 없지 아니하나, 원심이 위와 같은 판시 사정을 종합하여 피고인이 온세통신 인수자금 등 조달과정에서 온세통신의 자산을 담보로 제공하거나 신주인수권부사채를 조기상환함에 있어 유비스타에 이익을 주고 온세통신에 손해를 가하고자 하는 배임죄의 고의가 있었다고 볼 수 없다고 판단한 것은 정당한 것으로 수긍할 수 있고, 거기에 상고이유 주장과 같이 논리와 경험의 법칙을 위반하여 자유심증주의의 한계를 벗어나거나 업무상 배임죄의 성립 및 배임죄의 고의에 관한 법리를 오해하고 필요한 심리를 다하지 아니함으로써 판결에 영향을 미친 위법이 없다.

[연　구]

I. 서　　설

　　차입매수는 M&A 거래를 진행함에 있어 피인수회사의 신용에 기초하여 주식 매수 대금을 조달하는 방식을 말한다. 이러한 거래를 통해 인수자는 자기자본이 적고 스스로 담보로 제공할 만한 충분한 자산을 보유하고 있지 않더라도 대규모 회사를 인수할 수 있다. LBO 거래는 1980년대 미국 사모투자펀드들의 M&A 과정에서 각광을 받았다. 그러나 LBO에 대해서는 인수자금을 사실상 피인수회사가 부담하도록 함으로써 피인수기업의 부실화를 초래한다는 비판이 끊임없이 제기되어 왔다.

　　우리나라에서 LBO는 인수자의 인수대금 마련을 위해 피인수회사의 자산을 담보 등으로 제공하는 피인수회사 이사의 행위가 피인수회사에 대한 관계에서 형사상 배임죄에 해당하는지에 관해 지속적인 논쟁이 있어 왔다.[2] LBO의 유형은 크게, ① 인수회사의 채무에 관하여 피인수회사로 하여금 보증 혹은 물적 담보를 제공하도록 하는 '담보제공형 LBO', ② 피인수회사와 인수회사 간 합병

---

　　2) 아래 한일합섬 사건, 하이마트 사건에서는 인수기업의 대표이사가 LBO 거래의 설계, 진행에 협조하였다는 이유로 기소되었다. 이는 피인수기업 대표이사에게 진정신분범인 배임죄의 성립이 인정됨을 전제로, 인수기업 대표이사에게 형법 제33조에 따른 공동정범의 책임을 묻고자 한 것으로 해석된다.

을 통해 합병 전 피인수회사에 속하는 자산 및 현금흐름을 인수대금 채무 변제에 활용하는 '합병형 LBO', ③ 인수회사가 피인수회사의 유상감자, 배당 등을 통해 마련한 대금으로 인수대금 채무를 변제하는 '자산인출형 LBO'로 구분해 볼 수 있다. 이러한 세 가지 유형의 공통점은 그 법적 형식 여하를 불문하고 궁극적으로는 인수대금의 조달을 피인수회사의 자력에 의존하게 한다는 점에 있다.

대법원은 신한 사건3)에서 처음으로 담보제공형 LBO에 관여한 피인수기업 이사들에 대한 배임죄 성립을 인정하였다. IMF 구제금융 이후 급성장하던 국내 M&A 시장에서 선진 기법으로 주목받던 LBO에 대한 대법원의 이러한 유죄 판결은 그 자체로 경제계에 큰 충격을 주었다. 이후 LBO 거래는 다소 변형된 합병형, 자산유출형이 주류를 이루게 된 것으로 보이고, 대법원이 이처럼 변형된 형태의 거래에 대해 배임죄의 성립을 긍정한 사례는 발견되지 않는다. 다만, 대법원 및 각급법원은 신한 사건의 판시, 즉 피인수기업으로 하여금 타인인 인수자를 위해 자기 소유 자산을 담보로 제공하도록 하는 행위가 배임죄에 해당한다는 기본 입장은 그대로 유지하고 있는 것으로 보인다. 또한 합병형 및 자산유출형에 대해서도 배임죄의 성립이 인정될 여지가 있다는 취지의 설시는 계속되고 있다.

대상판결은, 추후 합병이 있었고, 신주인수권부사채 조기상환을 통한 자산인출 역시 이루어지고 있어 합병형 LBO, 자산인출형 LBO의 특징도 복합적으로 띠고 있다. 그러나, 기본적으로는 합병 이전에 이미 피인수기업으로 하여금 인수기업을 위한 담보를 제공하도록 하였다는 점의 배임 여부가 문제되었다는 점에서 담보제공형 LBO에 대한 대법원의 판단 변화를 엿볼 수 있고, 이 지점이 바로 본 논문의 핵심사항이라 할 수 있다. 대상판결은 이사가 회사로 하여금 타인을 위해 담보를 제공하도록 하는 행위가 배임행위에 해당한다는 기존 태도를 유지하면서도 제반 정황을 기초로 배임죄의 고의를 부정하는 방식으로 담보제공형 LBO도 경우에 따라서는 허용될 수 있다고 설시하고 있다. 이는 대법원이 뒤에 보는 신한 사건에서의 판시, 즉 담보제공으로 위한 위험부담에 상응하는 반대급부를 제공하는 경우에 한하여 LBO가 허용될 수 있다는 완고성에서 벗어나 다소 유연한 입장으로 전환한 것으로 해석된다.

---

3) 대법원 2006. 11. 9. 선고 2004도7027 판결.

이하에서는 각 LBO 유형별로 몇몇 주요 판결들을 살펴보고 대법원 판례법리 및 대상판결의 내용을 분석, 정리한다. 이후 피인수기업의 인수기업을 위한 담보제공행위가 배임행위에 해당한다는 대법원 판례 법리를 비판적으로 검토하고자 한다.

특히, 차입형 LBO란 기본적으로 자본이 부채에 의하여 대체되는 회사의 구조재편행위를 의미하는데, 그 과정 행위 중 배임성부의 기준으로 ① 인수회사가 자회사로서 SPC를 활용하여 부채에 대하여 직접적인 책임 부담을 회피하였는지 여부, ② 인수회사가 법률상 타인인 피인수회사 재산을 담보제공하였는지 여부, ③ 회사법에 규정된 방법으로 투자자본을 회수하였는지 여부를 주의 깊게 살필 필요가 있다.

Ⅱ. LBO 관련 대법원 판례 법리 및 대상판결의 의의

1. LBO 유형별 대법원의 입장

가. 신한사건[4] — 담보제공형 LBO

피고인은 아무런 재산이 없이 도급순위 51위 건설회사 신한을 인수하기로 마음먹고, 2001. 6.경 지분 인수를 위해 설립된 명목상 회사(SPC) 명의로 대출약정을 체결하면서 금융기관들에게 부동산, 예금채권 등 신한 소유 재산을 담보로 제공할 것을 약정하였고, 신한 인수 이후 실제로 위와 같은 담보 제공을 실행하였다.

피고인은 임무위배에 해당하는 이러한 담보제공을 통해 신한에 재산상 손해를 가한 배임행위를 하였다는 이유로 기소되었다.

원심[5]은 쟁점이 된 담보부동산에 이미 여러 건의 근저당권, 전세권, 가처분설정등기가 되어 있었으나 피고인의 회사 인수를 통해 이러한 등기가 모두 말소되었던 점, 피고인의 인수를 통하여 신한이 회사정리절차를 종결하고 변제능력을 확대하게 된 점, 그 후 피고인에 의해 신한의 경영능력이 정상화된 점 등을 고려하여 피고인에 대해 배임행위의 성립을 부정하였다. 또한 원심은 "피고인은 회사정리절차가 진행 중인 신한을 인수하여 자신의 노력에 따라 충분히

---

4) 대법원 2006. 11. 9. 선고 2004도7027 판결.
5) 서울고등법원 2004. 10. 6. 선고 2003노3322 판결.

경영을 정상화시킬 수 있다는 나름의 합리적 계산 아래 어디까지나 신한의 이익을 도모한다는 의사로 그 인수자금의 조달을 위하여 이 사건 담보제공에 이른 것으로 볼 여지가 크"다는 이유로 배임의 고의 또한 부인하였다.

이러한 원심판결은 회사 소유 부동산에 타인을 위한 근저당권을 설정해 주는 등의 행위가 배임행위에 해당한다는 법리를 부정한 것으로는 볼 수 없다. 다만, 거래 전체를 두고 볼 때 그러한 행위가 경영정상화를 위한 인수 과정의 일부분에 해당한다는 점을 고려하여 배임죄의 성립을 부정한 것으로 이해된다.

그러나 대법원은 "주식회사 상호간 및 주식회사와 주주는 별개의 법인격을 가진 존재로서 동일인이라 할 수 없으므로 1인 주주나 대주주라 하여도 그 본인인 주식회사에 손해를 주는 임무 위배행위가 있는 경우에는 배임죄가 성립"한다는 기존 법리를 전제로 "LBO 방식을 사용하는 경우 피인수회사로서는 주채무가 변제되지 아니할 경우에는 담보로 제공되는 자산을 잃게 되는 위험을 부담하게 되므로 인수자만을 위한 담보제공이 무제한 허용된다고 볼 수 없고, 인수자가 피인수회사의 위와 같은 담보제공으로 인한 위험부담에 상응하는 대가를 지급하는 등의 반대급부를 제공하는 경우에 한하여 허용될 수 있다. 만일 인수자가 피인수회사에 아무런 반대급부를 제공하지 않고 임의로 피인수회사의 재산을 담보로 제공하게 하였다면, 인수자 또는 제3자에게 담보 가치에 상응한 재산상 이익을 취득하게 하고 피인수회사에게 그 재산상 손해를 가하였다고 봄이 상당하다"고 하여 배임행위의 성립을 인정하였다.

배임죄의 고의와 관련해서도 대법원은 "피고인이 피해자 본인의 이익을 위한다는 의사도 가지고 있었다고 하더라도 이는 부수적일 뿐이고 이득 또는 가해의 의사가 주된 것임이 판명되면 배임죄의 고의가 인정된다"고 판단하였다. 또한 대법원은 원심이 무죄 판단의 근거로 삼은 사정, 즉 SPC에 의한 인수 이후 신한의 경영 사정이 나아졌다는 사정은 양형에 있어 참작할 사유에 불과하다는 점도 분명히 하였다.

정리하자면, 신한 사건은 인수주체를 자기 자금이 없는 SPC로 하였고, 인수대상회사의 법인격이 별도로 유지되는 상태에서 그 자산을 SPC의 인수 차입금에 대한 담보로 제공한 특징이 있다. 대법원은 이러한 담보 제공은 반대급부를 제공하지 아니하는 한 배임죄에 해당하여 허용될 수 없다고 한 것이다.

이러한 판결은 국내에서 담보제공형 LBO를 불허하는 것으로 이해되었고,

신한 사례가 이후 경영상황을 크게 개선시킨 성공한 M&A였다는 점에서, 위 판결은 큰 충격을 끼친 것으로 보인다.

나. 한일합섬 사건[6] — 합병형 LBO

피고인들은 당초 담보제공형 LBO 방식의 한일합섬 인수를 추진하였다.

즉 피고인들은 2006. 7.경 ① 우선 자신들이 지배하는 동양메이저로 하여금 서류상 회사(SPC)를 설립하도록 하고 ② 위 SPC가 한일합섬의 자산을 담보로 인수자금을 차입하여 한일합섬을 인수한 후 ③ 나중에 한일합섬과 서류상 회사가 합병하여 인수자금 차입금을 변제하는 내용의 이른바 'h project'를 계획하였다. 그러나 동양그룹 측은 2006. 12. 우선협상대상자 선정 후 한국산업은행과 접촉한 결과 차입형 LBO에 대한 대법원의 배임죄 유죄 판결로 h project의 진행이 불가하다는 사실을 듣게 되었다.

이에 피고인들은 계획을 변경하여 2007. 1.말경 SPC 명의로 한국산업은행 등 대주단으로부터 대출을 받으면서, 그 담보로 동양메이저 보유 주식 및 동양그룹 계열회사들이 추후 인수하게 될 한일합섬 주식에 대한 근질권설정계약 등을 체결하였다.

이후 SPC 및 동양그룹 계열회사들은 위 근저당권설정계약 등을 기초로 2007. 1.~6. 기간 중 한일합섬 발행 주식 중 약 91.5%를 취득하였다. 그러던 중 피고인들은 2007. 9.경 동양그룹의 한일합섬 지배율, 세금 등의 문제 때문에 동양메이저가 SPC 및 한일합섬을 순차 합병하기로 결정하였다.

이후 2007. 12.~2008. 4. 기간 중 두 건의 합병이 실행되었다. 합병존속법인인 동양메이저는 2008. 5. 13. 한일합섬이 보유하고 있던 현금 1,800억 원과 동양메이저가 보유하고 있던 현금 약 867억 원 등 합계 2,667억 원으로 인수대금 조달을 위해 차입했던 채무 잔액을 모두 변제하였다.

동양메이저는 한일합섬의 기존 사업부문을 그대로 유지하면서 영업을 하고 있고, 고용관계 또한 명예퇴직한 사람을 제외하고 그대로 승계하였다.

---

6) 대법원 2010. 4. 15. 선고 2009도6634 판결; 부산고등법원 2009. 6. 25. 선고 2009노184 판결; 부산지방법원 2009. 2. 10. 선고 2008고합482 판결.

[한일합섬 사건 개요]

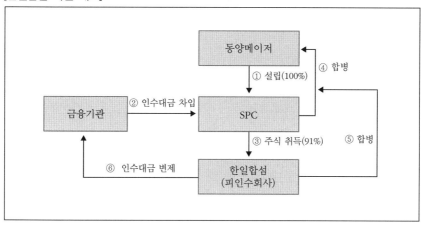

이러한 사실관계 하에서 법원은 "(이 사건 거래는) 동양메이저 등의 자산을 담보로 제공하여 마련한 대출금과 동양메이저를 비롯한 동양그룹의 일부 계열사들이 투자한 총 합계 1,302억 원을 인수대금으로 사용하여 동양메이저산업이 한일합섬을 인수한 것으로서, 피인수회사의 자산을 담보로 기업을 인수하는 LBO 방식과 그 기본적 전제가 다른 점, … 합병의 본질과 그 효과 및 상법상 합병비율, 주주총회의 특별결의, 합병에 반대하는 주주들의 주식매수청구권, 채권자 보호절차 등을 통하여 합병에 반대하는 주주들이나 채권자들이 보호받을 수 있는 제도가 마련되어 있는 점 … 등을 종합하면 이 사건 합병으로 인하여 한일합섬이 1,800억 원 상당 내지 법인격 소멸에 따른 현금유동성 상실이라는 손해를 입었다고 볼 수 없다"고 판단하였다.

정리하면, SPC를 활용하였으나 피인수회사 아닌 인수회사 측에서 담보를 제공하였고, 상법상 절차를 거친 합병을 통해 법률상 한 회사가 된 후 종전 피인수회사 자산을 이용하여 채무를 변제한 셈이다. 결국 피인수회사의 현금흐름 내지 자산이 인수를 위한 자금상환에 사용되었다는 점은 마찬가지이나, 합병하여 한 회사가 된 후의 채무 변제는 결국 타인의 채무가 아닌 자신의 채무의 변제라는 점, 담보의 제공자가 인수회사라는 점이 강조되었다.

다. 하이마트 사건[7] — 합병형 LBO

앞서 본 법원의 판단 흐름을 잘 이해하여 합병을 통해 위험을 회피한 사례가 하이마트 사건이다.

하이마트 사건의 피고인은 하이마트의 대표이사이자 지분 약 13.97%를 보유한 최대주주로서 홍콩계 사모투자회사(PEF)인 어퍼너티에게 하이마트 발행주식 100%를 매각하기로 하였다.

피고인은 2005. 3. 한국 내 특수목적법인인 하이마트홀딩스에게 자신의 지분을 포함하여 총 81.84%의 하이마트 지분을 총 4,480억 원에 매각하였고(하이마트는 종업원지주제를 통해 종업원들이 지분을 보유하고 있었고, 피고인은 종업원들을 설득하여 지분 매각 과정에 참여시켰다) 이러한 과정에서 LBO 방식이 동원되었다.

대주단은 2005. 3.경 하이마트홀딩스에게 2,550억 원을, 하이마트에게 2,170억 원을 각 대출하였다(총 4,720억 원). 하이마트홀딩스에 대한 대출은 하이마트의 인수자금으로 사용하기 위한 것이고, 하이마트에 대한 대출은 합병 후 대주를 동일하게 하려는 목적의 리파이낸싱(re-financing)을 위한 것이었다.

하이마트홀딩스는 대주단과 하이마트 소유 223건의 부동산(점포 건물, 토지)에 관하여 근저당권 설정계약을 체결하면서 합병 전에는 하이마트의 채무만을, 합병 후에는 합병법인의 채무(즉 종전 하이마트와 하이마트홀딩스의 채무 모두)를 담보하도록 정하였다.

대주단은 2005. 4. 하이마트 소유 부동산에 대하여 채권최고액을 6,136억 원(하이마트 및 하이마트홀딩스 대출 합계액의 130%에 상당함)으로, 채무자를 하이마트로 하는 근저당권 설정등기를 마쳤다.

이후 하이마트홀딩스는 하이마트 주식을 매수하여 99.78%를 보유하게 된 후 하이마트와의 포괄적 주식교환을 통해 하이마트 주식 100%를 소유하는 완전모회사가 되었다.

하이마트와 하이마트홀딩스는 2007. 5. 31. 하이마트를 합병 후 존속회사로 하는 흡수합병을 하였다.

---

7) 서울중앙지방법원 2015. 1. 22. 선고 2012고합450, 2013고합319(병합) 판결.

[하이마트 사건 개요]

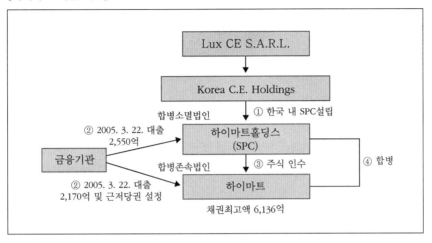

이러한 사실관계 하에서 법원은 "이 사건 근저당권설정계약서(영문본)에 의하면, 근저당권설정자인 하이마트와 근저당권자인 대주단 사이에, 하이마트와 하이마트홀딩스의 합병 전에는 하이마트만을 채무자로 하고 하이마트의 채무만이 피담보채무인 근저당권을, 합병 후에는 합병법인을 채무자로 하여 합병법인의 채무를 피담보채무로 하는 근저당권을 설정하는 물권적 합의가 있음이 그 기재상 명백하다. 따라서 이 사건 근저당권설정계약서(영문본)에 의하여, '하이마트홀딩스의 대주단에 대한 대출금채무를 피담보채무로 하는 근저당권을 하이마트 소유의 부동산에 설정'하는 내용의 물권적 합의가 있었다고 볼 수 없다. 앞서 살펴본 바와 같이 담보제공형 LBO의 배임성은 인수자의 주채무가 변제되지 아니할 경우 피인수회사는 담보로 제공되는 자산을 잃게 되는 위험을 부담하게 된다는 점에 있는데, 이 사건에 있어서는 하이마트홀딩스의 채무가 변제되지 않는다고 하여 하이마트가 이 사건 근저당권이 설정된 부동산 자산을 잃게 될 위험은 전혀 없다"고 판단하였다.

또한 법원은 "합병은 두 법인이 합일되는 것이므로 합병 이후에는 일방의 손해와 타방의 이익을 관념할 수 없고, 소멸된 회사 및 그 주주 혹은 채권자의 권리침해도 상정하기 어렵다. 우리 상법 제235조는 합병 후 존속한 회사는 합병으로 인하여 소멸된 회사의 권리의무를 승계한다고 규정하고 있고 제530조에서 주식회사의 경우에도 위 규정을 준용토록 하고 있는바 합병이 관계법령에 의해 적법·유효한 이상 소멸된 회사의 채무는 당연히 합병 후 존속한 회사에 승계되어 존속한 회사로서는 그 채무는 자신의 채무인 것이지 타인의 채무라고 할 수는 없다. 합병으로 인해 하이마트와 하이마트홀딩스는 법률적, 경제적 동일체가 되므로 합병 이후에 하이마트의 재산이 기존 하이마트홀딩스의 채무를 위해 담보로 제공된다고 해도 이는 자신의 채무를 위해 담보를 제공하는 것과 법률적, 경제적으로 완전히 동일하므로, 타인의 채무를 위해 담보를 제공한다거나 그로 인한 자산 상실의 위험이 발생한다고 볼 여지가 없는 것이다"고 판단하였다.

라. 대선주조 사건[8] ― 자산인출형 LBO

(1) 사안의 개요

피고인들은 동양그룹의 실질적 소유주로서 2007. 5.경 지분 인수를 위한 SPC를 설립하였고 위 SPC는 금융기관을 통해 차입한 자금으로 대선주조 주식 98.95%를 취득하였다. 본래 대선주조 M&A는 합병형 LBO 방식으로 진행될 예정이었으나, 한일합섬 LBO건에 대한 수사가 시작되어 이러한 방식에 대한 형사법적 책임의 위험성에 부닥치게 되자 합병은 지연되었다.

그러자 피고인들은 합병을 하지 않고 SPC가 최대주주 지위에 있다는 점을 이용하여 상법에 규정된 방법에 의하여 투자자본을 회수하는 방법을 사용하였다. 즉 피고인들은 자기자본이익률을 향상시킨다거나 과도한 잉여금을 주주에게 반환한다는 등의 명분을 내세워 2008. 5.경부터 대선주조에 대해 유상감자 및 배당을 실시하였다. SPC는 유상감자, 배당을 통해 마련된 자금 614억 원으로 금융기관에 대한 채무를 변제하였다.

---

8) 대법원 2013. 6. 13. 선고 2011도524 판결; 부산고등법원 2010. 12. 29. 선고 2010노669 판결; 부산지방법원 2010. 8. 10. 선고 2010고합73 판결.

[대선주조 사건 개요]

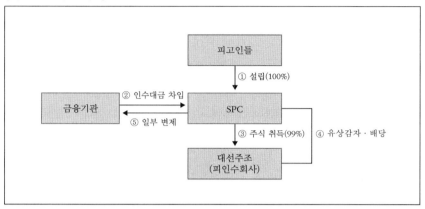

검사는 유상감자와 배당 과정에서 회사 운영에 필요한 현금이 유출된 점, 주주총회 소집 과정에서 일부 상거래 채권자들에 대한 통지절차가 누락된 점, 감자비율은 배당가능이익을 늘리기 위한 목적으로 50:1의 급격한 비율로 정해진 점, 감자과정에서 발생하는 단주는 상법상 경매를 하거나 다른 방법으로 처리하려면 법원의 허가를 받도록 규정되어 있음에도 일방적으로 자사주 처리를 한 점 등을 근거로 절차상의 위법이 존재함을 주장하였다.

(2) 법원의 판단

법원은 다음과 같은 사정들을 근거로 배임죄 성립을 부정하였다.

① 피고인들이 대선주조의 이사로서 수행한 유상감자 및 이익배당으로 인하여 대선주조의 적극재산이 감소하였다고 하더라도 이는 우리 헌법 및 상법 등 법률이 보장하는 사유재산제도, 사적 자치의 원리에 따라 주주가 가지는 권리의 행사에 따른 결과에 불과하다.

② 유상감자 당시 대선주조의 영업이익이나 자산 규모 등에 비추어 볼 때, 유상감자의 절차에 있어서 절차상의 일부 하자로 인하여 대선주조의 채권자들에게 손해를 입혔다고 볼 수 없다.

소집절차 통지가 누락된 채권자들은 155명, 채권금액은 886,040,785원의 소액에 불과하고 이들이 이의를 제기한 적이 없다. 또한 문제가 된 단주는 감자 전 주식 수 800,000주와 비교하여 극소수에 불과한 37주에 불과하고 그 처리에 관하여 주주들 간에 첨예하게 이해가 대립된 바도 없다. 소수주주들에 대한 환급금을 당시 거래가인 주당 40,000원 내지 80,000원보다 훨씬 높은 주당 454,694원으로 정하여 오히려 소수주주들에게 이익이 되었을 뿐만 아니라, 유상감자나 배당 후에 대선주조가 부도 내지 도산의 위험에 처하지도 않았다.

③ 1주당 감자 환급금액과 대선주조의 배당가능 이익을 감안하면 결국 이 사건 유상감자 및 이익배당으로 인하여 대선주조의 주주들에게 부당한 이익을 취득하게 함으로써 대선주조에 손해를 입혔다고 볼 수 없다.

2. LBO 관련 배임죄 성립에 관한 법원의 입장

가. 위 주요 판결을 살펴보면 대법원 및 각급법원은 원칙적으로 담보제공형 LBO에 대해 배임죄의 성립을 인정하는 입장으로 해석된다. 그러한 원칙은 이사가 타인을 위하여 회사 자산을 담보로 제공하는 행위는 당해 담보를 잃을 수 있는 위험을 야기하므로 배임행위에 해당한다는 논리에 기초하고 있다. 또한 이러한 논리는 계열회사들 간의 보증, 담보 제공에 대해 엄격한 태도를 유지하고 있는 여러 판례들의 연장선상에 있는 것으로 생각된다.

앞서 주요 판결들의 사실관계 부분에서 드러나는 것처럼 합병형 LBO 및 자산인출형 LBO는 이러한 대법원 판례에 따른 형사처벌의 위험을 우회하기 위한 것이다. 인수금융을 제공하는 금융기관의 입장에서는 담보제공형 LBO가 즉각적으로 손쉽게 담보를 확보하는 방법임에 분명하지만, 이러한 행위에 따른 형사처벌의 위험 때문에 다소 우회적인 방법이 동원된 것이다. 그리고, 아직까지 대법원이 합병형 및 자산인출형 LBO에 대해 배임죄 성립을 인정한 경우는 발견되지 않는다.

나. 먼저 자산인출형 LBO가 문제가 된 대선주조 사건에서 법원은 쟁점이 된 과도한 감자비율, 단주 처리, 주주총회 소집절차상 하자 등이 절차 전체의 효력을 무효로 할 만큼 중대하다고 할 수 없고 소수주주들에게 불리하지도 않았다는 이유로 배임죄 성립을 부정하였다.

바꿔 말해, 유상감자 및 배당이 상법상 유효한 절차에 따라 이루어지면, 그러한 자금이 피인수회사 인수를 위한 자금의 상환에 사용되었다는 사정은 특별히 문제삼을 수는 없다는 것이 법원의 입장으로 보인다.

감자, 배당, 자사주 취득 등은 상법에 정해진 절차이고, 그러한 절차에 따라 회사로부터 투하자본을 회수하는 것은 주주의 당연한 권리인 이상, 위와 같은 법원의 태도는 타당한 것으로 생각된다.

반면, 법원의 태도는 유상감자, 배당에 있어 상법 규정을 위반하거나 지배주주가 부당한 이익을 취득하는 결과가 발생한 경우에는 회사에도 손해를 가한 것으로 인정할 수 있다는 태도로 보인다. 향후 LBO 거래구조를 설계함에 있어 유념해야 할 대목으로 생각된다.

다. 합병형 LBO에 관하여도 배임죄의 성립을 인정한 선례는 발견되지 않는다.

한일합섬 사건의 1심 법원은 "합병으로 인해 인수기업과 피인수기업은 인격적으로 합일하여 일체가 되고, 그 효과에 의하여 합병 이후 인수기업과 피인수기업의 재산은 혼연일체가 되어 구분할 수 없게 되므로, 합병 이후에 원래는 피인수기업이 보유했던 자산으로 존속하게 된 인수기업이 원래 부담하고 있던 채무의 변제에 사용하는 것이 합병의 주된 동기 또는 다른 동기였던 경영상의 이유와 결합되어 기업의 내부적, 자율적 자금운용행위와 특별히 구분된다거나 다른 성질의 것이라 보기 어렵다"고 하였다. 설령 기업 인수를 계획하는 단계부터 합병 후 기존 피인수기업의 재산으로 인수대금 마련을 위해 인수기업이 부담한 채무를 변제할 것을 예정하였더라도, 일단 합병이 이루어지면 이는 합병법인이 자신의 채무를 변제하는 경우에 해당하므로, 배임죄가 문제될 수 없다는 논리이다.

그런데 한일합섬 사건은 독자적인 사업을 수행하는 실질적 회사인 동양메이저가 SPC 및 한일합섬을 순차 합병한 사실관계를 전제로 하였다. 위 판시 내용을 통해서도 확인되는 것은 합병법인으로 하여금 인수자의 채무를 부담하도록 하는 것이 합병의 주된 동기는 아니었다는 점이다. 그러한 이유로 보다 전형적인 형태, 즉 합병의 주체가 독자적 사업 없이 순전히 회사 인수만을 위해 설립된 명목상의 회사(SPC)인 경우에도 배임행위의 존재가 부정될 수 있는지가 하나의 관심사였다.[9]

최근 선고된 하이마트 사건은 이러한 점에서 의미가 있다고 생각된다. 하이마트홀딩스는 피인수회사인 하이마트 주식 외에 다른 자산이 없이 차입부채만 부담하고 있기 때문에 피인수회사가 SPC와의 합병을 통해 경영상 시너지 효과 등 영업 활동의 측면에서 이익을 얻을 수 있는 가능성은 별로 없었다. 대상

9) 천경훈, "LBO 판결의 회사법적 의미", 저스티스 제127권(한국법학원, 2011), 220면.

판결은 이러한 경우의 합병 역시 허용될 수 있다는 가능성을 인정한 것이다.

다만, 하이마트 판결은 "하이마트홀딩스가 사실상 자본금이 거의 없는 형식적인 회사에 불과하여 하이마트로서는 실질적인 자산의 증가 없이 오직 하이마트홀딩스의 대출금채무만을 부담하게 되는 결과가 초래되거나, 하이마트홀딩스의 재무구조가 매우 열악하여 합병을 하게 되면 그로 인해 하이마트의 재산 잠식이 명백히 예상되는 경우라면 배임죄가 성립할 수 있다고 볼 여지가 전혀 없는 것은 아니다"고 하여 무죄 판단에서 SPC의 재무구조가 안정적이었다는 점을 고려한 것으로 보인다.[10]

이러한 점에서 하이마트 판결이 합병형 LBO를 무제한적으로 허용한 것으로 보기는 어렵다.

라. 법원은 자산인출형, 합병형 LBO와 달리 담보제공형 LBO에 대해서는 엄격한 태도를 보인 바 있다.

차입형 LBO에 대해 배임죄 성립을 인정한 신한 사건에 관하여는 입장이 갈린다. 대표이사 개인의 사적 용도로 담보를 제공하게 한 경우와 차이가 없어 타당하다는 찬성 입장도 있다.[11] 그러나 피인수회사 담보 제공을 통해 마련한 자금이 피인수회사의 정리채권 변제 및 회사 경영의 정상화를 위한 과정 중 일부로 사용된 이상 배임죄가 성립할 수 없다는 비판적 견해 역시 제기되었다.[12] 대상판결은 이러한 비판적 견해를 일부 수용한 것으로 판단되는데, 아래에서 상술하기로 한다.

다른 한편으로 대법원은 LBO 사건들에서 "차입매수에 관하여는 이를 따로 규율하는 법률이 없는 이상 일률적으로 차입매수 방식에 의한 기업인수를 주도한 관련자들에게 배임죄가 성립한다거나 성립하지 아니한다고 단정할 수 없는 것이고, 배임죄의 구성요건에 해당하는지 여부에 따라 개별적으로 판단되어야 한다"는 판시를 거듭하고 있다.[13] 법원은 이러한 판시를 통해 담보제공형 LBO를 원칙적으로 금지하고 합병형 및 자산인출형 LBO에 대해서도 배임죄 인정 여지를 남겨두면서도, 구체적인 타당성을 고려하여 LBO의 허용 범위를 넓혀 온

---

10) 안보용 외 2인, "차입매수를 통한 인수금융의 최근 쟁점", BFL 제73호(서울대학교 금융법센터, 2015), 10-11면.

11) 전현정, "LBO와 배임죄", BFL 제24호(서울대학교 금융법센터, 2007), 97면.

12) 이상돈, "차입매수와 배임죄", 2006. 12. 31. 한국증권법학회 정기세미나, 9면.

13) 대법원 2010. 4. 15. 선고 2009도6634 판결 등.

것으로 이해된다.

대상판결은 이러한 대법원 입장의 연장선상에 있다.

3. 대상판결의 의의

가. 대상판결은 피인수회사의 지분 100퍼센트를 인수한 경우에도 법인격의 형식적 독립성을 강조하여 재산상 손해의 발생을 인정하는 태도나 담보 제공에 상응한 반대급부가 제공되지 않는 한 담보 제공 자체로 피인수회사에 재산상 손해가 인정된다는 기존 배임죄 판례의 입장을 근본적으로 변경하지는 않았다.[14] 이러한 점은 하급심 판결이 배임행위 자체를 부정한 것과 달리 대법원은 배임의 범의만을 부정한 점에서 확연히 드러나고 있다.

그러나, 대법원은 반대급부가 제공되지 않으면 그 자체로 배임의 범의를 인정하던 입장을 완화하여 인수기업의 자기자본 비율, 인수의 경영상 필요나 경제적 사정, 설비투자나 근로자의 고용 보장 등 인수과정 전반에 관한 사정을 두루 고려하였다. 이러한 점은 신한 사건 판결이 피인수기업의 담보제공행위 그 자체로 이사에게 배임죄가 성립한다고 판단한 것과는 명확히 구분된다. 즉, 대상판결은 담보제공형 LBO라고 하더라도 위와 같은 요소들을 종합적으로 살펴볼 때 인수자에게 피인수회사에 손해를 가한다는 인식이 있었다고 보기 어려운 경우에는 배임의 고의가 부정될 수 있다고 보았다.

나. 그런데, 대상판결에서 내세운 여러 사정들, 즉 피인수기업의 부채비율 감소, 지분 인수 및 합병이 단순히 투기적 이익을 노린 것이 아니라 시너지 창출과 같은 경영상의 필요에 따른 것이었다는 점, 인수자가 기업 인수 이후 실제로 상당한 투자를 한 점, 인수 이후 고용관계가 유지된 점 등은 신한 사건의 경우와 별반 다르지 않은 것으로 생각된다.

그런데, 신한 사건에서 대법원은 "피고인이 피해자 본인의 이익을 위한다는 의사도 가지고 있었다고 하더라도 이는 부수적일 뿐이고 이득 또는 가해의 의사가 주된 것임이 판명되면 배임죄의 고의가 있었다고 보아야" 한다는 법리를 내세워 위와 같은 사정들을 단순히 양형에 참작할 사유로 판단한 바 있다. 이러한 점을 고려하면 실질적으로 피인수기업의 가치가 증대된 성공한 M&A였다는 결과만으로는 배임죄의 고의를 부정하는 근거가 되기는 어려운 것으로 생

---

14) 안보용 외 2인, 전게논문, 9면.

각된다.

신한 사건과 대상판결의 결정적 차이는 인수기업의 자본 조달 중 자기자본이 존재하는지 여부를 핵심적으로 고려한 것으로 판단된다. 이와 관련하여 대상판결은 "유비스타의 내부에 유보되어 있던 자금이나 유비스타의 유상증자 및 전환사채 발행 등에 의하여 자체적으로 마련한 자금도 상당 정도 투입하였으므로 인수자가 피인수회사에 아무런 반대급부를 제공하지 않고 임의로 피인수회사의 재산을 담보로 제공하게 한 경우와는 근본적으로 차이가 있"다고 판시하였다.

신한 사건의 경우 인수자는 명목상 회사(SPC)에 불과하고 피고인은 실질적으로 자기자본은 한 푼도 들이지 않은 채 피인수기업의 자산을 담보로 한 차입에만 의존하여 신한의 경영권을 확보하였다. 반면, 대상판결에서는 인수대금이 차입 외에 유상증자를 통해 마련된 점이 다르다. 이러한 차이가 배임죄의 고의 존부를 가르는 핵심적 기준이 된 것으로 보인다. 이러한 점을 고려하면, 실무상 차입형 LBO를 설계하는 경우 배임죄 적용의 위험을 피하기 위해서는 자기자본 비율을 높일 필요가 있을 것이다.[15]

다. 이러한 점에서 대상판결이 담보제공형 LBO를 전면적으로 허용한 것으로는 보기 어렵다.

인수자금 중 자기자본의 비중이 상당하였다는 점 외에도 인수자인 유비스타는 GPS 단말기, DMB 등을 제조, 판매하는 실질적인 기업이었고 오히려 피인수기업보다 재무적 상황이 양호하였던 사정이 존재한다. 만약 보다 전형적인 경우, 즉 자기 사업 없이 순수하게 기업 인수 목적으로만 설립된 SPC가 인수의 주체가 되는 경우라면 다른 판단이 내려질 가능성도 충분히 있어 보인다.

또한 대상판결은 유비스타가 온세통신의 유상증자 및 신주인수권부사채 발행에 참여한 사실관계를 전제로 한다. 유비스타의 투자는 온세통신이 기존 채권자들에 대한 채무를 변제하여 회사정리절차를 종결하는 계기가 되었다. 이와 달리 인수자가 피인수기업의 자산을 담보로 차입한 자금으로 기존 주주들로부터 구주를 인수하는 경우에도 역시 다른 결론이 내려질 가능성이 있다.

---

15) 안보용 외 2인, 전게논문, 18-19면.

Ⅲ. LBO 관련 판례법리에 대한 검토

1. 문제의 소재

LBO에 대해서는 단기적 이익을 극대화하려는 기업사냥꾼을 위해 기업의 소중한 재산을 회사 외부로 유출시킴으로써 기업의 경쟁력에 부정적 영향을 미친다는 비판이 꾸준히 제기되어 왔다. 그러나, 다른 한편으로 대규모 회사의 M&A를 가능하게 하는 수단은 현실적으로 LBO밖에는 없는 것으로 보인다. PEF 등 인수주체들의 자금력이 조 단위 매물을 자기 자금으로 인수하기는 어려운 상황이지만, 금융기관들의 대출 관행은 대개 확실하고 안전한 담보를 요구하기 때문이다.16) 법원이 개별 사안별로 구체적 타당성을 중시하는 태도를 보이는 것은 LBO를 인정하지 않을 수 없는 현실적 사정과 무관하지 않은 것으로 생각된다.

그런데, 앞서 살펴본 것처럼, 대법원은 그 구체적 형태에 따라 LBO의 허용여부를 달리 판단하고 있다. LBO의 경제적 실질은 그 형태 여하를 불문하고 결국은 피인수회사의 자력을 기초로 차입한 자금으로 피인수회사를 인수한다는 점에 있다. 죄형법정주의 원칙 상 상법상의 형식을 존중하여 처벌 가치를 달리 판단하는 태도가 근본적으로 잘못되었다고야 할 수 없겠으나, 동일한 경제적 내용을 가진 거래 형태 중 합병형, 자산인출형 LBO는 허용되고 담보제공형 LBO는 배임행위에 해당한다는 결론은 일견 불합리한 것으로 생각된다.

대법원은 이사가 타인을 위하여 회사 자산에 담보권을 설정해 주거나 회사로 하여금 연대보증을 제공하도록 하는 행위가 배임에 해당한다는 법리를 확립하고 있는 것으로 보인다.17) 주채무자가 채무를 변제하지 못하는 경우 담보를 제공한 자가 이를 대위변제하여야 할 위험이 있으나, 그에 따른 구상권은 회수가능성이 낮아 경제적 관점에서 회사에 손해가 발생할 위험이 있다는 고려 때문이다. 대법원은 위와 같은 법리를 차입형 LBO에 대해 그대로 적용한 것으로 생각된다.

---

16) 설민수, "M&A의 한 방법으로서의 LBO에 대한 규제, 그 필요성과 방법, 그리고 문제점", 사법논집 제45집(법원도서관, 2007), 41면.
17) 예컨대 대법원 2015. 9. 10. 선고 2014도12619 판결 등 참조.

그러나 타인을 위한 신용의 제공이 반드시 본인인 회사에게 손해를 초래한다고 할 수 있는지는 의문이다. 대법원은 구성요건 중 하나인 손해가 '실해 발생의 위험'을 의미한다고 하여 배임죄의 성격에 관하여 위험범설의 입장을 취하고 있다. 사후적 결과에 불과한 실제 손해 발생 여부를 근거로 형벌의 성부를 판단하는 것은 불합리하다는 점에서 이러한 태도를 수긍하지 못할 것은 아니다. 그러나, 배임죄 구성요건으로서 "본인에게 손해를 가한 때"를 규정하고 있는 형법 제355조의 문언을 고려한다면, 배임죄 성립을 위한 실해 발생의 위험이 적어도 구체적인 수준에는 이르러야 한다고 생각된다. 더군다나 형법 제359조는 배임죄에 관하여 미수범 처벌 규정을 마련하고 있는바, 막연하고 추상적인 위험만으로 배임죄 성립을 인정한다면, 미수범 처벌규정의 독자적 의미는 몰각되고 말 것이다.[18)

따라서, 타인을 위한 신용제공에 따른 손해의 위험을 구체적으로 따져보지 않은 채 그러한 행위 자체로 배임죄의 성립을 인정하는 태도에 대해서는 의문이 있다.

2. 피인수 기업 입장에서의 검토

배임죄는 타인의 사무를 처리하는 자가 그 임무에 위반하는 행위를 함으로써 자신 또는 제3자에게 이익을 취득하게 하고 본인에게 손해를 가하는 경우에 성립한다. 따라서, LBO에 대한 배임죄 성립 여부를 가리는 관건은 피인수회사의 대표이사가 누구와의 관계에서 타인의 사무를 처리하는 자에 해당하는지에 달려 있다.

이와 관련하여 대법원 1983. 12. 13. 선고 83도 2330 판결은 "소위 1인 회사에 있어서도 행위의 주체와 그 본인은 분명히 별개의 인격이며, 그 본인인 주식회사에 재산상 손해가 발생하였을 때 배임죄는 기수가 되는 것이므로 궁극적으로 그 손해가 주주의 손해가 된다 하더라도 이미 성립한 죄에는 아무 소장이 없다"고 하여 1인 회사에 대한 배임죄 성립을 긍정하였다. 이러한 대법원 판결은 배임죄의 성부를 주주가 아닌 법인의 독립된 이익을 기준으로 판단하는 것으로 해석된다.

---

18) 류전철, "배임죄에서 재산상 손해발생의 위험", 법학논총 제30권 제1호(조선대 법학연구소, 2010), 115-116면.

  이러한 관점에서 배임죄의 성립 여부는 피인수기업 입장에서 손해가 발생하였는지 여부를 중심으로 판단될 수밖에 없다. 이에 대해 독립된 피인수회사의 재산을 담보로 제공함으로써 그 법인에게 재산상실 위험을 발생시켰다는 이유로 배임죄의 성립을 긍정하는 견해도 있다.[19] 그러나, 이른바 법인이익독립설의 관점에서 차입형 LBO의 경우에는 손해의 가능성을 상정하기 어려운 것으로 생각된다.

  이러한 점을 설명하기 위해 담보제공형 LBO에 따르는 위험이 현실화된 경우, 즉 피인수기업이 인수기업의 채무를 대위변제하였으나, 자력이 없는 인수기업에 대해 구상권을 행사하기 곤란한 경우를 상정해 보기로 한다. 이러한 경우 피인수기업이 보증채무의 현실화로 부담하게 된 상환 자금이나 혹은 금융기관의 담보권 행사를 통해 잃게 된 담보재산 가치는 당초 인수기업의 인수자금을 마련하기 위한 것이었다. 이러한 인수자금은 인수기업에 의해 기존 주주들(아마도 경영권을 매각할 수 있는 지위에 있던 지배주주일 것이다)에게 지급되었던 것이다. 결국 상황은 피인수기업이 (인수기업의 채무를 대신 부담하는 경로를 통해) 자기 소유 자금 혹은 (담보로 제공되었던) 물적재산으로 기존 주주들에게 출자의 환급을 한 것으로 요약된다.[20]

  차입형 LBO 하에서 손해 발생의 위험이란 이처럼 출자의 환급이 현실화된 위험을 의미한다. 만약 출자의 환급을 회사의 손해라고 한다면, 이는 투자자의 투자지분 회수의 정당성, 나아가 회사의 설립취지와 존재의의를 부정하는 것이 될 것이다.[21]

  다른 한편으로 피인수기업의 입장에서 출자환급은 대가 없이 자산을 유출시키는 것이 아니라 그 대가로서 주주의 회사에 대한 청구권 지분금액을 감소시키는 이익을 얻는 것이다. 결국 대법원이 취하는 입장, 곧 배임죄 성부를 판단함에 있어 법인이 주주와 독립된 인격을 가진다는 점을 중시하는 관점에 서면, 출자의 환급이 그 자체로 회사에 손해가 된다고 할 근거는 사라지게 된다.[22]

---

19) 천경훈, 전게논문, 229면.
20) 이상훈, "LBO와 배임죄", 법조 제619호(법조협회, 2008), 12면.
21) 상계논문, 14면.
22) 상계논문, 16면.

다만, 소멸한 주주의 청구권과 감소한 회사 자산이 등가관계에 있는지는 또다른 논점이 될 수 있을 것으로 생각된다. 실제로 대법원은 전환사채의 발행가액이 주식의 시가보다 낮은 경우 회사가 보다 많은 자금 유입의 기회를 상실한 점을 손해로 파악한 바 있다.[23] 다른 한편으로 출자의 환급에 관하여는 배당가능이익의 금액적 한계, 주주총회 특별결의, 채권자보호절차 등 절차상의 요구사항과 같은 상법상의 제한이 존재하므로, 차입형 LBO 거래가 이러한 제한을 위반하는 효과도 발생할 수 있다. 또한, 담보로 제공된 피인수기업의 자산이 제조, 영업 활동에 반드시 필요한 것이어서, 그러한 담보의 실행이 피인수기업의 존립을 위협하는 경우도 상정해 볼 수 있다. 그러나 이는 별개의 쟁점에 불과하고 피인수기업이 담보, 보증을 제공한 행위 그 자체로 회사에 손해가 존재한다고 판단하는 근거가 될 수는 없다.

다른 한편으로 LBO에 따른 피인수기업 손해의 내용으로 부채비율의 상승을 상정해 볼 수 있다. 피인수기업의 담보, 보증 제공에 따른 위험이 현실화되면 피인수기업의 부채비율은 상승하고 그에 따라 피인수기업은 추가적인 자금조달에 어려움을 겪거나 자금 압박을 받을 수도 있기 때문이다.

그러나, 부채의 증가가 반드시 피인수기업에게 손해가 된다고 단정할 수는 없다. 이 점에 관해서는 재무이론의 논의를 살펴볼 필요가 있다. 전통적 이론인 Modigliani-Miller 정리는 조세나 거래비용이 없는 완전한 자본시장에서는 부채비율이 올라가도 가중평균자본비용은 일정하므로 기업가치에 영향이 없다고 한다(MM 제1정리). 기업가치는 당해 기업의 미래 수익창출 능력에 따라 결정될 뿐 자본구조에 의해 영향을 받을 이유가 없다는 것이다. 나아가 Modigliani-Miller는 법인세가 존재하는 현실 세계에서는 이자비용에 대한 법인세 공제 효과 때문에 높은 부채비율이 오히려 기업가치를 상승시킨다고 한다(MM 제2정리).[24] 실제로 미국에서 LBO가 각광을 받게 된 배경에는 MM정리의 영향으로 기업의 부채사용에 대한 거부감이 사라진 점이 있다고 한다.[25]

다만, 재무이론은 대개 부채비율이 적정선을 넘어서면 파산위험이 크게 증

---

23) 대법원 2001. 9. 28. 선고 2001도3191 판결.
24) 안보용 외 2인, 전게논문, 14면; 박태현 "LBO의 효과 및 허용범위에 대한 미국 회사법상의 논의", BFL 제24호(서울대학교 금융법센터, 2007), 68면.
25) 설민수, 전게논문, 8면.

가하면서 가중평균자본비용이 상승하기 시작하고 이에 따라 기업가치가 저하된다는 점을 인정하는 것으로 보인다. 회사는 파산을 하게 되면 간접 손실(파산절차 진행과 관련한 법률, 행정비용) 및 영업력 감소로 인한 직접 손실(자산처분 및 인력 유출, 영업중단, 영업망 상실) 등 유무형의 손실을 입는다. 실제 파산에 이르지 않더라도 부채비율의 상승은 파산의 가능성을 높이므로 그러한 잠재적 비용이 현재시점의 기업가치 감소로 이어진다는 것이다.[26] 이러한 점이 LBO에 따른 피인수기업의 실해발생 위험에 해당할 수도 있을 것이다.

다만, 파산 가능성의 증가가 손해에 해당한다면, 이는 LBO 자체에 따른 손해라고는 보기 어렵고, 문제가 되는 것은 LBO 거래로 인하여 어느 정도의 부채 증가 효과가 나타나는가 하는 점에 있다. 부채비율이 일정 수준에 이를 때까지는 이자비용 손금 인정에 따른 세금 감소, 레버리지 효과로 인한 주주 투자수익률의 상승으로 인해 회사 가치 및 주식 가치가 증가할 가능성이 존재한다는 점만은 분명하기 때문이다. 이러한 긍정적 효과가 파산가능성 증대에 따른 비용에 의해 압도되는 시점부터 기업가치의 하락이 나타날 수 있을 것이고, 이러한 지점부터 피인수기업에게도 손해가 발생한다고 할 수 있다.

대상판결이 SPC가 조달한 인수자금 중 자기자본이 차지하는 비중 등을 고려하여 배임죄의 성부를 판단하는 것도 이러한 맥락에서 이해할 여지가 있다. 다만, 법인의 독립된 이익을 기준으로 배임죄의 성부를 따지는 기존 대법원 판례의 입장에서는 차입형 LBO의 실행 그 자체로 피인수기업에게 손해가 발생하였다고 보기는 어려운 것으로 생각된다.

그 원인은 근본적으로 담보제공형 LBO가 내포한 '실해 발생 위험'의 현실화가 곧 출자의 환급에 해당한다는 점에 있다. 이는 예컨대 대표이사가 자기 개인 혹은 계열회사의 이익을 위해 회사 재산을 유출시킨 경우와는 달리 담보제공형 LBO의 경우 회사의 재산 유출이 궁극적으로 주주들에게 귀속된다는 점에서 연유한 것이다.

3. 다른 주주 및 채권자 관점에서의 검토

배임죄의 '본인'이 주주 혹은 채권자라는 관점에서는 배임죄의 성립이 인정

---

26) 박태현 "LBO의 효과 및 허용범위에 대한 미국 회사법상의 논의", BFL 제24호(서울대학교 금융법센터, 2007), 69-70면.

될 여지가 있어 보인다. 여기서 LBO 거래와 관련된 각 당사자들의 경제적 지위 변화를 살펴보기로 한다.

우선, 투자자인 인수기업(대개의 경우 SPC)의 관점에서 보면, 피인수기업의 대위변제는 피인수기업의 순자산(= 자산 − 부채)을 감소시키는 동시에 인수기업이 종래 부담하던 금융기관 채무를 소멸시킨다. 결국 사후적으로 SPC는 자기자본만을 투자하여 피인수기업을 인수한 셈이 된 것이다. 이때 대위변제 이후의 감소한 피인수기업 가치는 SPC의 자기자본 투자금액과 동일한 수준이다.

예컨대, 인수 당시 피인수기업의 순자산가치가 100억 원이었고, 인수기업이 차입금 60억 원, 자기자본 40억 원으로 마련한 인수대금으로 순자산가치 100억 원을 지불하였다고 가정해 보자. '실해 발생의 위험'이 현실화하여 피인수기업이 인수기업의 차입금 60억 원을 대위변제하였다면, 이러한 경우 피인수기업의 순자산가치는 40억 원으로 감소하였다. 이와 동시에 인수기업이 부담하던 채무 60억 원은 소멸하였다.[27] 결과적으로 인수기업은 자기자본 40억 원으로 순자산가치가 40억 원인 피인수기업을 인수하게 된 것이다. 따라서, 인수기업의 입장에서는 LBO 거래로 인한 재산상태의 변동이 존재하지 않는다.

이번에는 인수기업을 제외한 다른 주주들의 관점에서 상황 변화를 살펴보자. 기존 주주들 중 인수기업에게 주식을 매도한 자들은 인수기업에 의한 인수 시점에서 이미 투자한 자금을 회수하였으므로 '실해 발생의 위험'이 현실화되더라도 재산 상황이 달라질 것이 없다. 앞서 살펴본 것처럼 상황은 피인수기업의 재산이 궁극적으로 인수기업에게 지분을 매각한 구 주주들에게 환급된 것으로 요약되기 때문에, 이들이 그 어떠한 손해를 입었다고 보기 어렵다. 그러나, 이러한 과정에서 대개 지배주주에 해당하는 주식 매도자들에게 회사 재산이 우선적으로 환급되었고, 그 밖의 주주들은 관여할 기회를 부여받지 못한 것으로 생각된다. 따라서, 차입형 LBO가 기존 주주들 중 인수기업에게 지분을 매각하지 않

27) 물론 법률적으로 인수기업은 금융기관에 대한 차입금 채무 40억 원 대신 인수기업에 대한 같은 금액의 구상금 채무를 부담하게 되었다. 그러나 지금의 논의는 인수기업이 이러한 채무를 변제할 자력이 없는 상황을 전제로 한 것이고, 대법원 판례가 말하는 손해는 경제적 관점에서 파악되는 것이므로, 이러한 사정은 고려할 필요가 없다. 구상채무를 고려한다면, 피인수기업의 순자산은 구상채권 60억 원을 포함하여 100억 원이고, 인수기업은 자기자본 40억 원 외에 구상채무 60억 원을 부담하게 되므로, 이러한 상황이 피인수기업에 의한 대위변제 이전과 동일하다는 점은 마찬가지이다.

은 자들(대개 소수주주에 해당할 것으로 생각된다)에게 손해를 입힐 가능성은 분명히 존재한다.[28]

채권자들의 관점에서도 차입형 LBO를 통해 손해를 입을 가능성이 있는 것으로 생각된다. 피인수기업이 인수기업의 채무를 대위변제하는 경우, 이는 후순위자인 주주가 채권자보다 앞서 회사의 책임재산으로부터 변제를 받는 결과를 낳게 되기 때문이다.[29] 실제로 피인수회사 채권자들이 LBO 거래 이후 채권가치의 하락을 경험하는 경우가 빈번하다고 한다.[30] 피인수기업의 책임 재산이 감소하여 채무불이행의 위험이 높아진다는 점 역시 채권자들의 경제적 지위를 악화시키는 요인이 될 수 있다.

이처럼 LBO는 소수주주 혹은 이해관계자에게 손해를 입힌 것으로 평가될 소지가 있다고 생각된다. 다만, 이러한 경우에도 반드시 차입형 LBO가 소수주주 등에게 손해를 발생시킨다고 보기는 어려운 면이 있다. 예컨대 신한 사건의 경우도 경영 정상화로 인한 기업가치 상승의 효과를 다른 주주들이 향유하였을 뿐만 아니라 채권자들 역시 정리채권을 변제받을 수 있었기 때문이다.[31] 신한 사건 판결에 대한 비판은 주로 이러한 측면에 초점을 맞추고 있었던 것으로 보인다.

차입형 LBO에 대해 배임죄의 성립을 인정하는 태도는 대법원이 독립된 당해 법인이 아니라 다른 주주, 채권자들의 이익을 기준으로 배임죄 성부를 판단하고 있는 것이 아닌가 하는 의문이 들게 한다. 예컨대, 대상판결은 차입형 LBO 성립에 대해 배임죄 성립을 부정하는 근거 중 하나로 "유비스타가 온세통신의 구주를 전부 소각하고 신주를 100% 취득하여 온세통신의 1인 주주가 됨으로써 유비스타와 온세통신의 경제적인 이해관계가 일치"하게 된 점을 들고 있는데, 이러한 점은 그러한 의문을 뒷받침한다. 또한, 대법원 판례가 LBO 유형별로 배임죄 성립 여부에 대해 다른 입장을 보이는 점 역시 마찬가지이다. 자산인출형 및 합병형 LBO에서는 반대주주의 주식매수청구권, 채권자보호절차 등을 통해 이들의 이익이 보호될 수 있는 반면, 차입형 LBO에서는 그러한 여지가 없기 때

---

28) 천경훈, 전게논문, 235면.
29) 이상훈, 전게논문, 17면.
30) 설민수, 전게논문, 48면.
31) 설민수, 전게논문, 16면.

문이다.

　　만약 법원이 위와 같은 전제에서 배임죄의 성부를 판단한 것이라면, 배임죄의 구성 요건 중 '본인'을 회사 자체로 이해하는 태도와는 양립하기 어려운 것으로 생각된다. 또한, 회사와 관련된 이해관계자가 다종, 다양하고 그들 간의 이해관계가 상충되는 이상, 이해관계자의 이익을 기준으로 형사범죄의 성립을 가르는 태도는 타당성을 인정받기 어렵다.[32]

IV. 결　　론

　　자기 자금 없이 피인수기업의 자력에 기초하여 회사 경영권을 확보하는 LBO 거래에 대해서는 지배주주를 위하여 회사 및 이해관계자들의 이익을 침해한다는 비판이 존재하는 것으로 보인다. LBO에 따른 피인수기업의 재무적 부담이 파산 위험을 높이거나 기업 가치를 침해하는 결과를 낳는다면, 이에 대한 사회적 규율의 필요성은 인정될 수 있을 것이다. 그러나, 형사처벌의 보충성, 최후수단성의 원리에 비추어 그러한 규율이 배임죄 적용을 통해 이루어져야 하는지에 관해서는 의문이 있다. 더욱이 앞서 살펴본 것처럼 차입형 LBO에 대해 비교적 엄격한 태도를 보이는 법원 입장은 당해 법인의 독립된 이익을 기준으로 배임죄 성부를 판단하는 법리와 조화되기 어려운 문제가 있다. M&A 거래를 진행하는 데 필요한 자금 조달을 위한 다른 마땅한 수단이 존재하지 않는다는 점에서도 LBO에 대해서는 법원이 전향적으로 판단할 필요가 있다고 생각된다.

　　다만, 실무상 M&A 거래를 함에 있어 법원의 태도를 고려하여 최대한 안전한 거래구조를 설계할 필요가 있을 것인데, 담보제공형보다는 합병형, 자산인출형이 보다 안전한 것으로 생각된다. 담보제공형 LBO를 선택할 필요가 있다면, 대상판결이 배임죄 고의를 부정하는 판단 근거로 삼은 사정을 고려할 필요가 있을 것이다. 즉, 담보제공형 LBO 설계 시 인수기업의 자체 자금 조달 비율 및 인수 지분율을 높인다면, 배임의 고의가 부정될 가능성이 높아질 것이다.[33]

---

32) 천경훈, 전게논문, 235면 및 238면.
33) 상세한 내용은 안보용 외 2인, 전게논문, 17-22면 참조.

● 참고문헌

류전철, "배임죄에서 재산상 손해발생의 위험", 법학논총 제30권 제1호(조선대 법학연구
　　　소, 2010)

문형섭, "배임죄에서의 재산상 손해", 무등춘추 제7호(광주지방변호사회, 2002)

박영규, "배임죄에 있어서의 재산상의 손해", 판례월보 제310호(판례월보사, 1996)

박태현 "LBO의 효과 및 허용범위에 대한 미국 회사법상의 논의", BFL 제24호(서울대학
　　　교 금융법센터, 2007)

설민수, "M&A의 한 방법으로서의 LBO에 대한 규제, 그 필요성과 방법, 그리고 문제점",
　　　사법논집 제45집(법원도서관, 2007)

안보용 외 2인, "차입매수를 통한 인수금융의 최근 쟁점", BFL 제73호(서울대학교 금융
　　　법센터, 2015)

이상돈, "차입매수와 배임죄", 2006. 12. 31. 한국증권법학회 정기세미나

이상훈, "LBO와 배임죄", 법조 제619호(법조협회, 2008)

이창원 외 2인, "LBO의 기본구조 및 사례분석", BFL 제24호(서울대학교 금융법센터, 2007)

전현정, "LBO와 배임죄", BFL 제24호(서울대학교 금융법센터, 2007)

천경훈, "LBO 판결의 회사법적 의미", 저스티스 제127권(한국법학원, 2011)

전자정보에 대한 압수·수색 과정 중 이루어진 이른바 '별건 압수·수색'에 대한 문제

이재원, 김태균

[요 지]

전자정보가 저장된 저장매체에는 압수·수색영장에 기재된 범죄혐의와 무관한 개인이나 기업에 관한 정보도 다수 포함되어 있고, 정보의 범죄혐의와의 관련성은 직접 열어보아야 확인할 수 있으므로, 전자정보에 대한 압수·수색 과정에서는 사생활의 비밀과 자유 등 헌법상 기본권이 침해될 우려가 더욱 크다.

대법원은 대상결정을 통해 전자정보에 대한 일련의 압수·수색 과정에서 영장범죄사실과 무관한 다른 범죄의 증거도 함께 발견된 경우에 별도 영장 청구의 여부, 당사자 참여권 보장 방법 등 합법적 처리방법에 대한 일응의 기준을 제시하였다.

그리고 대상결정은 전체 압수·수색 과정 중 일부 단계의 위법성이 문제되는 경우 전체 압수·수색 처분을 취소하여야 하는지, 문제된 개별 압수·수색 처분만을 취소하여야 하는지에 대한 입장을 밝혔다. 다수의견은 특별한 사정이 없는 한 그 위법의 중대성에 따라 전체 압수·수색 처분을 취소하여야 한다고 판시하였다.

대상결정은 이른바 전자정보에 대한 별건 압수·수색에 관하여 현행 형사소송법의 해석론을 제시한 결정으로서 큰 의미가 있다.

[주제어]
- 전자정보
- 압수
- 관련성
- 참여권
- 별건 압수·수색

대상결정 : 대법원 2015. 7. 16. 선고 2011모1839 전원합의체 결정 [공2015하, 1274]

[사실의 개요]

1. 수원지검 강력부 검사는 2011. 4. 25. 특정경제범죄가중처벌등에관한 법률위반(배임) 혐의와 관련된 압수·수색영장(이하 "제1 영장"이라 한다)을 발부받아 갑 회사의 빌딩 내에 위치한 을의 사무실에 임하여 압수·수색을 개시하였다.

2. 강력부 검사는 그곳에서 이 사건 저장매체를 압수·수색하였는데, 제1 영장에 기재된 혐의사실과 관련된 정보와 관련되지 않은 전자정보가 혼재되어 있고 전자정보의 용량이 200GB를 초과하는 상황이었기 때문에 갑 회사의 동의를 받아 이 사건 저장매체를 봉인하여 자신의 사무실로 반출하였다.

3. 강력부 검사는 2011. 4. 26.경 이 사건 저장매체를 대검찰청 디지털 포렌식센터에 인계하여 저장매체에 저장되어 있는 전자정보파일 전부를 '이미징'의 방법으로 다른 저장매체로 복제(이하 "제1 처분"이라 한다)하도록 하였고, 을 측은 검사의 통보에 따라 2011. 4. 27. 위와 같은 복제 과정 중 저장매체의 봉인 해제 및 저장매체에 쓰기방지장치를 연결하는 작업을 참관하다가 임의로 그곳에서 퇴거하였다.

4. 강력부 검사는 제1 처분이 완료된 후 이 사건 저장매체를 반환한 다음, 위와 같이 이미징한 복제본을 2011. 5. 3.경부터 2011. 5. 6.경까지 자신이 소지한 외장 하드디스크에 재복제(이하 "제2 처분"이라 한다)하였다.

5. 강력부 검사는 같은 달 9일부터 같은 달 20일까지 외장 하드디스크의 전자정보를 탐색하는 과정에서 갑 회사의 약사법위반·조세범처벌법위반 혐의와 관련된 전자정보 등을 발견하고 이러한 내용을 특수부 검사에게 통보하였으며, 약사법위반 등 혐의와 관련된 전자정보도 함께 출력(이하 "제3 처분"이라 한다)하였다.

6. 특수부 검사는 2011. 5. 26. 갑 회사의 약사법위반 등 혐의사실의 수사를 위하여 압수·수색영장을 발부(이하 "제2 영장"이라 한다)받은 다음 외장 하드디

스크에 대한 압수·수색을 실시하고, 약사법위반 등과 관련한 정보들도 함께 출력하였다.

7. 위와 같은 제2, 제3 처분 당시에는 을 측이 그 절차에 참여할 기회를 부여받지도 못하였고, 실제로 참여하지도 아니하였다.

8. 강력부 검사는 2011. 5. 27. 을을 특정경제범죄가중처벌등에관한법률위반(배임) 혐의로 기소한 후, 그 재판 진행 과정에서 을의 변호인으로부터 두 차례에 걸쳐 제3 처분에 의하여 출력한 문서가 기재된 압수목록의 교부를 요청받았으나, 출력 문서를 모두 폐기하였다는 이유로 이에 응하지 아니하였다.

[소송의 경과]

원심은, 제1 내지 제3 처분 모두 헌법과 형사소송법이 규정하고 있는 영장주의와 적법절차의 원칙에 위배되어 이루어진 것으로서 위법하다고 하면서 이를 취소하였다.

이와 관련하여 원심은 위 각 처분이 모두 제1 영장의 혐의사실과 관련되지 않은 전자정보에 대하여까지 무차별적으로 이루어졌을 뿐만 아니라, 형사소송법 제219조, 제122조를 위반하여 을과 그 변호인의 참여권이 박탈된 상태에서 이루어졌고, 또한 사후에 형사소송법 제219조, 제129조에 따라 갑 회사에게 압수목록이 교부되지 않은 점, 제2, 제3 처분은 제1 영장의 유효기간인 2011. 5. 2. 이 경과된 이후에야 비로소 이루어진 점 등을 근거로 들었다.[1]

[결정의 요지 – 재항고기각]

대법원은, 제1 처분에 관하여는 저장매체 자체를 반출하거나 저장매체에 들어 있는 전자파일 전부를 하드카피나 이미징 등 형태로 외부로 반출할 수 있는 예외적인 경우에 해당하고, 그 과정에서 준항고인 측의 참여권도 보장되었

---

1) 한편, 원심은 제2 영장에 기하여 이루어진 외장 하드디스크에 대한 압수·수색 및 전자정보의 문서출력에 대하여도 위법하므로 이를 취소한다고 판단하였는데, 위법한 제1, 제2 처분에 의하여 취득한 전자정보를 수사기관이 별건 수사를 위한 증거자료로 사용하는 과정에서 행한 것으로 실질적으로 영장주의 원칙을 형해화하는 것인 점, 참여권이 박탈된 점, 사후에 압수목록이 교부되지 않은 점 등을 근거로 들었으며, 대법원도, 원심과 마찬가지로 제2 영장에 기하여 이루어진 외장 하드디스크에 대한 압수·수색 및 전자정보의 문서출력에 대하여 위법하므로 취소한다고 판단하였다.

다고 볼 수 있으므로 적법하다고 하면서 원심과는 달리 판단하였고, 제2, 제3 처분에 관하여는 원심과 같이 위법하다고 판단하였다.

한편, 대법원의 다수의견은 제1 처분은 위법하다고 볼 수 없으나, 제2, 제3 처분의 위법의 중대성에 비추어 제1 영장에 기한 압수·수색인 제1 내지 제3 처분이 전체적으로 취소되어야 한다고 판시하였다. 즉, 다수의견은 '준항고인이 전체 압수·수색 과정을 단계적·개별적으로 구분하여 각 단계의 개별 처분의 취소를 구하더라도 준항고법원은 특별한 사정이 없는 한 구분된 개별 처분의 위법이나 취소 여부를 판단할 것이 아니라 당해 압수·수색 과정 전체를 하나의 절차로 파악하여 그 과정에서 나타난 위법이 압수·수색 절차 전체를 위법하게 할 정도로 중대한지 여부에 따라 전체적으로 압수·수색 처분을 취소할 것인지를 가려야 한다'는 점을 근거로 위와 같은 결론을 내렸던 것이다.

반면에 제1 영장 범죄사실과 관련있는 처분 또는 적법한 제1 처분은 취소되어서는 아니된다는 취지의 반대의견도 있었다.

[연　구]

I. 서　설

1. 전자정보가 저장된 저장매체에는 범죄혐의와 관련이 없는 개인의 일상생활이나 기업경영에 관한 정보가 많이 포함되어 있다. 그리고 전자정보는 직접 그 내용을 확인해 보아야만 범죄혐의와의 관련성을 확인할 수 있는 특성을 가지고 있다.

이러한 특성 때문에 전자정보에 대한 압수·수색 과정에서 범죄혐의와 무관한 전자정보가 수사기관에 노출됨으로써 개인이나 기업의 사생활의 비밀과 자유, 정보에 대한 자기결정권, 재산권 등이 침해될 우려가 더욱 커, 비례의 원칙에 따라 필요한 최소한의 범위 내에서 압수·수색이 이루어질 수 있도록 하는 방안이 논의되어 왔다.

구체적으로, 수사기관은 압수·수색 현장에서의 저장매체 수색을 통해 범죄사실과 관련있는 전자정보만을 확보하는 것의 어려움을 호소하면서 저장매체 자체를 압수하려는 경향을 보여 왔는데, 이 경우 그 분석 과정에서 범죄와 무관한 사생활이나 기업경영과 관련한 전자정보까지도 수사기관에 확보되는 위험성이 있어 어떻게 하면 이를 효과적으로 통제할 수 있을 것인지의 문제가 논의되어 왔던 것이다.

2. 한편, 전자정보에 대한 압수·수색 과정에서 발견된 증거가 영장의 범위를 벗어난 별건에 대한 증거에 해당할 경우, 어떠한 조치가 필요한지에 대한 문제 또한 제기되어 왔다.

3. 대법원은 전자정보에 대한 압수·수색 절차에서 영장주의 및 적법절차 준수, 압수·수색의 허용범위, 피압수자의 참여권 보장 등에 관하여 판단한 바 있는데, 대상결정은 이러한 기존 판례를 기반으로 이른바 전자정보에 대한 '별건 압수·수색'의 경우 수사기관의 합법적 처리방법 등 일응의 기준을 제시하는 한편, 여러 단계를 거쳐 진행된 압수·수색 중 특정 단계에서 위법이 발생했을 경우 그 위법이 다른 단계의 압수·수색에 미치는 효과에 관하여 종합적으로 판시하였다.

Ⅱ. 전자정보에 대한 압수·수색 절차 일반

1. 대법원은 수사기관이 전국교직원노동조합 본부 사무실에 대한 압수·수색영장을 집행하면서 방대한 전자정보가 담긴 저장매체 자체를 영장 기재 집행 장소에서 수사기관 사무실로 가져가 그곳에서 저장매체 내 전자정보파일을 다른 저장매체로 복사하자, 이에 대하여 위 조합 등이 준항고를 제기한 사안에서, "전자정보에 대한 압수·수색영장을 집행할 때에는 원칙적으로 영장 발부의 사유인 혐의사실과 관련된 부분만을 문서 출력물로 수집하거나 수사기관이 휴대한 저장매체에 해당 파일을 복사하는 방식으로 이루어져야 하고, 집행현장 사정상 위와 같은 방식에 의한 집행이 불가능하거나 현저히 곤란한 부득이한 사정이 존재하더라도 저장매체 자체를 직접 혹은 하드카피나 이미징 등 형태로 수사기관 사무실 등 외부로 반출하여 해당 파일을 압수·수색할 수 있도록 영장에 기재되어 있고 실제 그와 같은 사정이 발생한 때에 한하여 예외적으로 허용될 수 있을 뿐이다"라고 판시하여,[2] 영장에 기재된 범죄와의 관련성을 가진 정

---

2) 대법원 2011. 5. 26.자 2009모1190 결정.

보만을 출력·복사하는 것이 원칙이고 저장매체 자체를 압수하는 것은 예외적인 경우에 해당한다는 법리를 밝힌 바 있다.

대법원은 대상결정에서 "수사기관의 전자정보에 대한 압수·수색은 원칙적으로 영장 발부의 사유로 된 혐의사실과 관련된 부분만을 문서 출력물로 수집하거나 수사기관이 휴대한 저장매체에 해당 파일을 복제하는 방식으로 이루어져야" 한다고 판시하고, "저장매체에 대한 압수·수색 과정에서 범위를 정하여 출력 또는 복제하는 방법이 불가능하거나 압수의 목적을 달성하기에 현저히 곤란한 예외적인 사정이 인정"되는 경우에만 저장매체 자체 또는 저장매체에 저장된 정보를 하드카피나 이미징 등 형태로 수사기관 사무실 등 외부로 반출하는 방식의 압수·수색이 허용된다는 취지로 판시함으로써 위와 같은 기존의 법리를 재확인하였다.

2. 이와 같은 대법원의 입장에 대하여는 ① 정보저장매체를 압수하는 방법은 범죄와 관련없는 정보의 대량 압수로 인하여 피압수자의 사생활비밀침해, 수사권의 남용, 별건 수사 등 문제가 발생할 수 있다는 점을 근거로 이를 찬성하는 견해와 ② 전자정보의 압수는 증거의 종류나 현장의 상황에 따라 그 방법에 차이가 크며, 압수 현장에서 저장매체 모두를 수색·검증하여 범죄사실과 관련이 있는 증거를 찾는데는 장시간이 소요되어 당사자에게 부담이 될 가능성이 높다는 점을 근거로 저장매체의 압수를 원칙으로 하자는 비판적 견해가 대립한다.[3]

3. 범죄와 관련된 정보뿐 아니라 관련되지 않은 다양한 정보도 함께 저장되어 있는 정보저장매체 자체에 대한 압수·수색이 원칙으로서 허용된다면, 범죄와 관련이 없는 정보의 대량 압수로 인하여 피압수자의 사생활의 비밀 등 헌법상의 기본권이 과도하게 침해될 위험성이 클 뿐만 아니라, 이를 확보한 수사기관의 별건 수사의 위험성을 배제하기도 어렵고, 헌법과 형사소송법이 금지하는 이른바 포괄적인 압수·수색의 위험이 발생하기 때문에, 영장에 기재된 범죄와의 관련성을 가진 정보만을 출력·복사하는 것이 원칙이고 예외적인 경우에만 저장매체 자체를 압수하는 것이 허용된다는 대법원의 태도가 타당하다고 생각된다.[4]

---

3) 원혜욱, "정보저장매체의 압수·수색 ― 휴대전화(스마트폰)의 압수·수색", 형사판례연구 제22호(한국형사판례연구회, 2014), 313면.
4) 상게논문, 319-320면.

Ⅲ. 압수·수색의 허용범위 — 이른바 '관련성'의 문제

1. 대법원은 "나아가 이처럼 저장매체 자체를 수사기관 사무실 등으로 옮긴 후 영장에 기재된 범죄 혐의 관련 전자정보를 탐색하여 해당 전자정보를 문서로 출력하거나 파일을 복사하는 과정 역시 전체적으로 압수·수색영장 집행의 일환에 포함된다고 보아야 한다 ⋯ (중략) ⋯ 수사기관 사무실 등으로 옮긴 저장매체에서 범죄 혐의와의 관련성에 대한 구분 없이 저장된 전자정보 중 임의로 문서출력 혹은 파일복사를 하는 행위는 특별한 사정이 없는 한 영장주의 등 원칙에 위법한 집행이 된다"고 판시하여 관련성을 압수·수색의 요건으로 요구한 바 있는데,[5] 이와 같은 기존 대법원의 입장은 이 사건 대상판결에서도 그대로 유지되고 있다.

그리고 대법원은 수사기관이 피의자 갑의 공직선거법 위반 범행을 영장 범죄사실로 하여 발부받은 압수·수색영장의 집행 과정에서 을, 병 사이의 대화가 녹음된 녹음파일을 압수하여 을, 병의 공직선거법 위반 혐의사실을 발견한 사안에서, "수사기관이 별도의 압수·수색영장을 발부받지 아니한 채 압수한 녹음파일은 형사소송법 제219조에 의하여 수사기관의 압수에 준용되는 형사소송법 제106조 제1항이 규정하는 '피고사건' 내지 같은 법 제215조 제1항이 규정하는 '해당 사건'과 '관계가 있다고 인정할 수 있는 것'에 해당하지 않으며, 이와 같은 압수에는 헌법 제12조 제1항 후문, 제3항 본문이 규정하는 영장주의를 위반한 절차적 위법이 있으므로"라고 판시하여 전자정보의 압수를 위해서는 범죄사실과의 관련성이 엄격하게 적용되어야 한다는 입장을 확인한 바 있다.[6]

2. 전자정보를 압수하는 경우에 범죄사실과의 관련성을 어느 정도로 요구할 것인가에 대하여는 아래에서 보는 바와 같이 견해가 대립되어 있다.

① 우선 관련성 요건을 엄격하게 적용하여야 한다는 견해가 있다. 이 견해는, 전자정보는 자료의 양이 방대하고, 범죄사실과 관련되지 않은 정보가 함께 혼합되어 개인의 프라이버시에 대한 침해가 더 심각하고 중대할 수 있으므로 관련성을 엄격하게 적용해야 하며, 부득이 범죄와 관련이 없는 정보를 압수한 것으로 밝혀질 경우에 환부, 가환부절차를 통한 반환이나 수사기관이 보유한

---

5) 위 대법원 2009모1190 결정.
6) 대법원 2014. 1. 6. 선고 2013도7101 판결.

정보의 삭제, 폐기조치를 취하게 함으로써 수사기관이 스스로 압수·수색절차의 적법성을 회복할 수 있도록 하는 장치가 필요하다는 점을 근거로 든다.

② 이에 반하여 관련성 요건을 완화하여 적용하여야 한다는 견해도 존재한다. 이 견해는, 전자정보는 가시성이 없기 때문에 자료를 일일이 열람하여야 관련성을 판단할 수 있어 압수대상을 특정하기 어려우므로 관련성 요건을 완화해 적용해야 하며, 나아가 관련성이 없는 전자정보를 무조건 배척할 것이 아니라 전자정보의 압수·수색에 있어서 관련성 요건은 범죄와 무관한 데이터 내지 제3자의 권리나 이익의 보호라는 측면과 형사소추 유지의 이익이라는 측면을 적절하게 교량하여 판단해야 한다는 점을 근거로 든다.[7]

3. 현행 형사소송법 제106조 제1항, 제109조 제1항, 제215조 등에서 명시적으로 '피고 사건' 내지 '해당 사건'과 '관계가 있다고 인정할 수 있는 것'이라고 규정하고 있는 점, 여러 번 강조하지만 전자정보는 자료의 양이 방대하고, 범죄사실과 무관한 정보가 함께 혼합되어 저장되어 있는 경우가 많으므로 피압수자의 사생활의 자유를 비롯한 기본권 침해를 최소한의 범위로 제한하여야 필요성이 더욱 강하게 요구되는 점, 관련성 요건을 완화하여 적용할 경우 수사기관의 자의적인 판단에 의한 압수·수색이 이루어질 위험성이 존재하는 점 등에 비추어, 전자정보에 있어서도 관련성 요건을 엄격하게 해석하는 대법원의 태도가 타당하다고 생각한다.

4. 참고로, 형사소송법 제106조 제1항에서는 어떤 경우에 관련성이 인정되는지 구체적으로 언급되어 있지 아니하여 그 판단기준에 관하여 해석상 논란이 있어 왔다.

이에 관하여, ① 피고인(피의자)이라는 주관적 표지와 범죄사실(피의사실)이라는 객관적 표지를 동시에 고려하여야 한다는 견해와,[8] ② 압수수색시를 기준으로 수사기관의 관점에서 영장에 기재된 범죄사실과 기본적 사실관계에 있어 동일성이 인정되거나 동종 유사의 범행과 관련된다고 의심할 만한 상당한 이유가 있는 것으로 증거로서의 의미가 있을 수 있는가에 대한 물음에 대해 전혀 가능성이 없는 것이 아니라고 판단되는 경우를 제시하는 견해가 대립하고 있는

---

7) 원혜욱, 전게논문, 321-323면.
8) 신동운, "판례평석, 압수·수색의 관련성 요건과 그 법적 효과, 2014. 1. 16. 선고 2013도 7101, 판례공보 2014상, 427", 법률신문 2015. 1. 8(목).

데,9) 대법원은 압수·수색영장에 기재된 '피의자'인 갑이 녹음파일에 의하여 의심되는 혐의사실과 무관한 이상 관련성이 인정될 수 없어 위 녹음파일은 적법한 절차에 따르지 아니하고 수집된 증거로서 증거능력이 인정되지 않는다고 판시하였는바,10) 대체적으로 위 ①의 견해에 가까운 입장을 취한 것으로 보인다. 이 부분에 관하여는 향후 구체적인 논의가 이루어져야 할 것으로 사료된다.

Ⅳ. 별건 압수·수색의 경우

1. 전자정보의 분석과정에서 영장 범죄사실과의 관련성이 없는 이른바 별건 범행의 증거가 발견된 경우에 수사기관이 취하여야 할 합법적인 조치, 증거능력의 인정 여부 등에 대하여 견해가 대립되어 왔다. 통상적인 압수·수색 과정에서 우연히 발견된 압수물에 대한 처리지침이 형사소송법에 규정되어 있지 않기 때문이다.

2. 별건 증거가 발견된 경우 수사기관이 취하여야 할 조치에 관하여, 대법원은 "전자정보에 대한 압수·수색이 종료되기 전에 혐의사실과 관련된 전자정보를 적법하게 탐색하는 과정에서 별도의 범죄혐의와 관련된 전자정보를 우연히 발견한 경우라면, 수사기관은 더 이상의 추가 탐색을 중단하고 법원에서 별도의 범죄혐의에 대한 압수·수색영장을 발부받은 경우에 한하여 그러한 정보에 대하여도 적법하게 압수·수색을 할 수 있다"고 판시함으로써,11) 우연히 발견된 별건 범행의 증거는 별도의 압수·수색영장을 발부받아 압수하여야 한다는 점을 밝힌 바 있는데, 이러한 입장은 대상결정을 통해 다시 확인되었다.

또한, 별도의 압수·수색영장을 발부받지 아니한 채 압수한 별건 증거의 증거능력에 관하여, 대법원은 형사소송법 제308조의 2에서 정한 '적법한 절차에 따르지 아니하고 수집한 증거'로서 이를 증거로 쓸 수 없다는 입장을 취한 바 있다.12)

3. 별건 증거가 발견된 경우 수사기관의 조치에 관하여, ① 우리 형사소송

---

9) 정대희·이상미, "디지털증거 압수수색절차에서의 '관련성' 문제", 형사정책연구 제26권 제2호(형사정책연구원, 2015), 105면.
10) 위 대법원 2013도7101 판결.
11) 위 대법원 2013도7101 판결.
12) 위 대법원 2013도7101 판결.

법 체계 하에서는 수사기관이 압수·수색의 요건이 구비되지 아니한 본건의 수사에 이용할 목적으로 요건이 구비된 별건에 대한 압수·수색영장을 발부받아 본건의 입증에 필요한 물건을 압수하는 이른바 '별건 압수나 수색'이 허용되지 않는 점 등을 근거로 우연히 발견된 별건에 대한 증거에 대하여는 별도의 압수·수색 영장을 발부받아야 한다는 견해와 ② 전자정보의 분석과정에서 우연히 발견된 별건에 대한 증거에 대해 개별적·구체적 사건에 따라 범죄의 경중, 범죄혐의의 강도 등에 따라 미국의 Plain View Doctrine[13]을 적용하여 별도의 영장없이 압수하여 증거로 사용하도록 해야 한다거나 이를 입법화하여야 한다는 견해가 대립하고 있다.

4. 그러나 우리 헌법 제12조 제3항은 현행범인인 경우와 장기 3년 이상의 형에 해당하는 죄를 범하고 도피 또는 증거인멸의 염려가 있을 때에는 사후에 영장을 청구할 수 있다고 규정하고, 사전영장 원칙의 예외로는 형사소송법 제216조, 제217조와 같은 규정이 있을 뿐이므로 Plain View Doctrine은 위와 같은 헌법 규정에 위반된다고 볼 수 있는 점, 위 원칙을 허용하면 수사기관의 남용으로 피압수자의 사생활의 자유 등 기본권이 침해될 우려가 큰 점 등을 고려하면, 별건 증거에 대하여는 별도의 압수·수색 영장을 발부받아야 한다는 견해가 타당하고 생각된다.[14]

V. 피압수자의 참여권

1. 대법원은 "혐의사실과 관련된 정보는 물론 그와 무관한 다양하고 방대한 내용의 사생활 정보가 들어있는 저장매체에 대한 압수·수색영장을 집행할 때 영장이 명시적으로 규정한 예외적인 사정이 인정되어 전자정보가 담긴 저장

---

13) Plain View Doctrine이란 수사기관이 적법하게 위치할 수 있는 장소에서 시야 내에 보이는 물건에 대해서는 그 물건이 범죄와 관련되어 있다고 믿을 만한 상당한 이유가 있어 압수의 대상임이 명백한 경우에는 영장 없이 긴급압수할 수 있다는 것으로, 그 적용을 받기 위해서는 ① 수사기관이 대상물을 관찰할 수 있는 지점에 적법하게 도달하였을 것, ② 관찰할 물건에 대한 물리적인 접근권한이 있을 것, ③ 우연히 발견할 것, ④ 그 증거가 눈 앞에 직접적으로 명백할 것 등의 요건 충족이 요구된다.

14) 오기두, "토론문(노명선, "디지털증거 압수·수색에 관한 법률의 문제점과 개선방안")", 2012년 디지털증거 압수·수색에 관한 개정법률(안) 공청회 결과 자료집(한국포렌식학회, 2012) 참조.

매체 자체를 수사기관 사무실 등으로 옮겨 이를 열람 혹은 복사하게 되는 경우에도, 전체 과정을 통하여 피압수·수색 당사자나 변호인의 계속적인 참여권 보장, 피압수·수색 당사자가 배제된 상태의 저장매체에 대한 열람·복사 금지, 복사대상 전자정보 목록의 작성·교부 등 압수·수색 대상인 저장매체 내 전자정보의 왜곡이나 훼손과 오·남용 및 임의적인 복제나 복사 등을 막기 위한 적절한 조치가 이루어져야만 집행절차가 적법하게 된다"고 판시한 바 있다.[15]

대법원은 대상결정에서 " … (중략) … 전자정보가 담긴 저장매체 또는 하드카피나 이미징 형태를 수사기관 사무실 등으로 옮겨 복제·탐색·출력하는 경우에도, 그와 같은 일련의 과정에서 형사소송법 제219조, 제121조에서 규정하는 피압수·수색 당사자나 변호인에게 참여의 기회를 보장하고 … (중략) … 만약 그러한 조치가 취해지지 않았다면 피압수자 측이 참여하지 아니한다는 의사를 명시적으로 표시하였거나 절차 위반행위가 이루어진 과정의 성질과 내용 등에 비추어 피압수자 측에 절차 참여를 보장한 취지가 실질적으로 침해되었다고 볼 수 없을 정도에 해당한다는 등의 특별한 사정이 없는 이상 압수·수색이 적법하다고 평가할 수 없고, 비록 수사기관이 저장매체 또는 복제본에서 혐의사실과 관련된 전자정보만을 복제·출력하였다 하더라도 달리 볼 것은 아니다"라고 판시하여, 전자정보의 압수·수색에 있어서의 참여권 보장에 관한 기존의 태도를 재확인하면서, 비록 수사기관이 혐의사실과 관련된 전자정보만을 복제·출력하는 등 저장매체 내 전자정보의 왜곡이나 훼손과 오·남용 및 임의적인 복제나 복사 등이 이루어진 바 없더라도, 피압수자 측의 참여권이 보장되지 않았다는 사정만으로도 압수·수색이 위법할 수 있다는 점을 밝힘으로써 참여권 보장이 핵심절차임을 강조하였다.

즉, 대법원은 저장매체 자체를 외부로 반출하여 수사기관에서 정보를 분석하는 과정도 압수·수색의 과정에 해당하므로, 위 과정에서 피압수자 및 변호인의 참여권이 필수적으로 보장되어야 한다고 보고 있는 것이다.

2. 이에 대하여는 ① 저장매체를 압수한 이후 수사기관에서 행하는 정보의 분석과정은 증거로서의 전자기록을 발견하는 것으로 수색에 해당하므로 압수·수색의 집행과정에 포함되고, 따라서 피압수자나 변호인의 참여권이 보장되어야 한다는 견해와 ② 이러한 정보의 분석과정은 집행 종료 후의 정보 확인행위

---

15) 위 대법원 2009모1190 결정.

에 불과하므로 압수·수색의 집행과정에 포함되지 아니하고, 따라서 피압수자나 변호인의 참여권을 보장할 필요가 없다는 견해가 대립한다.

3. 통상 영장에 기재된 장소에서 압수·수색에 의하여 증거물을 획득하는 것이 원칙인 증거물의 획득과정을 고려하여 볼 때, 전자정보가 저장된 저장매체 자체를 수사기관 등으로 옮긴 후 저장된 정보를 분석하여 영장에 기재된 범죄 혐의와 관련된 전자정보를 증거로 추출하는 과정은 수색으로서 압수·수색 영장의 집행과정에 해당한다고 보아야 하는데, 이러한 과정에서 수사기관이 피압수자 측에게 참여의 기회를 주지 않게 되면 수사기관이 범죄 혐의와 무관한 정보를 제한 없이 취득할 수 있게 되어 압수·수색영장의 적법한 집행을 확보할 수 없게 될 뿐만 아니라, 이로 인하여 사생활의 자유가 침해될 수 있고, 그와 같이 획득된 증거가 별건 범죄에 증거로 이용될 수도 있으므로, 이를 방지하기 위한 차원에서라도 분석과정에 피압수자 등의 참여권이 반드시 보장되어야 할 것이며, 따라서 저장매체 자체를 외부로 반출하여 수사기관에서 정보를 분석하는 과정도 압수·수색의 과정이므로 위 과정에서 피압수자 및 변호인의 참여권이 보장되어야 한다는 대법원의 태도가 타당하다고 생각된다.

Ⅵ. 대상판결에 대한 검토

1. 제1 처분의 적법성 여부에 관하여

가. 원심은, 제1 처분 내지 제3 처분은 제1 영장의 범죄사실인 특정경제범죄가중처벌등에관한법률위반(배임)의 혐의사실과 무관한 전자정보에 대하여까지 무차별적으로 이루어졌을 뿐 아니라, 을 및 그 변호인의 참여권이 박탈된 상태에서 이루어졌고, 사후에 압수목록이 교부되지 않았다는 점을 근거로 들면서 제1 처분까지도 위법한 것으로 판단하였다.

나. 이에 반하여 대법원은, 제1 영장에서 "'해당 컴퓨터 저장장치가 몰수 대상물이거나 하드카피·이미징 또는 문서의 출력을 할 수 없거나 상당히 곤란한 경우에는 컴퓨터 저장장치 자체를 압수할 수 있고"라고 하여 예외적인 사유를 명시하고 있는 점, 강력부 검사는 압수 당시 이 사건 저장매체에 혐의사실과 관련된 정보와 관련되지 않은 정보가 혼재된 것으로 판단하여 동의를 받아 저장매체 자체를 봉인하여 반출하고, '이미징'의 방법으로 다른 저장매체로 복제

하였는데, 그 과정에 을 측이 참관하다가 임의로 퇴거하였던 점 등을 고려할 때 제1 처분은 제1 영장이 예외적으로 허용한 부득이한 사유의 발생에 따른 것이고, 을 등에게 저장매체 원본을 가능한 한 조속히 반환하기 위한 목적에서 이루어진 조치로서 을 측이 묵시적으로나마 이에 동의하였다고 볼 수 있을 뿐만 아니라 그 복제 과정에도 참여하였다고 평가할 수 있으므로 제1 처분은 위법하다고 볼 수 없다고 하였다. 그리고 이 부분 판단에 대하여는 대법관들의 입장이 일치하였다.

다. 원심과 대법원의 입장 차이는 저장매체 자체의 반출이 허용되는 예외적인 사유가 존재하는지 여부, 피압수자 측의 참여권이 보장되었는지 여부에 대한 평가의 차이에서 비롯된 것이다.

우선 저장매체 자체의 반출이 허용되는 예외적인 사유에 해당하는지에 관하여, 관련 사례가 많지 않아 섣불리 판단할 수는 없지만, 법원은 전자정보의 용량, 압수·수색 집행 당시의 사정에 비추어 현장에서 저장매체로부터 관련 전자정보를 분리하는 것이 가능한지 등을 중심으로 판단하는데, 일단 전자정보의 용량이 방대하다는 사정이 인정된다면, 압수·수색 현장에서 전자정보를 모두 탐색한 뒤 유관정보와 무관정보를 구분하는 것이 곤란하기 때문에 저장매체 자체의 반출을 허용하는 입장을 가진 것으로 생각된다.

그런데 이 사건 저장매체에 저장된 전자정보의 용량이 200GB에 이르러 압수·수색의 현장에서 영장 범죄사실과 관련성 있는 정보를 탐색하고 이를 문서 출력물의 형태로 수집하거나 수사기관이 휴대한 저장매체에 해당 파일을 복제하는데 상당한 시간이 소요될 것으로 보이는 점에 비추어, 저장매체 자체의 직접 반출 등을 허용하는 예외적인 사유가 존재하는 것으로 생각되므로, 대법원의 입장이 타당한 것으로 보인다.

다음으로 피압수자 측의 참여권과 관련하여, 영장 범죄사실과 무관한 전자정보의 임의적인 복제 등을 막기 위하여 이 사건 저장매체의 외부 반출, 봉인 해제 및 이미징 과정에서 을 측이 참관하다가 임의 퇴거한 점에 비추어 적어도 피압수자의 참여권을 보장한 것으로는 볼 수 있으므로, 대법원의 입장이 타당한 것으로 생각된다.

2. 제2, 제3 처분의 위법성에 관하여

가. 제2, 제3 처분이 위법하다는 원심의 판단에 대하여는 대법원도 동의하였다. 즉, 대법원도 제2, 제3 처분은 수사기관이 적법한 제1 처분이 있은 후 피압수자 등에게 참여권을 보장하지 않은 상태에서 제1 영장에 기재된 혐의사실과 관련된 정보는 물론 관련성이 없는 정보까지 재복제하여 출력한 것이어서 제1 영장의 허용범위를 벗어나 적법절차에 반한다고 본 것이다.

나. 압수한 저장매체에는 을에 대한 특정경제범죄가중처벌등에관한법률위반(배임)에 대한 혐의사실에 대한 증거와 갑 회사에 대한 약사법위반 혐의사실에 대한 증거가 혼재되어 있었고, 후자의 혐의사실은 제1 영장의 혐의사실과는 범행주체 및 범행사실의 측면에서 보더라도 관련성이 없어 별건에 해당하는데, 후자에 해당하는 전자정보를 피압수자 등에게 참여권을 보장하지 않고 임의로 출력하거나 복제하는 것은 중대한 절차적 위법에 해당하는 것이므로,[16] 위와 같은 판단은 당연한 결론이라고 생각된다.[17]

3. 제1 영장에 기한 처분의 취소 범위의 문제

가. 문제는 제1 영장에 기한 여러 처분 중 일부 처분인 제2, 제3 처분의 위법을 이유로 적법한 제1 처분까지도 취소되어야 하는지, 아니면 위법한 제2, 제3 처분만을 취소할 것인지 여부이다. 대상결정에서는 이 쟁점에 관하여 대법관들 사이에 의견이 대립되었다.

나. 먼저, 다수의견은 제1 영장에 기한 압수·수색이 이미 종료되었으므로 제1 영장에 기한 압수·수색의 적법성을 전체적으로 판단하여야 하는데, 제2, 제

---

16) 조광훈, "전자정보의 압수수색절차에서 참여권의 범위와 한계 — 대법원 2015. 7. 16.자 2011모1839 전원합의체 결정을 중심으로", 법조 제711호(법조협회, 2015), 317면.

17) 제2 처분은 제1 처분에서 확보한 디지털증거를 그대로 복제한 것에 불과할 뿐이므로, 새로운 법익의 침해가 없어 위법하다고 볼 수 없다는 의견도 존재할 수 있다. 그러나 디지털증거의 확보 과정에서 저장매체로부터 영장범죄사실과 관련성이 있는 증거만 출력·복제하는 것이 원칙이고, 예외적인 경우에만 저장매체 자체의 외부 반출이 허용되는데, 이러한 예외에 해당하더라도 저장매체 자체의 외부 반출 이후의 탐색이나 출력·복제 과정에서 반드시 관련성이 없는 자료가 배제되어야 영장주의 원칙에 위배되지 아니하고, 추가적인 기본권 침해가 방지될 수 있다는 점을 고려하면, 이와 같은 의견은 타당하다고 보기 어렵다.

3 처분에 해당하는 전자정보의 복제·출력 과정은 증거물을 획득하는 행위로서 압수·수색의 목적에 해당하는 중요한 과정인 점, 이 과정에서 혐의사실과 무관한 정보가 수사기관에 남겨지게 되면 피압수자의 다른 법익이 침해될 가능성이 한층 커지게 되므로 피압수자에게 참여권을 보장하는 것이 핵심절차인데도 참여권을 보장하지 않은 점, 혐의사실과 무관한 정보까지 출력한 점 등 위법이 중대하므로, 제1 처분이 적법하더라도 전체적으로 제1 영장에 기한 압수·수색은 취소되어야 할 것이라고 하였다.

다. 이러한 다수의견에 대하여는 제1 처분까지 취소되어야 한다는 점에서 결론은 같이 하지만, 제1 처분의 취소 여부는 제2, 제3 처분과 독립적으로 판단되어야 하는데 다만 이 사건에서는 제1 처분의 결과물을 더 이상 수사기관이 보유할 수 없음에 따라 제1 처분도 취소되어야 한다는 별개의견[18]도 있었다.

라. 이에 반하여 ① 압수처분에 대한 준항고 절차에서는, 설령 그 압수·수색 절차에 위법이 있다고 하더라도 장차 그 압수물이 법정에서 증거능력이 부여될 수도 있다는 가능성을 염두에 두고, 절차위반의 정도가 중대하여 장차 증거로서의 사용 가능성을 원천적으로 배제하여야 할 정도에 이른 경우에 한하여 그 압수·수색의 취소를 명할 수 있는데, 이 사건 제2, 제3 처분 당시 피의자나 변호인을 참여시키지 않았다 하더라도 이 점만으로 곧바로 압수·수색의 취소를 명할 수는 없고, 그 외 위법성의 정도가 중대하다고 볼 수는 없으므로, 제1 내지 제3 처분 중 유관정보에 대한 부분까지를 취소하는 것은 부당하다는 취지의 반대의견[19]과 ② 형사소송법 제417조는 '검사 또는 사법경찰관의 … 압수에

18) 대법관 김용덕의 별개의견. 이 견해는, 제1 영장 기재 혐의사실과 관계가 있는 전자정보 파일을 탐색·출력하기 위하여 필요하다고 인정하여 이 사건 저장매체를 압수하였고, 제1 처분 후 이 사건 저장매체에 수록된 전자정보파일을 증거로 사용하기에 부족하여 특정경제범죄가중처벌등에관한법률위반(배임)으로 기소된 사건의 증거로 제출하지 아니하였고, 해당 사건은 무죄가 선고되어 확정되기까지 하였으므로, 결국 위 혐의사실 수사를 위하여 위 전자정보파일이나 이를 수록한 이 사건 저장매체를 압수할 필요가 없음이 밝혀진 이상, 이를 보유할 수 없고 오히려 이를 삭제·폐기하는 방법으로 반환하여야 할 것이므로 제1 처분은 취소되어야 한다고 하였다.
19) 대법관 김창석, 대법관 박상옥의 반대의견. 이 견해는, 다수의견에 따르면 수사기관이 살인 혐의와 관련된 전자정보를 압수·수색할 수 있는 영장을 발부받아 이 사건과 같은 절차로 영장이 집행되는 과정에서 살인의 혐의사실과는 전혀 무관한 절도 혐의와 관련된 정보 등을 복제·출력한 경우, 압수·수색 과정에 피압수자 측을 참여시키지 않았다고 하여 절도 혐의와 관련된 정보 등에 대한 압수·수색을 취소하는 것을 넘어서 살인 혐의와 관련된 정보에 대한 압수·수색까지 취소하여야 하는데 이 같은 결론은 부당하다는 점을

관한 처분 … 에 대하여 불복이 있으면 … 법원에 그 처분의 취소 또는 변경을 청구할 수 있다'고 규정하고 있을 뿐이므로, 일련의 과정을 거쳐 단계적으로 이루어지는 압수·수색 과정에 여러 개의 처분이 있을 경우 전체를 하나의 절차로 파악하여 위법 여부를 판단하여야 하는 것은 아니고, 형사소송절차의 실제에서도 검사는 적법한 압수처분에 기하여 수집된 증거를 사용할 수 있는 것이므로, 그 압수처분 이후에 이루어진 다른 압수처분에 어떠한 잘못이 있다고 해서 적법하게 수집된 증거의 효력까지 소급하여 부정할 것은 아니므로 제1 처분까지 취소되어서는 아니된다는 반대의견[20]이 있었다.

　마. 전자정보가 저장된 대용량 저장매체에는 개인의 사생활, 기업의 영업비밀 등을 비롯한 다양한 정보들이 담겨 있어 수사기관의 압수·수색 과정에서 이와 같은 정보가 일단 확보되면, 향후 별건에 대한 수사의 단서로 활용될 수 있는 위험성도 있고, 한 번 확보된 정보는 무한히 복제될 가능성도 충분하다.

　이러한 전자정보의 특성에 비추어 볼 때, 수사기관의 압수·수색 집행 단계에 피압수자 측이 참여해 영장 범죄사실과 관련성이 없는 증거에 대하여는 이를 확보하지 못하도록 함으로써 그로 인하여 발생할 수 있는 추가적인 법익침해를 예방하고, 영장에 의한 적법한 압수·수색이 이루어지도록 감시하는 것이 반드시 필요하다고 생각한다. 사실상 수사기관에 의한 별건 압수·수색이나 포괄적 압수·수색을 허용하는 결과가 발생하는 것을 막기 위해서라도 전자정보에 대한 압수·수색의 과정에 있어서 피압수자 측의 참여권이 갖는 의의나 중요성은 결코 가볍지 않다.

　이와 같은 피압수자 측 참여권이 가진 중요한 의미에 비추어, 피압수자 측의 참여권을 보장하지 않은 경우, 압수·수색 과정을 전체적으로 보아 적법한 처분까지 취소하도록 한 다수의견이 보다 타당하다고 생각된다. 물론 실체적 진실도 중요하지만, 어디까지나 적법절차의 범위 내에서 실현되어야 하는 가치이기 때문이다.

　바. 한편, 대상결정의 다수의견 및 별개의견은 디지털증거에 대한 압수·수색 과정에서 수사기관의 영장범죄사실과 무관한 정보의 탐색이나 복제·저장을 방지하는 실효적인 방책을 마련하여야 한다는 문제의식을 공유하고 있는데, 향

　　예로 들었다.
　20) 대법관 권순일의 반대의견.

후 이러한 문제의식의 해결 방안에 대한 폭넓은 논의가 이루어져야 할 것이다.

물론, 검찰은 "디지털포렌식 수사관의 증거 수집 및 분석 규정(대검찰청예규 제805호)"에서 대검찰청 디지털수사통합업무관리시스템에 등록한 경우 등록된 파일 이외의 이미지 파일 삭제(제19조 제3항), 디지털 증거의 분석 결과 통보 후 분석과정에서 생성된 자료의 지체 없는 폐기(제24조 제3항) 등을 규정하는 등, 영장주의 원칙 준수, 기본권 보장을 위하여 노력 중인 것으로 알고 있으나, 이러한 조치가 실제에서도 철저히 실현되고 있는지 여부까지는 알 수 없고, 대상결정의 별개의견에서 적절히 지적하는 바와 같이 '적법절차를 거쳐 압수·수색을 한다 하더라도 대검 원격공조시스템에 복제·저장된 이미징 파일이 남아있는 한 수사기관은 적법절차에 따라 행하여지는 압수·수색과는 별도로 저장된 전자정보를 탐색하여 취득할 수 있기 때문'에 여전히 무관정보에 대한 탐색 등과 그로 인한 영장주의 원칙 위반, 기본권 침해 등의 위험성은 상존하기 때문이다.

사. 결론적으로, 전자정보에 대한 압수·수색 과정에서 이루어진 현장에서의 저장매체 압수·이미징·탐색·복제 및 출력행위 등 수사기관의 처분은 하나의 영장에 의한 압수·수색 과정에서 이루어지는 것으로, 일련의 행위가 모두 진행되어 압수·수색이 종료된 이후에는 특정단계의 처분만을 취소하더라도 그 이후의 압수·수색을 저지한다는 것을 상정할 수 없고 수사기관으로 하여금 압수·수색의 결과물을 보유하도록 할 것인지가 문제될 뿐이므로, 당해 압수·수색 과정 전체를 하나의 절차로 파악하여 전체적으로 압수·수색 처분을 취소할 것인지를 가리는 것이 더 타당한데, 이 사건의 경우 무관정보까지 복제, 탐색, 출력하는 행위는 헌법상 적법절차의 원칙, 영장주의, 비례의 원칙에 반하는 것이고, 무관정보를 구별해 추후 수사기관의 다른 범죄 수사에의 활용 등 남용을 막기 위하여 피압수자 측의 참여권의 보장이 반드시 필요한 점 등에 비추어 그 위법의 정도가 중대하다고 보아, 제1 압수에 따른 일련의 처분을 모두 취소한 대법원 다수의견의 태도가 타당하다고 생각된다.

Ⅶ. 대상결정의 의의

대상결정은 을에 대한 특정경제범죄가중처벌등에관한법률위반(배임) 혐의의 압수·수색영장 집행 과정에서 전자정보를 탐색하던 중 발견된 갑 회사의 약사법위반과 조세범처벌법위반 등의 범죄를 추단케 하는 정보를 유죄의 증거로 사용할 수 있는가를 다룬 것이다.

대상결정은 전자정보의 압수·수색에 관한 기존의 대법원의 입장을 기반으로 하여 압수·수색 과정에서 영장범죄사실과 무관한 다른 범죄의 증거가 발견된 경우 수사기관은 별도의 압수·수색영장을 발부받아야 하고, 아울러 이를 집행할 경우에도 피압수자 측의 참여권을 보장해 주어야 한다는 점을 명시적으로 언급하였고, 그와 같은 절차에서 피압수자 측의 참여권을 보장하지 않은 경우 이미 적법하게 이루어진 처분 또한 위법한 것으로 취소된다는 점을 언급한 사례로서 그 의미가 있다.

특히, 대상결정은 전자정보에 대한 포괄적 압수·수색을 방지하기 위한 방안으로서 피압수자 측의 참여권이 갖는 중요성과 의미에 대하여 명시적으로 언급하였다는 점에서 그 의미가 있다.

● 참고문헌

김성룡, "전자정보에 대한 이른바 '별건 압수·수색'— 대법원 2015. 7. 16. 선고 2011모 1839 전원합의체 결정의 평성을 겸하여—", 형사법의 신동향 제49호(대검찰청 미래기획단, 2015)

원혜욱, "정보저장매체의 압수·수색 — 휴대전화(스마트폰)의 압수·수색—", 형사판례 연구 제22권(한국형사판례연구회, 2014)

조광훈, "전자정보의 압수수색절차에서 참여권의 범위와 한계— 대법원 2015. 7. 16. 2011모1839 전원합의체 결정을 중심으로", 법조 제711호(법조협회, 2015)

신동운, "판례평석, 압수·수색의 관련성 요건과 그 법적 효과, 2014. 1. 16. 선고 2013도 7101, 판례공보 2014상, 427", 법률신문 2015. 1. 8(목)

정대희·이상미, "디지털증거 압수수색절차에서의 '관련성'의 문제", 형사정책연구 제26 권 제2호(형사정책연구원, 2015)

오기두, "토론문(노명선, "디지털증거 압수·수색에 관한 법률의 문제점과 개선방안")", 2012년 디지털증거 압수·수색에 관한 개정법률(안) 공청회 결과 자료집(한국포 렌식학회, 2012)

대상판결 목록

율촌판례연구

초판인쇄	2016년 12월 5일
초판발행	2016년 12월 15일
엮은이	법무법인(유) 율촌 송무그룹
펴낸이	안종만
편 집	김선민
기획/마케팅	조성호
표지디자인	권효진
제 작	우인도·고철민
펴낸곳	(주) 박영사
	서울특별시 종로구 새문안로3길 36, 1601
	등록 1959. 3. 11. 제300-1959-1호(倫)
전 화	02)733-6771
f a x	02)736-4818
e-mail	pys@pybook.co.kr
homepage	www.pybook.co.kr
ISBN	979-11-303-2949-9 93360

copyright©법무법인(유) 율촌 송무그룹 편, 2016, Printed in Korea

정 가   49,000원